CYRO BERNARDES
REYNALDO C. MARCONDES

Teoria Geral da Administração

gerenciando organizações

Peter Drucker

Alfred Sloan

Max Weber

Frederick W. Taylor

3ª edição
revista e ampliada

2003
www.editorasaraiva.com.br/uni

Editora Saraiva

Editora Saraiva

Av. Marquês de São Vicente,1697 – CEP 01139-904
Barra Funda – Tel.: PABX (0XX11) 3613-3000
Fax: (0XX11) 3611-3308 – Televendas: (0XX11) 3613-3344
Fax Vendas: (0XX11) 3611-3268 – São Paulo-SP
Endereço Internet: http://www.editorasaraiva.com.br

Distribuidores Regionais

AMAZONAS/RONDÔNIA/RORAIMA/ACRE
Rua Costa Azevedo, 56 — Centro
Fone: (0XX92) 633-4227 / 633-4782 — Manaus

BAHIA/SERGIPE
Rua Agripino Dórea, 23 — Brotas
Fone: (0XX71) 381-5854 / 381-5895 / 381-0959 — Salvador

BAURU/SÃO PAULO
Rua Monsenhor Claro, 2-55/2-57 — Centro
Fone: (0XX14) 234-5643 / 234-7401 — Bauru

CEARÁ/PIAUÍ
Av. Filomeno Gomes, 670 — Jacarecanga
Fone: (0XX85) 238-2323 / 238-1384 / 238-1331 — Fortaleza

DISTRITO FEDERAL
SIG Sul Qd. 3 — Bl. B — Loja 97 — Setor Industrial Gráfico
Fone: (0XX61) 344-2920 / 344-2951 / 344-1709 — Brasília

GOIÁS/TOCANTINS
Av. Independência, 5330 — Setor Aeroporto
Fone: (0XX62) 225-2882 / 212-2806 / 224-3016 — Goiânia

MATO GROSSO DO SUL/MATO GROSSO
Rua 14 de Julho, 3148 — Centro
Fone: (0XX67) 382-3682 / 382-0112 — Campo Grande

MINAS GERAIS
Rua Padre Eustáquio, 2818 — Padre Eustáquio
Fone: (0XX31) 3412-7080 / 3412-7085 — Belo Horizonte

PARÁ
Travessa Apinagés, 186 — Batista Campos
Fone: (0XX91) 222-9034 / 224-9038 / 241-0499 — Belém

PARANÁ/SANTA CATARINA
Rua Conselheiro Laurindo, 2895 — Prado Velho
Fone: (0XX41) 332-4894 — Curitiba

PERNAMBUCO/PARAÍBA/R. G. DO NORTE
Rua Corredor do Bispo, 185 — Boa Vista
Fone: (0XX81) 3421-4246 / 3421-4510 — Recife

RIBEIRÃO PRETO/SÃO PAULO
Rua Padre Feijó, 373 — Vila Tibério
Fone: (0XX16) 610-5843 / 610-8284 — Ribeirão Preto

RIO DE JANEIRO/ESPÍRITO SANTO
Rua Visconde de Santa Isabel, 113 a 119 — Vila Isabel
Fone: (0XX21) 2577-9494 / 2577-8867 / 2577-9565
Rio de Janeiro

RIO GRANDE DO SUL
Av. Ceará, 1360 — São Geraldo
Fone: (0XX51) 3343-1467 / 3343-7563 / 3343-2986
Porto Alegre

SÃO PAULO
Av. Marquês de São Vicente, 1697
(antiga Av. dos Emissários) — Barra Funda
Fone: PABX (0XX11) 3613-3000 / 3611-3308 — São Paulo

ISBN 85-02-03630-0

Dados Internacionais de Catalogação na Publicação (CIP)
(Câmara Brasileira do Livro, SP, Brasil)

Bernardes, Cyro
Teoria geral da administração : gerenciando organizações / Cyro Bernardes, Reynaldo Cavalheiro Marcondes. — São Paulo : Saraiva, 2003.

ISBN 85-02-03630-0

1. Administração 2. Administração – Teoria I. Marcondes, Reynaldo Cavalheiro. II. Título.

01-6288 CDD-658.001

Índice para catálogo sistemático:

1. Administração : Teoria 658.001

Diretor editorial: Henrique Farinha
Gerente editorial: Flávia Helena Dante Alves
Assistentes editoriais: Karina Maria Ramos Guimarães
Angela Mora De Marco
Assistente de marketing editorial: Gisele da Silva Guerra
Assistentes de produção editorial: Rita de Cássia da Silva
Juliana Rodrigues de Queiróz
Coordenadora de revisão: Livia M. Giorgio
Gerente de arte: Nair de Medeiros Barbosa
Projeto gráfico e editoração: Cyro Bernardes
Fotos de capa: Corbis
Keystock

1ª edição 1988
2ª edição 1993

"Não se aprende, Senhor,
na fantasia, sonhando, imaginando ou estudando,
senão vendo, tratando e pelejando."

CAMÕES, **Os Lusíadas**, canto X, estrofe 153.

Citação do livro **Sobreviver, crescer e perpetuar**,
escrito pelo empresário Norberto Odebrecht.

DEDICATÓRIA

Dedicamos este trabalho àqueles que são empresários e empreendedores, bem como a quem está se preparando para vir a ser um deles.

AGRADECIMENTOS

Agradecemos aos que colaboraram neste livro, contribuindo com sugestões e críticas ou corrigindo e aprimorando. Da mesma forma, expressamos nossa gratidão aos que se incumbiram de editorar e, tambem, de imprimir, divulgar e vender.

Antecipadamente, também agradecemos aos leitores que se dispuserem a cooperar, melhorando as futuras edições por destacarem os pontos a serem modificados, suprimidos ou acrescidos, pois, como as organizações, um livro tem de ser continuamente aperfeiçoado.

Para facilitar a remessa de tais informações indicamos nossos *e-mails*:

Cyro Bernardes: **cyro@carrier.com.br**

Reynaldo Cavalheiro Marcondes**: reynaldo@mackenzie.com.br**

SUMÁRIO

PREFÁCIO

Este livro seria mais um texto introdutório à Administração caso não se diferenciasse da literatura existente pelos seguintes pressupostos:

- o leitor — que é o **cliente** a quem este trabalho se destina — caracteriza-se por ser uma pessoa do terceiro milênio, capaz de obter informações do mundo inteiro e para o qual o microcomputador já é uma ferramenta bastante familiar para seu trabalho;
- quer desenvolver-se profissionalmente por estar ciente da acirrada concorrência no mercado de trabalho e das oportunidades para aqueles que melhoram suas capacidades e, também, para os inovadores e não simples executores de ordens;
- deseja obter conhecimentos introdutórios e conceitos de como as organizações (sejam lojas, fábricas, escolas, hospitais, sindicatos, repartições públicas e até seitas religiosas) operam e conseguem sobreviver no mundo do século 21;
- seus motivos podem ser imediatos, a exemplo de ter as bases para, em cursos posteriores, estudar em detalhes os procedimentos organizacionais ou, então, futuros, como conseguir boas notas em exames, entre os quais o denominado "**provão**";
- já administrador, pode desejar saber como deverá coordenar o trabalho de pessoas no exercício de suas funções gerenciais do dia-a-dia.

Essas pessoas não ficariam satisfeitas com a leitura do texto caso não tivéssemos tido o cuidado de partir dos seguintes princípios:

- toda e qualquer organização somente será viável caso satisfaça necessidades de **clientes**, sejam eles compradores de bens e serviços ou pessoas que foram roubadas, despedidas do emprego, ou apenas desejosas de consolo espiritual;
- para cumprir essa finalidade básica é necessário que sejam exercidas **funções** (sendo a primeira delas a de vender), que exigem **estruturas** para conseguirem alcaçar sua metas, simples no exemplo do sapateiro (em que ele próprio vende, produz, compra e movimenta dinheiro) ou complexa no caso da multinacional (com diretorias, departamentos, divisões etc.);
- com base no exame desses vários tipos de funções e estruturas, é natural que estudiosos propusessem numerosas **Teorias de Administração**, tendo por finalidade aumentar a eficiência e a eficácia das organizações;
- acontece que essas teorias são restritas a uma época, a um ambiente, a um ramo de negócios, a um tipo de estrutura ou parte dela, motivo pelo qual o administrador precisa, inicialmente, **conhecer o que compõe uma organização para, depois, saber onde e como aplicar a teoria adequada**.

A finalidade da maior parte deste livro é, justamente, facilitar o conhecimento dessas teorias e como pô-las em prática.

Para tornar eficaz a obtenção de tais habilidades é empregada a metodologia de ensino que recebeu o nome de **Andragogia** (por ser dirigida para adultos, diferente da Pedagogia, que é destinada a crianças). A Andragogia caracteriza-se por estar centrada no aluno, segundo a qual o **professor não expõe a matéria, porém coordena os trabalhos, esclarece dúvidas e fornece a retroalimentação de como está se desenvolvendo a aprendizagem**.

Assim procedendo, o mestre prepara o futuro administrador para exercer suas funções de comunicar e de coordenar o trabalho de pessoas.

Para operacionalizar esse método, cada capítulo inclui uma relação dos tópicos para orientar as exposições dos alunos, perguntas para respostas individuais e para discussões em grupos, finalizando com uma lista de leituras para serem analisadas. Estas são retiradas, principalmente, de revistas e de simpósios de administração, muitas das quais podem ser obtidas nos *sites* relacionados nas últimas páginas do livro, que se destinam a pesquisas na Internet por parte dos leitores.

Com o fim de facilitar o trabalho dos que forem ministrar esta disciplina e, também, a aprendizagem dos alunos, foi composto o **Manual do Professor**. Nele constam sugestões para programas, trabalhos individuais e em grupo, bem como respostas das questões. Ademais, para facilitar as exposições dos alunos aos colegas, **todas as figuras deste livro foram disponibilizadas para *downloads*,** tendo a extensão jpg para facilitar suas aplicações.

Os interessados poderão acessar o Manual do Professor e fazer o *download* das figuras no *site* Teoria Geral da Administração, hospedado em:

http://www.editorasaraiva.com.br/uni

CYRO BERNARDES
REYNALDO CAVALHEIRO MARCONDES

A ORGANIZAÇÃO EXISTE PARA SERVIR CLIENTES E PARTICIPANTES 1

Entrar em qualquer lanchonete para comer sanduíche, tomar ônibus ou metrô, comprar roupas em loja, ir ao banco sacar dinheiro ou telefonar para alguém de outra cidade são comportamentos habituais. Por isso, ninguém pára um momento para indagar: como surgiram tão diferentes organizações destinadas a fabricar bens ou prestar serviços? Não se dá conta, também, de que todas existem para atender a ele ou ela e as muitas outras pessoas que são **clientes**, bem como as que **nelas trabalham**.

Entretanto, quem administra os serviços dos participantes dessas organizações precisa ter conhecimentos teóricos e práticos das razões que as levaram a ser criadas e como operam no dia-a-dia. Ademais, há uma questão muito importante: como elas conseguirão sobreviver no terceiro milênio?

Para começar a responder a essas perguntas dos já administradores e dos que estão se preparando para vir a ser um deles, este capítulo inicia tornando claro que qualquer assunto administrativo deve partir de dois pressupostos. O primeiro é o de serem os **clientes** a razão de existir uma associação de pessoas chamada de organização. O segundo é o de que esta serve, também, os indivíduos que nela são **participantes**.

1.1 AS ORGANIZAÇÕES FORAM CRIADAS PARA SERVIR PESSOAS

Tendo por modelo bandos de animais predadores, como as alcatéias de lobos, bem cedo as pessoas perceberam que tarefas simples como as da caça trariam melhores resultados caso fossem realizadas coletivamente, uns espantando os animais, outros dirigindo-os para armadilhas onde eram mortos por terceiros. Nascia, assim, uma associação de pessoas com a função de alcançar a **meta** de obter carne para atender à **necessidade** básica de alimentação dos membros da tribo. Como o leitor logo perceberá, estes últimos eram os **clientes** da associação primitiva de caçadores.

1.1.1 A organização existirá enquanto satisfizer necessidades de clientes

Na primeira metade do século 20, pesquisadores sociais elaboraram várias Teorias rotuladas de comportamentais, tendo o intuito de identificar as **necessidades** humanas e hierarquizá-las de acordo com a importância atribuída pelos indivíduos. Os resultados de suas pesquisas divergiram nos detalhes, mas em seu conjunto mostraram os aspectos abaixo listados.

1. Alimentar-se, ter abrigo e segurança, bem como atividade sexual e descanso são necessidades fundamentais, tanto para a sobrevivência quanto para a manutenção da espécie, à semelhança dos animais, especialmente dos mamíferos. Outras necessidades são típicas da pessoa humana, como ser prestigiada pelos outros, usufruir poder sobre coisas animadas e inanimadas, bem como realizar-se de uma forma ou de outra. Além dessas, as pesquisas mostraram a importância da busca espiritual e comunhão com seus semelhantes, também desejosos de esperança e consolo.
2. O indivíduo **comporta-se** — isto é, age, procede, atua — com o **objetivo** pessoal de alcançar a meta de satisfazer a necessidade mais premente naquele momento. Por isso, vai para casa ou entra em restaurante para almoçar quando sente fome e, também, matricula-se em escola quando percebe ser este o meio de aumentar seu padrão de vida.
3. Se o objetivo mencionado linhas atrás é aumentar o padrão de vida, a **meta** qualificável pode ser obter um diploma, que é quantificado pelo custo de tantas mensalidades e alcançado após dez semestres de estudo, ou seja, no ano de 20XX.

Acontece que as pesquisas mencionadas trouxeram para a Administração um **viés** muito grande, justificável por terem sido levadas a efeito por cientistas sociais interessados apenas em explicar o comportamento humano. Por essa razão, não se interessaram em saber **onde** e **como** alcançar as metas destinadas à satisfação do elenco de necessidades. Ora, os exemplos anteriores mostraram que o "onde" e o "como" foram, respectivamente, o restaurante para satisfazer o apetite e a escola para aumentar o conhecimento e receber um diploma. Portanto, não levaram em consideração a díade cliente como causa e organização como decorrência.

O resultado dessa falha foi a literatura enfocar a Administração enfatizando planejamento, implantação, controle, operação, formas de motivar empregados, coordenação e outras funções. Não se importou em partir do princípio de conhecer **a quem a organização se destina**, ou seja, o **cliente**. Fazendo uma analogia ingênua, é como inventar determinada máquina sem ter o interesse de saber para que ela serve.

Tentando superar essa omissão, este livro parte da premissa de que a **primeira preocupação do administrador** é saber **de quem** são as metas, ou seja, quais pessoas poderão ser **clientes** da organização. O significado que damos a essa palavra deverá ficar bem claro.

Clientes são as pessoas para as quais a organização (ou parte dela) foi criada com o fim de nelas alcançarem as metas que satisfaçam suas necessidades (Marcondes & Bernardes, p. 20*).

Para começar, faremos distinção entre cliente externo e cliente interno, pois ambos serão mencionados muitas vezes, porém, com um sentido mais amplo que o usual.

1.1.2 Cliente externo e cliente interno à organização

No início deste capítulo foi exemplificado que a pessoa vai a determinado banco sacar dinheiro por ser cliente dessa organização. Isso é tão óbvio que muitas empresas criam determinada unidade administrativa com o rótulo de "atendimento a clientes".

1. **Cliente externo**. A pessoa do exemplo não pertence ao quadro de empregados do banco, razão pela qual é chamada de cliente externo. Por sua vez, embora seja uma organização, esse banco é cliente externo de outras empresas, como a que transporta seus valores, a qual é cliente da firma que fabrica carros–fortes. Dessa forma, é criada uma cadeia de transferências de produtos ou serviços. Esses casos são claros, mas existem outros nos quais os clientes habitualmente deixam de ser vistos como tais, como os das Delegacias de Polícia. Entretanto, partindo da definição de cliente percebe-se que eles são os que sofreram assaltos, agressões ou ameaças. É evidente que os delinqüentes estão fora da lista, no máximo podendo ser considerados "hóspedes".

   Em outras situações, o cliente externo é difícil de ser identificado, especialmente pelos que não criaram ainda o hábito de iniciar qualquer estudo de Administração especificando o cliente e o que ele deseja. Por exemplo, qual deverá ser o cliente de uma Delegacia de Imposto sobre a Renda? É claro que não pode ser o contribuinte, pois ela não satisfaz nenhuma de suas necessidades. Então deve ser o Ministério da Fazenda que, na forma de cliente interno, precisa de algum órgão com o fim de operacionalizar os meios de arrecadar dinheiro de pessoas físicas e jurídicas.

2. **Cliente interno**. Essa é uma concepção moderna que foi introduzida há pouco tempo na Administração, razão pela qual convém precisá-la melhor.

   Cliente interno é o conjunto de pessoas que fazem parte de uma unidade administrativa, cujas necessidades — em termos de recursos para seus trabalhos, como materiais, serviços, informações, dinheiro, ou então descanço, habitação e muitos outros — são satisfeitas por outras partes da **mesma organização**.

   Assim, o pessoal de vendas é cliente interno dos trabalhadores da produção, porque estes fornecem bens e serviços para que sejam comercializados. Por sua vez, produção é cliente interno de compras pelo fato de necessitar que esta lhe remeta matérias-primas com o fim de fabricar produtos. A introdução dessa nova visão é importante para combater os feudos que se criam dentro das organizações, tendo o vício de considerarem-se auto-suficientes. Ao contrário, a seção ou o departamento terão razão de existir enquanto seus membros suprirem necessidades de outra unidade que seja seu cliente interno. Exemplificando, a Seção de Tinturaria de uma tecelagem existe para tingir fios destinados à Seção de Teares, que é seu cliente interno. Caso este não tenha suas necessidades satisfeitas, a Seção de Tinturaria poderá ser extinta e seus participantes demitidos, passando os fios já tingidos a ser comprados de um fornecedor de fora.

   Tais casos destacam um tipo de cliente interno da organização econômica, mas existem muitos outros, por exemplo, o condômino de prédio de apartamentos, o sócio do clube recreativo, o militante do partido político ou o crente de alguma seita religiosa. Eles têm semelhanças com os selvagens da tribo primiti-

* O(s) número(s) indica(m) a(s) página(s) da obra consultada e listada na **Bibliografia** existente no final do livro, tendo por finalidade permitir aos leitores que o desejarem ter mais detalhes dos assuntos examinados.

va reunidos para caçar com maior eficiência; todos pertencem a associações criadas para atender as necessidades dos membros e não as de clientes externos (Blau & Scott, p. 57-73). Portanto, pode-se classificar as organizações pertencentes a diversas instituições, tendo por base o quanto atendem clientes externos em relação com o quanto satisfazem seus clientes internos, conforme esquematizado na Figura 1.1.

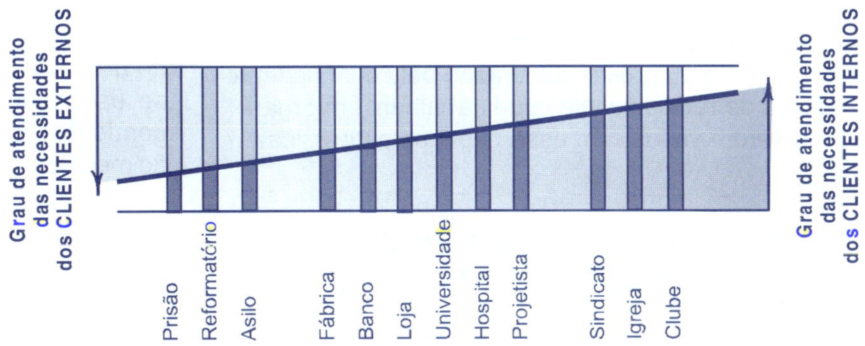

Figura 1.1 *Grau de atendimento dos clientes externos em relação ao dos internos de várias organizações.*

Como pode ser observada, a lista inicia a partir de prisões de custódia, cujos clientes internos são apenas os funcionários administrativos e da segurança, e vai até clubes fechados destinados apenas a seus sócios, os quais contratam empregados só para serviços burocráticos. Essa figura ajuda a entender as razões de muitos síndicos de prédios de condomínios e presidentes de clubes terem dificuldades para exercer tais funções. A principal razão é o fato de estarem condicionados a chefiar participantes que servem clientes externos e não a gerir associações que se destinam aos clientes internos, ou seja, administrar seus pares.

1.1.3 São os participantes das organizações que produzem bens e serviços

Os exemplos tornaram claro que as necessidades dos clientes são satisfeitas pelos resultados dos trabalhos efetuados por indivíduos que são os participantes das organizações. Estes diferem de clientes externos por razões que precisam ficar bem claras para o administrador. Para começar, é evidente que se trata de **cliente** aquele que entra em uma lanchonete e nela é servido pela garçonete, saindo após tomar um cafezinho. Pode ser que seja um comportamento habitual, razão pela qual se torna um **freguês**, como o é do barbeiro onde corta o cabelo todos os meses. Por razões semelhantes, é cliente de uma delegacia de polícia quem vai a ela registrar alguma queixa, bem como o doente que se interna em um hospital para ser operado. É necessário destacar que todos eles são atendidos por **participantes** da empresa ou órgão público.

Esses clientes externos têm, pelo menos, três características comuns: 1. recebem da organização um benefício que lhes custa dinheiro (pago no ato ou indiretamente por meio de impostos); 2. nela permanecem por tempo determinado (minutos, horas, dias, meses e até anos); 3. e o que é importante, não interferem em sua administração.

Assim sendo, em que os participantes diferem dos clientes a que servem? Em uma primeira aproximação poder-se-ia dizer que suas características são opostas às dos clientes.

Participante é toda pessoa que:

1. contribui pelos esforços que faz com o fim de serem concretizados bens e serviços, a troco dos pagamentos provindos dos clientes;
2. permanece na organização por tempo indeterminado; e
3. participa de sua administração.

Neste ponto o leitor pode perguntar: como devem ser considerados alunos nas escolas? A resposta é simples: suas características são as de simples clientes externos, a semelhança de doentes em hospitais ou em centros de repouso e até presos em institutos de reabilitação. Então inexiste o direito de reclamar de mau ensino e outros desmandos? Sim, como quem paga e é mal atendido no restaurante ou na delegacia, porém não vai querer intervir na cozinha e nem na carceragem, assuntos exclusivos dos participantes dessas entidades. O pior ocorre nos órgãos públicos pelo fato de os pagamentos aos participantes serem feitos por meio de impostos e não pelo cliente, de sorte que sua eficiência somente pode ser contestada por meio de ações conjuntas da sociedade.

Portanto, funcionários públicos, empregados e prestadores de serviços gratuitos (como em organizações políticas, assistenciais ou religiosas), bem como proprietários de condomínios ou sócios de clubes, para nós são participantes e, nesse sentido, serão mencionados nas páginas seguintes. O leitor pode estranhar a menção de receber pagamentos por serviços gratuitos ou ser condômino. Acontece que a palavra **pagamento** engloba uma série de benefícios, como reconhecimento, possibilidade de aprender, até a simples oportunidade de se manter ocupado, além de outros mais, devendo-se notar que apenas uma parte costuma ser monetária.

Uma pergunta poderia ser feita: o administrador que chefia a Seção de Vendas não é, **ao mesmo tempo**, o cliente interno do Departamento de Produção e participante da empresa? Sim, razão pela qual há uma tendência de **todos** aqueles que trabalham em organizações serem vistos com essa dupla característica.

1.2 A DIVISÃO DO TRABALHO E A COORDENAÇÃO DAS TAREFAS

A **divisão do trabalho*** foi e continua a ser nos dias de hoje um fato corrente em todas atividades humanas. Isso o leitor observa na própria escola, onde cada professor leciona disciplina específica, pois seria impossível encontrar alguém com suficientes conhecimentos e experiências para ensinar de tudo. Ao mesmo tempo, é preciso haver **coordenação** para integrar a execução das tarefas, pois, caso contrário, nessa escola haveria, por um lado, superposição de disciplinas e, por outro lado, omissão de áreas importantes de conhecimentos.

1.2.1 Em que consiste a divisão do trabalho

Atribuir diferentes serviços a pessoas diversas de acordo com sua capacidade para bem executá-los não é uma invenção recente, mas sim natural ao ser humano. Quem lê os livros escritos no século 16 sobre o cotidiano dos indígenas brasileiros (que ainda viviam na idade da pedra lascada), percebe claramente a divisão do trabalho, portanto, muito antes da Revolução Industrial. Segundo essas descrições, cabia aos homens a caça, a pesca, a confecção das ocas para moradia e, naturalmente, as operações de guerra com tribos vizinhas e depois contra os conquistadores europeus. Já às mulheres cabia o trato das plantações de milho, mandioca e fumo, bem como o preparo da comida e a criação dos filhos (Staden)(Lery).

Acontece que o paulatino desenvolvimento tecnológico — que permitiu à humanidade passar da idade da pedra para a do bronze e depois para a do ferro e agora para a da informática — trouxe como subproduto o aumento da complexidade para a execução do trabalho. Por isso, já no antigo Egito lavradores cultivavam grãos nas margens do Rio Nilo, construtores edificavam pirâmides, especialistas mumificavam faraós, soldados saqueavam povos vizinhos, sacerdotes interpretavam a vontade divina e burocratas cobravam impostos. Diferente dos índios no tempo dos descobrimentos, hoje cada pessoa é capaz de bem executar apenas um tipo de atividade na qual se especializou. Por isso, desavisados acabam se dando mal ao contratarem serviços de quem se diz ser, ao mesmo tempo, eletricista, encanador, pedreiro, pintor e até carpinteiro. Significa que o avanço tecnológico aumentou a divisão do trabalho, conceito que precisa ser definido para melhor compreensão de suas características.

Divisão do trabalho é o desmembramento de tarefas complexas em atividades mais simples, as quais são atribuídas a pessoas especializadas no desempenho de cada uma delas.

As conseqüências da divisão do trabalho são diversas, como a seguir enumeradas.

1. Aumentou a **eficiência** da execução das tarefas. Um exemplo clássico é o relatado pelo economista inglês Adam Smith que, nas últimas décadas do século 18, observou, em uma fábrica de alfinetes, a produção de 48 mil unidades diárias por apenas dez indivíduos, cada qual especializado em tarefa diferente da dos demais. É muito provável que se cada operário produzisse um alfinete completo, ou seja, endireitasse o arame de latão, cortasse nas medidas de uma peça, fizesse a ponta e depois a cabeça e, por fim, os empacotasse, o número de unidades produzidas seria alguns centésimos do atingido com a especialização de tarefas (Galbraith, 1979, p. 11-14). A Figura 1.2 exibe um antigo desenho mostrando essa divisão do trabalho, até com a participação de crianças.
2. Originou **profissões** consideradas tão importantes pela sociedade que desde a Idade Média passaram a ser sobrenomes. Estes até hoje ainda predominam, a exemplo de *Schmidt* e *Smith*, *Bäker* e *Baker*, *Müller* e *Miller*, *Schuhmacher* e *Shoemaker*, *Schneider* e *Taylor* (respectivamente na Alemanha e na Inglaterra), *Charpentier* e *Boulanger* (na França), *Scarpa* e *Ferrari* (na Itália).
3. Dividiu a população em **classes sociais** na proporção direta do grau de prestígio e renda conseguidos pelo trabalho, de sorte que, quanto maiores fossem o tempo, as experiências e os conhecimentos necessários para adquirir proficiência no exercício da profissão, mais elevada era a posição na sociedade. Dessa maneira, abaixo do ápice (onde se localizavam os proprietários de latifúndios, seus parentes militares e sacerdotes do alto clero, poderosos por tradição milenar), localizavam-se os letrados, a

* Para facilitar a localização dos vários termos examinados no texto, o **Índice de Assuntos** no final do livro indica as páginas em que foram mencionados.

Figura 1.2 *A divisão do trabalho na fábrica de alfinetes (Galbraith, 1979, p. 16-17).*

exemplo dos físicos, bacharéis (os médicos e advogados de hoje), negociantes e banqueiros. Abaixo vinham os artífices, cujas especialidades decorriam apenas da prática, como vidraceiros, tecelões, pedreiros, sapateiros e outros mais. Por fim, na base situavam-se os lavradores sem-terra cujos serviços exigiam pouca experiência, como os serventes de pedreiro e faxineiros atuais.

4. Causou a partição exagerada das tarefas no final do século 19 e primeira metade do 20 pela Escola Científica de Frederick W. Taylor e seguidores, o que provocou alienação, absenteísmo e desmotivação por parte dos trabalhadores que executavam tarefas repetitivas e, por isso, monótonas. O resultado foi a vingança pelas operações-tartaruga, greves (de *Place de La Grève* — praça revestida de areia — local onde trabalhadores se reuniam) e sabotagens (de *sabot*, tamanco, que os operários franceses introduziam nas máquinas para quebrá-las).

1.2.2 O trabalho dividido e coordenado deu origem às organizações

A associação de índios para a caça mencionada páginas atrás necessitava de coordenação de esforços para ser eficiente. Isso é óbvio, pois ocorreria uma enorme confusão caso não houvesse a prévia determinação de quem faria o que e a precedência das atividades de espantar animais, encurralar para depois matar.

Conseguida a coordenação de tarefas, os caçadores obtinham a **sinergia**, palavra grega que significa "colaboração".

A **sinergia** ocorre quando o desempenho coletivo consegue mais que a soma dos esforços individuais.

Neste ponto convém chamar a atenção para o erro muito repetido na literatura de Administração, de que o efeito da sinergia se deve ao fato "do todo ser maior que a soma das partes", declaração essa que é um **absurdo lógico**. Na verdade, a palavra-chave é a **colaboração** de pessoas no esforço comum para alcançar um dado resultado coletivo, o que ocorre, também, entre animais, como lobos que caçam em alcatéias.

Os caçadores da tribo primitiva formavam nada mais que uma "associação", à semelhança das pessoas que hoje vão a piqueniques ou reúnem-se para comemorações, pois, terminada a missão proposta, a sociedade de indivíduos se desfaz. Já o caso mencionado dos egípcios era diferente porque criaram organizações, entre as quais destacava a que reunia os burocratas daquela época. Estes tinham a função de gerir a distribuição de água para irrigar as lavouras e, naturalmente, a de arrecadar impostos dos agricultores na forma de grãos excedentes às necessidades da população.

Após essa introdução, resta explicar os motivos que levam associações de pessoas a se transformarem nas **organizações**:

1. para ser obtido um resultado específico, em geral, basta um certo número de especialistas, isto é, a quantidade de executores fica entre um limite máximo e um mínimo;
2. tais especialistas tendem a permanecer pelo fato de a repetição das tarefas tornar o trabalho mais rápido e perfeito, ao mesmo tempo em que a substituição dos executores é evitada por acarretar custos adicionais pelo treinamento dos recém-admitidos;
3. a colaboração exige regras de procedimentos, determinando quem faz o quê e como, fato esse que necessita de tempo para sua elaboração e também adaptação por parte dos participantes;
4. tais condições tendem a fazer com que associações se tornem perenes, isto é, duráveis no tempo, quando passam a ser chamadas por organizações.

Em primeiro lugar, esses motivos são gerais, o que permite incluir no elenco de organizações lanchonetes da esquina, lojas de roupas, supermercados, fábricas e, também, universidades, hospitais, bancos, multinacionais ou órgãos do governo, como prefeituras e repartições públicas. Em segundo lugar, uma determinada organização às vezes é **erradamente** chamada por **instituição***, pois esta palavra denota um fenômeno social, a exemplo de instituição econômica e instituição política, e não um ente concreto como Supermercados Pão de Açúcar, 15ª Delegacia de Polícia ou Universidade Federal do Ceará, que são organizações.

Tendo em vista a diversidade de tipos de organizações, fica a dúvida: é possível conceituar "organização"? Na verdade não existe consenso nem aproximação entre as definições encontradas na literatura sociológica e administrativa. Entretanto, para responder à pergunta, é possível dar uma idéia desse termo ao se procurar captar o essencial que existe nesse tipo de associação permanente.

A **organização** é uma coletividade formada por pessoas que:

1. tem a **função** de produzir bens e prestar serviços à sociedade, bem como atender às necessidades de seus participantes;
2. possui uma **estrutura** formada por indivíduos que se relacionam, colaborando e dividindo o trabalho para transformar insumos em bens e serviços;

Essa definição é baseada no processo vindo da Biologia que ficou conhecido nas ciências sociais por **funcional**, isto é, existindo alguma necessidade (como a da pessoa adquirir conhecimentos) surge uma entidade com a **função** de supri-la (que no exemplo é a de ensinar), concretizada por uma **estrutura** com o fim de operacionalizá-la (a escola).

Em primeiro lugar, é necessário definir o significado da palavra função.

Função: ação própria ou natural de um órgão, aparelho ou máquina (Dicionário Aurélio).

A idéia básica está na ação com uma finalidade, como a de "ensinar" mencionada linhas atrás. Em segundo lugar, é preciso tornar claro o que se entende por estrutura.

Estrutura: conjunto de partes que se inter-relacionam e ocupam determinada posição entre si, compondo uma totalidade (Motta, 1974, p. 43).

Qualquer ente concreto do conhecimento do leitor serve para exemplificar estrutura pelo fato de ser um "todo", que sempre possui partes (Feibleman & Friends, p. 31).

Tendo por base o caso de uma pequena escola, a Figura 1.3 esquematiza o **processo** de transformar insumos em bens e serviços por meio de uma **estrutura** formada por conjuntos de pessoas com mesma especialização pela **divisão do trabalho**, cuja **função** última é atender metas específicas de **clientes**, que no exemplo é a de obter conhecimentos por etapas anuais ou semestrais.

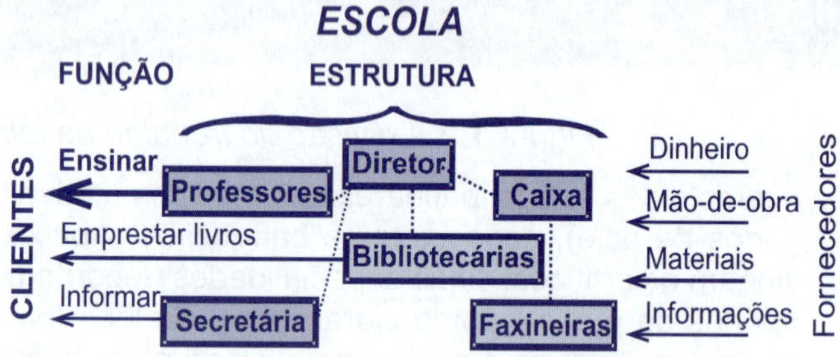

Figura 1.3 *A organização processa insumos para produzir bens e serviços destinados a clientes.*

No primeiro momento, o leitor pode estranhar o fato de o sentido do fluxo do processo exibido na figura estar da direita para a esquerda, portanto, contrariando o habitual que se encontra desenhado em livros. A razão é simples: destina-se a destacar a **exigência de iniciar qualquer estudo de Administração a partir do cliente**. Após determinar quais devem ser as saídas destinadas ao atendimento de suas necessidades é preciso especificar os processos organizacionais necessários para concretizar tais resultados e, finalmente, listar os insumos que constituem as entradas do sistema. Naturalmente, a seqüência produtiva é o contrário, começando pelas matérias-primas, dinheiro, mão-de-obra etc., que são transformados em produtos e serviços destinados aos clientes.

O sentido habitual de abordar as organizações pelas entradas e não pelos clientes é um contra-senso, como o já mencionado de projetar a estrutura de certa máquina sem saber para que ela vai servir.

1.2.3 A organização precisa ser eficaz, eficiente e perene

Em linhas atrás foram listados fatores que propiciaram a **criação** de uma organização. Agora, convém especificar as condições para que ela **sobreviva**.

1. Ser **eficaz** no sentido de produzir bens e prestar serviços que, por terem baixa relação custo/benefício, supram as metas de pessoas pertencentes a seg-

* No **Glossário** do final deste livro, encontram-se explicações de termos utilizados por ciências sociais que não foram definidos no texto, razão pela qual sugerimos ao leitor consultá-lo sempre que tiver dúvidas a respeito do significado de alguma palavra.

mentos da sociedade e identificáveis como sendo os clientes da organização.

2. Ser **eficiente** no sentido de aproveitar os recursos escassos provindos da sociedade — como matérias-primas, informações e até o tempo — com o mínimo de retrabalhos, desperdícios, sucatas e defeitos.
3. Ser **perene** no tempo e, por isso, capaz de desenvolver-se no sentido de melhorar seu desempenho e, se possível e conveniente, crescer aumentando e aperfeiçoando seus produtos, serviços e até a mão-de-obra empregada. Ademais, no caso de organização econômica, precisa obter retornos sobre o capital que compensem financeiramente o empreendimento.

Fazendo um parêntese, convém definir várias palavras citadas linhas atrás, a fim de não pairar dúvidas sobre seus significados.

Eficácia ocorre quando os bens e serviços produzidos atendem e até superam as metas dos clientes.

Em outras palavras, é fazer "o que é certo" (Drucker, 1972). Exemplificando, pelo fato de clarear mais, a lâmpada incandescente é mais eficaz que o lampião a querosene na função de iluminar ambientes, ou seja, atende melhor uma necessidade humana.

Eficiência é a divisão da soma dos custos de insumos necessários para obter um resultado pelo valor deste último.

Isto é, fazer "o que é certo mais corretamente" (Drucker, 1972). Aproveitando o exemplo anterior, a lâmpada fluorescente é mais eficiente que a incandescente por consumir menos energia para o mesmo nível de iluminação, o que significa ser menor a relação de seu custo/benefício (em razão dos gastos serem menores para o mesmo resultado).

O leitor deve ficar prevenido que tanto a eficácia quanto a eficiência são inter-relacionadas e, também, relativas, isto é, valem como termos de comparação. Isso fica evidente pelos exemplos dados que podem ser estendidos, como o da lâmpada elétrica comparada com o lampião a querosene do século 19, por sua vez mais eficaz que a lamparina de azeite do século 18.

A relação custo/benefício mencionada requer mais esclarecimentos.

Custo/benefício é a relação percebida pelo cliente entre o que paga e o que usufrui pela aquisição do bem ou serviço.

Quanto mais baixo for o valor dessa divisão, mais compensador será o negócio realizado, ou seja, maior o benefício ou menor o custo.

Como se pode observar, o desejável de eficiência é a maior porcentagem possível, enquanto o preferido no custo/benefício é exatamente o inverso. É claro que essa não é uma relação matematicamente possível, pois o valor atribuído ao benefício é subjetivo.

Tais relações devem ser exemplificadas para ficarem mais claras para o leitor. É sabido que muitos administradores pretensamente fazem economia adquirindo para as organizações produtos e serviços mais baratos que encontram no mercado, embora estejam cientes que são de má qualidade. Todavia, em caso de doença séria, eles não consultam o médico que cobra pouco, pois intuitivamente percebem que o benefício vai ser baixo, mesmo porque enterros costumam sair ainda mais caro. Ao contrário, muitas pessoas não compram carros importados de luxo porque o elevado custo não compensa os supostos benefícios de maior conforte e vaidade. Essa decisão nada tem a ver com o alto preço pago, mas com a redução dos benefícios em razão do maior risco de o proprietário ser assaltado e até morto. Nesse caso, a relação custo/benefício torna-se maior que a de um automóvel de fabricação nacional de porte médio, fato esse que o torna mais conveniente de ser adquirido.

Perene significa que a organização deve durar pelo menos várias décadas sem fechar ou mesmo falir.

As estatísticas evidenciaram que a maior parte das microempresas não apaga a vela do bolo de primeiro aniversário por terem encerrado suas atividades em menos de um ano. Isso qualquer um comprova, pois está acostumado a ir tomar café em lanchonete ou comprar algo em loja, encontrando-as fechadas e uma tabuleta na porta com os dizeres "aluga-se". Tais fracassos são, em sua maioria, resultados de **incapacidade administrativa do empreendedor**. Entretanto, pesquisas realizadas nos últimos anos têm mostrado o fato alvissareiro que as micros e as pequenas empresas deste país estão durando mais tempo, talvez porque começaram a ser mais bem administradas...

TÓPICOS PARA EXPOSIÇÕES

Sugestões ao professor

Pelo fato de na primeira aula do período letivo os alunos ainda não terem acesso ao livro-texto, é sugerido que a exposição dos temas deste capítulo seja levada a efeito pelo professor que irá ministrar a disciplina. Ademais, pela nossa experiência, **os alunos tendem a adotar os procedimentos seguidos na sessão inicial do curso**, razão pela qual convém seguir o roteiro apresentado nas linhas seguintes, expondo de forma sucinta e somente os pontos principais, complementando-os pela projeção de transparências das figuras do livro-texto.

Sugestões aos alunos

As exposições orientadas de cada subitem do texto têm por finalidade treinar os alunos para, como futuros administradores: a) ficarem capacitados a preparar e a expor com eficácia e eficiência assuntos empresariais para públicos diversos; b) contrariar o hábito arraigado de ser prolixo e divagar com assuntos irrelevantes, o que impacienta a audiência e faz com que os ouvintes se desinteressem pelo que está sendo exposto; c) responder com clareza às perguntas que lhes forem feitas.

1.1.1 A organização existirá enquanto satisfizer necessidades de clientes

a) Explicar, com exemplos, que as pessoas buscam satisfazer dois tipos de **necessidades**: as básicas para a sobrevivência, semelhantes para todos os seres vivos, e as típicas do ser humano. b) Explicar, com exemplos, que a pessoa tem o **objetivo** de alcançar determinada **meta** que permita satisfazer a necessidade mais premente no momento. c) Mostrar que deverá ficar claro para o administrador o fato de as organizações (públicas ou particulares) serem criadas para satisfazer necessidades de pessoas, as quais são seus **clientes**.

1.1.2 Cliente externo e cliente interno à organização

a) Definir **cliente** tomando como exemplo o aluno que tem por meta obter um diploma que facilite seu objetivo de conseguir a satisfação de sua necessidade de sobrevivência e aumentar a de ter maior prestígio, posses materiais e realizações, razão pela qual matricula-se em uma escola. b) Ainda com base no exemplo do aluno, explicar que este é **cliente externo** por não ser funcionário, empregado ou sócio da escola, o mesmo ocorrendo com as pessoas que sofrem agressões, furtos, roubos ou ameaças e, por isso, são os clientes externos das Delegacias de Polícia. c) Com base no exemplo da Tecelagem, definir **cliente interno** mostrando que a Seção de Teares é o cliente da Seção de Tinturaria. d) Explicar que a Seção de Tinturaria pode ser extinta, caso não satisfizer seu cliente interno, passando os fios já tintos a ser comprados de outra empresa. d) Com base na Figura 1.1, mostrar que as organizações podem ser diferenciadas de acordo com o grau de seu atendimento aos clientes externos em relação aos internos.

1.1.3 São os participantes das organizações que produzem bens e serviços

a) Comparando o cargo de professor e a posição de aluno, mostrar a **diferença** entre participante da organização e cliente externo, tendo por base as características de cada uma dessas classes de pessoas. b) Com base no exemplo dos vendedores em relação à produção, explicar que as pessoas são **participantes** e, ao mesmo tempo, clientes internos de alguma parte da organização. c) Explicar que o indivíduo participa de uma organização porque dela recebe "**pagamentos**" na forma de dinheiro, prestígio, realização e até por se manter ocupado.

1.2.1 Em que consiste a divisão do trabalho

a) Com base nos exemplos de índios e antigos egípcios **definir** divisão do trabalho. b) Explicar as **vantagens** da divisão do trabalho, os **efeitos** que causou pela criação de profissões e classes sociais. c) Enumerar alguns **males** e **conflitos** resultantes da exagerada divisão do trabalho.

1.2.2 O trabalho dividido e coordenado deu origem às organizações

a) Explicar que é necessária alguma forma de coordenar a execução das tarefas particionadas pela divisão do trabalho. b) Definir **sinergia** explicando ter por base a colaboração e não o absurdo lógico comumente mencionado de que "o todo é maior que a soma das partes". c) Com base na Figura 1.3, definir **organização**, **estrutura**, **função** e **processo** que transforma **entradas** em **saídas**. d) Tornar claro que qualquer estudo sobre Administração tem de partir do **atendimento a clientes** por serem estes a **razão de ser das organizações**.

1.2.3 A organização precisa ser eficaz, eficiente e perene

a) Baseando-se na escola que freqüenta **definir** eficácia, eficiência, e custo/benefício para o cliente. b) Explicar que a organização precisa ser **perene** e que a maior parte das empresas fecha ou acaba falindo em poucos anos, principalmente por **incompetência administrativa** dos proprietários ou diretores.

QUESTÕES DE APLICAÇÃO

Observações: as respostas das perguntas deverão ser entregues pelos alunos já no início da sessão seguinte a da exposição dos temas do Capítulo 1 levada a termo na primeira aula.

1. Informe, justificando suas respostas, qual é: a) sua principal **necessidade**; b) seu **objetivo**; e c) a **meta** que causou seu comportamento de matricular-se na escola.
2. Informe, justificando suas respostas: a) de quem sua escola é cliente externo (por adquirir bens ou servi-

ços); b) de quem a biblioteca de sua escola é cliente interno (por necessitar da **indicação** de recursos didáticos como livros, revistas, programas de computador e *sites* da Internet) a fim de atender as necessidades de informações dos alunos (que são seus clientes externos).

3. Informe, justificando suas respostas: a) considerando uma sociedade dividida em dois grandes segmentos: 1. o dos proprietários de terras (fazendas e imóveis) e de meios de produção (fabricação e serviços), e 2. o dos fornecedores de mão-de-obra (braçal, intelectual e administrativa), em qual dessas duas partes a população foi separada em classes sociais pelas profissões decorrentes da divisão do trabalho? b) Com base em uma organização pública ou particular de seu conhecimento, indique: 1. a necessidade de clientes que satisfaz, 2. sua função principal, 3. o insumo mais importante (a entrada para o sistema organização).
4. Dê um valor baixo, médio ou alto para o curso profissional em que está matriculado quanto a: a) eficácia; b) eficiência (presumida); c) relação custo/benefício que percebe. **Justifique** suas avaliações.

DISCUSSÃO EM GRUPOS

Sugestões aos alunos

A discussão de aplicações dos temas dos capítulos tem a finalidade de firmar os conceitos e, também, de treinar os futuros administradores a participar de equipes com eficácia e eficiência, o que está sendo cada vez mais exigido pelas empresas.

Observações: As discussões de grupo realizadas pelos alunos deverão ser dos temas do capítulo exposto na sessão anterior. Por exemplo, as abaixo relacionadas e referentes ao Capítulo 1 deverão ser realizadas após a exposição dos itens do Capítulo 2.

O caso das cinco organizações

Para a organização listada a seguir e que foi designada para seu grupo, informe por escrito, justificando as respostas:

a) qual é a principal necessidade do cliente externo (mencionadas no texto) que a organização tem a função de atender?; b) qual a profissão ou especialidade do participante da organização que tem maior contato com os clientes?; c) o grau da coordenação necessária para que os participantes do item acima (os que contatam clientes) possam desempenhar satisfatoriamente suas tarefas **operacionais** é alto, médio ou baixo?.

Questões para cada grupo responder

1. Supermercado Bom e Barato.
2. Terreiro de Umbanda dos Orixás.
3. Delegacia de Polícia Antidrogas.
4. Sindicato dos Empregados das Escolas de Administração.
5. Liceu Escola de Desenho Técnico.

LEITURAS COMPLEMENTARES*

Observação. Os textos das **Leituras recomendadas** em todos os capítulos devem ser obtidos nas próprias fontes neles indicadas. Isto porque, exceto as organizações cujos *sites* são listados no item 4 da **Relação de sites para pesquisas** no final deste livro, a maioria das entidades apenas fornecem o sumário dos artigos ou resumos destes últimos.

ARRUDA, Maria C.C., ARRUDA, Marcelo L. Satisfação do cliente das companhias aéreas brasileiras. **Revista de administração de empresas**. São Paulo, EAESP-FGV, ano 38, n. 3, jul./set. 1998. Analisa a percepção de clientes-passageiros de três empresas aéreas brasileiras sobre os atributos dos serviços oferecidos e que pareceram fundamentais para a imagem da marca objeto das análises.

BEUELK, Mirelle G. Pesquisa de satisfação de clientes: um estudo no setor de TV por assinatura. In: **Encontro da ANPAD 22**, 27 a 30 set. 1998. Foz do Iguaçu. Resumo dos trabalhos — ENANPAD 98, p. 114. Mostra como oscila o grau de satisfação dos clientes da empresa Net em função de suas formas de prestar serviços.

CAETANO, José Roberto. Sedução. O grupo Pão de Açúcar faz de tudo para agarrar os clientes. Dá resultado? **Exame**. São Paulo, Abril, ed. 711, 05 abr. 2000. Comenta as promoções do Pão de Açúcar com o fim de atrair clientes, tais como festas-bailes com distribuição gratuita de produtos e com a apresentação de cantores famosos.

QUEIROZ, Adele, MIRAPALHETA, Gustavo C., PRETTO, Fernando N. Relevância de dois fatores na percepção de qualidade em SAC's (Serviço de Atendimento ao Consumidor). **Revista de Administração de Empresas**. São Paulo, EAESP-FGV, ano

---

* As referências bibliográficas deste livro obedecem à norma ABNT NBR 6023 emitida pela Associação Brasileira de Normas Técnicas em 23 de agosto de 1989, p. 5, obrigatória para qualquer obra escrita publicada ou não, **o que inclui trabalhos escolares.**

39, n. 2, abr./jun. 1999. Explica que a qualidade percebida pelo consumidor perante os SAC´s é influenciada mais pela percepção desta qualidade do que pelos problemas que gerou a reclamação.

REVOLUCIONE A SALA DE AULA. **Veja**. São Paulo, Abril, ed. 1671, ano 33, n. 30, 26 jul. 2000. Stephen Kanitz relata a experiência de ensino em faculdades americanas onde os alunos são incentivados a desenvolver o raciocínio, convencer colegas nas discussões técnicas, resolver conflitos de opinião e alcançar um acordo para ações construtivas.

ADMINISTRAR ORGANIZAÇÕES 2

A necessidade social de os doentes serem tratados propiciou o aparecimento do curandeiro da tribo, depois, do "físico" da Idade Média e, por fim, do médico atual. Com isso, a Medicina foi institucionalizada através dos tempos, à semelhança da Advocacia, Farmácia e Engenharia. Dentro de um processo semelhante, a necessidade de as organizações terem alguém que conduza suas operações presentes e futuras fez surgir a figura do administrador, de início um prático hábil e hoje um profissional, diplomado ou não.

Em decorrência, a Administração também se institucionalizou. Entretanto, diferente de outras profissões tradicionais, a do administrador ainda não é bem explicitada em suas funções, nem o que é a Administração. Assim, este capítulo pretende tornar claro quem é e o que faz o **administrador**, bem como em que consiste a **Administração**.

2.1 QUEM É E O QUE FAZ O ADMINISTRADOR

Os administradores sempre existiram, porém com características diferentes ao longo da história, mudando à proporção que as organizações se alteravam até chegar ao profissional dos dias atuais. Todavia, mesmo hoje suas funções não se tornaram claras, ficando ainda mais complicadas com a variedade de termos com significados imprecisos, como chefe, gerente e executivo. Ademais, essas designações **não** correspondem diretamente ao inglês *manager*, *administrator* e *executive*. Da mesma forma, o cargo de diretor nas sociedades anônimas é chamado pelos norte-americanos de *vice-president*. Por essas razões, é importante tornar explícito quem é administrador e o que ele faz.

2.1.1 A organização fez surgir a profissão de administrador

O melhor aproveitamento de áreas cultiváveis nas margens dos rios exigiu o planejamento e posterior execução de canais e, em conseqüência, a distribuição de água para os agricultores. Com o fim de atender essa necessidade, os monarcas locais nomeavam funcionários letrados com a função de administrar a irrigação e, evidentemente, cobrar impostos, arrecadando os excedentes da produção agrícola. Isso ocorreu na Antiguidade, seja na China, Egito e Mesopotâmia, seja na América com os incas, caracterizando o que se chamou "modo de produção asiático" (Tragtenberg, p. 25-28). Esses funcionários foram os antecessores dos atuais administradores, dentro das incipientes organizações encarregadas das obras públicas.

Essas e outras organizações do Estado cresceram no Império Romano, sendo administradas por cidadãos que garantiram a expansão de Roma até a invasão dos bárbaros. Somente no ano 1.000, em plena Idade Média, ressurgiram como funcionários nomeados pelos reis, vindos, principalmente, da burocracia eclesiástica, então o centro do saber. Diferentemente daqueles da Idade Antiga que trabalhavam para o Império, eles eram, antes de tudo, servidores dos monarcas e executores de suas ordens com o fim de concretizar a concentração política, uma das características da instituição feudal (Motta, 1986a, p. 39).

Já na Renascença, com o desenvolvimento tecnológico da construção de naus e caravelas, que permitiu expandir o comércio, surgiram empreendedores que reuniam artesãos em um só local para fabricarem, por exemplo, tecidos com a lã importada por eles, negociantes. Tais burgueses empregavam contadores, viajantes e controladores da produção, início da administração das organizações econômicas, ainda incipientes nessa era pré-capitalista.

Entretanto, foi a Revolução Industrial da segunda metade do século 19 que propiciou a criação de grandes empresas particulares, como as estradas de ferro nos Estados Unidos, as tecelagens na Inglaterra e os bancos e siderúrgicas no resto da Europa. Começou, assim, o chamado "modo de produção capitalista", quando empreendedores, alguns pouco escrupulosos, iniciaram grandes negócios e, com isso, acumularam capitais (Motta, 1986a, p. 54-55). Esses proprietários dirigiram suas empresas até o ponto em que o gigantismo delas, a saturação dos mercados e a sofisticação tecnológica exigiram maiores conhecimentos do que aqueles por eles possuídos. Por isso, passaram a empregar indivíduos hábeis, destinados a suprir suas deficiências no planejamento, operação e controle da produção. Surgiu, assim, um novo especialista, o **administrador profissional**, caracterizado por ser técnico e não necessariamente proprietário do capital (Drucker, 1981, p. 11-12).

A caracterização de Drucker exposta linhas atrás sugere existirem outras designações para os tipos de administradores. Bresser Pereira as diferencia em três, segundo a forma de atuarem na organização.

1. O que caracteriza o **administrador profissional** é a **competência** (e não a **obrigatoriedade** de ter **curso de Administração**), fato esse que o qualifica para ocupar cargos em organizações públicas e particulares.
2. Diferente é o caso do **empresário patrimonial**, que apenas é o proprietário do capital e não gerencia diretamente a empresa, mas recebe parte dos lucros como forma de compensar o dinheiro que investiu.
3. O administrador profissional também não se confunde com o **dirigente político**. Este é nomeado para dirigir empresas estatais ou repartições públicas em troca dos serviços prestados ou a prestar para o partido que no momento está no poder. Foi assim no partido comunista nos primórdios desse regime e continua hoje nos países subdesenvolvidos, onde se encontram amadores representando papéis de presidentes e diretores em órgãos governamentais de administração direta e indireta (Bresser Pereira, p. 16-26)

Outro fator para a ascendência do administrador foi o já citado crescimento das organizações particulares e das públicas ao nascer o capitalismo do Estado, bem como das religiosas e educacionais. Portanto, o gigantismo e sofisticação das organizações se estenderam, na segunda metade do século 20, para as Forças Armadas, universidades, repartições governamentais, igrejas e hospitais. Por isso, todas elas passaram a necessitar, também, de administradores profissionais (Drucker, 1981, p. 15-16).

2.1.2 As funções do administrador

Quanto menor for a extensão de uma palavra, isto é, o campo em que ela se aplica, mais precisa e fácil será conceituá-la. Assim, "caixa" designa o profissional com poucas e determinadas características e, por isso, de conceituação simples. Já "médico" é de extensão muito maior, pois engloba atividades díspares, como curar doentes, pesquisar, ensinar e até fazer autópsias, resultando em definição mais difícil e imprecisa. A dificuldade aumenta ainda mais com o termo administrador porque suas características ainda não estão firmemente estabelecidas, o que ocorre com profissões tradicionais, a exemplo de Advocacia, Odontologia, Engenharia e muitas outras.

Tendo em vista tais complexidades, buscamos uma forma de contornar o problema, não conceituando "administrador" e sim dando uma idéia do campo de suas atividades e do que dele se espera, ou, mais precisamente, de suas **funções** (palavra já definida no capítulo anterior).

A idéia básica é a existência de finalidades prévias que, para serem concretizadas, necessitam de ações. Como explanado em linhas anteriores, o que determina as ações do administrador é a necessidade de concretizar as finalidades da própria organização. Estas foram listadas no capítulo anterior como ser **eficaz**, **eficiente** e **perene**.

Para concretizar tais finalidades da organização é preciso que o administrador execute trabalhos específicos a cada situação, os quais podem ser considerados suas **funções**. Para efeitos didáticos, vamos listá-las em dois grupos. O primeiro engloba as **funções seqüenciais** dirigidas para o ente abstrato que chamamos organização e o segundo, as **funções contínuas** voltadas para as pessoas, internas ou não a essa microssociedade. A espiral da Figura 2.1 esquematiza as funções seqüenciais e o triângulo, as funções contínuas.

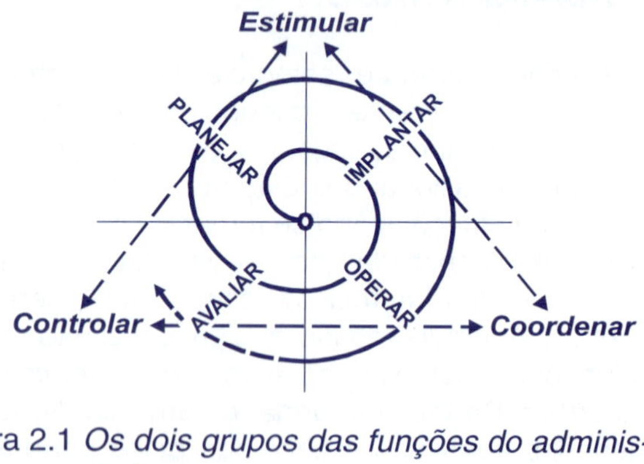

Figura 2.1 *Os dois grupos das funções do administrador.*

1. Funções **seqüenciais** dirigidas para a **organização** como um todo.
   - PLANEJAR. Quando amigos se associam para iniciar um empreendimento, por exemplo, uma firma de processamento de dados, é necessário pesquisar o mercado, decidir sobre os serviços a serem prestados e prever a estrutura exigida em termos de local, equipamentos, capital etc., ou seja, é preciso levar a efeito o planejamento.

- IMPLANTAR. Feitos os planos para a firma exemplificada é preciso concretizá-los alugando salas, comprando equipamentos, alocando pessoas, isto é, tornando o novo negócio uma realidade.
- OPERAR. A empresa de processamento fornece serviços aos clientes, compra materiais, recebe e paga contas dentro de suas operações do dia-a-dia, sendo necessário contatar os já fregueses, possíveis novos clientes, fornecedores atuais e futuros, bem como gerentes de bancos e empresas de serviços terceirizados, como de advocacia, limpeza e segurança.
- AVALIAR. Talvez os lucros obtidos estejam aquém dos esperados, significando que a firma não vai bem, possivelmente em virtude do aumento da concorrência ou simplesmente redução das compras de clientes, fatos esses percebidos comparando o concretizado com a nova realidade externa. De qualquer maneira, trata-se de **insatisfações com o estado dos negócios da organização**, que provocam no administrador medidas para tentar eliminá-las, mudando a condição atual da empresa para alcançar outra desejada. (Zaccarelli, 2000, p. 63 e 69).

Neste ponto, é importante notar que as inadequações que forem identificadas exigirão novas medidas, as quais devem ser iniciadas com um **segundo planejamento, implantação etc., repetindo a seqüência**. Tal fato deverá ocorrer várias vezes na existência de qualquer organização, razão pela qual a Figura 2.1 mostra as funções seqüenciais na forma de uma espiral que se expande com o tempo.

2. Funções **contínuas** voltadas para as **pessoas**.
   - ESTIMULAR. Os membros da organização trabalham porque esperam com isso satisfazer suas necessidades, razão pela qual o administrador deve estabelecer condições para que recebam o que pretendem e, em troca, produzam como desejado.
   - COORDENAR. Obviamente, a colaboração e a divisão do trabalho não são suficientes por si só para obter a sinergia, sendo necessário que haja a coordenação de esforços (chamada pelos autores “clássicos” de dirigir ou comandar).
   - CONTROLAR. Por várias razões, o que foi designado para fazer pode não corresponder com os resultados obtidos, sendo necessária a verificação da existência dessas discrepâncias e de medidas corretivas saneadoras.

As funções do administrador foram expostas de forma sucinta apenas para dar uma introdução ao trabalho que dele se espera, devendo ser mais detalhadas nos capítulos subseqüentes.

2.1.3 Administradores e especialistas

É comum dizer que o administrador é um generalista enquanto médicos, engenheiros, professores, torneiros-mecânicos e pedreiros são especialistas. A nosso ver, o administrador também é um especialista, mas somente que envolvido com atividades diferentes das tarefas das demais profissões, que não possuem as sete funções listadas no item anterior.

Com esse pressuposto, tanto o especialista em Engenharia que possui sua própria firma de construção civil quanto o especialista em Pedagogia que é sócio de um colégio exercem a especialidade de administradores, não obstante continuem a desempenhar a de suas profissões anteriores, seja de engenheiro, seja de professor. Da mesma forma, advogado, economista ou técnico em processamento de dados que ascendem na carreira hierárquica da grande empresa se tornam cada vez mais especialistas em Administração e menos em Direito, Economia ou Informática. A Figura 2.2 mostra essas mudanças de especialidade tanto para a grande quanto para a pequena organização (Hicks, p. 193).

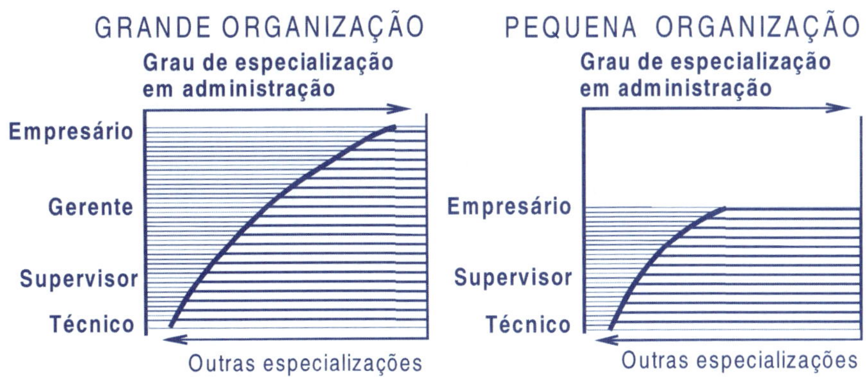

Figura 2.2 *Variação de especialidade em função do nível hierárquico e dimensões da organização*

Para concretizar, vamos supor que o empresário da organização de médio porte deva passar 60% de seu tempo em atividades administrativas (como os contatos externos com clientes, fornecedores e bancos) e os outros 40% restantes em atividades técnicas (como discutir com auxiliares a forma de ser fabricado novo produto, ou mesmo colocar "a mão na massa" consertando ou até operando algum equipamento).

Uma pergunta poderia ser feita: o que sucederá caso esse empresário inverta essa proporcionalidade considerada adequada a esse porte e tipo de organização? Para responder será necessário examinar duas situações:

1. a organização atravessa um período de mudanças, seja porque está transferindo instalações de local, seja porque alterou a linha de produtos ou serviços, seja por qualquer outro tipo de transição. É perceptível ser até obrigatória essa mudança do uso do tempo em cada função, mesmo porque decorre de fatores organizacionais;
2. completadas tais mudanças, a organização deve iniciar uma fase de estabilidade. Nessa etapa de sua vida organizacional, a inversão pode decorrer de inadequações da personalidade do administrador. Existem vários exemplos desse tipo de falha, porém o mais comum é o empresário preferir continuar técnico e não assumir o papel de dirigente, cujas conseqüências desastrosas são fáceis de prever (Marcondes & Bernardes, p. 146-147).

Poder-se-iam especificar as diferenças quando a mesma pessoa desempenha o papel de administrador e quando o de técnico? Sim, mas desde que de maneira simplificada, ou seja:

- como **administrador,** exerce as sete funções listadas linhas atrás;
- como **técnico,** executa tarefas típicas de sua especialidade profissional que não as de administrador.

A diferença entre ambos fica mais clara comparando o que faz o mesmo indivíduo, como diretor de uma escola em seu gabinete e como professor na sala de aula. A maneira mais fácil de verificar em dada organização qual desses dois papéis é predominante consiste em observar se o dirigente atende com mais boa vontade quem vem trazer problemas tecnológicos ou quem pede diretrizes administrativas. Todavia, no mundo real é comum encontrar diretores e presidentes continuando como engenheiros, advogados ou médicos e não como administradores. Isso pode ser comprovado quando o tesoureiro ou o gerente de pessoal perde tempo esperando na ante-sala enquanto o pretenso executivo resolve problemas técnicos com engenheiros ou *nerds* viciados em computação...

Observando a Figura 2.2, o leitor pode estranhar que o especialista, incumbido de executar tarefas, seja, em parte, também um administrador. Além disso, pode argumentar que essa mesma figura, em outros livros de Administração, mostra as atividades gerenciais nesse nível hierárquico como sendo nulas. Tal ponto de vista até podia aproximar-se da realidade, mas isso antes da metade do século passado. Hoje a concepção de nível técnico é diferente, pois nele situa-se o médico do hospital, que precisa planejar, executar e avaliar a operação que perfaz em um paciente, além de coordenar sua equipe e controlar os resultados. De maneira semelhante, o operário da linha de montagem na empresa que estabeleceu a prática desenvolvida no Japão conhecida por *kanban* tem de controlar a perfeição do produto que executa, inclusive tendo autoridade de parar toda a produção se perceber que ocorreram defeitos na máquina que opera ou na do posto que o antecede. É preciso não esquecer que estamos no século 21 do terceiro milênio e a organização que mantém idéias e práticas ultrapassadas trilha o caminho da falência.

2.2 EM QUE CONSISTE A ADMINISTRAÇÃO?

Dizer que a Administração é a profissão do administrador, como Farmácia é a do farmacêutico ou a Odontologia é a do dentista, não esclarece muita coisa. Também expor qual é seu objeto nada faz senão repetir o que já foi dito, ou seja, seu campo é a organização. Resta dar apenas uma idéia sobre em que ela consiste, sem tentar definições, aliás o que se costuma fazer com Engenharia, Agronomia e outras mais.

2.2.1 Administração: ciência, arte ou prática?

Pelo fato de autores que escreveram livros durante o século 20 terem tomado partido por uma dessas três possibilidades, é preciso esclarecer a que deve ser mais correta. Aliás, isso nem deveria ser preciso, pois em outras profissões ditas liberais tal assunto nem sequer é levantado, possivelmente por ser julgado irrelevante.

1. **Administração como ciência**. Para começar, é preciso verificar se Administração se enquadra no conceito de "ciência". As muitas definições desta última têm o ponto comum de enfocarem:
   - o conhecimento sistematizado de um objeto (Lakatos & Marconi, p. 22-23);
   - com o fim de explicar e prever fenômenos (Nagel, p. 17).

   O "objeto" da Administração é bem explícito, ou seja, as organizações, porém sua finalidade última não é o conhecimento pelo conhecimento nem explicações de fenômenos e sim as realizações concretas que busquem satisfazer necessidades sociais, tanto de clientes quanto de participantes (Drucker, 1981, p. 10). Neste ponto assemelha-se a profissões como

Engenharia (construção e fabricação de bens) ou Medicina e Veterinária (prevenção e cura de doenças). Portanto, não se pode considerar a Administração como ciência na plena acepção do termo, e sim aplicação de várias ciências, em especial da Antropologia, Sociologia, Psicologia, Economia, Direito, Política e Matemática (Motta, 1974, p. 8). Aliás, o mesmo ocorre com outras profissões, a exemplo da Medicina (que utiliza a Biologia) e a Engenharia (que se apóia na Física).

Para completar, o leitor pode consultar textos que listam as ciências e neles não vai encontrar Administração. Além disso, modernamente nem mesmo a Matemática é incluída, pois hoje é vista como resultado de construções lógicas e não decorrente de pesquisas sobre fenômenos da natureza. Pelo exposto, a técnica chamada de Administração Científica por Taylor e seguidores deve ser considerada "não científica". Muitas das chamadas Teorias mencionadas na literatura de Administração devem seguir o mesmo caminho, a exemplo da conhecida Teoria dos Sistemas Gerais, que não passa de um **método** para entender entidades complexas.

Todavia, algumas devem ser consideradas como tais, a exemplo da Teoria Comportamental, que teve como origem pesquisas levadas a efeito dentro de organizações por cientistas sociais, cujo objeto era o de estudar comportamentos de seus participantes e não o de prescrever medidas para aumentar a eficiência e eficácia do trabalho.

2. **Administração como arte**. Seria uma arte? Em parte sim, em virtude de esse termo ser de grande extensão e, por isso, englobar quase todas as profissões. Isso pode ser verificado abrindo qualquer dicionário, onde se encontra "arte de curar", "artes gráficas" e até "artefato", este um dos produtos das organizações econômicas. Entretanto, a arte é uma criação individual, enquanto a Administração é mais que tudo prescritiva para conseguir realizações concretas pelo trabalho coletivo de pessoas, fato esse que, em princípio, a classifica somente como prática.
3. **Administração como prática**. Resta, então, considerá-la como a aplicação de técnicas, tal qual as profissões que são ativas (por intervirem no ambiente) e não passivas como a de cientista (porque se limita a observar, descrever e explicar fenômenos da natureza).

Este último enfoque nos leva a fazer várias considerações importantes para o posicionamento do administrador diante das organizações, da sociedade e de si mesmo.

1. Sendo a Administração uma **prática**, sua aprendizagem só será eficiente e eficaz caso vivenciada dentro das organizações, como a Medicina nos hospitais e a Advocacia nos tribunais.
2. Como técnica, é antes de tudo **prescritiva e normativa** (no sentido de prescrever **o que** deve ser feito e especificar **como** deve ser realizado), a exemplo da Farmácia na preparação de remédios e a Engenharia na construção de estradas, pontes e edifícios. Por isso, é importante saber o *how to do*, apesar da conotação negativa dessa expressão, que sugere ser o administrador um seguidor de manuais.
3. Não sendo ciência, **existe mais de uma forma certa de fazer as coisas**, como na Agronomia para cultivar cereal ou criar gado leiteiro e na Advocacia para ajuizar uma ação reivindicatória contra o Estado.
4. Dependendo da explicação de fenômenos, sobretudo sociais, tornam-se necessários **conhecimentos de ciências**, como Sociologia, Psicologia, Matemática e Economia, a serem obtidos em cursos formais.
5. Sendo prescritiva, **varia no tempo e no espaço**, de sorte que muda de acordo com o avanço da tecnologia e as alterações sociais, não havendo garantia de sucesso nos "transplantes" dos acertos obtidos em uma sociedade quando transferidos para outras, sejam regiões do mesmo país, sejam nações de mundos diferentes.
6. Não sendo ciência, é **ideológica**, no sentido de adequar-se às exigências das estruturas sociais, econômicas e governamentais dominantes (Covre, p. 33). Aliás, essa é característica comum a outras profissões que realizam coisas concretas, que são direcionadas mais para satisfazer determinadas classes da sociedade.
7. Diferentemente de outras práticas que fazem experimentos (a exemplo de transplantes de coração ou edificações pré-fabricadas), os pesquisadores de Administração apenas descrevem as **mudanças organizacionais levadas a efeito por práticos e que deram certo por tornarem as organizações mais eficazes e eficientes**. Esses tipos de pesquisas, se transferidos para outras práticas, como a Medicina, descreveriam as técnicas empregadas por curandeiros para tratar doentes e, após, iriam sugerir que fossem utilizadas pelos médicos. Uma explicação para essas dificuldades talvez seja a resistência oferecida pelas organizações para nelas se levarem a efeito experimentos de novas formas de administrar, principalmente pelo temor de trazerem prejuízos econômicos.

2.2.2 A institucionalização da Administração no Brasil

Para começar, a Legislação Federal distinguiu o Administrador de Empresas do que denominou Administrador Público, este como sendo o bacharel especializado em gerenciar Repartições Federais, Estaduais e Municipais, além das empresas do Estado e até particulares. Hoje essa distinção caiu em desuso, mesmo porque as escolas deixaram de ministrar cursos de Administração Pública.

Semelhante ao caso de outras profissões, a mesma Lei Federal criou uma organização para fiscalizar o exercício da ocupação do administrador, ou seja, o Conselho Federal de Administração — CFA, na forma de autarquia subordinada ao Ministério do Trabalho, coordenando cada Conselho Regional de Administração nos Estados da Federação, os CRA. Quem estiver interessado em obter mais informações poderá consultar os *sites* desses Conselhos, que genericamente são: http:/www.cra**xx** gov.br, sendo **xx** as duas letras da sigla correpondente ao Estado do consulente.

Depois de regulamentar a profissão era preciso legislar sobre os cursos do bacharelado correspondente. Foi o que fez em 1966 o Ministério da Educação, para anos depois incluir os que conduzem ao Mestrado e ao Doutorado, conhecidos por cursos de pós-graduação *stricto sensu*. Posteriormente, o mesmo Ministério instituiu os cursos denominados *lato sensu* destinados ao ensino de Administração para graduados em outras profissões, mas que, na verdade, formam administradores, complementando seus bacharelados anteriores. Todavia, algumas escolas não os diplomam como tal, a exemplo dos chamados de "extensão" profissional, como os de muitos cursos espalhados pelo país, alguns ministrados por firmas de consultoria.

Esta rápida pincelada na institucionalização do administrador não pode deixar de lado as Escolas de Administração no Brasil. Seu início remonta à década de 50, quando empresas multinacionais passaram a construir fábricas no país e o Governo a investir maciçamente na fundação de empresas estatais dentro do "modo de produção capitalista do Estado", momento esse que surgiu a necessidade do administrador profissional. Com isso, as escolas se multiplicaram para fornecer mão-de-obra para os cargos gerenciais médios, com possibilidade de ascensão na carreira, especialmente nas grandes empresas. Por essa origem, os modelos ensinados eram os americanos, com ênfase em multinacionais como General Motors e outras.

Entretanto, a saturação do mercado de administradores causada pelo aumento desmedido do número desses profissionais e pela recessão econômica iniciada na década de 80 fez com que o número de escolas estabilizasse. Ao mesmo tempo, o ensino ampliou-se ao incluir outros modelos administrativos, a exemplo do japonês, e a enfatizar a empresa brasileira, inclusive as de pequeno e médio porte.

É importante salientar o fato de escolas mais conhecidas terem incluído no currículo disciplinas destinadas a formar administradores capazes de gerir seus próprios negócios como empreendedores ou empresários, e não mais como simples empregados. Esse fato ainda pouco divulgado levou o Ministério da Educação a incluir no exame conhecido por "**Provão**"*, no perfil delineado para o graduado, a frase: "competência para **empreender**, analisando criticamente as organizações e antecipando e provendo suas transformações".

Neste ponto é importante tornar claro o significado da palavra empreendedor.

Empreendedor é toda pessoa que identifica necessidades de clientes potenciais e, como oportunidade de negócio para satisfazê-las, cria uma empresa ou modifica a já existente.

Difere do empresário porque este apenas dirige a empresa criada por algum empreendedor (talvez ele próprio ou outro administrador).

Empresário é aquele ou aquela que **mantém** e expande um negócio existente, garantindo que seja rentável e perdure no tempo (Marcondes & Bernardes, p. 19-20).

Um outro tipo de administrador, que neste terceiro milênio está sendo cada vez mais requisitado, é o do *intrapreneur*.

Intrapreneur é o administrador que, como empregado, cria um novo negócio para a organização na qual trabalha.

Essa palavra é um neologismo americano significando "empreendedor interno". É o caso do gerente designado para abrir uma nova filial da empresa, ou então, um empregado que percebe nova oportunidade ainda dentro do ramo de negócios e fica incumbido de concretizá-la, por exemplo, criando um setor para fabricar algum produto.

Complementando a análise dos assuntos empresariais, é interessante observar que no Japão a profissão de administrador não é regulamentada por leis, não existem Escolas de Administração (pelo menos nos moldes das brasileiras) e a aprendizagem das funções administrativas é feita nas próprias empresas à proporção que o profissional ascende na carreira. Deixamos para o leitor refletir sobre esse fato, que ocorre em uma das maiores economias mundiais...

Repetindo, na época em que este livro foi escrito, o Ministério da Educação já tinha determinado que os

* Nas páginas finais deste livro poderão ser encontradas as normas do Ministério da Educação referentes às matérias e ao perfil desejado dos formandos em Administração, que no ano 2000 submeteram-se ao exame conhecido por "Provão".

graduandos em diversos cursos de nível universitário se submetessem ao "**Provão**", destinado a avaliar, não os alunos em si, mas a eficácia e eficiência do ensino ministrado pelas escolas de nível universitário por eles freqüentadas. Entre os profissionais, cujas capacitações devem ser mensuradas, desde 1996 estão as do administrador. Por essa razão, **este livro pretende fornecer conhecimentos básicos de Administração para esses futuros examinandos**. Ademais, aborda temas com o fim de fornecer uma visão integrada, embora sintética, do que são empresas e organizações, cujo detalhamento fica a cargo das demais matérias dos cursos formais. Por outro lado, o administrador prático tem nos seus capítulos informações que pode aproveitar com o fim de tornar seus negócios mais eficazes e eficientes, o que significa mais rentáveis.

TÓPICOS PARA EXPOSIÇÕES

2.1.1 A organização fez surgir a profissão de administrador

a) Explicar, dando exemplos, que a função de administrar organizações é muito antiga, existindo no antigo Egito, na Mesopotâmia, China e até no império dos incas. Todavia, somente no final do século 19 surgiu o **administrador profissional**, com a criação das grandes manufaturas durante a chamada Revolução Industrial. b) Tendo por base três exemplos de organizações, mostrar que o administrador profissional caracteriza-se pela **competência** e **não por ter diploma**, e que se diferencia tanto do administrador **patrimonial** (que é proprietário de indústrias e terras) quanto do dirigente **político** (que é nomeado para dirigir empresas estatais e repartições públicas por serviços prestados a partidos políticos).

2.1.2 As funções do administrador

a) Com base no Capítulo 1 explicar que, para uma organização ser eficaz, eficiente e perene no tempo, é necessário que as pessoas que a administram exerçam trabalhos específicos, os quais podem ser classificados como **funções** do administrador. b) Com base na Figura 2.1 e exemplos, explicar as quatro funções **seqüenciais** do administrador. c) Idem, para as três funções **contínuas**.

2.1.3 Administradores e especialistas

a) Explicar que o administrador é um profissional especializado em gerenciar organizações e não um generalista como alguns livros mencionam. b) Baseando-se em exemplos, mostrar que a pessoa exerce ao mesmo tempo a função de administrador e de outra especialidade, como médico, engenheiro etc. c) Com base na Figura 2.2 e exemplos, mostrar que as pessoas exercem, ao mesmo tempo, o papel de administrador e de outra profissão, cuja relação depende do porte e tipo de organização. d) Idem, em relação aos níveis hierárquicos ocupados.

2.2.1 Administração: ciência, arte ou prática?

a) Com base em uma definição de ciência, mostrar que a Administração não se enquadra nesse conceito, da mesma forma que Engenharia, Medicina, Advocacia etc., embora autores a considerem como tal. b) Mostrar que apesar de ter alguns aspetos de uma arte, também não pode ser considerada como tal. c) Resta considerá-la como **prática**, a exemplo de outras profissões. d) Expor resumidamente as sete considerações decorrentes de ser uma prática.

2.2.2 A institucionalização da Administração no Brasil

a) Explicar que a profissão de administrador é regulamentada por Lei Federal que, também, criou o CFA federal e os CRA estaduais, ambos subordinados ao Ministério do Trabalho. b) Explicar que o ensino de Administração é regulamentado pelo Ministério da Educação, que criou o exame conhecido por "**Provão**" com o fim de avaliar o ensino ministrado pelas escolas por meio das respostas dadas pelos seus graduandos (destacar que, no final deste livro, podem-se encontrar as diretrizes para o realizado no ano 2000). c) Explicar que as escolas de Administração enfatizavam, no seu início, apenas empresas americanas, mas que hoje examinam outras organizações, inclusive brasileiras. d) Destacar que as escolas passaram a ensinar técnicas e habilidades para o aluno vir a ser um **empreendedor**, criando empresa própria ou expandindo a que trabalha, além de enfocar o desempenho de cargos gerenciais em níveis médios.

QUESTÕES DE APLICAÇÃO

1. De acordo com a citada tipologia de administradores proposta pelo ex-ministro Bresser Pereira informe, justificando suas respostas, como deveriam ser classificados: a) os tão mencionados pela literatura de Administração, engenheiros Frederick Taylor e Henri Fayol, o idealizador da empresa divisionalizada, Alfred Sloan, que foi presidente da General Motors americana, e o advogado austríaco Peter Drucker; b) apesar de exceções, a maioria dos ministros de Estado e presidentes e diretores das companhias estatais.
2. Informe, justificando suas respostas, quais atividades listadas a seguir são funções típicas de admi-

nistradores: a) operar computadores para emissão dos documentos para a contabilidade da empresa; b) obter informações sobre novos produtos fabricados ou serviços prestados por concorrentes; c) controlar os horários de entradas e saídas de empregados.

3. Redesenhe a Figura 2.2 e nela posicione as sucessivas relações administrador/técnico do médico dr. Adib Jatene quando: a) tinha um consultório com apenas uma atendente; b) era um dos proprietários do Hospital do Coração, mas continuava fazendo operações; c) foi ministro da Saúde, mas ainda operava quase diariamente; d) informe, justificando sua resposta, em qual dos três níveis a relação técnico/administrador era inadequada.
4. Partindo do pressuposto de que a Administração é uma prática, informe (justificando as respostas) sua opinião a respeito de: a) qual das sete considerações é mais importante para ser levada em conta pelos alunos de um curso de Administração; b) seu maior interesse é de aprender técnicas para ser um gerente eficiente ou para se tornar um empreendedor criando empresa própria.

DISCUSSÃO EM GRUPOS

O caso da fábrica de plásticos (1ª parte)

Uma pequena indústria que fabrica folhas e frutos de plástico para decorações tem como proprietários os Gerentes de **Vendas** e de **Produção**, e como empregado o Gerente de **Finanças**. O gerente de Finanças analisou os balancetes mensais e verificou que, diferentemente do planejado para o exercício corrente, as vendas caíam enquanto os preços da matéria-prima subiam. Por isso, instou com os outros gerentes para que os custos fossem reduzidos ao máximo. Assim foi feito, sendo dispensados vários trabalhadores, cortado o cafezinho e economizados gastos com papel de escritório, o que não melhorou a situação.

Nesse meio tempo, o Gerente de Vendas saiu a campo fazendo ele mesmo pesquisas de mercado, tendo verificado que as folhas e frutos artificiais estavam sendo importados da China com excelente acabamento e a preços baixíssimos. Por outro lado, percebeu que as escolas de samba gastavam fortunas com plumas de aves. Diante disso, lutou junto aos dois gerentes até convencê-los a abandonarem a atual linha de produtos e passarem à fabricação de plumas de plástico.

Convencido diante dos fatos, o Gerente de Produção arregaçou as mangas e, juntamente com operários da fábrica, fez diversas experiências até conseguir plumas que, apesar de serem inferiores às naturais, tinham a vantagem de custar dez vezes menos, durarem mais e aceitarem colagem quando quebradas.

Verificada a viabilidade de fabricação, o Gerente de Vendas conseguiu contratos de fornecimento para escolas de samba e o Gerente Financeiro executou ele mesmo o Orçamento-Programa para os gastos de acordo com as informações técnicas fornecidas pelo Gerente de Produção, conseguindo empréstimos de agentes financeiros para custear a compra das novas máquinas especificadas pelo Gerente de Produção.

Desenhe um quadro de três linhas e três colunas, preenchendo a primeira coluna com os cargos de cada um dos três gerentes, a segunda com as respostas da questão indicada para o seu grupo e a terceira com a justificativa de cada resposta.

Questões para cada grupo responder

1. Quais gerentes eram, respectivamente, administrador profissional, dirigente político, empresário patrimonial ou combinação de dois ou três desses tipos?
2. Para cada um dos gerentes, quais eram as atividades exercidas que estão incluídas nas sete típicas do administrador?
3. Para cada gerente, quais eram as atividades exercidas que são típicas de especialistas e não típicas do administrador?
4. a) Qual dos gerentes era mais "empreendedor"? b) Qual desempenhava mais as funções de "gerente"? c) Qual podia ser classificado como "supervisor"?
5. a) Qual gerente **deflagrou** com novas informações o processo seqüencial de mais uma volta na espiral da Figura 2.1, a ser iniciada com um novo planejamento? b) Qual ou quais gerentes elaboraram o novo planejamento?

LEITURAS COMPLEMENTARES

CAETANO, José Roberto. Sem choro. **Exame**. São Paulo, Abril, ed. 709, 08 mar. 2000. O artigo mostra as realizações de antigo presidente da Parmalat e o processo de transição para um novo ocupante do cargo.

CAIXETA, Nely. Mulher no leme. Celina Torrealba Carpi ajudou o Grupo Libra a buscar outros horizontes além da navegação. **Exame**. São Paulo, Abril, ed. 707, 09 fev. 2000. Caso de mulher administradora casada e com três filhos que está transformando e ampliando os negócios deixados pelo avô.

MACHADO, Hilka V. Tendências do comportamento gerencial da mulher empreendedora. In: **Encontro da ANPAD 23**, 19 a 22 set. 1999. Foz do Iguaçu. Resumo dos trabalhos — ENANPAD 99, p. 139. Apresenta os resultados de pesquisa mostrando haver tendências no comportamento gerencial das mulheres caracterizadas por: objetivos claros; estruturas simples; estilos cooperativos de liderança; e, ênfase na qualidade.

MOREIRA, Daniel Augusto. Natureza e fontes de conhecimento em administração. **Revista de Administração *On Line***. São Paulo, FECAP, v. 1, n. 1, jan./mar., 2000. Disponível em: <http://www.fecap.br/adm_online/art11/daniel.htm>. Acesso em: 15 out. 2001. Artigo extenso, técnico e detalhado, mostrando que a Administração é uma prática e não uma ciência. Pode ser baixado por *download*, pois a revista é virtual.

REVISTA DO PROVÃO. Como será a prova. Brasília, **Instituto Nacional de Estudos e Pesquisas Educacionais**, n. 5, 2000. p. 31. Edição anual. Orientação para os alunos ficarem cientes do que o Ministério da Educação espera da formação prática e teórica dos futuros administradores.

SUCESSO SEM SAIR DE CASA. **Pequenas Empresas Grandes Negócios**. São Paulo, Globo, ano 13, n. 145, fev. 2001. Negócio próprio iniciado em 1996 por uma empreendedora, com o fim de fornecer alimentos finos a clientes sofisticados, sendo preparados pela própria empresária em sua residência.

VASSALO, Claudia. Do Brasil para o mundo. Quem dá certo, dá certo em qualquer lugar. **Exame**. São Paulo, Abril, ed. 708, 23 fev. 2000. Explica que os executivos estrangeiros que hoje ocupam cargos importantes nas matrizes de suas empresas tiveram boa parte de sua formação profissional feita aqui no Brasil.

3 AS TEORIAS DA ADMINISTRAÇÃO MUDAM COM O TEMPO

Aparentemente, o título acima é incongruente com o nosso ponto de vista de que muitas das chamadas Teorias de Administração são, na realidade, práticas prescritivas e normativas, à semelhança das de obturar dentes na Odontologia, construir pontes na Engenharia e defender réus na Advocacia. Como explicado em capítulo anterior, todas essas profissões, inclusive a Administração, são práticas e não ciências. Portanto, não se incluem nas de cientistas como físicos, astrônomos, biólogos e outros mais, que teorizam para descrever e explicar fenômenos naturais percebidos pelos nossos sentidos.

Acontece que as confusões começaram a ocorrer já no fim do século 19 pelo desconhecimento por parte dos administradores práticos do que podia ser chamado de ciência. Por essa falha, surgiu a chamada Administração "científica" de Taylor e seguidores, que na verdade são técnicas para aumentar a produção de bens fabricados em série. Prosseguindo, no decorrer do século 20 cientistas sociais fizeram pesquisas para explicar a motivação da pessoa humana para se comportar desta ou daquela maneira. Todavia, apesar dos cuidados de muitos deles nem todas foram levadas a efeito como determinam as metodologias da ciência com o fim de comprovar as hipóteses levantadas. Por exemplo, a Teoria da Hierarquia de Necessidades proposta por Abraham Maslow e tão mencionada pela literatura de Administração, posteriormente foi verificada ser falha (Lawler *et alii*). De qualquer maneira, algumas delas podem ser consideradas teorias (mas não de Administração) por se limitarem a explicar aspetos psicológicos do comportamento das pessoas que trabalham em organizações. O mesmo pode-se dizer dos que estudaram as organizações como microssociedades que são, preocupando-se apenas em explicar fenômenos sociais e não em prescrever medidas para torná-las mais produtivas.

Com tais ressalvas, este capítulo procura corroborar o fato já mencionado de que o **avanço tecnológico** é o maior responsável pelas mudanças nas organizações e, em decorrência, nas teorias, ou melhor, nas **práticas administrativas**, fazendo com que se **alterem** no decorrer do tempo.

3.1 O PROGRESSO TECNOLÓGICO ALTERA AS ORGANIZAÇÕES

Os estudos da sensação que denominamos "luz" originaram a teoria da propagação ondulatória em **linha reta**, só desviada quando atravessasse meio diferente, fato esse que Isaac Newton confirmou. Mais tarde, a descoberta de fótons foi aproveitada por Einstein para evoluir a teoria anterior ao propor que, em razão dessas partículas possuírem massa, a luz devia se propagar em **linha curva** quando ficasse sujeita a campos gravitacionais intensos. Isso foi comprovado anos atrás no eclipse total do Sol visto no Chile, ao ser observado o desvio aparente da posição de uma estrela.

Tais evoluções também ocorrem com as práticas da Administração por força de novos conhecimentos? **Sim**, pelo simples motivo de as descobertas trazerem outras tecnologias que obrigam a completas mudanças de bens fabricados e serviços prestados, criando outros tipos de organizações e, por isso, exigentes de administradores atualizados com novas maneiras de administrar.

3.1.1 As primeiras etapas nas mudanças da organização

Nos capítulos anteriores foi explicada a evolução da figura dos administradores assalariados no início do século 20 se comparada com a dos existentes no final do 19.

A partir do começo do século 20 e até poucos anos antes da Segunda Guerra Mundial foram criadas várias práticas administrativas, tendo por principal enfoque o aumento da produção, seja atuando sobre os operários, seja sobre a estrutura da organização. Para efeitos didáticos, essas várias práticas da primeira metade do século 20 serão descritas dentro de três conjuntos. O primeiro engloba as que enfatizam a fabricação de produtos em série, o segundo destaca o processo de administrar organizações e o terceiro analisa os comportamentos do trabalhador.

1. **O aumento da produção**. Por séculos a fio a produção de bens desenvolveu-se lentamente até que o conhecimento acumulado agregou suficiente massa crítica para permitir as grandes invenções. Assim, no século 19 os novos processos para a produção de aço facilitaram a criação da máquina a vapor e do tear mecânico, seguindo-se a construção de estradas de ferro e de grandes navios pela exigência de transportar o grande volume de produtos e dos insumos necessários para sua fabricação.

   Na Europa e, principalmente, na Inglaterra, dois fenômenos, então, ocorreram, resultando em um único evento; a produção dos novos bens deixou de ser artesanal para tornar-se em série. Isso somente é possível de ser levado a efeito dentro de grandes edifícios, as fábricas, que para esse fim foram construídos. Além disso, a necessidade de pastos para a criação de ovelhas destinadas a fornecer lã para as tecelagens serviu de motivo para a expulsão dos lavradores meeiros das grandes propriedades rurais (Galbraith, p. 18). Dessa maneira, a possibilidade de emprego nas fábricas em expansão e a redução das lavouras fizeram com que camponeses iletrados e sem habilitações lotassem as cidades para trabalhar nas indústrias nascentes. Fenômeno semelhante ocorreu na região norte dos Estados Unidos, somente que com imigrantes vindos da Europa.

   Nestas condições, no final do século 19 e início do 20, a necessidade de produzir cada vez mais com mão-de-obra sem qualificações fez com que engenheiros de produção ganhassem proeminência por depender deles o lucro dos proprietários, que pouco entendiam do assunto. Pagos para obter produtividade, esses especialistas desenvolveram métodos sob o nome de "Administração Científica" (que nada tinha de científico), para serem utilizados dentro das tecnologias simples da época com operários interessados mais que tudo em salários para sobreviver.

   Com isso, os primeiros administradores da produção deram grande importância às tecnologias, criando processos eficientes de fazer as coisas e não ciência explicativa de fenômenos organizacionais. O sentido ideológico de suas práticas é evidente, pois visavam o aumento da produtividade e, em decorrência, o crescimento dos lucros dos patrões que os pagavam e, em contrapartida, salários maiores para a mão-de-obra pelo melhor rendimento do trabalho.

   Tais métodos se mostraram particularmente eficientes, tanto assim que a produção cresceu enormemente. Por esse motivo, foram tentados transplantes das técnicas e prescrições para outros tipos de trabalho, a exemplo dos de escritório, que na maior parte fracassaram porque não fabricavam peças em série. O sucesso no aumento da produção tornou mundialmente conhecidos os idealizadores da racionalização do trabalho, entre outros nomes os dos americanos Frederick W. Taylor, Henry L. Gantt e Frank Gilbreth. É interessante observar que todos eles visavam a eficiência pelo treinamento do operário para produzir mais em menos tempo e, como incentivo, ganhar por peça fabricada.

   Neste ponto seria possível perguntar: nos dias de hoje, após 100 anos da elaboração dessas práticas, elas ainda se aplicam? Sim, por exemplo, as franquias McDonald's empregam a linha de montagem para atender pedidos de clientes semelhantes à das fábricas do início do século passado.

2. **A melhoria das funções administrativas**. Talvez até mesmo antes de o ser humano fixar-se na terra e erigir cidades, já havia a tendência de o rei, faraó ou imperador criar um corpo de auxiliares para guerrear, dirimir dúvidas, transacionar com os deuses e arrecadar o excedente da produção (mesmo que não houvesse) na forma de impostos. Para operacionalizar a obtenção de tais resultados, a esses súditos foram designadas funções bem definidas e fixas dentro de uma estrutura de cargos, apoiadas por crenças e valores (como a da origem divina do potentado) e, naturalmente, também por normas e leis explicitando o que, como e quando fazer. Nasceu, assim, a burocracia do Estado.

   Ora, as grandes empresas comerciais particulares criadas a partir da época dos descobrimentos (como a Companhia das Índias) e as indústrias do século 19 copiaram esse modelo burocrático à falta de outro melhor, já que se mostrava eficiente para ministrar a justiça, conquistar países e arrecadar impostos. Com isso, a empresa adotou a rigidez de funções e estrutura, a obediência às normas, a impessoalidade na admissão e promoção de pessoal, bem como até o jargão militar, a exemplo de "recrutamento", "seleção", "unidade de comando", "estratégia", "táticas", "*staff*" e "escalões hierárquicos".

   Quem ficou mais conhecido por transpor essa rigidez militar para as empresas foi o francês Henri Fayol, após ser promovido a diretor administrativo de uma grande empresa mineradora de carvão na França. Apesar de engenheiro como seu contemporâneo Frederick W. Taylor do outro lado do Atlântico, seu enfoque era outro, ou seja, o de prescrever técnicas administrativas para gerentes dos altos escalões hierárquicos que trabalhavam à luz do sol ao contrário dos encarregados e mineiros que extraíam carvão no escuro dos túneis. Depois de publicar seu único livro sobre planejamento, unidade de comando, coordenação, disciplina, controle e outras funções de chefias, Fayol ficou tão conhecido que suas prescrições receberam o rótulo de **Teoria Clássica** da Administração.

Em paralelo às suas idéias, é interessante notar que na primeira metade do século 20 teóricos da Administração se apoiaram nas explanações feitas por um sociólogo, o alemão Max Weber, a respeito do **modelo burocrático** do Estado, e o transferiram para empresas produtoras de bens e serviços. Acontece que Weber estudou as burocracias como cientista que explica um fenômeno, vendo nelas **um grande perigo para o Homem por sentir nos burocratas a tendência de dominar a sociedade, sendo ótimos funcionários, mas péssimos estadistas** (Tragtenberg, p. 139-140). Essa observação não costuma ser mencionada pela literatura, o que dá ao leitor a falsa impressão de o modelo proposto pela então chamada Teoria da Burocracia ser o melhor e Weber seu defensor, mostrando tratar-se de mais uma **ideologia** da Administração.

3. **O reconhecimento do trabalhador como pessoa**. As prescrições da "Administração Científica" aumentaram a quantidade de bens e serviços disponíveis para a humanidade, as da Teoria Clássica melhoraram as funções administrativas de planejamento, coordenação e controle, enquanto as da Teoria da Burocracia contribuíram para o profissionalismo das chefias. Todavia, todas receberam críticas pela transformação dos trabalhadores em máquinas. Aconteceu que as reivindicações destes na forma de greves e sabotagens levaram teóricos da Administração a buscar soluções para essas ocorrências. Pesquisas foram, então, feitas em fábricas, resultando em novas práticas derivadas das chamadas Teorias Comportamentais.

   Na verdade, tais pesquisas foram originadas pela grande crise financeira da década de 30, que provocou nas indústrias dos Estados Unidos o interesse em aumentar a produtividade com redução dos custos. Pensou-se que isso poderia ser conseguido caso os empregados ficassem mais satisfeitos no grupo de trabalho. Para efetivar tal pressuposto deveria ser reduzido o nível de conflito entre e intragrupos, as decisões serem participativas e a coordenação mais democrática (Motta, 1979, p. 17-18).

   Nasceu, assim, a Escola de Relações Humanas como uma ideologia que procura adaptar o participante à microssociedade que é a empresa, a fim de produzir mais em benefício dos acionistas. A concretização dessa "teoria" consiste em resolver conflitos e desajustes pessoais por meio de especialistas em Relações Industriais e Assistência Social, bem como testes de personalidade, entrevistas de saídas e treinamento interno. Dessa forma, o operário satisfeito daria um ganho adicional ao perder o gosto por reivindicações, fazendo com que os grandes sindicatos não mais tivessem razão de existir (Tragtenberg, p. 197-198).

   Centrada na pessoa e em suas relações com o grupo formal e informal de trabalho em termos de lealdade e satisfação, a Escola de Relações Humanas enfatizou a variável sentimentos. Os estudos em que se baseiam as prescrições dessa "Escola" foram os realizados por George Elton Mayo na fábrica da Western Electric no bairro de Hawthorne em Chicago no fim da década de 20, porém suas técnicas de aplicação se difundiram no Brasil somente após a Se-gunda Guerra Mundial.

   Essa "Escola" recebeu críticas, especialmente a de manipular os trabalhadores. Todavia, é inegável que trouxe inovações, como o reconhecimento da influência do grupo informal criado pelos companheiros da organização, base para hoje ser justificada a criação das equipes autônomas de trabalho.

3.1.2 A metodologia de sistemas deu origem a novas teorias

Inicialmente, é preciso dizer que a Teoria Geral de Sistemas, ou Metodologia Sistêmica, ou Abordagem de Sistemas, não é uma teoria e, por isso, nem procura provar qualquer coisa que seja. Na verdade, é apenas uma forma de pensar a respeito de entidades, especialmente as complexas, a exemplo de organizações (Churchman, p. 27-28). Neste ponto, é preciso que sejam fornecidas algumas explicações para entender melhor o assunto.

1. Para começar, a idéia de sistema surgiu pouco a pouco, sendo sua precursora imediata a **Teoria Estruturalista**, na realidade um método para estudar a totalidade examinando suas partes (Motta, 1974, p. 43 e 57). Dessa forma, o enfoque sistêmico nasceu na Filosofia, passando para a Biologia com o **funcionalismo** e desta para outras áreas do conhecimento. A diversidade de aplicações originou um elenco de abordagens, algumas se completando e outras se contradizendo, fato esse não habitualmente destacado pela literatura que trata da matéria. Portanto, não existe uma única "Teoria dos Sistemas Gerais" (tradução correta do inglês *General Systems Theory*, como proposto por Foguel & Souza, p. 34). Na verdade, nem é uma teoria no seu sentido correto, e sim um conjunto de conceitos, enfoques, princípios, métodos e técnicas, todos associados à idéia fundamental de sistemas (Klir, p. 193). Assim, não possui seqüências específicas de causa e efeito

nem hipóteses a testar, que são constituintes básicos de uma teoria (Katz & Kahn, p. 507-508).

2. Por outro lado, o termo **sistema** não tem o mesmo significado nos diversos campos onde foi empregado. Por exemplo, nas Ciências Naturais e nas Sociais os sistemas são aplicados para mais facilmente **explicar** fenômenos, enquanto em disciplinas abstratas, como a Teoria dos Grafos e a dos Conjuntos da Matemática, os sistemas são definidos pela enumeração de variáveis sem relacionamento a objetos concretos. Já na Engenharia sua finalidade é **prescrever** medidas destinadas a projetar e a implantar unidades de produção dentro dos recursos disponíveis (Klir, p. 189-190). Tais considerações são importantes, pois a Administração assemelha-se à Engenharia no sentido de "construção" e operação de organizações, e não à Biologia e demais ciências que são explicativas de fenômenos naturais. Para completar a explanação da variabilidade dos enfoques sistêmicos deve-se, ainda, mencionar o número de "escolas", cada qual com uma abordagem própria. Assim, distinguem-se a polonesa, a franco-belga, a soviética e a americana (Maciel, p. 17-19).

3. Com isso, a palavra **sistema** denota coisas muito diferentes, sendo intuitivo que o sistema solar, que em parte pode ser matematicamente determinado, é diverso do sistema social, bastante imprevisível. Tal diferenciação já tinha levado autores, como Kenneth Boulding, a classificar os sistemas hierarquizando-os em nove diferentes níveis de acordo com a sua complexidade, indo desde os mais simples, a exemplo dos mecânicos, como os dos relógios, até os mais complicados, entre os quais incluem-se os sociais, como os das organizações (Kast & Rosenzweig, p. 122-123). A fim de concretizar tais diferenças, a Figura 3.1 exemplifica quatro deles.

4. As primeiras transposições da metodologia sistêmica da Biologia para a Administração ocorreram na década de 1960 e foram recebidas com tal entusiasmo que o exame crítico de suas incongruências deixou de ser feito. Por isso, é importante advertir para os aspectos positivos e negativos daquilo que os autores trouxeram para a prática administrativa (Motta, 1974, p. 78 e 80).

5. Outra crítica diz respeito à tendência de visualizar as organizações dentro da ordem e previsibilidade das funções e estruturas de animais ou vegetais. Na realidade, os sistemas desses dois tipos de seres vivos são diferentes de forma gritante dos sociais, em que participa o ser humano.

   Primeiramente, é muito difícil dizer o que é disfuncional na organização, diversamente do que ocorre no ser vivo, nos quais os parâmetros das funções vitais são constantes e determinados. Assim, a temperatura dos mamíferos acima de um limite é febre, enquanto o alto índice de rotatividade de mão-de-obra de uma organização pode até ser benéfico por renovar seus quadros de pessoal.

   Em segundo lugar, os órgãos e tecidos do animal são bem estruturados e compostos por células com funções permanentes, enquanto as organizações mudam de forma contínua e seus elementos constituintes, isto é, as pessoas, são admitidas de outros sistemas e a eles devolvidas, além de entre si não terem a enorme diferenciação da célula óssea, muscular ou nervosa (Katz & Kahn, p. 509).

   Em terceiro lugar, devem-se fazer críticas à transferência para as organizações da concepção da homeostase vinda da Biologia, definida de maneira simples como:

> a **homeostase** é a propriedade auto-reguladora de um sistema, capaz de se modificar com o fim de adaptação às novas condições de seu meio ambinte.

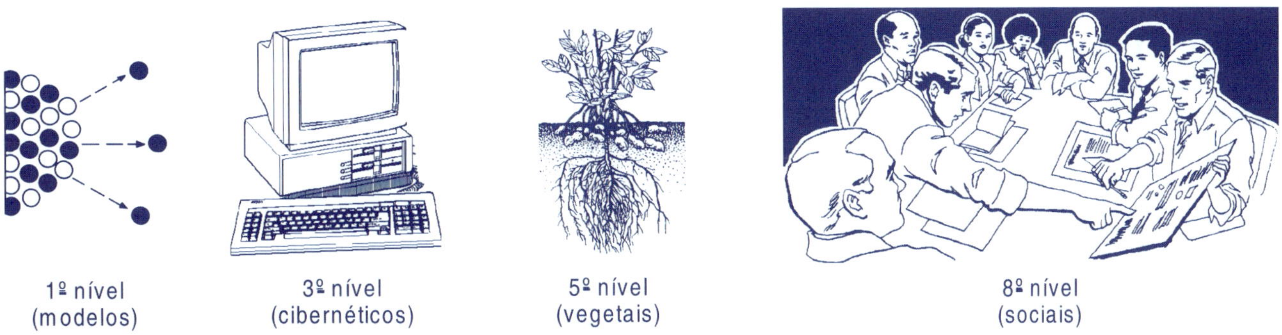

Figura 3.1 *Classificação de sistemas em níveis à proporção que aumentam suas complexidades (Chiavenato, p. 685-687).*

A falha nessa transferência está no fato de as empresas só em parte se adaptarem a seu meio pois, diferente dos seres vivos, são capazes de alterar seus ecossistemas e não se submeter totalmente a eles. É o caso das organizações de grande porte, ou então, das médias que possuam uma característica peculiar em determinado mercado, que permite controlá-lo. Talvez seja essa a razão atual da tendência de as multinacionais efetuarem fusões e, assim, dominarem melhor sua área de clientes. Com menor destaque, o mesmo ocorre com as pequenas e médias, que, para controlar o ambiente, se unem ao redor de sindicatos patronais e associações comerciais e industriais. Com isso, arriscamos dizer que essa pretensa adaptação ao ambiente (em lugar da crueza da dominação), é o disfarce de uma ideologia imposta aos administradores de nível médio: os gerentes (Motta, 1974, p. 80).

6. Contrapondo-se a esses aspetos negativos, deve-se destacar que a metodologia sistêmica (em particular a concepção de **sistemas abertos**, no sentido de eles serem capazes de reagir às influências de seu meio ambiente) trouxe para a Administração um referencial para entender o funcionamento das organizações e, também, para planejá-las a fim de serem mais eficientes e eficazes no atendimento a seus clientes externos.
7. Ainda dentro dos princípios sugeridos pela metodologia sistêmica, nasceu no final do século 20 a **Teoria da Contingência**. Todavia, o leitor deve ficar prevenido sobre o engano quanto ao sentido de "contingência". Em português é "incerteza sobre se uma coisa acontecerá ou não", e a palavra "contingente" tem o significado de: "que pode ou não suceder" (Dicionário Aurélio). Em inglês têm as mesmas acepções porque, nesse idioma, essas duas palavras também vieram do latim. Entretanto, foram empregadas pelos estudiosos que criaram essa teoria com um significado a mais, ou seja, "tudo depende de..." Acontece que a metodologia sistêmica já levava em conta todos os fatores que influem nas organizações, de sorte que a Teoria da Contingência nada mais é que um desenvolvimento da de sistemas, apenas com algumas vantagens, como a de detalhar melhor cada uma das variáveis e prescrever medidas para o planejamento visando resultados eficazes e eficientes. Essas variáveis internas são representadas pelas culturas de seus participantes, tecnologias empregadas, porte e idade da organização, enquanto as variáveis externas são as características ambientais, sobretudo seu grau de incerteza (Robbins, p. 499-500).

O exposto aqui fornece apenas uma visão geral das teorias de Administração. No Capítulo 4 será examinada uma concepção moderna de sistemas, que é a **Teoria dos Sistemas Hierarquizados**, e nos seguintes, algumas aplicações da **Teoria da Contingência**. Caso o leitor deseje ter uma visão desse conjunto de teorias, pode se adiantar examinando a Figura 26.2 no último capítulo deste livro.

3.2 ADMINISTRAÇÃO DO TERCEIRO MILÊNIO

Pode-se prever quais serão os preceitos adequados para as práticas administrativas do terceiro milênio? Como qualquer outro exercício de futurologia, o caminho indicado é o de analisar as tendências atuais e extrapolá-las para as décadas seguintes do século 21. É o que será feito a seguir.

3.2.1 As mudanças estão ficando cada vez mais rápidas

A frase acima é óbvia, porém inaplicável caso não seja especificada a mudança do quê. Tentar sobrepujar essa restrição é o que será feito a seguir, examinando os fatores importantes que provocam alterações.

1. O desenvolvimento das tecnologias é a variável que mais influencia as mudanças na administração das organizações. Isto porque cria novos bens e serviços e, em decorrência, novos hábitos de consumo, o que significa novos tipos de clientes, além de mudanças culturais da população como um todo. Pode parecer um paradoxo, mas a empresa tem de abandonar ou alterar o produto que hoje está sendo bem comercializado pois, com certeza, amanhã não estará mais (Drucker, 1999, p. 65-66).

   Tais afirmações justificam as razões de as teorias, ou melhor, de as práticas administrativas mudarem no decorrer dos anos, continuando válidas apenas nas ocasiões em que uma parte da organização assemelha-se à da época em que foram criadas. Um exemplo já dado é a linha de montagem de lanches nas franquias McDonald's, com características parecidas com a dos carros modelo **T** de Henry Ford, nas primeiras décadas do século 20.
2. A menos que ocorra algum cataclismo, ainda por várias décadas as populações dos países subdesenvolvidos ou em desenvolvimento (como o Brasil) continuarão a crescer exponencialmente, resultando na exaustão cada vez mais rápida dos recursos naturais. Embora a retirada da madeira das nossas florestas esteja alterando o clima e os manaciais secando, a preocupação ainda está limitada apenas à falta de energia e de água potável nas torneiras.

Todavia, a melhoria do padrão de vida não deverá acompanhar o aumento demográfico mas, ao contrário, os países pobres ficarão ainda mais pobres. Para exemplificar, basta um exame histórico para mostrar que o traficante europeu, dono de muitos navios que há três séculos traziam escravos da África, na ocasião tinha um padrão de vida próximo ao das tribos selvagens que explorava. Entretanto, hoje os pobres de países do Primeiro Mundo têm vida de melhor qualidade do que a desse rico traficante, enquanto as mesmas populações africanas continuam miseráveis como há séculos, apenas com uma diferença: agora elas são em número muito maior .

As estatísticas estão mostrando que, neste país, está havendo cada vez maior concentração de renda, ou seja, clientes de classes altas têm menos filhos e, por isso, maior excedente para gastar e, também, para investir na forma de poupança. O inverso ocorre com as classes mais pobres de famílias numerosas, aliás grande fornecedora de desempregados. O que deve acontecer é o aumento da escassez de tudo, ou seja, de comida, saúde, moradia, ensino, trans-portes e até de cadeias para confinar criminosos. O administrador terá diante de si a oportunidade de em-preender novas organizações, mas não obterá financiamentos como esperado e, se conseguir, não terá clientes com dinheiro para comprar seus produtos e serviços em quantidade suficiente para compensar o capital investido. Por isso, administradores capazes serão cada vez mais procurados para enfrentar esses novos desafios.

Em contrapartida, em países europeus e também no Japão, as estatísticas mostram que a população diminui a cada ano pela redução da natalidade, embora haja aumento significativo na expectativa de vida. O resultado para países exportadores é a redução de seu comércio exterior para essas regiões (Drucker, 1999, p. 43-48).

3. O mundo está encolhendo cada vez mais, de sorte que a velha afirmação de tornar-se uma aldeia global está se aproximando rapidamente da realidade. Apenas para exemplificar: o terremoto que no final do século 20 ocorreu em Taiwan fez com que as empresas montadoras de microcomputadores de todo o mundo (inclusive as do Brasil) deixassem de cumprir os prazos de entrega. A razão foi a falta de *chips* causada pela destruição parcial das fábricas asiáticas. Fazendo a repisada analogia com a teia de aranha, hoje uma perturbação ocorrida em uma extremidade reflete-se imediatamente até em pontos opostos a ela.

Por isso tudo, os administradores do terceiro milênio são diversos dos existentes no século 20, como os soldados com as tecnologias atuais diferem dos combatentes das guerras do Paraguai e da Secessão nos Estados Unidos.

3.2.2 O novo administrador e as novas escolas de Administração

Os artigos e livros escritos pelos futurólogos da Administração mostram tantas novas direções para a mudança do administrador do século 21 que nos limitaremos a englobá-las em três conjuntos.

1. Visão dirigida para o **mundo exterior** como o agente orientador do **mundo interior** da organização. A razão é evidente: a organização tem de se antecipar às mudanças do seu ecossistema e não o contrário como habitual, reagindo após elas ocorrerem. Isto porque, embora seja possível, é difícil alterar seu meio ambiente de acordo com seus interesses.

   A forma de concretizar essa idéia é continuamente buscar oportunidades e inovar para aproveitá-las, ou seja, ser um empreendedor ou mesmo *intra-preneuer* (o assim chamado empregado que cria novos produtos, serviços, processos e estruturas dentro da organização na qual se empregou). Para isso necessita de informações externas, e aí é que residem as dificuldades. Jornais e revistas especializadas, *sites* na Internet e mesmo palestras e conferências apresentam notícias fragmentadas, incompletas e tendenciosas quando não mentirosas. Interpretá-las exige mais que intuição e experiências, necessita genialidade.

2. Acostumar-se com a **variabilidade das coisas** como fato normal e esperado. Isso contraria de alguma forma a própria personalidade humana, que tem a necessidade de ambientes estáveis e, portanto, previsíveis, enquanto toda e qualquer novidade é sentida como perigosa pelo desconhecimento de possíveis efeitos maléficos que pode desencadear. Essa postura se reflete até no emprego, pois, mesmo no Japão, este começa a não mais ser considerado para toda a vida.

   Imagine-se, então, esse aumento de variabilidade em relação ao Brasil, onde o amanhã é inesperado porque tudo pode acontecer para as empresas, tanto de bom quanto de ruim.

   Um corolário é que o aprendido ontem pode ser inadequado hoje. Por isso, a aprendizagem da Administração tem de ser levada a efeito durante toda a vida do administrador.

3. O administrador do terceiro milênio tem de aprender a influenciar pessoas, sabendo quando utilizar o poder, negociar trocas de benefícios e a liderar (em capítulos posteriores tais assuntos serão examinados em maior profundidade). Tem de aprender, também, quando deve ser liderado, pois isso é imprescindível nas ocasiões em que o melhor é trabalhar em equipe. Deve, ainda, acreditar em um dito popular que explica o fato de termos duas orelhas e ape-

nas uma boca pelo motivo de ser melhor ouvir mais e falar menos. Em outras palavras, deve ter conhecimentos práticos de ciências sociais aplicadas à Administração.

O leitor ainda pode encontrar em livros e artigos de revistas outras previsões, algumas mais otimistas e outras decididamente pessimistas.

Resta, agora, fazer algumas previsões sobre o **ensino da Administração** no século 21, tanto para as escolas que ministram cursos formais de graduação e pós-graduação quanto às de extensão dos conhecimentos.

1. Entender que passou o tempo em que muitos alunos se matriculavam apenas em busca do diploma com o fim de assegurar um futuro emprego. Hoje, com a acirrada concorrência, o diploma não tem mais a importância concedida no século passado, não garantindo sequer emprego de motorista de táxi. Tanto isso é verdade que grandes organizações recrutam e selecionam pessoas para exercerem tarefas administrativas sem especificar se desejam engenheiros, economistas, advogados ou administradores, mas profissionais que tenham a potencialidade de aprender e de levar avante os trabalhos que lhes forem confiados.

   Ademais, as escolas desde o final da década de 1990 começaram a ser indiretamente avaliadas pelo exame conhecido por Provão. A grande novidade foi a de se fazer o controle de qualidade do produto final, ou seja, da capacitação do aluno prestes a ser formar para exercer a profissão escolhida. Dessa maneira, foi possível dar índices comparativos para mostrar o grau de qualidade das várias escolas, o que permitiu aumentar ou diminuir a aceitação de seus respectivos graduados quando estes buscam organizações para nelas se empregarem.

2. Enfatizar as disciplinas relacionadas com a pessoa humana, pois ela é a matéria-prima para o administrador influenciar. Empreendedores que criaram impérios, a exemplo de Amador Aguiar, fundador do Banco Bradesco, Sebastião Camargo, criador das empresas Camargo & Correia, e muitos outros conhecidos dos leitores, não tinham cursos de Administração, pois não ultrapassaram a escola de primeiro grau. No entanto, sabiam gerenciar pessoas, tanto por intuição como por terem aprendido com outros empresários e, também, com a experiência de quem faz e não sonha ou imagina.

3. Ensinar a aprender e não apenas fornecer conhecimentos, pois estes os alunos têm fontes variadas, além do que os obtidos na escola já podem estar ultrapassados até para o recém formado. É o que sucede na Medicina, quando a cura de uma doença é conseguida de outras maneiras que não as ensinadas há apenas um ano atrás. Aliás, quem se acostumou a pesquisar em *sites* na Internet é capaz de fazer coisas por si e não esperar que lhe dêem comida na boca.

As aplicações das práticas administrativas e a metodologia sistêmica introduzidas neste capítulo serão mais bem examinadas nos que o seguem.

TÓPICOS PARA EXPOSIÇÕES

3.1.1 As primeiras etapas nas mudanças da organização

a) Explicar resumidamente que: a) as Teorias da Administração **mudam no decorrer dos anos**, principalmente pelas novas tecnologias que aparecem. b) A tecnologia desenvolvida na segunda metade do século 19 propiciou a criação de grandes indústrias (como as tecelagens e siderúrgicas) que necessitavam de quem aumentasse a eficiência dos processos produtivos. No final desse século e início do 20 destaca-se o nome do engenheiro americano Frederick Wislow Taylor com sua Teoria da Administração Científica (que nada tinha de científico por não explicar qualquer fenômeno natural e sim prescrever medidas para aumentar a produção). c) Já no início do século 20, foram sugeridas prescrições para o nível superior ao da produção, ou seja, o **gerencial**, que tinha copiado os modelos militares das funções administrativas. Destaca-se o engenheiro francês Henri Fayol com a que foi chamada de Teoria Clássica da Administração e o sociólogo alemão Max Weber com seus estudos sobre as **burocracias**, não para defendê-las e sim as considerando como um grande perigo para o ser humano. d) As prescrições em nível do chão da fábrica e em nível gerencial trouxeram grande aumento na produção, porém aumentaram os **conflitos** internos das organizações a ponto de ser tentada sua redução por meio das prescrições, as quais ficaram conhecidas por Teorias do Comportamento. Estas foram iniciadas com as pesquisas de George Elton Mayo em Chicago na década de 30 do século passado, tendo sido criada a chamada Escola das Relações Humanas.

3.1.2 A metodologia sistêmica deu origem a novas teorias

Explicar que: a) A metodologia sistêmica nasceu na Filosofia, passou para a Biologia e desta para a Administração. b) Na verdade, o termo usual "Teoria Geral de Sistemas" está errado, pois não se trata de teorias de uma ciência e sim um conjunto de proposições com o fim de melhor entender e criar entes complexos (entre os quais estão as organizações). c) O grau de complexidade (isto é, a quantidade de partes de um ente real) mostra que as aplicações da metodologia sistêmica variam de acordo com esse grau, como exibido na Figura 3.1. d) Na década de 50 do século passado a metodologia sistêmica foi aperfeiçoada com a introdução da idéia de que as partes de um sistema podem ser hierarquizadas de acordo com três critérios, o que servirá de base para muitos capítulos que seguirão a este. e) Finalmente, seguindo os princípios da metodologia sistêmica apareceu a Teoria da Contingência, tendo por base a variabilidade dos aspetos organizacionais, sendo que a palavra contingência foi utilizada pelos seus criadores americanos com o significado de "tudo depende de..." diferente da empregada em Contabilidade, que assim designa a reserva de certa quantia feita pela empresa com o fim de atender alguma despesa inesperada (como a decorrente de incêndio, roubo etc.).

3.2.1 As mudanças estão ficando cada vez mais rápidas

Explicar, com base em exemplos do ocorrido no século 20, que o administrador do terceiro milênio tem de ser diferente do existente nas décadas passadas, porque. 1) O desenvolvimento das tecnologias está cada vez mais rápido, criando novos produtos e serviços antes não imaginados, modificando os existentes e eliminando muitos deles, o que resulta em modificações de consumo por parte de clientes. 2) Os países desenvolvidos controlam a natalidade, resultando gastos maiores em produtos e serviços mais sofisticados com poucos filhos, enquanto os países do Terceiro Mundo aumentam a população e ficam cada vez mais pobres, tendo dinheiro apenas para a subsistência. 3) As facilidades nas comunicações e nos transportes tornam o mundo parecido com uma teia de aranha, onde o sucedido em um local repercute, positiva ou negativamente, em todos os demais.

3.2.2 O novo administrador e as novas escolas de Administração

Explicar, com base em exemplos do ocorrido no século 20, que: a) As atitudes do administrador do terceiro milênio têm de estar voltadas para: 1. o mundo exterior, por este influenciar o mundo interior da organização; 2. a variabilidade dos fatos como normal e esperado em ambientes imprevisíveis; 3. saber influenciar pessoas e trabalhar em equipe. b) Os alunos das Escolas de Administração também têm de ser diferentes dos do século passado, porque: 1. o diploma perdeu importância em razão da ênfase cada vez maior nas capacitações de inovar, influenciar pessoas e aprender continuamente; 2. ter como modelo grandes empresários que, sem possuírem diplomas, criaram impérios por entenderem as pessoas e saber como melhor coordená-las, pois os indivíduos são a principal matéria-prima com a qual trabalha o administrador; 3. atualizar-se continuamente, pois o que é visto como certo hoje pode estar ultrapassado amanhã.

QUESTÕES DE APLICAÇÃO

1. Com base em suas experiências, informe qual produto nos dias de hoje é fabricado em linha de produção de forma semelhante àquela no final do século 18, pelo fato de as tarefas serem repetitivas, empregar maquinário simples, não exigir conhecimentos nem habilidades e que, por tais características, as prescrições da "Administração Científica" de Frederick W. Taylor, possam ser aplicadas para tornar o trabalho mais eficiente.
2. Com base na metodologia de sistemas proveniente da Biologia, informe, justificando: a) sua escola deve ser vista como um sistema aberto ou um sistema fechado?; b) a denominação dada à Teoria que leva em conta o fato de as universidades, cujos graduandos tiveram notas baixas no exame há pouco estabelecido e conhecido por "Provão", estarem reciclando professores e alterando currículos.
3. Tendo sido constatado que existe uma relação direta entre o número de filhos e a pobreza de um país ou região, bem como as estatísticas terem constatado que o índice de natalidade nos Estados situados no Sudeste do Brasil diminuiu em comparação com o correspondente do Nordeste, informe justificando: a) em qual das duas regiões as empresas têm maior mercado para produtos destinados às necessidades de sobrevivência; b) idem para as de clientes desejosos de lazer e realização.
4. De acordo com sua opinião, informe, justificando: a) pelo menos: 1. duas vantagens e 2. duas desvantagens que tem o empreendedor criador de empresas; b) idem para o *intrapreneur*.

DISCUSSÃO EM GRUPOS

Discuta a pergunta que for designada a seu grupo e justifique a resposta.

1. Comparando o Brasil com os Estados Unidos, informe: a) 1. em quais décadas e 2. de que países e para quais regiões ocorreram as imigrações vindas da Europa e da Ásia; b) tais imigrantes vieram trabalhar nas indústrias aqui existentes ou nas lavouras; c) no Brasil houve interesse em aplicar os princípios da Administração Científica desenvolvidos nos Estados Unidos quanto ao treinamento da mão-

de-obra com o fim de aumentar a eficiência do trabalho, bem como pagar incentivos pela maior produtividade para o operário ganhar maiores salários?

2. Comparando a Teoria Clássica com a Teoria das Burocracias, informe, justificando: a) qual delas é prescritiva e qual é explicativa; b) qual delas pode ser considerada como um conjunto de práticas e qual considerada ciência explicativa; c) o grupo concorda ou discorda da opinião de Weber a respeito dos burocratas? Por quê?
3. a) Pelo fato de a "Teoria" de Sistemas e a "Administração" Científica não serem ciências, qual delas limita-se a fornecer um modelo para entender as organizações e não prescrições para administrá-las; b) qual a maior diferença entre a Biologia e a Administração que dificultou transposições da abordagem sistêmica da primeira para a segunda?; c) quais são as duas teorias derivadas da Teoria dos Sistemas Gerais?
4. a) Qual a razão de Peter Drucker propor que o administrador abandone um produto cujas vendas se estabilizaram? b) Quais mudanças econômicas estão favorecendo os novos e mais capacitados administradores a enfrentar desafios em comparação com os tradicionais? c) Como explicar os efeitos danosos na economia brasileira no início de 1999 por efeito da crise asiática?
5. Tendo por base os itens do Provão (incluídos no final deste livro), faça uma listagem de: a) os temas do "CONTEÚDO" que abrangem os subitens dos capítulos listados nas primeiras páginas do Sumário e que servem de introdução para estudos mais detalhados ao longo do curso de Administração; b) os tipos de "HABILIDADES" que podem ser desenvolvidos por meio do treinamento em classe, seja fazendo exposições aos colegas, seja discutindo assuntos em grupo.

LEITURAS COMPLEMENTARES

DINIZ, Maria G. Novas tecnologias, novas qualificações: o caso da Alpargatas Santista Têxtil S.A. In: **Encontro da ANPAD 23**, 19 a 22 set. 1999. Foz do Iguaçu. Resumo dos trabalhos — ENANPAD 99, p. 90. Analisa as conseqüências da adoção de novas tecnologias sobre a qualificação das pessoas que tiveram de ser adaptadas às necessidades das novas formas de trabalho naquela empresa.

FUCS, José. Seja radical. Não há mais lugar para mudanças lentas no mundo dos negócios. **Exame**. São Paulo, Abril, ed. 709, 08 mar. 2000. Entrevista com Sir Brian Pitman, presidente do Lloyds Bank, na qual defende a necessidade de a empresa toda estar continuamente buscando transformações radicais.

MACHADO DA SILVA, Clovis, L., FERNANDES, Bruno H. R. Mudança ambiental e reorientação estratégica: estudo de caso em instituição bancária. **Revista de Administração de Empresas**. São Paulo, EAESP-FGV, ano 38, n. 4, out./dez. 1998. Estudo que aborda as dificuldades de uma organização bancária para reorientar prontamente suas estratégias de ação perante as mudanças trazidas pelo Plano Real.

TEIXEIRA, Francisco L. C. Tecnologia, organização e produtividade: a experiência brasileira recente. **Organizações e sociedade**. Salvador, Escola de Administração — Universidade Federal da Bahia, ano 6, n. 15, p. 61-70, maio/ago. 1998. Trata das relações entre a difusão de inovações tecnológicas e gerenciais e o crescimento da produtividade no país.

AS ORGANIZAÇÕES COMO SISTEMAS HIERARQUIZADOS

4

As aplicações da Teoria de Sistemas ao estudo das organizações trouxeram o benefício da melhor compreensão de suas estruturas e relacionamentos com o meio externo. Por outro lado, conservaram os vieses de sua origem em uma ciência, a Biologia, transferida para uma prática, a Administração. Percebidas essas falhas, já na década de 1970 foram iniciados nos Estados Unidos estudos de metodologias sistêmicas específicas para as organizações, as quais foram chamadas por **Teorias de Sistemas Hierarquizados** (Mesarovic *et alii,* p. 16).

Assim, este capítulo tem como primeira meta continuar as explicações do capítulo anterior expondo as **características dos sistemas dinâmicos**, entre os quais as organizações estão incluídas. A segunda meta é a de ampliar esses conhecimentos pela introdução das condições para **hierarquizar sistemas**, iniciando suas aplicações pela hierarquia **por ordens de complexidade**.

4.1 TEORIA DOS SISTEMAS GERAIS

No Capítulo 3 foi exposto que as teorias de Administração se alteram no tempo, porque as organizações são mutáveis e muito complexas, razão de Boulding as ter incluído no penúltimo nível, como visto na Figura 3.1. Além disso, no Capítulo 1 foi dito que a organização é um tipo de sistema específico por ser funcional, isto é, uma entidade que existe porque tem uma finalidade a cumprir. Chegou o momento de explicar melhor o assunto, tendo por base a chamada *General Systems Theory*, que foi traduzida por **Teoria dos Sistemas Gerais**.

4.1.1 Sistemas, subsistemas e supersistema

Para concretizar os conceitos abstratos de sistema, subsistema e supersistema, convém partir do exemplo de alguma organização conhecida, que poderia ser uma tecelagem com a **função** de oferecer tecidos a clientes atacadistas e fabricantes de roupas. Para isso, precisa receber insumos variados como algodão ou poliéster e submetê-los a muitos processos antes de chegar ao produto final, como esquematizado na Figura 4.1

Descendo em nível de maiores detalhes, isto é, fazendo-se a **análise** da função última do sistema Tecelagem, percebe-se que decorre de **subfunções**, sendo que a última delas é a de tecer, que corresponde à atividade-fim da empresa. Essa é antecedida por outras subfunções, como a de comprar fios e corantes, a de

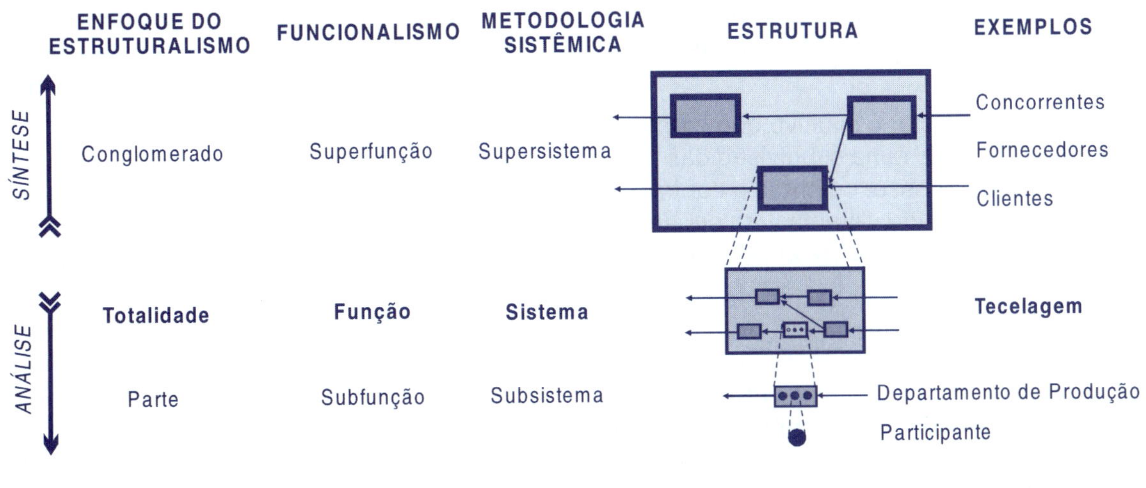

Figura 4.1 *Uma das formas de fazer a análise e a síntese de componentes funcionais e estruturais.*

movimentar o dinheiro e a de pagar a mão-de-obra, todas classificadas como atividades-meio. Cada uma dessas subfunções possui sua estrutura própria, ou seja, todas são formadas por partes, as quais constituem totalidades menores denominadas **subsistemas**, isto é, elementos transformadores do sistema maior.

Em sentido inverso, ou seja, fazendo a **síntese**, observa-se que essa tecelagem tem a concorrência das congêneres (cujos clientes são, também, as mesmas fábricas de roupas e os atacadistas de tecidos para lojas), disputando, assim, com esses concorrentes e outros ramos industriais a obtenção de matérias-primas de fornecedores. Com um esforço de abstração, pode-se dizer que o conjunto das organizações mencionadas constitui um **supersistema** com uma **superfunção**, no caso a de oferecer roupas para butiques e lojas de departamentos.

Partindo do princípio de que a Teoria dos Sistemas Gerais nada mais é que um método para compreender melhor entes complexos, podem-se fazer várias considerações a respeito desses subsistemas que compõem sistemas e, por sua vez, sistemas que formam supersistemas. Em outras palavras, existem inúmeras maneiras de enfocar as organizações como sistemas, ou com mais detalhes particionando-as em subsistemas.

1. O que vai ser considerado sistema, subsistema e supersistema depende do enfoque em que o observador tem interesse. Assim, tanto a Tecelagem quanto o Departamento de Produção (como unidade administrativa com a função de fabricar tecidos) podem ser vistos como sistemas. Neste último caso, a superfunção será o fornecimento de tecidos para as confecções, e os subsistemas terão as subfunções de tingir o fio, tecer o pano e estampar os desenhos, cada qual com suas respectivas estruturas.
2. Em decorrência do exposto, é intuitivo que se pode prosseguir na análise, isto é, na subdivisão das partes até onde houver interesse, ou então o contrário, ou seja, na síntese reunindo sistemas em supersistemas e assim por diante (Maciel, p. 241-242 e 255).
3. Finalmente, se há liberdade para escolher o que será considerado sistema, também a divisão em subsistemas depende do tipo de estudo que se pretende fazer, não existindo, pois, regras fixas. Assim sendo, no caso da Tecelagem poder-se-ia fazer a análise de suas partes de outras maneiras, por exemplo, como subsistemas administrativos de gerências, ou como de planejamento ou como de controle.

4.1.2 Os componentes de sistemas

As organizações que são vistas na forma de sistemas englobam outros componentes além de suas funções e estruturas, como diagramados na Figura 4.2.

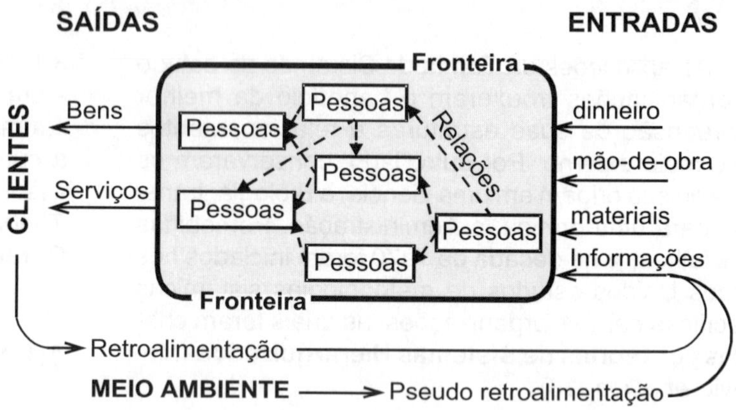

Figura 4.2 *Principais componentes de um sistema.*

1. SAÍDAS. Repisando, uma necessidade social do ecossistema é satisfeita por meio de algo concreto em termos de bens ou serviços, como automóveis fabricados, roupas lavadas, doentes curados, alunos instruídos ou pessoas transportadas. Dessa maneira, as saídas da organização para o meio ambiente são as formas pelas quais ela satisfaz as exigências da sociedade, devendo ser congruentes com a abstração denominada "funções". Assim, a função de ensinar é concretizada pela saída de alunos com conhe-cimentos específicos estatuídos pela escola como saber ler e escrever.

   As saídas rotuladas como "**bens**" são os produtos concretos, sejam os extraídos do subsolo (carvão, petróleo, mármore), sejam do cultivo da terra (café, algodão, frutas), sejam manufaturados (máquinas operatrizes, navios, prédios de apartamentos, televisões).

   As saídas conhecidas por "**serviços**" incluem a prestação de benefícios, como limpeza, consertos, transportes, ensino, diversões, bem como as utilidades prestadas pelo ramo comercial e bancário, ou então, as fornecidas pelas repartições públicas, a exemplo de apagar incêndios e prender ladrões. Não obstante a provável discordância dos contribuintes, inclui-se aqui a arrecadação de impostos que, pelo menos em tese, deveria visar ao bem público pela aplicação daquilo que foi arrecadado das empresas e pessoas.
2. ELEMENTOS TRANSFORMADORES. A função simples de limpar roupas em uma tinturaria envolve

várias subfunções, como lavar, secar, passar e empacotar. Cada uma dessas subfunções é levada a efeito por um elemento transformador, por exemplo, o que converte roupa suja em roupa lavada. É importante visualizar que essa transformação é um **processo** pelo qual ocorrem mudanças através do tempo (Optner, p. 19-20). Com esse enfoque, o computador é uma entrada no processamento de dados, juntamente com CDs, disquetes, energia elétrica, programas e o próprio operador. Ocorrida a transformação — que no caso é a de informações — as saídas englobam as folhas ou os formulários contínuos impressos, ou mensagens via Internet e mais o computador juntamente com os registros magnéticos e o operador.

Neste ponto, é preciso chamar a atenção para o fato de que, tanto as saídas quanto as entradas do exemplo são concretas, enquanto o processo em si deve ser visualizado como sendo um ente **abstrato**. Por isso, o leitor deve ser alertado para o erro muito comum de o computador ser visto como sendo o processo, o que não é verdade, pois a máquina e seus periféricos continuam existindo antes e depois de serem utilizados.

É importantíssimo entender que o fundamental nesses elementos processadores é a pessoa que, auxiliada por ferramentas, máquinas e equipamentos, transforma as entradas em saídas. Esta é uma realidade, independente de quão automatizado seja o processo, que apenas faz variar o grau de intervenções. Assim, o químico no laboratório destila meio litro de um líquido enquanto algumas pessoas na refinaria destilam milhares de toneladas de petróleo.

3. RELAÇÕES. Os elementos transformadores interligam-se por meio de entradas e saídas. No exemplo da tinturaria, o elemento, cuja função é secar, interliga-se com o anterior por meio da roupa lavada, mas ainda úmida, e com o posterior pela roupa seca que vai ser passada a ferro.

4. ENTRADAS. As transformações exigem insumos para serem processados. Assim, em geral as entradas são constituídas por matérias-primas, máquinas, equipamentos, pessoas, dinheiro, informações, energia elétrica e, o que talvez possa surpreender, por tempo (que se esvai de forma semelhante a corrente de água que move turbinas). Outros exemplos que até podem surpreender é o doente como entrada do processo de cura levado a efeito no hospital e o aluno com certo nível de conhecimentos como insumo no processo de ensino levado a efeito na escola. Deve-se chamar a atenção para o fato de que essas entradas provêm do ecossistema para o qual, também, são enviadas as saídas da organização.

5. FRONTEIRA. A metodologia sistêmica aproveitou a concepção física de fronteira com o fim de tornar mais claro o limite de um sistema, pela especificação das entidades que pertencem e das que não fazem parte dele (Optner, p. 30). Todavia, se essa separação é fácil nos sistemas concretos, a exemplo de seres vivos, o mesmo não ocorre nos sociais, entre os quais se incluem as organizações. Nestas, a localização da fronteira é imprecisa e, por isso, depende dos interesses dos analistas, sendo, portanto, arbitrária (Buckley, p. 68-69). Com essa afirmativa pode-se dizer que o material comprado por uma empresa atravessa sua fronteira, tanto quando entra fisicamente no estabelecimento, quanto é apenas aceito e pago, ainda permanecendo estocado no almoxarifado do fornecedor. Poder-se-ia perguntar: qual o interesse do administrador na determinação da fronteira de um sistema organizacional? A resposta é: permitir a restrição do campo por definir mais precisamente seus limites. Por exemplo, um consultor de empresas pode estudar e propor mudanças para uma grande cadeia de lojas (se a fronteira definida for ampla), ou apenas para a matriz (se a fronteira determinada restringir-se à organização situada na capital do país).

6. REAÇÕES DO AMBIENTE. As saídas de um sistema sempre provocam algum tipo de perturbação no seu meio ambiente, o que resulta em reações por parte dos demais sistemas, sendo algumas previsíveis e outras não. Assim, caso um fabricante entre no mercado com novos produtos, os concorrentes podem copiá-los, ou iniciar uma campanha de descrédito aproveitando algum eventual pequeno defeito. Diante disso, o fabricante pode tomar diversas medidas, como aumentar os descontos para os revendedores, lançar uma propaganda de esclarecimentos ou simplesmente acionar judicialmente os detratores. Trata-se de cadeias causais circulares, a chamada **pseudo retroalimentação**, já mencionada no Capítulo 3, quando o efeito de um acontecimento volta indiretamente a influenciar o acontecimento original (Buckley, p. 106-107).

7. RETROALIMENTAÇÃO. Diferente é o caso da **retroalimentação**, o conhecido *feedback*, quando são obtidas informações dos resultados das saídas com o fim de tomar medidas corretivas para adequar o realizado com o planejado. Um exemplo clássico é o do torpedo que, continuamente, corrige sua trajetória de acordo com informações captadas sobre os movimentos do alvo, que reflete as ondas de sonar por ele emitidas.

Acontece que a retroalimentação não é geral nem obrigatória, além desse processo não ser simples quando se trata de sistemas sociais. Nestes, a dificuldade está no grande número de fatores intervenientes e, também, pela demora nas respostas captadas do alvo. É o caso da propaganda de um produto, em que a reação dos consumidores é imprevisível e difícil de avaliar. Além disso, há a possibilidade de terem ocorrido modificações na economia que interferem nos resultados obtidos. Tudo isso concorre para não se saber como modificar as mensagens da propaganda a fim de adequá-las aos propósitos mercadológicos (Buckley, p. 247-250).

No entanto, em casos mais simples a retroalimentação trazida da cibernética é bastante aplicável às organizações. Um exemplo poderia ser a pesquisa junto aos usuários para conhecer os defeitos detectados na utilização do produto e, em seguida, fazer modificações para sanar as falhas do material.

As exposições feitas tiveram por base a abordagem sistêmica provinda da Biologia, que não tornou claro que as partes, ou seja, os subsistemas não eram simplesmente justapostos, mas em seqüências. Por isso, na Tecelagem do exemplo, só é possível tecer depois de o fio estar tingido e só estampar depois de o pano ter sido fabricado. Existe, pois, uma **hierarquia** das partes entre si, uma influindo nas demais, como a seguir será examinado.

4.2 HIERARQUIZAÇÃO DE SISTEMAS

A concepção de sistemas em níveis hierarquizáveis foi um avanço à teoria provinda da Biologia, em especial por aplicar-se às organizações. Teve início na década de 1960 na *Western Reserve University*, em Cleveland, Ohio, com Mesarovic e Eckerman, e difere dos enfoques clássicos de sistemas, a exemplo dos de Ashby, Wiener e von Bertalanffy (Klir, p. 191-192).

4.2.1 Condições para que um sistema seja hierarquizável

Tais autores definiram condições a serem obedecidas para que qualquer tipo de sistema formado por subsistemas possa ser hierarquizável. Assim sendo, é necessário que, ao mesmo tempo, sejam obedecidas três condições, que a seguir serão detalhadas.

1. SEQÜÊNCIA DE NÍVEIS. É necessário que seja possível definir **níveis em seqüências**, cada qual diferente dos demais em razão de terem características próprias por serem descritos diferentemente com funções específicas a cumprir. É o caso de supersistema, sistema e subsistema (como especificado na sucessiva análise da Tecelagem), ou, então, subsistemas em cadeias, como no caso da função de tingir, que fornece fios em cores para a função de tecer, a qual, por sua vez, envia tecidos para a função de estampar, numa sucessão de entradas e saídas entre os elementos transformadores.
2. DIREITO DE INTERVENÇÃO. O nível considerado superior é o do cliente (interno ou externo) e, por isso, deve ter o direito ou possibilidade de **intervir** nos resultados obtidos pelos considerados inferiores, como o sistema "fabricar", que determina o que os subsistemas de tingir, tecer e estampar devem produzir.
3. RESPOSTA COMO INFLUÊNCIA. Os níveis considerados inferiores influem no desempenho do nível superior na forma de **resposta** à intervenção recebida, como no caso dos subsistemas de tingir, tecer e estampar, cujos defeitos de fabricação ou atrasos prejudicarão diretamente a eficiência do sistema que lhe está imediatamente acima, que é o de fabricar tecidos e, também, o seguinte, que é o supersistema Tecelagem, o qual receberá reclamações dos clientes externos pelos defeitos nos tecidos (Mesarovic *et alii*, p. 34-36).

Essas três condições são gerais, mas aplicáveis a não mais que três casos, que originam três tipos de sistemas, como logicamente será mostrado no decorrer deste livro. Para começar descreveremos o primeiro deles, caracterizado pelos sucessivos níveis (também chamados ordens) de complexidade decrescente.

4.2.2 Hierarquização por ordens de complexidade

Esse primeiro tipo de hierarquia é caracterizado pela sucessiva análise de sistemas, ficando o supersistema no nível superior ao do sistema, e este acima do subsistema, como esquematizado na Figura 4.1. Deve-se observar que a designação explícita de hierarquização nos níveis de sistemas e de seus subsistemas não é nova na literatura de Administração. Assim, autores hoje considerados "clássicos" escreveram que os participantes se estruturam em grupos formais e estes em departamentos, os quais, por sua vez, compõem empresas, sendo que estas compõem ramos industriais, ficando o conjunto arranjado em uma estrutura hierárquica (Kast & Rosenzweig, p. 137).

Repetindo, para que um sistema formado por subsistemas seja hierarquizado é necessário que obedeça às três condições expostas no item 4.2.1 linhas atrás.

1. SEQÜÊNCIA DE NÍVEIS. É usual chamar de **ordens** a sucessiva divisão de sistemas, de sorte que os subsistemas pertencem à primeira ordem, o sistema de que eles são partes à segunda e o supersistema à terceira ordem (Maciel, p. 255). Neste ponto convém definir o termo **complexidade**.

Complexidade de um nível do sistema refere-se à quantidade de elementos que tenham características diferentes.

Tais elementos podem ser estáticos, a exemplo de um monte de areia, cuja complexidade é mínima, porque suas partículas são homogêneas. Diferentemente, em uma escola seus elementos são transformadores e diversos, resultando maior complexidade. Já no caso da Tecelagem, se a complexidade de cada um dos **subsistemas** tingir, tecer e estampar for igual a um, então a complexidade de o **sistema** fabricar será três, isto é, a soma das partes. Portanto, quanto mais elevada for a ordem do nível, maior será sua complexidade, pois as das partes somam-se para constituir a da totalidade (Maciel, p. 254).

Além disso, dois pontos devem ser destacados. Em primeiro lugar, cada nível tem características próprias, no sentido de leis, variáveis, funções e princípios (Mesarovic *et alii*, p. 37). Em segundo lugar, um subsistema que está presente no sistema também está no supersistema, significando que o elemento de um nível também o é de todos os que lhe estão acima. O exame da Figura 4.1 torna claro essa condição de seqüência de níveis, cada qual com características que lhe são próprias.

2. DIREITO DE INTERVENÇÃO. Para que haja sinergia do todo é necessário que exista coordenação nos desempenhos das partes, significando que o sistema impõe as ações de seus subsistemas, pois, caso contrário, cada um agiria como entendesse ou pudesse. No entanto, os subsistemas têm certo grau de liberdade nas suas ações, permitida unicamente para que possibilite a maior eficiência no desempenho das subfunções pelas quais são responsáveis. Isto significa dizer que são permitidas as subfunções de tingir, tecer e estampar modificações nos ritmos das operações, por exemplo, horários de limpeza e lubrificação das máquinas.
3. RESPOSTA COMO INFLUÊNCIA. É o inverso do que se mencionou quanto à sinergia, isto é, os desempenhos dos subsistemas influirão diretamente na eficiência do sistema do qual são partes, como exemplificado na alínea 3 do subitem 4.2.1.

O leitor pode perguntar: qual a **vantagem** de se hierarquizar um sistema por ordens de complexidade? A resposta é que este tipo de hierarquia facilita o entendimento de entes complexos por separá-los em seus constituintes, sendo aplicável a sistemas abstratos, como os da Matemática, e a concretos, como os encontrados na natureza. Por isso, é muito utilizado em ciências físicas, biológicas e sociais, como exemplificado na Figura 4.3.

Pelas razões expostas, a aplicação da hierarquia de sistemas por ordens de complexidade às organizações é muito conveniente para a melhor compreensão de suas funções e estruturas, o que a metodologia clássica provinda da Biologia não permitia. Por outro lado, como na organização sempre é possível identificar muitos sistemas compostos por subsistemas, conclui-se que esse tipo de hierarquia é aplicável a todas suas partes constituintes.

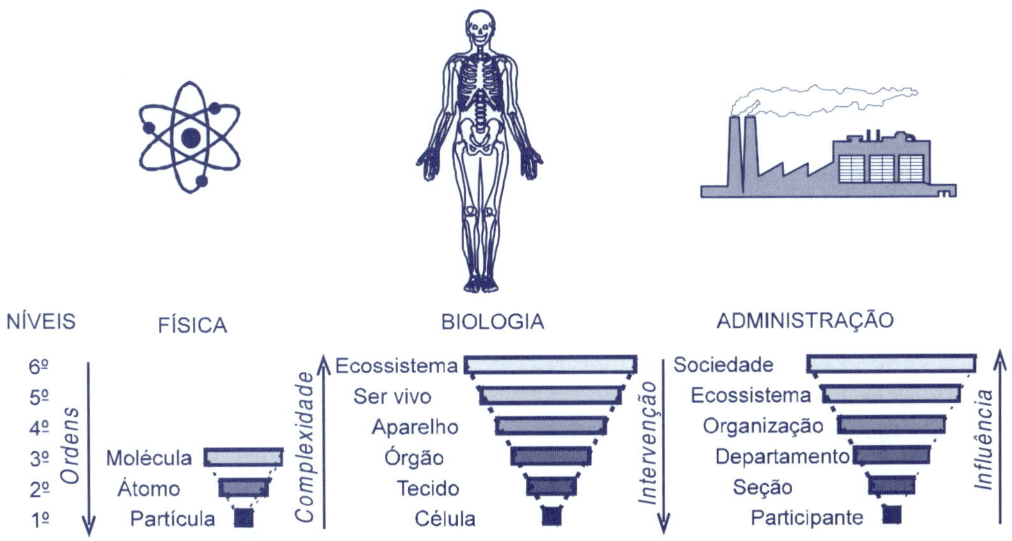

Figura 4.3 *Sucessivas ordens (ou níveis) em que foram analisados vários entes complexos com o fim de facilitar sua compreensão.*

4.2.3 Hierarquização por ordens de complexidade nas organizações

Muitos livros que tratam da Teoria Geral da Administração costumam abordar assuntos, a exemplo de motivação, grupos informais e formais, funções administrativas e estruturas organizacionais, como se fossem temas estanques e não interligados, formando um todo homogêneo. A razão para essa falha é não disporem de um quadro de referência que permita integrar os conhecimentos administrativos.

Acontece que a hierarquização de sistemas por ordens de complexidade aplicada às organizações fornece o modelo que faltava, de sorte que com ele se pode entender a empresa em seu todo. Assim sendo, a seguir será examinado como a organização pode ser analisada em suas partes, bem como integrada no seu ecossistema até ao nível da sociedade maior, como esquematizado na Figura 4.4.

1. NÍVEL DO PARTICIPANTE. A divisão do trabalho levada a efeito no agrupamento faz com que cada membro tenha uma função específica, que lhe é atribuída para que seja concretizada uma etapa da atividade-fim ou da atividade-meio da organização. Portanto, o participante com seus conhecimentos e habilidades, auxiliado por ferramentas, máquinas e informações, situa-se no **primeiro** nível da hierarquia por ordens de complexidade. A pessoa nesse nível é analisada em seus aspectos psicológicos de motivação, personalidade, atitudes, aprendizagem, comportamentos etc. pela disciplina Psicologia Aplicada à Administração, e em suas formas de trabalhar pela de Tempos e Movimentos.

2. NÍVEL DE AGRUPAMENTO. Conforme se observa na Figura 1.2 do Capítulo 1, na oficina descrita por Adam Smith foi estabelecida a divisão de trabalho, atribuindo-se uma subfunção para cada operário concretizar, porém devia haver um mestre com a função de coordenar o trabalho e, também, medir a produção, dirimir dúvidas e ensinar os ajudantes. Essas são condições para constituírem-se agrupamentos com peculiaridades tais que levaram a Sociologia a estudá-los sob a denominação de **grupos formais**. Para nós será o **segundo** nível na hierarquia por ordens de complexidade, englobando os grupos criados pela organização chamados de unidades administrativas e os que surgem naturalmente e, por isso, denominados "informais", ou seja, as conhecidas "panelinhas" e "igrejinhas". Pelos aspectos sociológicos tais agrupamentos são estudados nas características de colaboração, coesão e poder pela disciplina Sociologia Aplicada à Administração, e na divisão do trabalho pela de Organização e Métodos.

3. NÍVEL DAS FUNÇÕES ADMINISTRATIVAS. A função da organização é o conjunto das subfunções destinadas a assegurar que seja atingida a finalidade para a qual foi criada. Essas costumam ser denominadas "funções administrativas", as quais englobam a habitualmente vista como atividade-fim da organização, isto é, produzir, e as consideradas atividades-meio, ou seja, vender, comprar, movimentar dinheiro e movimentar pessoal. Este é o **terceiro** nível hierárquico, cuja estrutura é a dos grandes subsistemas, como os das várias diretorias com seus respectivos departamentos e seções. Em seus aspectos mais amplos são estudados em disciplinas como sistemas administrativos, e nos particulares em Administração de Vendas, da Produção, de Recursos Humanos, e assim por diante.

4. NÍVEL DA ORGANIZAÇÃO. Para começar, repetindo o que foi escrito nos capítulos anteriores, partimos do princípio de que a organização tem por função suprir a sociedade de bens e serviços e satisfazer as necessidades de seus participantes. Assim sendo, deve existir uma estrutura para concretizar tais finalidades, a qual podemos considerar ser um sistema. Com essas suposições pode-se dizer que a organização ocupa um nível na hierarquia por ordens de complexidade, que no momento identificamos como sendo o **quarto**, por razões que serão adiante explicadas. Esse nível é o da interface que medeia os aspectos internos gerais da microssociedade que é a organização e os externos peculiares à sociedade. Por isso, as disciplinas dos cursos de Administração versam sobre aspectos amplos, a exemplo de Desenvolvimento Organizacional, Sistemas de Informação, Política de Negócios, Estruturas Organizacionais, Direção (ou Coordenação) e Planejamento Estratégico.

5. NÍVEL DO ECOSSISTEMA. Já foi mencionado que as organizações relacionam-se umas com as outras, por exemplo, as fábricas com firmas fornecedoras de matéria-prima, com bancos comerciais e de investimentos, com órgãos do Governo, com os clientes e, de certa forma, com os próprios concorrentes. Essas entidades formam o ecossistema da empresa, ou seja, seu meio ambiente, que é o **quinto** nível de complexidade. Seu exame é levado a efeito por disciplinas tais como Microeconomia e a assim chamada Ecologia das Organizações.

6. NÍVEL DA SOCIEDADE. Finalmente, os vários ecossistemas nada mais são que a sociedade global, situada no **sexto** nível de complexidade. Pela amplitude deste nível as disciplinas são de aplicações como Direito (Trabalhista, Comercial, Tributário etc.) ou ciências a exemplo da Economia (Macroeconomia), Sociologia e Antropologia. É importante notar que a sociedade nada mais é que um conjunto de

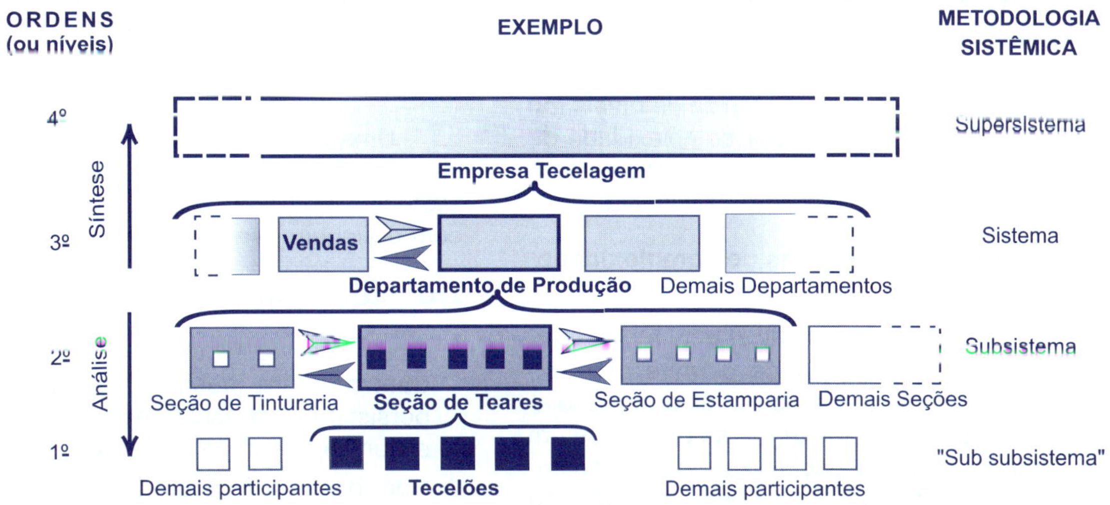

Figura 4.4 *Sucessão de ordens de complexidade de uma Tecelagem.*

pessoas e, portanto, esse nível liga-se ao primeiro, a do ser humano, fechando o circuito.

Poder-se-ia perguntar: o esquema é válido para todos os tipos de organizações? A resposta é sim, pois as funções é que foram sucessivamente integradas, e elas são comuns a todas as organizações. Para ficar mais claro pode-se lançar mão de um exemplo. Assim, a função de executar é concretizada pelas pessoas auxiliadas por equipamentos, e isso é válido tanto para o sapateiro remendão quanto para a multinacional. Da mesma forma, a função de obter sinergia pela colaboração e divisão do trabalho é materializada, por exemplo, pela associação do sapateiro com seu único ajudante, bem como pela linha de montagem com cem operários. Esse raciocínio pode continuar para os demais níveis, com a observação importante de que a quantidade de saídas será o determinante da complexidade da departamentalização. Dessa forma, para consertar calçados dos moradores do quarteirão basta uma sapataria de esquina e para transportar os habitantes da cidade é preciso uma empresa de ônibus com mais de mil empregados.

Como o leitor pode observar, a hierarquização de sistemas por ordens de complexidade não constitui novidade, apenas sistematiza a maneira de estudar entidades complexas, especialmente as relações entre os níveis, o que não era feito pela abordagem sistêmica vinda da Biologia.

Evidentemente devem-se fazer adaptações do modelo a cada caso particular, a exemplo do Corpo de Bombeiros que não vende seus serviços. Sendo, portanto, um modelo bastante geral, será **utilizado nos capítulos seguintes como quadro de referência para integrar os conhecimentos da Administração**, começando no sexto nível, o da sociedade, ao qual pertencem os participantes e clientes das organizações.

TÓPICOS PARA EXPOSIÇÕES

4.1.1 Sistemas, subsistemas e supersistema

Baseando-se na Figura 4.1 explicar, com o exemplo de uma tecelagem, que: a) Para a organização concretizar sua função é necessário existirem subfunções. b) Se a função da organização é realizada por um sistema, suas subfunções devem ser concretizadas por subsistemas. c) A tecelagem compra de fornecedores e vende para lojas atacadistas (que também são sistemas), de sorte que o conjunto dessas organizações constitui um supersistema. d) Esclarecer que a determinação do que é sistema, subsistema e supersistema depende dos critérios da pessoa interessada no assunto e o que pretende estudar ou planejar.

4.1.2 Os componentes do sistema

Com base na Figura 4.2 e exemplos explicar, resumidamente: a) Saídas. b) Elementos transformadores. c) Relações entre esses elementos. d) Entradas. e) Fronteira. f) Reações do ambiente. g) Retroalimentação.

4.2.1 Condições para que um sistema seja hierarquizável

Baseando-se na Figura 4.1 explicar as três condições para que um sistema seja hierarquizável.

4.2.2 Hierarquização por ordens de complexidade

Baseando-se na Figura 4.3 explicar: a) As três condições para que um sistema seja hierarquizável por ordens de complexidade. b) A seqüência de níveis (ou ordens). c) Em que se entende por complexidade de um sistema. d) No que consiste o direito de intervenção. e) Idem quanto à resposta como influência.

4.2.3 Hierarquização por ordens de complexidade nas organizações

Com base na Figura 4.4 explicar que: a) A hierarquia por ordens de complexidade permite criar um quadro de referência para entender melhor e planejar as organizações por permitir integrar as partes em um todo homogêneo. b) Assim, podem-se estudar os comportamentos dos participantes que estão situados no primeiro nível. c) Os processos grupais no segundo nível. d) As funções administrativas no terceiro. e) As funções e estruturas da organização no quarto. f) O meio ambiente, que é o ecossistema da organização, no quinto. g) As culturas da sociedade no sexto nível.

QUESTÕES DE APLICAÇÃO

1. Com base na Figura 4.1 e considerando que sua escola pode ser vista como sistema, informe, justificando suas respostas: a) quais são seus subsistemas; b) quais são os ramos das organizações que fazem parte de seu supersistema; c) caso sua escola fosse uma empresa e vista como um **subsistema**, qual a denominação do sistema a que ela deveria pertencer?
2. Ainda considerando sua escola como um sistema, informe, justificando as respostas: a) se a entrada principal do sistema Escola são alunos com o segundo grau, mas sem conhecimentos de Administração, qual é a saída; b) indique pelo menos três elementos transformadores com a função de fornecer conhecimentos em áreas específicas; c) caso os graduandos obtiverem notas máximas no exame denominado Provão, qual poderá ser uma reação do ambiente.
3. Considerando que sua escola é uma seqüência de três ordens, ou seja, diretoria, chefias de departamento e professores, informe, justificando as respostas: a) sistema, subsistema e supersistema em relação a seqüência de níveis de 1ª, 2ª e 3ª ordem; b) a intervenção da 2ª ordem sobre a 1ª; c) a resposta da 1ª ordem para a 2ª.
4. Com base na Figura 4.3 desenhe a sucessão de ordens de complexidade de sua escola, descrevendo as denominações de, pelo menos, cinco níveis.

DISCUSSÃO EM GRUPOS

O caso da lavanderia (1ª parte)

Uma lavanderia recebe roupa suja e, depois de lavar, secar, passar e empacotar, ainda entrega na residência dos clientes, cobrando pelos serviços para, com o dinheiro, saldar seus compromissos.

Questões para cada grupo responder

1. Com base na Figura 4.4 desenhe as sucessivas **quatro** ordens (desde o "sub subsistema" até o supersistema), considerando que a lavanderia é um sistema que ocupa o 3º nível.
2. Com base na Figura 4.2 informe, justificando suas respostas; a) saída mais importante do sistema lavanderia; b) as entradas mais importantes, concretizando cada uma delas.
3. Com base na Figura 4.4: a) desenhe a seqüência dos seis elementos transformadores que executam as funções operacionais em série (inicie à esquerda com a de entregar); b) indique quais são as cinco saídas da transformação da roupa dos elementos transformadores precedentes para os seguintes a cada um e que constituem a entrada destes últimos.
4. Com base na Figura 4.2 informe, justificando suas respostas: a) pelo menos duas reações do ambiente quando a lavanderia começou a operar no bairro e que constituem pseudo-retroalimentações; b) uma verdadeira retroalimentação dos serviços oferecidos.
5. Levando em conta que os clientes externos situam-se em nível superior (supersistema) ao da lavanderia (sistema), informe, justificando suas respostas. a) Pelo menos uma característica que diferencia esses dois níveis. b) Qual é a intervenção do cliente sobre a lavanderia? c) Qual é a possível resposta desta para o nível acima? d) Esse conjunto de dois níveis é hierarquizável? Por quê?

LEITURAS COMPLEMENTARES

BERNARDES. Cyro. Sistemas hierarquizados e suas aplicações à administração. **Revista de Administração**. São Paulo, FEA-USP, ano 14, n. 4, p. 91-107, out./dez., 1979. O artigo introduz o assunto da hierarquização de sistemas de forma resumida, e como ela pode ser aplicada à Administração.

ZACCCARELLI. Sergio Baptista. A hierarquização de sistemas e sua operacionalização. **Revista de Administração**. São Paulo, FEA-USP, ano 18, n. 1, p. 17-22, jan./mar. 1983. O autor parte das propostas de hierarquização de sistemas devidas a Mesarovic *et alli* e propõe aplicá-las às organizações por meio das diferentes ênfases a serem dadas às várias funções administrativas.

____________. KWASNICKA, Eunice Lacava. A hierarquização de decisões da função pessoal. **Revista de Administração**. São Paulo, FEA-USP, ano 13, n. 3, p. 47-62, jul./set. 1979. Os autores aplicam a hierarquização de sistemas às decisões para as subfunções da função pessoal, mostrando que a ênfase atribuída a uma delas influi na importância das demais.

COMPORTAMENTOS DOS PARTICIPANTES DAS ORGANIZAÇÕES 5

Toda e qualquer pessoa deseja que outras procedam da maneira por ele pretendida. Por isso, o pai espera que os filhos estudem e progridam na vida, enquanto o professor procura fazer com que seus alunos aprendam a disciplina por ele ministrada. Em outras palavras, todos querem ou são induzidos a influenciar o próximo para que exiba determinado comportamento. Por essa razão, o administrador tem a obrigação profissional de coordenar seus subordinados para que executem as tarefas como estabelecidas, fracassando se não o conseguir.

Para concretizar tais pretensões é necessário conhecer os aspectos básicos dos mecanismos que levam o indivíduo a agir desta ou daquela forma, ou seja, entender o comportamento humano. Isto é primordial para o administrador, pois a pessoa é a mais importante matéria-prima com que lida em suas atividades profissionais.

Com tal finalidade, este capítulo inicia descrevendo um **modelo** dos processos que determinam **comportamentos**. Em seguida, expõe **teorias** explicativas da formação da **personalidade** das pessoas, que as leva a se comportarem desta ou daquela maneira. Todavia, apenas introduz assuntos que devem ser mais bem explicados em outras disciplinas do comportamento, como a Sociologia e Psicologia aplicadas à Administração.

5.1 MODELO DE ESTÍMULO-RESPOSTA

Qual a razão de o participante executar o serviço de má vontade na organização onde trabalha (apesar de nela obter o sustento) e à noite ir muito satisfeito fazer gratuitamente alegorias em sua escola de samba? Para responder a essa pergunta é preciso entender o processo que dirige os comportamentos da pessoa humana, pois somente assim será possível influenciá-la para bem desempenhar suas tarefas.

5.1.1 Processo que determina comportamentos individuais

Fazendo uma introspeção, o leitor percebe que age de formas muito diferentes em casa em relação ao ambiente do trabalho ou da escola. Observa, também, que tais comportamentos decorrem de um grande número de fatores, a maior parte dos quais ele mesmo desconhece. Esse tema já foi mencionado no início do Capítulo 1 com o fim de explicar que todos os indivíduos têm **impulsos** internos, os quais desencadeiam ações com o **objetivo** de satisfazer **necessidades,** e que grande parte delas são satisfeitas pelas organizações.

Agora chegou o momento de detalhar essa explanação (que tinha sido feita para mostrar como as pessoas se tornam **clientes** das organizações), mostrando como pode ser aproveitada pelo administrador na sua função de coordenar o trabalho de pessoas. Para isso, será utilizado o modelo de comportamento elaborado pelo psicólogo americano Harold J. Leavitt na metade do século 20. Sua proposta é relativamente simples — por limitar o número de variáveis intervenientes —, fato que, em contrapartida, a torna incompleta. Todavia, como a meta do administrador não é a graduação em Psicologia, mas tão-somente dispor de uma ferramenta para melhor entender as pessoas com o fim de influenciá-las, esse modelo do processo que resulta em comportamentos é suficiente para suas intenções. A Figura 5.1 esquematiza-o, tendo por base a teoria comportamental denominada de estímulo-resposta.

Esse modelo ficará mais fácil de entender se analisado em suas partes.

1. Para começar, é preciso definir objetivo, tornando claro que este **somente pode existir para o ser vivo** e não para qualquer ente abstrato ou inanimado.

   Objetivo é o resultado final que a pessoa se esforça para conseguir quando lhe falta, manter se já o possui, ou afastar-se caso lhe seja aversivo (Krech *et alii*, p. 81).

   Um exemplo é o indivíduo que tem o objetivo de arranjar um emprego, mantê-lo quando o consegue e e procurar outro ao perceber que nele não terá futuro, ou não compensa seus esforços.

2. Acontece que as necessidades básicas do participante da organização já estão em grande parte satisfeitas, porque não passa fome e habita em má ou boa moradia, apenas lhe faltando a segurança — que nas grandes cidades é menor que na selva ou

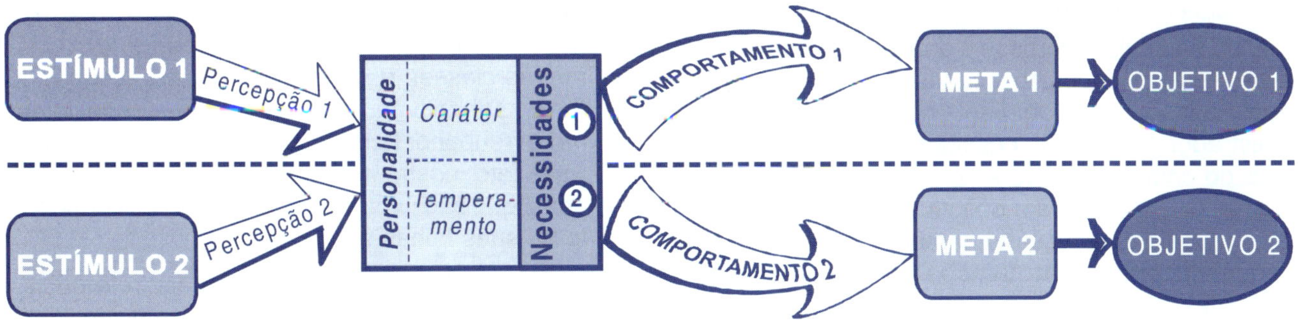

Figura 5.1 *Fatores que determinam os comportamentos de uma pessoa.*

no deserto. Por isso, outras **metas** se tornam preponderantes, a exemplo de realizar algo ou pertencer a grupos sociais. Sobre estas metas é que o administrador pode atuar com o fim de conseguir determinados comportamentos.

Meta é o meio qualificável e às vezes também quantificado para, dentro de um determinado período de tempo, alcançar objetivo pré-escolhido (Ackoff, 1974, p. 15).

Dessa forma, supusemos que a necessidade rotulada como **1** na Figura 5.1 seja de **realização**, e a como **2** seja de **filiação**. Pode acontecer que a meta para ser alcançada exija submetas intermediárias na forma de etapas no decorrer do tempo. Um exemplo é o do aluno que, tendo a meta de obter algum tipo de graduação, precisa atingir as submetas de ser aprovado semestre por semestre.

3. A fim de alcançar determinada meta é preciso que a pessoa aja de forma específica, ou seja, **comporte-se** de maneira conveniente para atingi-la. Neste ponto convém definir comportamento para tornar claro o significado dessa palavra.

Comportamentos são todas as ações observáveis do ser humano (Staats & Staats, p. 4).

Assim, para obter alimento o indivíduo precisa prepará-lo ou entrar em um restaurante. Já para concretizar algo criativo, a exemplo de um projeto, é indispensável trabalhar em cima dele (comportamento **1**) e para ser aceito pelos companheiros é exigido que obedeça às normas criadas pelo grupo (comportamento **2**).

4. Neste ponto o leitor pode ter uma dúvida: no que consiste a **necessidade**?

"**Necessidade**: qualidade ou caráter de necessário. Necessário: que não se pode dispensar, que se impõe, indispensável. A água é necessária à vida" (Dicionário Aurélio).

5. Uma necessidade permanece latente até ser despertada por algum **estímulo interno** ou **externo** à pessoa. Por exemplo, a sensação de fome é provocada pelo estímulo interno da redução da taxa de glicose no sangue.

Estímulo é qualquer modificação interna ou externa ao indivíduo capaz de nele despertar uma necessidade susceptível de provocar um comportamento.

Enquanto a necessidade não for muito intensa, o estímulo interno latente é passível de ser despertado por um outro externo, como poderia ser a visão ou o cheiro de comida e até pelo convite para almoçar. Isso é muito importante, pois o administrador pode influenciar despertando uma necessidade ainda desapercebida. Todavia, se esta inexistir é impossível estimular, por exemplo, propor um trabalho desafiador para quem não está impulsionado para a realização. Isso corresponderia a convidar uma pessoa para almoçar quando ela não está sentindo fome por alguma razão.

6. Para que o estímulo externo atue é preciso sua **percepção**, que no exemplo da comida poderia ser pela visão ou pelo olfato. Um caso notável é o do empreendedor que percebe negócios porque sua personalidade o impulsiona a permanecer sempre atento a novas oportunidades.

7. A personalidade do indivíduo influencia tanto a maneira pela qual um estímulo é percebido quanto o grau do impulso para satisfazer determinada necessidade. Por isso, o mesmo estímulo dado pelo administrador para fazer determinado trabalho pode ser negativo (sentir como imposição ou fonte de aborrecimento por quem não é autopressionado para realizar) e positivo para outro que deseja aprender, desenvolver-se e fazer coisas interessantes. A personalidade é tão importante que mais adiante será examinada em detalhes.

8. A necessidade costuma ficar satisfeita apenas por um certo tempo. Um exemplo é o fato de o indivíduo não mais sentir apetite depois de almoçar, mas que novamente aparecerá, levando-o a querer jantar. Por isso, finalizado um trabalho, a pessoa realizadora deseja começar outro, como o artista que termina de pintar um quadro e logo quer iniciar um segundo

e depois um terceiro.

É de particular interesse a análise dos **estímulos externos** ao indivíduo provocados pela comunicação de **outra pessoa**, principalmente no caso de esta ser o administrador. Por isso, necessita ser acrescentada ao modelo do comportamento a figura do **influenciador**, que até então se limitava a do influenciado. Para completar o modelo é necessário, também, analisar os fatores que, na forma de **motivações**, determinam comportamentos.

5.1.2 Teorias das motivações impulsionadoras dos comportamentos

Na metade do século vinte, alguns pesquisadores propuseram teorias com o intuito de classificar os fatores internos dos participantes que determinavam seus comportamentos nas organizações. As teorias mais conhecidas serão descritas a seguir, devendo-se destacar que elas são apenas descritivas e explicativas em lugar de serem prescritivas e normativas, destinadas à prática da Administração.

1. **Hierarquia de necessidades**. Há 60 anos, ou seja, no início da década de 40, o psicólogo americano Abraham H. Maslow propôs a hipótese de que as necessidades humanas são em número de cinco e susceptíveis de serem hierarquizadas (Maslow, 1967). Assim, segundo suas hipóteses, o náufrago só deseja conseguir comida e água, que depois de obtidas despertam a necessidade de ter abrigo. Caso esta seja satisfeita surge, então, o desejo de segurança física e, após, a social de ter apoio de pessoas. Se isso for alcançado, aparece o anseio de ser bem considerado pela sociedade e, por fim, o intuito de realizar-se, a exemplo de fazer coisas novas.

   O leitor irá encontrar na literatura menção a essas cinco classes de necessidades, porém com o grave erro de considerá-las válidas e até úteis para o administrador.

   Acontece que essa hierarquia em cinco níveis **está ultrapassada por completo**, como se depreende pelas críticas que a ela são feitas. Para começar, trata-se apenas de uma hipótese feita sem ter sido baseada em pesquisas. Em segundo lugar, fracassaram todas as tentativas de validar a hierarquia de importância e seqüência em que aparecem. Apenas foi possível comprovar que a não-satisfação dos motivos biológicos de sobrevivência impedia o surgimento das demais necessidades, ou seja, não é viável identificar mais que dois níveis (Lawler & Suttle, p. 44-45).

   Se isso tudo não bastasse, o próprio Maslow, pouco antes de sua morte, modificou sua proposta inicial, sugerindo apenas dois níveis e não mais cinco: o nível inferior englobando as duas primeiras classes de necessidades do antigo modelo (as da sobrevivência do ser vivo e da espécie humana) e o superior formado pelas demais (Maslow, s.d.). Esse fato mostra a persistência de suposições e teorias, que são julgadas corretas por desconhecimento de suas falhas e erros.

   Todavia, a literatura mais recente faz referência aos desmentidos do próprio Maslow, inclusive expondo a Teoria ERG (iniciais de ***E****xistence*, ***R****elationship* e ***G****rowth*), devida a Clayton Alderfer, que propõe três tipos de necessidades, mas não seguindo qualquer hierarquia de satisfação (Robbins, p. 344-345).

   Por isso, o leitor deve ser alertado para a possibilidade de que algumas prescrições das teorias de Administração, geradas no século 20 e descritas neste, livro podem ser descartadas neste terceiro milênio. Em outras profissões também são superadas práticas consagradas, a exemplo da dos médicos, que atualmente não mais eliminam os cristalinos dos olhos de pacientes com catarata e sim os substituem por outros de plástico.

   Pelas críticas expostas, a seguir serão descritos apenas os dois níveis da hierarquia de necessidades mencionada linhas atrás.

   - Alimentar-se, ter abrigo e segurança, bem como atividade sexual e descanso são necessidades **básicas**, tanto para a sobrevivência quanto para a manutenção da espécie. Por isso, pertencem ao conjunto do primeiro nível da hierarquia, sendo válido tanto para animais quanto para o gênero humano. A importância de satisfazê-las fica bem clara em pesquisas como as do Ibope e de outras organizações junto às diversas classes sociais deste país, como a menção do desemprego em primeiro lugar (porque o dinheiro é o meio de conseguir comida e moradia) seguida pelo medo de ser assaltado e mesmo assassinado, ficando em destaque a ênfase dada pelas pessoas com menor renda para a assistência à saúde, cuja qualidade dos serviços prestados a elas o leitor sabe qual é, graças aos meios de divulgação deste país.
   - Auto-estima pelo reconhecimento de si pelos outros, poder sobre coisas animadas e inanimadas, além de realizar-se de uma forma ou outra, compõem o conjunto de necessidades do segundo nível, estas típicas do Homem. Tais necessidades são ditas "derivadas" das ditas "básicas", as quais são voltadas apenas para a sobrevivência (Malinowski, p. 118).

2. **Outras necessidades além das listadas**. Posteriormente, experiências com voluntários mostraram

que, dentro do primeiro conjunto do **nível básico**, também existe a exigência de manter os órgãos dos sentidos **estimulados**, vendo, ouvindo e recebendo toques na pele. Estes, ao serem eliminados nas condições de laboratório, fizeram com que os sujeitos tivessem alucinações e se tornassem confusos, demonstrando extrema irritabilidade. Da mesma forma, inclui-se, também, a necessidade de manter-se em **atividade** (correr, arremessar, agarrar, abrir, fechar), como dramaticamente mostrado por prisioneiros mantidos em solitárias ao fazerem mínimas coisas, a exemplo de contar rachaduras nas paredes, com o fim de permanecerem ocupados (Murray, p. 119-121 e 124).

Essa necessidade de estimulação explica por que os participantes da organização lêem jornais ou iniciam conversas intermináveis quando não estão ocupados com o trabalho. É o caso, também, de alunos em classe que divagam ou, pior, falam entre si nas aulas expositivas de assuntos que consideram desinteressantes.

Quanto ao segundo conjunto situado em **nível mais elevado**, além dos impulsos de associação, auto-afirmação e realização**,** surgem necessidades, tais como a da **curiosidade** por coisas novas, a da **manipulação** de objetos para fazer algo, bem como as necessidades **cognitivas** de rir, pensar, recordar (Murray, p. 125-126). Ademais, respostas obtidas em pesquisas mostraram a importância da busca espiritual e comunhão com seus semelhantes, também desejosos de consolo e esperança, o que explica o crescimento das igrejas evangélicas nas últimas décadas (Drucker, 1999, p. 46).

3. **Teoria dos dois fatores de Herzberg**. O psicólogo americano Frederick Herzberg propôs essa teoria para explicar o comportamento dos participantes das organizações. Na verdade, confirma a existência de apenas dois níveis de necessidades, conforme as críticas feitas à teoria da hierarquia de Maslow expostas linhas atrás.

    - **Fatores higiênicos**. São fatores extrínsecos à pessoa, por decorrerem do ambiente onde desempenham suas tarefas. Por isso, estão sob o controle da organização e não de seus participantes. Os principais fatores são: salário, benefícios sociais, estilo de coordenar da chefia, condições físicas do ambiente de trabalho, políticas e normas da organização e clima de relacionamentos, tanto imposto pela cúpula quanto pelos colegas. Quando tais fatores são favoráveis aos participantes eles sentem-se satisfeitos (mas não obrigatoriamente produtivos) e quando precários sentem-se insatisfeitos e, por isso, ine-ficientes. Por semelhança com as condições físicas ambientais que, se inadequadas, facilitam doenças, Herzberg as chamou de higiênicas.
    - **Fatores motivacionais**. São intrínsecos à natureza do cargo ocupado e às tarefas desempenhadas e, por isso, sob o controle de quem as executa. Relacionam-se com o crescimento individual, reconhecimento profissional e realização, ou seja, ao segundo nível da nova hierarquia de necessidades revista pelo próprio Maslow.

    O aspeto prescritivo da teoria proposto por Herzberg é o enriquecimento do trabalho (*job enrichment*), consistindo na eliminação das tarefas simples e repetitivas por outras mais complexas que permitam o desenvolvimento profissional da pessoa. Essa seria a forma de tornar o executor motivado para desempenhar com eficiência as atividades pelas quais é responsável (Chiavenato, p. 536-541).

Críticas também foram feitas a essa forma de motivação, pois as alterações das tarefas envolvem dificuldades tecnológicas, de treinamento e até psicológicas (Chiavenato, p. 581). Por exemplo, há pessoas que, em lugar de tarefas desafiadoras, aceitam e gostam do trabalho rotineiro, talvez por lhes dar sensação de ordem e segurança (Mintzberg, p. 179). Entretanto, o estudo em detalhes dos fatores higiênicos e motivacionais teve a vantagem de despertar a necessidade de planejar as atividades desempenhadas dentro das organizações seguindo outras premissas que não a supervisão coercitiva em ambientes dignos dos calabouços da Idade Média.

5.2 A PERSONALIDADE INFLUENCIA OS COMPORTAMENTOS

Em linhas atrás foi mencionada a palavra personalidade como o indicador de cada pessoa humana que a diferencia de todas as demais. Uma definição desse termo é:

"**Personalidade**: O elemento estável da conduta de uma pessoa: sua maneira habitual de ser: aquilo que a distingue de outra" (Dicionário Aurélio).

Neste ponto convém chamar a atenção para o linguajar comum de que "fulano não tem personalidade", tão incongruente como afirmar que "sicrano não tem peso (ou altura)".

Os líderes que criaram grandes organizações e obtiveram notáveis mudanças políticas não poderiam ter conseguido tudo sozinhos e sim com o auxílio das muitas pessoas que influenciaram. Para isso, necessitavam saber o que elas desejavam e no que eram eficientes, isto é, **intuir suas personalidades**. A partir desse tipo de conhecimento podiam estimulá-las eficazmente para que concretizassem suas pretensões, mas desde que se comportassem como o líder desejava. De forma semelhante, o administrador necessita conhecer a personalidade de quem pretende influenciar, pois, como já exemplificado linhas atrás, o mesmo estímulo que ele fornece a diversos indivíduos é capaz de provocar comportamentos diferentes e até opostos.

Os livros de Psicologia consideram que as caraterísticas da personalidade decorrem de dois fatores: a constituição física chamada **temperamento** e a aprendizagem desde o nascimento, denominada **caráter**. Autores escreveram que: "em certos casos, poderia ser sugerido que as variáveis biológicas são os antecedentes da personalidade que causam um comportamento e em outros casos as variáveis ambientais poderiam ser consideradas condições iniciais importantes" (Staats & Staats, p. 284).

5.2.1 Temperamento

Pode-se definir temperamento de uma forma simplificada:

O **temperamento** refere-se à maneira de agir, sendo constitucional e imutável (Fromm, p. 53).

Esse conceito fica bem claro com o exemplo da mãe que percebe a variedade de temperamentos dos filhos que desde bebês já se comportavam de maneiras diferentes, embora tenham sido socializados no mesmo ambiente.

O temperamento pode ser novidade para muita gente, mas nada mais é que a colocação em termos científicos do hábito que todos nós temos de dizer que o indivíduo gordinho costuma ser sociável, o do tipo "tarzan", agressivo e trabalhador, enquanto o alto e magro é reservado. Tais divisões em tipos da compleição das pessoas vêm desde o médico grego Hipócrates, que viveu há 2.400 anos, passando por Rostan, no século passado, com sua listagem de "digestivo", "muscular" e "cerebral".

Embora esses termos estejam vulgarizados, a maior parte da literatura sobre Administração continua omissa, ao contrário do que sucede com a da Psicologia. A explicação deve estar no atraso na divulgação de pesquisas sobre a personalidade para futuros administradores e, também, pelo desconhecimento delas pelos próprios professores. Isto porque, ao se graduarem, não receberam informações sobre as diferentes maneiras que o temperamento se apresenta e os comportamentos que provoca.

Sobrepujando tais falhas, deve-se destacar as pesquisas na década de 1940 do século passado levadas a efeito por médicos professores das universidades de Harvard e Chicago, liderados por William H. Sheldon, que levaram a efeito medições físicas do corpo humano de mais de 4.000 pessoas. Com esses dados, classificaram os indivíduos em viscerotônicos, somatotônicos e cerebrotônicos, conforme predominava, respectivamente, o soma (a parte de carne e ossos), ou as vísceras, ou o tecido sensorial (tato, vista etc.).

Partindo desses três extremos, criaram a teoria de que o temperamento era influenciado pelo tipo físico, ou resumidamente:

- os **viscerotônicos** distinguiam-se pela sociabilidade, afeição e tolerância;
- os **somatotônicos** destacavam-se pelo gosto de coisas novas, agressividade, independência, disposição para o trabalho árduo e gosto pelo risco e pela dominação;
- os **cerebrotônicos** sobressaíam pela percepção das condições ambientais e pela introversão (Sheldon *et alii*, 1942).

A Figura 5.2 dá uma idéia dos extremos desses tipos de físico, ou seja, os três mais pronunciados.

Um aspecto de interesse é o fato de os resultados dessa pesquisa — apesar de esta ter sido feita com todo o rigor científico — ainda serem pouco divulgados, embora os livros de Sheldon e colaboradores sejam encontrados em muitas escolas de Psicologia, havendo até artigos escritos em revistas deste país. Ao contrário, repetindo páginas anteriores, a Teoria da Hierarquia de Necessidades intuída pelo psicólogo americano Abraham H. Maslow, **apesar de pesquisas**

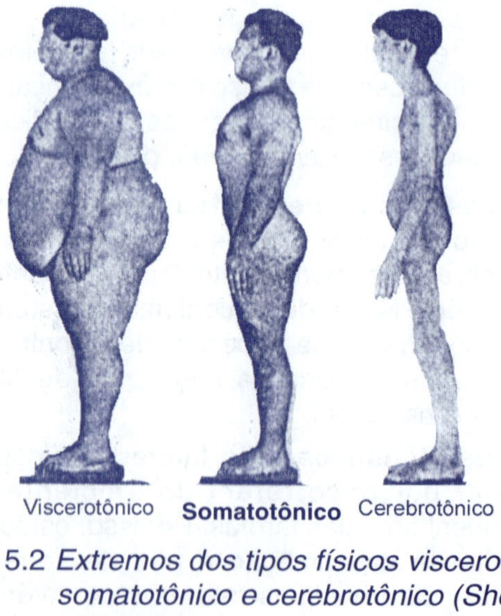

Figura 5.2 *Extremos dos tipos físicos viscerotônico, somatotônico e cerebrotônico (Sheldon et alii, 1942).*

terem negado sua validade e ele mesmo posteriormente a ter modificado, ainda é mencionada em quase todos os livros introdutórios à Administração. Isso concretiza o risco de o administrador tentar aplicar teorias às práticas administrativas sem conhecer suas críticas, limites do campo de emprego e, também, suas refutações.

As pesquisas de Sheldon e colaboradores mostraram, também, alguns aspetos de interesse para o administrador. Em primeiro lugar, qualquer tipo de temperamento não é bom nem mau, apenas adequado ou inadequado para atividades a serem desempenhadas em organizações, ou seja, as principais tarefas devem estar de acordo com suas tendências genéticas. Em segundo lugar, a inteligência (como entendida pela Psicologia) não depende do tipo físico nem a dimensão corporal, da altura. Por isso, uma pessoa baixa e magra pode ter o temperamento de um somatotônico.

O que sucederá, porém, com a criança cujas tendências naturais de exibir determinados comportamentos são bloqueadas pelos pais, como o somatotônico cheio de energia obrigado a reprimi-la? Talvez estejam aí as causas de muitas neuroses que o administrador vai encontrar dentro das organizações, seja de subordinados, seja de pares ou até de chefes.

Neste ponto o leitor pode fazer uma pergunta: conseguirei aplicar essas teorias à minha vida profissional de coordenar pessoas? A resposta é sim, mas com uma ressalva: o aqui explicado é apenas um resumo, devendo ser mais bem detalhado em cursos e leituras posteriores.

Todavia, muitos administradores, sobretudo os que nunca participaram de cursos formais, intuíram os determinantes do comportamento das pessoas. Isso lhes permitiu a construção de grandes impérios por agirem da forma correta para recrutar, motivar e coordenar subordinados diretos e, também, ensiná-los a interagir com eficácia e eficiência com os situados em níveis inferiores.

5.2.2 Caráter

Enquanto o temperamento é inato e, por isso, não pode ser modificado, o caráter decorre da **aprendizagem** e é passível de ser alterado, mas somente até certo ponto.

> **Caráter** é a forma (relativamente permanente) pela qual a energia humana é canalizada no processo de assimilação e socialização (Fromm, p. 58-9).

Como no exemplo já citado linhas atrás para a personalidade, é incongruente dizer que "fulano não tem caráter". Todavia, é possível ofender dizendo que "sicrano é mau caráter", ou seja, aprendeu a contrariar normas sociais estabelecidas como boas.

Em virtude de parte do comportamento estar ligada à aprendizagem, o estudo desta é de grande interesse para o administrador, já que sua função é estimular as pessoas para que passem a agir de forma esperada. Para começar, na linguagem coloquial é comum dizer que a criança **aprendeu** a ler, o adulto a dirigir automóvel e o participante da organização a executar um trabalho. No entanto, para a Psicologia o significado da palavra é mais amplo, como por exemplo, uma pessoa deixar tudo para a última hora, ou então, sempre chegar atrasada porque "aprendeu" a assim proceder. O conceito desse termo varia de autor para autor, mas para simplificar pode-se dizer que:

> **Aprendizagem** é a modificação do comportamento de forma relativamente permanente, que ocorre como resultado da prática (Staats & Staats, p. 23).

Por tratar-se de um processo que ocorre durante toda a vida da pessoa é preferível utilizar a palavra "aprendizagem", que é o processo de adquirir conhecimentos, habilidades e modos de se comportar (como o gerúndio *learning* em Inglês), em lugar do termo de uso muito comum "aprendizado", pois este sugere um fato já ocorrido no passado e difícil de mudar.

1. **Condicionamento**. Uma forma de explicar a aprendizagem é dizer que a pessoa comporta-se de determinada maneira porque ficou **condicionada**, palavra habitual e conhecida por todos. A Psicologia considera duas formas de condicionamento: o respondente (ou clássico) e o operante (ou instrumental). Para o administrador interessa mais entender o **operante**, pois se utilizará deste tipo para modificar o comportamento das pessoas.

   Um exemplo esclarece melhor como se processa o condicionamento operante. Existe a necessidade inata de realização, isto é, todos nascem com o desejo de se desenvolver e crescer psicologicamente como pessoa, cuja meta intermediária é fazer algo concreto. Se a criança é estimulada positivamente pelos pais com **prêmios** (a exemplo de elogios) toda vez que concretizar alguma coisa considerada relevante, por exemplo, vestir-se sozinha, a recompensa constitui um reforço para tornar a exibir tal comportamento. Isso pode ser reforçado se for acompanhado de estímulos negativos na forma de punições (como recriminações) caso se mostre dependente. A repetição desses dois tipos antagônicos de estímulos ao longo do tempo faz com que a criança seja condicionada a ser um realizador. Um autor americano, David McClelland (1972), acha que os empreendedores — indivíduos criadores de organizações sem temor a riscos — são condicionados pelos pais para a **realização**.

   O mesmo processo pode ocorrer, porém, para outro motivo, o da **afiliação**, ou seja, o de estar em rela-

Figura 5.3 *Socialização voltada para o conformismo e para a realização.*

ções afetuosas com as pessoas e ter medo da rejeição. Para esses indivíduos, isto tem maior significado que o trabalho, o inverso do que sucede para com os motivados para a realização (Murray, p. 157-160). É importante observar que, nas organizações, esses dois tipos de comportamentos aprendidos costumam ser reforçados porque os participantes acabam ocupando postos de trabalho condizentes com seus traços de personalidade. Assim, uns sentem-se bem e são produtivos só em cargos que favorecem a realização, enquanto outros buscam serviços que lhes favoreçam sentimentos de filiação a pessoas e a grupos.

Os personagens da Figura 5.3 representados, tanto na infância quanto na vida adulta, concretizam a aprendizagem do caráter para o conformismo de não ser rejeitado ou para a realização de fazer coisas.

2. **Extinção do já aprendido**. Caso esses condicionamentos tenham sido concretizados em tenra infância, eles se mantêm por toda a vida, constituindo um traço de personalidade do indivíduo. Todavia, à medida que a pessoa cresce e envelhece, os condicionamentos posteriores são cada vez mais fáceis de serem extintos. Dessa maneira, os maus hábitos que o participante adquiriu ao trabalhar em dada empresa — por exemplo, fazer as coisas de qualquer jeito — podem ser modificados quando muda de emprego. O processo para conseguir essa alteração é já clássico em Psicologia e similar ao da aprendizagem: **prêmios** para reforçar os novos comportamentos e **punições** para extinguir a repetição dos anteriores.

Se imaginássemos o crescimento biológico em forma de círculos concêntricos, cujos raios aumentem com o decorrer do tempo, teríamos uma representação da idéia de gradação na capacidade de manter aprendizados sem que haja extinção. A Figura 5.4 esquematiza o grau de fixação dos condicionamentos em função da idade.

Essa figura serve, ainda, para tornar claro outro fato: a ocorrência de condicionamentos em tenra ida-

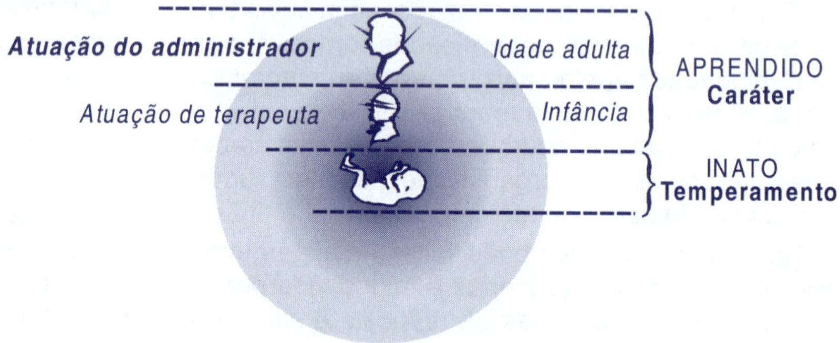

Figura 5.4 *Fixação dos condicionamentos em função da idade.*

de inadequados para a vida diária. Por exemplo, a deturpação de motivos inatos que leva o indivíduo a desejar **punir-se criando problemas para ser despedido** de todo emprego que consegue é de tal forma fixada que cabe ao psiquiatra tentar extingui-los, e não ao administrador. Já outros que não são "profundos", como a inibição de falar em público, podem ser extintos (ou pelo menos reduzidos) por estimulação até do professor e, nos casos mais sérios, por meio de cursos ministrados por especialistas no ensino de como fazer apresentações.

Os comportamentos da pessoa que ela mesma julga inadequados podem ser extintos por sua vontade sem auxílio de terceiros? Sim, a exemplo do comportamento de fazer trabalhos malfeitos, de ser fuxiqueiro e de espalhar boatos na empresa, mas desde que se tenha a determinação de acabar com hábitos que causam males a si próprio. Já abandonar o vício de fumar, para quem percebe estar tendo a saúde arruinada e sente que a sociedade a discrimina pelos incômodos que causa, também pode ser extinto, mas não é fácil, tal qual deixar de ser um perdedor compulsivo. Esses exigem auxílio externo, sobretudo se tiverem fundo patológico adquirido em tenra infância.

As causas que desencadeiam comportamentos foram examinadas superficialmente, devendo ser mais bem analisadas em outras disciplinas, como a da Psicologia aplicada à Administração.

Para finalizar, as teorias expostas foram levadas a efeito por cientistas sociais, na maioria interessados em explicar apenas **fatores internos**, a exemplo do comportamento humano dos participantes. Por isso, trouxeram para a literatura da Administração um **viés** pelo fato de não terem considerado **o negócio da empresa**. Assim, não levaram em conta perguntas como: **quais são as necessidades de clientes que podemos satisfazer? Quais serviços ou produtos que lhes podemos oferecer? Suas compras nos darão lucros para compensar o capital investido e pagar condignamente nossos participantes?** As respostas ficarão para o restante deste livro.

TÓPICOS PARA EXPOSIÇÕES

5.1.1 Processo que determina comportamentos individuais

Com base na Figura 5.1, explicar com o exemplo de um colega genérico: a) objetivo do aluno (ter dinheiro e prestígio); b) meta para alcançar o objetivo (possuir um diploma); c) comportamento para concretizar a meta (matricular-se em escola); d) estímulo (interno ou externo) de um parente para ter curso de nível superior que desperta uma necessidade; e) percepção ou não do estímulo; f) personalidade da pessoa (para a realização ou filiação); g) o administrador pode estimular subordinados para estes realizarem o trabalho pretendido.

5.1.2 Teorias das motivações impulsionadoras dos comportamentos

Explicar que: a) por volta da metade do século 20, vários pesquisadores propuseram Teorias comportamentais analisando os fatores presentes nas organizações que impulsionavam os seus participantes para agirem desta ou daquela maneira; b) uma delas, a hierarquia de necessidades proposta inicialmente por Maslow, as separa em dois níveis, o da sobrevivência e as demais, como poder, prestígio, realização; c) posteriormente, foram incluídas, no primeiro nível básico a necessidade de se manter estimulado, e no segundo nível a da curiosidade, manipulação de objetos e várias cognitivas; d) Herzberg propôs dois tipos de fatores que são semelhantes aos dois níveis da hierarquia, sendo o primeiro denominado higiênicos por decorrerem do ambiente e o segundo motivacionais por provirem da tarefa e da pessoa que a executa.

5.2.1 Temperamento

a) Definir personalidade e explicar que ela depende de dois fatores: o temperamento (que decorre da constituição física) e o caráter (modelado pela aprendizagem); b) definir temperamento e, com base na Figura 5.2, explicar que a equipe do pesquisador americano William Sheldon considerou que os tipos de temperamento das pessoas podem ser classificados em três casos extremos, chamados de viscerotônicos, somatotônicos e cerebrotônicos; c) destacar que tais pesquisas, apesar do rigor com que foram levadas a efeito, foram pouco divulgadas, enquanto a hierarquia de necessidades que Maslow intuiu sem pesquisar sua validade continua sendo repetida por quase todos os livros de Administração, sem mencionar que seu próprio autor a retificou, concordando que os níveis de necessidades eram apenas dois e não cinco.

5.2.2 Caráter

a) Com exemplos, definir caráter; b) idem, para aprendizagem; c) explicar a aprendizagem por meio do condicionamento resultante de prêmios e punições; d) com base na Figura 5.3 explicar que certos pais ensinam os filhos a serem realizadores ou conformistas; e) com base na Figura 5.4 explicar que a área da personalidade do subordinado sobre a qual o administrador pode atuar é a do caráter aprendido na juventude e idade adulta; f) explicar que o caráter pode ser modificado, por exemplo, anular o fator que causa temor de falar em público.

QUESTÕES DE APLICAÇÃO

1. Considerando o caso do indivíduo desempregado que dorme em baixo de viadutos e que, ao ver formar-se fila no portão de uma fábrica, dirige-se imediatamente para lá, informe, com base nos conceitos descritos, o que constitui para ele: a) necessidade; b) objetivo; c) meta; d) estímulo; e) comportamento. Justifique as respostas.
2. Se a aprendizagem de muitos anos leva os alunos a conversar nas aulas expositivas, sugira: a) pelo menos duas propostas para solucionar o problema, aumentando a aprendizagem em classe; b) quais estímulos na forma de prêmios o professor poderia oferecer para redirecionar a personalidade no sentido da realização e quais na forma de punições os colegas poderiam dar com o mesmo objetivo?
3. a) Compare sua compleição física com as fotografias dos **casos extremos** da Figura 5.2 e dê a si próprio,

para cada um dos três tipos físicos, as pontuações de **1** para pouco, **2** para médio e **3** para muito (a exemplo de v=2, s=2 e c=1, ou v=3, s=1 e c=1, sendo que **nenhum deles pode ser igual a zero** e a **soma** dos três números tem de ser **cinco**); b) seu temperamento coincide com o(s) tipo(s) físico(s) de pontuação maior?; c) caso tivesse de contratar um homem para chefiar faxineiros que exercessem trabalhos rotineiros e sem necessidade de especialização, informe, justificando, qual dos três tipos de temperamento conviria ter o escolhido?

4. Em um supermercado o caixa recém-admitido errou pela segunda vez no troco, dando dinheiro a mais para o cliente, o que não é justificável ser falta de treinamento, pois esse empregado ocupou a mesma função em banco até ser demitido pelo mesmo erro. Assim sendo, especifique, justificando: a) qual o objetivo pretendido pelo caixa; b) qual deveria ter sido a adaptação inadequada que ele teve pela aprendizagem sofrida na infância; c) o que você diria ao caixa no caso de ser gerente desse supermercado; d) em face do que você já tinha dito, qual providência tomaria no caso de cometer o mesmo erro pela terceira vez.

DISCUSSÃO EM GRUPOS

O caso dos três irmãos

Três irmãos, filhos de pais de classe média, ocupam hoje as seguintes posições: 1. o **caçula** é fundador e proprietário de uma fábrica de confecções; 2. o **mais velho** não passou de escriturário em repartição pública, onde se aposentou; 3. o do **meio** era um experiente e bom vendedor, mas recentemente foi demitido após sua promoção para cargo de chefia em razão de não ter conseguido produtividade de seus antigos colegas. Com esses dados responda **para cada um dos irmãos** a questão listada a seguir e designada para seu grupo, **justificando** as respostas.

Questões para cada grupo responder

1. Com base nos dois níveis da hierarquia de necessidades, informe quem buscava, respectivamente: 1. segurança, 2. realização e 3. afiliação.
2. a) Qual dos três irmãos teve o trabalho enriquecido? (*job enrichment* de Herzberg); b) tal mudança foi eficaz ou ineficaz e, neste caso, qual a influência da personalidade?
3. a) Qual dos três irmãos possivelmente deveria ter seu temperamento tendendo mais para o de somatotônico?; b) idem para o de viscerotônico.
4. Com base na aprendizagem na infância e nas Figuras 5.3 identifique o possível condicionamento sofrido na infância de, pelo menos, dois dos três irmãos.
5. a) Com base na Figura 5.4, informe se haveria possibilidade de você (como Diretor de Marketing) mudar o caráter do vendedor para ele passar a desempenhar o papel de um bom gerente; b) idem para o funcionário público com o intuito de vir a ser um empreendedor, criando negócio próprio.

LEITURAS COMPLEMENTARES

BERNARDES, Cyro. Os mitos que os administradores acreditam. **Revista IMES**. São Caetano do Sul, IMES — Instituto Municipal de Ensino Superior de São Caetano do Sul, ano 1, n. 2, p. 16-18, jan./abr. 1984. O artigo critica temas considerados "certos" pela literatura de Administração, como: o chefe deve ser democrático; os subordinados sempre desejam a auto-realização; as necessidades são hierarquizadas em cinco níveis.

____________. Mais alguns mitos de administração. **Revista IMES**. São Caetano do Sul, IMES — Instituto Municipal de Ensino Superior de São Caetano do Sul, ano 2, n. 5, p. 36-37, jan./abr. 1985. O autor complementa as críticas enumeradas no artigo anterior, incluindo o mito de que os empresários só desejam maximizar seus lucros e o de as organizações possuírem objetivos.

BERGAMINI, Cecília W. A difícil administração das motivações. **Revista de Administração de Empresas**. São Paulo, EAESP-FGV, ano 38, n. 1, jan./mar. 1998. Para se manterem a salvo de problemas, as pessoas tentam usar algum tipo de ilusão perceptiva por meio de mitos, com o fim de acreditar que suas realidades deixam de ser verdadeiras.

COSTA, Maira. Conversas e histórias. Como a Shell tenta forjar novos líderes. **Exame**. São Paulo, Abril, ed. 709, 08 mar. 2000. Trata da realização de um programa chamado de FRD (*Focused Results Delivery*), que procura criar lideranças em todos os níveis hierárquicos.

TAMOYO, Álvaro. Valores organizacionais: sua relação com satisfação no trabalho organizacional e comprometimento afetivo. **Revista de Administração**. São Paulo, FEA-USP, ano 33, n. 3, jul./set. 1998. Trata-se de uma pesquisa sobre a percepção dos valores de uma organização e o comprometimento afetivo, a cidadania e a satisfação no trabalho.

CULTURA DAS ORGANIZAÇÕES 6

Nas margens do rio São Francisco, em pleno agreste, geólogos de uma fábrica de produtos refratários sediada no Sul do país descobriram uma importante jazida de magnesita. Inicialmente, foram construídas próximas a um vilarejo instalações industriais simples com o fim de extrair e dar uma primeira queima no minério antes de embarcá-lo. Com isso, surgiram oportunidades de trabalho, que passaram a ser uma verdadeira salvação para aqueles sertanejos sujeitos a uma vida de subemprego crônico na atividade pecuária extensiva ou na agricultura marginal.

Para as minas foi enviado um gerente sulista com sua capacidade de chefia e organização já demonstrada, mas sua administração foi tão falha que nem ele sabia qual a razão de tantos erros. Seu substituto foi ainda mais bem selecionado, mas teve a mesma sorte do antecessor. Foram então mandados dois gerentes, um administrativo e outro técnico, porém, o pouco que conseguiram produzir era irregular e de baixa qualidade. Um geólogo, contratado para estudar o problema da qualidade do minério, ao chegar, encontrou ambos bêbados e completamente entregues ao desânimo por não terem conseguido fazer pessoas ávidas por emprego virem a ser produtivas.

Aconteceu que, sendo natural do sertão de um Estado do Nordeste, o geólogo percebeu que o não-entendimento dos valores e costumes dos habitantes da região impedia o relacionamento satisfatório administração-empregados, não obstante os trabalhadores estarem interessados no serviço. Assim, o apito para iniciar e terminar a jornada diária não tinha o menor significado para aqueles sertanejos que nunca precisaram obedecer a horário para o trabalho. Por outro lado, esperavam que o gerente fosse paternalista, tal qual os donos de fazendas, que resolviam seus problemas financeiros, de saúde e até familiares.

Depois que os gerentes compreenderam tais aspectos peculiares e sem alterar a estrutura organizacional, foram feitas adaptações nas práticas administrativas. Por exemplo, o número de horas de trabalho por dia deixou de ser fixo, pois o apito somente soava no caso de tudo estar efetivamente em condições para o início da jornada ou no fim do turno, se a descarga do forno tivesse sido completada. Com essa e outras medidas as minas tornaram-se produtivas.

Este caso mostra as diferenças de comportamentos relacionados ao desempenho de tarefas, que foram provocadas pela diversidade nos costumes de duas regiões. Não basta, pois, o administrador conhecer técnicas de planejamento, de estruturação e outros assuntos relativos à organização do trabalho. É preciso, também, entender as pessoas, o principal recurso com que lida diariamente, não só como indivíduos que são, mas principalmente como grupo, já que os serviços são levados a efeito coletivamente.

Ademais, pelo fato de a personalidade das pessoas ser modelada pelo ambiente em que elas nascem e crescem, é necessário, também, saber como a sociedade as influencia.

Por essa razão, este capitulo tem a primeira meta de expor os fundamentos da característica mais influente da sociedade, que é a **cultura** que nela se desenvolve. Como segunda meta pretende mostrar como os participantes da organização se diferenciam de acordo com as **subculturas** que dentro dela se criam, conforme os tipos de tarefas que são executadas.

6.1 A CULTURA DA SOCIEDADE E A CULTURA DAS ORGANIZAÇÕES

A abordagem cultural das organizações (que poderia ser denominada **Teoria Cultural** por vir de uma ciência, a Sociologia) teve seu apogeu na década de 1970. Decorreu da percepção de que o sucesso das organizações japonesas devia muito à cultura nelas desenvolvida, enfatizando o trabalho em equipes, a qualidade e as respostas rápidas às mudanças (Robbins, p. 500 e 502).

Para começar, abrindo o dicionário, logo deparamos com dois significados para o termo **cultura**. Em termos do nível **individual**, a cultura qualifica o saber, a instrução, o desenvolvimento intelectual, como ao se dizer que alguém é culto a ponto de conhecer em detalhes Literatura, Música e Pintura. Já em termos do nível **social**, a palavra **cultura** indica o conjunto de comportamentos, crenças e valores espirituais e materiais partilhados pelos membros de uma sociedade. Um exemplo desses "valores" na sociedade ocidental é a importância dada ao "sucesso" materializado por prestígio e riqueza.

É nesta última acepção, empregada pela Sociologia e Antropologia, que neste livro será empregado o termo **cultura** e seus derivados.

6.1.1 Cultura, subculturas e contracultura

Na linguagem do dia-a-dia, utiliza-se o termo **físico** para designar as características da compleição de uma pessoa que a faz diferir de outras, falando-se do indivíduo com "físico atarracado" ou com "físico franzino". Já a Psicologia utiliza a palavra **personalidade** para diferenciar características comportamentais dos indivíduos, como "personalidade agressiva", ou "personalidade sociável". Existe, pois, uma tendência para reunir em certas palavras os aspectos de uma dimensão peculiar do ser humano. Tais qualificações são susceptíveis de variações qualitativas e, também, quantitativas, na forma de **variáveis** que identificam tipos, como "atarracado" e "franzino" para o físico ou "agressivo" e "sociável" para a personalidade.

Essa tendência também é observada na Antropologia, que utiliza o termo **cultura** para designar o conjunto de características que diferenciam não mais indivíduos, mas sociedades entre si. Exemplificando, pode-se dizer que, na época dos Descobrimentos, as tribos indígenas do Brasil tinham uma cultura caracterizada pelo uso do arco e flecha, pela crença na existência de espíritos nas matas e pela alegria de crianças despreocupadas com o dia de amanhã. Diferentemente, a cultura dos conquistadores europeus era caracterizada pela utilização de arcabuzes e canhões, pela crença no Diabo e pela cobiça de ouro e pedras preciosas, que os levava a sentirem-se "raça superior".

Pela utilidade de em uma só palavra sintetizar a existência de diferenças entre sociedades, o conceito de cultura começou a ser, também, empregado pela Sociologia, já que seu campo é o dos agrupamentos sociais. Com isso, todos os textos introdutórios a essa ciência dedicam pelo menos um capítulo para esse tema.

Afinal, o que é "cultura"? Da mesma forma que "personalidade", o termo possui uma quantidade enorme de definições, já que cada sociólogo ou antropólogo tem seu ponto de vista que, evidentemente, difere dos demais. Todavia, a definição proposta pelo sociólogo White pareceu-nos mais adequada a nossos interesses de aplicá-la ao estudo das organizações, que, por nós adaptada pela separação em itens, é a seguinte:

Cultura é o conjunto de:

1. Ferramentas, utensílios e objetos para vários fins;

2. Língua, hábitos, normas, crenças, valores e rituais;

3. Sentimentos e atitudes que todos os povos possuem (White *apud* Ferrari, p. 126 modificada).

Os três ícones da definição procuram concretizar características das culturas e serão utilizados no decorrer das explicações deste livro. O leitor poderá correlacioná-los com o desenho da Figura 6.1, onde o artista destacou as diferenças dos indígenas em relação aos conquistadores, obviamente desconhecendo que o fazia por meio da diversidade dos conjuntos de traços culturais desses dois povos.

Figura 6.1 *Para realçar as diferenças das duas civilizações, o desenhista mostrou a diversidade cultural de ambas.*

As sociedades não são homogêneas, tanto pelas diferenças entre posição social, ocupação e renda quanto pela diversidade do *hábitat* onde vivem, por exemplo, campo e cidade ou planície e montanha. Tais fatores fazem com que existam grupos sociais que se comportam como os demais, porém, com peculiaridades que lhes são próprias, o que caracteriza a existência de "**subculturas**". Por exemplo, tanto a classe média quanto a operária possuem a crença cultural de que a vida deve ser ganha trabalhando e não assaltando o próximo. Todavia, a primeira acredita que ser demitido da empresa é uma prova de incapacidade, o mesmo não acontecendo com a segunda, que considera perder o emprego um fato não desonroso porque está acostumada com a rotatividade de mão-de-obra, existindo, pois, duas subculturas.

Com base nessa explanação, pode-se dizer que:

subcultura é a parte da cultura total de uma sociedade que caracteriza um de seus segmentos (Krech *et alii*, p. 439).

As subculturas são, pois, ramificações da cultura mais ampla de uma sociedade. Podem até existir antagonismos entre ambas, mas não como regra e sim como exceção, porque as divergências costumam ocorrer entre subculturas. Isso foi mostrado no exemplo dos gerentes sulistas que não entendiam os hábitos e valores dos vaqueiros nordestinos e no da diversidade de crenças entre a classe média e a operária, embora a cultura de todos eles pudesse ser considerada uma só, a brasileira.

Naturalmente, as mesmas características enumeradas na definição de cultura são válidas para as subculturas, apenas alterando seu conteúdo, como o das várias crenças descritas linhas atrás.

Existem, também, ramificações das subculturas que dão origem às "sub subculturas"? Sim, como exemplificado na Figura 6.2, na qual é tomada por base a sucessiva dicotomia da crença sobre o trabalho. Todavia, "sub subcultura" não é usual, tendo sido aqui utilizada apenas por razões didáticas.

Outra pergunta poderia ser feita: como estabelecer o que é cultura e o que é subcultura? A resposta é: depende dos interesses do observador. Dessa maneira, pode-se falar em cultura de um país, por exemplo, a brasileira, e subculturas de suas regiões, como a do Nordeste e a do Sudoeste, ou então, a cultura de uma região e, dentro dela, a subcultura do campo e subculturas das cidades a ela pertencentes.

Outro caso é a **negação** dos valores do grande grupo por um pequeno grupo nele inserido, que é a **contracultura** deste último.

Contracultura é a cultura peculiar de um grupo que se opõe à cultura mais ampla, contestando seus padrões (Horton & Hunt, p. 45).

Difere, pois, da subcultura que é uma ramificação da cultura. Exemplos de contraculturas são os *punks, skinheads, rapers, beatniks* e *gangsters*, os quais também possuem seus padrões de conduta, somente que muitos deles são contraditórios em relação aos aceitos pela sociedade.

6.1.2 Nas organizações formam-se culturas e subculturas?

Para responder a essa pergunta duas considerações devem ser feitas. Primeiramente, as organizações são grupos humanos que se autoperpetuam (como o Bank Boston, criado em 1784, portanto, há mais de dois séculos), ao mesmo tempo que seus participantes levam a efeito grande parte de suas interações dentro dessas associações. Em segundo lugar, as organizações são constituídas por pessoas que utilizam artefatos para transformar matérias-primas, informações etc. em bens e serviços por meio da divisão do trabalho e colaboração, que para sua eficiência necessitam de normas de procedimentos (como regulamentos escritos ou não), nelas se desenvolvendo sentimentos e atitudes peculiares, bem como rituais específicos (como as "cerimônias de admissão", a exemplo da apresentação do recém-admitido a seus colegas de trabalho). Pergunta-se: não são condições que propiciam a formação de uma sociedade e nela a criação de culturas? Se a resposta for sim, então pode-se dizer que a organização é uma pequena sociedade (se comparada com as dimensões das existentes em capitais ou

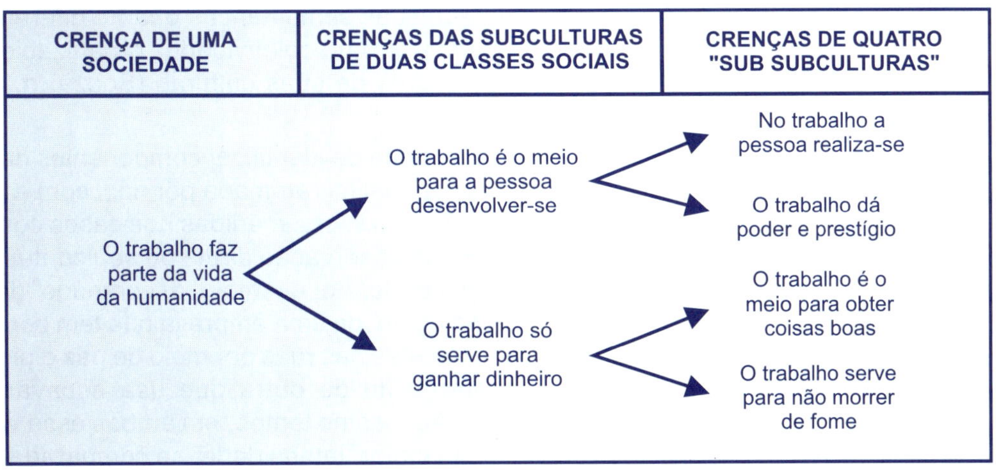

Figura 6.2 *Exemplos de ramificações da cultura e das subculturas.*

em cidades menores), e nela forma-se uma cultura que lhe é peculiar.

Esse é o ponto de vista de muitos estudiosos das organizações, que têm na cultura o termo genérico indicador das diferenças entre os vários tipos de associações, da mesma forma que antropólogos e sociólogos usam essa palavra para designar as diferenças entre grupos sociais. Assim, como se diz que as pessoas do campo tem uma cultura diferente das da cidade, poder-se-á afirmar que a cultura dos detentos em uma penitenciária é muito diversa da dos padres em um seminário religioso.

Entretanto, críticas são feitas a essa extensão, tendo por base o fato de nas sociedades as culturas serem transmitidas de gerações a gerações dentro do processo denominado **socialização**, ocorrido no ambiente familiar e desde tenra infância, o que obviamente não sucede nas organizações. Apesar disso, os estudiosos da Administração estão cada vez mais utilizando o termo **cultura** para designar as características do conjunto formado pelos participantes de fábricas, repartições públicas ou supermercados. Dessa forma, a cultura mostra as diferenças de uma organização das demais, como o aspeto "físico" diferencia a compleição das pessoas e "personalidade" os comportamentos individuais (Pfiffner & Sherwood, p. 262-266) (Souza, 1978, p. 10-11 e 17).

Outra pergunta que se poderia fazer seria a respeito da possibilidade de, a exemplo das sociedades, também nas organizações se formarem **subculturas** como ramificações de suas culturas. A resposta é sim, pois a Seção de Vendas de uma loja tem funções muito diversas das da Seção de Compras e Seção de Pessoal, o que provoca a diferenciação de seus respectivos participantes em termos dos processos de trabalho, normas de procedimentos e, por isso, de atitudes e sentimentos. Dessa forma, ainda dentro da explicação para a formação de subculturas nos segmentos da sociedade, tais diferenças determinam, também, a criação de subculturas nas organizações.

Finalmente, **a cultura da sociedade influencia a cultura das organizações** que nela estão imersas e, portanto, de suas subculturas, como um minuto de reflexão mostra e a experiência confirma. Esse fato social é importante para o administrador, pois foi seu não-entendimento que levou os gerentes da mina de magnesita do exemplo a fracassarem, tentando inutilmente impor a cultura da sociedade sulista que modelou a da empresa em que trabalhavam. Com isso, criaram problemas cujas soluções só foram encon-tradas no momento em que aceitaram adequar as nor-mas do novo empreendimento aos costumes da região. Pelas mesmas razões, até a forma de atendimento ao público na filial de um supermercado em cidade do interior é diferente da usual na matriz situada na capital.

6.2 AS TRÊS VARIÁVEIS CULTURAIS E A AVALIAÇÃO DAS SUBCULTURAS

A definição da palavra **cultura** não favorece aplicações práticas à Administração, pois apenas indica uma série de características observadas em sociedades sem muitos relacionamentos entre si. Por essa razão, procuramos tornar o conceito mais operacional para permitir diferenciar organizações e melhor entendê-las.

6.2.1 As variáveis tecnologias, preceitos e sentimentos

Para que o conceito de cultura seja utilizado nas análises das características organizacionais é necessário torná-lo mais explícito com o fim de operacionalizar suas aplicações práticas. Um primeiro detalhamento que nos pareceu adequado foi o do sociólogo White, que classificou comportamentos, fatos, coisas, sentimentos etc. (identificadores da cultura de uma sociedade), em três conjuntos distintos, explicitados a seguir com algumas adaptações.

1. EXTRAPSÍQUICO. Caracterizado por objetos que estão **fora das pessoas**, como utensílios, veículos, edifícios e símbolos;
2. INTRAPSÍQUICO. Corresponde a aprendizagem decorrente da socialização desde tenra infância e **interiorizada** nos indivíduos, a exemplo de crenças, valores, normas, conhecimentos e habilidades;
3. INTERPSÍQUICO. Decorre das **interações** sociais das pessoas que se comunicam, como emoções e sentimentos (White *apud* Lakatos, p. 138).

Os três conjuntos foram inicialmente utilizados por autores para caracterizar grupos com longa duração, tanto em suas semelhanças quanto diferenças, e daí transferidos para coletividades organizacionais como indicadores de suas culturas (Souza, p. 36 e 74-75).

Essa maneira de identificar componentes da cultura organizacional foi retomada por nós, com a idéia de serem **três variáveis**, medidas nos casos concretos por meio da observação direta de seu conteúdo e de sua intensidade. Por exemplo, o "conteúdo" da variável "tecnologias" de uma empresa que tem por finalidade abrir valetas nas ruas por meio de pás e picaretas é diferente do de outra que usa escavadeira motorizada. Ao mesmo tempo, em ambas essa variável tem muito maior "intensidade" se comparada com outro tipo de organização, como as prisões, onde prevalecem normas e regulamentos, em lugar do fornecimento de bens e serviços. Essas três variáveis, afins aos componentes culturais propostos por White e Souza, foram por nós denominadas **tecnologias**, **preceitos** e **sentimentos** a seguir detalhados.

1. TECNOLOGIAS. A função de um agrupamento é concretizada pelo que ele produz por meio da transformação de insumos, seja um bem ou serviço a partir de matérias-primas, seja uma decisão alcançada com base em informações no caso de discussão em grupos. Tais resultados são conseguidos graças ao emprego de técnicas operacionais, que dessa forma estão intimamente ligadas às transformações de entradas em saídas de um sistema. Dessa maneira, pode-se dizer que, correspondendo ao termo **extrapsíquico** de White:

Tecnologias designam, concomitantemente:

- os resultados obtidos (bens ou serviços prestados);
- os processos utilizados (manuais, mecânicos, automatizados etc.);
- os insumos necessários (máquinas, mão-de-obra, conhecimentos, habilidades dos executores, dinheiro e até o tempo).

As diferenças do conteúdo da variável tecnologias explicam as diversidades de culturas entre hospitais, escolas, fábricas, bancos e empresas com tecnologia de ponta, enquanto as diferenças de intensidades dessa mesma variável mostram as diversidades culturais entre a escola particular e a pública, pois esta última é restringida pelos regulamentos governamentais.

2. PRECEITOS. A divisão do trabalho (ligada às tecnologias) exige a colaboração para ser eficiente, e esta precisa de normas de procedimento que assegurem o esforço conjunto, especificando quem faz o que e as maneiras de se relacionarem, ou seja, determinando uma estrutura do agrupamento. Além desses regulamentos, os participantes desenvolvem crenças, como "nossa Seção é a mais importante da Companhia", e valores a exemplo de "é vantajoso ser promovido". Denominamos "preceitos" a essa variável, que é afim ao componente **intrapsíquico** definido por White.

Preceitos designam o conjunto de:

- normas de procedimento, de organização e de relacionamentos;
- posições hierárquicas ocupadas pelos participantes nos vários agrupamentos;
- crenças e valores partilhados pelos membros dos grupos sociais.

A cultura de um seminário religioso difere da de um corpo militar pelo conteúdo da variável preceitos, e ambas diferenciam-se da de um clube recreativo quanto à intensidade, que neste último obviamente é menor. Um componente muito importante da variável preceitos é o das crenças pela influência que tem nos comportamentos do indivíduo dentro da organização. Ademais, uma explicação é a necessidade psicológica de a pessoa humana ter de acreditar em uma série de coisas a fim de manter sua estabilidade emocional. Por isso, uma vez estabelecidas são difíceis de mudar, mesmo porque em grande parte são interiorizadas nos primeiros anos de vida. Os exemplos dados em páginas atrás foram exatamente escolhidos para mostrar sua relevância para a compreensão dos comportamentos coletivos.

3. SENTIMENTOS. Amor, simpatia, piedade, ou, então, raiva, insatisfação e medo são exemplos de sentimentos próprios do Homem, sendo afins ao conjunto de componentes culturais **interpsíquicos** de White. Todavia, na sociedade a **manifestação** na forma de emoções é obstada por várias razões, como o preceito imposto desde a infância de que "homem não chora". Nas organizações os sentimentos emergem, tanto em função das tecnologias utilizadas quanto dos preceitos estabelecidos. Nelas, igualmente sua manifestação é permitida ou não e com maior ou menor intensidade, conforme as características de sua cultura. Por exemplo, nas organizações militares, a expressão do medo é restringida ao máximo, de sorte que na batalha o oficial fica pálido e as pernas tremem, porém, não pode demonstrar tais emoções a seus comandados. Dessa forma, o leitor fica prevenido de que os a seguir denominados "sentimentos" são, na verdade, o tipo e o grau **permitidos** de exprimir emoções. Assim informado, podemos dizer que:

Sentimentos designam emoções decorrentes de:

- execução de atividades (causadoras de satisfação, alienação etc.);
- obediência a normas de procedimentos e organização (que determina posições hierárquicas e conseqüentes medo, inveja e raiva);
- relacionamentos sociais (geradores de simpatia, admiração, desprezo etc.).

Com isso, a cultura da prisão, onde imperam a raiva e o medo, é oposta à da seita religiosa que prega o amor ao próximo, a qual varia de intensidade em relação à do clube fechado, onde é esperada apenas a simpatia entre os sócios.

Um momento de reflexão mostra que essas três variáveis estão inter-relacionadas, de sorte que qualquer mudança em uma refletirá nas demais. Assim, um esfriamento nas relações dentro do agrupamento deverá dificultar a realização do trabalho e também uma redução na uniformidade de comportamentos, enquanto a alteração das tecnologias obriga a novos tipos de interações e a outras regras de procedimentos, ao mesmo tempo que a substituição do chefe traz correspondentes alterações nas tecnologias, pela introdução de métodos de trabalho diferentes, que origina novos sentimentos de satisfação ou insatisfação. A Figura 6.3 exemplifica o exposto (Souza, p. 37).

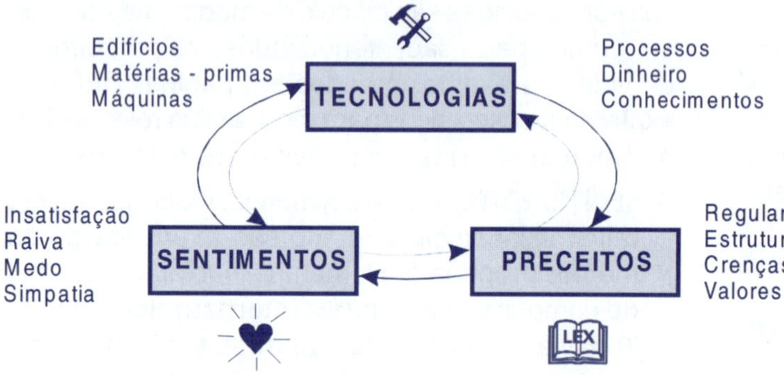

Figura 6.3 *As correlações entre as três variáveis culturais.*

Existe, contudo, uma seqüência quando se trata de planejar uma organização. Pelo fato de elas terem por finalidade a satisfação das necessidades de seus clientes por meio do fornecimento de bens ou serviços, as **tecnologias** são a primeira dimensão a ser considerada. Além disso, pessoas com habilidades, conhecimentos e potencialidades têm de ser admitidas para levarem avante o trabalho. A segunda variável a considerar é a dos **preceitos**, pois normas de procedimentos e uma estrutura de posições hierárquicas são necessárias para nortear as transformações de insumos em resultados eficientes. Ademais, é preciso que os participantes interiorizem crenças e valores a respeito do ente abstrato, que é a organização, devendo ser doutrinados para isso. Finalmente, padrões ostensivos de expressão dos **sentimentos** que decorrem das interações sociais precisam ser estabelecidos.

6.2.2 Conteúdo e intensidade das variáveis culturais

O exame das organizações com a utilização das três variáveis deve ser feito levando-se em conta os dois componentes de cada uma delas, ou seja, intensidade e conteúdo.

1. INTENSIDADE. Em prisões e campos de concentração exige-se obediência rígida às regras, as emoções são reprimidas e as atividades produtivas consideradas irrelevantes para as finalidades de custódia. Diversa é a situação da fábrica, onde o trabalho é o mais importante, e a da paróquia ou clube recreativo nos quais a expressão de sentimentos é considerada adequada aos propósitos da organização.
2. CONTEÚDO. Tanto no seminário quanto no quartel, as normas são rígidas, a produção de bens ou serviços irrelevante e há restrição na expressão de sentimentos que não os autorizados. Conseqüentemente, os dois casos são semelhantes, o que poderia levar a enganos de se imaginar que as culturas de ambos são próximas. Na verdade, isso não acontece porque **o conteúdo das variáveis é diferente**, a exemplo das crenças impressas em seus participantes que são muito diversas, como um minuto de reflexão pode mostrar.

Os exemplos sugerem que a intensidade dos componentes tecnologias, preceitos e sentimentos variam grandemente de uma organização para outra. Por isso, a representação gráfica por meio de um perfil facilita o entendimento dos comportamentos coletivos de seus participantes, como mostrado na Figura 6.4, com exemplos de fábrica e clube recreativo, cuja intensidade de cada variável foi medida em uma escala de 0 até 5 pontos.

Por conseguinte, a intensidade que se observa em cada uma das três variáveis pode servir de critério para classificar ou identificar organizações (Bernardes, 1985, p. 46-52).

Neste ponto, o leitor deve estar curioso em saber como medir praticamente o conteúdo e intensidade das variáveis culturais das organizações. A metodologia passível de ser empregada corresponde a dos antropólogos para avaliar as culturas de sociedades, citando-se o estudo de campo, a análise de conteúdo da cultura e o método intercultural, auxiliados por técnicas, como a projetiva, a escala de atitudes e a análise fatorial (Krech *et alii*, p. 413-424). Além dessas, foi empregado no Brasil, com modificações, a escala de Kolb destinada a medir os motivos de poder, realização e afiliação (Souza, p. 47-53). Naturalmente, o assunto é por demais complexo para ser detalhado neste livro, razão pela qual é indicado apenas o caminho a seguir.

6.2.3 Cultura real e cultura ideal

As pessoas tendem a descrever sua cultura pelo que elas consideram como "moralmente correto", enquanto suas condutas reais desviam sensivelmente desse "ideal". Exemplos são as admissões em repartições públicas e empresas estatais por meio de concursos de títulos e provas, que todos acham justos e legalmente necessários, o que não impede a busca de

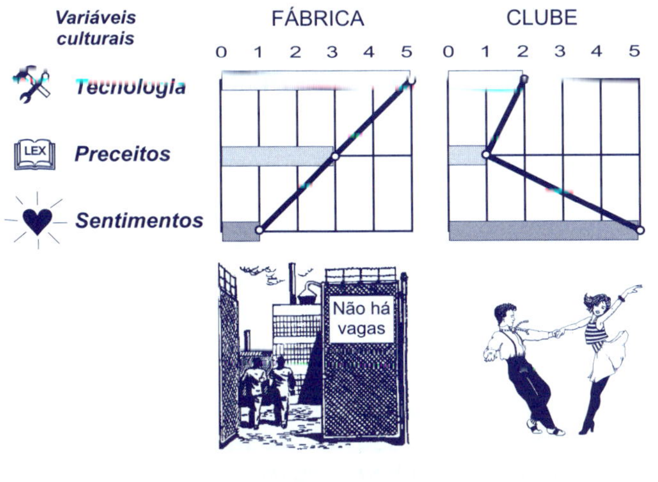

Figura 6.4 *Dois perfis de intensidade das três variáveis culturais.*

"pistolões" para entrarem por "baixo do pano". Também a "cola" é universalmente condenada como meio de aprovações em exames e é, ao mesmo tempo, habitualmente empregada, não havendo denúncias contra ela, como sucede nos casos de roubo ou atropelamento (Horton & Hunt, p. 51). Tais comportamentos são denominados pela Sociologia de **padrões ostensivos** pelo fato de serem exibidos como aceitáveis.

Nas organizações também existe essa dicotomia, ou seja, uma cultura **ideal** e comportamentos **reais** que a contradizem? As observações sugerem que sim, o que é de interesse para o administrador como alguns exemplos podem mostrar. Existe a crença de que ninguém é insubstituível, no sentido de que qualquer pessoa, por mais competente que seja, é suscetível de ser trocada sem maiores problemas para a organização. No entanto, os indivíduos especialistas e com tempo de casa que deixarem o emprego causarão dificuldades para as empresas. pois estas não dispõem de substitutos à mão, com igual competência. Entretanto, para a vida da organização isso não se pode ser admitido como verdade. Da mesma forma, também se acredita na unidade de comando pela qual cada empregado apenas atende às ordens de seu chefe. Entretanto, na prática todos os participantes recebem instruções de mais de uma pessoa, mas, se isso for reconhecido, abre-se a possibilidade de indisciplina e dificuldade de controlar os comportamentos das pessoas. Por fim, é ponto pacífico que os regulamentos devem sempre ser seguidos. A experiência, porém, mostra que, em várias situações, as normas de procedimentos podem ser desconsideradas sem ocorrerem punições e, às vezes, é até premiado o empregado que as transgrediu, como demonstração de possuir iniciativa. Nesses casos, a desculpa é de que se deve seguir o "espírito da lei" e não sua "letra" (Lodi, p. 19). Esses e outros fatos sociais são algumas das contradições observadas nas empresas e órgãos governamentais.

É claro que existe uma funcionalidade na **subcultura ideal**, pois sem ela não seriam possíveis as operações destinadas a atender às finalidades da organização. Por isso, os participantes são doutrinados a acreditar na ideologia da organização e muitos livros de Administração foram escritos como parte desse processo de doutrinação, a fim de garantir comportamentos de acordo com os padrões ostensivos. Todavia, tal qual em sociedade, esses padrões apresentam inconvenientes, tanto por não se aplicarem a todas as situações quanto por serem realmente inadequados. Por essa razão, nascem condutas não regulamentadas com o fim de melhor responderem às necessidades organizacionais. Um exemplo é a rigidez dos princípios da estruturação burocrática, que pode fazer com que os empregados estabeleçam relações laterais, com o fim de obter maior eficiência e não emperrar o trabalho. Assim sendo, a subcultura real, contrariando a ideal, não constitui por si uma causa de disfunção administrativa, existindo, é claro, muitas exceções, como a limitação do número de peças produzidas por deliberação do grupo informalmente criado. A Figura 6.5 exibe alguns padrões ostensivos e sugere outros que são ocultos e contradizem os primeiros.

Figura 6.5 *Padrões ostensivos da cultura ideal e pistas da real.*

Diferente da cultura ideal, tanto na sociedade quanto nas organizações, a **cultura real** obedece a **padrões ocultos**. Por isso, nas empresas sua transmissão para o recém-admitido é feita de forma quase clandestina e de maneira informal, seja por meio de conversas e conselhos, seja por ostracismo e "gelo" dos que não a entendem ou teimam em desobedecê-la (Horton & Hunt, p. 52). Por ser encoberta e não manifesta, a cultura real muitas vezes é desconhecida até pelos diretores e proprietários. Com isso, pode-se imaginar o que sucede com os novos gerentes e executivos, inclusive consultores de empresa, que começam a trabalhar em um campo com risco de pisar em minas obviamente enterradas e prontas para explodir.

Três observações devem ser feitas. A primeira é de que a cultura **ideal** é manifesta pela variável **tecnologias**, que é a mais facilmente visualizada, como visto na Figura 6.5. A segunda é que a cultura **real** diz respeito mais à variável **preceitos**, isto é, no que se acredita e como as coisas são verdadeiramente realizadas. Por fim, a terceira diz respeito à variável **sentimentos**, causa de dissonância cognitiva, como a resultante do ato mencionado linhas atrás de colar na prova para obter notas altas, em contraposição ao de mostrar os reais conhecimentos, embora o aluno esteja consciente de que depende destes últimos para ser admitido em qualquer organização.

Finalmente, um aspeto importante deve ser destacado: a cultura e, também, as subculturas estão em contínua mudança. Isso fica mais claro a partir do exame das próprias variáveis culturais. Assim, neste início de século é provável que as alterações da variável tecnologias estarão se processando cada vez mais rapidamente, o que faz mudar a dos preceitos quanto às crenças e valores, bem como a da expressão de sentimentos. Essa aceleração iniciou com a invenção dos *chips,* que facilitaram de maneira inesperada a automação dos processos produtivos e as comunicações via satélites, permitindo um acesso nunca imaginado às informações. A conseqüência que no momento mais nos interessa é a mudança prevista dos princípios e das técnicas de Administração e, em decorrência, da figura do administrador. Pelo que muitos autores antevêem, este tem de ser capaz de participar de equipes, tanto como membro quanto como líder, o que significa possuir treinamento para a comunicação, ter resistência a ambigüidades e, sobretudo, estar capacitado a se integrar em grupos (Bernardes & Marcondes, p. 21-27).

TÓPICOS PARA EXPOSIÇÕES

6.1.1 Cultura, subculturas e contracultura

a) Explicar com exemplos que o termo "físico" designa a compleição da pessoa, a palavra "personalidade" designa os aspetos psicológicos do indivíduo e "cultura", as características de grupos sociais; b) definir cultura e com base na Figura 6.1 mostrar diferenças culturais entre dois povos; c) definir subcultura e mostrar com base na Figura 6.2 diferenças de subculturas de mesma cultura; d) definir contracultura.

6.1.2 Nas organizações formam-se culturas e subculturas?

a) Explicar, com exemplo da própria escola, que as organizações são microssociedades e, por isso, nela devem se desenvolver culturas como na sociedade maior; b) destacar algumas críticas a existência de culturas nas organizações e mostrar as vantagens de introduzir esse conceito para caracterizar e diferenciar organizações; c) mostrar que nas organizações também se formam subculturas (como a dos escritórios e a do chão de fábrica) e também subculturas de grupos que são contrários às subculturas da maioria dos companheiros.

6.2.1 As variáveis tecnologias, preceitos e sentimentos

a) Informar que o termo cultura é vago e precisa ser mais bem detalhado em suas variáveis; b) com base em um exemplo, definir as variáveis 1. Tecnologia, 2. Preceitos e 3. Sentimentos; c) com base na Figura 6.3 destacar que uma variável influi nas demais.

6.2.2 Conteúdo e intensidade das variáveis culturais

a) Explicar com um exemplo que cada uma das três variáveis culturais é composta pela **intensidade** com que se manifesta e pelo **conteúdo** de cada um de seus vários componentes; b) mostrar com base na Figura 6.4 que as intensidades das variáveis de uma fábrica em relação a um clube permitem tornar claras as diferenças de ambas microssociedades.

QUESTÕES DE APLICAÇÃO

1. Considerando que o termo "cultura" tem dois significados, informe, justificando suas respostas, qual das duas frases seguintes corresponde ao utilizado pela Sociologia: a) "o analfabeto tem dificuldade de arranjar emprego porque não tem cultura"; b) "as pessoas da classe média buscam ter um diploma por darem grande valor à instrução".
2. Como as pessoas criam empresas sintônicas com a cultura que trazem interiorizadas e depois as influenciam para que nelas seja criada uma cultura que lhe seja própria, informe, justificando suas respostas: a) 1. qual ramo de negócios você iria se dedicar e 2. qual aspecto de sua cultura, interiorizada

pela família, seria o determinante dessa escolha; b) o que você imporia aos participantes dessa organização para adotarem a postura que sua cultura é a mais correta a ser mantida para sempre?

3. Em virtude de a cultura de uma organização ser mais bem concretizada com auxílio das variáveis tecnologias, preceitos e sentimentos, escolha uma empresa em que você trabalhou (ou trabalha), ou então, a escola que freqüenta e, com base na Figura 6.4 e sua intuição, desenhe o perfil das intensidades dessas três variáveis.
4. Complete o gráfico da pergunta 3 detalhando no que consiste o conteúdo de cada uma dessas três variáveis.

DISCUSSÃO EM GRUPOS

O caso dos vaqueiros da mina de magnesita (1ª parte)

Com base nos conceitos dados no capítulo e nos fatos descritos no caso da mina de magnesita, responda às seguintes questões, **justificando** cada resposta.

1. Informe: a) pelo menos uma crença compartilhada tanto pelos vaqueiros quanto pelos gerentes sulinos, que indica existir um fator cultural comum a ambas as regiões; b) pelo menos um hábito que mostra existir duas subculturas diferentes.
2. Informe: a) na sua opinião qual foi a razão de ter surgido o traço cultural dos vaqueiros caracterizado pela dependência aos fazendeiros? b) tal fato era ou não disfuncional para essas duas partes?
3. Com base na Figura 6.4 e sua intuição, desenhe os perfis de intensidade das três variáveis culturais: a) das fazendas da região (como **organizações** de lavoura e criação); b) da **empresa** sulista.
4. Descreva o **conteúdo** das variáveis 1. tecnologias (bens ou serviços), 2. preceitos (uma norma de procedimento ou um valor), 3. sentimentos (permissão de expressar alegria ou raiva), relativas às culturas: a) das **fazendas**, que são organizações da região; b) da **empresa** sulista.
5. Caso você fosse o administrador enviado pela empresa sulista para as minas do Nordeste: a) mudaria sua cultura para que ficasse semelhante à dos fazendeiros; b) apenas adaptaria seus comportamentos à cultura da região; c) tentaria mudar a cultura dos vaqueiros para adaptá-la à da empresa.

LEITURAS COMPLEMENTARES

COHEN, David. Gestão à brasileira: como a cultura verde-amarela influencia, modifica, deturpa ou aprimora as técnicas de administração das empresas do país. **Exame.** São Paulo, Abril, edição 712, 19 abr. 2000. Comenta a existência de características na cultura brasileira que influenciam as formas de coordenar pessoas nas empresas do país.

LAMOUNIER, Bolívar, GIAMBIGIAGI, Fábio. Baixa estima. Por que os brasileiros vêem o país de forma tão negativa? **Exame**. São Paulo, Abril, edição 700, 03 nov. 1999. Os autores procuram interpretar as razões do pessimismo sobre as organizações e a si próprio, pois isso influencia a subcultura empresarial e reflete a cultura da sociedade como um todo.

LANDES, David. A ética da riqueza. **Veja**. São Paulo, Abril, ano 33, n. 12, p. 11-15, 22 mar. 2000. O autor americano do livro **A riqueza e a pobreza das nações** analisa a situação atual e futura do Brasil em relação a sua cultura, tendo por base as idéias do sociólogo alemão Max Weber.

PRESTES MOTTA, Fernando, ALCADIPANI, João Rafael. Jeitinho brasileiro, controle social e competição. **Revista de Administração de Empresas**. São Paulo, EAESP-FGV, ano 39, n. 1, jan./mar. 1999. O artigo examina como o "jeitinho", na forma de uma característica da cultura brasileira, pode ser visto como um instrumento de controle social para o sucesso e para o amor.

ROSSINI, Agnaldo J., CRUBELLATE, João M., MENDES. Ariston A. Reação cultural à aquisição: estudo de caso no setor bancário. In: **Encontro da ANPAD 23**, 19 a 22 set. 1999, Foz do Iguaçu. Resumo dos trabalhos — ENANPAD 99, p. 151. Relata o sucedido no processo de aquisição do Banco Noroeste pelo Banco Santander, onde foram identificados os fatores de aceitação e os fatores de resistência dos empregados da empresa adquirida.

SILVA, Márcia Terra da. O processo da formação de culturas regionais: um estudo e caso do metrô de São Paulo. In: FLEURY, Maria Tereza Leme, FISCHER, Rosa Maria, orgs., **Cultura e poder na organização**. São Paulo: Atlas, 1989. Estudo sobre a formação e as características de cultura e subculturas de grupos profissionais do Metrô de São Paulo, como empresa estatal de alta tecnologia e sujeita a mudanças de Diretoria a cada eleição estadual.

OS OBJETIVOS BUSCADOS NAS ORGANIZAÇÕES E AS METAS PARA ALCANÇÁ-LOS 7

É tão natural trabalhar em organizações que poucos questionam: por que troquei o lazer por um emprego? Responder dizendo que as pessoas objetivam ganhar dinheiro é uma simplificação, pois ricos trabalham duramente e os empregados já aposentados procuram serviços, mesmo que tenham a subsistência garantida. Tais considerações sugerem existir um elenco de objetivos pessoais buscados nas organizações.

Por outro lado, o objetivo de ganhar melhor salário de um participante e o de gozar prestígio de outro podem ser igualmente alcançados pela promoção a um cargo melhor. Assim, a promoção é a meta intermediária, comum para objetivos diferentes. Todavia, se o cargo almejado por ambos for um só, as metas dos dois participantes interferirão entre si e, por essa razão, ocorrerá uma situação competitiva.

O exame dos **objetivos pessoais** buscados na organização e as interferências das **metas pessoais** para alcançá-los são os assuntos deste capítulo.

7.1 AS ORGANIZAÇÕES SATISFAZEM OBJETIVOS DOS PARTICIPANTES

Foi explanado que a satisfação das necessidades pessoais é buscada na família, igreja, partido político, clube, escola e até no trabalho, ou seja, muitos objetivos são alcançados nas organizações. Para isso, o indivíduo entra para alguma delas, tornando-se funcionário público ou empregado. Pode, também, criar uma para si, passando a ser proprietário de empresa não importa de que porte, pois tanto é empresário o camelô em sua banca quanto o médico em seu consultório ou o presidente da multinacional. O elenco de objetivos pessoais é muito grande e diversificado, convindo simplificar o exame deles para reduzir o campo de análises. Por essa razão, será limitado aos buscados nas organizações governamentais e econômicas, deixando de lado as associações recreativas, partidos políticos e seitas religiosas.

7.1.1 Uma tipologia de objetivos buscados nas organizações

Uma forma de saber o que o indivíduo busca na organização é perguntar diretamente a ele: qual é seu objetivo? Essa pesquisa teria o viés de as respostas serem, consciente ou inconscientemente, distorcidas, pois seria difícil alguém confessar que almeja o poder, ou, então, nada mais que o alto *status*. Para evitar essa falha é melhor utilizar métodos indiretos, por exemplo, perguntar o que causou maior ou menor satisfação nas organizações em que trabalhou. Isto porque a pessoa sente satisfação por alcançar o objetivo pretendido e insatisfação por fracassar na sua obtenção, ficando tais sucessos e insucessos fixados na memória, podendo ser relembrados como fatos marcantes da vida profissional.

Esse método indireto de investigação traz, ainda, outra vantagem: a de se aproveitarem as numerosas pesquisas já realizadas sobre satisfação-insatisfação e, a partir delas, descobrir o que os participantes desejam conseguir nas organizações. Dessa forma, analisando três pesquisas e substituindo o fator satisfação por objetivo, identificamos 15 tipos como principais (Herzberg, p. 57) (Myers, p. 63-92) (Bergamini, 1973, p. 102).

Alguns deles são decorrentes do trabalho em si, como executar tarefas interessantes ou se desenvolver profissionalmente, o que sugere serem afins à variável **tecnologias** do modelo dos três componentes culturais. Outros dizem respeito a fatores circundantes à atividade desempenhada, a exemplo de ser promovido ou ganhar salário condizente com o serviço feito, sendo susceptíveis de identificação com a variável **preceitos**. Finalmente, um terceiro grupo refere-se a relacionamentos com os companheiros e chefes, portanto passíveis de inclusão dentro da variável expressão por decorrerem de **sentimentos** de afiliação. Com isso foi possível elaborar o quadro da Figura 7.1, onde são listados quinze objetivos dentro das três dimensões culturais.

TECNOLOGIAS	PRECEITOS	SENTIMENTOS
Terminar a tarefa começada	Organização ser bem administrada	Gozar da amizade das chefias
Ter reconhecido o serviço executado	Trabalhar sob chefia competente	Ter bons relacionamentos com os companheiros
Ter responsabilidade e autonomia	Ter oportunidade de promoção	
Executar serviço interessante	Ganhar salário condizente, gozar de *fringe benefits* e participar dos lucros	
Aprender e desenvolver-se profissionalmente	Ter estabilidade no emprego	
	Trabalhar em bom ambiente físico	
	Desfrutar de prestígio	
	Usufruir de poder	

Figura 7.1 *As três classes de objetivos buscados nas organizações econômicas.*

É importante notar que os objetivos enumerados são contínuos, no sentido de a pessoa **permanentemente** ser impulsionada para buscá-los — a exemplo de sempre procurar o desenvolvimento profissional —, ou então, para mantê-los —, como se esforçar para garantir a estabilidade no emprego. Pela própria definição de objetivo, não se confundem com metas, as quais são alcançadas dentro de **certo período de tempo**, como a aprovação em concurso, ou o término de tarefas do dia-a-dia pelas quais foi responsabilizado. Por causa dessa diferença é que procuramos nomear os objetivos por **verbos no infinitivo**, como ter, buscar, manter etc., enquanto para metas utilizamos **substantivos** que antecedem sua especificação, a exemplo das palavras "aprovação" e "término", empregadas linhas atrás.

Com base nas conclusões dos pesquisadores da satisfação-insatisfação, podemos inferir aspectos correlatos às tentativas de alcançar objetivos pessoais dentro das organizações.

1. Para começar, a lista de objetivos não é exaustiva, mas tão-somente inclui os que foram mais vezes mencionados pelos respondentes, de sorte que o próprio leitor pode até incluir outros de acordo com suas experiências.
2. As pesquisas foram levadas a efeito nas empresas e, por isso, os objetivos buscados em clubes, igrejas, partidos políticos ou mesmo nos extremos de prisões, reformatórios, hospitais de isolamento ou psiquiátricos devem ser diferentes.
3. Os respondentes foram os empregados de diversos níveis e, por isso, é de supor que os proprietários (caso fossem pesquisados) provavelmente teriam objetivos diferentes dos enumerados, o que sugere ser a lista completa apenas em relação a subordinados, mas suficiente para os fins práticos dos administradores.
4. Necessidades diferentes podem impulsionar para o mesmo objetivo. Assim, ganhar salário condizente busca satisfazer à necessidade de subsistência para uns e mostrar prestígio para outros, tanto que, se estiver abaixo de um certo valor considerado justo, pode indicar falta de capacidade profissional, o que constitui um desprestígio. Tais variações são explicadas, por um lado, pelas diferenças de personalidade e, por outro lado, pela necessidade que prevalece no momento, razão pela qual o desempregado procura trabalho para sobreviver e não para gozar de alto *status*.
5. O mesmo objetivo era mencionado como de aquisição para uns, de afastamento para outros, ou nem era lembrado. Assim, a responsabilidade era tanto procurada quanto repudiada, enquanto a amizade das chefias era importante para as operárias pesquisadas mas nem sequer considerada pelos técnicos de alto nível. Essas diferenças têm suas razões na diversidade das subculturas das classes sociais.
6. As investigações americanas evidenciaram que as metas ligadas ao trabalho em si predominavam sobre as relacionadas com a amizade dos companheiros, enquanto as pesquisas brasileiras mostraram exatamente o contrário. Tal discrepância é explicável pelas diferenças culturais dos dois países, uma dando valor a "subir na vida" e a outra, aos relacionamentos sociais.
7. As pesquisas não informam, mas pode-se inferir que o elenco e importância dos objetivos mudam para a mesma pessoa à proporção que ela avança na idade.
8. Os vários objetivos para a mesma pessoa não se excluem mutuamente, mas, pelo contrário, são concomitantes, apenas dispondo-se em uma hierarquia de importâncias.

Um momento de reflexão mostra ser a lista de objetivos da Figura 7.1 mais útil para o administrador que a investigação das necessidades, que são internas ao participante e, em parte, desconhecidas até para ele próprio. Assim, em vez de tentar investigar o íntimo das pessoas a fim de descobrir suas motivações, é melhor o chefe perguntar a si próprio: o que meus subordinados **A**, **B** e **C** desejam no emprego?. Com isso poderá mais facilmente influenciá-los, permitindo que busquem os objetivos pretendidos na organização a troco de seus esforços para a produtividade, ou dizer francamente que o desejado por eles não poderá ser conseguido naquela unidade administrativa ou na própria organização. A Figura 7.2 exemplifica o exposto nos diversos itens, tendo por base a pesquisa de Myers.

Tais considerações tornam claro um ponto por nós defendido: o administrador deve ter intuição para saber o que as pessoas pretendem e habilidade para influenciá-las, dentro da sua função de estimular subordinados (Bernardes & Marcondes, p. 32-34).

7.1.2 A falácia de que as organizações têm objetivos

Este é um assunto que a nossa experiência tem mostrado ser dos mais polêmicos pelo motivo de a literatura de Administração repisar na suposição de que as organizações têm objetivos. Acostumadas com essa afirmação quase nunca refutada, as pessoas resistem a mudar de opinião, o que é natural ao ser humano. Para mostrar que se trata de uma falácia, basta pensar, com base nas próprias vivências, que os proprietários da pequena empresa podem objetivar a riqueza e o prestígio, enquanto seus empregados desejam apenas ganhar salários, ter benefícios condizentes às suas capacidades, e manter estabilidade no emprego. Poder-se-ia perguntar: essa organização, cujos participantes têm objetivos tão diferentes, possui ela mesma algum objetivo? A resposta é **não** por duas razões.

1. O sentido psicológico do termo **objetivo** (definido no início do Capítulo 1) refere-se a alguma coisa individual a ser conseguida, mantida ou afastada, não sendo aplicável a coletividades de pessoas, entre as quais se incluem as organizações. Isto porque são entes abstratos sem vida própria, pois o termo designa apenas uma reunião de indivíduos. Tanto é verdade que as leis não cogitam de punir associações por desmandos e sim seus representantes.
2. Os objetivos dos participantes são variáveis, alguns competindo entre si, razão pela qual não se pode afirmar que o conjunto tenha algum tipo de desejo comum (Lawrence & Lorsch, 1972, p. 3).

Então, por que se continua falando em "objetivos da organização", embora autores como os mencionados descartem essa idéia? A resposta parece estar na conveniência de manter essa suposição como verdadeira, pois interessa induzir os participantes a lutar por algo comum pretensamente concreto, com o fim de não permitir que descubram estar trabalhando para dar lucro a meia dúzia de proprietários. Portanto, trata-se de uma **ideologia**, ou seja, uma falsa crença mantida em benefício de poucos, que o administrador atualizado não pode aceitar, não importa o quanto tal inverdade esteja difundida. Aliás, autores mais recentes têm procurado desmistificar essa crença chamando-a de "**ficção institucional**", que é impingida, tanto nas organizações quanto em Escolas de Administração (Krech *et alii*, p. 466-467 e 486) (Motta 1986, p. 46-47).

Não existindo "objetivos organizacionais", o que os substitui? Apenas **funções**, **políticas** e **metas coletivas**.

1. FUNÇÕES. No primeiro capítulo já ficou claro que pessoas organizam associações perenes no tempo com as funções de atender às necessidades de clientes e às de seus participantes. Elas são concretizadas pelas **finalidades** (e não objetivos), que seus criadores especificam nos estatutos registrados em Cartório e Junta Comercial, ou aprovadas por órgãos governamentais para empresas estatais e repartições públicas. Assim, a Ford tem a finalidade (ou a

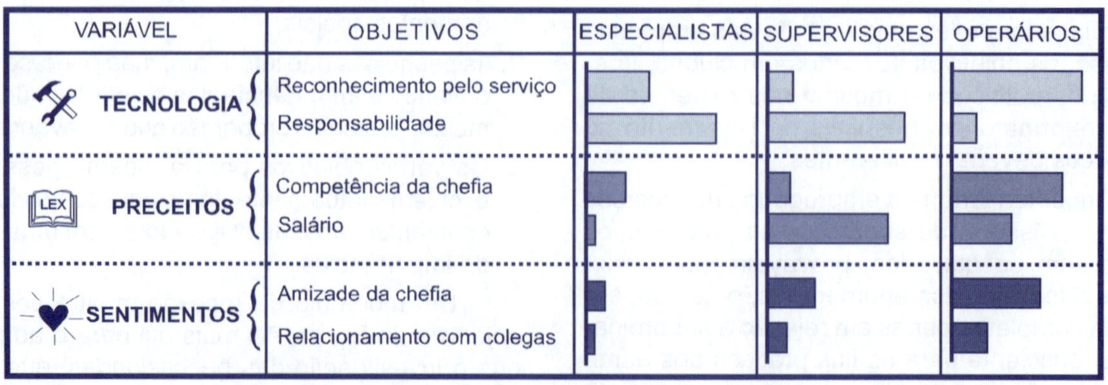

Figura 7.2 *Exemplos das variações na importância de objetivos (Myers, p. 72-76, modificado).*

função) de fabricar automóveis e caminhões e a Petrobrás, de explorar e refinar petróleo.

2. POLÍTICAS. Em seguida às funções vêm as diretrizes gerais, que são as políticas, algumas descritas nos estatutos, mas a maioria apenas por consenso, inclusive por receio das penalidades da lei. Um exemplo de política passível de registro é a da empresa que só fabrica artigos denominados pelos comerciantes "de combate", como torneiras de plástico, de baixa qualidade, porém baratas. Ao contrário, outras podem ter a política exatamente inversa, com o fim de atender clientes exigentes que podem pagar altos preços. Por outro lado, não se pode escrever que a política é de só admitir mulheres solteiras e desligar as que engravidarem.
3. METAS COLETIVAS. A alta cúpula gerencial estabelece a meta a ser alcançada em determinado tempo, como no próximo exercício ter o lucro aumentado em 10%. Tal meta é tornada coletiva por exigir o esforço de todos os participantes, e congruente com os objetivos pessoais, como no caso da pequena empresa exemplificado linhas atrás, onde o maior lucro atende aos desejos dos proprietários por prestígio e riqueza, e os dos trabalhadores por maiores salários e estabilidade no emprego.

O leitor poderá argumentar que apenas se está substituindo a palavra objetivo por meta. Isto não ocorre, pois **meta** é estabelecida pelos participantes de maior influência e varia de ano para ano, inclusive podendo mudar completamente, a exemplo do que sucede quando há troca de diretoria, como é comum acontecer nas empresas estatais. Como já mencionado, o termo **objetivo** aplicado à organização procura falsamente denotar uma vontade própria desta como se fosse um ser vivo, e o que é importante, muitas vezes com segundas intenções.

7.2 TIPOS DE INTERAÇÃO DE METAS

O objetivo de conseguir prestígio é alcançado por meio da meta individual da promoção para o lugar do chefe que se afasta, o que provoca uma situação de conflito, já que o cargo é único e os postulantes, vários. Ao contrário, a meta individual dos proprietários da empresa em fazê-la crescer para satisfazer seus desejos de poder é congruente com a dos empregados que objetivam a promoção e maiores salários. Em decorrência, as metas individuais interagem de maneiras diferentes, o que exige análise do assunto.

7.2.1 As metas dos participantes são comuns

Quando a meta de um participante é idêntica à de outros, três situações podem ocorrer, como esquematizado na Figura 7.3, onde os vetores indicam a intensidade, direção e sentido dos esforços das pessoas para atingirem a meta comum a todas elas.

1. COMPETIÇÃO. A meta do candidato de empregar-se em uma organização é a mesma de outros que disputam a única vaga, um competindo com os demais porque o lugar vai ser de um só. De forma semelhante, chefes ou gerentes competem entre si para obter verbas, equipamentos ou mais espaços para as unidades administrativas pelas quais são responsáveis.

Competição é a luta para a obtenção de **recursos escassos,** no sentido de não serem suficientes para a satisfação de todos os postulantes.

Além dos insumos materiais mencionados são, também, recursos escassos o poder, o prestígio e a

Figura 7.3 *As três situações de interação de metas no caso de elas serem as mesmas para todos os participantes.*

riqueza, um conjunto materializado por posições de destaque, especialmente nas grandes organizações. Isso explica as lutas internas pelas metas individuais de promoção e dos postos de "eminência parda" e de "amigo do rei".

O objetivo de ser prestigiado é enfatizado por todas as pessoas, o que explica a razão de, em reuniões, os membros terem a meta comum de cada qual se destacar dos demais, o que não é possível de ser alcançada por todos. Assim, seja na assembléia de diretoria destinada a decidir formas de aumentar os lucros, seja na discussão de grupos para resolver problemas, todos os membros possuem a meta coletiva de dar solução para o caso, mas cada qual tem a submeta particular de sobrepujar os demais. Isso é conseguido por aquele cuja proposta é aceita, evidentemente com a recusa das outras sugestões. Tal fato explica por que, em grupos de trabalho, é comum a discussão pessoal entre alguns se acirrar, deixando de lado a questão principal objeto da reunião, e também por que muitos membros se calam com o fim de não entrarem na competição (Blau, p. 180-184).

2. CO-ORIENTAÇÃO. A meta de receber o salário no fim do mês é comum aos operários da linha de montagem, bastando para alcançá-la executar os serviços que lhes foram determinados, ou seja, suas metas são apenas co-orientadas.

A **co-orientação** é caracterizada pela meta ser comum a todos, mas cada qual pode obtê-la sem prejudicar os demais e, também, sem precisar de auxílio dos companheiros.

É o caso de alunos de qualquer curso desejosos de alcançar a meta individual de passar de ano, o que pode ser conseguida sem que seja dificultada ou facilitada por ações de colegas.

3. COOPERAÇÃO. Caracteriza-se por ser a meta comum, mas sua consecução depende do trabalho de todos, significando que os esforços ocorrem no mesmo sentido.

Ocorre a **cooperação** quando uma pessoa atinge sua meta somente quando as demais alcançam as delas.

Um exemplo é o do time de futebol, em que os jogadores possuem a meta coletiva de vencer o adversário. Nas organizações corresponde à situação da equipe engajada na execução de determinado projeto ou tarefa, em que o fracasso no desempenho de um prejudica o resultado final pretendido por todos. Nas escolas é o caso de discussão em grupo por alunos, cuja nota é uma só dada em função dos resultados alcançados coletivamente.

As situações examinadas devem ser agora discutidas em seu conjunto.

1. Em primeiro lugar, nos casos reais as três possibilidades ocorrem simultaneamente, apenas uma se destacando das demais, fato esse que irá caracterizar a empresa como autoritária ou democrática.
2. Em segundo lugar, a chamada **meta coletiva** ocorre quando os membros de uma comunidade possuem meta idêntica e os esforços para obtê-la têm o mesmo sentido, ou seja, só é possível nos casos de co-orientação e cooperação. Isso é importante de ser destacado, pois **as associações de pessoas não possuem meta própria** (por serem entes abstratos) e sim seus **participantes**.
3. Em terceiro lugar, um caso pode ser transformado em outro, por exemplo, o conflito mudar para a co-orientação ou mesmo cooperação por alteração de metas em razão de um consenso. Da mesma forma, a co-orientação pode mudar para a cooperação, como sucede quando o pagamento individual passa a ser feito coletivamente pela produção obtida com o esforço de todos.
4. Em quarto lugar, considerando **grupos** cada qual com sua meta coletiva, as três situações são, também, aplicáveis, isto é, grupos competem entre si, são indiferentes ou cooperam.
5. Finalmente, em quinto lugar, é habitual as pessoas cometerem o erro de sentir que as situações defrontadas nas organizações são de competição porque, na infância, aprenderam a competir com os irmãos, e na escola com os colegas por melhores notas. Por isso, esse traço cultural, apanágio da classe média, é tão encontrado nos ambientes de trabalho, embora nestes devesse prevalecer a cooperação, tanto porque as tarefas exigem esforço coletivo, quanto por não serem associações de crianças (Bernardes & Marcondes, p. 42-43).

Este item complementa o da análise de objetivos individuais, pretendendo fornecer ao administrador mais um ferramental para melhor entender as situações organizacionais, e também capacitá-lo a mudar situações de competição para cooperação ou, pelo menos, para co-orientação de metas.

7.2.2 As metas dos participantes são diferentes.

O que sucederá se, em vez de os indivíduos terem as mesmas metas, estas forem diversificadas? Três situações podem ocorrer, como visualizadas na Figura 7.4.

1. DIVERGÊNCIA. Um caso citado por Joseph Litterer é o do sociólogo Donald Roy que, com o fim de pesquisar o comportamento, empregou-se como simples operário em uma fábrica americana, onde o pa-

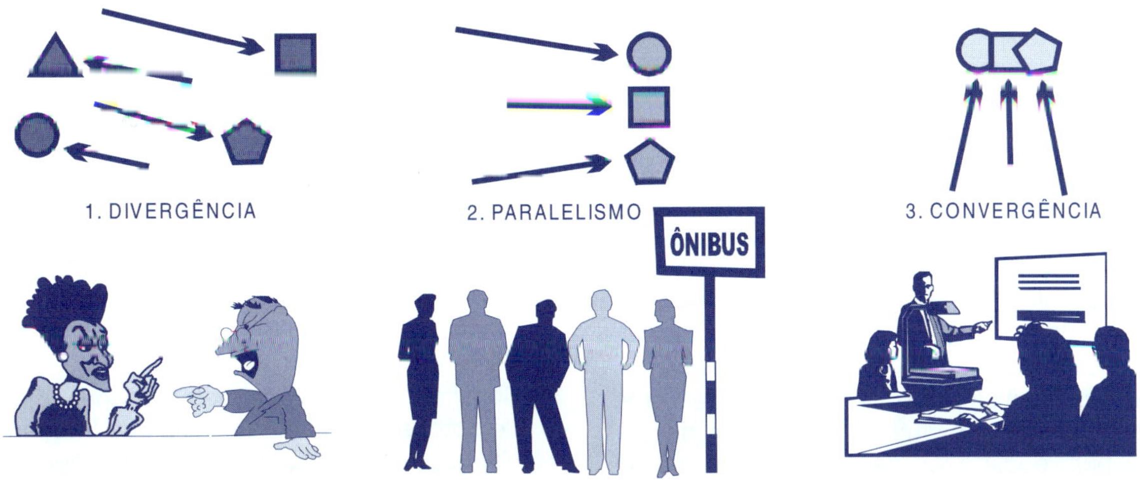

Figura 7.4 *As três situações de interação de metas no caso de elas serem diferentes para cada participante.*

gamento era feito por peça fabricada. Aconteceu que esse novo trabalhador começou a produzir o máximo possível, o que contrariava o grupo de colegas, que estabelecera a meta de *performance,* restringindo a fabricação a um número limitado de unidades. Tal fato é comum de acontecer quando se dá um incentivo monetário com a finalidade de aumentar a produção. Com isso, sua meta individual divergia da meta coletiva, e ambas eram incompatíveis entre si. O resultado foi o aparecimento de conflitos de interesses que culminaram com ameaças físicas ao sociólogo-operário pelo seu comportamento considerado aberrante pelos companheiros (Litterer, p. 138-140) (Bernardes & Marcondes, p. 97-98). Esse tipo de conflito é difícil de ser administrado sem deixar seqüelas, pois sempre haverá um perdedor inconformado com a derrota.

2. PARALELISMO. Os transeuntes de uma rua têm cada qual a meta individual de chegar a determinado lugar, sendo uma diversa das demais e sem que interfiram entre si. Nas organizações esta situação não deveria ocorrer, pois, como associações de pessoas com finalidades determinadas, não são admissíveis comportamentos de multidão, sem direção e sentido definidos. O que nelas sucede é o trabalhador ter a meta de receber um salário no fim do mês e seu chefe a dele executar a tarefa que lhe foi atribuída. Todavia, apesar de haver nada mais que paralelismo entre as metas de ambos, elas são compatíveis de coexistir, mas desde que chefe e subordinado se entendam. Por exemplo, pagar salário a troco da execução de certo serviço, pois, dentro de limites, fazer isso ou aquilo é aceitável pelo trabalhador, já que sua meta é apenas a monetária de receber um pagamento pelo que realizou.

3. CONVERGÊNCIA. O professor alcança seu objetivo de realização profissional com a meta de, até o fim do semestre, transmitir um conjunto de conhecimentos, e o aluno de passar de ano aprendendo a disciplina lecionada. O ensino e a aprendizagem são metas diferentes, porém indissociáveis, só podendo coexistir juntas. Este exemplo torna o caso de convergência de metas semelhante ao da cooperação, no qual a meta é, ao mesmo tempo, coletiva (Bernardes & Marcondes, p. 43-44) (Hicks, p. 43-49) (Hersey & Blanchard, p. 125-127).

Apesar de o assunto relacionado aos comportamentos dos participantes das organizações ter sido tratado de forma resumida, ele é suficiente para indicar um caminho destinado ao entendimento de muitas dificuldades administrativas e formas de, se não resolvê-las, pelo menos as reduzir.

TÓPICOS PARA EXPOSIÇÕES

7.1.1 Uma tipologia de objetivos buscados nas organizações

a) Explicar que interessa ao administrador saber o que os subordinados, pares e superiores desejam alcançar na organização, ou seja, seus objetivos, a fim de aumentar a eficiência de sua influencia. b) Uma pesquisa que listou os objetivos buscados na organização usou o método indireto de perguntar o que causou maior e menor satisfação em lugar de fazer perguntas diretas que dariam resultados enviesados. c) Com base na Figura 7.1, mostrar os principais objetivos classificados de acordo com as três variáveis culturais. d) Explicar de maneira resumida que os resultados dessa pesquisa são parciais.

7.1.2 A falácia de que as organizações têm objetivos

a) Explicar que a literatura de Administração repisa a idéia falsa de que a organização tem objetivo, embora autores tenham argumentado que se trata de uma falácia, pois os proprietários não podem ter os mesmos objetivos dos empregados. b) Explicar que a afirmação da organização de possuir objetivo é uma falsa crença, impingida como sendo uma ficção institucional, cuja finalidade é ideológica por fazer com que os participantes acreditem estar trabalhando para um ente concreto e não para aumentar o lucro dos proprietários. c) Justificar com exemplos que a crença falsa de o ente abstrato organização possuir objetivos tem de ser substituída pela declaração das: 1. **finalidades** da organização, 2. **políticas** como diretrizes gerais e duráveis no tempo e 3. **metas coletivas** que beneficiem patrões e empregados.

7.2.1 As metas dos participantes são comuns

a) Explicar que, tendo cada participante objetivos pessoais, deve-se examinar como as metas tornadas coletivas inter-reagem. b) Com base na Figura 7.3 e exemplos definir as três situações de **metas comuns**: 1. competição, 2. co-orientação, 3. cooperação. c) Explicar sucintamente que: 1. as três situações ocorrem simultaneamente, apenas uma ou duas com maior intensidade; 2. um caso pode ser mudado para outro, como a competição para a cooperação; 3. o caráter das pessoas conduz para a competição, quando seria melhor para todos que, culturalmente, tivessem aprendido a enfatizar a cooperação.

7.2.2 As metas dos participantes são diferentes

a) Explicar que uma outra situação é a das metas dos participantes não mais serem comuns, porém **diferentes** de uns em relação aos demais. b) Com base na Figura 7.4 e exemplos explicar que essa situação pode ser analisada em seus três casos: 1. divergência, 2. paralelismo, 3. convergência.

QUESTÕES DE APLICAÇÃO

1. Escolha dentro da listagem da Figura 7.1 e informe, justificando suas respostas: a) pelo menos quatro objetivos que você busca alcançar na organização em que trabalha (ou poderia empregar-se depois de formado) e os hierarquize por ordens de importância; b) classifique-os, também, dentro das três variáveis culturais.
2. Para tornar claro que os objetivos pessoais são variados e que o "objetivo da organização" é uma falácia, escolha uma empresa de seu conhecimento e liste: a) as funções (ou finalidades) para atender uma necessidade de clientes; b) algumas políticas (como diretrizes gerais permanentes); c) os objetivos pessoais que julgue ter algum dirigente; d) os objetivos pessoais de algum conhecido que nela participe por ser empregado.
3. Com base nas três situações de interação de metas individuais **comuns,** especifique, justificando: a) a situação predominante na Seção em que trabalha (ou classe da escola, se preferir); b) a situação de interação que vem em segundo lugar, e em que condições ela aparece.
4. Considerando que sua meta individual é somente a de obter aprovação na escola que freqüenta, especifique, justificando, se ocorre divergência, paralelismo ou convergência dessa meta com: a) a meta dos colegas de obterem conhecimentos de Administração e habilidades de administrador para "subirem na vida"; b) a meta do diretor dessa escola dos formandos receberem ótimas notas no exame conhecido por "Provão".

DISCUSSÃO EM GRUPOS

O caso da empresa de ônibus urbanos (1ª parte)

A empresa de ônibus urbanos "Viação Metropolitana S.A." contratou você para, como consultor, investigar a veracidade das contínuas reclamações dos usuários de que os ônibus não paravam nos pontos para receber passageiros que davam sinal para neles viajarem, que os cobradores nunca tinham troco para as passagens e, por isso, ficavam com as diferenças de dinheiro, e que os motoristas imprimiam excessiva velocidade nos carros para chegarem mais cedo ao ponto final e ficarem com tempo para conversar. Além disso, os proprietários da empresa pediram solução para o problema já verificado de os mecânicos levarem mais tempo que os das congêneres para efetuarem a manutenção preventiva e corretiva, bem como do elevado número de carros que "quebravam" na rua, com mútuas acusações de culpa de mecânicos e motoristas.

Informe, **justificando** as respostas, as seguintes questões, de acordo com sua experiência e intuição.

Questões para cada grupo responder

1. a) Quais devem ser os dois principais objetivos pessoais dos proprietários; e b) a qual (ou a quais) das três variáveis culturais eles se referem?
2. Quais são os dois principais objetivos a serem alcançados no trabalho para: a) motoristas; b) cobradores; c) mecânicos.

3. Qual deveria ser a principal **política** que os proprietários devem ter imposto na empresa, inferida pelo fato de não estar sendo obedecida pelos motoristas? Exponha essa política por uma frase que poderia até constar de um manual para os novos empregados.
4. Considerando que a meta dos motoristas era fazer mais de cinco horas extras de trabalho diário e a dos proprietários reduzir ao mínimo o índice de acidentes de trânsito, informe, justificando suas respostas: qual era o tipo de interação dessas metas entre os seis tipos descritos?
5. Os motoristas recém-admitidos tinham as características de atrasarem as viagens pelo fato de: 1. serem muito cuidadosos; e 2. lotarem os ônibus com passageiros acima do permitido pelo Departamento de Trânsito. Com esse pressuposto, informe, justificando suas respostas se tais comportamentos criavam: 1. divergência, ou 2. paralelismo, ou 3. convergência com as metas: a) do grupo de motoristas antigos; b) da alta direção da empresa.

LEITURAS COMPLEMENTARES

COHEN, David. Eu, eu e depois eu. Empresa? Que empresa? **Exame**. São Paulo, Abril, ed. 713, 03 maio 2000. O artigo, baseado na pesquisa da Profa. Betânia Tanure de Barros da Fundação Dom Cabral de Belo Horizonte feita com 350 executivos, mostra que eles estão mais interessados consigo mesmos do que como fazer carreira na empresa.

CRUBELLATE, Jose M., MACHADO DA SILVA, Clovis. Valores, crenças e interesses como mediadores de adaptação organizacional à mudança ambiental. In: **Encontro da ANPAD 22**, 27 a 30 set. 1998. Foz do Iguaçu. Resumo dos trabalhos — ENANPAD 98, p. 149. Examina a pesquisa realizada na Universidade Estadual de Maringá, mostrando que os valores e crenças individuais funcionavam ora como fator de aceitação, ora como de resistência às necessidades das pessoas de se adaptarem a novas situações organizacionais.

O PARTICIPANTE SATISFEITO NEM SEMPRE É PRODUTIVO

8

É inegável que, com sua proposta de dar incentivos pagando a mais por peça fabricada, a Teoria de Administração "Científica" de Taylor pretendia fazer com que o trabalhador ficasse mais satisfeito — por ganhar maior salário — e, ao mesmo tempo, mais produtivo — por relacionar os recebimentos ao desempenho eficiente de suas tarefas. A Escola de Relações Humanas, anterior a Teoria comportamental, também possuía esse propósito de eficiência, porém, trilhando outro caminho, o de evitar conflitos e integrar os participantes por meio do grupo informal. De certa forma, isso foi uma regressão no tempo, pois ignorou a idéia de Taylor de o pagamento ser função do produzido, passando a esposar a concepção ingênua de que o empregado satisfeito seria automaticamente produtivo (Motta, 1974, p. 29).

O pior é que a cultura paternalista brasileira acredita na veracidade desse último enfoque. Com tal crença, o patrão faz com que o trabalhador fique satisfeito por lhe dar aumentos de salário, porém não exige o correspondente crescimento na eficiência do que executa. Assim fazendo, tem a vã esperança de que isso o torne mais produtivo por sentir a obrigação moral de corresponder ao benefício recebido.

Como não existe tal correlação, o assunto **satisfação-produtividade** deve ser mais bem analisado. Esse é o objetivo deste capítulo, que examina o contrato de trocas do trabalhador e prescreve medidas para torná-lo mais satisfeito e mais produtivo.

8.1 O CONTRATO DE TROCAS: CONTRIBUIÇÕES POR PAGAMENTOS

Quando uma pessoa consegue alguém para desentupir a pia da cozinha ou pintar o apartamento, estabelece com o especialista um contrato de trocas de serviço por dinheiro. Da mesma forma, o proprietário da pequena empresa admite o empregado para que este contribua com seus esforços desempenhando tarefas e, em contrapartida, retribui com o salário. Já no caso da grande empresa ou repartição pública, quem concretiza o contrato de trocas são pessoas com delegação da alta administração para tal mister, por exemplo, o encarregado de recrutamento, o escriturário da Seção de Pessoal e mais o chefe que precisa de novo auxiliar. Em qualquer dessas situações, os entendimentos são **entre seres humanos** e não do candidato a emprego e uma entidade abstrata chamada "organização".

8.1.1 O que se espera dos participantes?

Entra-se para um clube, porque nele se deseja alcançar uma série de metas pessoais ligadas ao lazer, sendo natural que, em contrapartida, se pague por tais benefícios. Da mesma forma, quem se candidata a um emprego sabe de antemão que deve contribuir de algum modo para, em troca, conseguir alcançar suas metas pessoais. Todavia, que tipos de comportamentos são esperados por parte das pessoas que se propõem a contribuir para a coletividade organização? A resposta exige algumas considerações preliminares.

1. Em primeiro lugar, é natural que os membros de uma associação queiram, a participação de pessoas de fora, desde que estas venham a facilitar atingir a meta tornada coletiva. Isso fica bem claro nos pequenos grupos em crescimento, seja a sociedade amigos de bairro, seja a padaria da esquina onde o proprietário contrata mais um auxiliar para seu confeiteiro. Já nas grandes organizações a coisa não é assim tão clara, pois o faxineiro pouco pode contribuir para as metas da empresa como um todo, mas seus esforços são eficazes para a submeta de, no início do expediente, os escritórios estarem limpos. Portanto, de forma genérica pode-se dizer que os participantes de um grupo esperam esforços do novo membro para **atingir a meta tornada coletiva**.
2. Em segundo lugar, devemos tornar claro que esforços são esses. Um primeiro tipo relaciona-se com as tarefas em si, que os Departamentos de Recursos Humanos detalham por meio da "análise e descrição de cargos". Nela são incluídos o desempe-

nho eficaz, a responsabilidade, a iniciativa e a criatividade, todos ligados à variável cultural que descrevemos no Capítulo 6 com o nome de **tecnologias**. Além desses esforços diretos para a meta coletiva, são esperados outros de tipo diverso, em conformidade com as normas, disciplina, assiduidade etc., estas relacionadas com a variável que chamamos **preceitos**. Finalmente, deseja-se que o participante seja leal para com a coletividade produtiva, integrado com seus companheiros e identificado com as finalidades determinadas para sua unidade administrativa, ou seja, esperam-se contribuições de caráter emocional. Identificamos tais comportamentos com a variável conceituada por **sentimentos**.

Tais considerações permitiram elaborar o quadro mostrado na Figura 8.1, onde são listados alguns comportamentos esperados do participante dentro das três variáveis culturais, como reciprocidade pela satisfação de seus objetivos pessoais buscados na organização, conforme foram listados na Figura 7.1 no capítulo anterior.

TECNOLOGIA	PRECEITOS	SENTIMENTOS
Execução de tarefas	Conformidade	Afiliação
Responsabilidade	Disciplina	Lealdade
Criatividade	Assiduidade	Identificação
Iniciativa	Honestidade	
	Discrição	

Figura 8.1 *Alguns comportamentos esperados dos participantes da organização.*

Devem-se fazer algumas considerações a respeito desses comportamentos..

Inicialmente, a listagem da Figura 8.1 é apenas exploratória, podendo ser complementada à proporção que se fizerem mais pesquisas. Isto porque, diferentemente do contínuo satisfação-insatisfação, a literatura administrativa — talvez porque seus autores são ou foram apenas empregados — é parca quanto à descrição das contribuições fornecidas pelos participantes quando estes são os empresários.

Em segundo lugar, tais esforços devem variar de organização para organização. Por exemplo, nas fábricas o desempenho eficiente é muito desejado enquanto a identificação para com a organização é pouco enfatizada, exatamente o contrário do que ocorre nas associações religiosas.

Finalmente, as contribuições também variam dentro da mesma organização conforme a função administrativa e a hierarquia de cargos. Assim, a honestidade é mais importante para o caixa do que para o servente de pedreiro, exigindo-se mais lealdade para com a empresa do executivo que do supervisor da linha de montagem.

8.1.2 O contrato de trocas trabalhista e o psicológico

Existindo certa função a perfazer em dada organização, por exemplo, a do caixa de uma farmácia que consiste em trocar medicamentos pelo dinheiro dos clientes, a cúpula administrativa (ou quem ela delegar) procura admitir participantes, cujos comportamentos esperados são os da listagem da Figura 8.1. Naturalmente, pessoas se candidatam ao emprego porque nele esperam alcançar alguns dos objetivos listados na Figura 7.1. Tem-se, assim, uma parte interessada em que o novo participante contribua com seus comportamentos para que as metas estabelecidas pelos dirigentes da organização para aquela determinada função sejam atingidas, e a outra parte desejosa de que seus objetivos sejam alcançados por meio dos vários tipos de pagamentos que a organização se propõe a fornecer-lhe.

Dessa maneira, é convencionado um **contrato de trabalho por escrito**, no qual ficam especificadas as trocas de contribuições da pessoa por pagamentos dados pela organização, dentro da variável tecnológica de "o que" fazer, e também, da variável de "normas", isto é, dos preceitos. No exemplo da farmácia, as contribuições seriam o registro das vendas e o recebimento das quantias dadas pelos fregueses, a serem cumpridas dentro de certo horário, enquanto um componente dos pagamentos seria a remuneração por hora ou por mês.

Ao mesmo tempo, estabelece-se o **contrato psicológico não escrito**, no qual ficam subentendidas outras trocas, por exemplo, promessa de aumento de salário e promoção pela dedicação e honestidade esperadas, ou seja, por alguns comportamentos listados na Figura 8.1.

Uma pergunta poderia ser feita: como distinguir as obrigações trabalhistas das psicológicas? Uma pista poderia ser: o contrato escrito na carteira de trabalho ou documento firmado pelas partes é amparado pela Legislação Trabalhista, o que permite a quem se julgar prejudicado ajuizar uma ação na Justiça do Trabalho contra a parte que, supostamente, tenha descumprido o ajustado.

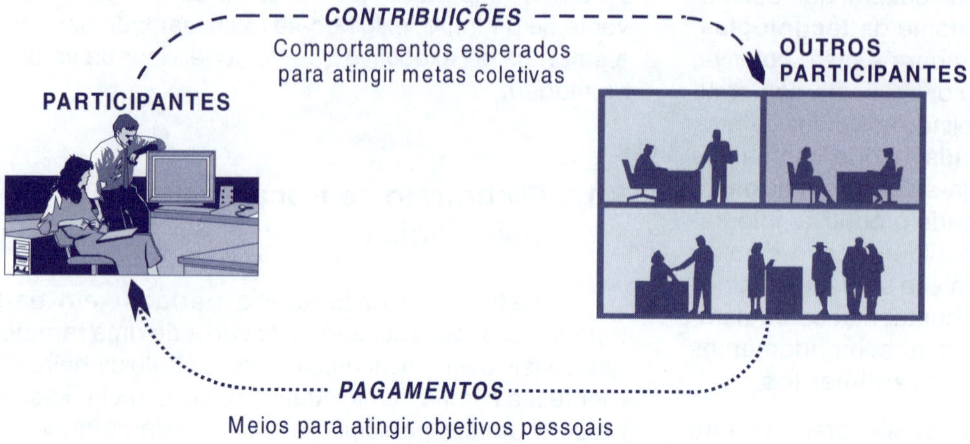

Figura 8.2 *Contrato de trocas: pagamentos por contribuições.*

Procurando tornar mais clara a exposição, a Figura 8.2 esquematiza, englobando em um só desenho, os dois tipos de contrato de trocas de contribuições por pagamentos (Hicks, p. 6).

Alguns aspectos desse contrato de trocas devem ser assinalados.

1. Os tipos de pagamentos e contribuições são estabelecidos entre o candidato e as pessoas de uma associação, e não entre o primeiro e um ente abstrato empresa ou repartição pública. Tanto isso é verdadeiro que são os participantes que recrutam, selecionam, contratam e, por fim, desligam o empregado. As tentativas de tornar a organização impessoal escondem a finalidade ideológica de o empregado ou funcionário público fornecer seus serviços a uma entidade sem fraquezas, vícios e incapacidades humanas que, além do mais, ao demiti-lo, não pode ser recriminada como impiedosa.
2. As **contribuições são comportamentos observáveis**, alguns até passíveis de avaliação quantitativa, como a medida do que foi produzido na forma de bens ou serviços. Por outro lado, os **pagamentos são concretos**, seja em salários, benefícios, promoções e até elogios, seja na forma de metas intermediárias para os participantes alcançarem seus objetivos pessoais.
3. Os comportamentos esperados foram, na sua maior parte, institucionalizados no decorrer dos tempos e, por isso, seguem padrões culturalmente determinados, motivo pelo qual a Psicologia os denominou "papéis". Assim, a balconista desempenha o papel de vendedora perante o cliente, subordinada diante do chefe e colega para com as companheiras de trabalho. Da mesma forma, os pagamentos também são estabelecidos pela sociedade, como, por exemplo, pagar salário em dinheiro e não em espécie.
4. O contrato de trocas, que, no início satisfazia ambas as partes, com o tempo deixa de ser adequado. Assim, o recém-formado que começa a trabalhar objetiva aprender e desenvolver-se profissionalmente, mas depois de um ou dois anos deseja melhor salário e promoção. Com isso, os contratos de trocas deveriam ser mutáveis, porém, como tal não sucede com a antecipação e freqüência desejáveis, sua permanência provoca mútuas insatisfações. Esse fato ainda não está devida-mente destacado na literatura administrativa, tanto assim que muitos dirigentes continuam vendo no participante a máquina adquirida para desempenhar apenas uma função até sua depreciação total.

8.2 A SATISFAÇÃO NÃO TORNA O PARTICIPANTE PRODUTIVO

O conhecido experimento de Adams que forneceu as bases para sua **Teoria da Ineqüidade**, mostrou que o aumento de salário não provocava maior produtividade, mas apenas um trabalho mais cuidadoso (Adams, p. 422-436). Contrariando os resultados dessas pesquisas, o que hoje se observa é o fato de muitos dirigentes ainda acreditarem que o aumento de benefícios (que naturalmente torna o participante mais satisfeito) também o faça ficar mais produtivo. Por **inexistir tal correlação**, o binômio satisfação-produtividade deve ser mais bem examinado.

8.2.1 A satisfação é o resultado do balanço de pagamentos por contribuições

Caso o empregado perceba que seus objetivos estejam sendo alcançados sem esforços excessivos, é muito provável que sentirá satisfação. Isto significa que, no contrato de trocas, o "valor" atribuído aos pagamentos recebidos é superior ao "valor" das contribuições fornecidas. Assim, o balanceamento das trocas faz com que a diferença seja a favor do participante, como mostrado em (1) na Figura 8.3. Esse valor é subjetivo e depende, entre outras coisas, da importância da meta pretendida, como, por exemplo, o salário ser vital para o empregado com família numerosa, mas não para o recém formado, como já referido linhas atrás, que valoriza a oportunidade de crescer profissionalmente.

Com o tempo, o recém-formado compara seus vencimentos com os dos companheiros e passa da situação de satisfação para a de equilíbrio, e depois para a de insatisfação, ou seja, de (1) para (2) e por fim para (3), como exibido na Figura 8.3, ocasião em que sofrerá **dissonância cognitiva**. Esse termo utilizado pela Psicologia deve ser mais bem entendido pelo administrador, a fim de compreender os comportamentos dos subordinados.

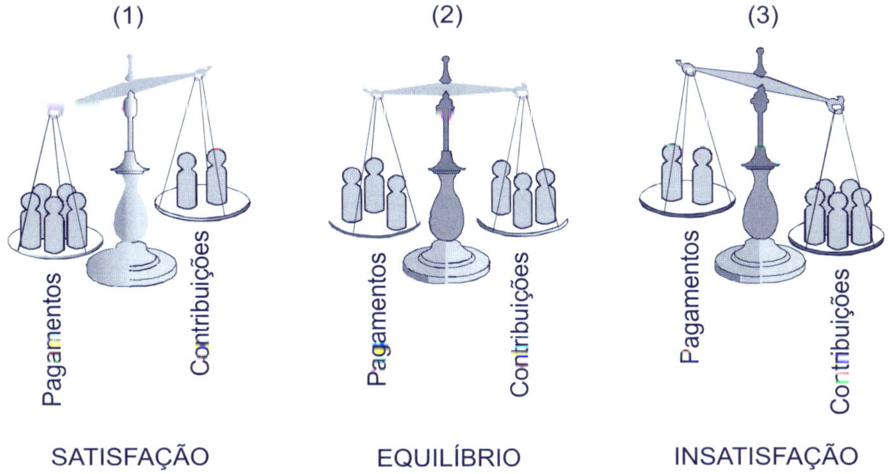

Figura 8.3 *A satisfação-insatisfação é resultante do balanceamento dos pagamentos-contribuições.*

Dissonância cognitiva consiste na sensação desagradável decorrente de a pessoa perceber que possui cognições (conhecimentos, opiniões, crenças etc.) incompatíveis entre si (Krech *et alii*, p. 310 e 330) (Festinger, p. 21-23).

Em (3) haverá uma situação de desconforto porque a pessoa tem a cognição de que suas contribuições possuem um valor maior que a cognição percebida dos pagamentos que recebe. A primeira tentativa para reduzir a dissonância resultante será pedir aumento de salário, que, se bem-sucedida, fará voltar à posição (1) ou (2).

Entretanto, se houver insucesso, duas alternativas são possíveis: demitir-se ou continuar na organização, conforme mostrado na Figura 8.4. Caso permaneça, existem duas formas de reduzir o desconforto sentido pela dissonância cognitiva. A primeira é a posição (4), na qual torna maior o valor dos pagamentos recebidos por meio da tentativa psicológica de ajustamento chamada "racionalização", seguindo um processo semelhante ao da conhecida fábula da raposa e das uvas verdes. Nesta situação "aumenta" subjetivamente o valor dos pagamentos achando que terá oportunidades de promoção, o emprego é seguro, a firma na qual trabalha tem nome e lhe dá prestígio etc. A segunda maneira de equalizar os valores é diminuir as contribuições, geral-mente reduzindo a eficiência de seu desempenho, como esquematizado em (5) (March & Simon, p. 106-108).

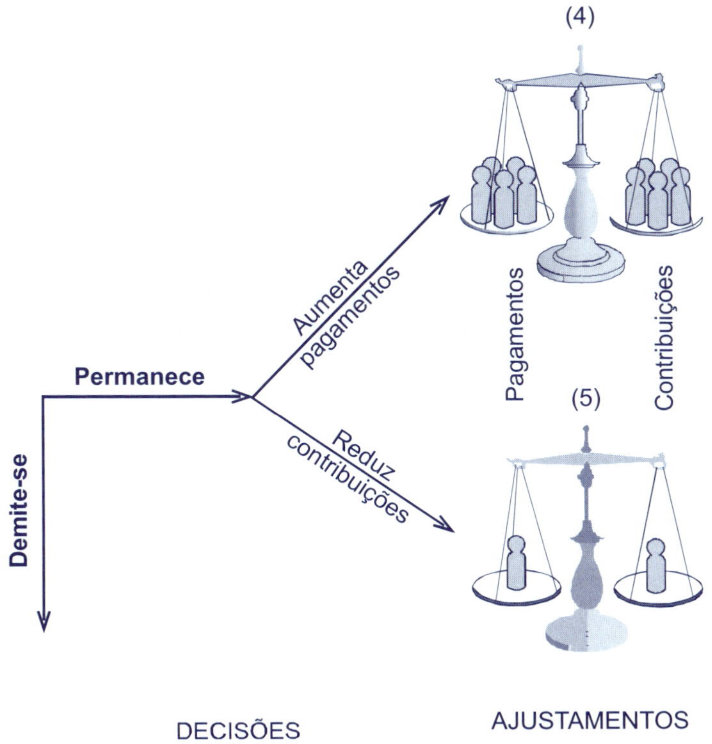

Figura 8.4 *A insatisfação provoca demissão ou ajustamento, este com redução das contribuições ou aumento subjetivo dos pagamentos.*

Como observado linhas atrás, se muitos autores examinaram o caso da satisfação-insatisfação para o lado do empregado, o mesmo não o fizeram para o **lado do empresário**. Todavia, intuitivamente percebe-se que, neste último caso, as situações são diversas. Assim, se o chefe imediato achar que o valor dos desempenhos do subordinado é **superior** ao valor dos pagamentos que lhe faz, naturalmente estará satisfeito. Entretanto, o empregado poderá ou não ficar satisfeito, dependendo de como percebe tal discrepância, sentindo estar em qualquer das três situações da Figura 8.3. Todavia, se estiver na situação (3), ele tende a ir para a (4) ou a (5) da Figura 8.4.

Diferente é o caso do subordinado estar satisfeito na situação (1) ou (2), mas o chefe julgar que o valor do desempenho é **inferior** ao que lhe paga. Três alternativas são possíveis.

1. A primeira é tentar o aumento do valor dos desempenhos, seja pressionando para melhorar o serviço, seja dando outro tipo de tarefas, seja fornecendo melhor treinamento.
2. A segunda é diminuir os pagamentos, seja retirando alguns benefícios, seja reduzindo o salário real, possível de ser feito em época de inflação ao não lhe dar o correspondente reajuste de vencimentos.
3. Por fim, a terceira é removê-lo para outra unidade administrativa ou simplesmente demiti-lo, sendo esta a mais radical de todas as anteriores.

Como o leitor pode observar, a satisfação-insatisfação é um processo dinâmico que envolve muitas pessoas e não só o empregado, sendo as Teorias do Comportamento demasiadamente complexas para serem mais detalhadas neste livro.

8.2.2 Condições para satisfação com produtividade

Já foi mencionado que é comum dar aumentos de salário esperando que, em contrapartida e como prova de reconhecimento pelo presente recebido, o participante se torne mais produtivo. Isso realmente ocorre? Dois exemplos dão a resposta. É fartamente comentado que muitos funcionários públicos estão satisfeitos porque recebem vencimentos razoáveis, possuem estabilidade no emprego, têm promoções garantidas por tempo de serviço, trabalham em ambientes agradáveis, tanto em relação aos aspectos físicos quanto aos da amizade dos companheiros. Todavia, não são produtivos. Por outro lado, vendedores que vivem das porcentagens de comissões recebidas por negócio realizado trabalham debaixo de sol e chuva enfrentando sozinhos os clientes, às vezes até sem vínculo empregatício, ou, então, demissíveis a qualquer momento, bastando para isso que o mercado comprador se retraia. Não obstante todas essas dificuldades, eles são altamente produtivos.

A explicação para esses casos contraditórios é dada por meio de dois enunciados feitos por Vroom, um pesquisador americano:

- o participante estará **satisfeito** se alcançar, por meio do trabalho, aquilo que almeja e acha justo receber;
- o participante também será **produtivo** somente se conseguir alcançar seus objetivos quando **contribuir** com seu desempenho como esperado (Vroom, p. 264).

O primeiro enunciado é facilmente entendido com base no explanado no item anterior e exibido em (1) na Figura 8.3.

O mesmo não sucede com o segundo, que exige maiores explicações. Para isso nada melhor que o exemplo do burocrata e o do vendedor, ambos supostamente satisfeitos por alcançarem no trabalho os objetivos pessoais pretendidos.

No primeiro caso, o burocrata produzindo ou não continuará a receber os mesmos "pagamentos", razão pela qual não encontra motivos para melhorar seu desempenho. Aliás, sua tendência é reduzir os esforços ao mínimo, ou seja, o suficiente para a chefia não o punir por ineficiência. Tal comportamento é reforçado pelas ocasiões em que o aumento de seus esforços não resultou em maiores pagamentos, o que constitui estímulo negativo para a produtividade. Portanto, a falha não está na pessoa e sim na organização para a qual presta serviços.

Diferente é a situação do vendedor que, se não trabalha, também não ganha, pois os pagamentos que recebe são diretamente proporcionais aos negócios que realiza. Com isso, as boas vendas que efetuar resultarão em maiores recebimentos, o que constituirá prêmio para o desempenho eficiente. Esse fato será um reforço positivo para repetir comportamentos produtivos, dentro do condicionamento operante examinado no Capítulo 6.

O leitor pode argumentar que muitos trabalhadores são eficientes sem ganhar salários proporcionais ao que produzem. Isso é verdade, porém o dinheiro não é a única forma de pagamento, pois a satisfação de realizar trabalho interessante já é uma recompensa pelo desempenho, fato que coloca este caso dentro do segundo enunciado de Vroom. Aliás, é sabido que a pessoa que entra para a organização é inicialmente produtiva, em razão do interesse que desperta o novo serviço, mas sua eficiência decai com os anos à proporção que a rotina torna monótono o trabalho, isto é, a tarefa em si não tem na realização seu pagamento.

Outra pergunta poderia ser formulada: é possível estar insatisfeito e assim mesmo ser produtivo? Sim, na situação de tarefas facilmente mensuráveis, a exemplo da linha de montagem tradicional, onde a monotonia, falta de perspectivas de promoção e salário baixo fazem com que o operário fique insatisfeito pelo desbalanceamento entre o valor de seus esforços e os pagamentos auferidos. Poderia demitir-se, porém não o faz, pois sabe que o mercado de trabalho lhe está desfavorável, a exemplo do existente neste país na década passada e início da atual. Todavia, o segundo item do enunciado de Vroom continua válido, pois seu objetivo é manter o emprego e receber um salário, ainda que baixo, e isso é conseguido à proporção que bem executar o trabalho que lhe foi determinado. Este foi o ponto percebido por Taylor ao propor o pagamento por peça fabricada, depois de racionalizar as tarefas com auxílio dos especialistas de "Tempos e Movimentos". Apesar de todas as críticas, sua Administração "científica" foi a responsável pelo tremendo aumento de produção americana no fim do século 19 e início do 20.

8.2.2 Condições para satisfação com produtividade

a) Explicar com exemplos que alguns empregados têm alto desempenho, embora trabalhem em condições difíceis, enquanto outros com todo o conforto pouco fazem. b) Mostrar que o pesquisador americano Vroom explicou esse fato da seguinte maneira: 1. o participante satisfeito não é obrigatoriamente produtivo; 2. será, também, produtivo se conseguir alcançar seus objetivos **somente** caso contribua como o esperado. c) Expor como os exemplos dados no item (a) corroboram essa explicação.

TÓPICOS PARA EXPOSIÇÕES

8.1.1 O que se espera dos participantes?

Com base na Figura 8.1, explicar com exemplos que: a) o participante trabalha com o objetivo de satisfazer necessidades, fornecendo **contribuições** para a organização na qual se empregou; b) toda associação de pessoas espera que seus participantes se **comportem** de forma que as metas tornadas coletivas sejam alcançadas.

8.1.2 O contrato de trocas trabalhista e o psicológico

a) Com base na Figura 8.2, explicar com exemplos que as regras para a troca de contribuições por pagamentos são estabelecidas por meio das cláusulas escritas de um contrato **trabalhista** e por outras não claramente especificadas de um contrato chamado de **psicológico**. b) Explicar com exemplos que, com o decorrer do tempo, um ou ambos contratantes podem ficar insatisfeitos um com o outro, geralmente pelo não cumprimento do contrato psicológico por uma ou pelas duas partes.

8.2.1 A satisfação é o resultado do balanço de pagamentos por contribuições

a) Explicar, com base na Figura 8.3 e exemplos, que o participante permanece satisfeito no emprego enquanto sentir que os pagamentos que recebe têm maior valor (ou "peso") que as contribuições que fornece pelo seu trabalho. b) Explicar que, caso perceba serem os pagamentos inferiores às contribuições, começará a sentir um desconforto resultante da dissonância cognitiva. c) Explicar, com base na Figura 8.4, que a forma de reduzir tal desconforto é demitir-se ou permanecer, neste caso, reduzindo a dissonância cognitiva por meio de: 1. aumento subjetivo do valor dos pagamentos que recebe, ou 2. reduzindo suas contribuições.

QUESTÕES DE APLICAÇÃO

1. Com base no quadro da Figura 8.1 informe qual das três variáveis culturais corresponde a cada um dos seguintes desempenhos esperados do participante de uma organização: a) produzir com eficácia e eficiência; b) não falar mal da empresa nem contar segredos dela para pessoas de fora; c) ser amigo dos companheiros de trabalho; d) ser exigente com os subordinados quanto à perfeição do que executam pelas determinações de seu superior hierárquico. Justifique as respostas.
2. Desenhe um quadro com cinco colunas e três linhas, colocando na 1ª coluna e 2ª linha **contrato de trabalho,** e na 3ª linha **contrato psicológico**. Em seguida, na 1ª linha das quatro colunas restantes os seguintes objetivos do participante e comportamentos dele esperados: a) ganhar salário condizente com sua experiência e conhecimentos; b) ter lealdade, não divulgando segredos da organização; c) executar serviços interessantes; d) ser assíduo e cumprir os horários estabelecidos. Com base nas Figuras 8.1, 8.2 e na 7.1 do capítulo anterior, informe nas células existentes no quadro, justificando suas respostas, quais objetivos e comportamentos são englobados: 1. como contrato de trabalho; e 2 como contrato psicológico.
3. Com base nas listas de objetivos pessoais e de comportamentos esperados dos quadros das Figuras 8.1, 8.3 e 7.1 do capítulo anterior, analise o caso do recém-formado em universidade que entra para uma repartição pública, e informe: a) pelo menos: 1. três contribuições exigidas, e 2. três pagamentos correspondentes julgados mais importantes por ambas as partes e que tornam o participante satisfeito por atingir seus objetivos; b) modificações no balanceamento dessas contribuições-pagamentos que, depois de dois anos, tornam o funcionário insatisfeito.
4. Explique com base no segundo enunciado de Vroom por que em lojas somos mais bem atendidos por

balconistas que recebem comissão por vendas efetuadas do que pelos que só ganham salário fixo por hora trabalhada.

DISCUSSÃO EM GRUPOS

O caso da empresa de ônibus urbano (2ª parte)

Depois que você, como consultor da empresa de ônibus, verificou quais objetivos e metas eram procurados pelos participantes, pediu aos empregados que relatassem suas insatisfações. Para começar, todos reclamaram dos salários baixos que os induziam a fazer horas extras ao máximo. Além disso, os mecânicos reclamaram dos motoristas dizendo que danificavam os ônibus de propósito, enquanto estes alegaram, tentando justificar, que a culpa era da manutenção malfeita. Esperando tornar os empregados mais satisfeitos e, por isso, mais produtivos, você, como consultor, propôs à diretoria da empresa as seguintes medidas:

- aumento de salário para todos os empregados;
- palestras para os participantes explicando as finalidades e políticas da empresa e conclamando-os para aumentar a produtividade;
- normas de procedimentos especificando as faltas e respectivas punições, bem como regulamentando as horas extras;
- aumento do descanso entre uma viagem e outra para motoristas e cobradores.

Os proprietários aceitaram as sugestões e as colocaram em prática. No começo as coisas melhoraram, porém, meses depois a situação voltou a ser igual e até pior que a anterior, inclusive os mecânicos "fazendo cera" para justificar mais horas extras, além do permitido pelo novo regulamento.

Considerando as medidas implantadas e de acordo com o balanceamento desempenho-pagamentos e os dois enunciados de Vroom, responda à pergunta da lista seguinte que foi designada a seu grupo.

Questões para cada grupo responder

1. Para atingir as metas dos proprietários de receberem maior retorno do capital e da empresa ter prestígio perante o público, especifique: a) pelo menos três desempenhos (comportamentos) esperados dos motoristas; b) pelo menos três "pagamentos" por eles recebidos no contrato de trocas.
2. Ainda para atingir as metas determinadas pelos proprietários para a manutenção dos ônibus, especifique: a) pelo menos dois desempenhos esperados dos mecânicos; b) pelos menos dois "pagamentos" por eles recebidos no contrato de trocas.
3. Para atingir as metas dos proprietários e motoristas, e não haver reclamações dos usuários, indique: a) o desempenho esperado dos cobradores; b) pelo menos dois "pagamentos" por eles recebidos no contrato de trocas.
4. Explique as razões que você intui para o fato de os motoristas e cobradores, apesar de satisfeitos, continuarem improdutivos com as novas medidas.
5. Explique as razões que você intui para o fato de os mecânicos, apesar de satisfeitos, continuarem improdutivos com as novas medidas.
6. DISCUSSÃO GERAL. Em vista do fracasso das medidas tomadas, você chegou à conclusão de que a Administração não é uma técnica de aplicação de palpites nem a ciência da "achologia" e, por isso, sugeriu aos proprietários aplicar ao caso o segundo enunciado de Vroom. Assim, qual seria a nova proposta a ser feita e qual a sua justificativa técnica?

LEITURAS COMPLEMENTARES

GHOSHAL, Sumantra. O cheiro do lugar. Você prefere que sua empresa se pareça com o asfixiante cheiro de Calcutá no verão ou com a estimulante floresta de Fontainnebleau na primavera? **Exame**. São Paulo, Abril, ed. 709, 08 mar. 2000. Fazendo a analogia com dois ambientes opostos, o artigo aborda a importância de se criar um ambiente de trabalho que facilite a satisfação e a conseqüente produtividade dos empregados.

HASTENREITER Filho, Horacio N., QUINTELA, Rogério. A satisfação no trabalho e seus aspetos correlatos na Petrobrás. In: **Encontro da ANPAD 23**, 19 a 22 set. 1999. Foz do Iguaçu. Resumo dos trabalhos — ENANPAD 99, p. 211. Relata a pesquisa levada a efeito em 27 órgãos daquela empresa a fim de identificar os fatores que causam desvios em relação ao nível médio de satisfação dos empregados.

MEDEIROS, Carlos F. *et alii*. Três (ou quatro) componentes do comportamento organizacional. In: **Encontro da ANPAD 23**, 19 a 22 set. 1999. Foz do Iguaçu. Resumo dos trabalhos — ENANPAD 99, p. 146. Estudo mostrando a existência da chamada "dimensão afiliativa", além dos fatores do comprometimento organizacional mais conhecidos.

NAIDITCH, Suzana. Além das pracinhas e dos corredores coloridos. O futuro da fábrica. **Exame**. São Paulo, Abril, ed. 710, 22 mar. 2000. A criação de um ambiente de trabalho, onde a tecnologia e a qualidade de vida das pessoas são igualmente enfatizadas, resultou na melhoria da produtividade da empresa gaúcha, Springer Carrier.

PICCININI, Valmiria C., JOTZ, Claudia. Satisfação no trabalho e programas participativos. In: VIEIRA, Marcelo M. F., OLIVEIRA, Lúcia M. B. (Orgs.). **Administração contemporânea:** perspectivas estratégicas. São Paulo: Atlas, 1999. p. 205-206. Pesquisa que mostra como as práticas dos Círculos de Controle de Qualidade (CCQ), *Just in Time* (JIT), *Total Quality Management* (TQM), Grupos Semi-Autônomos (GSA) e outras constituem novas oportunidades de participação para o trabalhador.

9 GRUPOS INFORMAIS E UNIDADES ADMINISTRATIVAS

Um transeunte caminha em direção ao ponto de ônibus atravessando a multidão. Nesta, cada pessoa tem metas diferentes das demais, porém, como percebem as mútuas presenças, já é possível identificar um tipo de aglomerado ou coletividade de indivíduos. Ao entrar no ônibus a situação é diversa, pois encontra passageiros com a meta comum de irem para algum lugar, o que concretiza outro tipo de agrupamento. Chegando na organização em que é empregado, ele deixa de ser o desconhecido para tornar-se um participante da Seção ou Departamento onde todos se conhecem e têm metas comuns. Por fim, voltando à noite para casa reúne-se depois do jantar com amigos, companheiros de trabalho, para o jogo de cartas acompanhado de cerveja e petiscos.

As situações descritas mostram uma série de agrupamentos com características peculiares, indo desde a multidão amorfa até o grupo informal de amigos. Como o ser humano não vive isolado e sim dentro desses vários tipos de grupos, o entendimento de suas formas de agir, que nos capítulos anteriores se limitou aos componentes psicológicos, necessita ser complementado com a análise de seus comportamentos dentro de associações, ou seja, incluir os aspectos sociológicos.

Nesse sentido, este capítulo objetiva examinar as principais características dos **grupos** quanto aos comportamentos de seus participantes, que de individuais se tornam coletivos. Analisa-se, pois, o segundo nível da hierarquização por ordens de complexidade, representado por pessoas que se agregam para formar **unidades administrativas** (a exemplo de Seções e Departamentos) e também **grupos informais**, como as "igrejinhas" e "panelinhas" encontradas nas organizações.

9.1 O QUE É GRUPO E GRAU DE COESÃO

A multidão nas ruas, os espectadores de cinemas e teatros, ou as pequenas comunidades de pescadores têm interesse para o administrador apenas como situações que facilitam a compreensão dos comportamentos coletivos. Entretanto, para o exercício de suas funções importa mais entender como agem os participantes das organizações, motivo pelo qual o exemplo concreto de uma empresa que inicia as atividades, cresce e depois estabiliza irá facilitar as explanações sobre grupos.

9.1.1 O grupo como um sistema social

A fábrica de folhas e frutos de plástico descrita no Capítulo 2 para discussões de grupos surgiu quando o gerente de produção e o chefe de vendas de uma indústria de fios sintéticos se associaram ao serem despedidos sem justa causa da empresa que estava para falir. Ambos utilizaram suas economias e os saldos do FGTS para comprar máquinas usadas e contratar para operá-las os antigos companheiros que estavam desempregados, iniciando, assim, as atividades da nova microempresa.

A compreensão dos fenômenos que ocorreram nesse empreendimento, como agrupamento que é, exige recordar alguns assuntos explanados em capítulos anteriores. Assim, temos vários aspectos a considerar.

Para começar, os dois sócios provavelmente tinham os **objetivos pessoais** de realização, prestígio e poder, além da maior remuneração do capital, todos alcançados por meio da meta de criar uma empresa própria. Além disso, os empregados deveriam desejar salário condizente, estabilidade e bons relacionamentos, também conseguidos por meio da **meta** de obter trabalho na fábrica de plásticos. Como as metas de ambas as partes eram compatíveis foi possível que um contrato de trocas fosse estabelecido entre esses antigos companheiros. Deve-se destacar que foi a existência de metas comuns e a percepção de que seriam mais facilmente atingidas em grupo pela sinergia decorrente da cooperação que determinaram a criação dessa nova sociedade.

Forma-se um **grupo** quando indivíduos percebem que seus objetivos pessoais podem ser mais facilmente alcançados caso se associem para atingir metas tornadas coletivas.

Decorrentes desses aspectos principais do grupo, outras características devem ser analisadas com o fim de compreendê-lo melhor.

1. O **meio** para atingir as metas individuais tornadas coletivas foi o atendimento de um tipo de necessidade social, no caso o uso de folhas e frutos artificiais para decorações.
2. Com isso, os desempregados da empresa que faliu iniciaram o empreendimento com a **função principal** de suprir clientes desejosos de possuir enfeites de folhas e frutos de plástico e a **função secundária** de facilitar suas metas pessoais. Para isso eles mesmos desempenhavam subfunções, por exemplo, as de vender, receber, pagar e contabilizar eram desempenhadas pelo antigo gerente de vendas, as de comprar e produzir eram incumbência do sócio entendido em fabricação, enquanto a de operar máquinas e equipamentos era dos empregados.
3. A escolha entre alternativas possíveis para esse empreendimento foi limitada pela **subcultura** dos participantes que tinham em primeiro lugar, a identidade quanto à variável tecnológica da produção de sintéticos e em segundo lugar a de preceitos quanto às normas, crenças e valores presentes no ambiente fabril e, por fim, a de sentimentos pelas interações de longa data.
4. Com esse viés no leque de alternativas, os sócios na condição de **subsistemas** apenas examinaram as possibilidades do **supersistema** representado pelo ramo industrial e comercial de plásticos que lhes era familiar, e, a partir dessa pesquisa, estruturaram o **sistema** formal de uma empresa. Isto mostra que o sistema organização é modelado tanto por seus membros quanto pelo meio externo (no qual se incluem clientes, fornecedores, concorrentes e agentes financeiros), sendo o resultado da interação de ambos (Homans, *apud* Shepherd, p. 54-55).
5. Identificando-se os agrupamentos citados a um sistema transformador pelas características deste, é possível dizer que os grupos também possuem fronteiras, entradas e saídas, além de provocarem reações do ambiente na forma de pseudo retroalimentação.
6. Em virtude de o sistema agrupamento situar-se no segundo nível da hierarquia por ordens de complexidade, seus subsistemas de participantes colocados no primeiro nível sofrem restrições nos **comportamentos**. Assim, cada qual não pode fazer o que bem entende, mas somente aquilo que contribuir para atingir a meta tornada coletiva, ou seja, produzir e vender tantas peças de plástico por jornada de trabalho. Em contrapartida, o desempenho agregado dos participantes é que determinará o do conjunto, não podendo o deste ser melhor que o dos membros. Por isso, o sucesso do empreendimento dependerá da capacidade dos sócios em administrá-lo, na qual se inclui a escolha dos que os auxiliarão no trabalho, isto é, de bons executores.
7. Os participantes dessa microempresa desenvolvem sentimentos de **filiação**, ou seja, percebem-se identificados como "nós". Essa consciência de pertencerem-se e, também, de interagirem é considerada por muitos sociólogos como indicador da existência de grupos, não importando se de amigos, sócios de clube de futebol ou empregados de multinacional (Horton & Hunt, p. 128). Todavia, a nós parece ser um efeito secundário decorrente da causa principal, que é a da existência de metas comuns.

Neste ponto sugerimos ao leitor voltar atrás e rever algumas páginas, inclusive as Figuras 1.1 (variação da função de servir os membros e atender a clientes da sociedade), 4.1 (sistema com função e estrutura), 4.3 (restrição de comportamentos e influência na hierarquia por ordens de complexidade), 6.4 (perfil das três variáveis culturais*), e* 8.2 (contrato de trocas de contribuições por pagamentos). Essa revisão tornará mais clara a idéia de grupo social exposta linhas atrás.

9.1.2 A coesão grupal depende das metas coletivas

O fato de pertencer a um grupo representa um "custo" para o membro, pois a troco dos benefícios recebidos ele tem de dar suas contribuições. Entre estas se inclui aceitar restrições em seus comportamentos pelo fato de a coletividade ter o direito de neles intervir. O balanço dessa troca irá induzi-lo a deixar ou a permanecer no grupo. Agregando essas duas tendências de todos os participantes, pode-se dizer que os grupos estão sujeitos a forças opostas: uma de integração e outra de desagregação, cuja diferença positiva ou negativa determina a manutenção ou a dissolução da entidade social. A diferença entre essas duas forças vai de um máximo a um mínimo, isto é, existe um **grau** de intensidade. Este costuma ser designado por **coesão** do grupo, que pode ser classificada em alta, média ou baixa.

São conhecidos os casos de trabalhadores em minas de carvão que formam grupos muito coesos por desenvolverem extraordinária lealdade para com os camaradas, em razão da meta comum de sobrevivência no ambiente perigoso de trabalho. Ao administrador interessa conhecer o grau de coesão dos grupos com que se defronta, pois, se esta for grande, ele tratará com uma coletividade e, se for baixa, apenas com indivíduos isolados, devendo comportar-se diferentemente em um caso e em outro.

A razão de existir a coesão grupal varia de autor para autor, porém Cartwright & Zander (*apud* Davis, p. 83) deram uma pista para a relacionarmos com o nosso enfoque de metas coletivas. Assim, propomos ser a coesão uma variável, que depende do seguinte:

O **grau de coesão grupal** é diretamente proporcional ao:

- grau de importância que a meta individual tem para o membro;
- grau de interdependência necessária para alcançá-la.

Esses dois fatores explicam por que os prisioneiros de guerra e soldados em batalhas — todos tendo a sobrevivência como meta principal — são tão unidos aos companheiros, enquanto a maioria dos empregados das organizações — que almejam apenas receber o salário no fim do mês — é pouco coesa.

Pode-se fazer a correspondência do grau de coesão com o grau de interdependência de metas, representado pelos casos mostrados nas Figuras 7.3 e 7.4, desde que com um esforço de abstração se introduza a idéia de coesão negativa (quando existe repulsão entre os participantes). Com isso, a Figura 9.1 esquematiza a variação da coesão com os casos de interação de metas individuais e exemplifica com tipos de agrupamentos.

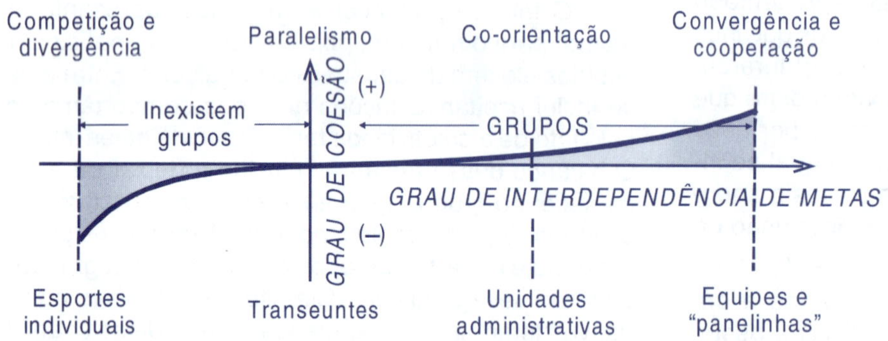

Figura 9.1. *Grau de coesão em função dos tipos de interação de metas.*

9.2 TIPOS E FORMAÇÃO DE GRUPOS

A Sociologia identifica vários tipos de grupos e descreve as causas que levam à sua formação, sendo de interesse do administrador conhecer em detalhes essas entidades a fim de saber como deve gerenciá-las. Para concretizar as explicações, utilizaremos, ainda, o exemplo da fábrica de plásticos para mostrar a gênese e características dos diferentes tipos de grupos.

9.2.1 Pequeno e grande grupo

Os dois sócios do exemplo, antes de criarem a fábrica de plásticos, não formavam grupo, porque este somente começa a ter características de ente social quando o número de membros ultrapassa três, pois só então as pessoas sentem a interdependência e mútua identidade. Entretanto, quando empregaram antigos companheiros surgiu o **pequeno grupo**, caracterizado pelo fato de todos se conhecerem e as comunicações serem fáceis e diretas. Nele se desenvolveu uma subcultura determinada pela dos proprietários, neste caso homogênea, tendo em vista que eram de classes sociais próximas e tinham vindo do mesmo ramo de negócios. Evidentemente, ambos a imprimiram na fábrica recém-criada, ficando garantida pela contratação de antigos companheiros que reconhecidamente "liam pela mesma cartilha", embora tenha havido certa mudança provocada pelas novas condições. Assim, não obstante a variável tecnologias tenha praticamente se mantido, a variável preceitos alterou-se pelo surgimento de novas normas informais criadas por consenso, bem como a variável de sentimentos, em que passou a predominar a filiação, o entusiasmo e a satisfação por estarem criando algo novo.

Acontece que, quando o número de membros ultrapassa 12 ou 15, a heterogeneidade torna difícil o consenso de metas e a comunicação interpessoal se reduz, pois as possibilidades de interações de todos para todos aumenta exponencialmente com a quantidade de pessoas. O resultado é que, além desse limite, o grupo deixa de ser homogêneo e tende a fracionar-se em subgrupos, os quais podem até conflitar entre si (Shepherd, p. 15-19). Nas organizações é possível encontrar unidades administrativas com número de participantes acima de 20, o que caracteriza o chamado **grande grupo**, constituído por massas indiferenciadas de trabalhadores. Nestes casos, a identificação dos membros se perde, as pessoas formam aglomerados sociais instáveis em que os comportamentos tendem a se tornar irracionais e o boato impera. Com isso, a coletividade disforme de participantes pode, em determinadas circunstâncias de tensão, passar a ter comportamentos de multidão, quando se reduz o sentimento de responsabilidade pessoal, os membros ficam sugestionáveis e aparecem condutores que levam o grande grupo a cometer atos hostis, quando não destruidores. São os casos de muitos operários reunidos em linhas de montagem ou em obras de construção civil. Fato semelhante ocorre em reuniões em sindicatos, em portas de fábrica e até mesmo em grêmios estudantis.

A Figura 9.2 mostra essas diferenças entre o pequeno e o grande grupo.

A fábrica de plásticos quase ficou vulnerável a essas disfunções quando os bons negócios fizeram crescer as vendas e obrigaram a ampliar a fábrica, tendo sido contratados novos operários de diferentes origens e pouco especializados. Assim, de micro passou para pequena empresa, surgindo problemas que os sócios e empregados mais antigos tentaram solucionar, porém não conseguiram. Eles desconheciam o fato de que uma forma de gerenciar os grandes grupos e evitar as disfunções apontadas é sua divisão em unidades administrativas encarregadas de diferentes tipos de trabalho (Drake & Smith, p. 66).

Não sabendo o que fazer e com o fim de tentar pôr "ordem nas coisas", os sócios resolveram contratar um consultor. Este fez um levantamento sociométrico dos participantes, percebendo que o grande grupo já se tinha fracionado em pequenos grupos, neles havendo um membro mais influente que os dirigia. Foi feita, então, uma subdivisão de funções e organizada uma estrutura para perfazê-las, concretizada por unidades administrativas, ou seja, criados subsistemas dentro do sistema empresa, cujas chefias foram dadas a esses líderes informais. Com isso "burocratizou-se" a organização como forma de mantê-la viável, evidentemente impondo alterações na subcultura existente pela mudança da variável preceitos, que se tornou mais rígida pela criação de Normas de Procedimentos e de Organização. Assim, formalizaram-se os pequenos grupos já existentes.

9.2.2 Grupo primário e grupo secundário

As maneiras pelas quais as pessoas se relacionam caracterizam outra classificação de agrupamentos: o grupo primário e o grupo secundário. São chamados pelos sociólogos de **grupos primários** as comunidades, a exemplo das aldeias de pescadores, os antigos burgos feudais, as atuais fazendas de cultura e criação e a própria família. Nesses grupos os relacionamentos costumam ser íntimos e duradouros envolvendo toda a personalidade. Já por **grupos secundários** entendem-se as sociedades urbanas, a convivência distanciada nos clubes das grandes cidades, bem como a negociação de pessoas em lojas ou em reuniões de empresas. Os relacionamentos decorrem apenas dos interesses utilitários do momento, não entrando em conta o número de membros.

Por extensão aos grupos das pequenas comunidades, os formados nas organizações com tais

VARIÁVEIS	GRANDE GRUPO	PEQUENO GRUPO
Número de pessoas	Mais de 15	Entre 3 e 15
Características	Multidão indiferenciada	Associação
Coordenador	Condutor	Chefe ou líder
Comportamentos	Imprevisíveis, típicos de crianças	Conscientes como de adultos
Administração	Fracionar em pequenas unidades administrativas	Unidades administrativas ou equipes

Figura 9.2 *Grande grupo como multidão e pequeno grupo na empresa.*

Grupo primário de amigos

Grupo secundário da empresa

Variáveis	GRUPO PRIMÁRIO	GRUPO SECUNDÁRIO
Relacionamentos	Pessoal e íntimo	Impessoal e utilitário
Metas dos membros	Cooperativas	Competitivas e co-orientadas
Controle social	Informal e exercido pelos membros	Formalizado e exercido pela organização
Regras e normas	Tradicionais	Contratuais
Variável predominante	Expressão de sentimentos	Tecnologia
Personalidade envolvida	Totalidade do indivíduo	Segmentada, apenas para o desempenho de um papel

Figura 9.3 *Características do grupo primário e do grupo secundário.*

caraterísticas de intimidade são, também, chamados de primários e, em contrapartida, os impessoais são denominados secundários.

O quadro da Figura 9.3 lista as principais diferenças de um tipo para outro, evidentemente como extremos de um contínuo, pois os casos reais situam-se entre um e outro (Horton & Hunt, p. 134-135).

Como o leitor pode perceber, a fábrica de plásticos do exemplo estava apresentando cada vez mais características de agrupamento secundário, que é insatisfatório para as pessoas (Horton & Hunt, p. 137-138). Por essa razão, os próprios trabalhadores criaram seus grupos primários como forma de se perceberem como pessoas e não "dentes de engrenagem". O consultor nada mais fez que formalizar tais grupos de mútuo apoio com a finalidade de facilitar a satisfação das necessidades de filiação (Drake & Smith, p. 63-64).

9.2.3 Grupos formais e grupos informais

As unidades administrativas recém-criadas, como Seção de Vendas, Seção de Finanças e Departamento de Produção da fábrica de plásticos, tiveram suas tarefas e relacionamentos com outras unidades especificados por Normas de Procedimentos e sua estrutura por Normas de Organização, completadas com o desenho de um organograma de cargos. Significa que os elementos transformadores foram estruturados, departamentalizando a empresa. Além disso, o consultor sugeriu que a Seção de Finanças fosse gerida por um administrador profissional a ser contratado de fora da empresa, o que foi feito.

Tal estrutura permitiu à fábrica superar a crise causada pela falta de eficiência e, com isso, crescer, especialmente após ter diversificado a linha de produtos pela inclusão de plumas de plástico para escolas de samba desfilarem no carnaval, a ponto de um dos sócios tornar-se Presidente quando a firma se transformou em sociedade anônima.

Todavia, esse crescimento propiciou o surgimento de nova crise, esta manifestada pela insatisfação de grande número de empregados, inclusive com greves por aumento de salários. Novamente o consultor foi chamado e, depois de analisar a subcultura que se desenvolvera na organização, mostrou que tinham surgido condições favoráveis à criação de **grupos informais**, ou seja, as conhecidas "panelinhas e igrejinhas" de amigos que trabalham na mesma empresa, resistentes às metas estabelecidas pela cúpula administrativa.

Para tornar as coisas mais claras para os leitores, relacionamos na Figura 9.4 as principais diferenças entre os grupos formais, representados pelas unidades administrativas da organização, e os grupos informais que nela se formam. Os parâmetros para a análise são os da metodologia sistêmica, já que se trata de dois tipos diversos de sistemas e, portanto, com variáveis qualitativa e quantitativamente diferentes.

As características que diferenciam os dois tipos de grupos no quadro da figura não incluíram as subculturas neles desenvolvidas que, naturalmente, são diversas. Por isso, convém complementar a análise com

Grupo formal na empresa

Grupo informal de amigos

VARIÁVEIS	GRUPO FORMAL	GRUPO INFORMAL
Funções	Atender necessidades da organização	Atender necessidades dos membros
Estrutura	Imposta em decorrência dos processos de produção de bens e serviços	Autônoma em decorrência das simpatias e antipatias pessoais
Fronteira	Aberta para a troca de participantes	Fechada para pessoas de fora
Coesão	Baixa pela predominância de metas co-orientadas	Alta pela predominância de metas cooperativas

Figura 9.4 *Diferenças entre as variáveis do subsistema grupo formal e as do subsistema grupo informal.*

o exame das três variáveis culturais, como resumido na Figura 9.5.

Com base nesse quadro o consultor pesquisou quais fatores facilitaram a emergência dos grupos informais detectados, tanto os provocados pelo lado da organização quanto pelo dos participantes. Isto porque é sabido que ambos atuam no mesmo sentido para criar tais grupos. A partir da análise com base em cada uma das variáveis culturais, o consultor apresentou à Diretoria um relatório com o título "**Fatores que provocaram o surgimento de grupos informais**", cuja introdução explicava:

1. TECNOLOGIAS. Os processos simples para a fabricação de plásticos exigiam tarefas rotineiras em linha de produção, o que impedia o trabalho de equipes em que as necessidades de realização dos operários fossem satisfeitas dentro de grupos formais. Por outro lado, o pagamento era feito por peça individualmente fabricada na forma de incentivo, o que levava os trabalhadores a limitarem a produção com receio de que os cronometristas de Tempos e Movimentos aumentassem os mínimos e, com isso, tivessem de produzir mais para receber o mesmo.
2. PRECEITOS. A supervisão cerrada das chefias e as normas da empresa que exigiam comportamentos que nada tinham que ver com a produtividade (como o corte de cabelo para vendedores) faziam com que os empregados se sentissem individualmente ameaçados.

VARIÁVEIS	GRUPO FORMAL	GRUPO INFORMAL
Tecnologia	Imposta com ênfase na eficiência e com a função de servir ao cliente	Espontânea com ênfase de servir às necessidades dos participantes
Preceitos	Regras heterônomas por serem impostas pela organização	Regras autônomas por serem criadas pelos próprios membros
Sentimentos	Restrições às emoções julgadas inconvenientes para a eficiência	Manifestação de emoções que estejam de acordo com a subcultura do grupo

Figura 9.5 *Características das subculturas dos grupos formais e informais.*

3. SENTIMENTOS. A empresa inibia as reuniões informais, a exemplo do jogo de dominó durante o intervalo do almoço, dificultando, assim, a manifestação de emoções. Em contrapartida, os empregados tinham entre si quem ouvisse suas reclamações contra a empresa e desabafos das frustrações diárias.

O consultor mostrou, também, que, por ocasião de seu primeiro trabalho, já tinha detectado grupos informais (mesmo porque eles sempre aparecem), porém com metas congruentes com as determinadas para a organização como um todo. Tanto assim que foi possível transformá-los em formais pelo motivo de terem sido espontaneamente criados para responder à necessidade percebida de estruturação pela divisão de trabalho. Entretanto, nesta segunda consultoria a situação era outra, pois os grupos informais emergiram como defesa contra as exigências da administração e como forma de satisfazer as necessidades de filiação dos participantes, as quais estavam sendo inibidas pela empresa (Drake & Smith, p. 60-61).

A conclusão a que chegou é que havia a necessidade de serem promovidas mudanças profundas do tipo conhecido por "Desenvolvimento Organizacional", que exige conhecimentos detalhados dos outros níveis da hierarquia de sistemas por ordens de complexidade, os quais serão tratados nos capítulos seguintes deste livro.

Para finalizar, as Teorias Clássicas e as Comportamentais analisaram o grupo formal separadamente do informal. Para efeitos didáticos essa visão continua válida, mas hoje estudos têm mostrado "que as estruturas formais e informais são entrelaçadas e muitas vezes impossíveis de serem distinguidas" (Mintzberg, p. 17).

TÓPICOS PARA EXPOSIÇÕES

9.1.1 O grupo como um sistema social

Com base no caso da fábrica de artigos de plástico explicar: a) razões para um grupo de pessoas ser criado como sendo o meio de alcançar metas tornadas comuns; b) influência dos objetivos e das experiências pessoais para a determinação das finalidades da organização; c) percepção dos membros participantes da organização como "nós", decorrente do sentimento de filiação.

9.1.2 A coesão grupal depende das metas coletivas

Explicar, com o exemplo de uma "panelinha" de colegas, que: a) quem pertencer a um grupo tem vantagens porque a pessoa atinge mais facilmente **suas metas**, embora haja um "custo" por ter de contribuir de alguma forma com seus esforços e submeter-se às normas nele tornadas coletivas; b) definir coesão grupal e mostrar que a "panelinha" tem grau de coesão muitíssimo menor se comparada com o de um grupo de soldados em combate; c) com base na Figura 9.1 mostrar que o grau de coesão depende do tipo de interação de metas.

9.2.1 Pequeno e grande grupo

Explicar com base no exemplo da fábrica de plásticos e Figura 9.2 que: a) somente começa a se formar um grupo quando o número de membros é igual ou maior que três; b) isso ocorreu na empresa quando os proprietários admitiram antigos companheiros com subcultura semelhante na variável tecnologias, ocasião em que foram criados grupos informais com base também na variável preceitos, assim nascendo um **pequeno grupo**; c) caso a empresa crescesse, ficando com mais de 12 a 15 participantes, ela tornar-se-ia um **grande grupo;** d) caso não se fracionasse em pequenos grupos os comportamentos dos membros seriam os irracionais de multidão, como sucede com aglomerados de operários em grandes obras de engenharia civil.

9.2.2 Grupo primário e grupo secundário

Explicar com base no exemplo da fábrica de plásticos e Figura 9.3 que: a) no início a empresa era um grupo primário como se fosse uma família, cujos relacionamentos eram íntimos, duradouros e envolviam toda a personalidade; b) mesmo sem crescer em número de participantes, mas pela troca de muitos deles, o grupo aparentaria as características dos chamados secundários, onde os relacionamentos seriam utilitários de acordo com as necessidades do momento.

9.2.3 Grupos formais e grupos informais

Explicar ainda com base no exemplo da fábrica de plásticos e Figura 9.4 que: a) a empresa cresceu e teve de se estruturar criando seções e departamentos, isto é, originaram-se grupos formais de acordo com normas de organização e de procedimentos; b) as insatisfações dos membros pertencentes a grupos formais propiciam que se reúnam em grupos informais de amigos na forma de "igrejinhas" e "panelinhas"; c) a Figura 9.5 mostra as principais diferenças desses dois tipos de grupos, tendo por base as três variáveis culturais.

QUESTÕES DE APLICAÇÃO

1. Se você costuma reunir-se com alguns colegas de classe para estudarem juntos, informe, justificando suas respostas: a) seu objetivo pessoal, tendo por

base a listagem da Figura 8.1; b) a meta final e as metas intermediárias para, individualmente, alcançar tal objetivo; c) tais metas são mais facilmente atingidas por meio dessa associação de colegas do que buscadas individualmente; d) você forma ou não um grupo com os colegas?

2. Suponha que você e alguns colegas de classe formam uma “panelinha” para estudarem juntos. Nesta situação, tendo por base o grau de interdependência de metas dos colegas, informe, justificando as respostas, se: a) as metas: 1. da classe e 2. da panelinha são cooperativas, co-orientadas ou competitivas; b) seu grupo é mais ou, então, é menos coeso que a classe como um todo.
3. Informe, justificando, se a assembléia dos membros de um sindicato (como o dos metalúrgicos): a) forma um grande ou pequeno grupo; b) tem suas decisões racionais ou emotivas; c) é ou não facilmente manipulado por um condutor treinado para isso.
4. Com base nas características grupais listadas no quadro da Figura 9.3 informe, justificando suas respostas, em qual tipo de agrupamento se enquadra: a) sua classe; b) a panelinha a que você pertence.
5. Partindo do quadro da Figura 9.4 explique, com base nas características de “fronteira”, por que nas empresas: a) o novo participante é facilmente admitido “por cima”; b) mas não consegue entrar para a “panelinha” influente formada dentro da organização.

DISCUSSÃO EM GRUPOS

O caso da fábrica de plásticos (2ª parte)

A fábrica de plásticos cresceu em faturamento e número de empregados até o ponto em que os clientes passaram a reclamar dos atrasos nas remessas e enganos no material enviado. Ademais, os participantes não se entendiam quanto às tarefas que deviam perfazer, ao mesmo tempo que os gerentes se imiscuíam nas áreas dos demais.

Foi quando a cúpula administrativa contratou um consultor para pôr ordem nas coisas dessa indústria. Após fazer perguntas e ouvir patrões e empregados, o consultor concluiu que o grande número de participantes dificultava as comunicações até então informais. Propôs que fossem elaborados o Manual de Organização e o Manual de Procedimentos, ambos com o intuito de formalizar as atividades da empresa, inclusive pela departamentalização de três diretorias, ou seja, Vendas, Produção e Administrativa. Os três gerentes aceitaram as prescrições e as implantaram como sugeridas.

As reclamações dos clientes bem como os conflitos entre os participantes diminuíram e o porte da empresa novamente tornou a aumentar, tanto em pessoal quanto em faturamento. Com isso, a Diretoria Administrativa foi desmembrada em Diretoria de Pessoal e em Diretoria de Contabilidade, ocasião na qual entrou mais um sócio.

Entretanto, passado algum tempo as dificuldades de relacionamentos pessoais começaram a aumentar, inclusive pela ocorrência de greves sem razões plausíveis fomentadas pelo sindicato da categoria profissional.

O mesmo consultor foi novamente contratado, tendo iniciado seus trabalhos esquematizando as quatro etapas do crescimento da empresa. Para tornar claro aos proprietários como os participantes mudaram desde que a indústria foi criada, fez um desenho dos vários tipos de agrupamentos existentes durante as fases de crescimento, **como exibido na figura abaixo.**

De acordo com essa figura, responda às perguntas baseando-se neste capítulo e nos anteriores. Justifique as respostas.

Questões para cada grupo responder

1. Identifique na fase inicial (1) da empresa, o seguinte: a) pelo menos dois objetivos dos primeiros empregados que devem ser alcançados por meio do trabalho nessa organização; b) 1. as necessidades dos

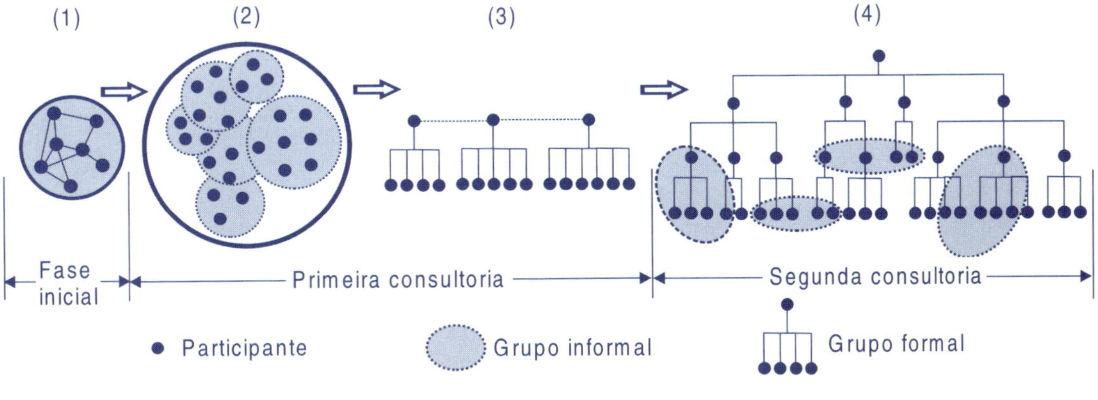

clientes e 2. as saídas para satisfazê-las; c) as três denominações entre os seis tipos de grupos que, ao mesmo tempo, podem rotular a coletividade de patrões e empregados nessa fase inicial da empresa.

2. Com base no grau de interdependência de metas, informe, justificando: a) se a coesão: 1. interna a cada grupo e 2. entre os grupos aumentou ou diminuiu quando o consultor estruturou a empresa, passando da etapa (2) para a (3); b) se nessa mudança o sentimento de filiação (pelo qual os empregados se identificavam como "nós") aumentou ou diminuiu.

3. Com base nos esquemas de crescimento da empresa identifique em cada fase de crescimento, 1, 2, 3 e 4, exibidas na Figura: a) os pequenos grupos; b) os grandes grupos (caso existam).

4. Identifique em cada uma das quatro etapas do crescimento de empresa, os grupos com características de "primários" da Sociologia.

5. O consultor detectou que na etapa 2 e na 4 existiam grupos informais; porém, na primeira eram favoráveis à empresa e na segunda eram contrários. Justifique essa mudança, listando com base na Figura 7.1 os mais prováveis objetivos dos empregados para: a) etapa 2; b) etapa 4 onde não eram mais alcançados.

LEITURAS COMPLEMENTARES

DRUCKER, Peter. Os novos paradigmas da Administração. **Exame**. São Paulo, Abril, edição 682, ano 32, n. 4, p. 34-53, 24 fev. 1999. O autor destaca a importância do trabalho em equipe para as organizações, com a analogia da "banda de jazz", em que cada músico é um especialista em seu instrumento, com o qual cria improvisações, mas dentro do tema estabelecido para a execução coletiva.

LOPES, Mikhail. Sem pausa para o descanso. **Exame**. São Paulo, Abril, ed. 680, 27 jan. 1999. Como a filial brasileira da EMC, a maior fabricante de unidades destinadas ao armazenamento de dados, está buscando se tornar bem-sucedida enfatizando a importância do trabalho em equipe.

SOUZA, Antonia E., GUIMARÃES, Valeska. Gestão participativa na perspectiva de gerentes e trabalhadores: estudo comparativo de casos na indústria de plástico de Santa Catarina. In: **Encontro da ANPAD** 22, 27 a 30 set. 1998. Foz do Iguaçu. Resumo dos trabalhos — ENANPAD 98, p. 199. Pesquisa investigando no que o trabalhador participava na gestão das decisões quanto aos lucros e quais as exigências dessa participação.

A HIERARQUIZAÇÃO POR PRECEDÊNCIAS E A FUNÇÃO OPERACIONAL DE VENDER 10

No lava-rápido, o automóvel sofre, em primeiro lugar, a limpeza interna com aspirador, seguindo-se a lavagem e, por fim, o enxugamento. Essas três operações estão em série formando uma cadeia de atividades, uma precedendo a outra. Assim, cada uma somente pode ser levada a efeito depois de as anteriores terem sido completadas, como a atividade de "enxugar" que somente pode ser iniciada depois de a de "lavar" estar terminada. Nas organizações, grande parte dos processos de transformação tem as características das operações seqüenciais do exemplo acima, pois a maioria **não** pode ser concretizada **ao mesmo tempo** e sim **uma após a outra**, ou seja, em **série**.

Essas transformações são de interesse para o administrador, razão pela qual este capítulo objetiva introduzir outra aplicação da **Teoria de Sistemas Hierarquizados** às organizações. Inicia caracterizando a denominada por nós de **hierarquia por precedências** e mostra como pode ser utilizada para, dentro da variável tecnologias, analisar as **funções operacionais** das organizações. Tal denominação provém do conceito de "preceder", isto é, "ocorrer ou estar antes" (Dicionário Aurélio).

Em prosseguimento, outro tema examinado é a primeira aplicação dessa hierarquia, a da função operacional de **vender**, usualmente abordada como atividade final do processo produtivo da empresa, mas, dentro do método de analisar as precedências, é a primeira pelo fato de nada adiantar fabricar se não puder ser vendido.

10.1 A HIERARQUIA POR NÍVEIS DE PRECEDÊNCIAS

O exemplo usual de fabricação em série é a linha de montagem, porém não é o único na organização por existirem muitos outros, como receber só depois de faturar, ou admitir empregados após selecionar e recrutar. Por serem seqüenciais, essas atividades são executadas por estruturas transformadoras acopladas **umas em seguida às outras**. Isto sugere que estão situadas em diferentes níveis, razão pela qual são passíveis de serem hierarquizadas com base na precedência de uma sobre as seguintes.

10.1.1 Caracterização da hierarquia por precedências

O Departamento de Produção de uma firma de torrar e moer café tem a função de fornecer seu produto ensacado em plásticos aluminizados para ser vendido aos supermercados. As subfunções identificáveis são a de torrar o grão verde e depois a de moer, seguindo-se a de embalar o pó em unidades de um ou meio quilograma. Essas transformações são efetuadas por meio de máquinas, equipamentos e seus operadores, em três unidades distintas, consideradas como subsistemas separados. É óbvio que somente será possível embalar o café se este já estiver moído, que para isso necessita estar torrado, ou seja, as transformações são dispostas em **série**, iniciando no subsistema de nível **1**, passando pelo génerico nível **i** e terminando no nível **n**. Nessas condições, a **entrada** para o nível considerado **superior** é constituída pela **saída** do nível visto como **inferior**.

Deve ser destacado que os esquemas usuais de transformações em série mostram apenas um subsistema recebendo a saída do que o precede — ou seja, da direita para a esquerda — mas não devolvendo algo ao que o antecede — ou seja, no sentido inverso. Essa falha é corrigida pela hierarquização de sistemas que, se aplicado à torrefação, mostra a moagem do café **podendo enviar ao subsistema que a antecede a mensagem que informa não conseguir moer a quantidade excessiva de café torrado que está recebendo**. Pode, também, ocorrer o inverso, isto é, informar que está sendo subutilizada por falta de matéria-prima. O fato de regular suas entradas mostra estar em um nível acima do anterior, isto é, **existe uma hierarquia de precedências**.

Esta é de um tipo diverso da hierarquia por ordens de complexidade que foi esquematizada na Figura 4.1, podendo ser comprovado pelo exame da Figura 10.1 abaixo desenhada.

Apesar dessa diferença, as três condições para que um sistema seja hierarquizável continuam a prevalecer, conforme detalhado no item 4.2. Essas três condições serão, a seguir, aplicadas a esse novo tipo de hierarquia.

1. SEQÜÊNCIA DE NÍVEIS. Pelo fato de os vários sistemas (ou subsistemas, conforme decidir o analista) estarem dispostos em série já identifica uma seqüência de níveis e, como eles são de transformações, cada qual tem uma função que lhe é própria, o que satisfaz a primeira condição.
2. DIREITO DE INTERVENÇÃO. No exemplo da Figura 10.1, o subsistema 2 determina ao 1 que este lhe forneça café torrado na qualidade e quantidade que especificou. Isso caracteriza o direito de intervenção que ocorre em todos os sistemas funcionais em série.
3. RESPOSTA COMO INFLUÊNCIA. Como resposta à intervenção recebida, o nível inferior fornece ao superior "o que" foi determinado quanto ao tempo e à quantidade especificada. Note-se que seu desempenho influi no dos níveis superiores, pois basta que forneça fora dos padrões exigidos, reduza as quantidades ou atrase os fornecimentos para prejudicar todas as transformações que estão acima. Da mesma forma que a segunda condição, a do direito de intervenção, a da resposta como influência é comum a todos os sistemas funcionais em série.

10.1.2 Hierarquização por precedências aplicada às organizações

Interessa ao administrador conhecer algumas regras para as aplicações práticas da hierarquia por precedências.

1. CAPACIDADE DE PRODUÇÃO. É intuitivo que a quantidade produzida pelos subsistemas em série é determinada pela transformação do processador de **menor capacidade**, geralmente chamado de "gargalo" do sistema.
2. SENTIDO DAS ANÁLISES. O estudo dos sistemas, cujos subsistemas estão acoplados em série, tanto dos existentes quanto dos projetados, deve iniciar pela determinação da saída final seguida do exame da transformação do subsistema de maior nível e da entrada necessária. Segue-se a análise do subsistema seguinte (que o antecede), e assim por diante, ou seja, acompanha-se a cadeia de subsistemas hierarquizados por precedências até a entrada inicial. Como já mencionado, essa seqüência na abordagem dos sistemas hierarquizados justifica a razão de os diagramas mostrados neste livro estarem com o sentido das flechas ao contrário do usual. Assim, em primeiro lugar, especifica-se a quantidade e a qualidade desejada de café e, após, delineia-se o processo de embalar para, com esses dados, determinar as características da moagem. Em seguida, são estabelecidas as da torrefação e, por fim, o tipo de grão verde a ser adquirido. Evidentemente, a seqüência na execução das operações do processo segue o caminho inverso ao do planejamento como é fácil de entender.
3. HIERARQUIZAM-SE AS FUNÇÕES E DEPOIS SE ESTRUTURAM OS ELEMENTOS TRANSFORMADORES. As subfunções necessárias para reformar um automóvel consistem em reparar a parte mecânica, substituir a fiação elétrica e pintar a carroceria. Se o proprietário desse carro o levar a uma pequena oficina tais subfunções serão concretizadas por um elemento transformador composto por mecânico e pintor. Já em uma concessionária essas mesmas subfunções serão levadas a efeito pelas Seções de Mecânica, de Eletricidade e de Pintura, isto

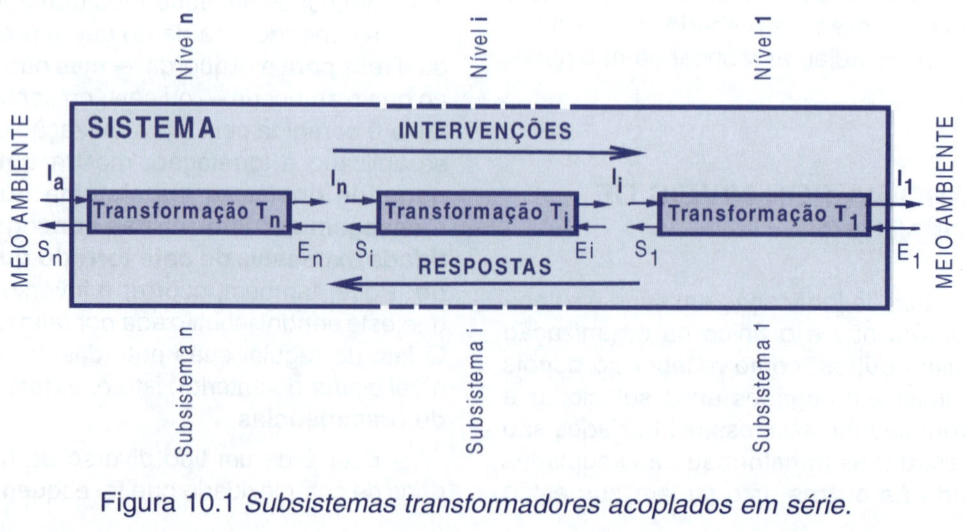

Figura 10.1 *Subsistemas transformadores acoplados em série.*

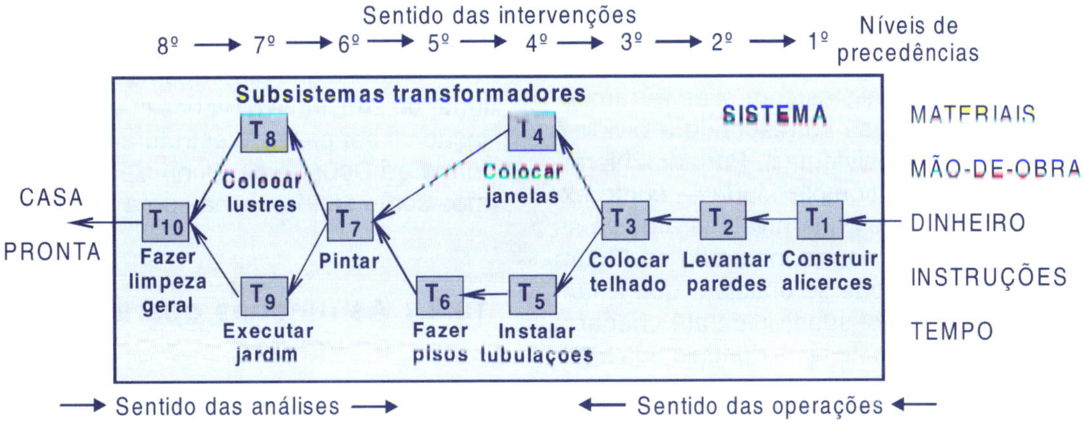

Figura 10.2 *Rede de transformações não repetitivas exemplificada pela construção de uma casa, cuja representação constitui um grafo.*

é, por uma organização muito mais complexa e, por isso, de muito maior capacidade de produção. Em um caso extremo, o proprietário ainda pode levar seu carro a três empresas especializadas em cada uma dessas subfunções da função "reformar carros", com capacidade e complexidade ainda maiores.

Pelo exemplo se deduz que a hierarquização por precedências se faz com base nas funções e, também, nas suas subfunções. Após, determinam-se as **estruturas** com a complexidade exigida para fornecer as saídas dos subsistemas, na quantidade e qualidade desejadas pelo sistema, ou seja, faz-se a departamentalização da empresa, como será examinado em capítulo posterior.

4. A VARIÁVEL ENFATIZADA É A DAS TECNOLOGIAS. Os exemplos mostraram que a análise das funções ou subfunções só leva em conta a tecnologia necessária para individualizar as saídas-entradas, ficando as variáveis preceitos e expressão de sentimentos para a concretização da estrutura.

5. PROCESSO CONTÍNUO E PROCESSO NÃO-REPETITIVO. O caso da torrefação é de processo contínuo, mas esse nem sempre ocorre, podendo ser encerrado quando concluído e não mais se repetir. Assim, na construção de uma residência, como esquematizada na Figura 10.2, a primeira transformação $\mathbf{T}_1$ pode ser vista como o processo para concretizar a função de "construir embasamento", cuja saída é o alicerce pronto. Depois de este ficar completado inicia-se a transformação seguinte que consiste em "levantar parede", seguida de "colocar telhado", e assim por diante até a final $\mathbf{T}_{10}$, cuja saída é a casa pronta. Nesta figura, o sentido das transformações foi o horizontal, enquanto na anterior foi o vertical. Isso foi feito de propósito com a finalidade de habituar o leitor a enfocar os princípios que diferenciam uma hierarquização das outras e não o formato dos desenhos.

   O caso de construção de uma casa difere do exemplo da torrefação de café pelo fato de que, nesta última, após uma operação ter sido completada, ela não mais se repete. Por essa razão, foi omitida a intervenção no sentido contrário à resposta na forma de entrada recebida. Todavia, ambas as hierarquias são parecidas, pois se a construção for, não de uma, mas de um conjunto de residências, o subsistema "fazer alicerces" será repetido muitas vezes, pois cada habitação pronta irá corresponder, em princípio, a um pacote de café. Portanto, neste caso específico, o processo ainda é contínuo, apenas com o detalhe de as unidades fabricadas (as casas) serem muito grandes (se comparadas com pacotes de café moído). A Figura 10.2 esquematiza o sentido das intervenções, análises e operações.

6. A REDE HIERARQUIZADA EM PRECEDÊNCIAS. Na prática é comum um subsistema receber não somente uma entrada e sim duas ou mais, provindas das saídas de vários outros subsistemas. Assim, além das atividades em série, outras são realizadas em paralelo, formando uma rede cujo estudo é levado a efeito pela parte da Matemática denominada Teoria dos Grafos. Suas aplicações são conhecidas pelo planejamento utilizando os chamados "métodos do caminho crítico", a exemplo do vulgarmente denominado PERT (*Program Evaluation and Review Technique*) e o mais utilizado CPM (*Critical Path Method*). Atualmente, todos eles podem ser elaborados com auxílio de programas de computador desenvolvidos para facilitar seus cálculos, no geral muito complexos.

7. SUCESSIVA DIVISÃO DOS SUBSISTEMAS. No exemplo de fazer casa é possível dividir uma subfunção (como a de "colocar telhado") em "sub subfun-

ções", estas identificáveis em "assentar vigas de madeira", "cobrir com telhas" e "fazer o forro". A cada uma delas pode-se associar uma estrutura composta por diferentes especialistas com suas ferramentas, que em última análise corresponde a dividir o subsistema em "sub subsistemas". Portanto, hierarquiza-se por ordens de complexidade — como exposto no Capítulo 4 — e cada nível hierarquiza-se por precedências — conforme mostrado na Figura 10.3. Nesse desenho pode-se observar que a função "fazer forro" ainda foi subdividida até chegar à atividade de "martelar", esta já no domínio dos estudos de Tempos e Movimentos.

A exposição feita mostra as múltiplas possibilidades de análise que o administrador dispõe ao integrar as hierarquizações em precedências com as por ordens de complexidade.

Depois de essa forma de hierarquizar subsistemas estar analisada, nada mais natural que aplicá-la à já mencionada função operacional de vender (tanto de bens quanto de prestação de serviços), o que será feito a seguir.

10.2 A FUNÇÃO OPERACIONAL DE VENDER

Os textos de Administração costumam conceituar Marketing (ou Mercadologia) envolvendo o ambiente, o planejamento, o controle e as atividades operacionais de **vender**. Estas últimas são, no momento, as de nosso interesse, de sorte que serão mais bem explicitadas.

A função operacional de **vender** é o conjunto de transformações do dia-a-dia envolvidas na intermediação dos bens e serviços da organização com os clientes situados no meio ambiente.

Note-se que empregamos o infinitivo "vender" em lugar do substantivo "vendas" — para evitar a interpretação de ser parte da estrutura de alguma empresa na forma de Departamento ou Seção —, para a enfocarmos como sendo apenas uma **função**.

10.2.1 As funções operacionais básicas de vender

Para elaborar um modelo o mais abrangente possível, tomamos por paradigma a empresa que fabrica algum tipo de produto. A razão para essa escolha é o fato de que, em outros tipos de organizações, a exemplo das que prestam serviços ou que apenas comercializam bens adquiridos de outras, podem não existir algumas transformações que convêm constar do modelo ou, pelo contrário, seja necessário incluir outras aqui não descritas. Um exemplo de discrepância são os serviços públicos, como bombeiros e polícia, que dispensam a maioria das atividades de vender. Este é, também, o caso das empresas com demanda reprimida, como as de energia elétrica, saneamento e transporte coletivo urbano, nas quais é desnecessária a promoção de seus produtos e serviços, que é substituída pela venda da boa imagem da organização perante os usuários.

Assim sendo, distinguimos as funções básicas hierarquizadas por precedências, capazes de serem detalhadas em subfunções, das também hierarquizáveis por ordens de complexidade. A Figura 10.4 exibe esses dois tipos de hierarquias.

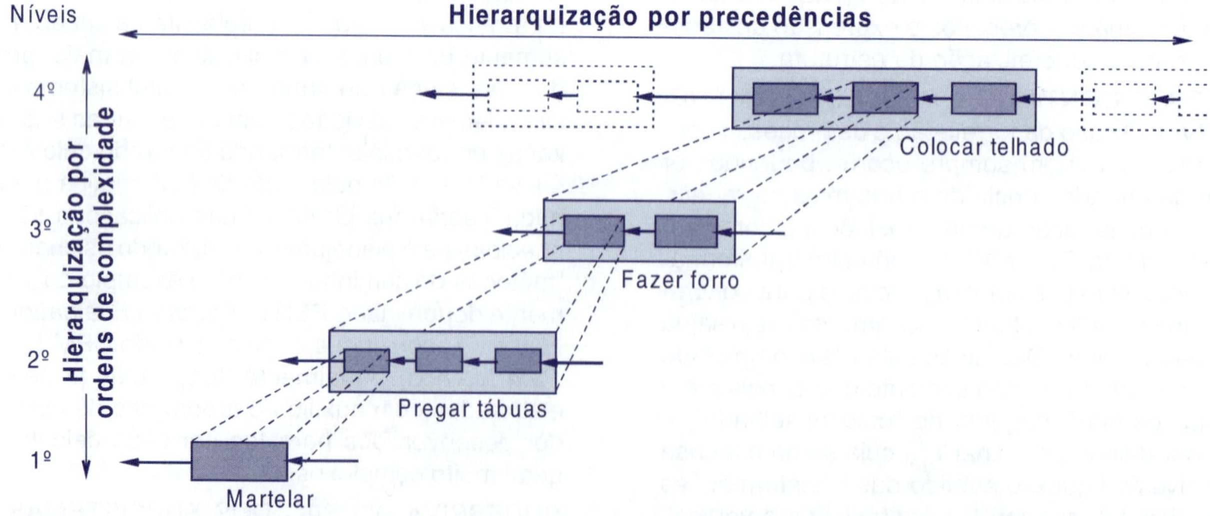

Figura 10.3 *Hierarquia em precedências dos sucessivos níveis da hierarquia por ordens de complexidade.*

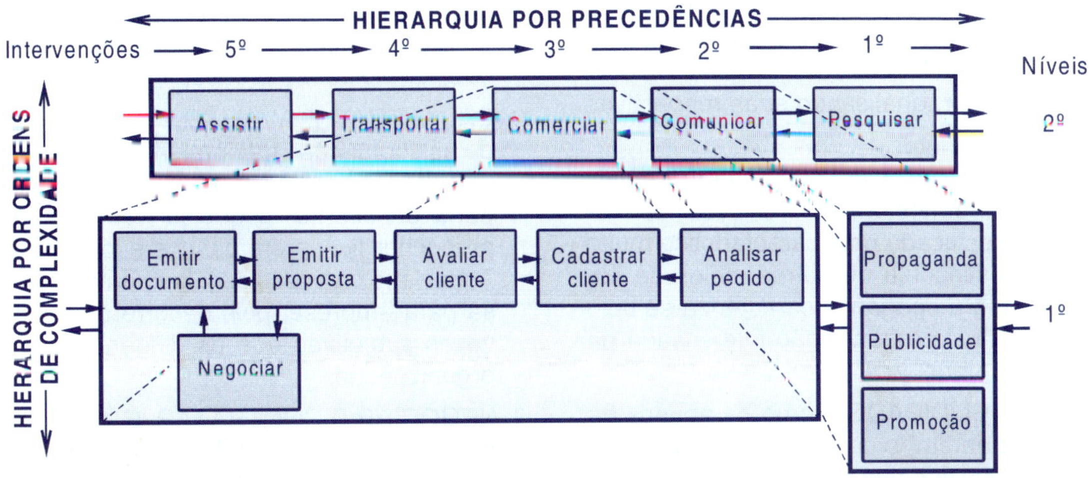

Figura 10.4 *As funções operacionais básicas de vender hierarquizadas por precedências e por ordens de complexidade.*

Como já explicado, começaremos a descrição das funções no sentido de seu planejamento, da direita para a esquerda do esquema da Figura 10.4, ou seja, iniciando pela de **pesquisar clientes**.

1. PESQUISAR. Antes de tudo, uma empresa precisa conhecer seu cliente, o que é possível caso faça pesquisas. Estas compreendem: a busca de informações quanto às capacidades, características e potencialidades dos clientes atuais e dos potenciais; os concorrentes existentes; as tendências econômicas e políticas; e outros aspectos particulares a cada ramo de negócios que possam influir no consumo de seus bens e serviços. São atividades contínuas e tanto mais importantes quanto mais mutável for o mercado. Operacionalmente envolvem a coleta de dados por meio da observação das tendências, ou de levantamentos junto aos consumidores, o que pode exigir métodos estatísticos, alguns muito sofisticados.
2. COMUNICAR. Depois que as pesquisas indicarem o que e a quem devem ser oferecidos bens e serviços, é necessário que os clientes atuais e potenciais fiquem conhecendo os produtos que possam vir a comprar. É claro que entre esta função e a anterior permeia a de produzir, a ser examinada no capítulo seguinte. Operacionalmente comunicar envolve a utilização de todos os meios (mídia) de persuadir determinado público, a exemplo de rádio, televisão, jornais e revistas.
3. COMERCIAR. Persuadido da conveniência de usufruir o bem ou serviço, o cliente efetiva um contrato de trocas pelo qual, como comprador, passa a gozar de um benefício fornecido pela organização, e esta recebe em contrapartida um valor, geralmente monetário. Por exemplo, a escola vende conhecimentos, o hospital a melhoria da saúde, a lavanderia a remoção da sujeira e a empresa de transporte o deslocamento do passageiro ou da carga.
4. TRANSPORTAR. O produto adquirido geralmente precisa ser fisicamente transferido, seja por conta do comprador — como nas lojas e supermercados —, seja de responsabilidade de quem vende pelo emprego de meios próprios — como as empresas de energia elétrica e água potável que levam seus produtos à casa do consumidor. No entanto, há exceções, por exemplo, o adquirente de um imóvel é que vai ao produto, e não o contrário.
5. ASSISTIR. Inclui a assistência técnica prestada gratuitamente ou paga, por período limitado ou não, bem como a verificação da forma pela qual o comprador está utilizando o produto, além de suas observações e queixas. Assim, os fabricantes de elevadores dão assistência permanente aos prédios onde foram instalados e os produtores de defensivos agrícolas ensinam os lavradores como utilizá-los.

Convém observar mais uma vez que as atividades listadas são referentes apenas a **funções**, as quais para serem concretizadas precisam de **estruturas**. Assim, é possível que na microempresa uma só pessoa se incumba de todas essas funções e, por isso, ela e mais sala, mesa e máquina de calcular compõem o sistema de vendas. Já na grande organização é comum existir uma empresa inteira só para efetivar dada função, como a de vender, portanto, com estrutura diferente da do primeiro exemplo.

10.2.2 Subfunções dos níveis de maior detalhe

É intuitivo que todas as funções básicas são decomponíveis em subfunções. Todavia, para efeito de apenas introduzir o leitor no assunto a seguir serão detalhadas somente duas: comunicar e comerciar, conforme esquematizado na Figura 10.4. Iniciaremos com a função de **comunicar**, analisando suas respectivas subfunções.

1. FAZER PROPAGANDA. É um assunto por demais complexo para entrarmos em maiores detalhes. Todavia, deve ser destacada uma característica muito importante por distingui-la de outros meios de comunicar, ou seja, a propaganda caracteriza-se pelo fato de **ser paga** pela organização interessada na divulgação.
2. CONSEGUIR PUBLICIDADE. Como os abusos da propaganda "vacinaram" o consumidor ao perceber que é levado a adquirir o que não precisa, ou a comprar coisas sem a qualidade anunciada, as organizações procuraram outro tipo de comunicação mais convincente: a dos artigos em revistas e jornais e a das entrevistas com pessoas especializadas. Neste caso, a comunicação **nada devia custar** à firma produtora, o que a diferencia da propaganda. Todavia, o consumidor muitas vezes é enganado porque essa autenticidade é ilusória. Neste ponto, o leitor deve ser alertado para o fato de alguns meios de comunicação cobrarem para divulgar informações como se fosse publicidade. Ademais, muitos empregados das "mídia" recebem agrados, como estadias pagas, passagens de avião ou mesmo dinheiro para darem notícias sobre produtos e serviços.
3. FAZER A PROMOÇÃO DE VENDAS. É a estimulação de compras por meios diversos, a exemplo de exposições, demonstração (comum em supermercados), remessa de amostras, ofertas com descontos ou rebaixamento de preços em liquidações (muitas vezes ilusórios) e concursos como os vistos na televisão (Kotler, p. 380-382 e 397-401).

Quanto à **função comerciar**, podemos dizer que o contrato de troca de bens e serviços por dinheiro vai desde a simplicidade na aquisição de um maço de cigarros até negócios entre multinacionais e governos. Para nossos interesses nem um nem outro serve de paradigma, sendo preferível uma venda em nível médio de complexidade, como, por exemplo, compra e venda de ativos fixos entre empresas (como máquinas, veículos) ou serviços de assistência técnica.

1. ANALISAR PEDIDO E EMITIR PROPOSTA. Usualmente o interessado em comprar faz um pedido verbal ou escrito, no qual especifica o que deseja em termos de quantidade, qualidade, lotes de entrega, preços, descontos, condições de pagamentos etc., e solicita uma confirmação. Com base nesse pedido costuma-se fazer uma proposta de venda, que no caso de grandes compras é enviada em envelope lacrado para ser aberto em sessão pública, na qual os concorrentes são avaliados em suas capacitações e não só em preços.
2. CADASTRAR E AVALIAR O CLIENTE. Compreende as subfunções de obter informações e em seguida tratá-las com o fim de julgar a capacidade financeira do cliente, o que já nos deixou fartos de preencher fichas em bancos e lojas para cadastro. Todavia, o processo de julgamento difere de empresa para empresa, pois decorre de políticas muitas vezes subjetivas que os dirigentes imprimem nas organizações.
3. NEGOCIAR E CONTRATAR. É difícil uma proposta ser imediatamente aceita pelo comprador, mas ela serve de base para discussões sobre detalhes do fornecimento e maneiras de pagar, o que concretiza a fase de negociação. É importante ficar bem claro que o contrato pode ser verbal, como a ordem de compra de ações que é dada a uma corretora de bolsa e, também, ter aspecto informal, a exemplo do emitente escrever no verso de um cheque que se destina ao pagamento da compra tal. Em qualquer desses casos trata-se de contratos juridicamente aceitos. Aplainados os pontos de divergência, efetiva-se o negócio por um documento, geralmente padrão, onde ficam especificados todos os detalhes da transação, como qualidade, quantidade, prazos de fornecimento, formas de pagamento e multas por inadimplência.
4. EMITIR DOCUMENTOS DE VENDA. Vender não significa se envolver com numerário, que é de responsabilidade da função financeira, mas apenas emitir os documentos legais para efetivação do negócio (contrato de vendas, notas fiscais, duplicatas etc.). Isso é bem visível nas lojas de departamentos, onde as "caixas" e a "emissão de carnês" para pagamentos parcelados pertencem a outra seção que não a dos balconistas.

É claro que ainda é possível decompor as subfunções em níveis de maiores detalhes, por exemplo: a propaganda em rádio, na televisão e pelos jornais. Isso deve ser feito nos casos reais, mas, para o nosso interesse de apenas introduzir a função de vender, tornam-se desnecessários outros níveis da hierarquização por ordens de complexidade.

Para finalizar, o fato de a função pesquisar ter sido mencionada antes de todas as demais mostra, mais uma vez, que o enfoque primordial do administrador é o ambiente no qual a organização está inserida. Isto significa descobrir como satisfazer as necessidades dos clientes externos atuais e, também, dos potenciais, levando em conta que as situações favoráveis de hoje podem não mais ser as de amanhã.

TÓPICOS PARA EXPOSIÇÕES

10.1.1 Caracterização da hierarquia por precedências

a) Explicar que uma outra maneira de hierarquizar sistemas, além da já explanada hierarquia por ordens de complexidade, é a chamada hierarquia por precedências; b) com base na Figura 10.1 e no exemplo da torrefação de café, explicar que a Teoria Clássica de Sistemas examina os subsistemas em série (ou seja, um em seguida ao outro), mas sem levar em conta que o antecedente **intervém** no precedente para este lhe fornecer algo como **resposta** a seu pedido, falha essa que é corrigida nos sistemas hierarquizados; c) explicar as três condições para um sistema ser hierarquizado por precedências.

10.1.2 Hierarquização por precedências aplicada às organizações

a) Com base em exemplos e na Figura 10.2, explicar: a) a hierarquia por precedências é útil para o administrador analisar, planejar e operar processos de transformação em série; b) o sentido de análises deve iniciar pela saída final e finalizar pela entrada inicial; c) a técnica é hierarquizar funções e subdividi-las de acordo com o julgado necessário; d) após, determinar as estruturas destinadas a concretizar as funções; e) a variável cultural mais importante é a de tecnologias, seguida pela de preceitos destinada a nortear as atividades dos participantes que irão operar as transformações.

10.2.1 As funções operacionais básicas de vender

Explicar: a) que convém utilizar o infinitivo dos verbos para designar funções, razão pela qual serão iniciadas as aplicações de sistemas hierarquizados pela função de **vender** (e não vendas); b) as principais funções de vender, tendo por base a Figura 10.4.

10.2.2 Subfunções dos níveis de maior detalhe

Explicar: a) que todas as funções da Figura 10.4 admitem subfunções, mas, para efeito de entendimento, basta analisar a de **comunicar** e a de **comerciar** propriamente dita; b) os detalhes das subfunções de comunicar; c) idem para as subfunções de comerciar.

QUESTÕES DE APLICAÇÃO

1. Para consertar o carro que levou uma batida é necessário que a oficina mecânica leve a efeito as seguintes funções: desamassar o pára-lama depois de retirá-lo; pintar após tê-lo fixado no carro. Redesenhe a Figura 10.1 nela concretizando: a) as quatro transformações acima enumeradas na seqüência devida e que é inversa a dos trabalhos a serem executados; b) cada uma das cinco intervenções; c) cada uma das cinco respostas como saídas de cada operação.
2. A Camisaria Guararapes S. A. confecciona em quatro unidades administrativas especializadas camisas com gola, algumas com bolso e outras sem. As transformações levadas a efeito em cada unidade administrativa são: montar as partes da camisa e pregar botões; embalar os produtos terminados; costurar cada parte da camisa; e cortar o pano. Com base na Figura 10.2 desenhe a rede de precedências, lembrando que existem funções em paralelo. Sugestão: primeiro faça um quadro de duas colunas e quatro linhas, listando do lado esquerdo cada uma das quatro funções descritas e no outro as cinco peças que irão compor a camisa. Após, ligue com uma flecha cada função à(s) peça(s) respectiva(s). Finalmente, desenhe a rede de precedência lembrando que verticalmente existem quatro unidades administrativas diferentes.
3. Com base na Figura 10.4 descreva resumidamente no que consiste cada uma das cinco funções hierarquizadas por precedências de uma indústria que fabrica monitores, como Samsung, TCE, LG Eletronics, Philips e AOC.
4. Você é o chefe da Seção de Vendas da imobiliária Lopes & Silva Imóveis S/C Ltda., que intermedeia a comercialização de apartamentos em prédios edificados por diversas construtoras. Com base na Figura 10.4 descreva concretamente as seis subfunções da função "comerciar".

DISCUSSÃO EM GRUPOS

O caso da lavanderia (2ª parte)

As máquinas, pessoal e equipamentos da lavanderia, cujas funções foram descritas no Capítulo 4, têm as seguintes capacidades na limpeza de roupas: 1. máquina de lavar até 22kg/hora; 2. secadora até 14kg/hora; 3. cada ferro de passar até 6kg/hora; 4. moça empacota até 60kg/hora; 5. recepcionista endereça e separa até 45kg/hora de roupa suja entregue por clientes.

Com base no caso exposto neste capítulo e no 4 responda à pergunta designada para seu grupo, justificando a resposta.

1. Redesenhe a Figura 10.1 substituindo as funções da torrefação de café pelas descritas no Capítulo 4 para a lavanderia, desde a de receber roupa suja até a de comprar os insumos químicos.
2. Se a média de roupa suja recebida é de 40kg/hora, para não haver um "gargalo" nesse processo contínuo, informe a quantidade necessária de: a) passadeiras a ferro; b) máquinas de lavar; c) máquinas de secar.
3. Responda concretamente: a) qual a intervenção das passadeiras sobre o nível (inferior) que as antecede; b) qual a resposta deste para elas; c) qual dificuldade no atendimento aos clientes que a lavanderia irá ter caso compareçam para trabalhar apenas três passadeiras.
4. Vocês pretendem montar uma lavanderia e com base na Figura 10.4 concretize (no que for aplicável) as cinco funções operacionais básicas do 2º nível.
5. Com base na Figura 10.4 concretize (dentro das possibilidades de uma microempresa que inicia seus negócios) as três subfunções da função comunicar.
6. GERAL PARA A CLASSE. Considerem que a separação e a marcação da roupa recebida bem como cada máquina de lavar e de secar e cada ferro de passar necessitam de uma área livre de 2mx2m e o empacotamento outra área de 2mx4m. Com base nessas informações: a) calcule as dimensões mínimas do salão; b) desenhe o *layout* da lavanderia; e c) desenhe o fluxo de roupas do recebimento até a entrega.

LEITURAS COMPLEMENTARES

ALBERTIN, Alberto L. Modelo de comércio eletrônico e um estudo do setor bancário. **Revista de Administração de Empresas**. São Paulo, EAESP-FGV, v. 39, n. 1, jan./mar. 1999. É proposto um modelo integrador para mais bem entender o comércio eletrônico e uma estrutura para estudar seus aspectos e contribuições para as empresas.

CAETANO, Jose R. Alô, tem alguém aí? **Exame**. São Paulo, Abril, ed. 680, 17 jan. 1999. Analisa a queda de vendas de empresa tendo a Motorola por exemplo, cuja fatia no mercado de telefones celulares caiu de 80% para apenas 30% em pouco mais de um ano.

MANO, Cristiane. Vamos faturar. Como o Magazine Luiza está transformando todos seus funcionários em vendedores. **Exame**. São Paulo, Abril, ed. 713, 03 mai. 2000. O texto analisa a execução de uma campanha para todos os empregados dessa rede de lojas, visando aumentar as vendas por meio da participação nos resultados da empresa.

URDAN, André T., RODRIGUES, Arnaldo R. Propensão do consumidor a participar de promoção de vendas: uma comparação inicial do Brasil versus Estados Unidos. In: **Encontro da ANPAD 23**, 19 a 22 set. 1999. Foz do Iguaçu. Resumo dos trabalhos — ENANPAD 98, p. 113. Estudo para avaliar se os gostos e preferências de pessoas quando jovens se mantêm ao longo de suas vidas.

FUNÇÕES OPERACIONAIS DE PRODUZIR E COMPRAR 11

Já foi dito que existe a microssociedade chamada organização com o fim de servir clientes, oferecendo bens e serviços. Ambos os produtos são as saídas resultantes da série de transformações efetuadas por indivíduos pertencentes à **função operacional de produzir**. Esta inclui colher e criar em fazendas, extrair minerais do interior da terra, transportar por mar, terra e ar, fabricar inumeráveis produtos e prestar serviços de toda sorte. Pelas suas saídas tais funções concretizam as finalidades para as quais a **organização foi criada, isto é, suprir necessidades de pessoas** e, por isso, são chamadas de **atividades-fim**. Apesar de sua importância, algumas Faculdades de Administração não costumam destacar seu estudo como deveriam, preferindo enfatizar planejamento, controle, organização e outros temas, deixando sua aprendizagem para as Escolas de Engenharia, como se não conviesse ao administrador conhecer o assunto.

Embora seja óbvio, a grande maioria dos textos de Administração não leva em conta que um bem ou um serviço somente materializam sua utilidade quando o cliente consumidor faz uso deles. Assim, não é a escolha de alternativas que determina a conveniência de construir um túnel para atravessar a montanha, nem seu projeto, nem mesmo sua construção que irão resolver um problema ou eliminar uma dificuldade. Sua utilidade será concretizada somente quando os usuários começarem a atravessá-lo para facilitar as necessidades de locomoção.

Por outro lado, a **função de produzir** exige insumos a serem obtidos de fornecedores e transferidos para a organização. Essa é a responsabilidade de um processo específico, cujas atividades englobadas constituem a **função operacional de comprar**.

A seguir serão examinadas essas duas funções, hierarquizadas por níveis de precedências, a exemplo do já feito com a de vender.

11.1 A FUNÇÃO OPERACIONAL DE PRODUZIR

Considerando a diversidade quase infinita dos produtos e serviços, bem como dos processos para perfazê-los, poder-se-ia perguntar: é possível estabelecer quais são as funções básicas de produzir que sejam comuns a todos os tipos de organização? A resposta é sim, tendo por alicerce as observações práticas, mas com a restrição de serem genéricas em razão das diversidades apontadas.

11.1.1 As funções operacionais básicas de produzir

Em páginas atrás foram mostrados exemplos particulares de funções operacionais de produzir hierarquizadas por precedências e, também, por ordens de complexidade para separá-las em suas partes. Com o fim de tornar essas duas hierarquizações casos genéricos, ambas foram esquematizadas na Figura 11.1 (desenhada na página seguinte a esta), na qual as transformações consideradas básicas estão em nível de 2ª ordem de complexidade e o detalhamento de apenas duas delas em nível de 1ª ordem.

Cada uma dessas funções deve ser mais bem explicada, e para tornar clara sua análise será adotada a seqüência no sentido utilizado para projetar novas funções operacionais de produzir, que é contrário ao das transformações ocorridas nos processos reais.

1. EXPEDIR. Trata-se da transformação final que engloba todas as providências destinadas a concretizar a saída do estabelecimento com destino ao cliente externo. Entre outras atividades incluem-se aqui a escrituração e toda a parte do despacho, seja de materiais, pessoas ou informações. Por exemplo, os produtos devem sair acompanhados de nota fiscal, os passageiros desembarcados com visto nos passaportes, bem como cartas registradas ou telegramas com guias para recebimento do destinatário.
2. ESTOCAR. Os produtos acabados geralmente precisam de um tempo de espera entre a operação final e a remessa para os clientes, motivo pelo qual se costuma guardá-los em locais protegidos de intempéries, danos e roubos. Assim, a água potável é mantida em reservatórios, cereais em silos e até passageiros transportados aguardam em salas de espera das alfândegas.

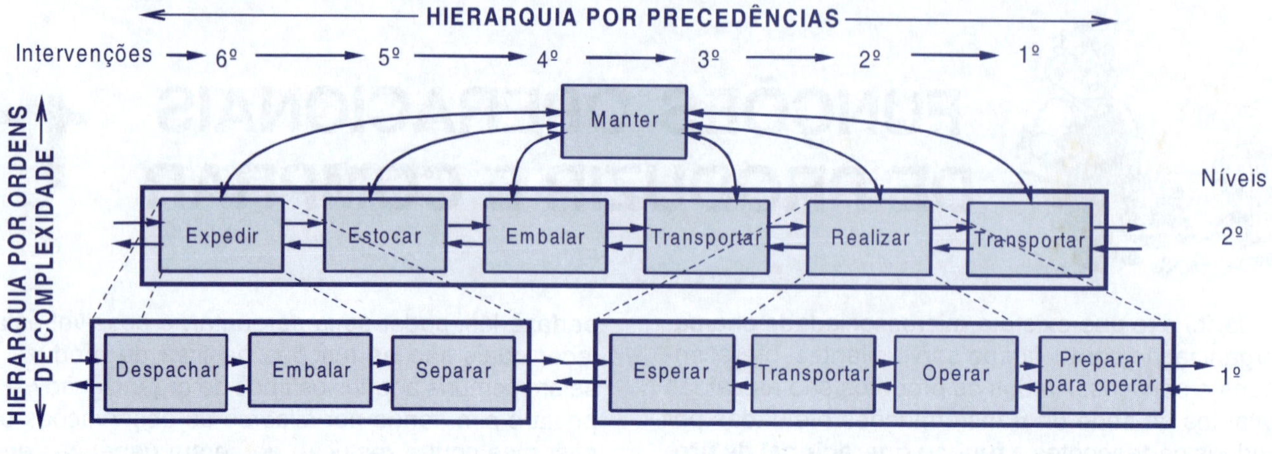

Figura 11.1 *As funções operacionais genéricas de produzir hierarquizadas por precedências e por ordens de complexidade.*

3. EMBALAR. Para efeito de proteção, certificado de quantidade e até qualidade, muitos produtos são acondicionados em caixas, pacotes, amarrados, sacos, tambores e de outras maneiras que a experiência do leitor completará.
4. TRANSPORTAR O PRODUTO ACABADO. As saídas do processo produtivo nem sempre vão diretamente para o cliente, pois em geral necessitam sofrer alguma operação de acondicionamento, ou devem ser estocadas, razão pela qual precisam ser transportadas até um local de espera. Isso é realizado de diversas maneiras, como por tubulações (água potável, gasolina), esteiras rolantes (produtos a granel, minérios peneirados ou lavados), caminhões (contêineres, tambores e caixas), ou com os próprios recursos, (a exemplo de automóveis e aviões).
5. REALIZAR. Esta é a atividade principal da função operacional, porque ela transforma insumos em bens e serviços e corresponde a fabricar, cultivar, ensinar, curar, comercializar, e assim por diante. Pela diversidade quase infinita das transformações e complexidade dos processos cada caso é específico e não admite generalizações, exceto a de que é sempre composta por um número muito grande de diferentes operações.
6. TRANSPORTAR INSUMOS. Os insumos têm de chegar por qualquer meio para serem transformados, a exemplo da matéria-prima provinda do almoxarifado, movimentada com auxílio de carrinhos, empilhadeiras, esteiras rolantes, dutos para líquidos e até fios para a energia elétrica. Da mesma forma, o dinheiro entra no banco trazido pelo cliente ou carro-forte, o doente chega ao hospital de ambulância, o aluno vem para a escola de ônibus e os mais variados produtos são trazidos por caminhões para o supermercado.
7. MANTER. Veículos, máquinas, equipamentos, prédios e pátios de estacionamento desgastam-se com o tempo e uso, ou sofrem avarias por acidentes, motivo pelo qual devem ser mantidos em condições operacionais. Esta é a atividade de manutenção, tanto preventiva — que se antecipa às quebras —, quanto corretiva — que executa consertos depois de verificadas falhas ou defeitos. Trata-se de uma função em paralelo com as demais em virtude de atuar sobre todas elas, o que justifica estar na Figura 11.1 fora e acima da seqüência de transformações.

O leitor pode argumentar que existem muitas exceções, a exemplo da energia elétrica produzida a partir da hidráulica, que não pode ser armazenada, nem exige acondicionamento, além de ser difícil incluir a função "produzir" para lojas e supermercados. Por outro lado, pode, também, adicionar outras transformações não listadas aqui, o que é correto. Entretanto, o contra-argumento está no fato de a função operacional de produzir ser muito variada e, por isso, nunca será possível elaborar um modelo completo ou sem exceções, mas apenas o que se adapte à maioria dos casos práticos.

11.1.2 Subfunções dos níveis de maior detalhe

É intuitivo que cada uma das funções descritas linhas atrás pode ser decomposta em subfunções, ou seja, fazer a análise com base na hierarquização por ordens de complexidade. Entretanto, tal detalhamento seria muito extenso, motivo pelo qual limitaremos a divisão a apenas duas funções: a de "expedir" e a de "produzir", suficientes para exemplificação do pretendido. Assim, de acordo com a Figura 11.1 temos para a de **expedir** as subfunções listadas a seguir.

1. DESPACHAR. Corresponde a toda escrituração, geralmente feita no próprio edifício ou galpão de depósito, concretizada pelo preenchimento a mão ou digitados em micros de guias, papeletas, notas fiscais e demais documentos exigidos pelo fisco e controles da organização.
2. ACONDICIONAR. Para proteção contra intempéries, furtos e danos físicos é preciso haver um processo de acondicionamento para a viagem final nos mais diversos tipos de recipientes, a exemplo de contêineres, cujo custo nem sempre é desprezível e, por isso, onera o preço do produto.
3. SEPARAR. A loja pede tantas televisões e tantos aparelhos de som, ou seja, os pedidos externos especificam quantidades e tipos de estocados, o que obriga o fabricante à escolha e separação de acordo com o solicitado. Ademais, mesmo quando se trata de prestação de serviços ainda é necessária uma operação de separar, a exemplo de roupas em lavanderias e cartas no Correio por endereços de cidades ou bairros.

As outras funções básicas de transportar, realizar, novamente transportar, embalar e estocar da Figura 11.1 são, também, divididas em subfunções, como o foi a de expedir. Todavia, a seguir será detalhada apenas a função **realizar** por ser a mais importante.

1. ESPERAR. Dentro da rede de precedências, nem sempre a saída de uma transformação segue de imediato para a subfunção seguinte, havendo um lapso de tempo de espera. Exemplo é o caso da torrefação de café onde deveria haver espera entre as operações de embalar, moer e torrar. Neste caso, a função produzir é subdividida em três, enquanto nos casos mais complexos de fábricas pode-se repetir até por centenas de vezes, existindo ou não a exigência de subprodutos aguardarem a vez de serem transformados.
2. TRANSPORTAR INTERNAMENTE. As saídas de cada processo são transportadas com a finalidade de constituir as entradas de outras transformações da rede de precedências. As distâncias desses deslocamentos variam muito, podendo ir de centímetros a quilômetros, bem como os meios utilizados que são o mais diversos possível.
3. OPERAR. Corresponde ao processo produtivo que envolve uma série muito grande de operações na forma de redes hierarquizadas por precedências, como mostrado de forma bastante sucinta nas Figuras 10.1, 10.2 e 10.3. Isto porque a diversidade de processos impede de fazer maiores detalhamentos, razão pela qual esquematizamos como poucas, quando nas situações reais são muitas.
4. PREPARAR PARA OPERAR. Antes de voarem, os aviões precisam ser abastecidos e limpos, enquanto os passageiros recebem senhas e instruções. Esse exemplo pode ser transposto para fábricas, hospitais, oficinas de reparações e outros mais, tendo por fim mostrar que os insumos e ativos fixos devem receber algum tipo de tratamento prévio antes que a operação propriamente dita tenha início.

O leitor pode estranhar a omissão de qualquer planejamento ou controle, a exemplo do controle de qualidade, bem como a conhecida programação da produção. O motivo para este fato diz respeito ao objetivo de enfatizar apenas as operações de transformação de acordo com a variável organizacional da tecnologia. Além disso, o controle e o planejamento são de tal forma importantes que foram deixados para exame em capítulos posteriores, somente dedicados a esses dois assuntos.

11.2 A FUNÇÃO OPERACIONAL DE COMPRAR

Com a denominação de Administração de Compras, ou de Materiais, ou de Fornecedores, os livros costumam incluir as atividades de aquisição de ativos fixos e de estoques na função produzir. Dessa maneira, diminuem a importância de comprar como atividade a ser examinada de per si, o que julgamos constituir um viés necessário de ser corrigido. Assim, antes de analisar suas funções básicas e subfunções, convém tornar clara a dependência da organização para com suas compras.

11.2.1 A importância da função comprar

O exame de alguns fatos relacionados à compra de ativos fixos e insumos necessários não só para produzir mas também para toda a organização já mostra a relevância de suprimentos. Para começar, o preço e a qualidade dos insumos influem diretamente no preço e na qualidade das saídas que da organização seguem para os clientes, a ponto de costumar-se dizer que a boa venda do produto depende da boa aquisição da matéria-prima. É bem verdade que, em alguns ramos de negócios de serviços, as compras de materiais de consumo pouco alteram os preços, a exemplo de empresas de projetos destinados a terceiros, em que o custo de papel, tinta e material de desenho são proporcionalmente pequenos, mas esses são casos de exceção.

Todavia, é comum encontrar empresas que possuem equipes de vendedores e, estranhamente, apenas um comprador. Tal configuração conduz a uma distorção de julgamento, pois sugere que se dá grande ênfase para vendas em prejuízo de comprar. A verdade é outra, porque as aquisições de ativos fixos e matérias-primas são feitas diretamente pelos proprietários, os quais não abrem mão dessa responsabilidade, deixando ao comprador apenas os materiais de pequena monta. Este é a situação das siderúrgicas, cujas negociações para a obtenção de minérios, carvão e calcário são levadas a efeito pela Diretoria, tão grandes são os valores envolvidos. Neste caso, os entendimentos também são feitos só com as diretorias dos fornecedores, a exemplo da Companhia Vale do Rio Doce quanto às compras de hematita, e com as dos exportadores quanto à aquisição de coque metalúrgico.

Poder-se-ia perguntar: por que os textos de Administração continuam a considerar secundária a função de suprir? Talvez porque muitos autores nunca ocuparam altos cargos em organizações, mesmo que sejam de microempresas. Por isso, mantêm a tradição de enfatizar as atividades de média e baixa gerência, entre as quais as de adquirir materiais de consumo imediato, ou seja, os itens **B** e **C** da curva ABC, deixando de lado as que envolvem a cúpula administrativa, como de comprar ativos fixos e estoques de grande valor, isto é, o item **A**. Já em livros escritos por empresários, a exemplo do famoso Alfred Sloan da General Motors americana e de Norberto Odebrecht da construtora brasileira, o enfoque era de proprietários e não de empregados de médios ou baixo escalões.

11.2.2 As funções operacionais básicas de comprar

Além do fato de a importância da função operacional de suprir variar de organização para organização, ainda em uma mesma empresa existem diferentes ênfases a serem dadas aos tipos de materiais ou ativos a adquirir. Por essa razão, o modelo não pode servir a todos os casos, mas, se for suficientemente abrangente, fica mais fácil eliminar funções nas situações particulares do que acrescentar atividades novas.

Com essa idéia, julgamos que serviria de paradigma para esse modelo uma classe de organização que tivesse suas atividades de compras o mais completas possível. Esse tipo nos pareceu ser o da empresa que fabrica grandes lotes de produtos complexos, o que obriga a aquisições vultosas de diferentes fornecedores. Exemplos seriam do ramo automobilístico e indústria pesada, o que evidentemente exige adaptações para o caso real de organizações de menor porte, nas quais estão incluídas fazendas de café e criação de gado, serralharias e marcenarias, além das prestadoras de serviços como projetistas e administradoras de bens.

Além disso, a exemplo de vender e produzir, convém analisar a função de comprar também hierarquizada por precedências e detalhadas em subfunções situadas em níveis por ordens de complexidade. A Figura 11.2 mostra essas duas hierarquias.

Para descrever essas funções seguiremos o sentido contrário ao das precedências, isto é, a partir da última que é realizada no tempo. Assim, iniciaremos com a de expedir, que precede todas as demais, e finalizaremos com a de pesquisar fornecedores.

1. EXPEDIR. Consiste em transferir os produtos dos estoques para a produção a fim de serem transformados, mediante requisições ou outra maneira de emissão de pedidos.
2. ESTOCAR. É fazer com que os materiais a serem transformados sejam armazenados sob condições mínimas de segurança contra desvios, danos ou

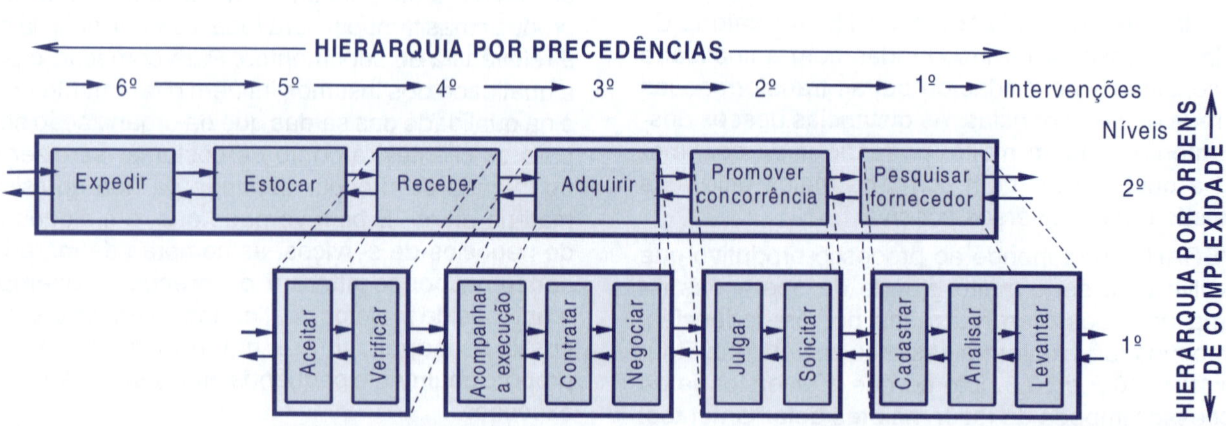

Figura 11.2 *As funções operacionais básicas de comprar hierarquizadas por precedências e por ordens de complexidade.*

deteriorações. Esses locais são dos mais variados, não sendo obrigatoriamente galpões ou almoxarifados. Um exemplo é o das montadoras de veículos, onde pneus, rodas e outros acessórios são colocados várias vezes ao dia junto à linha de montagem, vindos diretamente dos fabricantes de autopeças. Naturalmente, esta subfunção é diferente da de estocar produtos acabados da função produzir, os quais se destinam aos compradores.

3. RECEBER. É o ato de considerar que o material adquirido deu entrada no estabelecimento, cessando dessa forma as responsabilidades imediatas do vendedor. Tratando-se de serviços, é acusar que a execução foi feita de acordo com o especificado nas cláusulas contratuais. Deve-se notar que o recebimento pode ser parcial, total ou provisório, tudo dependendo do contrato e também da legislação em vigor. Ademais, receber não significa a entrada física no almoxarifado, como sucede com equipamentos de grande porte, sendo o caso de turbinas e geradores, em geral recebidos na fábrica e transportados diretamente para o local de instalação.
4. ADQUIRIR. Corresponde às tratativas que culminam com a assinatura de um instrumento contratual, estabelecendo as cláusulas da troca de bens ou serviços por numerário ou qualquer outro tipo de valor previamente combinado. Deve-se notar que um contrato de compra e venda pode ser verbal, inexistindo, assim, um instrumento escrito, o que tem validade jurídica desde que haja evidências de que algo foi pactuado, por exemplo, com provas testemunhais.
5. PROMOVER CONCORRÊNCIAS. Engloba as atividades preparatórias para a efetivação da compra, tendo por base as especificações quanto à qualidade, quantidade, prazo de entrega, tamanho dos lotes (se for o caso), condições de pagamento e outros detalhes que mudam de situação para situação. As formas variam, indo desde a tomada de preços feita por telefone para alguns fornecedores até concorrências internacionais como fazem a Companhia Siderúrgica Nacional, Petrobrás e outras empresas de grande porte. É importante notar que uma concorrência é feita com o fim de se obter a proposta mais adequada aos interesses da firma, na qual **o preço é apenas um item** entre outros para o julgamento final. Embora isso seja óbvio, é hábito cultural adquirir o bem ou serviço mais barato com base em pretensa economia, como fazem síndicos de condomínios e presidentes de clubes. Todavia, pessoalmente deixam de ir a médicos, dentistas e advogados que cobram abaixo da média, pois sabem que um enterro geralmente sai mais caro do que uma consulta.
6. PESQUISAR FORNECEDORES. Compreende a busca contínua de informações no mercado fornecedor dos bens e serviços necessários para as atividades-fim — que são os processos produtivos — e, também, para as atividades-meio, por exemplo, impressos para computador ou materiais de escritório. Incluem-se, também, os fornecedores eventuais, porém, de grande custo, a exemplo de fabricantes de máquinas e equipamentos, que são ativos fixos comprados somente por ocasião do início das operações, ou para reposição por desgaste e uso, ou no caso de expansões.

Diferentemente da função de vender, que se envolve quase só com os mesmos bens fabricados ou serviços prestados pela organização, a função operacional de comprar responsabiliza-se por uma gama muito mais variada de tipos de produtos, mesmo porque atende todas as necessidades de insumos da empresa. Com isso, o modelo apresentado sofre, quanto ao seu detalhamento, maiores variações nos casos reais que as demais funções, sobretudo quanto às estruturas necessárias.

11.2.3 Subfunções em níveis de maior detalhe

Cada uma das funções básicas pode ser dividida em subfunções. Todavia, limitar-nos-emos a analisar sucintamente as quatro primeiras por julgarmos serem as de maior interesse para o administrador.

1. VERIFICAR E ACEITAR. Ambas correspondem à função receber. A verificação daquilo que foi entregue, ou do serviço prestado, é uma subfunção difícil de ser efetivada quanto à qualidade porque raramente as organizações têm meios de verificá-la, de sorte que, em geral, confiam no fornecedor, limitando-se a conferir as quantidades. Por isso, a aceitação dos recebimentos deveria restringir-se ao que foi tecnicamente examinado a fim de saber se está dentro dos padrões combinados pelas partes. Acontece que, no geral, os almoxarifes conferem apenas as quantidades dos produtos que lhe são entregues, sobretudo se provêm de fornecedor habitual.
2. NEGOCIAR, CONTRATAR E ACOMPANHAR. São as subfunções de comprar. Negociar não significa alterar as "regras do jogo" estabelecidas na concorrência, e sim tentar obter condições mais vantajosas do que as inicialmente oferecidas, evidentemente sem fazer "leilão" das propostas recebidas. É importante notar que ainda predomina na cultura organizacional a mentalidade de donas-de-casa em feiras livres, que procuram obter a maior quantidade pelo menor preço. Na verdade, hoje se compreende que o fornecedor e o comprador associam-se tendo em vista mútuos benefícios pelo maior tempo possível.

Exemplos são os dos produtores da indústria de autopeças, que foram assessorados pelas montadoras de automóveis para fabricarem produtos dentro das especificações exigidas. Proceder de outra forma, tentando escorchar o fornecedor, é arriscar-se a matar a galinha dos ovos de ouro.

3. PEDIR PROPOSTA E JULGAR. Trata-se do detalhamento de promover concorrências. É compreensível que o convite aos fornecedores para a apresentação de propostas seja confeccionado de maneiras muito diversas. É viável até que seja dirigido para um só, do qual a organização se tornou cliente, ou por ser o único fabricante ou prestador do serviço exigido. Os julgamentos são, por sua vez, na maioria muito subjetivos, não obstante a racionalidade que se pretende impor nas concorrências. Naturalmente, excluímos aqui todas as desonestidades que o leitor conhece e os jornais volta e meia noticiam a respeito das do serviço público.
4. LEVANTAR, ANALISAR E CADASTRAR FORNECEDORES. São atividades contínuas, tendo em vista a variabilidade das necessidades da organização quanto a insumos e, também, porque estão sempre surgindo novos fornecedores, enquanto os antigos fecham, mudam de ramo ou são desclassificados por falta de cumprimento dos contratos avençados.

À semelhança do mencionado para vender e produzir, também comprar admite maior detalhamento, por exemplo, a subfunção de "solicitar propostas" poderia ser subdividida em "elaborar o edital", "enviar para os meios de comunicação", "receber os envelopes lacrados", e assim por diante.

TÓPICOS PARA EXPOSIÇÕES

11.1.1 As funções operacionais básicas de produzir

Explicar que, após examinar a função de vender, é necessário saber como fabricar o bem ou prestar o serviço proposto, ou seja, analisar a função de produzir. Com base na Figura 11.1 explicar que a análise deve ser feita no sentido contrário ao do processo de transformações, isto é, começar pela função de **expedir** o que for destinado ao cliente. Em seguida, explicar no que consistem as funções de **estocar**, **embalar**, **transportar os produtos acabados**, **realizar**, **transportar os insumos** e, por fim, a de **manter** as instalações.

11.1.2 Subfunções dos níveis de maior detalhe

Ainda com base na Figura 11.1 detalhar, exemplificando, as subfunções de **despachar**, **acondicionar e separar**, todas partes da função **expedir**. Idem para as subfunções de **esperar**, **transportar internamente**, **operar e preparar para operar**, todas partes da função **realizar**.

11.2.1 A importância da função comprar

Explicar que a função comprar é tão importante que as grandes aquisições de matérias-primas e ativos fixos são incumbências dos proprietários em cargos de diretoria e presidência. Explicar que a razão de alguns livros de Administração não darem a devida importância à função comprar decorre de seus autores serem ou terem sido apenas empregados, não tendo ocupado altos cargos de direção.

11.2.2 As funções básicas de comprar

Explicar que a função comprar varia muito de organização para organização, convindo utilizar como paradigma das análises uma que adquira grandes e diversificados lotes de insumos, a exemplo da indústria automobilística. Com base na Figura 11.2 analisar, com exemplos, as funções básicas de **expedir**, **estocar**, **receber**, **adquirir**, **promover concorrência** e **pesquisar fornecedores**, no sentido inverso ao da concretização delas.

11.2.3 Subfunções em níveis de maior detalhe

Ainda com base na Figura 11.2 analisar, com exemplos, as subfunções de **aceitar** e **verificar**, **acompanhar a execução**, **contratar**, **negociar**, **julgar**, **solicitar proposta**, **cadastrar**, **analisar** e **levantar.**

QUESTÕES DE APLICAÇÃO

1. De acordo com sua experiência ou intuição, aplique o esquema da Figura 11.1 ao caso da monocultura do café de uma fazenda, descrevendo concretamente cada uma das sete funções básicas do processo operacional de **produzir**.
2. Ainda com base na Figura 11.1, aplique concretamente as quatro subfunções da função realizar para o caso de automóveis que são entregues a um posto de gasolina para serem limpos e lavados.
3. Você é o diretor de compras de uma empresa varejista vendedora de eletrodomésticos, que é possuidora de um armazém central de onde são expedidos todos os produtos destinados a abastecer a rede de lojas filiais. Com base na Figura 11.2 aplique concretamente a este caso as seis funções básicas de **comprar**.
4. Você é sócio-proprietário da empresa Viação Interestadual S.A., que possui ônibus com carrocerias fabricadas pela Caio e pela Marcopolo, sempre montadas em chassis produzidos pela Mercedes Benz.

No caso da renovação de parte da frota descreva, com base na Figura 11.2 e de forma concreta, como as cinco subfunções referentes tanto às funções de **receber** quanto de **adquirir** podem ser aplicadas ao caso.

DISCUSSÃO EM GRUPOS

Caso da concessionária de automóveis (1ª parte)

Você pertence ao grupo financeiro interessado em comprar a concessionária de automóveis Renault, situada em cidade do interior, negociando com os três sócios diretores que, respectivamente, gerenciam a Diretoria Comercial, a de Reparações e a Comercial, a primeira responsável pelas vendas, a segunda pela oficina e compras, e a terceira por finanças e pessoal. Essa empresa presta os seguintes serviços a seus clientes: 1. venda de carros novos; 2. compra e revenda de carros usados; 3. consertos em oficina própria; 4. vendas de peças para terceiros e remessas para a oficina própria. Antes de fazer o negócio o grupo financeiro incumbiu-o de obter informações de como opera internamente e, também, externamente no ramo de automóveis. Para começar, você fez uma relação das intervenções de cada função e de cada subfunção de produzir e comprar, bem como respectivas respostas, ou seja, o que cada uma delas solicita à antecessora e o que cada uma desta lhe fornece.

Partindo dessa descrição, cada grupo responda, justificando, a pergunta que lhe foi designada.

1. Com base na Figura 11.1 informe, justificando suas respostas, quais são as **intervenções** feitas pelas sete funções operacionais (as que forem cabíveis) para o serviço 3, isto é, "consertos em oficina própria".
2. Com base na Figura 11.1 informe, justificando suas respostas, quais são as **respostas** enviadas pelas quatro subfunções que são partes da função **realizar,** respostas essas decorrentes das intervenções recebidas, para o caso do automóvel acidentado que a seção de funilaria vai desamassar a lataria.
3. Informe, justificando suas respostas: a) quem deve negociar e adquirir carros novos da montadora Renault; b) quem deve comprar material de consumo, tanto do escritório, como papel para impressoras, quanto da oficina, a exemplo de varetas de solda, tinta, lixas etc.; c) quem deve dar a palavra final nas negociações para compra de carros usados.
4. Com base na Figura 11.2 informe, justificando suas respostas, quais são as cinco **intervenções** feitas pelas seis funções operacionais (as que forem cabíveis) para o serviço 4, isto é, "vendas de peças para terceiros e remessas para a oficina própria".
5. Com base na Figura 11.2 informe, justificando, quais são as **respostas** enviadas pelas cinco subfunções que são partes das funções **receber** e **adquirir**, para o serviço 4, isto é, "vendas de peças para terceiros e remessas para a oficina própria".

LEITURAS COMPLEMENTARES

ALBAN, Marcos. Automação flexível: caso do taylorismo, fordismo, e a supremacia do toyotismo. **Organização e Sociedade**. Salvador, Escola de Administração da Universidade da Bahia, ano 6, n. 15, p. 71-82, maio/ago. 1999. Discute a hipótese de que a automação flexível mostrou-se incompatível com o sistema taylorista-fordista de organização do trabalho.

BARROS Neto, Jose P., OLIVEIRA, Luiz F. M. Análise estratégica da função produção: um estudo de caso na construção de edificações. In: **Encontro da ANPAD 22**, 27 a 30 set. 1998. Foz do Iguaçu. Resumo dos trabalhos — ENANPAD 98, p. 184. Pesquisa em uma empresa de construção que analisa a função produzir, levando em conta suas instalações, capacidade produtiva, processos operacionais, tecnologia empregada, integração vertical, qualidade do produto e relações com fornecedores.

MOORI, Roberto G. *et alii*. Gestão da cadeia de suprimentos em negócios virtuais: implicações das expectativas dos clientes. In: **Encontro da ANPAD 23**, 19 a 22 set. 1999. Foz do Iguaçu. Resumo dos trabalhos — ENANPAD 99, p. 196. Pesquisa que mostra a importância relativa atribuída aos fatores qualidade, custos, confiabilidade, rapidez e flexibilidade das transações que ocorrem via Internet.

REBOUÇAS, Lídia. A volta do leiteiro. E-comerce, o difícil é entregar. **Exame**. São Paulo, Abril, ed. 709, 08 mar. 2000. As vendas via Internet, apesar de terem trazido modernidade nas relações com o consumidor, tornaram mais complexo o processo de entrega dos produtos.

FUNÇÕES OPERACIONAIS DE MOVIMENTAR DINHEIRO E PESSOAS 12

Ao fundarem uma firma, a primeira coisa que os empreendedores fazem é colocar em um banco o dinheiro do capital, que daí por diante começa a circular dentro e fora da nova empresa. O mesmo ocorre com a repartição pública recém-criada, apenas com a diferença de que, em vez de depósitos bancários, os recursos provêm de verbas dentro de orçamentos governamentais. Essas transferências de numerário do ecossistema para a organização e desta para seu meio ambiente é de responsabilidade da **função operacional de movimentar dinheiro**, não importa se debaixo da responsabilidade de uma pessoa ou de um departamento inteiro.

Além desse fato, tanto a empresa particular quanto o órgão público acima exemplificado necessitam de participantes para levar a efeito os processamentos de materiais, informações etc., com o fim de produzir bens e prestar serviços. Novamente se estabelece um fluxo, agora de pessoas que são admitidas, desempenham seus serviços por certo tempo, curto ou longo, e acabam sendo desligadas, pedem demissão ou aposentadoria. Trata-se de outro tipo de transferências, este de responsabilidade da **função operacional de movimentar pessoas**, também não importando se é da Seção de Pessoal, de Recursos Humanos ou apenas de um indivíduo, a exemplo do médico ou dentista em relação à moça atendente em seu consultório.

São dois conjuntos de atividades necessárias para as demais funções de vender, produzir e comprar, porém, com uma particularidade que as diferenciam destas últimas: suas características são gerais e quase independentes do porte da organização e do ramo de negócios.

As funções operacionais de movimentar dinheiro e movimentar pessoas serão examinadas neste capítulo, hierarquizadas por precedências como as anteriores e, também, por ordens de complexidade em dois níveis de detalhamento. Da mesma forma, serão analisadas sem levar em conta a estrutura necessária para concretizálas, ou seja, independentemente de quem as perfaz, isto é, se cabe apenas a uma pessoa ou a um departamento inteiro.

12.1 A FUNÇÃO OPERACIONAL DE MOVIMENTAR DINHEIRO

É preciso tornar claro que o nosso interesse focaliza apenas as funções de transferências de numerário e não o planejamento de captação de fundos e de suas aplicações, bem como os processos de controle dos gastos previstos em relação aos efetuados. Tais movimentações de dinheiro são, na realidade, processamentos de informações mais que manuseio de numerário, afirmação essa que naturalmente surpreende pelo inusitado, motivo pelo qual é preciso explicá-la melhor. Trata-se, pois, do chamado "fluxo de caixa", o qual, diferentemente de outras funções operacionais pouco varia de organização para organização.

12.1.1 Movimentar dinheiro é transformar informações

No princípio dos tempos eram as trocas... Assim, o lavrador permutava sua produção de grãos — com certo valor intrínseco por sua utilidade como alimento — pelos utensílios fabricados pelo artífice, também com certo valor intrínseco pelo que facilitava a vida do possuidor. Acontece que o fabricante nem sempre estava disposto a receber trigo pelos produtos de sua arte, razão pela qual se passou a utilizar uma forma intermediária de efetivar as trocas, por exemplo, o sal, já com um valor fixo. Os inconvenientes eram óbvios, o que levou à introdução de peças de metal, agora com valor atribuído, pois deixava de ter utilidade para a fabricação de adornos ou utensílios.

Dessa maneira foi inventada a moeda, com valores diferentes conforme o tamanho e se era de ouro, prata ou cobre. Surgiram na forma de peças quadradas, redondas e até com um furo no centro. Hoje se pode dizer que todas eram o suporte de informação, esta sendo o valor atribuído e gravado na forma de símbolos (que nos habituamos a chamar de números) representativos de seu poder de troca.

Os perigos das estradas e dos mares contra-indicavam o transporte de grandes quantidades de moedas, razão pela qual foi criado outro suporte de informações, a letra de câmbio (do italiano e literalmente "carta de troca", inicialmente escrita em pergaminho), em que alguém ordena a outrem que pague a um terceiro, em certo tempo e lugar, determinada quantia. Mais tarde a invenção do papel trouxe para a humanidade um material melhor para o suporte da informação, aplicado logo para as transações entre pessoas na forma de papel-moeda e depois na de cheque. Com isso tudo, a informação tornou-se tão importante que o analfabeto virtualmente ficou sem condições práticas de manipular as várias formas pelas quais o dinheiro se apresenta.

No entanto, papel não é um suporte adequado para a gravação de caracteres magnéticos para registros de informações, o que levou, na era eletrônica dos dias de hoje, a ser substituído por polietilenos derivados do petróleo. Dessa maneira, o dinheiro, que já tinha mudado dos metais para o papel, agora se tornou de plástico. Todavia, da mesma forma que os suportes anteriores indicativos de valor, os novos continuaram sendo falsificados, somente exigindo maiores conhecimentos tecnológicos.

Essas considerações tornam claro que a função operacional de lidar com numerários realmente é de transformar informações e, por isso, mais processa dados do que manuseia dinheiro na forma de papel, moeda ou plástico.

12.1.2 As funções e subfunções de movimentar dinheiro

Essas atividades operacionais podem ser resumidas nas funções básicas de: captar, guardar e distribuir numerários, evidentemente como informações. É óbvio que essas três funções estão uma em seguida a outra e, portanto, hierarquizadas em precedências. Por outro lado, é natural que sejam decomponíveis em subfunções, por exemplo, a guarda do dinheiro pode ser no caixa (fisicamente, um cofre) ou então em bancos. Em conseqüência, são também hierarquizáveis por ordens de complexidade, como os dois níveis representados na Figura 12.1.

De maneira resumida, pode-se detalhar as funções básicas e suas respectivas subfunções, como a seguir explanado.

1. DISTRIBUIR. Corresponde à função básica de transferir os numerários da organização para o meio externo. Nela, várias subfunções são identificáveis, a exemplo de **pagar** a mão-de-obra, as compras efetuadas, os impostos devidos e outros mais. Outra subfunção é a de **aplicar** os excedentes do dinheiro em fundos diversos, ações, certificados de depósitos bancários etc. Finalmente, uma terceira subfunção é **dividir os lucros**, como o pagamento de dividendos e bonificações aos acionistas, ou prêmios aos empregados, a exemplo do chamado 14º salário dado por muitas empresas.
2. GUARDAR. Os suportes de informação recebidos (na forma de papel-moeda, cheques, letras de câmbio, promissórias, ações de outras empresas etc.) necessitam ser armazenados de forma segura. As subfunções usuais são as de depositar e sacar em **bancos** comerciais ou no cofre-forte da própria organização, ou seja, no **caixa**.
3. CAPTAR. É a função básica que se incumbe de, operacionalmente, obter recursos do meio externo. Pode ser desdobrada em subfunções, como a de **cobrar** e **receber** o dinheiro pelas vendas efetuadas aos clientes, e também na subfunção de **obter emprés-**

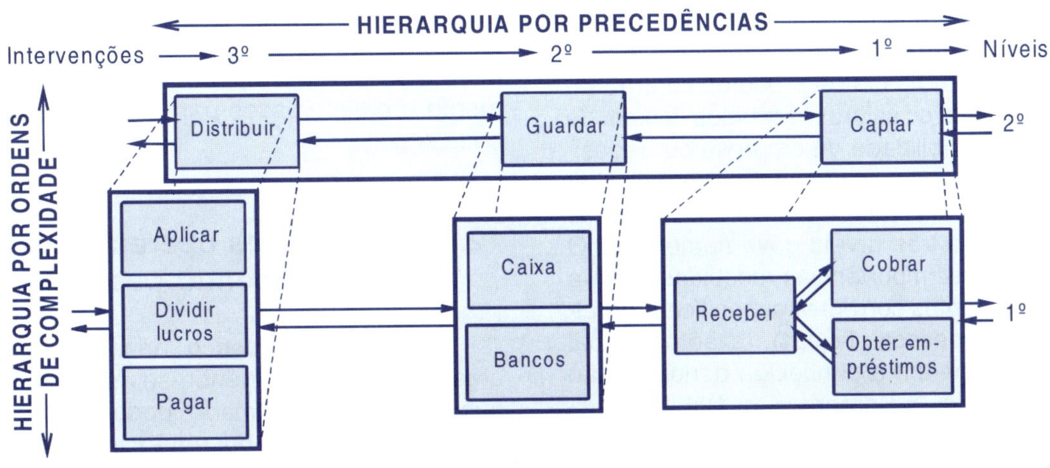

Figura 12.1 *As funções de movimentar dinheiro hierarquizadas em precedências e por ordens de complexidade.*

timos, a exemplo de descontar duplicatas junto a bancos, emitir debêntures para o mercado financeiro e outras formas de captação.

Novamente chamamos a atenção para o sentido das análises ser o contrário do fluxo que ocorre no mundo real. Isto porque é necessário conhecer primeiro quais são as obrigações a satisfazer para depois saber onde, como e quando obter o dinheiro necessário. Por não fazerem essa previsão, muitas empresas passam por dificuldades ao venderem a prazo, quando têm pagamentos para serem feitos à vista.

É natural surgirem duas perguntas. A primeira delas é: não são funções contábeis as explicitadas linhas atrás? Não, porque para nós a contabilidade pertence a outro sistema, o de informações em níveis gerenciais e operacionais, englobando o registro de transações, a emissão de balancetes mensais e balanços anuais que, pela sua importância, merecem ser tratados em capítulo à parte. A segunda poderia ser: não faltam as atividades de saber onde, quando e quanto obter capital? A resposta também é não, pois pertence ao planejamento financeiro, assunto a ser examinado em capítulo posterior.

12.1.3 Caixa 2 e a cultura real e a ideal das organizações

O leitor já deve ter lido em revistas e jornais comentários sobre um assunto conhecido pelo jargão administrativo de Caixa 2 que, dentro de nosso interesse de mostrar as muitas contradições existentes nas empresas, deve ser mais bem explicado. Para começar, muitas das aquisições feitas, seja de bens, seja de serviços, são realizadas sem emissão de comprovantes das transações, tais como notas fiscais e recibos, ou, então, com valores menores que os realmente pagos. É natural que esse procedimento interesse ao vendedor, pois, assim, não paga ou recolhe menos impostos e, também, porque ele próprio pode ter adquirido a mercadoria que transaciona nas mesmas condições, por exemplo, no caso de produtos contrabandeados. Naturalmente, os valores recebidos deixam de ser lançados na contabilidade da empresa ou depositados em suas contas correntes, com o fim de evitar que tais irregularidades comerciais sejam descobertas pela fiscalização dos três níveis governamentais. O usual é contabilizar as importâncias recebidas à parte e depositá-las em contas correntes específicas (geralmente em nome de pessoas físicas), razão pela qual tais operações receberam a conhecida denominação de **Caixa 2** (Marcondes & Bernardes, p. 126-127).

Tal prática é ilegal e, por isso, se inclui na chamada **cultura real** das organizações que, como explanado no Capítulo 6, segue padrões ocultos em contraposição à **cultura ideal**, que se caracteriza por englobar tecnologias, crenças, valores e sentimentos expressos sem censuras.

É claro que, por incluir a sonegação de impostos, a fiscalização governamental não mede esforços para descobrir as pistas que permitam trazer à luz tais ilícitos. O primeiro deles é por meio das devassas em contas bancárias particulares de proprietários, sócios e até "laranjas" (como são denominados seus representantes sigilosos). Sua finalidade é verificar movimentações de dinheiro não declaradas nos documentos de imposto de renda e na contabilidade das empresas, pelo fato de estas não terem emitido notas fiscais de vendas efetuadas. A dificuldade é que a investigação de contas bancárias particulares é proibida pela Constituição. Apesar disso, existe uma segunda pista que é indireta, a do imposto denominado CPMF, a Contribuição Provisória sobre Movimentação Financeira, que é recolhido pelos bancos de seus correntistas e cujo exame pelo Fisco foi liberado. A terceira pista é a deixada por notas fiscais, duplicatas e recibos que são "frios" por con-tabilizarem despesas de compras que não foram efe-tuadas. Tanto podem ser documentos falsos de empresas inexistentes quanto verdadeiros e comprados por preços irrisórios de firmas deficitárias que, por isso, não têm lucros a declarar.

Tais aspetos da cultura real das organizações têm de ser do conhecimento de todo administrador, o que contraria a literatura usual de Administração pelo costume de esta enfatizar apenas a cultura ideal.

12.2 A FUNÇÃO OPERACIONAL DE MOVIMENTAR PESSOAS

Basicamente, refere-se à transformação de pessoas, desde a preparação para serem admitidas como participantes até o desligamento a pedido ou obrigado por idade, doença ou demissão, esta com ou sem justa causa. Naturalmente também inclui a transformação de informações, a exemplo de elaborar a folha de pagamento e os impressos para recolhimento das obrigações sociais.

12.2.1 As funções operacionais básicas de movimentar pessoas

Essas funções pouco variam de organização para organização, diferenciando-se mais quanto à estrutura que, como já mencionado, pode ser concretizada por apenas uma pessoa ou, então, por uma diretoria inteira. A literatura de Administração já consagrou as principais funções operacionais de pessoal, motivo pelo qual a seguir serão feitos apenas resumos das mais importantes, de acordo com o critério de acompanhar os processos seguidos por um participante desde sua admissão até o desligamento, isto é, dentro de uma hierarquização por precedências. A Figura 12.2 esquematiza a ordenação das funções básicas e também detalha algumas delas, como recrutar, selecionar e manter, resultando, também, uma hierarquia por ordens de complexidade.

A descrição sucinta das funções básicas continua seguindo o caminho inverso do realizado na prática, tendo por base o fato de ser necessário especificar se a organização irá desligar à primeira falta ou não, a fim de, no final avaliar a qualificação exigida pela atividade.

1. DESLIGAR. É cancelar o contrato de trocas por causas diversas, como rescisão unilateral ou por acordo, morte e aposentadoria, efetivando os procedimentos legais exigidos para cada caso.
2. MANTER. Basicamente é cumprir as cláusulas contratuais efetivando o que foi combinado pelas partes, tanto pelo lado da chefia na exigência de executar os serviços esperados, quanto pelo da empresa em pagar os salários devidos e fornecer benefícios, como assistência médica e dentária.
3. TREINAR. Dentro do nosso enfoque de variáveis organizacionais, pode-se dizer que é o processo de **aculturar** o recém-contratado. Portanto, na dimensão de tecnologias, é o de ensinar o desempenho de atividades; na de preceitos, é o de incutir as normas de procedimentos, as crenças e os valores da organização; e na expressiva, é o de orientar a manifestação dos sentimentos permitidos. Essa função às vezes é formalmente levada a efeito por uma estrutura, como os cursos de pós-graduação em universidades para preparar seus professores, mas em geral fica a cargo da chefia imediata e, também, dos próprios companheiros de trabalho.
4. CONTRATAR. É tornar efetivo o contrato de trocas das contribuições por parte do recém-admitido e sua compensação por parte da organização na forma de pagamentos. Geralmente só é dada importância ao contrato formal de trabalho, em que são especificados salários e benefícios, deixando em segundo plano as cláusulas subentendidas do contrato psicológico das mútuas expectativas. Também é importante ressaltar que é necessário efetivar novo contrato toda vez que o participante mudar de atividade, em geral feito de maneira incompleta nas anotações da Carteira de Trabalho. Isto porque os deslocamentos laterais ou verticais por promoções exigem novas obrigações de parte a parte.
5. SELECIONAR. Consiste em escolher entre os candidatos aquele que for mais adequado ao desempenho das atividades predeterminadas, ou à verificação das potencialidades para outros eventuais cargos. Pode ser levado a efeito em entrevistas que durem poucos minutos para serventes de limpeza, ou envolver sofisticados testes psicológicos para especialistas de alto nível, como analistas de sistemas ou gerentes de vendas.
6. RECRUTAR. É levar a efeito procedimentos destinados a atrair candidatos para os cargos da organização. Vai desde o simples anúncio de "precisa-se" no portão da fábrica até o aliciamento de executivos nos concorrentes.
7. AVALIAR. É obter informações sobre as características do pessoal que a organização necessita e sobre a estrutura de salários do mercado externo de trabalho. A atividade inicial é pesquisar e descrever as tarefas que necessitam ser executadas para atin-

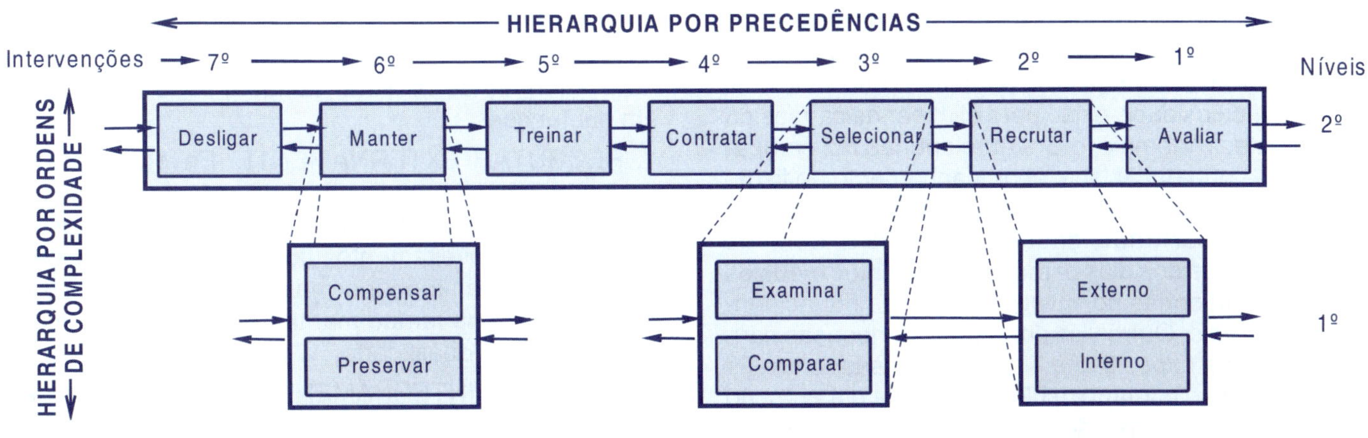

Figura 12.2 *As funções básicas de movimentar pessoas hierarquizadas por precedências e detalhadas por ordens de complexidade.*

gir as metas previstas para cada tipo de cargo, como, por exemplo, o de "caixa" em supermercado. Prossegue com a análise dos requisitos exigidos da pessoa que deve desempenhar as tarefas previstas, como operar máquinas registradoras e manipular dinheiro para o caso de "caixa". Finalmente, completa-se com a atribuição das compensações ao ocupante do cargo analisado, entre as quais se incluem salário e benefícios, tendo por base pesquisas de quanto as congêneres estão pagando para essa mesma atividade. Assim, sabendo-se os salários de caixas de supermercados da região, será possível determinar uma faixa de pagamentos para o caso em exame.

Como o leitor pode perceber, as funções de movimentar pessoas foram descritas no sentido inverso à trajetória do participante desde sua entrada até a saída da organização. Por outro lado, convém observar que os conceitos dados para algumas funções não seguem os paradigmas tradicionais e sim os modelos explanados em capítulos anteriores, como o das três variáveis culturais.

12.2.2 Subfunções dos níveis de maior detalhe

Como já explanado, todas as funções básicas admitem subdivisões em níveis de maiores detalhes, mostrando a Figura 12.2 apenas alguns julgados de maior interesse para exame.

Inicialmente, examinaremos as divisões da função de **manter**.

1. PRESERVAR. É analisar as condições da realização do trabalho e prover meios de evitar danos à saúde física e mental do participante. Diferente do que se observa nas multinacionais, as empresas brasileiras relegam essa função a segundo plano, geralmente entregando-a para a CIPA (Comissão Interna de Prevenção de Acidentes). Além do descaso, o habitual é os movimentos trabalhistas se destinarem a aumentar o pagamento do adicional por periculosidade e não para eliminar as causas de acidentes. Ademais, o Governo apenas faz campanhas de prevenção sem acompanhamento de fiscalizações concretas dos riscos no trabalho, não obstante as fortunas gastas pelo INSS com os pagamentos dos dias parados, tratamentos médicos e aposentadorias por invalidez causada por acidentes evitáveis. Outro viés diz respeito a doenças causadas pela exposição a situações tensas, entre as quais cita-se o infarto, a úlcera gástrica e a pressão alta, cujas causas não são previstas nem eliminadas, diferente do que sucede com a exposição a radiações, inspiração de poeiras e materiais tóxicos ou surdez causada por ruídos.
2. COMPENSAR. Tradicionalmente tem sido considerado apenas como a retribuição dos esforços dos participantes por meio de pagamentos (salários) e *fringe benefits* (benefícios adicionais como transporte, refeitório, assistência médico-odontológica, recrea-ção, cooperativa etc.), ambos na dimensão cultural dos preceitos. Todavia, dentro da nossa concepção inclui ainda facilitar para que sejam alcançados os objetivos pessoais dentro da dimensão tecnológica e expressiva, como listado no quadro da Figura 7.1.

A segunda função a ser dividida em subfunções é a de **selecionar**.

1. EXAMINAR. Consiste em investigar os conhecimentos, habilidades, condições físicas, traços de personalidade, experiências e outras características do candidato a um cargo. É interessante observar que tais características são mais difíceis de serem mensuradas à proporção que o cargo se torna mais complexo. Assim, avaliar a capacidade de uma digitadora é mais fácil do que saber se a candidata à caixa é honesta no manuseio do dinheiro, e mais ainda mensurar as habilidades de um executivo para negociar contratos. Por tais dificuldades, hoje se dá ênfase aos deslocamentos de cargos horizontais e verticais do participante, pois assim se torna possível acompanhá-lo e conhecer melhor suas potencialidades.
2. COMPARAR. É fazer o confronto entre as características desejáveis para o exercício do cargo e as características do candidato, bem como a comparação entre os diversos postulantes ao emprego, com o fim de escolher o mais adequado. É importante observar que essa função tem de ser do chefe imediato, e não do Departamento de Recursos Humanos, por duas razões: a primeira é de somente um coordenador saber de antemão quais as qualidades necessárias para o desempenho das tarefas sob sua responsabilidade, e a segunda é de só o fato de escolher e decidir quem será seu subordinado lhe dar certa ascendência sobre este último.

A função de **recrutar** também pode ser dividida em subfunções.

1. RECRUTAR EXTERNAMENTE. Envolve tanto as operações de anunciar as necessidades de pessoal para a ocupação de cargos quanto as de cadastrá-los para aproveitamento futuro, evidentemente para desempenhar funções mais especializadas, pois seria perda de tempo manter registros para a mão-de-obra não qualificada.
2. RECRUTAR INTERNAMENTE. É obter informações e manter cadastros dos participantes da organização com o fim de ter pessoal disponível para eventuais necessidades de remanejar horizontal e verticalmente. No entanto, a experiência mostra que não

é habitual a existência desses registros, os chamados "bancos de talentos". Tanto assim, que a necessidade de preenchimento para um novo cargo, no geral, é satisfeita por contratação de alguém de fora, em parte explicado pela má vontade das chefias em liberar subordinados, mesmo que seja para uma promoção.

É importante repisar que são funções de responsabilidade de todos os participantes da organização, entrando a área de recursos humanos apenas em parte, a exemplo do que foi dito a respeito do treinamento. Também se deve destacar a omissão de algumas atividades tradicionalmente incluídas na função operacional, como a Avaliação do Desempenho, que a nosso ver pertence ao Controle e, por isso, deve ser examinada em capítulo à parte. Finalmente, como alertado para outras funções administrativas, as atividades aqui descritas são parciais, existindo outras não mencionadas que podem ser estudadas em livros específicos sobre o assunto.

Para encerrar o exame das cinco funções e respectivas subfunções operacionais, tornamos a destacar que, apenas para facilitar a compreensão, foram descritas como sob a responsabilidade de uma unidade administrativa, a exemplo de Seção, Departamento ou Divisão. Na realidade, **são pessoas que as desempenham**, podendo ser em número variável. Assim, o sapateiro remendão em sua oficina trabalha sozinho e, por isso, tem de atuar, ao mesmo tempo, em todas as funções.

Aliás, isso dá conhecimentos **administrativos práticos** invejáveis a esses indivíduos. Um exemplo é de Sênor Abravanel, que iniciou seus negócios como simples camelô e, sob o nome de Silvio Santos, se transformou em grande empresário no ramo de entretenimento, fato que o engrandece como pessoa e administrador.

Tal fato é promissor para todos os administradores, porque têm a vantagem de possuírem conhecimentos teóricos, o que muito facilita para alguém vir a ser empreendedor e empresário. Todavia, ainda lhes faltam experiências, práticas, vivências. Ademais, precisam ter muita disposição para trabalhar e vontade de sucesso, pois sem elas muito pouco conseguirão em suas vidas como profissionais.

TÓPICOS PARA EXPOSIÇÕES

12.1.1 Movimentar dinheiro é transformar informações

Explicar com base em exemplos, que o suporte da informação significativa do valor atribuído a um bem ou serviço variou no tempo, desde o escambo (troca de bens ou serviços sem intermediação de moeda) até os dias atuais do dinheiro de plástico. Tornar claro que movimentar dinheiro é transformar informações.

12.1.2 As funções e subfunções de movimentar dinheiro

Com base na Figura 12.1, explicar com exemplos as funções operacionais de **distribuir**, **guardar** e **captar** dinheiro. Tornar claro que não correspondem às funções contábeis, que apenas transformam informações para registrá-las, e nem são funções de planejamento.

12.1.3 Caixa 2 e a cultura real e a ideal das organizações

Tendo exemplos como base, explicar no que consiste a prática ilegal chamada Caixa 2, bem como suas razões econômicas. Explicar as caraterísticas da cultura ideal e da real, informando que a Caixa 2 configura um aspecto da cultura real.

12.2.1 As funções operacionais básicas de movimentar pessoas

Com base na Figura 12.2, explicar com exemplos as sete funções básicas de movimentar pessoas.

12.2.2 Subfunções dos níveis de maior detalhe

Ainda com base na Figura 12.2, explicar com exemplos as duas subfunções da função **manter**, as da **selecionar** e as da **recrutar**. Explicar que a função de movimentar pessos é de responsabilidade de todos os participantes da organização e não só do Departamento de Pessoal (ou de Recursos Humanos).

QUESTÕES DE APLICAÇÃO

1. Concretize as formas de trocas de valor que o administrador de um governo local, na posição de consumidor final, compra roupas de um comerciante: a) na Babilônia há 4.000 anos; b) no Império Romano; c) no século 20; d) no terceiro milênio.
2. Concretize, para o caso de uma loja de roupas cujo maior movimento é feito por meio de cheques prédatados, as funções operacionais de: a) distribuir; b) guardar; c) captar.
3. Explique quais as razões de a empresa precisar, inicialmente, determinar se deverá ou não fazer o treinamento de futuros administradores, para só depois especificar: a) o grau de experiência que deverá possuir quem for recrutado; b) quais tipos de mídia utilizará para comunicar que está oferecendo emprego.

4. Você é o presidente de uma grande empresa no ramo de calçados, que possui um bem montado Departamento de Pessoal, e deseja iniciar exportações de sapatos que fabrica, sendo necessário, para isso, criar uma nova Diretoria a ser dirigida por um participante recrutado externamente, tendo o contrato de empregado. Informe, justificando suas respostas, quem deverá se incumbir de: a) recrutar; b) selecionar; c) treinar o diretor que irá ocupar esse cargo.

DISCUSSÃO DE GRUPOS

Caso da concessionária de automóveis (2ª parte)

Ainda com base no caso da concessionária de automóveis exposto no capítulo anterior, concretize as principais informações que deseja obter sobre as operações dessa empresa, todas referentes às funções de movimentar dinheiro e pessoas, bem como de suas respectivas subfunções. Justifique suas respostas de acordo com a pergunta que foi designada para seu grupo.

1. a) Pagar; b) aplicar; c) dividir os lucros.
2. a) Cobrar; b) receber; c) obter empréstimos.
3. Somente para os serviços 1 e 2 (venda de carros novos e revenda de usados), aplique as seguintes funções: a) treinar; b) selecionar; c) recrutar.
4. Para a oficina mecânica, as subfunções de: a) preservar; b) compensar.
5. No caso da substituição de mecânico, especialista em motores da oficina, que foi desligado por qualquer razão, informe, justificando suas respostas: a) se o recrutamento convém ser externo ou interno; b) quem deve fazer a comparação dos candidatos recrutados.

LEITURAS COMPLEMENTARES

BANDEIRA, Mariana L. *et alii.* A ECT na trilha da modernidade política de recursos humanos influenciando múltiplos comprometimentos. In: **Encontro da ANPAD 23**, 19 a 23 set. 1999. Foz do Iguaçu. Resumo dos trabalhos — ENANPAD 99, p. 206. Estudo levado a efeito na empresa estatal de Correios para evidenciar os diversos tipos de comprometimento de seus empregados.

CAIXETA, Nely. Os hábitos fazem o monge. **Exame**. São Paulo, Abril, ed. 710, 22 mar. 2000. Entrevista com o escritor Stephen Corey, na qual afirma que o Brasil precisará investir na autonomia e crescimento das pessoas se quiser competir na economia global.

FERRAZ, Eduardo. Doutora ou gestão. O exemplo que vem do hospital. **Exame**. São Paulo, Abril, ed. 707, 09 fev. 2000. Mostra como um hospital pode ser administrado de maneira a sobreviver e a atender melhor com a administração eficiente dos recursos financeiros.

SHANK, John. O joio e o trigo. Há bons e maus custos. **Exame**. São Paulo, Abril, ed. 710, 22 mar. 2000. Os custos não podem ser reduzidos de forma aleatória e sim considerando seus efeitos bons e maus para a organização, pois, saber distingui-los é que faz o negócio prosperar.

VASSALO, Claudia, Talentos na área da Internet. **Exame**. São Paulo, Abril, ed. 699, 20 out. 1999. Mostra que o desejo de se tornar empreendedor e ganhar dinheiro rápido está causando dificuldades às empresas para atrair jovens talentosos para fazerem carreira como empregados.

A HIERARQUIA EM NÍVEIS DE INTERVENÇÃO E AS FUNÇÕES OPERACIONAIS 13

Nos três capítulos anteriores foram examinadas a função operacional de produzir — como atividade-fim — e as funções operacionais de vender, comprar, movimentar dinheiro e pessoal — como atividades-meio da organização —, na forma de cinco cadeias isoladas umas das outras.

Entretanto, é natural que haja mútuas influências entre elas, por exemplo, a função produzir somente irá fabricar o que vender lhe solicitar para executar e, para isso, pedirá a comprar que adquira a matéria-prima necessária. Portanto, embora essas cinco funções operacionais aparentem estar isoladas, na realidade devem compor uma rede de inter-relações, cuja complexidade exige um quadro de referência explicativo para seu entendimento. Esse modelo é um terceiro tipo da Teoria de Sistemas Hierarquizados, a chamada **hierarquia por níveis de intervenção**. Esta permite analisar o conjunto de funções operacionais em série quando estiverem dispostas em paralelo (ou seja, uma ao lado da outra), de acordo com uma seqüência lógica de influências e de respostas.

Assim sendo, este capítulo inicia com explicações sobre a **hierarquia por níveis de intervenção** e termina com uma proposta para as **análises** de forma integrada do conjunto formado pelas cinco funções operacionais.

13.1 A HIERARQUIA POR NÍVEIS DE INTERVENÇÃO

A Teoria de Sistemas tradicional considera três formas de representação de subsistemas. A primeira delas corresponde ao caso já mencionado do sistema formado por subsistemas e a segunda é de estes últimos se posicionarem em série, um precedendo o outro. Entretanto, existe uma terceira maneira de eles se acoplarem, que é em **paralelo**, a exemplo de "colocar janelas" e "instalar tubulação", esquematizados na Figura 10.2 do Capítulo 10, tendo a característica de serem independentes entre si. No entanto, os vários sistemas em paralelo encontrados nas organizações, apesar de cada qual ter suas próprias saídas e entradas (o que os caracteriza como em cadeia ou série), são interdependentes por se influenciarem mutuamente, como no caso de vendas que intervêm na produção, determinando "o que", "quanto" e "quando" deve fabricar. Tal situação foi aproveitada pela Teoria de Sistemas hierarquizados para introduzir outro tipo de hierarquia, este denominado por **níveis de intervenção**.

13.1.1 Caracterização da hierarquia por níveis de intervenção

As estruturas destinadas a "colocar janelas" e "instalar tubulações" (como desenhadas na Figura 10.2), por serem independentes podem ser consideradas subsistemas que operam em **paralelo**. Essa disposição é esquematizada de forma genérica na Figura 13.1 (Maciel, p. 177).

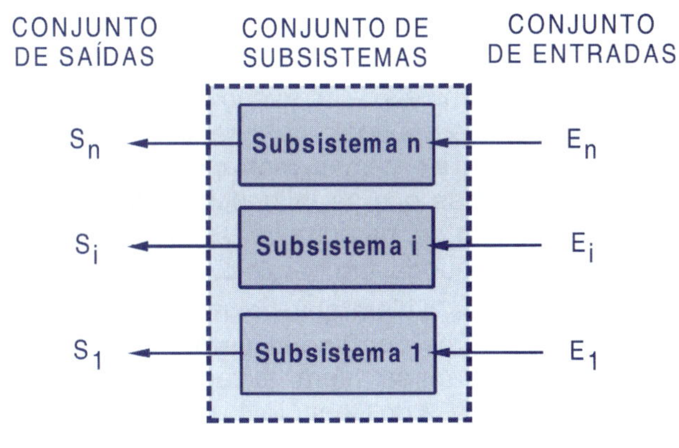

Figura 13.1 *Caso geral de subsistemas operando em paralelo.*

Observa-se na figura que as operações de um subsistema não influem nas dos demais, inexistindo integração entre os vários elementos transformadores. Acontece que, nas organizações, geralmente um subsistema intervém nos outros subsistemas, fazendo com que o modelo de transformações em paralelo — da forma pela qual é apresentado pelos textos da teoria tradicional de sistemas — tenha pouco interesse para o administrador. Trata-se de falha que foi sanada por Mesarovic, ao mostrar a maneira de inter-relacionar sub-sistemas acoplados em paralelo, por nós denominada **hierarquia por níveis de intervenção** (Bernardes, 1979, p. 94-95).

Assim, com o exemplo da torrefação de café, pergunta-se: o que acontecerá quando a função de vender conseguir um pedido suplementar de fornecimentos para certa rede de supermercados? Naturalmente, pedirá que a função de produzir aumente a fabricação de café moído e embalado. Para isso ser possível é necessário que a função comprar seja acionada com o fim de adquirir maior quantidade de café verde, a qual solicitará numerário para pagar tais aquisições. Em outras palavras, a função vender intervém na de produzir, esta fazendo o mesmo com a de comprar, a qual acaba tendo que atuar sobre a de movimentar dinheiro.

O que sucede, porém, se a de produzir já estiver trabalhando com o máximo de sua capacidade? É claro que responderá à consulta de vender informando que está impossibilitada de atender a esse novo pedido. Vender poderá aceitar esse impedimento como definitivo ou, então, insistir sugerindo que produzir trabalhe em mais um turno de serviço. Essa seqüência de influências e de respostas entre subsistemas em paralelo caracteriza a hierarquia por níveis de intervenção, como esquematizado na Figura 13.2, também para um caso genérico.

Comparando a hierarquia por precedências com a por níveis de intervenção verifica-se que existe um ponto comum: ambas não se referem a sistemas, mas apenas a seus subsistemas que se influenciam. No entanto, divergem pelo fato de, na primeira, estarem dispostos em série e, na segunda, em paralelo.

Naturalmente, a hierarquia por níveis de intervenção obedece às três **condições gerais** para que os subsistemas possam ser hierarquizados, como especificado no item 4.1.2 do Capítulo 4.

1. SEQÜÊNCIA DE NÍVEIS. Os níveis da hierarquia por intervenção precisam ser bem identificados por não serem tão claros como os das duas hierarquias examinadas anteriormente. Um destes casos (que será mais bem detalhado em capítulo posterior) é o dos escalões de chefias, como o nível de diretoria que intervém no dos chefes de departamento e estes no dos chefes de seção, os quais como supervisores intervêm nos participantes diretamente envolvidos nas funções operativas. Cada um desses níveis **difere dos demais** por terem seus ocupantes, isto é, as chefias, atribuições e responsabilidades diversas e, também, por terem saídas e entradas peculiares aos seus escalões, geralmente na forma de informações, já que uma das suas funções é decidir com base nelas.
2. DIREITO DE INTERVENÇÃO. Esse tipo de primazia fica bem claro com o exemplo da função operacional de vender intervindo em "o que", "quanto" e "quando" a função operacional de produzir deve fabricar.
3. RESPOSTA COMO INFLUÊNCIA. A função operacional de produzir, ao receber a intervenção da de vender, tem a obrigação de informar se pode cumprir ou não o pedido de fabricação recebido. Naturalmente, seu desempenho irá influir no do nível superior de vender, pois se atrasar os fornecimentos ou estes não corresponderem ao especificado os clientes irão responsabilizar "vendas".

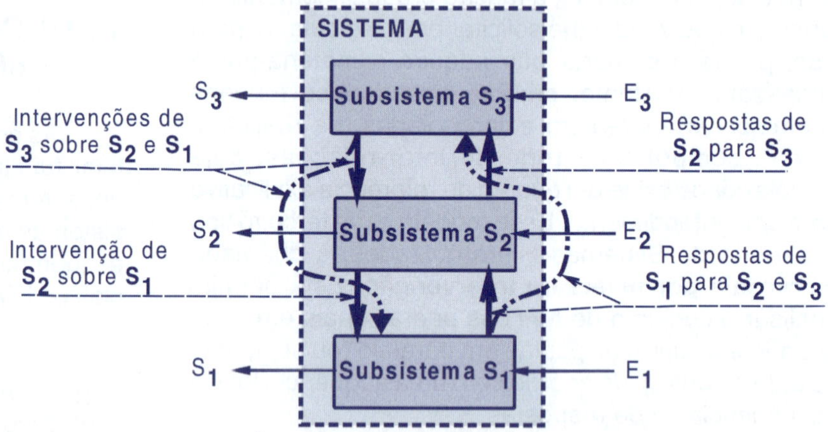

Figura 13.2 *Sistema com os seus subsistemas hierarquizados por níveis de intervenção (Mesarovic et alii, p. 35).*

13.1.2 Hierarquia por intervenção aplicada às organizações

Para as aplicações práticas convém tornar claras algumas características desse tipo de hierarquia.

1. A intervenção mais direta é sobre o nível imediatamente inferior, o que não impede de existirem outras sobre os níveis mais abaixo. Assim, ainda aproveitando o exemplo de vender, pode-se intuir que este intervém não só na de produzir, como também na de movimentar dinheiro, isto pelo fato de comercializar à vista ou a prazo, pois se trata de uma política que irá alterar o fluxo de caixa. O mesmo ocorre com as respostas, pois a estrutura "financeira" é capaz de influenciar a de "suprimentos" respondendo que não há numerário para as aquisições, e também a de "vendas" ao induzi-la a somente comercializar à vista.

2. A hierarquia não é de importâncias, mas tão-somente de seqüências, pois, se fosse, a Seção de Vendas seria mais importante que o Departamento da Produção, isto é, interessa mais vender que produzir, o que é absurdo. Aliás, essa idéia de importância é irrelevante na maioria das vezes, a exemplo do que ocorre com os seres vivos, não se podendo dizer que o coração é imprescindível, mas não o pulmão ou fígado, pois qualquer falha no funcionamento de um deles causa a morte do indivíduo.
3. Para análise de sistemas existentes e planejamento de novos convém pensar primeiro na hierarquia de funções e depois nas estruturas necessárias, embora ambas formem o sistema. Assim, de acordo com a quantidade de calçados a consertar, o sapateiro remendão adquire o couro para as solas, sendo ele próprio a única estrutura que exerce as duas funções, ou seja, o sistema é um só e sem subsistemas. Caso se associe com outro sapateiro é possível que comprar passe a ser incumbência de apenas um deles, o que significa duas estruturas para exercer as funções de produzir e adquirir, isto é, criam-se dois subsistemas no sistema sapataria.
4. A hierarquização em níveis de intervenção não exclui os outros dois tipos de hierarquias. Assim sendo, na Figura 13.2 aparecem dois níveis da hierarquização por ordens de complexidade, ou seja, um sistema formado por três subsistemas. Da mesma forma, cada um dos subsistemas operando em paralelo pode ser formado por "sub subsistemas" ordenados por precedências. Por exemplo, a função de comprar inclui fazer concorrências, adquirir e estocar, enquanto a função de movimentar dinheiro, situada em nível inferior, é composta por captar, armazenar e distribuir numerário.

Como o leitor pode perceber, a Teoria de Hierarquias em níveis de intervenção permite individualizar as redes complexas de mútuas influências que existem nas organizações, identificando os níveis de transformações dispostas em paralelo, o que simplifica sobremodo a análise de sistemas. Ao mesmo tempo, introduz a idéia de seqüência com início e fim, sobrepujando a falha mencionada dos modelos tradicionais encontrados na literatura de Administração. Uma aplicação da hierarquia por intervenção feita a seguir torna mais claro o que foi aqui sugerido.

13.2 AS FUNÇÕES OPERACIONAIS HIERARQUIZADAS POR NÍVEIS DE INTERVENÇÃO

As funções operacionais já foram examinadas em suas características gerais, o que permitiu separá-las em cinco tipos distintos. Falta, agora, mostrar como estes podem ser integrados em um único modelo, válido para a maioria das organizações. Para isso, utilizaremos a hierarquia de sistemas em níveis de intervenção, aproveitando o fato de as funções operacionais se posicionarem paralelamente entre si e, o que é importante, influenciando-se mutuamente por atuarem todas ao mesmo tempo.

13.2.1 Um modelo de integração das funções operacionais

Para estabelecer a ordem de intervenções é necessário tecer algumas considerações que permitam determinar qual é o nível superior e qual é o inferior.

1. Em primeiro lugar, já foi mencionado que a finalidade da organização é atingida quando ela supre necessidades de seus clientes. Para que isso ocorra, é preciso que, inicialmente, seja determinada qual é a exigência do meio ambiente a ser satisfeita, isto é, estabelecido "o que" deve ser produzido. Em seguida, é necessário dar a conhecer aos prováveis consumidores a possibilidade de eles adquirirem os produtos da organização, finalizando com a comercialização desses bens ou da venda dos serviços propostos. São todas funções de vender, conforme já exposto no Capítulo 11 e, por isso, essa função operacional deve ocupar o nível superior.
2. Em segundo lugar, fabricar ou prestar serviços são responsabilidades de produzir, porém dentro da especificação de "o que" e, também, "quando" e "quanto", todos determinados por vender. Portanto, esta última função intervém na produção, a qual responde informando se pode ou não atender às determinações recebidas, o que significa ocupar o nível inferior.
3. Por sua vez, produzir intervém na função de comprar por especificar matéria-prima, equipamentos, máquinas e demais ativos fixos, a fim de atender às instruções de vender. Como é compreensível, adquirir suprimentos responde para produzir, comunicando se consegue ou não obter o que lhe foi solicitado.
4. Comprar, porém, exige dinheiro, sendo essa a função de movimentar numerários que, para isso, recebe instruções da função comprar suprimentos, a ela respondendo se pode ou não atender.
5. Finalmente, compete a movimentar pessoas suprir as necessidades de mais participantes na qualidade e em quantidade pedida por todas as demais funções, o que significa ocupar o nível inferior, que é o mais baixo da hierarquia de intervenções. Naturalmente, essa função responde a todas as

solicitações que recebe, significando que influencia as demais que estão acima dela.

Para tornar mais claro o exposto, a Figura 13.3 esquematiza as cinco funções operacionais hierarquizadas em níveis de intervenção.

Além das observações gerais feitas para esse tipo de hierarquia, sua aplicação para as funções operacionais da organização exige alguns esclarecimentos adicionais.

1. As intervenções e respostas ocorrem de atividade para atividade, ou seja, de **subfunções** ou até mesmo de "sub subfunções", e não de uma função operacional para outra, de sorte que o desenho deve ser visto apenas como a maneira de tornar as mútuas influências mais gerais. Assim, é a subfunção de "comerciar" que determina para a de "realizar" o que deve ser fabricado, enquanto cada uma das atividades detalhadas nas figuras dos capítulos anteriores pede para a subfunção de "recrutar" que supra suas necessidades de pessoal.
2. O modelo é geral, porém deve ser adaptado a situações específicas. Um exemplo é das empresas estatais ou particulares de serviço público com demanda reprimida, onde vender se resume à promoção institucional da imagem da organização e a contínua expansão exige outra função, a de "construir" (como usinas hidroelétricas), que fica situada em precedência a de produzir, a qual se incumbe apenas de gerar energia.
3. A influência de cada uma dessas funções operacionais não depende de sua posição na hierarquia, mas sim de suas contribuições para as finalidades da organização, o que varia de tipo e de época. Assim, a função crítica pode ser movimentar dinheiro em tempos de recessão, enquanto a de comprar se destaca em fases de crescimento, fatos esses que chegam até a alterar a estrutura da organização (Woodward, p. 129-130). Entretanto, em qualquer caso a seqüência dos níveis não é mudada, pois nunca movimentar dinheiro ou pessoas poderá intervir para dizer o que produzir deve fabricar ou, então, o que comprar precisa adquirir. Portanto, permanecerão em nível de atender ou não os pedidos de numerário ou de participantes, o que não impede de se tornarem importantes para a organização, sobretudo em tempos de economia estagnada.

13.2.2 A dinâmica das funções operacionais

É possível redesenhar as cinco funções operacionais da Figura 13.3 nelas introduzindo as subfunções básicas e seus detalhamentos, ambos hierarquizados por precedências, conforme os Capítulos 10, 11 e 12 explicitam.

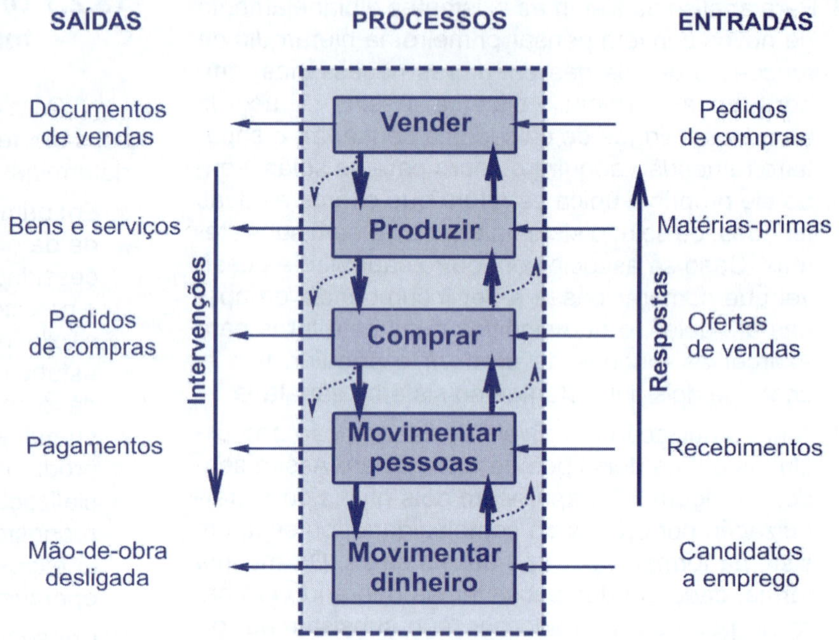

Figura 13.3 *As cinco funções operacionais hierarquizadas em níveis de intervenção.*

Com isso, ter-se-á uma rede bastante complexa, já que as subfunções e suas interrelações são em grande número. Como esse grande sistema operacional está em contínua atividade dentro de um ecossistema mutável, as entradas e saídas (que constituem as ligações de suas partes) estão constantemente variando, o que o torna dinâmico e bastante instável. Essa instabilidade decorre de um fenômeno muito importante que é o **tempo** decorrido entre uma ação e a seguinte.

Essa afirmação fica mais clara com um exemplo: o aumento da procura por apartamentos em prédios detectada por uma construtora faz com que a função vender intervenha na de produzir para que construa edifícios. Esta função, por sua vez, intervém na de comprar para serem adquiridos terrenos e depois materiais de construção. É evidente que a de movimentar dinheiro deve conseguir numerário de terceiros para os financiamentos e a de movimentar pessoal admitir mais participantes. Acontece que **sempre decorre um tempo entre o pedido para efetivar certa medida e sua concretização**. Dessa maneira, pode levar meses para que a função produzir construa os prédios. O resultado de tais demoras (que são inevitáveis) é os apartamentos ficarem prontos para a venda quando a procura decresceu em virtude de outras construtoras já terem saturado o mercado de imóveis (Roberts *et alii*, p. 308-310). O mesmo fenômeno ocorre com as fazendas de café, plantação de cereais e criação de gado, em que os ciclos se sucedem na falta de alimentos seguida de super-produção e por nova falta.

Sem tal dramaticidade, é comum o atraso no recebimento de qualquer insumo, seja matéria-prima, dinheiro e até mão-de-obra. Por exemplo, em fábricas, a demora no fornecimento de um item do elenco de matérias-primas determina o aumento do estoque de produtos semi-acabados, atraso na entrega das encomendas, paralisação de parte da linha de montagem, postergação dos recebimentos das vendas e até demissão de pessoal. Isso ocorre nas montadoras de veículos quando apenas uma fábrica de autopeças atrasa as entregas, como noticiado pelos jornais com a Fiat, em Minas Gerais, por dificuldades no transporte de componentes vindos de outros Estados.

Tais considerações têm por finalidade tornar clara a instabilidade das redes de funções operacionais decorrentes das interdependências e das demoras (evitáveis ou não) entre as intervenções, respostas e resultados das ações. Trata-se de assunto tão importante que os americanos a destacaram com o nome de ***Industrial Dynamics***, existindo até programas de computador para simular os efeitos diante das várias possibilidades de atrasos. É importante notar que as organizações procuram administrar tal instabilidade por meio da coordenação e do controle, assuntos que serão examinados em capítulo posterior.

TÓPICOS PARA EXPOSIÇÕES

13.1.1 Caracterização da hierarquia por níveis de intervenção

Com base na Figura 13.1 e exemplos explicar que a Teoria Clássica de sistemas considera os subsistemas processadores em paralelo independentemente uns dos outros. Com base na Figura 13.2 e exemplos explicar que a Teoria de Sistemas Hierarquizados considera o caso de um subsistema em paralelo intervir em outro e deles receber uma resposta como influência.

13.1.2 Hierarquia por intervenção aplicada às organizações

Ainda com base na Figura 13.2 explicar as quatro características da aplicação às organizações de subsistemas paralelos hierarquizados em níveis de intervenção. Explicar que o modelo permite analisar as mútuas influências entre os sistemas operacionais.

13.2.1 Um modelo de integração das funções operacionais

Com base na Figura 13.3 e exemplos explicar o modelo das cinco funções operacionais hierarquizadas em níveis de intervenções.

13.2.2 A dinâmica das funções operacionais

Ainda com base na Figura 13.3 explicar que o modelo pode ser ampliado pelo detalhamento das cinco funções operacionais hierarquizadas por níveis de precedências, como exibidos nas Figuras 10.4, 11.1, 11.2, 12.1 e 12.2. Explicar que uma subfunção influi em outras, havendo um **lapso de tempo** entre a intervenção e a resposta concretizada por um bem ou serviço. O resultado é uma instabilidade estudada pelos americanos com o nome de ***industrial dynamics***.

QUESTÕES DE APLICAÇÃO

1. Em uma copiadora, as funções do operador constituem um nível e as da máquina de xerox outro, ambos atuando em paralelo. No caso do aluno que entrega um artigo de revista pedindo que lhe forneça cópias, informe, justificando suas respostas: a) qual é o nível superior e qual é o inferior; b) quais são as entradas e quais são as saídas do nível superior; c) qual é a intervenção do nível superior sobre o inferior e qual é a resposta deste último.
2. Como administrador você pretende montar um escritório de consultoria para empresas, alugando uma sala e admitindo uma secretária e um *office-boy*. Informe, justificando suas respostas: a) quais são as entradas da função operacional de produzir serviços; b) quais são as saídas correspondentes para os clientes; c) qual é a estrutura que você montou para a função produzir.
3. Detalhe os cinco níveis da Figura 13.3 nela incluindo o desenho das funções operacionais correspondentes (somente as do 2º nível das precedências), tendo por base as Figuras 10.4, 11.1, 11.2, 12.1 e 12.2.
4. Uma gráfica, cujas funções operacionais seguem o modelo que você desenhou em resposta à pergunta 3, recebeu um pedido urgente da Fuvest para impri-

mir as folhas de prova dos vestibulares. Aconteceu que faltou papel no mercado e houve uma greve dos gráficos da empresa, obrigando-a a importar papel e a demitir os cabeças dos grevistas. Informe, justificando suas respostas: a) qual subfunção da função **produzir** interveio na subfunção da função **comprar**; b) qual subfunção da função **movimentar pessoas** recebeu intervenção por causa da greve e de qual subfunção; c) os prazos de entrega das folhas de prova contratados com a Fuvest serão cumpridos?

DISCUSSÃO EM GRUPOS

O caso da concessionária de automóveis (3ª parte)

Com base nas situações expostas nos capítulos anteriores, responda, justificando, às perguntas designadas para seu grupo.

1. Informe, justificando suas respostas: a) se o diretor de oficina e compras resolvesse aumentar as instalações e o número de empregados, quais seriam as outras funções sobre as quais teria primazia para intervir; b) no caso de o diretor de vendas concluir que estava havendo uma recessão econômica e, por isso, tinha de reduzir drasticamente as atividades de sua diretoria, em quais outras funções ele iria intervir.
2. Considerando que a Oficina executa gratuitamente as revisões periódicas dos carros novos comercializados pelo Departamento de Vendas, concretize: a) com base nas Figuras 13.2, 10.4 e 11.1 desenhe, hierarquizando por níveis de intervenção, as duas subfunções operacionais que fazem parte das funções "vender" e "produzir", e que deram origem às estruturas mencionadas; b) informe quais são 1. as entradas e 2. as saídas dessas duas subfunções; c) informe no que consistem as informações referentes 1. à intervenção e 2. à resposta desses dois níveis entre si.
3. No caso de a diretoria resolver terceirizar os serviços da Oficina, desativando as instalações de sua propriedade e contratando uma empresa de fora, informe, justificando suas respostas: a) a concessionária teria uma redução de funções operacionais, ou de estrutura ou de ambas; b) a função produzir da empresa de fora que foi contratada teria primazia sobre as demais funções da concessionária?
4. Desenhe a **estrutura** da concessionária indicando cada Seção (ou Departamento) responsável para cada uma das cinco funções operacionais.
5. Por ocorrer um crescimento nas exportações de carros novos a montadora Renault aumentou sua produção, esgotando os estoques das empresas fabricantes de autopeças. Por essa razão, estas passaram a não mais atender aos pedidos de reposição da concessionária, que teve até de demitir empregados. Informe, justificando suas respostas: a) quais funções operacionais foram prejudicadas; b) quais tipos de atrasos ocorreram no atendimento a clientes.

LEITURAS COMPLEMENTARES

CARRION, Rosinha M., GARAY, Ângela B. S. Reestruturação produtiva, organização e gestão do trabalho na indústria petroquímica: estudo do complexo petroquímico do Rio Grande do Sul. In: **Encontro da ANPAD 21**, 21 a 24 set. 1997. Foz do Iguaçu. Resumo dos trabalhos — ENANPAD 97, p. 181. Descreve as transformações que ocorrem nesse setor industrial, onde os executores de tarefas individualizadas estão sendo substituídos por operadores polivalentes e multifuncionais.

NETZ, Clayton. Fim do bloco do eu sozinho. **Exame**. São Paulo, Abril, ed. 637, 04 jun. 1997. Entrevista com Philip Kotler, o guru do Marketing, que defende a importância de integrar as funções da empresa a fim de atender o cliente com eficácia.

A HIERARQUIA EM NÍVEIS DE COORDENAÇÃO 14

No exército romano, o centurião determinava as ações de dez decuriões e, por sua vez, cada um destes comandava dez soldados, existindo, pois, uma hierarquia de coordenação, que consiste na intervenção do superior sobre os comportamentos dos inferiores. A hierarquia é uma antiqüíssima característica das organizações pertencentes à instituição militar, inicialmente transferida para as seitas da instituição religiosa e mais tarde para a denominada econômica, a qual pertencem as empresas.

O comando não é a única forma de coordenar, razão pela qual a denominada **hierarquia de coordenação** abrange outras maneiras de influenciar as pessoas (Mesarovic et *alii*, p. 49-50). Examinar suas características e aplicações será o primeiro objetivo deste capítulo, tendo por base a Teoria de sistemas hierarquizados.

Acontece que a estratificação em níveis de coordenação cria diferentes subculturas em níveis "horizontais", porque os vários especialistas, supervisores, gerentes e empresários possuem crenças e valores diferentes, além de executarem trabalhos peculiares a seus níveis. Por outro lado, também diferem entre si as funções de vender, produzir, comprar e as demais, o que sugere a existência de outras subculturas, estas dispostas em colunas "verticais". Portanto, a hierarquia de coordenação **integra subculturas diversas**, tanto as das funções operacionais quanto as dos escalões da linha de comando. Analisar essas formas de sobrepujar as variações culturais será o segundo objetivo deste capítulo.

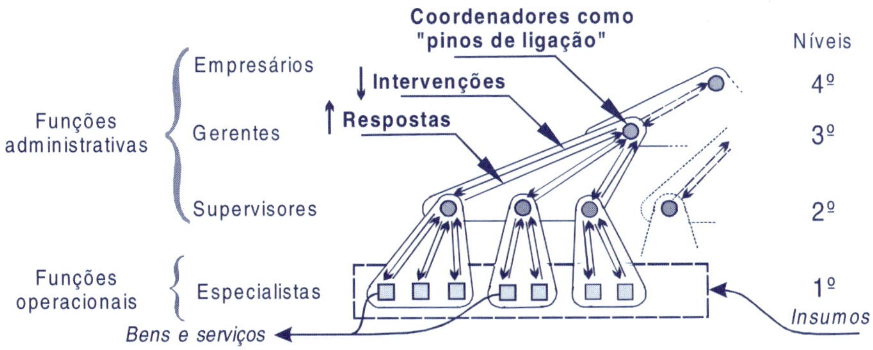

Figura 14.1 *Hierarquia de sistemas em níveis de coordenação.*

14.1 A HIERARQUIA DE COORDENAÇÃO INTEGRA SUBFUNÇÕES

A divisão do trabalho exige que os esforços de todos os executores sejam coordenados para alcançar a meta prevista, motivo pelo qual aceitam que alguém, situado em nível superior, intervenha nas ações dos indivíduos considerados em nível inferior. É natural que estes respondam, dando informações de como estão desempenhando o que lhes foi atribuído. Ora, influência e resposta caracterizam um sistema hierarquizado em níveis de intervenção, o que sugere ser a hierarquia em níveis de coordenação um de seus casos particulares, no qual a intervenção é feita sobre muitas pessoas e não sobre uma só. Essas explanações sugerem ser possível e conveniente aplicar a **Teoria de sistemas hierarquizados por níveis de intervenção** ao estudo da coordenação de participantes para que metas organizacionais sejam atingidas.

14.1.1 Características da hierarquia de coordenação

A coordenação é um processo de intervenções e respostas por meio de comunicações entre pessoas situadas em diferentes escalões (Mesarovic *et alii,* p. 50). Essa sucessão de níveis é mostrada na Figura 14.1, onde foi utilizada a representação proposta por Rensis Likert, na qual o coordenador é o "pino de ligação" que une o grupo em nível inferior ao superior pelo fato de ele pertencer a ambos (Litterer, p. 360).

Sendo um caso particular da hierarquia por níveis de intervenção, é esperado que obedeça às três condições especificadas no item 13.1.1 do Capítulo 13.

1. SEQÜÊNCIA DE NÍVEIS. Já foi exemplificada a seqüência de escalões das chefias-subordinados que vão da Diretoria até os executores das cinco funções operacionais, de sorte que não será mais necessário voltar ao tema. Todavia, é importante observar que a hierarquia de coordenação também é válida para outros tipos de organização que não os da Figura 14.1, assunto esse que ficará mais claro no Capítulo 19, onde serão examinadas outras estruturas organizacionais.
2. DIREITO DE INTERVENÇãO. O coordenador determina as ações dos coordenados situados em nível inferior, neles influindo pelo uso do poder, trocas ou autoridade, porém dando-lhes certo grau de liberdade para executarem o determinado. Essa liberdade varia de caso para caso e, por isso, o Chefe de Departamento da universidade não especifica aos professores como devem ministrar as aulas, enquanto o mestre de obras constantemente instrui pedreiros, carpinteiros e pintores sobre os detalhes da construção.
3. RESPOSTA COMO INFLUÊNCIA. O subordinado responde ao chefe sobre o serviço pelo qual ficou responsável, informando-o de que já terminou, ou então, dando as razões de não ter sido possível executá-lo. É compreensível que o **desempenho do nível inferior influa no superior**, pois, se o subordinado não trabalhar a contento, o chefe fica malvisto pelos seus superiores.

Deve-se observar que os diversos escalões da hierarquia de coordenação podem ser vistos, também, como supersistemas, sistemas e subsistemas dentro da hierarquia por ordens de complexidade, como mostrado na Figura 14.1.

14.1.2 A hierarquia de coordenação aplicada às organizações

É importante destacar algumas características da hierarquia em níveis de coordenação, a fim de possibilitar ao administrador aplicá-la a situações reais das empresas.

1. CONFLITO E CONTROLE. Várias ilações podem ser tiradas da aplicação dessas três regras para hierarquizar sistemas em níveis de coordenação. Para começar, o fato de restringir os cursos de ação do nível inferior faz com que os conflitos se reduzam pelo motivo de o coordenador distribuir os trabalhos com o fim de as tarefas de um participante não interferirem nas dos outros. Em segundo lugar, a retroinformação dada pelo executor e as novas instruções que recebe consubstanciam o controle por parte do coordenador. Em terceiro lugar, trata-se de um processo de influência, o qual poderá ter por base o poder, as trocas ou a autoridade exercida pelo nível superior. Finalmente, em decorrência de cada um dos três tipos dessa base de influência, a figura do coordenador será a de condutor, chefe ou líder (que serão detalhados no Capítulo 16).

   Com isso, a hierarquia de coordenação permite integrar vários temas tratados na Administração pelo motivo de constituir um quadro de referência para o entendimento da estrutura das organizações, sendo um deles o conhecido organograma.
2. A HIERARQUIA DE COORDENAÇÃO ADAPTA-SE AOS VÁRIOS TIPOS DE ESTRUTURAS. O leitor poderia supor que a Figura 14.1 se aplica somente para um tipo de estrutura, o que não é verdade. Isto porque o princípio da intervenção e sua respectiva resposta são válidos para qualquer forma departamentalizada. Por exemplo, na matricial ele se aplica às **equipes** que,**ao mesmo tempo,** são coordenadas nas linhas horizontais pelos gerentes de projeto e nas verticais pelos supervisores de especialistas. Tal consideração é importante para o leitor visualizar os esquemas como gerais e, por isso, pensar em termos mais abstratos para suas aplicações às diferentes estruturas encontradas nas si-tuações reais.
3. RESPONSABILIDADE E DELEGAÇÃO. Quando percebe ser necessário pintar sua residência, o proprietário chama um empreiteiro com quem celebra um contrato de serviço, segundo o qual as partes se obrigam mutuamente, inclusive sob as penas da lei. Com isso, o empreiteiro aceita a **responsabilidade** pela execução da pintura e o proprietário a remunerá-lo dentro do processo de trocas.

   Responsabilidade é a aceitação da pessoa em desempenhar determinada função para atingir metas preestabelecidas (Hicks, p. 268).

   Se os serviços forem de certa magnitude, o empreiteiro sozinho não poderá executar a pintura dentro dos prazos contratuais, motivo pelo qual **delega** parte do trabalho a outros pintores.

   Delegação é a atribuição que uma pessoa concede a terceiros para perfazerem uma função pela qual se responsabilizou (Hicks, p. 267).

No exemplo dado, os pintores aceitaram responsabilizar-se pela execução das partes do serviço que o coordenador (no caso o empreiteiro) lhes delegou. Examinando melhor esse processo, percebe-se que delegar é influir para que outros aceitem a responsabilidade de executar algo e, também, de informar como estão desempenhando o trabalho. Portanto, a intervenção e a resposta da hierarquia de coordenação correspondem, respectivamente, a delegar e aceitar a responsabilidade.

Que acontecerá, porém, se os pintores, por incapacidade ou por não aceitarem a plena responsabilidade, executarem os serviços abaixo dos padrões mínimos aceitáveis? É de se esperar que o empreiteiro adote medidas de acordo com o controle que exercer, seja mandando refazer a pintura, seja trocando de profissionais. Isto porque ele continua responsável perante o proprietário pelos bons ou maus resultados alcançados, segundo o princípio da ideologia clássica que preceitua: "delega-se autoridade mas não a responsabilidade".

Poder-se-ia fazer uma pergunta: é possível transferir o exemplo dos pintores para as organizações? Não, por várias razões. Para começar, vamos supor que os pintores sejam empregados de uma grande empresa de construção civil, na qual são coordenados pelo mestre-de-obras (na posição de supervisor). Este recebe do engenheiro (na posição de gerente) a delegação para efetivar a pintura do edifício e, naturalmente, aceita a responsabilidade pela execução, mesmo porque, caso não o faça, será despedido. Aqui já se nota uma primeira diferença em relação ao caso do empreiteiro do exemplo anterior. Por sua vez, o mestre delega aos pintores a execução do serviço, os quais, também, aceitam a responsabilidade pela pintura.

Acontece que, se esses profissionais por algum motivo estiverem descontentes com a empresa, irão trabalhar devagar (já que recebem por hora e não pelo que produzem), a ponto de o mestre informar ao engenheiro que o cronograma das obras está se atrasando. O engenheiro nada pode fazer para eliminar a insatisfação por não ser o dono da empresa, motivo pelo qual, muito provavelmente, dirá para o mestre resolver o problema por ser responsável pelos operários. Nesta situação, o mestre poderá tentar diferentes formas de ajustamento para solucionar o impasse.

A primeira delas será a de pressionar os pintores, aliás sem muito sucesso porque não são seus empregados, e nem mesmo pode demiti-los, a menos que haja boa razão para solicitar ao Departamento de Pessoal o desligamento de subordinados, o que não é o caso. Esta é uma segunda diferença em relação ao exemplo do empreiteiro e fundamental para o binômio responsabilidade-delegação. Uma segunda tentativa de solução poderá ser a de barganhar oferecendo certas vantagens para os pintores aumentarem a velocidade do serviço, possivelmente com a promessa de apontar horas extras inexistentes. Uma terceira forma será a de retirar parte da delegação, passando ele próprio a pintar, fato esse improvável no caso, mas comum quando se trata de gerentes em níveis médios da hierarquia que assumem tarefas de subordinados. Finalmente, uma quarta maneira de ajuste seria negativa, como pedir demissão, provocar doenças psicossomáticas (entre as quais citam-se a úlcera estomacal e a pressão alta), ou, então, fumar imoderadamente ou começar a beber. Estas são outras diferenças entre o exemplo do empreiteiro em sua microempresa com um só nível de coordenação e o do mestre-de-obras da organização de grande porte com muitos escalões de comando.

Portanto, nas estruturas tradicionais da hierarquia de coordenação, o fato de delegar, continuando responsável por tarefas fora de sua especialidade e obrigações contratuais com o empregador, traz sérias dificuldades para os administradores. Em resumo, a tendência comum dos coordenadores é fazerem eles mesmos serviços que seriam de responsabilidade dos subordinados, ou de criarem mecanismos defensivos de ajuste, como os citados anteriormente.

Pelo lado das organizações o caminho seguido é o de procurar cada vez mais mecanizar as operações com o fim de reduzir a quantidade de pessoal ou contratar serviços e produção de componentes com terceiros. No exemplo da construtora seria o de utilizar empreiteiro de mão-de-obra de pintura, como já é hábito fazer, inclusive com pedreiros, carpinteiros e outros oficiais da construção civil.

14.1.3 Linha de comando, assessoria e conflitos resultantes

Existe muita confusão na literatura sobre a definição de quem pertence à linha de comando e de quem está na assessoria, além do que as relações entre ambas, provavelmente, são as que mais causam conflitos e problemas na coordenação das organizações (Koontz & O'Donnell, p. 215-216). Por isso, o administrador deve entender bem a diferença entre os dois conceitos, tanto para organizar estruturas quanto para gerenciá-las.

1. LINHA DE COMANDO. Nas burocracias fica estabelecido que o especialista incumbido de uma função operacional é coordenado por um supervisor, a quem informa sobre seu desempenho. Este supervisor, por sua vez, é coordenado por um gerente, e assim por diante, subindo pelos níveis hierárquicos até chegar ao presidente da empresa. Esse duplo relacionamento superior-subordinado, que também desce em cascata pela hierarquia abaixo até chegar ao responsável pelas funções operacionais, é chamado **linha de comando**.

   Também nas estruturas mais modernas existe a linha de comando, somente com a diferença de os responsáveis por cargos e funções não serem perenes, mas mudarem com o tempo, a exemplo das estruturas matriciais, nas quais o especialista recebe a intervenção do gerente do projeto em uma linha de comando "horizontal" e, também, do supervisor em uma linha "vertical", como esquematizado na Figura 18.7, a ser examinada no Capítulo 18.

2. ASSESSORIA. Originou-se da cópia feita pelas empresas do modelo militar dos exércitos que, a partir do início do século 19, incluíram especialistas fora da linha de comando. Surgiu, assim, o *staff*, que ia desde o ajudante de campo, cujas tarefas incluíam até a de levar a "amiga" do general a passeio (ironicamente citado em livros da época), até o estado-maior, com funções nas áreas de informação, treinamento, pessoal e suprimentos (Dale & Urwick, p. 76-86).

   Transferida para as empresas, a assessoria por definição tem a função de, por delegação de um coordenador da linha de comando, aconselhá-lo ou então assisti-lo, suprindo sua falta de tempo ou conhecimentos técnicos em um assunto (Koontz & O'Donnell, p. 216). Seguindo esse paradigma, os modelos tradicionais de estrutura propõem três tipos, em níveis de crescente complexidade das tarefas.

   - **Assistente**. Vai desde a função de secretária até a do "assessor para todos os assuntos", que é o *alter ego* do dirigente. Pela proximidade do chefe seu poder costuma ser muito grande, intrometendo-se na coordenação das atividades dos escalões em níveis inferiores e "filtrando" as respostas por eles fornecidas.
   - **Assessoria especializada**. É o caso de advogados, relações públicas e consultores técnicos junto à presidência de grandes empresas, e às vezes de diretores de Marketing, Produção ou Finanças, tendo por função esclarecer os assuntos de suas especialidades. Muitas vezes se parece com uma unidade administrativa departamentalizada por função, sobretudo se reunir vários especialistas sob a coordenação de um chefe, a exemplo do que sucede nas grandes organizações.
   - **Assessoria geral**. Corresponde ao estado-maior dos exércitos e são verdadeiras unidades com vida própria e destinadas a trabalhos específicos, a exemplo de pesquisa de marketing ou planejamento estratégico (Hicks, p. 389-390). As empresas de consultoria contratadas para prestarem serviços específicos também podem ser incluídas neste tipo de assessoria, porém sem vínculo empregatício. Outro exemplo é o da igreja católica, na qual os cardeais estão na assessoria como estado-maior, enquanto bispos e arcebispos pertencem à linha de comando.

3. CONFLITOS ENTRE LINHA DE COMANDO E ASSESSORIA. O conflito dos coordenadores e especialistas da linha de comando com os assessores é um assunto clássico das Teorias de Administração, para o que contribuem vários fatores.

   - Em primeiro lugar, os resultados obtidos pela linha nas cinco funções operacionais são concretos e mensuráveis, seja em vendas, fabricação de bens, serviços prestados, compras, movimento de pessoal e dinheiro, enquanto as contribuições do *staff* são indiretas e difíceis de medir, fazendo com que os assessores sejam julgados supérfluos.
   - Em segundo lugar, os assessores geralmente possuem níveis escolares e conhecimentos teóricos superiores aos dos administradores de linha que são práticos, além de ganharem relativamente bem e gozarem do convívio e confiança da cúpula administrativa. Isso tudo causa inveja, a ponto de sempre existir alguém pronto para lhes "puxar o tapete".
   - Em terceiro lugar, eles possuem um poder real sobre a linha pela influência que exercem sobre seus chefes imediatos, o que não é aceito e ainda piorado pela inabilidade e, também, pela incapacidade dramatúrgica desses executivos de fazerem crer que seus assessores "apenas os aconselham, mas não influem em suas decisões" (Bernardes & Marcondes, p. 79) (Hicks, p. 388-389) (Koontz & O'Donnell, p. 229-230) (Newman & Warren p. 85-88).

   Por esses motivos, alguns teóricos da Administração simplesmente preconizam sua eliminação, afirmando que o conceito de assessoria é obsoleto (Fisch, p. 67-79). Tanto é verdade que as estruturas mutáveis previstas para o futuro não incluem a assessoria, o que é compreensível, pois nelas os especialistas de linha, seja individualmente, seja em equipes, são deslocados para desempenhar funções que nas burocracias pertencem às assessorias, voltando para a linha assim que completam seu trabalho.

14.2 A HIERARQUIA DE COORDENAÇÃO INTEGRA SUBCULTURAS

No Capítulo 4 foi destacado o fato de que, nas organizações, formam-se subculturas, mas sem procurar diferenciá-las em suas características. Com a hierarquização de sistemas em níveis de coordenação podem-se mostrar tais diversidades, levando-se em conta dois aspetos: 1. a diferenciação das funções operacionais faz com que as pessoas que as desempenham interiorizem subculturas específicas; 2. os níveis da hierarquia de coordenação, integrando essas funções, propiciam, por sua vez, condições para o desenvolvimento de outro tipo de subculturas, estas acompanhando os escalões das chefias.

Com isso, são criadas diversas subculturas em colunas "verticais" da organização, integradas por diferentes subculturas em níveis "horizontais" de coordenação.

14.2.1 As subculturas criadas pela diferenciação das funções operacionais

Pesquisas americanas mostraram que gerentes de fábrica, engenheiros de produção e artífices estavam primordialmente interessados nas tarefas e pouco voltados a manter relacionamentos sociais. Diferentemente, os gerentes de marketing e os próprios vendedores, que estavam habituados a se relacionar com os clientes, promoviam entre si muitas interações de apoio emocional. Por sua vez, o pessoal de produção era o que mais obedecia às normas da organização, enquanto os pesquisadores que trabalhavam individualmente tinham menor orientação para as regras formais de procedimentos (Lawrence & Lorsch, 1973, p. 51-55).

Também uma pesquisa brasileira mostrou a existência da diversidade dos estilos comportamentais dos participantes, causados pelas características das áreas de trabalho, como Recursos Humanos, Produção, Finanças e outras mais (Bergamini, 1980, p. 81-82).

Portanto, é lícito supor que, nas organizações, as pessoas das várias áreas operacionais se diferenciam em subculturas, suscetíveis de serem medidas por meio das três variáveis culturais: tecnologias, preceitos e sentimentos. A Figura 14.2 mostra uma representação ainda a ser confirmada por pesquisas, mas que está de acordo com as observações dos autores mencionados.

Como o leitor pode observar, essa diferenciação em subculturas ocorre nas grandes organizações, pois nas pequenas as várias funções operacionais são desempenhadas pela mesma pessoa. Nestas seria possível distinguir apenas duas subculturas: a da loja ou fábrica e a do escritório onde se localizam as atividades-meio.

Já nas organizações de médio porte essa diversidade começa a se tornar manifesta (como pode ser visualizado na Figura 14.4 da página 123), em relação a cada um dos subsistemas das funções operacionais. Isso justifica a afirmação feita a respeito da diferenciação em colunas "verticais" representadas pelas Seções, como unidades administrativas que são. Portanto, outra finalidade da hierarquia de coordenação é integrar as subculturas criadas pela especialização de funções e subfunções operacionais.

14.2.2 As subculturas criadas pelos escalões de coordenação

Na microempresa, os proprietários coordenam diretamente os executores dos processos de produção sem níveis intermediários, inexistindo, pois, uma hierarquia de coordenação do tipo clássico. Este surge à proporção que essa microempresa cresce, tornando-se necessária a criação de mais níveis de coordenação a serem preenchidos por supervisores e gerentes, além do já ocupado pelos proprietários. Com isso, a hierarquia de coordenação se aproxima cada vez mais da existente nas empresas de grande porte, que por ser abrangente servirá de modelo para as análises seguintes.

1. SUPERVISOR. As Seções de Fiação, Estamparia e Tinturaria da Tecelagem já exemplificadas devem ter como coordenadores antigos especialistas nessas subfunções, que com o tempo passaram a ocupar o cargo de supervisores. Esse termo, que em geral é utilizado pelos americanos para designar

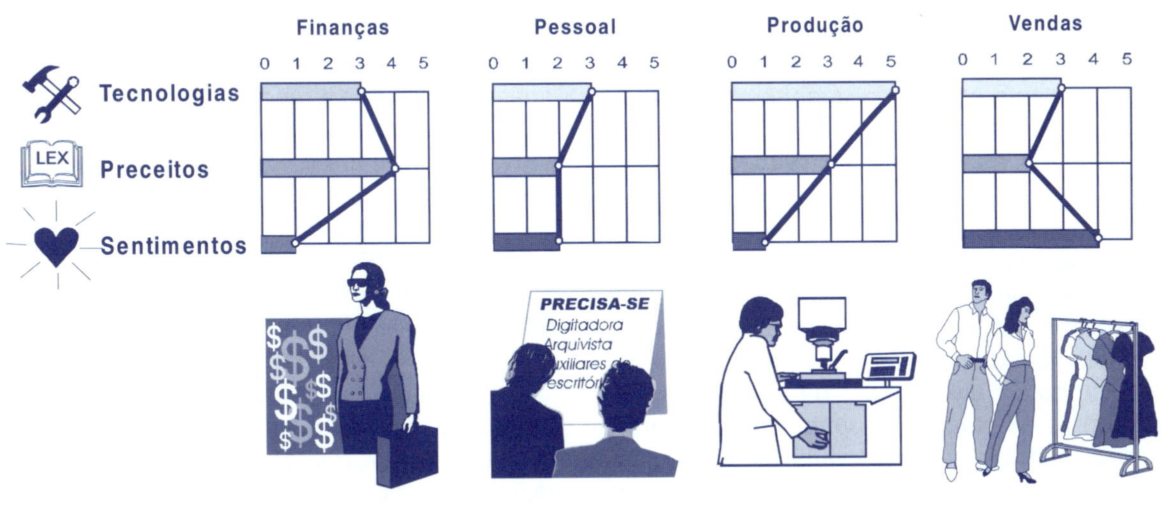

Figura 14.2 *Perfis supostos das subculturas de várias funções operacionais.*

apenas as chefias do primeiro escalão das fábricas, para nós possui maior extensão.

Supervisor é quem decide sobre os processos, coordena e controla os participantes que aceitaram a responsabilidade de executar as subfunções operacionais.

O conceito é amplo, pois engloba tanto o mestre da linha de montagem quanto o médico que lidera a equipe de cirugiões, o pároco da cidade ou bairro e o chefe dos professores de uma escola.

É de esperar que enfatizem a variável cultural das tecnologias, vindo em segundo lugar a dos sentimentos e, por último, a dos preceitos. Esse interesse do "como fazer" é um traço de personalidade que leva as pessoas a procurarem cargos mais operacionais que administrativos, o que faz supor decorrer de fatores inatos e, também, da aprendizagem dentro da cultura familiar.

2. GERENTE. Entre esses dois tipos de coordenadores situam-se os que denominamos gerentes, ocupando os níveis médios das organizações, em um ou mais escalões. Caracterizam-se por integrar as funções operacionais, tendo a visão limitada a uma área administrativa, como produção, ou recursos humanos ou finanças, o que levou Etzioni a designá-los "segmentalistas", no sentido de interessarem-se apenas por uma parte da organização.

Gerente é quem decide sobre os meios para atingir os fins, coordenando e controlando os participantes que aceitaram a responsabilidade de integrar as funções operacionais.

Tendo em vista sua formação universitária ou apenas técnica, a exemplo de engenheiros, economistas e advogados que deixaram suas especializações para ocupar cargos na média hierarquia das organizações, os gerentes são muitas vezes chamados de tecnoburocratas. Incluem-se, também, os administradores diplomados que trabalham seja como funcionários públicos, seja nas organizações estatais, seja como empregados nas grandes empresas, mas que ainda não atingiram o ápice para serem considerados empresários (Motta, 1986, p. 111).

Pelo fato de assumirem a responsabilidade de obter os meios necessários para os fins, seus contactos são com fornecedores, clientes e agentes financeiros, bem como com o nível da alta administração e com o dos supervisores. Isso os coloca na interface com o ambiente externo e com o interno dos escalões, resultando em diversidades de comportamentos causadores de *stress*. Por outro lado, é de prever que não dêem tanta ênfase à variável tecnologias como os supervisores, nem tanta à preceitos como os empresários, havendo certo balanceamento entre ambas e certa importância à variável expressão de sentimentos. Como os demais tipos de coordenadores, os gerentes possuem seus próprios traços de personalidade oriundos da aprendizagem dentro da cultura familiar que os leva a preferir cargos médios mais ou menos burocratizados.

3. EMPRESÁRIOS E EMPREENDEDORES. No outro extremo da hierarquia de coordenação, ou seja, em nível da cúpula administrativa das organizações, estão os empresários e os empreendedores, sejam proprietários, sejam administradores profissionais. Estão voltados para os clientes do ecossistema, o ambiente da organização, cujas restrições e oportunidades condicionam os bens a produzir e os serviços a prestar.

Empresário (ou empreendedor) é quem decide sobre os fins da organização, coordenando e controlando os participantes que aceitaram integrar as funções operacionais e onde obter os meios necessários para essas finalidades.

Provavelmente enfatizam a variável cultural dos preceitos, vindo em seguida a de sentimentos e, por último, a das tecnologias, já que estão afastados das atividades instrumentais da execução. Excluindo os "políticos" (no dizer de Bresser Pereira) que são oportunistas, tanto os empresários quanto os empreendedores desejam ocupar os cargos que decidem "o que" fazer por um traço de personalidade provavelmente aprendido na infância (Etzioni, 1974, p. 259).

A Figura 14.3 reúne em um esquema a variação da eficácia-eficiência em função do nível hierárquico e os perfis que se supõe corresponder às subculturas dos três escalões descritos linhas atrás.

Os perfis da figura já mostram que as organizações são estratificadas em níveis de sub-culturas diferentes. Para começar, as subfunções de transformção dos insumos em bens e serviços são desempenhadas por pessoas que pertencem às classes sociais correspondentes às especializações exigidas. Assim, a empresa de construção civil contrata os servi-ços de pessoas de mais baixa renda enquanto as montadoras de carros têm empregados de classe média baixa. Por sua vez, os gerentes de ambas são oriundos da classe média que dá grande valor à formação escolar, seja universitária, seja técnica, como forma de "subir na vida". Finalmente, os empresários das grandes organizações privadas vêm da minoria situada no topo da pirâmide social, que usufrui poder e prestígio, inclusive alguns que conseguiram ascender socialmente.

Por outro lado, a empresa serve de meio para muitos subirem na escala de posições sociais pelo fato de aumentarem o fator riqueza, o qual concorre para fazer crescer o poder e o prestígio. Exemplos desses casos são de conhecimento geral, motivo pelo qual não é necessário nomeá-los aqui.

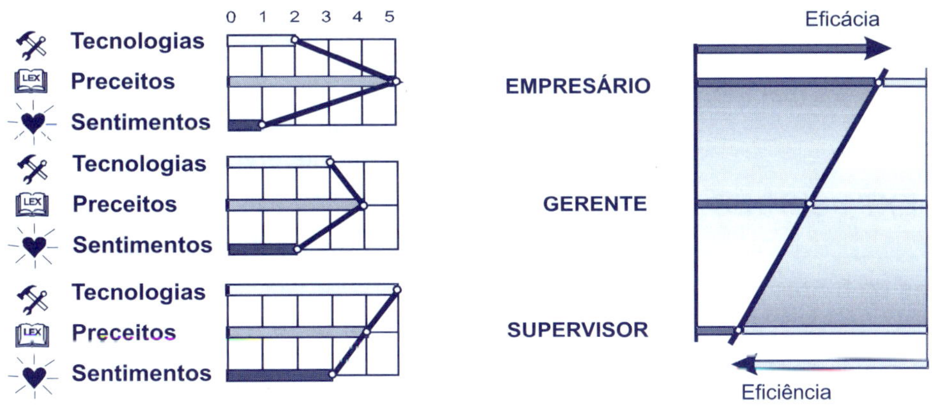

Figura 14.3 *Variação da eficácia-eficiência e subculturas dos níveis hierárquicos.*

14.2.3 A diversidade de subculturas dificulta a integração

As subculturas decorrentes da especialização e as originadas pela coordenação foram reunidas na Figura 14.4, tanto para a média quanto para a grande organização, obviamente procurando dar uma idéia geral, onde muitos casos particulares diferentes do analisado são de conhecimento do leitor (Bernardes & Marcondes, 1999, p. 138-140).

Alguns aspectos da Figura 14.4 devem ser analisados.

Em primeiro lugar, em geral, nas empresas de pequeno porte cujas transformações de insumos em bens e serviços não exigem grande grau de especialização, seus empresários pertencem à classe social baixa. Isto é facilmente observado nas micro e pequenas empresas, como restaurantes, oficinas de consertos, prestadoras de serviços, lojas do pequeno comércio, chácaras ao redor das cidades e assim por diante. Diferente é o caso da ainda pequena e até mesmo da microempresa, que sejam exigentes de alto grau de especialização. Nesse caso, é comum seus proprietários serem da classe média e às vezes até da alta.

Em segundo lugar, à proporção que se desce na hierarquia, a cultura mais ampla da organização imposta pela cúpula administrativa vai ramificando-se de acordo com as funções operacionais, de forma semelhante à representada na Figura 4.4.

Isso nos permite falar na diferenciação da subcultura em colunas "verticais" acompanhando a diversidade de funções, e em estratos "horizontais" de acordo com os níveis hierárquicos de coordenação.

Uma ilação prática que se pode tirar do exposto é a dificuldade de os gerentes dos vários níveis da hierarquia de coordenação entenderem as atitudes dos ocupantes dos estratos inferiores e, também, dos superiores, trazendo problemas de compreensão que aumentam à medida que cresce a distância social entre coordenadores e coordenados (Bernardes & Marcondes, 1999, p. 140). Ao lado disso, os coordenadores de mesmo nível social (e hierárquico) também não compartilham das atitudes dos pares pelo motivo das diferenças de especialização exigidas pelas diversidades das cinco funções operacionais.

Em resumo, as subculturas dos coordenadores na posição de "pinos de ligação" diferem das dos seus subordinados, superiores e pares por força das des-

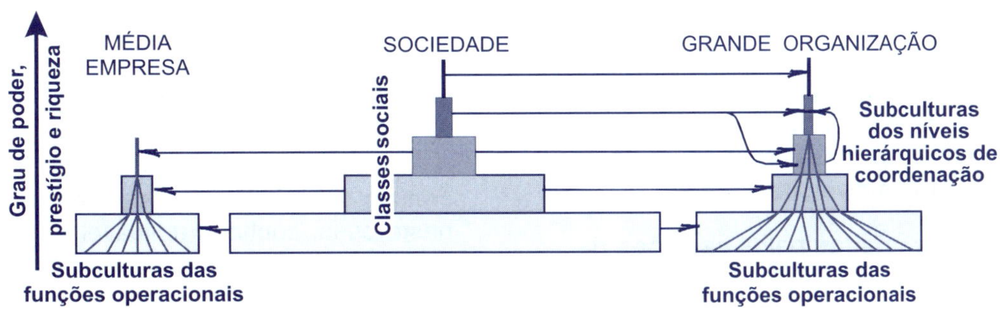

Figura 14.4 *Subculturas "horizontais" e suas ramificações "verticais".*

semelhanças das funções operacionais e dos escalões de gerenciamento. É óbvio que tais diferenças causam dificuldades na integração das partes da estrutura organizacional.

TÓPICOS PARA EXPOSIÇÕES

14.1.1 Características da hierarquia de coordenação

Explicar que a execução de tarefas diferentes provocadas pela divisão do trabalho exige que os desempenhos dos executores sejam integrados de alguma forma, isto é, sejam coordenados. Informar que a coordenação pode ser analisada por meio de um caso particular da hierarquização de sistemas por níveis de intervenção, ou seja, por **níveis de coordenação**. Com base na Figura 14.1, explicar no que consiste: 1. seqüência de níveis; 2. direito de intervenção; 3. resposta como influência.

14.1.2 A hierarquia de coordenação aplicada às organizações

Explicar com exemplos que, quando aplicada às organizações, a hierarquia de coordenação origina vários efeitos, como: 1. reduz o conflito entre os executores pelo fato de estabelecer quem faz o que; 2. cria a **responsabilidade** pela execução da tarefa que foi aceita; 3. faz com que uma pessoa **delegue** o desempenho de um trabalho para outras. Explicar com exemplos que a tão mencionada frase "delegam-se tarefas, mas não a responsabilidade pela execução" na verdade é uma contradição.

14.1.3 Linha de comando, assessoria e conflitos resultantes

Explicar com exemplos no que consiste: 1. a linha de comando; 2. os três tipos de assessoria; 3. os conflitos entre a linha de comando e a assessoria.

14.2.1 As subculturas criadas pela diferenciação das funções operacionais

Com base na Figura 14.2, explicar com exemplos que: a) nas organizações de grande porte seus participantes criam subculturas diferentes conforme a função operacional de suas tarefas; b) o mesmo **não** ocorre nas micro e pequenas empresas porque a mesma pessoa desempenha serviços diversos.

14.2.2 As subculturas criadas pelos escalões de coordenação

Com base na Figura 14.3, explicar com exemplos que: a) nas organizações de grande porte existem muitos escalões ocupados por coordenadores com diferentes atribuições, o que faz surgir subculturas diferentes nos vários estratos gerenciais; b) tal diversidade de atribuições pode ser visualizada com base na variação da eficiência e eficácia exigida pelos cargos de supervisores, gerentes de nível médio e empresários.

14.2.3 A diversidade de subculturas dificulta a integração

Com base nas Figuras 14.1, 14.4 e exemplos, mostrar que: a) há uma tendência de haver certa correspondência entre a classe social do participante e o nível dos escalões de coordenação que ocupa na empresa; b) quanto menor a especialização necessária para a produção de bens e serviços da **pequena empresa**, mais baixa é a classe social do proprietário; c) o mesmo não ocorre caso seja exigida grande especialização, quando o dirigente, em geral, pertence à classe média; d) as diferenças nas subculturas dos coordenadores que atuam como "pinos de ligação" dificultam a integração das partes da empresa.

QUESTÕES DE APLICAÇÃO

1. Considerando que o chefe do Departamento de Administração da escola coordena os professores que lecionam as várias disciplinas desse curso, informe, justificando as respostas: a) duas determinações que esse chefe dará aos professores no início do semestre letivo, concretizando a sua intervenção para coordenar esforços; b) qual a resposta que cada um desses delegados deverá dar ao chefe para concretizar ter assumido essa responsabilidade; c) duas informações que o chefe deverá ter em mãos para concretizar o seu controle sobre os professores para saber se atingiram as metas por ele previstas quanto à aprendizagem.
2. O diretor de uma escola, coordenando os chefes dos vários Departamentos (como Vendas, Produção, Recursos Humanos etc.), responsabiliza-se perante os alunos pela aquisição por estes dos conhecimentos teóricos e práticos sobre os temas descritos para o exame do "provão". Nestas condições, informe, justificando: a) 1. a quem o diretor diretamente delega essa responsabilidade e 2. a quem ela é repassada; b) qual a resposta que cada um desses delegados diretos deverá dar ao diretor para concretizar ter assumido essas responsabilidades; c) neste caso, continua aplicável o princípio clássico de que "delega-se a autoridade mas não a responsabilidade"? d) em qual caso a manutenção desse princípio poderá trazer problemas para o diretor perante os alunos?

3. Considerando que as revendedoras de automóveis possuem três Seções distintas: a da venda de carros por comissões, a das oficinas e a da contabilidade, com base nas **três variáveis culturais**: a) informe as razões concretas para essas áreas desenvolverem subculturas diferentes; b) com base na Figura 14.2, desenhe os três perfis de subculturas mais prováveis. justifique as respostas.
4. Os pais de um jovem que desde pequeno gostava de "mexer" em aparelhos elétricos, com sacrifícios financeiros conseguiram que o filho se graduasse em uma escola de engenharia. Depois de trabalhar em funções técnicas de uma multinacional, esse engenheiro fundou uma pequena indústria própria para consertar transformadores até que, por injunções políticas, foi guindado a presidente de uma grande empresa estatal de energia elétrica. Nestas condições, informe, justificando: a) a classe social provável desse personagem era alta, média ou baixa; b) sua função como sócio-proprietário da pequena indústria era congruente ou não com a posição social ocupada; c) sua cultura de pequeno empresário era congruente ou não com a exigida para o nível de coordenação de presidente da estatal; d) teria condições técnicas e administrativas para coordenar com eficácia essa grande empresa?

DISCUSSÃO EM GRUPOS

O caso da Santa Casa de Misericórdia (1ª parte)

O pequeno hospital de uma cidade do interior, chamado de Santa Casa de Misericórdia, tem a alta administração formada por curadores que são membros escolhidos da sociedade local. Já a enfermaria tem a participação de freiras de uma ordem religiosa, enquanto os serviços gerais e os serviços administrativos são levados a efeito pelo pequeno número de empregados contratados. Por outro lado, os médicos possuem seus consultórios próprios e apenas um contrato para atendimento dos doentes pobres por meio do SUS.

Por ser uma associação sem fins lucrativos, as despesas são cobertas por doações de particulares, de organizações oficiais e convênios com empresas. Todavia, como atende gratuitamente grande parte da população pobre da cidade e redondezas e o SUS atrasa seus repasses de dinheiro, a Santa Casa vive endividada, embora receba pagamentos dos pacientes com maiores posses.

A estrutura simplificada da Santa Casa consta no **organograma** abaixo esquematizado.

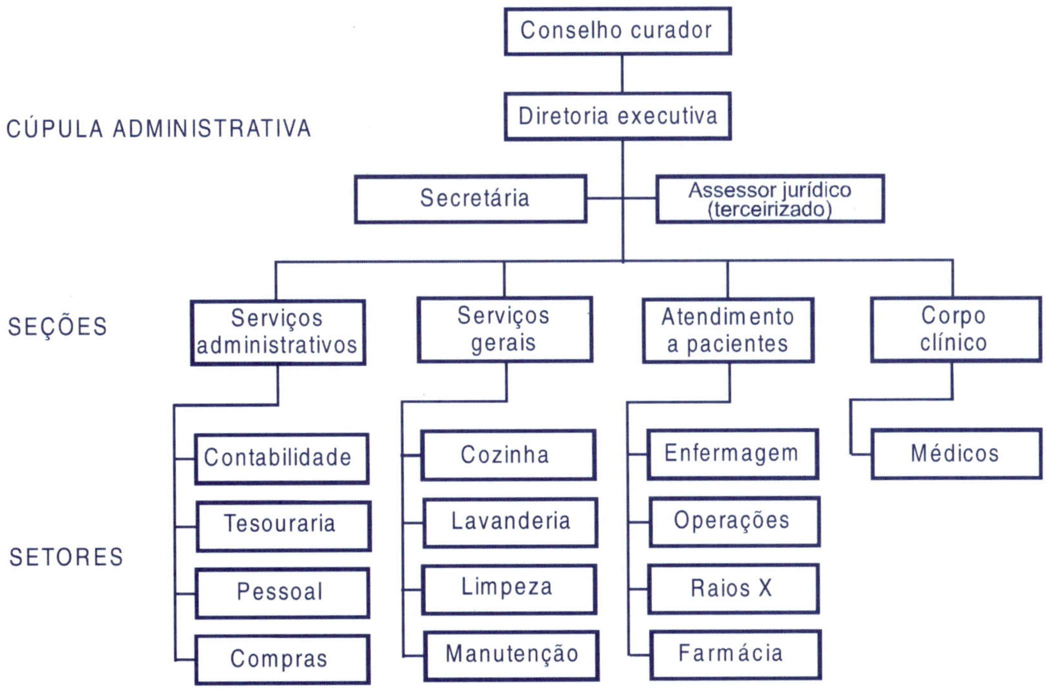

Com base nas explanações, cada grupo responda, justificando, à pergunta que lhe foi designada.

Questões para cada grupo responder

1. a) Quais poderiam ser as **duas** razões para as Seções de Tesouraria, Contabilidade, Pessoal e Compras necessitarem ter suas funções integradas por alguém?; b) concretize uma instrução do chefe de Serviços Administrativos que caracterize sua intervenção sobre as ações do Comprador no caso de haver pouco dinheiro no Caixa; c) concretize uma resposta do Comprador para o seu chefe, caracterizando sua influência sobre este último.
2. Redesenhe a Figura 14.1 aplicando-a para o esquema da estrutura simplificada no organograma da Santa Casa, nela indicando: a) as chefias dos "pinos de ligação"; b) 1. a principal entrada da organização Santa Casa, 2. a respectiva transformação e 3. as três saídas resultantes.
3. Considerando que o médico coordenador do Corpo Clínico responsabilizou-se perante a Diretoria Executiva pelo recrutamento e seleção dos médicos que tratam pacientes não-pagantes mediante remuneração da Santa Casa, informe, justificando: a) qual a delegação dada por esse coordenador aos médicos contratados; b) qual a responsabilidade por eles assumida perante o coordenador; c) no caso de um desses médicos cometer um erro fatal ao operar um paciente, o coordenador será responsabilizado, já que ele delegou o tratamento de doentes não-pagantes?; d) neste último caso, quais seriam os tipos mais prováveis de intervenção adotados pelo coordenador em relação ao colega incompetente?
4. Observando o organograma da Santa Casa, informe, justificando: a) 1. qual (ou quais) Departamento(s) é (ou são) responsável(is) pela atividade-fim da Santa Casa e 2. quais as atividades-meio dos outros Departamentos; b) as duas subculturas que devem ter sido criadas correspondem, respectivamente, a quais Departamentos?; c) com base na Figura 14.2, informe quais os perfis das três variáveis culturais mais prováveis para cada uma dessas duas subculturas; d) em qual(is) Departamento(s) os seus participantes se identificarão mais com a "organização Santa Casa" e em qual(is) se identificarão com os colegas de mesma especialidade?
5. a) Baseando-se na relação eficácia/eficiência, informe se o médico coordenador do Corpo Clínico tem características funcionais de supervisor ou de gerente; b) qual a razão de o diretor executivo ter de mudar seu estilo de coordenação para com os vários chefes de Departamentos; c) com base na Figura 17.4 informe a qual das três classes sociais daquela cidade (alta, média e baixa) devem pertencer: 1. os membros do Conselho de Provedores (acima da Diretoria); 2. as faxineiras, ajudantes e cozinheiras; 3. os médicos.

LEITURAS COMPLEMENTARES

NETZ, Clayton. A corporação sem centro. Anarquia? Utopia? Eficácia? **Exame**. São Paulo: Abril, ed. 697, 22 set. 1999. Aborda a alta administração de estruturas corporativas dos grandes grupos empresariais Rhodia, Abril e ABB, nos quais a coordenação entre as áreas é um fator crucial para sua integração interna.

VIEIRA, Luciana M.,FENSTERSEIFER, Jaime E. Configuração e coordenação: os desafios da estratégia internacional de produção. In: **Encontro da ANPAD 23**, 19 a 22 set. 1999. Foz do Iguaçu. Resumo dos trabalhos — ENANPAD 99, p. 192. Estudo que analisa a estrutura e a coordenação de atividades produtivas de empresa alimentícia multinacional.

O CONTROLE E OS CONFLITOS RESULTANTES

15

Da mesma forma que ocorre com outros termos de uso corrente, o significado da palavra **controle** na Administração é diferente do empregado na linguagem do dia-a-dia. Assim, frases como "a situação está sob controle", ou então, "eu sou uma pessoa controlada" não serão utilizadas neste livro. Por isso, a idéia que será dada à palavra é a da cibernética, a ciência da coordenação, controle e regulação. Nela, estes conceitos são abstratos e aplicáveis tanto a projetos e construção de instrumentos mecânicos e elétricos, quanto a ciências, a exemplo da Biologia e Física, bem como as chamadas comportamentais, entre as quais se baseia a prática da Administração (Ashby, p. 1-7).

Assim sendo, examinar a função do administrador de **controlar** até que ponto as metas foram atingidas será o primeiro objetivo deste capítulo. Por outro lado, é compreensível que o controle exercido pelo carcereiro sobre os presos para alcançar a meta de eles não fugirem dá origem a **conflitos**, às vezes sangrentos, como os jornais noticiam. Em menor grau, também ocorre conflito entre os subordinados e a chefia que os controla, resultando em queixas, operações-tartaruga e até greves. Dessa forma, analisar o **conflito** será o segundo objetivo deste capítulo.

15.1 O CONTROLE PARA ALCANÇAR METAS

O automóvel depende do motorista para controlá-lo nas ruas e estradas a fim de que chegue a seu destino e, de maneira semelhante, a organização necessita de controles para atingir as metas es-tabelecidas e, com isso, suas finalidades de atender clientes. Controlar é uma função do administrador, em prosseguimento à de coordenar pessoas, pois se ele as influenciou para se comportarem a fim de atingirem metas, é preciso verificar se estas foram alcançadas e, em caso contrário, dar novas instruções. Trata-se de assunto complexo, objeto não de um capítulo e sim de livros inteiros, motivo pelo qual nos limitaremos a examiná-lo apenas nos aspectos principais.

15.1.1 A função controlar hierarquizada em níveis de intervenções

A função controlar é uma concepção abstrata, conforme esquematizado na Figura 15.1, porém destinada a aplicações a casos reais. Por ser geral, sua explanação pode ser feita com base no exemplo de uma concorrência para a compra de certa matéria-prima.

Para começar, suponha-se que a Seção de Vendas de uma empresa conseguiu um grande pedido para a entrega de certo produto. Por isso, solicitou à Seção de Produção para fabricá-lo, que, por sua vez, pediu à Seção de Compras que a matéria-prima necessária fosse adquirida. Pelo fato de envolver várias funções, incluindo a de movimentar dinheiro, é natural que a ordem de comprar decorra de uma reunião de Diretoria, que de início deve determinar a realização de uma concorrência entre os possíveis fornecedores, a qual constitui a **meta** inicial antes de concretizar a compra de matéria-prima.

Após a reunião, o diretor de compras — situado em nível mais elevado da hierarquia, suposto ser o terceiro — determina ao nível que lhe é inferior — o do gerente de suprimentos — que inicie o processo com a **submeta** de enviar cartas-convite aos fornecedores ca-

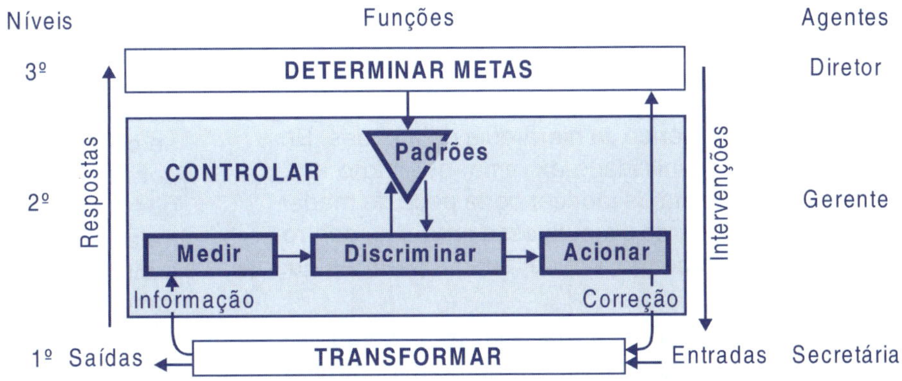

Figura 15.1 *Função controlar hierarquizada em níveis de intervenções.*

dastrados. Para saber o que a empresa deseja adquirir, o diretor estabelece parâmetros por meio de um **padrão** com especificações de qualidade, quantidade, prazos de entrega e condições de pagamento, tendo por base as informações recebidas dos diretores de vendas, produção e finanças.

Quem deverá elaborar e expedir tais cartas-convite deverá ser a secretária do gerente de suprimentos, a qual está situada no primeiro nível, o dos processos, que neste caso será o de transformações de informações. Naturalmente, esse gerente ocupará um nível intermediário, ou seja, o segundo nível, tendo por função **controlar** se foi atingida a submeta determinada pelo terceiro nível — acima dele —, conforme esquematizado na Figura 15.1. Nela pode-se observar que o nível superior intervém nos inferiores e deles recebe respostas, o que concretiza uma hierarquia por intervenções (Bernardes, 1979, p. 79-80).

O gerente de compras na subfunção de **medir** deve influenciar a secretária para que faça um rascunho da carta-convite, a qual será a mesma para todos os concorrentes. De posse do rascunho (que é a resposta de sua intervenção) e na função de **discriminar**, o gerente compara com o padrão que lhe foi fornecido. No caso de verificar **desvio**, ou seja, algo que não estava de acordo com a meta pretendida, agora na subfunção de **acionar**, determina à secretária que faça correções.

É de se esperar que, por ocasião da assinatura das cartas-convite, o gerente novamente exerça a função de controlar, percorrendo de novo as três subfunções de seu nível e, caso detecte outro desvio, determine novas correções, repetindo o processo até que seja alcançada a submeta de remeter os convites aos fornecedores (Litterer, p. 271-284).

As explanações feitas podem, agora, ser resumidas na forma de uma definição simples para trabalhar sobre ela.

O **controle** consiste na função de:

- verificar se ocorreram desvios da meta determinada; e
- acionar as medidas corretivas que se fizerem necessárias.

Nos casos práticos, as pessoas envolvidas no controle podem variar muito, embora obedecendo ao mesmo esquema teórico da hierarquia de funções. Em um exemplo de simplicidade extrema, quando o artesão determina a meta de fabricar certa peça de madeira ou metal, ele mesmo executa esse produto e controla o próprio desempenho, obedecendo a padrões que especificou.

Já em uma fábrica, a função é mais complexa, como a do controle de qualidade, no qual a estrutura envolve várias pessoas. Assim, uma delas tem a subfunção de medir as dimensões das amostras do material fabricado, outra, a de discriminar os desvios observados (tendo por base os padrões fornecidos pela engenharia do produto), e uma terceira para acionar as correções que se fizerem necessárias, seja nos processos seja nas máquinas da função produtiva.

Os exemplos são de controle por pessoas, na forma de um processo que foi estendido às máquinas por estudos que culminaram na **Teoria da Comunicação e Controle**, conforme acepção de Ludwig von Bertalanffy, que ficou mais conhecida por **cibernética**. Seu objeto é tanto os controles administrativos expostos linhas atrás quanto os decorrentes dos processamentos em computador e outros tipos de máquinas (Chiavenato, p. 679-681). Trata-se de assunto por demais complexo para ser aqui detalhado, embora seja retomado no Capítulo 20.

Como já explanado, um sistema se completa com a estrutura decorrente da função. Esta, no caso do controle, varia muito porque os casos práticos são diversos, exigindo estruturas diferentes adequadas às particularidades de cada situação. De qualquer maneira, a aplicação da **Teoria de sistemas hierarquizados por níveis de intervenções** fornece um método para encontrar as melhores soluções para problemas reais, à semelhança do caso já examinado da coordenação de pessoas.

15.1.2 Freqüência, amplitude, dificuldade e rendimento do controle

Não obstante a Teoria Matemática da cibernética enfocar os princípios do controle como aplicável às várias ciências e práticas, quando se trata da Administração surgem aspectos peculiares por ter as pessoas como seu objeto e não as coisas inanimadas. Alguns deles serão a seguir examinados.

1. FREQÜÊNCIA DO CONTROLE. O controle exercido pelo gerente de suprimentos do exemplo foi de dois ciclos, mas poderia ter sido reduzido a um só, caso não pedisse um rascunho prévio das cartas-convite, limitando-se a controlar estas últimas quando fosse assiná-las. É possível que, neste caso, o desvio fosse maior, de sorte que a secretária tivesse de tornar a digitá-las por não estarem de acordo com as especificações do padrão. Qual será a freqüência ideal para ser executada a função de controlar? Depende de cada situação, levando-se em conta a importância da meta e o custo envolvido, tanto o do próprio controle quanto o das transformações. Um exemplo da primeira situação é o do médico que diminui a freqüência do controle na proporção em que o paciente melhora, pois a meta da cura ficou cada vez menos crítica.

2. AMPLITUDE DE CONTROLE. O gerente de compras do exemplo dado linhas atrás poderia ter que controlar dois compradores a ele subordinados, além da secretária. Já o carcereiro de uma prisão pode ter mais de 20 detentos para evitar a fuga, enquanto o sacerdote ter mais de 200 paroquianos. Esse número de pessoas é denominado, em Administração, de amplitude de controle.

Amplitude de controle é o número de influenciados que o coordenador tem para controlar.

Com essa definição estendemos o conceito para a influência do condutor e do líder, não mais a limitando para o chefe, como é usual encontrar nos textos de Administração.

Como determinar a amplitude de controle mais eficiente? Em princípio, pode-se dizer que o número de controlados é passível de ser aumentado na proporção direta em que cresce:

- o número de tarefas idênticas ou muito semelhantes, como na lavoura de plantio e corte da cana-de-açúcar;
- a simplicidade de tarefas quanto à mensuração dos resultados, a exemplo do trabalho de faxineiros em escritórios;
- o controle por parte dos próprios executores, como no caso do torneiro mecânico e outros artífices que têm orgulho do trabalho que fazem;
- a delegação para outras entidades de parte do processo, como no caso do chefe de professores, que pode ter muitos mestres sob controle porque os alunos são os sensores e discriminadores da escola (Litterer, p. 352-357).

Tais fatores são aplicáveis tanto para calcular o número de sentenciados que o carcereiro é capaz de controlar na prisão quanto o de subordinados sob as ordens do chefe, ou de paroquianos que o líder espiritual pode influenciar. Esse número varia muito, iniciando com 2, como é óbvio, sendo de 3 até 12 ou 20 para o de subordinados do chefe e até de centenas para os controlados pelo líder.

3. DIFICULDADES DO CONTROLE. Controlar não é uma função simples de ser executada, de sorte que convém ser limitada aos itens mais significativos para alcançar a meta prevista. Todavia, nem sempre os itens importantes são fáceis e até possíveis de ser controlados, o que resulta na tendência de ape-nas se fazer o controle dos detalhes sem relevância. Por essa razão controla-se a entrada e a saída de empregados e não o que eles produziram, como é comum em órgãos governamentais, empresas estatais e particulares decadentes, onde o importante é a presença, mas não o serviço executado. Da mesma forma, como não é fácil medir a aprendizagem adquirida no semestre letivo, as escolas limitam-se, pretensamente, em avaliar o professor por meio de questionários preenchidos pelos alunos, neles destacando-se o mestre "bonzinho" ou o dramatúrgico que representa bem, mas não educa.

   Por isso, é importante que as Normas de Procedimentos das organizações especifiquem as saídas que concretizam metas, e nelas o que é relevante ser comparado com padrões e, no caso de desvios observados, quais medidas tomar.

4. RENDIMENTO. Todo controle implica **despesas** e, por princípio, deve resultar em algum tipo de **benefício**. No entanto, à proporção que esse controle é ampliado e também aperfeiçoado, seu custo se eleva e, logicamente, o benefício decorrente aumenta, porém seguindo duas curvas de inflexão contrária, como mostra a Figura 15.2 (Kast & Rosenzweig, p. 550).

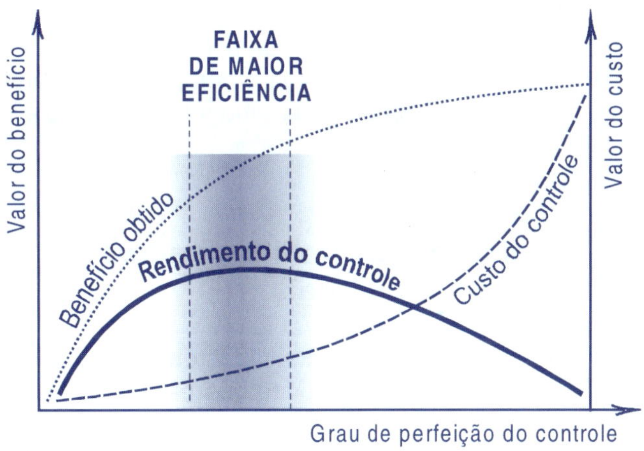

Figura 15.2 *Rendimento do controle em função do custo-benefício.*

Essa relação custo-benefício pode ser mais bem entendida com o exemplo já citado do chefe de compras. Ele mostrou que a freqüência de dois ciclos é melhor que a de um só, pelo fato de trazer maiores benefícios ao diminuir o possível desvio pela correção do rascunho e não das cartas-convite já datilografadas, pois estas possivelmente teriam de ser refeitas. Aumentaria, assim, o custo operacional da secretária, embora diminuísse o do chefe, porém em menor proporção em termos monetários para a empresa. O chefe poderia, ainda, aperfeiçoar sua função de controlar, por exemplo, remetendo o rascunho para alguém corrigir erros de português e, depois de refeito, enviá-lo para os diretores de produção e suprimentos, afim de sugerirem melhorias na redação. Com isso, os custos da função controlar iriam aumentar muito, enquanto os benefícios teriam menor incremento, de sorte que não haveria compensação por ter abaixado o **rendimento** do processo.

Concluindo, deixar para controlar a meta final e não submetas intermediárias, ou somente os itens fáceis, deixando os difíceis e importantes, ou exceder na perfeição do controle são falhas comuns de administradores, que tornam o exercício dessa função altamente ineficiente, antipático, oneroso e desacreditado.

15.2 O CONFLITO NAS ORGANIZAÇÕES

Nas páginas anteriores, foi mostrado que o conflito está intimamente ligado às metas que conduzem à competição e à divergência. Todavia, mesmo havendo convergência de **metas,** podem ocorrer conflitos em virtude do dissenso quanto aos meios para alcançá-las. Por exemplo, são conhecidas as lutas dentro de seitas religiosas, em que todos estão de acordo quanto à necessidade de salvar almas, mas não quanto aos meios para sua efetivação. Cabe, pois, ao administrador compreender o conflito, já que é inevitável, e saber como gerenciá-lo. Essa matéria é complexa, de sorte que a seguir será apenas dada uma introdução ao assunto.

15.2.1 Conceito de conflito e as três variáveis culturais

A Psicologia enfoca o conflito interno da pessoa. Assim, o indivíduo tem objetivos que são alcançados por meio de metas, as quais podem ser mutuamente exclusivas, de sorte que o indivíduo tem de optar por uma ou outra. Por exemplo, o serviço rotineiro da repartição pública pode satisfazer os objetivos de segurança do funcionário de não vir a ser despedido, mas contraria os de realização profissional e alto padrão de vida. Portanto, o atendimento de um dos objetivos obrigatoriamente frustra o de outros, o que leva essa pessoa a um estado de conflito interno (que a Psicologia chama de dissonância cognitiva), concretizado pelo dilema de continuar no serviço ou mudar de emprego.

Já o conflito abordado pela Sociologia é de tipo diferente por considerá-lo externo e decorrente das interações de pessoas e de grupos na forma de comportamentos. Por isso, o sentido dado ao termo é de ação.

Conflito é o processo de procurar obter recompensas pela eliminação ou enfraquecimento dos competidores (Horton & Hunt, p. 257).

O conceito da Sociologia pode parecer muito drástico por referir-se aos extremos da luta armada, revoluções ou guerras, a exemplo do exibido na Figura 15.3.

Todavia, tudo é uma questão de grau que a variável assume, pois mesmo sem mortes ocorre conflito quando o empregado, desejando o lugar vago do chefe, procura eliminar a concorrência dos colegas, em geral levando por meios indiretos ao conhecimento da diretoria fatos desabonadores, falsos ou verdadeiros, dos candidatos mais cotados para a promoção. Não ser enganado por esses métodos é um cuidado que todo administrador deve ter.

Para aplicações à Administração, parece-nos mais adequado destacar o aspecto do **desacordo** que, para ser mais bem operacionalizado, convém ter por base as três variáveis culturais: tecnologias, preceitos e sentimentos.

1. TECNOLOGIAS. Relaciona-se a desentendimentos quanto a produtos, processos e insumos. Assim, ocorre dissenso quanto ao que produzir e como fabricar, bem como lutas para a obtenção de recursos escassos da organização, a exemplo do uso de equipamentos, locais de trabalho, matérias-primas e até subordinados competentes.
2. PRECEITO. Resultam das diferenças de crenças, normas e valores. São exemplos as guerras ideológicas dentro de seitas religiosas, as greves por maiores salários nas empresas, ou a luta por cargos e prestígio dentro da hierarquia fechada das organizações burocráticas.

3 SENTIMENTOS. Decorrem das frustrações internas que induzem à agressividade externa para com os outros, gerando, ainda, sentimentos de hostilidade que reforçam o processo pelos revides dos agredidos. Essa tendência de agressão é natural do Homem, porém muito aumentada pelo confinamento e pela aprendizagem. O primeiro caso é o das superpopulações nas cidades e, também, nos locais de trabalho, como tem sido observado até com animais, que se agridem mutuamente quando

Figura 15.3 *Conflito em grau elevado, cuja recompensa desejada fica a cargo da imaginação do leitor.*

engaiolados, diferente do comportamento normal quando estão em liberdade. O segundo caso decorre da aprendizagem concretizada na frase de "não levar desaforo para casa" (mesmo que seja suposto e não real), reminiscência do tempo das cavernas, em que era útil para a sobrevivência (March & Simon, Capítulo 5).

Essa classificação tem grande interesse por servir de base para a administração dos conflitos. Isto porque os decorrentes das tecnologias são os mais fáceis de ser resolvidos por meio da discussão racional dos pontos divergentes. Já os provocados pelo componente dos preceitos exigem até mudanças culturais para sua solução, pois decorrem do dissenso quanto a crenças e valores interiorizados na família e sociedade e, por isso, obviamente difíceis de acomodações. Finalmente, os induzidos por sentimentos são os mais dificultosos de resolução por serem motivados por fatores inatos e aprendidos na primeira infância.

15.2.2 Administração dos conflitos organizacionais

Os primeiros estudiosos criadores de teorias de Administração viam apenas as disfunções do conflito e, por isso, tendiam a julgá-lo um comportamento aberrante que deveria ser evitado e mesmo punido. Mais tarde passaram para o pólo oposto, considerando-o até benéfico por ser propulsor de mudanças nas organizações (Motta, 1974, p. 49-52).

Na verdade, é mais lógico supor que se trata de uma questão de intensidade desse fato social que é o conflito. Dessa maneira, o valor elevado dessa variável irá exacerbar os efeitos negativos, enquanto o reduzido destacará os positivos. Isto pode ser mais bem entendido quando se transferem os efeitos do conflito dos grupos em sociedade para os das organizações.

1. EFEITOS DESAGREGADORES DO CONFLITO:
   - aumento do ressentimento pessoal e entre grupos;
   - destruição dos oponentes com prejuízos recíprocos;
   - inibição dos canais de cooperação;
   - desvio das metas de produção para as de retaliação.
2. EFEITOS INTEGRADORES DO CONFLITO:
   - provocam a solução de questões pendentes;
   - conduzem à resolução de questões;
   - aumentam a coesão grupal;
   - levam a alianças com outros grupos;
   - mantêm os grupos alertados para os interesses de seus membros (Horton & Hunt, p. 260-261).

Esses itens constituem um referencial para o administrador gerenciar conflitos, cuja intenção deverá ser a de manter as divergências grupais dentro dos limites dos efeitos integradores.

É possível fazer isso de duas maneiras que se completam: por medidas preventivas para evitar a ocorrência e por ações corretivas, caso o conflito já esteja instalado.

1. MEDIDAS PREVENTIVAS. Inicialmente, deve-se procurar fazer com que as metas sejam convergentes, bem como as submetas que constituem os meios para atingi-las. Isso não é fácil de conseguir, pois é mais comum nas organizações a ênfase na variável cultural dos preceitos, como a estrutura rígida de uma hierarquia baseada no prestígio e poder, as funções exercidas sempre pelos mesmos participantes, a ascensão na carreira via promoção gerencial e não de especialização, além de outros fatores tradicionais da administração de empresas, todos favoráveis à emergência de conflitos. Tal situação só pode ser modificada com alterações nos aspectos básicos da subcultura organizacional, que o administrador é capaz de realizar se estiver na cúpula e dispuser de poder para subjugar as resistências, principalmente de seus pares.
2. MEDIDAS CORRETIVAS. O primeiro passo é reconhecer a existência do conflito entre grupos, por exemplo, entre os operários e a direção durante uma greve, e o segundo é identificar o peso de cada uma das três variáveis culturais, o que dará uma idéia da dificuldade para chegar a uma solução. Esta pode ser alcançada de, pelo menos, três formas.
   - **Negociação.** Consiste no processo de os conflitantes sentarem-se à mesa de negociação a fim de alcançarem um acordo que beneficie ambos os lados. Isso deveria ser buscado na organização, mas geralmente as partes já recorrem às Juntas de Conciliação e Julgamento na Justiça do Trabalho, sabidamente de pouco sucesso na resolução dos conflitos.
   - **Mediação**. Falhando a negociação, resta solicitar a um terceiro para que intervenha, restabelecendo as comunicações interrompidas pelo primeiro passo na escalada do conflito e fornecendo alternativas para que os dois grupos em litígio ainda saiam ganhando. Essa é uma das funções da Justiça do Trabalho, como terceira parte isenta de ânimo.
   - **Arbitragem.** É o terceiro passo dado quando os dois anteriores falham, caracterizando-se por entregar a pendência a um terceiro, que dá ganho de causa a um e derrota o outro, dentro do chamado "jogo de soma zero". Essa última forma de solução de conflitos sempre deixará seqüelas, pois o grupo

perdedor nunca aceitará a derrota, voltando a entrar em desacordo com o oponente assim que tiver oportunidade (Kelly, p. 531).

Para resolver tais conflitos é que foi criada no Brasil, há muitos anos atrás, mais precisamente na década de 1940, a Legislação Trabalhista, hoje considerada obsoleta pelo paternalismo e ingerência nas negociações entre sindicatos patronais e de empregados. Vale lembrar que, só no ano de 1992, foram ajuizadas neste país perto de 1.500.000 ações trabalhistas, contra apenas 1.000 no Japão e 5.000 nos Estados Unidos. Ademais, deve-se destacar o fato de estas últimas serem **ações comuns,** porque nesses países **inexiste justiça do trabalho** (Bernardes & Marcondes, p. 44-45). Tais explanações devem levar o administrador a pensar melhor sobre o assunto, porque mais cedo ou mais tarde terá contato com uma ação trabalhista, como autor ou como réu.

TÓPICOS PARA EXPOSIÇÕES

15.1.1 A função controlar hierarquizada em níveis de intervenções

a) Definir controle. b) Com base na Figura 15.1 explicar as funções do processo de controle, tendo por exemplo o caso do professor que controla a exposição do aluno, medindo o tempo de exposição e verificando se é prolixo ou não, discriminando de acordo com o padrão por ele estabelecido e, caso verifique um desvio, acionando medidas para fazer as correções necessárias.

15.1.2 Freqüência, amplitude, dificuldade e rendimento do controle.

a) Com base no caso do chefe de departamento que controla professores de sua área, explicar no que consiste a freqüência, amplitude e dificuldades do controle; b) com base na Figura 15.2, explicar as variações no rendimento do controle.

15.2.1 Conceito de conflito e as três variáveis culturais

Explicar que o conceito de conflito na Sociologia é drástico, enquanto em Administração refere-se mais a um desacordo. Com base no caso de estudantes de uma escola, mostrar que o conflito com essa organização é pequeno quanto ao que é ensinado (tecnologias), maior quanto à obrigatoriedade de freqüência e horários (preceitos), máxima se envolver expulsões (sentimentos).

15.2.2 Administração dos conflitos organizacionais

Explicar que muitos conflitos de alunos com a escola poderiam ser evitados caso fossem tomadas medidas preventivas. No caso de greves por aumento de mensalidade, o habitual é a escola não negociar "sob pressão" e, caso não haja entendimentos, o passo seguinte é a arbitragem junto a algum órgão governamental, que decidirá de forma insatisfatória para uma ou ambas as partes.

QUESTÕES DE APLICAÇÃO

1. O controle de qualidade das televisões saídas da linha de montagem era feito por um técnico que prestava contas ao supervisor da produção. Assim, partindo da Figura 15.1, informe, justificando: a) qual deles tinha a função de medir e discriminar; b) descreva três itens que o *check list* de **padrões** devia possuir a fim de servir de base para o controle; c) que operações deviam ser levadas a efeito pelo discriminador para verificar concretamente os três itens listados; d) quem era o acionador das providências concretas de consertar os aparelhos com defeitos, para o qual o discriminador fornecia informações sobre os desvios observados.
2. Tendo em vista a redução de custos determinada pela alta administração, informe, justificando, qual a ordem de importância para o chefe da equipe de projetistas controlar o elenco das seguintes despesas: a) gastos com papel, lápis e borracha; b) reclamações de outras unidades pela demora na execução de projetos; c) horário de entrada e saída de projetistas; d) dispensa durante o horário de serviço para tratar de assuntos particulares; e) tempo para finalizar cada projeto.
3. Você foi encarregado pela alta administração da fábrica de entender-se com os representantes dos operários a fim de evitar uma greve motivada pela reclamação de que: 1. a substituição por robôs dos pintores que aplicavam tintas tóxicas irá gerar desemprego; e 2. a de que o novo regulamento proibindo horas extras irá reduzir salários. Nestas condições, informe, justificando: a) qual dos dois itens da reivindicação será mais fácil de negociar; b) qual dos dois itens você estrategicamente colocará na pauta para discutir em primeiro lugar.
4. Você é líder sindical e lhe convém fomentar e manter conflitos entre patrões e empregados a fim de justificar a existência e atuação do sindicato. Assim sendo, entre a mediação, arbitragem e negociação para a solução de uma greve, qual delas é mais ade-

quada a seus desígnios "maquiavélicos"? Justifique a resposta.

DISCUSSÃO EM GRUPOS

O caso da Santa Casa de Misericórdia (2ª parte)

Não obstante a aparente harmonia dos participantes da Santa Casa, na realidade nela ocorrem muitos problemas que a comunidade não fica sabendo. Por exemplo, o supervisor de Limpeza está sempre recebendo queixas, tanto do gerente de Serviços Gerais quanto das enfermeiras, embora continuamente esteja punindo e mandando as faxineiras refazerem os serviços malfeitos. Por sua vez, esse gerente de departamento afirma que a Seção de Limpeza (na qual estão incluídas a coleta e disposição do lixo hospitalar) lhe dá mais trabalho que as outras três seções juntas.

Já a freira, que acumula a gerência com a supervisão direta da Enfermagem e Sala de Operações, não tem problemas maiores com subordinados diretos, sendo respeitada pela sua competência como enfermeira diplomada e pela dedicação e esforço, a ponto de ser apelidada de "a madre de ferro". Entretanto, a "madre de ferro" tem conflitos com o gerente administrativo porque o supervisor de compras quer limitar o número de medicamentos existentes na Farmácia e o Contador está sempre desejando introduzir detalhados controles das despesas, como a verificação diária do número de pílulas de analgésicos consumidas. Os médicos também causam problemas para a "madre de ferro", pois a pressionam para que as poucas enfermeiras com grau universitário fiquem, quase que exclusivamente, à disposição de seus doentes particulares e as enfermeiras atendentes tratem dos pacientes pobres que não possuem meios para pagar.

Ademais, o diretor executivo recebeu ameaças concretas de greve por parte dos médicos, que reivindicavam melhor remuneração para tratarem pacientes dos convênios com as empresas e, também, dos doentes não-pagantes, conflito esse contornado por uma solução que agradou a todos sem deixar seqüelas.

Com base nas explanações, cada grupo responda, justificando, à pergunta que lhe foi determinada.

Questões para cada grupo responder

1. Redesenhe a Figura 15.1, indicando cada função e seu executor na hierarquia de controle por intervenções e por ordens de complexidade, para o caso específico da enfermeira atendente que, por determinação do médico, de hora em hora mede a temperatura do doente com séria infecção e, caso passe dos limites, informa a enfermeira diplomada para as providências cabíveis.
2. O supervisor da Manutenção Elétrica e Hidráulica tem cinco subordinados diretos e se queixa de não ter tempo para coordená-los, enquanto o médico, gerente do Corpo Clínico, coordena trinta colegas de profissão e ainda atende pacientes em seu consultório. Justifique esse aparente paradoxo da amplitude de controle.
3. a) Redesenhe a Figura 15.2 e, pela sua sensibilidade, posicione na curva de rendimento do controle o ponto em que a Contabilidade quer verificar o consumo de pílulas na Farmácia; b) informe de maneira concreta como deveria ser feito o controle eficiente dos vários tipos de remédios em relação a preços unitários e volume de consumo, tanto para evitar furtos quanto para saber a época de reposição dos estoques.
4. Informe, justificando, se o conflito da "madre de ferro": a) com o Supervisor de Compras era relativo a atividade-fim ou a atividade-meio; b) com os médicos era relativo a qual variável: 1. tecnologias, 2. preceitos ou 3. sentimentos.
5. Informe, justificando, se o conflito do diretor executivo com os médicos: a) foi administrado com medidas preventivas (*a priori*) ou corretivas (*a posteriori*); b) deve ter sido solucionado com base na negociação, mediação ou arbitragem; c) ocorreu algum efeito desagregador?

LEITURAS COMPLEMENTARES

DRUCKER, Peter. Os novos paradigmas da Administração. **Exame**. São Paulo, Abril, ed. 682, ano 32, n. 4, p. 34-53, 24 fev. 1999. Neste artigo (já indicado como leitura no Capítulo 9) são discutidas as questões do controle e a mudança do antigo modelo burocrático por outro moderno voltado para resultados.

FURTADO, José M. Qualidade. Modelito estatal. **Exame**. São Paulo, Abril, ed. 685, 7 abr. 1999. Analisa a experiência bem-sucedida no Banco do Brasil com a implantação do programa de excelência e competitividade que, entre outros aspectos, controla o quanto as metas estabelecidas pela direção dessa empresa estatal foram alcançadas.

PEREIRA, Breno A., MUSSI, Carlos W. Objetivos organizacionais e os conflitos interorganizacionais: um estudo de caso nas agências franqueadas dos Correios. In: **Encontro da ANPAD 23**, 19 a 22 set. 1998. Foz do Iguaçu. Resumo dos trabalhos — ENANPAD 99, p. 135. Estudo sobre a participação dos objetivos organizacionais nos conflitos entre a empresa franqueadora de Correios e seus franqueados. **Observação: os autores ainda acreditam na concepção ultrapassada de que as organizações têm objetivos.**

STEIL, Andréa V., SANCHES, Elisabeth. Comprometimento organizacional como estratégia de controle. In: **Encontro da ANPAD 22**, 27 a 30 set. 1998. Foz do Iguaçu. Resumo dos trabalhos — ENANPAD 98, p. 141. Analisa os elementos de controle presentes no comprometimento de atitude, afetivo, sociológico, normativo e comportamental com a estrutura e cultura organizacional.

WOOD Jr., Thomas. A burocracia está morta. Viva a burocracia! **Exame**. São Paulo, Abril, ed. 708, 23 fev. 2000. O autor, que é professor de administração, mostra a relação de "amor e ódio" que as burocracias geram em seus participantes, especialmente quando nelas são estabelecidos controles e disciplinas.

INFLUÊNCIA PELO PODER, TROCAS E AUTORIDADE

16

Na prisão, a meta do carcereiro é manter o prisioneiro confinado, e a deste, fugir para a liberdade, o que concretiza uma situação de divergência. Por outro lado, na empresa, a meta dos proprietários é que bens sejam fabricados por participantes que em troca desejam receber salários, configurando uma situação de paralelismo. Já no hospital, a meta do paciente de curar-se é congruente com a de seu médico, o que constitui uma situação de convergência.

Em decorrência dessas três situações, e correspondendo a elas, em organizações como penitenciárias a influência para conseguir determinados comportamentos tem por base o **poder**, nas empresas, como fábricas, tal fato é alicerçado nas **trocas** de trabalho por salário e, finalmente, nas entidades como hospitais, pelo uso da **autoridade**.

Assim sendo, o primeiro objetivo deste capítulo é examinar o **poder**, as **trocas** e a **autoridade**, cuja preponderância de um ou de outro depende do tipo de organização. Por sua vez, as características desta provêm do tipo de cliente que ela atende.

Essas diversidades nas formas de influenciar, decorrentes da divergência, paralelismo e convergência de metas, levaram sociólogos, com base na **Teoria da Burocracia**, a sugerir que os tipos de coordenadores para cada um desses casos também deveriam ser diferentes. Partindo dessas propostas, classificamos pelo termo **condutor** o coordenador que se apóia no poder, pela palavra **chefe** o que utiliza as trocas, e, por fim, pela designação **líder** o que se alicerça na autoridade.

Com isso, o segundo objetivo é analisar as maneiras de coordenar pessoas em grupos para atingirem metas coletivas, tendo por base as três maneiras de influenciar, as quais irão caracterizar o condutor, o chefe e o líder.

16.1 PODER, TROCAS E AUTORIDADE

Para começar, é necessário tornar claro que os termos poder e autoridade denotam coisas diversas, embora confundidos por muitos autores, inclusive por sociólogos da primeira metade do século 20 que escreveram sobre Administração, o que leva os estudiosos de seus livros a resistirem às tentativas de mudar tal concepção. Essa dificuldade de entender a diferença tem ainda outra origem: a tradução dos textos americanos e ingleses. A razão é que *power* não é exatamente "poder" (a exemplo de *horse power*, uma unidade de potência) e *authority* tem a conotação de entidade governamental (como *Tenessee Valley Authority*). Com isso, encontra-se no mesmo texto escrito por um autor *power* traduzido em português ora como autoridade em uma página, ora como poder em outra. Já o alemão *Macht* tem conotação semelhante ao português, inclusive como "potência".

Essa confusão reduz-se naqueles autores familiarizados com a Sociologia porque, nessa ciência, consideram-se ambos os termos como duas formas **diferentes** de obter o **controle social** (Buckley, p. 251-263) (Ezioni, 1974, p. 43). Assim sendo, daqui por diante consideraremos poder e autoridade como pólos opostos, o que permitirá entender um ponto fundamental na coordenação de pessoas: o quanto os influenciados aceitam comportar-se como desejado pelo influenciador.

16.1.1 Correlação entre metas, consentimento e formas de influenciar

Ampliando as explanações do item 7.2.2 do Capítulo 7, pode-se dizer que, por haver diferenças de metas, o consentimento de uma pessoa para se comportar de acordo com a influência de outra varia para cada um dos três tipos de interação. Variando o consentimento, também mudarão as formas eficientes de influenciar, como será examinado a seguir.

1. PODER. A divergência da meta do prisioneiro que deseja a liberdade e a do guarda de mantê-lo no cárcere leva ao dissenso entre ambos. Com isso, a forma de o guarda influenciar o preso, isto é, obrigá-lo a comportar-se de certa maneira, só será conse-

guida por meio da coerção física, ou seja, pelo uso do poder.

Poder é a influência sobre as ações dos outros, no intuito de atingir as próprias metas, sem o consentimento desses outros, contra a vontade deles ou sem seu conhecimento ou compreensão (Buckley, p. 264, com modificações).

Naturalmente, a influência pelo poder é uma variável com grande intensidade na coerção física do exemplo do prisioneiro, mas abrandada na coerção psicológica sobre o operário que não limitava a produção como exigiam seus companheiros.

A palavra poder tem conotação pejorativa, embora seja natural a muitos animais, inclusive ao gênero humano. Além de querer dominar seus semelhantes, a pessoa deseja poder sobre os outros seres, a natureza e até o além. Se assim não fosse inexistiriam as descobertas, as invenções e muitas das crenças religiosas de todos os povos, entre as quais se inclui o exercício da magia. Esta nada mais é que tentar exercer o poder sobre fatos e acontecimentos, inclusive sobre o mais terrificante: a morte.

2. TROCAS. A meta do proprietário de a pintura ou conserto ser realizada em sua casa difere da do profissional, que é a de receber remuneração pelos seus serviços. Todavia, essas metas são compatíveis — ou paralelas em uma figura de linguagem —, pois ambas podem ser alcançadas desde que seja pactuado um contrato de trocas de dinheiro por trabalho. Em decorrência, não existe dissenso do executante em relação às determinações do proprietário, mas apenas indiferença, pois aquele faz o serviço onde e como lhe for pedido. Assim, o consentimento não é nem positivo nem negativo, e sim nulo.

Com isso tudo, a influência exercida pelo proprietário é **calculista** no sentido de atribuir um valor de utilização para o bem ou serviço que deseja. O mesmo acorre com o executante em relação a seus comportamentos para atender ao contratante, sendo esse tipo de influência denominado remunerativo ou pelas trocas (Etzioni, 1974, p. 62-63). Se no processo de negociação ambos concordarem com o valor e com o que deve ser executado é, então, celebrado um contrato por meio de instrumento escrito ou apenas verbal, o qual tem validade jurídica desde que haja comprovantes, inclusive por meio de testemunhos de pessoas.

Trocas é o controle ou influência exercida tendo por base recursos materiais e recompensas na forma de remuneração pelo recebimento de algum tipo de contribuição (Etzioni, 1974, p. 33, com modificações).

É fácil perceber que a influência remunerativa predomina nas organizações, dentro do contrato de trocas examinado no Capítulo 8. Ademais, deve-se destacar que a Teoria Clássica da Administração de Taylor e Fayol se baseava na eficiência da produção, tendo por base a troca de trabalho por dinheiro. É claro que esse tipo de relação trabalhista continua válido, apenas se fazendo a crítica de que essa "escola" não levou em conta outros fatores que motivam o participante, o que de certa forma foi corrigido pela Teoria Comportamental desenvolvida nas décadas de 1960 e 1970 pelos americanos Herbert Simon, Chester Barnard, Douglas McGregor, Rensis Likert e Chris Argyris, dentre outros (Chiavenato, p. 529-568).

3. AUTORIDADE. Foi exemplificada a convergência entre as metas do professor de ensinar e a dos alunos de aprender, uma dependendo da outra. Com isso, há consenso quanto aos comportamentos necessários para a aquisição de conhecimentos por parte do aluno e os do mestre para ensiná-lo, ou seja, a influência é até desejada, tendo por base a autoridade.

Autoridade é o controle ou influência sobre os comportamentos de outros para a promoção de metas coletivas, com base em alguma forma verificável de consentimento desses outros em razão de estarem informados da situação (Buckley, p. 264, com modificações).

A autoridade também é uma variável, sendo mais intensa no caso do paciente que tem a meta de curar-se e aceita a influência pela autoridade do médico, cuja meta é convergente com a sua. A aceitação do participante em ser coordenado com base na autoridade não é uma idéia exclusiva da Sociologia, pois o já citado "behaviorista" Chester Barnard tinha elaborado a Teoria da Aceitação da Autoridade (Chiavenato, p. 572-574). Todavia, essa teoria não tornou claro que a aceitação por parte do executor decorre da percepção de ter suas próprias metas facilitadas pelo coordenador, sem levar em conta se com isso facilita ou não à organização atingir as metas estabelecidas pelas pessoas da cúpula diretiva.

Nos casos reais existe, ao mesmo tempo, certa dose de poder, de trocas e de autoridade, mas com a predominância de uma ou duas dessas variáveis. Assim, o médico troca seus serviços por honorários e ainda ameaça não continuar tratando o paciente caso este deixe de cumprir suas prescrições, enquanto o sacerdote recebe dízimos dos paroquianos e apavora os relapsos com a danação eterna. Por isso, é viável representar as três formas de influenciar dentro de um triângulo, como mostrado na Figura 16.1.

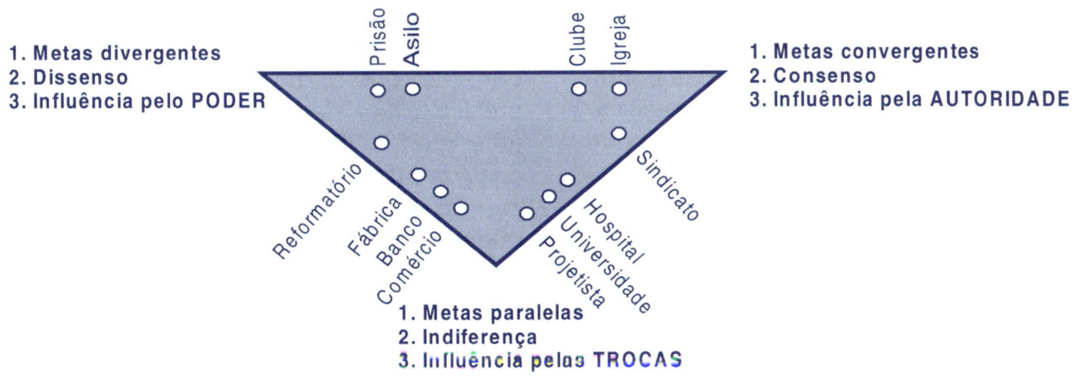

Figura 16.1 *A variável independente da interação de metas e as dela dependentes, tanto de consentimento quanto de formas de influenciar.*

Nessa figura, os casos extremos estão nos vértices, enquanto os intermediários (que são os mais encontradiços no mundo real) situam-se nos lados ou na área central.

16.1.2 Uma tipologia de organizações com base nas formas de influenciar

A Figura 16.1 mostrou os extremos que a variável independente "interação de metas" pode assumir e as três situações decorrentes das variáveis dependentes "consentimento" e "formas de influenciar". A dicotomia poder *versus* autoridade foi proposta por Buckley, enquanto a terceira forma de influenciar, isto é, pelas trocas, foi sugerida por outro sociólogo, Etzioni. Essa ampliação permitiu a este autor introduzir duas outras variáveis: o grau de **participação** para atingir a meta organizacional preestabelecida e uma tipologia de **organizações** de acordo com os três extremos assumidos pela variável "interação de metas".

1. Dessa maneira, no caso de ocorrer divergência de metas, a forma de influenciar tem por base o poder e, logicamente, o grau de participação deve ser negativo, sendo que as organizações onde tais condições predominam são denominadas **coercitivas** (prisões e reformatórios).
2. Já no caso de paralelismo de metas, a influência é remunerativa, a participação é calculista (por ser baseada no valor das trocas) e a organização é dita **utilitária** (fábricas, bancos, lojas comerciais).
3. Finalmente, se o padrão predominante for convergência de metas, então a influência tem por base a autoridade, e o grau de participação é positivo, sendo a organização chamada de **normativa** (clubes, paróquias, partidos políticos).

Por outro lado, no Capítulo 6 foi introduzida a idéia de três variáveis culturais, cuja intensidade e conteúdo

VARIÁVEIS	TIPOS DE INTERAÇÃO DE METAS		
	COMPETITIVAS OU DIVERGENTES	CO-ORIENTADAS OU PARALELAS	COOPERATIVAS OU CONVERGENTES
Consentimento	Dissenso	Indiferença	Consenso
Influência	Poder	Remuneração	Autoridade
Participação	Alienada	Calculista	Engajada
Organização	Coercitiva	Utilitária	Normativa
Subcultura	Preceitos	Tecnologia s	Sentimentos

Figura 16.2 *Os tipos de interação de metas determinam as principais características das organizações.*

permitem classificar as subculturas das organizações. Assim, a Figura 6.4 mostrou os perfis que fábricas e clubes devem possuir. Tais considerações nos permitem, agora, introduzir mais uma variável na classificação das organizações, a de suas subculturas, de sorte que as tecnologias prevalecem nas organizações utilitárias, os preceitos, nas coercitivas, e os sentimentos, nas normativas.

O exposto pode ser condensado em um único quadro, de forma a destacar a correspondência de todas essas variáveis com as três maneiras de as metas individuais interagirem, como exibido na Figura 16.2, onde as colunas mostram os casos extremos da interação de metas e as linhas, as classificações das variáveis dependentes para essas três situações (Bernardes & Marcondes, p. 51-53).

Diante da diversidade das estruturas de uma organização surge a pergunta: qual de suas partes é de tal forma preponderante que possa ser o indicador das características de uma empresa, repartição pública ou associação? Mintzberg considera ser a formada pelos participantes que desempenham as atividades operacionais, com a explicação de produzirem os resultados essenciais que mantêm a organização viável. Chamou essa parte da estrutura de "núcleo operacional", nele incluindo, além dos envolvidos diretamente nas operações de transformar matéria-prima em produtos, os vendedores, compradores e outros mais (Mintzberg, p. 21 e 26). Portanto, correspondem aos participantes que desempenham as cinco funções operacionais descritas nos capítulos anteriores, cujas características peculiares do trabalho diferenciam uma organização de outra. Tais participantes são carcereiros em prisões, médicos e enfermeiros em hospitais, operários em fábricas, balconistas em lojas, garçons e cozinheiros em restaurantes, professores em escolas e sacerdotes em paróquias.

Depois de esses tipos de organizações terem sido esclarecidos é importante observar que suas características, expostas na Figura 16.2, não são meramente especulativas, mas constituem um quadro de referência para o administrador exercer sua função de coordenar com maior eficiência. Isto porque lhe fornece uma base para adequar seu estilo destinado a influenciar pessoas com subculturas peculiares ao trabalho exercido, tendo por finalidade permitir que metas coletivas sejam atingidas.

16.2 OS TRÊS TIPOS DE COORDENADORES

No Capítulo 1 foi explanado que se formam organizações para que metas sejam mais facilmente alcançadas. Com isso, surgem a divisão do trabalho e a colaboração em graus variáveis, o que não garante por si só que as metas previstas sejam atingidas. É preciso que exista alguém para explicitar "o que", "quanto" e "quando" fazer, isto é, a figura de um coordenador dos executores, os quais se incumbem de "como" fazer. Em prosseguimento, no Capítulo 14 foi mostrado que a coordenação nas organizações é levada a efeito em sucessivos escalões hierarquizados em níveis de intervenções e respostas. Neste capítulo serão mostradas as diferentes formas da coordenação de indivíduos em grupo.

Estimular e também coordenar são funções do administrador que, para isso, deverá saber como influenciar de acordo com a situação. Para isso, poderá utilizar o poder, a remuneração ou a autoridade, como será examinado a seguir.

16.2.1 O conceito e os mecanismos de coordenação

Os companheiros de escritório que depois do expediente se reúnem para um chope não precisam de coordenação porque os comportamentos esperados denotam expressões de sentimentos como alegria e simpatia. Entretanto, a execução coletiva de tarefas necessita de diferentes habilidades e conhecimentos, cuja integração exige a presença de um coordenador.

A escolha ou aceitação de um coordenador é natural ao homem em sociedade, como ficou patente nos experimentos feitos com pequenos grupos, inicialmente compostos por pessoas indiferenciadas, às quais se solicitou uma série de tarefas para executarem. Observou-se que foi percebida pelos membros a existência entre eles de alguns com mais habilidades e conhecimentos para levar a termo a solução do problema proposto, razão pela qual os demais tendiam a pedir seus conselhos e a aceitar diretrizes, isto é, desejavam ser coordenados. A capacidade para isso não era somente técnica, mas também envolvia principalmente a organização de fatos e informações apresentados pelos vários membros do grupo, que é a base da coordenação (Klein, 1968, p. 48).

Acontece que a coordenação não se destina a controlar ou chefiar subordinados, mas sim a tomar medidas para que metas sejam atingidas.

Coordenar é conseguir, não importa por qual meio, que os participantes de um grupo se comportem de forma que metas preestabelecidas sejam atingidas com eficiência.

Neste ponto, deve ser destacado um aspecto muito importante que a literatura de Administração não costuma enfatizar: a coordenação **não é obrigatoriamente exercida por uma pessoa**, sendo possível de ser levada a efeito por meio do próprio processo de trabalho. Essa afirmação é surpreendente, motivo pelo qual deve ser mais bem explicada, tendo por base as pesquisas de Mintzberg, que propôs cinco mecanismos distintos de coordenação.

1. AJUSTAMENTO MÚTUO. Esse mecanismo de coordenação ocorre quando os próprios executores que se incumbem de "como" se entendem para estabelecer "o quê", "quanto" e "quando" deve ser realizado. O leitor já deve ter observado que em bares e lanchonetes, quando o dono está ausente, alguém o atende e um outro recebe o pagamento do sanduíche preparado por um terceiro. Nesse caso, não há divisão de trabalho no grupo nem um coordenador para dizer quem faz o quê. O interessante é que esse tipo de coordenação por ajustamento mútuo ocorre tanto em microempresas quanto nas de grande porte, no caso de estas estarem incumbidas da execução de tarefas extremamente complexas, como as das equipes da NASA, onde ninguém sábia *a priori* o que deveria ser feito para colocar um homem na Lua.
2. PROCESSOS PADRONIZADOS. Na linha de produção, um operário recebe peças fabricadas pelo seu antecessor e com elas monta uma parte de algum equipamento, depois encaminhando-o para o posto seguinte. Ninguém coordena suas atividades, pois estas foram anteriormente padronizadas por unidades administrativas especializadas em projetar o processo de trabalho. Esse tipo de coordenação é ampliado pelas modernas técnicas de fabricação, a exemplo do *kanban*, que concede autonomia até para um operário parar a linha de montagem inteira ao perceber que está aparecendo algum defeito repetitivo, isso sem consultar qualquer chefia.
3. RESULTADOS PADRONIZADOS. As empresas transportadoras apenas informam os motoristas de caminhão o local e a data para entrega das mercadorias, mas não os coordenam quanto às estradas para chegarem ao destino. De maneira semelhante, a chamada Administração por Objetivos — APO não cobra dos gerentes a forma que devem agir para atingir as metas que propuseram, sendo a coordenação limitada aos resultados, alcançados ou não.
4. HABILIDADES PADRONIZADAS. Os hospitais não coordenam as atividades de seus médicos e enfermeiras porque os procedimentos já estão padronizados, tendo começado o desenvolvimento de suas habilidades ainda na universidade. O mesmo pode se dizer de outro tipo de profissional, os professores, que não precisam de chefias para lhes dizer o que devem lecionar em cada aula.
5. SUPERVISÃO DIRETA. Caso o porte da organização torne inexeqüível o ajustamento mútuo e os processos de produção impeçam de serem padronizados, somente resta a supervisão direta de uma pessoa para coordenar o trabalho para que resultados sejam produzidos e metas alcançadas. Esse tipo de coordenação é o **mais enfatizado pela literatura de Administração**.

Naturalmente, é de se esperar que um mecanismo não exclua os demais, ou seja, é possível que, em uma dada organização, todos os cinco tipos sejam encontrados. Isto porque ela é formada por várias partes distintas, existindo um mecanismo mais apropriado às características de cada uma delas (Mintzberg, p. 11-17). Além disso, exceções sempre ocorrem, motivo pelo qual é necessário que alguém oriente o que deve ser feito para resolver alguma **dificuldade não prevista**. Por isso, **sempre existirá algum tipo de coordenador** para conseguir que metas sejam alcançadas.

Aqui cabem muitas perguntas: de quem são essas metas? Dos membros ou do coordenador? Foram impostas externamente? Neste último caso, por quem? Os participantes as aceitam, são indiferentes ou contrários? As diversas respostas viáveis por si sós tornam clara a necessidade de mudar o tipo de coordenação de acordo com os casos de inter-relação de metas descritos em páginas anteriores no item 16.1.1. Por essa razão, convém que as formas de coordenar sejam classificadas dentro de três tipos, como examinados a seguir.

16.2.2 Condutor, chefe e líder

A variável independente "tipos de interação de metas" determina a variável dependente "formas de influenciar" com os extremos de **poder**, **trocas** e **autoridade**, os quais, por sua vez, determinam as maneiras de coordenar, as quais chamamos de **condução**, **chefia** e **liderança**. Cada uma delas tem características peculiares, sendo diversos seus efeitos sobre os coordenados.

1. O mais forte no bando de moleques ou o chefão da gangue de bandidos determina as ações de seus capangas na base da força e, de forma semelhante, o feitor coordena os escravos com o chicote.

   Chamaremos de **condutor** o indivíduo que impõe as metas e as normas de procedimento do grupo com a utilização do poder (Lima, p. 78).

   Esse, também, é o caso de muitas pessoas que assumem o controle de partidos políticos, condomínios de apartamentos e associações de classes profissionais, passando a dominar os demais membros e mantendo-se em posições de mando por muito tempo. Estudando a direção de sindicatos, o sociólogo alemão Michels denominou esse processo de "Lei de ferro da oligarquia". A diferença desses condutores para os tipos ditatoriais está na forma de poder utilizado, que de coercitivo passa a ser carismático, cuja base é fazer crer possuir qualidades ímpares para a posição e, ainda, conservar os coordenados desconhecedores das reais situações, sem a compreensão da realidade. Com isso conseguem alcançar as metas individuais, que geralmente incluem ganhos de dinheiro por meios imorais, quando não ilegais.

Outra forma de dominação utilizada por ditadores é criar falsas situações de perigo iminente para, então, surgirem como salvadores. Essa técnica é susceptível de ser utilizada em partidos políticos, sindicatos, clubes, órgãos governamentais e nas empresas, sobretudo nas de grande porte, onde os sócios minoritários nem sempre ficam sabendo das reais condições dos negócios.

2. Por outro lado, a forma mais comum de conseguir trabalho nas organizações é trocar os esforços dos funcionários (nas repartições públicas) e dos empregados (nas empresas) por benefícios, sendo o dinheiro o mais importante. Isso é aplicável desde que os participantes desejem alcançar suas metas sem que estas nem divirjam nem convirjam com as dos dirigentes. É o caso de metas co-orientadas ou paralelas, podendo ser atingidas desde que fique estabelecido um contrato de **trocas**.

Denominaremos **chefe** o preposto nomeado pelos proprietários ou seus representantes para coordenar os esforços dos participantes, tendo por base as trocas.

A influência do chefe é de imediato aceita pelos subordinados, pois esta é uma cláusula do contrato psicológico derivado da tradição de muitos séculos. Todavia, pelo fato de a base para trocas ser calculista, os executores contribuem para a consecução das metas determinadas para sua unidade administrativa à proporção que as próprias são atingidas. Assim, pesquisas mostraram que o supervisor mais bem considerado era o que recomendava aumentos para os subordinados e ainda os treinava para ganharem mais, ou seja, contribuía para as metas grupais, e não o que somente "dava palmadinhas nas costas" (Etzioni, 1974, p. 65).

3. Na equipe ou no grupo informal envolvido em alguma atividade, seus participantes escolhem um dos membros para coordenar os esforços conjuntos por sentirem ser ele o mais capaz para organizar os fatos e informações destinados à decisão coletiva. Em princípio, este não pretende ocupar a posição de coordenador, mas a aceita em face da aclamação dos companheiros.

Chamaremos de **líder** aquele que coordena o grupo formal ou informal com base na autoridade.

O importante é que ele contribua para que o grupo alcance a meta coletiva, agindo como um coordenador e sem dominar. Presentes tais condições, aplicamos a esse tipo de coordenador o anglicismo *leader* por nos parecer que corresponde melhor à idéia de sua aceitação para mais facilmente serem alcançadas metas convergentes ou cooperativas.

A Figura 16.3 complementa a Figura 16.1, mostrando a inter-relação dessas variáveis.

Esses são os casos "puros", mas o que se encontra na prática é um misto dos três. Por exemplo, é sabido que as unidades administrativas com o tempo passam, também, a apresentar características de grupo informal, de sorte que as metas paralelas com as da organização são acrescidas de outras convergentes e

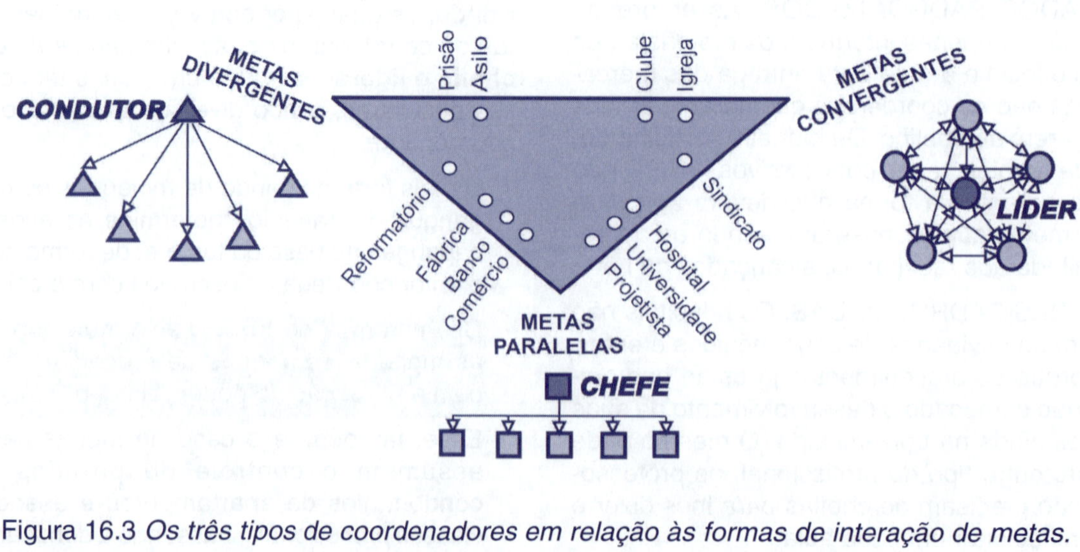

Figura 16.3 *Os três tipos de coordenadores em relação às formas de interação de metas.*

TIPOS DE INTERAÇÃO DE METAS	Tipos de controle	Variável cultural	Tipos de organização	Tipos de coordenador	Exemplos
PARALELAS OU CO-ORIENTADAS	Trocas	Tecnologias	Utilitária	Chefe	Diretor, gerente e supervisor
DIVERGENTES OU COMPETITIVAS	Poder	Preceitos	Coercitiva	Condutor	Carcereiros de prisões e vigilantes de asilos
CONVERGENTES OU COOPERATIVAS	Autoridade	Sentimentos	Normativa	Líder	Médico na sua equipe de especialistas

Figura 16.4 *Variáveis independentes que determinam os tipos de coordenação.*

próprias dos participantes. Dessa forma, o chefe passa a ter características de líder quando promove essas metas grupais, o que não o impede de ser um condutor pelo uso do poder em relação a dissidentes, inclusive demitindo detentores de contraculturas, pelo fato de as metas desses divergirem das dos demais membros.

Já foi mostrado que existe correlação entre o tipo de interação de metas e as três variáveis culturais. Portanto, sendo o **condutor,** o **chefe** e o **líder** afins, respectivamente, com a **divergência,** o **paralelismo** e a **convergência** de metas, também o serão com as variáveis **tecnologias, preceitos** e **sentimentos.** O quadro da Figura 16.4 mostra esses relacionamentos, sistematizando, assim, o exibido na Figura 16.3.

A importância desse quadro está em mostrar na primeira coluna as variáveis independentes, que são os três tipos de interação de metas, e nas demais, as variáveis dependentes. Por exemplo, estas são, no caso de metas co-orientadas (e paralelas), o controle pelas trocas, a ênfase nas tecnologias, a empresa como organização utilitária e o **chefe** como o coordenador habitualmente designado e não o **condutor** imposto ou o **líder** escolhido pelos pares. Ademais, torna explícita a inconveniência das tentativas de influenciar de forma enviesada, por exemplo, querer desempenhar o papel de líder quando as metas são divergentes, ocasião em que somente o condutor baseado no poder consegue obter comportamentos da forma esperada, a exemplo do carcereiro para evitar que presos cavem túneis no piso das celas para fugir (Bernardes & Marcondes, p. 66-68).

TÓPICOS PARA EXPOSIÇÕES

16.1.1 Correlação entre metas, consentimento e formas de influenciar

Explicar que a literatura sobre a Administração por vezes confunde poder com autoridade, seja porque os autores desconhecem a separação clara do significado dessas duas palavras, feita pela moderna Sociologia, seja porque supõem que o termo inglês *authority* corresponde ao português autoridade e *power* a poder. Definir e exemplificar **poder**, **trocas** e **autoridade**. Com base na Figura 16.1, mostrar, com exemplos que, nas situações práticas, as três formas de influenciar ocorrem ao mesmo tempo, apenas uma ou duas se sobrepondo.

16.1.2 Uma tipologia de organizações com base nas formas de influenciar

Com base no quadro da Figura 16.2 e exemplos, mostrar que as organizações podem ser classificadas em **coercitivas**, **utilitárias** e **normativas,** de acordo com a forma predominante de as pessoas influenciarem seus clientes externos ou participantes (seus clientes internos).

16.2.1 O conceito e os mecanismos de coordenação

Explicar que, complementando o explicado em capítulos anteriores, serão mostradas as formas de operacionalizar a coordenação. Definir **coordenar**, explicando que existem outros mecanismos de coordenar que não o exercido por pessoas. Resumir com exemplos os **cinco mecanismos** destinados a obter a coordenação.

16.2.2 Condutor, chefe e líder

Com base na Figura 16.3 e no quadro da Figura 16.4, explicar que as três formas de interação de metas (divergência, indiferença e consenso) são variáveis independentes, que determinam às variáveis dependentes formas de influenciar (pelo poder, trocas e autoridade) que, por sua vez, determinam as maneiras de supervisão direta (condutor, chefe e líder). **Definir**: condutor, chefe e líder.

QUESTÕES DE APLICAÇÃO

1. Indique, justificando, se a influência tem por base o poder, as trocas ou a autoridade para cada um dos seguintes casos: a) médico chefe que determina para

as enfermeiras a escala semanal de serviço; b) investigador de polícia que detém suspeito na rua; c) professor que atende aluno fora da classe para esclarecer dúvidas; d) político do interior que obriga correligionário a votar em determinado candidato.

2. Sendo você supervisor de linha de produção de uma fábrica, com base no quadro da Figura 14.2, informe, justificando: a) a qual dos três tipos de organização pertencem seus operários; b) qual das três formas de influenciar eles esperam de você no caso de, em princípio, serem contra qualquer tipo de coordenação; c) a qual dos três tipos de organização pertence o sindicato ao qual os operários são filiados.
3. Qual dos cinco mecanismos de coordenação é aplicável na escola que freqüenta, quanto ao: a) Departamento de Administração; b) Biblioteca; c) Lanchonete; d) Serviço de Limpeza.
4. Você é o superintendente do Departamento de pessoal de uma grande firma e foi designado para negociar com o presidente do sindicato dos trabalhadores, que por 12 anos é sucessivamente reeleito, apesar de não ser bem visto pela maioria dos associados. Nessas condições, informe, justificando, o seguinte: a) você é chefe, líder ou condutor de seus psicólogos e assistentes sociais; b) entre as duas maneiras de coordenar (autoridade e condutor), qual delas seria a mais provável do presidente do sindicato; c) as metas entre vocês dois são divergentes, paralelas ou convergentes.

DISCUSSÃO EM GRUPOS

O caso da Santa Casa de Misericórdia (3ª parte)

Com base nas descrições do caso feitas nos Capítulos 15 e 16, cada grupo responda, justificando, a pergunta que lhe foi determinada.

Questões para cada grupo responder

1. Considerando as quatro Seções, informe, justificando, em qual delas mais se destaca: a) a influência, tendo o **poder** como o maior componente; b) o mecanismo da coordenação direta com base na **remuneração**; c) idem com base na **autoridade**.
2. Não obstante a Santa Casa como hospital seja uma organização utilitária tendendo para a normativa, as formas de influenciar em cada Seção diferem umas das outras. Com isso, redesenhe a Figura 16.1, apagando os locais das organizações mencionadas e substituindo-os pelas quatro Seções, conforme estas tendam para um ou outro dos três vértices. Justifique as respostas com base no quadro da Figura 16.2.
3. Os médicos, apesar de não serem empregados, recebem pagamentos da Santa Casa para tratarem dos doentes sem recursos e diretamente dos pacientes com posses. Pergunta-se: nessas condições eles precisam de um chefe para coordená-los? Por quê?
4. Considerando os serviços concretizados pela Enfermagem, Raios X, Sala de Operações, Limpeza, Cozinha e Manutenção Elétrica e Hidráulica, informe, justificando, em quais delas os coordenadores dos Departamentos respectivos seriam vistos com a predominância de: a) condutor; b) líder; c) chefe.
5. Embora a finalidade da Santa Casa seja curar doentes, as metas de suas unidades administrativas diferem entre si. Dessa maneira, enumere, justificando, quais dificuldades teria a Diretoria Executiva na coordenação da Seção Administrativa com os outros departamentos, tendo em vista a necessidade de: 1. conter despesas; 2. aumentar a receita financeira.

LEITURAS COMPLEMENTARES

BRECHER, Nelson. Com vocês... o incrível Firmin. Carismático, energético, obsessivo. **Exame**. São Paulo, Abril, ed. 706, 26 jan. 2000. Caso do tipo de liderança que exerce o administrador Firmin, como presidente do grupo de empresas Accor.

MANO, Cristiane. Que chefe? Não à hierarquia. Sim à diversão. **Exame**. São Paulo, Abril, ed. 700, 03 maio. 1999. A empresa *People Soft* organizou internamente o trabalho entre as pessoas, alterando os modelos tradicionais de poder, trocas e autoridade, com o fim de se tornar mais competitiva em relação à SAP, seu principal concorrente.

STORINO, Gylcilene R. *et alii*. Racionalidade, liberdade, poder e efetividade: dimensões sistêmicas da decisão. In: **Encontro da ANPAD 23**, 19 a 22 set. 1999. Foz do Iguaçu. Resumo dos trabalhos — ENANPAD 99, p. 141. Analisa o processo decisório que envolve relacionamento democrático e co-responsabilidade no desenvolvimento de novos valores e mudanças culturais da organização.

ESTILOS DE COORDENADORES 17

Existe o líder nato? Sim, existe e somos todos nós, pois qualquer indivíduo, pelo fato de ter a capacidade inata de aceitar a coordenação, também possui a de coordenar o desempenho de outros. Então, por que alguns são passivos e ineficientes enquanto muitos são exatamente o contrário? A razão está na aprendizagem adquirida na infância que modela as características herdadas, fazendo com que o indivíduo seja prepotente, acomodado, sociável, submisso ou "pé-de-boi" que se mata no trabalho. Examinar a **variedade dos estilos** de coordenação decorrentes das capacidades inatas e modificadas pela aprendizagem será o primeiro objetivo deste capítulo.

Imagine-se o leitor ouvindo a seguinte conversa:

— Meu chefe dirige o Departamento como um sargento comanda recrutas. Apesar disso, nós gostamos dele.

— O nosso não é assim. Entretanto, vive enfurnado em sua sala, deixando todos inseguros porque não diz como devemos fazer as coisas que pede.

Qual deles é bom e qual é ruim? Nenhum deles, pois são dois estilos de coordenação diferentes, sendo um eficiente e outro não, pois, em princípio, são apenas adequados ou inadequados à **situação**, sendo essa uma das idéias básicas da Teoria da Contingência. Analisar tal compatibilidade em termos de **eficácia** e **eficiência** será o segundo objetivo deste capítulo.

17.1 UMA CLASSIFICAÇÃO DE ESTILOS PARA COORDENAR

No Capítulo 2, foi dito que os administradores **coordenam** pessoas nas funções de planejar, implantar, operar e avaliar. É de se esperar que alguns coordenadores sejam bons para certas funções, como a de planejar, e inadequados para outras, por exemplo, as de implantar e operar. Isto porque os indivíduos têm características pessoais que os direcionam para executar certos tipos de tarefas e os inibem para outras, ou pelo menos não os tornam eficientes.

São fatores que caracterizam a personalidade, a qual, nas situações de influenciar os outros, determina o "estilo" próprio de coordenação. Este decorre da integração dos fatores biológicos, da aprendizagem e de mudanças provocadas pelo raciocínio, pois o Homem é capaz de perceber inadequações de seus comportamentos e, por isso, mudá-los por vontade própria.

17.1.1 Características dos estilos de coordenadores

A palavra **estilo** provém do latim *stilu*, a designação dada ao ponteiro utilizado para escrever sobre a cera que recobria finas tábuas. Como cada pessoa tinha seu *stilu* e escrevia de maneira própria, o termo passou a denotar a forma literária característica, a exemplo do "inconfundível estilo de Machado de Assis". Hoje, por extensão, designa, também, o conjunto de comportamentos observados em situações específicas, entre as quais incluem-se as da coordenação de pessoas (Bergamini, 1980, p. 45).

1. DEFINIÇÃO. O estilo de uma pessoa é sua personalidade que se exterioriza sempre da mesma forma em uma dada situação. Como para nós interessa a coordenação de pessoas, pode-se dizer que:

   estilo do coordenador é o conjunto de comportamentos repetitivos observados quando tenta influenciar pessoas em uma determinada situação.

   Uma pergunta poderia ser feita: como se formam tais comportamentos habituais para uma dada situação? As explicações estão ligadas aos motivos inatos, à aprendizagem e ao raciocínio, conforme explicado no Capítulo 5.

2. FORMAÇÃO DO ESTILO. Foi explanado que as necessidades inatas são alteradas em graus variáveis pela aprendizagem. Dessa forma, a mãe pode influenciar o filho pequeno para a independência e a realização, enquanto o pai o ensina como deve ser um empresário, não importando se de uma farmácia de esquina ou se de uma grande organização com filiais por todo o país. Note-se que tal aprendizagem não é feita pelos pais só com o estímulo de palavras, mas principalmente de forma subliminar com exemplos de comportamentos próprios (Steiner, p. 88-90). Essa é a explicação do "líder nato", ainda

mencionada por certos autores como característica biológica, quando, na verdade, é o resultado da aprendizagem que vem desde tenra idade. Todavia, e se em lugar de orientarem-se para desenvolver a capacidade inata de influenciar os estímulos forem no sentido de inibi-la? Então, a pessoa pode vir a ter dificuldades na coordenação dos outros, pois a "ordem" que interiorizou é de ser submissa, ou dependente ou, ainda, arredia (Meininger, p. 30-37).

Para que uma tendência se torne estilo é necessá rio que, pela **repetição**, vire um **hábito**, a ponto de se dizer que a única maneira de aprender a coordenar é coordenando. Para isso, é preciso que o comportamento exibido em determinada situação tenha sucesso, o que fará repeti-lo em condições semelhantes até que se torne uma forma de ser do indivíduo. Dessa maneira, suas respostas ficam condicionadas por serem as mesmas diante de um tipo de estímulo, o que identificará o estilo do coordenador (Hersey & Blanchard, p. 104). Ao contrário, se ocorrerem insucessos, então a tendência é não mais se repetirem por ter sido percebido que o comportamento é inadequado. Assim sendo, caso o treinamento desde a infância tenha sido o de inibir a capacidade de coordenar pessoas, então as tentativas iniciais já têm grande probabilidade de não darem certo, o que por si só já impede a repetição desses esforços.

Um fato que nos foi relatado exemplifica a aprendizagem modeladora de estilos: o tratamento autocrático dado pelo pai aos lavradores da fazenda da qual era proprietário, de observado passou a ser praticado quando o filho prestou serviço militar em uma unidade do Centro de Preparação de Oficiais da Reserva - CPOR. Com isso, as duas situações direcionadas para o mesmo sentido fizeram com que mais tarde esse personagem agisse também de forma autocrática na fábrica em que foi trabalhar.

3. MUDANÇA DE ESTILO. Haveria possibilidade de mudar o estilo de coordenação? A resposta é sim, por meio do mesmo processo de condicionamento operante pelo qual foi aprendido, porém, no sentido inverso, isto é, com punições quando o estilo já condicionado se manifestar, e com prêmios quando for exibida a nova forma de se comportar. Esse processo poderia ser feito por ação externa, a exemplo do chefe que procura orientar como o subordinado deve coordenar seus inferiores. Outra forma é por ação interna da pessoa, ao perceber quão inadequado é seu estilo em termos de obter eficiência de seus influenciados, o que em si já é uma punição sentida. Neste caso, se começar a obter sucesso com uma nova forma de coordenar, esta pode tornar-se o estilo modificado, já que o aumento conseguido de eficiência constitui por si só um prêmio. Naturalmente, o processo é facilitado se ocorrerem, ao mesmo tempo, pressões internas e externas à pessoa, dentro do processo de aprendizagem explanado no item 5.1.2.

   O problema está em definir o "mudar para onde" e, também, na dificuldade em desestruturar a personalidade, reestruturando-a de outra forma. De qualquer maneira, isso só será viável pela atuação na camada externa dos círculos concêntricos da aprendizagem representados na Figura 5.4, e assim mesmo consumindo muito tempo (Hersey & Blanchard, p. 152-154). As considerações feitas mostram a importância de as escolas de Administração enfatizarem o treinamento em classe de seus alunos para, em discussões de grupo, aprenderem a coordenar e desenvolver um estilo que seja adequado às futuras situações de trabalho.

4. EFICÁCIA E EFICIÊNCIA. Não sendo fácil mudar o estilo e, também, saber para qual direção, a pergunta que surge é: compensa o esforço de alterá-lo? A resposta é sim, porém com algumas restrições. A primeira delas diz respeito à possibilidade de, apenas, adequá-lo à situação e não de fazer mudança radical. Dessa forma, o coordenador pode tornar-se "menos autocrata", mas nunca será um "democrata pleno" no relacionamento com seus coordenados.

A segunda diz respeito à conveniência de alterar o estilo somente no caso de isso tornar a coordenação mais eficaz e eficiente. Embora repetindo, é importante lembrar que a organização existe por ter uma finalidade para com a sociedade e seus próprios participantes, concretizada por metas preestabelecidas. Assim sendo, o estilo de coordenação será **eficaz** na proporção em que contribuir para essa finalidade, e apenas **eficiente** quando contribuir para a meta setorial determinada pelo escalão superior ao do coordenador (Drucker, 1972, p. 14-16). Dessa forma, o empresário será eficaz se conseguir aumentar as contribuições da organização para com a sociedade e seus participantes, e o supervisor será eficiente se cumprir as ordens recebidas de produzir.

17.1.2 Os estilos de coordenadores acompanham as variáveis culturais

A experiência do leitor mostra que os estilos das pessoas para coordenar variam muito, fato já esperado, pois refletem as diversas personalidades. Essas variações levaram pesquisadores a classificar os estilos de coordenação em tipos extremos e, mais tarde, a acrescentar as intensidades com que se manifestam, isto é, como variáveis, cada uma nomeada diferentemente, a exemplo de "democracia", "relacionamentos", "tarefa" e outros mais. Acompanharam, pois, a tendência humana de dar nomes às coisas, embora ninguém goste de ser rotulado de *"laissez-faire"* ou "autocrata". Um aspecto a destacar é o desses pesquisadores terem elaborado prescrições para aperfeiçoar as formas de coordenar pessoas com base nos motivadores que provocam ações, permitindo supor terem eles se apoiado nas Teorias do Comportamento.

A literatura que aborda o assunto é vasta e não pára de crescer, de sorte que sua análise deveria ser objeto de um curso e não de um capítulo, motivo pelo qual será feito apenas um resumo desse tema. Para começar, o exame das pesquisas dos muitos autores mostrou que, em princípio, os coordenadores dão ênfase a apenas três variáveis, que poderiam ser assim resumidas:

1. aspectos externos às pessoas, nos quais se incluem as tecnologias empregadas e o ambiente de trabalho;
2. elementos internos às pessoas, a exemplo de normas, regulamentos e leis, ou seja, o que foi interiorizado desde a infância;
3. relacionamentos entre as pessoas, como apoio emocional e satisfação mútua.

Neste ponto, o leitor já percebeu que essas três variáveis correspondem às três variáveis culturais: tecnologias, preceitos e sentimentos. Isso já deveria ser esperado, pois decorrem das características psicológicas do ser humano que, por extensão, originam a cultura da vida em sociedade. Entretanto, na prática as coisas não são simples, porque outros fatores intervêm, motivo pelo qual o assunto deve ser aprofundado.

1. ESTILOS E VARIÁVEIS CULTURAIS. O primeiro aspecto a examinar é quanto ao **conteúdo** de cada uma das três variáveis, como já enunciado no item 6.2.1 de forma geral. Nos casos particulares, cada coordenador tem seu estilo peculiar. Por exemplo: quanto à variável tecnologias, um pode dar ênfase aos resultados, ou seja, às saídas das transformações, enquanto outro se interessa pelo processo e um terceiro pelo controle do realizado com o previsto.

   O segundo aspecto a analisar é em relação à **intensidade** da variável que é enfatizada. Por exemplo, quanto a preceitos, o estilo de um coor-denador é ser rígido, exigindo total obediência às normas de procedimentos, enquanto outro concede maior grau de liberdade a seus coordenados para seguirem o "espírito e não a letra da lei" (das normas, é claro).

   A correspondência de estilos com as **três variáveis** está esquematizada em (**a**), (**b**) e (**c**) da Figura 17.1, onde foram incluídas as designações dadas por alguns pesquisadores aos vários tipos de estilos. Já em (**d**) foi mostrada a ênfase concomitante a duas variáveis, como observada por alguns autores.

2. ÊNFASE EM MAIS DE UMA VARIÁVEL. Naturalmente, a ênfase alta em uma variável não quer dizer

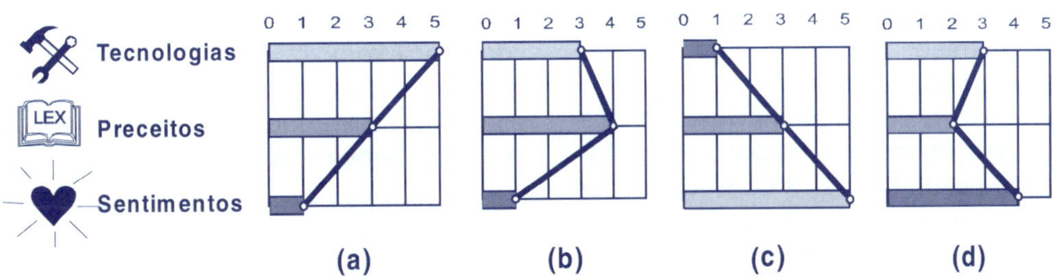

AUTOR	DENOMINAÇÕES			
Ohio University	Tarefa	--------	Relacionamento	--------
William Reddin	Dedicado	Separado	Relacionado	Integrado
Kurt Lewin	Autocrata	*Laissez-faire*	Democrata	--------
Blake & Mouton	Tarefa	--------	*Country Club*	Equipe
Robert Katz	Técnica	Conceitual	Humana	--------
Ichak Adizes	Produtor	Administrador	--------	Integrador

Figura 17.1 *As designações de vários estilos comparados com as ênfases dadas às três variáveis culturais.*

zero nas demais, pois seria impossível que um "dedicado" à tarefa (no dizer de Reddin) não desse algum apoio emocional a seus coordenados, nem exigisse o cumprimento das normas da organização. Acontece que o observado foi justamente o contrário, ou seja, é comum dar ênfase alta concomitante a duas e até a três variáveis. Esse fato é mostrado em (**d**) na Figura 17.1, onde o coordenador se importa com as tarefas e, também, com as pessoas.

3. VARIAÇÕES DO ESTILO PELA SITUAÇÃO AMBIENTAL. Foi verificado que o estilo de uma pessoa se altera conforme a pressão do meio ambiente. Assim, sob condições normais, o estilo do coordenador pode enfatizar as tecnologias. Todavia, estimulado por uma situação de insegurança (como ficar sujeito a perder o emprego), muda para a variável preceitos, se omitindo para não correr riscos, mas se apegando ao cumprimento das normas como tábua de salvação. Esse fato é congruente com a hierarquia de necessidades em dois níveis do Capítulo 6, quando o impulso para a realização é substituído pelo da sobrevivência, como um caso de regressão.
4. MEDIDA DO ESTILO. O leitor poderá perguntar: de que forma poderia perceber qual a intensidade das variáveis que concretizam meu estilo pessoal de coordenação? O método utilizado por vários autores para essa medida é o do questionário com perguntas fechadas. Nele, o interessado responde dando um peso para cada frase afirmativa, conforme o grau percebido em que ela confirma seu modo habitual de comportar-se na coordenação de pessoas. Um exemplo é o da frase: "procuraria empregar um trabalhador com defeito físico se acreditasse que este poderia aprender a desempenhar os serviços que lhe fossem designados?" A resposta do leitor ponderada com os pesos 0, 1, 2, 3 ou 4 (caso fossem esses os números especificados pelo questionário) iria mostrar que, no caso de dar peso zero, haveria total discordância e, por isso, baixíssima orientação para a variável sentimentos por falta de apoio emocional, enquanto se desse peso 4 indicaria grande ênfase na direção dessa variável.

17.2 ADEQUAÇÃO DO ESTILO DO COORDENADOR AO AMBIENTE

Para haver eficácia e eficiência, é necessário existir compatibilidade entre o estilo do coordenador e as exigências de seu ambiente (metas dos grupos, subculturas funcionais e hierárquicas) (Reddin, p. 58) (Hersey & Blanchard, p. 105). Portanto, **um estilo não é bom ou mau, mas apenas compatível ou não a dada situação organizacional**. O problema é que não se pode dizer *a priori* qual é o conjunto de comportamentos de coordenação adequado para um caso específico, mas apenas indicar o que as pesquisas mostraram como estilos mais encontrados.

17.2.1 As expectativas do meio externo do coordenador

No Capítulo 7, foi mostrado que os supervisores de produção das grandes empresas não desejavam a amizade e a orientação das chefias, querendo, apenas, salário compatível e responsabilidade pelo trabalho. Neste caso, é evidente que um coordenador, cujo estilo o levasse a dar apoio emocional e orientar as tarefas dos supervisores, não poderia ser eficiente. Pior, ainda, caso seu estilo contrariasse o que dele esperava seu superior imediato e seus pares (que são os outros coordenadores de mesmo nível hierárquico). Além disso, esse coordenador poderia ainda ter contatos externos com clientes, fornecedores e colegas de profissão, ou seja, com o ambiente externo à organização. Cada um desses conjuntos de pessoas esperam dele um tipo de estilo de coordenação que pode ou não ser compatível com as três outras expectativas. São, pois, quatro pressões que o coordenador sofre, conforme esquematizado com setas em linha cheia como [1] na Figura 17.2 (Hersey & Blanchard, p. 136-137 e 159). Ademais, muitas vezes a percepção que as pessoas têm do estilo utilizado pelo coordenador (setas em tracejado) não corresponde com a realidade. Por exemplo, o subordinado julga seu chefe exigente demais com a perfeição do trabalho que executa quando, na verdade, ele apenas deseja que se torne um bom profissional.

Algumas situações possíveis desse intercâmbio pressão-percepções acham-se representadas nessa mesma figura. Já no caso [2], esse coordenador não poderá ser eficaz nem eficiente no cargo, só restando mudar de estilo, demitir-se ou se transferir de área, ainda na mesma organização, isso antes que perca o emprego. A situação [3] é a das "panelinhas", na qual o coordenador apenas se ajusta aos pares, sem interesse pelos clientes e demais participantes da organização. Um caso extremo é o do esquema [4], onde a compatibilidade de interesses é tanta que o cliente é atendido por uma equipe. Poder-se-ia supor o inverso, isto é, nenhuma compatibilidade. Nesta situação, a divergência torna impossível coordenar, mesmo para um gênio na arte de influenciar pessoas.

Como o leitor percebe, nos dois primeiros casos seria aconselhável a mudança de estilo, mas apenas

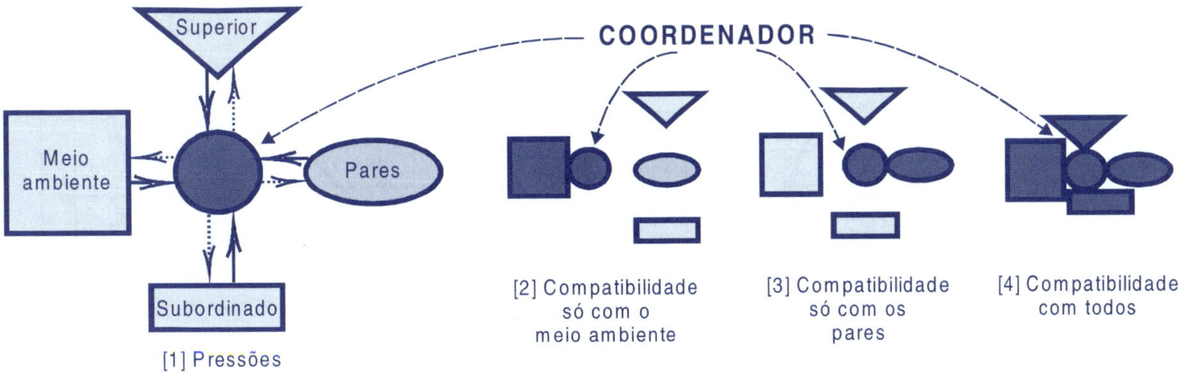

Figura 17.2 *Pressões para a adoção de um estilo de coordenação e os tipos de compatibilidade resultantes.*

para adaptá-lo melhor à situação e não para alterá-lo completamente, aliás, o que é impossível...

Um outro assunto é a expectativa do meio externo ao coordenador quanto à maneira escolhida para influenciar, ou seja, utilizando o poder, trocas ou autoridade, isto é, na forma de condutor, chefe ou líder. Essas expectativas estão, também, supostas nas várias situações esquematizadas na Figura 17.2, que mostra possíveis divergências. Por exemplo, o supervisor ou gerente atua como líder e, por isso, coordena eficientemente, o que originará ciúmes em seus pares que se comportam simplesmente como chefes, os quais poderão até sabotá-lo. O importante não é tanto o estilo que o coordenador supõe possuir, mas como as pessoas de seu ambiente o vêem, pois suas reações dependerão desta percepção. Como já mencionado, um chefe pode julgar-se "democrata", enquanto seus subordinados o vêem um "autocrata" e, como tal, reagirão à sua influência para coordená-los.

17.2.2 Os estilos e as funções operacionais

Qual deve ser o estilo mais adequado a cada função operacional? À falta de outros dados, iremos nos basear em uma pesquisa brasileira (Bergamini, 1980, p. 76-77). Todavia, devem ser feitas ressalvas à metodologia nela empregada. Em primeiro lugar, os resultados obtidos indicam apenas **tendências** observadas e não necessariamente que os estilos percebidos sejam os mais indicados para as situações pesquisadas. Segundo, a base adotada foi o conjunto de estilos denominado LIFO, por Katcher, que não corresponde às três variáveis culturais, de sorte que é preciso fazer adaptações. Terceiro, o método utilizado foi o do questionário sem entrevistas posteriores para validar os resultados estatísticos, razão pela qual serve apenas para ilustrar as hipóteses levantadas para a pesquisa.

Apesar de todas essas restrições, pode-se dizer com certa margem de segurança, o exame das ênfases dadas às três variáveis culturais.

1. TECNOLOGIAS. Esta variável é enfatizada em todas as funções operacionais, mas predomina na de Produzir em situações normais. Já nas condições de pressão ela decai a favor da variável de preceitos, o que sugere mudanças de estilo pela tendência burocrática de se documentar como defesa futura, emperrando, assim, as decisões a serem tomadas.
2. PRECEITOS. Não se mostraram predominantes nas situações normais, apenas com certo destaque nas funções ditas "administrativas" (envolvendo a coleta e tratamento de informações levadas a efeito pelos analistas de processamento de dados, de mer-cado e de salários). Todavia, nas situações de pres-são elevou-se a ponto de ser o destaque maior des-sas funções administrativas e também em Finanças e nas denominadas "serviços gerais" (englobando segurança, arquivos e assistência jurídica).
3. SENTIMENTOS. Predominaram em Marketing, Recursos Humanos, Administrativos e Serviços Gerais (como descrito linhas atrás), porém decrescendo significativamente em todos eles nas situações de pressão (Bergamini, 1980, p. 78-82).

As pesquisas que sugeriram os 4 perfis das funções operacionais exibidos na figura 17.3 da página seguinte, foram levadas a efeito em organizações utilitárias. Uma pergunta seria: os perfis são os mesmos para as coercitivas e para as normativas? Apesar de desconhecermos pesquisas nesses dois outros tipos, a resposta deveria ser positiva, pelo menos em princípio. Isto porque, conforme exposto no item 14.1.2, essa

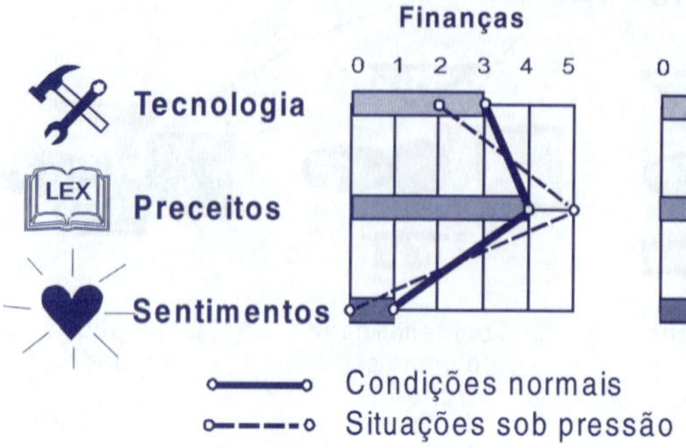

Figura 17.3 *Perfis supostos da média de coordenadores conforme a função operacional, seja em condições seja sob pressão.*

classificação decorre apenas das formas de influenciar os participantes **do nível mais baixo de todos**, e não dos médios e altos. Assim, a denominação de coercitiva provém do poder sobre detentos ou prisioneiros, de utilitária das trocas com operários da linha de produção e de normativas da autoridade sobre paroquianos ou sócios de clubes. Diferente será, pois, a coordenação sobre os níveis superiores, por exemplo, sobre os guardas dos presídios e sacerdotes das igrejas, e mais ainda sobre os escalões elevados, a qual deve assemelhar-se à das utilitárias.

Os perfis decorrentes dessas suposições a respeito dos níveis administrativos devem, ainda ser validadas em outras pesquisas, caso alguém venha a se interessar em levá-las a efeito.

Entretanto, comparativamente é de se esperar em todos os níveis hierárquicos e operacionais ênfase maior na variável preceitos para as coercitivas e na de sentimentos para as normativas, isto pela influência dessas duas variáveis culturais que nelas predominam.

17.2.3 Os estilos e os níveis hierárquicos

As análises de estilos segundo os níveis hierárquicos complicam-se por duas razões: o **porte** das organizações é variável (indo desde o da microempresa até o da multinacional) e, também, o estágio em que se encontra em seu **ciclo de vida** (ou seja, se ainda é jovem, tornou-se madura ou está no ocaso da existência).

1. PORTE DAS ORGANIZAÇÕES. Os padrões usuais para medir o tamanho das organizações são o número de empregados, o valor do faturamento e a complexidade da tecnologia utilizada, os quais, na verdade, servem apenas para comparações entre elas. Com base nesses padrões e com auxílio da Figura 2.2, é de se esperar que o perfil do empresário da organização considerada de médio porte se aproxime ao do gerente da grande empresa, isto é, assemelha-se ao tipo intermediário esquematizado na Figura 17.3, podendo chegar até ao extremo do perfil suposto para o supervisor, caso seja proprietário de microempresa. Portanto, o estilo de coordenação esperado de se encontrar nos diferentes níveis hierárquicos varia com o porte da organização, por exemplo: a ênfase nas tecnologias aumenta na razão inversa do tamanho da empresa, aliás, como esquematizado na Figura 2.2.

   Todavia, é de se prever que o estilo dos coordenadores em nível de supervisão pouco varie, pois tanto na grande quanto na pequena organização sua função é obter resultados concretos em termos de bens e serviços levados a efeito por participantes executores em nível de produção, o que significa dar maior importância à tecnologia.

2. CICLO DE VIDA. Conforme explanado em linhas atrás, à proporção que a organização cresce, muda a relação de eficácia-eficiência e altera as ênfases nas três variáveis culturais, o que obriga a modificações nos estilos. A organização, porém, não só cresce, mas também se desenvolve, à semelhança da pessoa humana que amadurece com a idade. Resulta que, também, os estilos dos coordenadores alteram-se e, caso isso não ocorra, a organização entra em decadência. Tal assunto será mais detalhado quando for examinado o processo de deterioração e desenvolvimento organizacional.

O que acontecerá se um supervisor promovido a gerente, ou então, um gerente guindado para cargo de diretor, não alterar seu estilo de coordenar? Muito provavelmente, ele se tornará ineficiente no desempenho da nova função, concretizando, assim, o famoso "Princípio de Peter". Esse autor postula, satirizando, que as pessoas são promovidas até atingirem um nível no qual se tornam incompetentes e onde permanecem por não ser usual o rebaixamento de cargo. Um corolário desse "princípio" é que, com o tempo, todos os participantes da organização estarão ocupando cargos em seus níveis de incompetência. Outro corolário afirma que a organização é produtiva graças ao desempenho daqueles que ainda não chegaram aos respectivos níveis de incompetência (Peter & Hull, p. 18-20).

Deve-se observar que o enfoque dado a este capítulo foi mais abrangente do encontrado em muitos textos de Administração, pois não se limita à coordenação do chefe na hierarquia formal de uma organização, mas se aplica, também, às figuras do condutor e do líder em qualquer tipo de grupo formado por pessoas.

CONCLUSÃO. Conhecer o próprio estilo, o esperado pelas pessoas com as quais se relaciona e como elas o vêem é fundamental para o administrador na sua função de coordenador eficaz e eficiente.

Por outro lado, **é animador saber que isso é possível para qualquer um** desde que:

- descubra seu estilo predominante, por si ou por meio de questionários para isso existentes;
- observe quem o rodeia quanto ao estilo que utiliza e, também, como espera que os outros se comportem;
- aprenda com aqueles que são eficientes e eficazes na maneira de obter trabalho de subordinados, pares e até das próprias chefias;
- treine em situações experimentais (como discussões em grupos);
- aplique no exercício profissional do dia-a-dia o que aprendeu, pois só a prática e as experiências é que contam para obter resultados;
- tente mudar seu estilo para torná-lo adequado a toda nova situação que se defrontar, o que é possível, pois todos facilmente mudam de papel, conforme se inter-relacionam com amigos, chefe ou familiares.

Essa tentativas podem ser muito gratificantes em termos de sucesso profissional.

TÓPICOS PARA EXPOSIÇÕES

17.1.1 Características dos estilos de coordenadores

Com base no exemplo de uma chefia conhecida, definir estilo do coordenador. Explicar que se aplica tanto ao condutor quanto ao líder, dessa maneira ampliando o enfoque de textos de Administração, que se restringem à figura do chefe. Explicar como o estilo se forma pela aprendizagem. Explicar a conveniência de mudar o estilo de acordo com a situação, a fim de tornar a coordenação mais eficaz e eficiente.

17.1.2 Os estilos de coordenadores acompanham as variáveis culturais

Com base na Figura 17.1 e exemplos, mostrar que a forma de o coordenador tentar influenciar as pessoas pode ser avaliada de acordo com a ênfase que dá a uma ou mais variáveis culturais. Explicar com exemplos que os vários autores dão diferentes nomes aos estilos de coordenador, que podem ser unificados conforme a(s) variável(eis) que ele enfatiza.

17.2.1 As expectativas do meio externo do coordenador

Explicar que um estilo não é bom ou mau em si, mas adequado ou não a determinada situação. Com base na Figura 17.2, mostrar que o coordenador está sujeito a, pelo menos, quatro pressões de seu ambiente, cada qual representando uma expectativa diferente quanto ao estilo que ele irá utilizar. Explicar que o estilo esperado pode ser compatível a uma ou mais das quatro expectativas, mas dificilmente a todas.

17.2.2 Os estilos e as funções operacionais

Com base na Figura 17.3, explicar que pesquisas sugeriram a correlação entre as três variáveis culturais e os estilos de coordenar pessoas das cinco funções operacionais. Mostrar que ocorre mudança de estilo quando a situação passa de normal para outra de pressão ou de risco.

17.2.3 Os estilos e os níveis hierárquicos

Explicar que o estilo considerado mais eficaz e eficiente muda de acordo com o nível hierárquico do coordenador. Essa alteração é mais pronunciada nas organizações de grande porte por terem maior e mais diferenciados níveis de coordenação. Em conseqüência, o coordenador tem de mudar seu estilo à proporção que é promovido.

QUESTÕES DE APLICAÇÃO

1. a) Fazendo uma retrospectiva de sua vida, você teve algum tipo de aprendizagem para coordenar os jogos e brincadeiras com os colegas de infância? b) Você é capaz de identificar algum parente ou amigo da família que lhe tenha servido de instrutor ou modelo na arte de coordenar pessoas?
2. Comparando os quatro perfis de estilos esquematizados na Figura 17.1 com o caso dos vaqueiros que

foram trabalhar na mina de magnesita exposto no Capítulo 6, identifique, justificando: a) o perfil do estilo dos administradores sulistas que se mostrou ineficiente; b) o perfil suposto dos fazendeiros da região no trato com os vaqueiros, que era eficiente; c) o perfil do estilo dos administradores mudou para se adequar à cultura da sociedade dos vaqueiros?

3. Conforme esquematizado na Figura 7.2, os cientistas da Seção de Pesquisa e Desenvolvimento não desejam a amizade da chefia, mas apenas liberdade para executar seus trabalhos, enquanto o supervisor que os coordena é considerado líder eficaz, não obstante apenas lhes forneça os insumos necessários para as pesquisas e demonstre interesse pelo gozo de bom ambiente de trabalho dos cientistas, embora controle os resultados dos serviços que os incumbe de completar. Nestas condições, informe, justificando: a) as metas do supervisor em relação às dos cientistas são convergentes, paralelas ou divergentes; b) a qual perfil da Figura 17.1 se equipara o estilo de coordenar do supervisor; c) você considera o estilo do supervisor eficiente ou não?
4. Informe, justificando: a) por que o sócio-proprietário da pequena indústria deve mudar seu estilo quando passa da coordenação dos operários da fábrica para a orientação dos vendedores?; b) especifique quais os estilos da Figura 17.3 que correspondem às expectativas dos coordenados 1. operários e 2. vendedores; c) havendo ameaça de uma greve, a pressão exercida pelos empregados vendedores fará com que esse proprietário mude novamente o estilo e, neste caso, qual a dimensão a que dará maior importância?
5. O supervisor de contabilidade de uma repartição pública tinha um estilo de coordenação que enfatizava a variável preceitos, sendo considerado eficiente. Por esse motivo e razões políticas foi nomeado para o cargo de Diretor Financeiro de empresa estatal, onde continuou com o mesmo estilo, dando importância para a variável preceitos. Todavia, nesse posto atingiu seu nível de incompetência e por ser ineficaz foi demitido. Explique, com base no **conteúdo** das variáveis culturais das Figuras 17.1, 17.3 e na idéia de eficácia-eficiência da Figura 14.3 a aparente incongruência desse caso com os perfis de estilos.

DISCUSSÃO DE GRUPOS

O caso da Santa Casa de Misericórdia (4ª parte)

Com base nas descrições do caso feitas nos Capítulos 14 e 15, responda, justificando, a questão designada para seu grupo.

1. Considerando que o pai da "madre de ferro" era um líder sindical idealista e filiado a Partido Socialista, enquanto a mãe foi médica "durona" em postos indígenas da Funai, informe: a) 1. qual a necessidade na hierarquia de dois níveis que o pai desenvolveu na filha, e 2. qual o meio de alcançá-la que a mãe ensinou, a ponto de ela buscar satisfazê-la tornando-se freira, trabalhando em um hospital; b) o cargo, as funções exercidas na Santa Casa e o estilo de coordenar decorreram de modelos na família? Quais pessoas serviram de modelo?; c) a cultura da madre contrariou ou não a cultura de sua família?
2. Com base na Figura 17.3, indique os perfis dos estilos prováveis de coordenar de: a) supervisor do Setor de Pessoal; b) coordenador dos médicos; c) chefe da Seção de Serviços Administrativos; d) idem da Seção de Serviços Gerais.
3. a) O supervisor do Setor de Limpeza pode usar o diferencial de trocas dos serviços por salários para exercer o poder sobre as faxineiras a fim de elas se submeterem a seus desejos inconfessáveis? b) nesta última situação, poderá exercer concomitantemente a autoridade sobre elas? c) haverá algum tipo de pressão dos outros supervisores dessa Seção de Serviços Gerais que seriam contrários a tal comportamento?
4. a) Com base na Figura 17.3, informe qual deve ser a variável cultural mais provável de ser 1. mais enfatizada, e 2. qual a menos destacada pelo estilo habitual do chefe da Seção de Serviços Administrativos; b) caso ele receba ordens de demitir pessoal em razão de a Santa Casa atravessar graves dificuldades financeiras, qual será seu novo perfil?
5. a) Com base na Figura 14.3 e considerando a relação entre a eficiência e a eficácia da "madre de ferro", qual das duas deverá ser maior (ou igual) quando ela exerce o cargo de chefe da Seção de Atendimento de Pacientes?; b) idem para quando se torna supervisora das enfermeiras especialistas; c) considerando que o conceituado médico supervisor do Corpo Clínico promovido a Diretor executivo da Santa Casa teve de voltar para seu antigo cargo por ter-se tornado incompetente, informe as razões prováveis para seu rebaixamento, embora anteriormente tenha se mostrado um eficiente coordenador.

LEITURAS COMPLEMENTARES

APRENDENDO A CHEFIAR. **Pequenas Empresas Grandes Negócios**. São Paulo, Globo, ano 13, n. 145, fev. 2001. Caso de microempresário que mudou seu estilo, aprendendo a coordenar seus empregados trabalhando em equipe e, também, a neutralizar a inevitável intimidade nas relações pessoais com subordinados com muito tempo de casa.

SILVA, Adriano. A receita de um líder! Lições de liderança de um grande capitão. **Exame**. São Paulo, Abril, ed. 699, 20 out. 1999. Lições de liderança de antigo capitão da Seleção Brasileira de Futebol, mostrando a necessidade de ser leal e amigo dos companheiros, mas, também, saber quando deve ser duro e direto no diálogo, caso a situação assim o exigir.

SOARES, Rozalia D., COSTA, Alfredo J. L. Comunicação e estilo gerencial: um estudo em indústria de base em Minas Gerais. In: **Encontro da ANPAD 23**, 19 a 22 set. 1999. Foz do Iguaçu. Resumo dos trabalhos — ENANPAD 99, p. 142. Pesquisa que mostra a necessidade de os administradores da cúpula empresarial conseguirem que as pessoas dos diferentes níveis hierárquicos participem e colaborem a fim de tornar as comunicações mais eficazes.

A DEPARTAMENTALIZAÇÃO DAS SUBFUNÇÕES ORGANIZACIONAIS 18

É comum nas pequenas empresas (como oficinas de consertos de automóveis, serralharias e lojas) que as atividades de produção sejam levadas a efeito em um galpão ou sala, e as de registros contábeis e de pessoal processadas ao lado, em um simples cubículo rotulado de "escritório". Trata-se da técnica de compartimentar pessoas de mesma especialidade conhecida por "departamentalização", um fenômeno iniciado há milênios, o que permite supor ser natural ao trabalho coletivo.

No entanto, esses diferentes "compartimentos" de participantes possuem tarefas diversas e cada qual interage com um tipo de ambiente externo, a exemplo de "Vendas" com clientes e "Compras" com fornecedores. O resultado é as pessoas se diferenciarem, passando a ter atitudes próprias, ou seja, desenvolverem subculturas específicas às funções desempenhadas e ao segmento do ecossistema da organização.

Será objetivo deste capítulo examinar o **processo de departamentalização**, o tipo chamado **funcional** e os **cinco** dele derivados.

18.1 A DEPARTAMENTALIZAÇÃO FUNCIONAL

O termo correto em português seria "**departimentar**", isto é, separar em partes ou compartimentos, mas o usual é a adaptação do inglês *departamentalization* com significado semelhante. Tais "compartimentos" podem ser Seções, Departamentos, Diretorias, unidades de negócios e até mesmo fábricas ou empresas de um mesmo conglomerado.

18.1.1 A departamentalização decorre das funções operacionais

O assunto da departamentalização foi iniciado no Capítulo 4 por ocasião do exame das maneiras de criar elementos transformadores de um sistema organizacional na forma de subsistemas. Com isso, ficou caracterizada a estrutura de uma organização como formada por várias unidades administrativas, cujos participantes têm a atribuição de exercer funções semelhantes. Agora, o assunto da departamentalização funcional será mais bem detalhado com uma observação; essa palavra não se refere à criação do grupo formal conhecido como "departamento", que apenas é uma parte da estrutura da organização.

1. O PROCESSO E CONCEITO DE DEPARTAMENTALIZAÇÃO. O aparecimento da departamentalização pode ser mais bem entendido com o exemplo da microempresa que cresce e amplia suas unidades administrativas. Neste caso, geralmente um sócio incumbe-se das funções de contatos internos de produzir e movimentar pessoal, enquanto o outro trata das de contatos externos de vender, comprar e movimentar dinheiro. Caso a empresa cresça, torna-se necessário admitir pessoal administrativo para desempenhar as funções cada vez mais complexas. Assim, se o exemplo for o de uma oficina de automóveis, os mecânicos são compartimentados em uma Seção sob a supervisão de um encarregado, o mesmo acontecendo com eletricistas, funileiros e pintores. Também ocorre fenômeno semelhante na parte administrativa, onde os compradores são reunidos na Seção de Compras, os contadores na Financeira e o pessoal de vendas na Comercial (caso passe a negociar carros novos e usados).

   Portanto, a base para a departamentalização é, pela ordem: as cinco funções operacionais da Figura 13.3; as subfunções que as compõem; e as "sub-subfunções" das Figuras 10.4, 11.1, 11.2, 12.1 e 12.2. Com essas explicações pode-se conceituar a departamentalização de forma operacional.

   A **departamentalização** consiste em atribuir subfunções operacionais semelhantes para agrupamentos de pessoas.

   Note-se que tais agrupamentos podem até ser externos, por exemplo, a pequena firma terceiriza, atribuindo a função operacional do tratamento de informações contábeis a uma empresa de fora, o mesmo fazendo a organização de pequeno e até médio porte em relação à assessoria jurídica.

2. VANTAGENS E DESVANTAGENS DA DEPARTAMENTALIZAÇÃO.

- Uma **vantagem** da departamentalização é semelhante à da divisão do trabalho, ou seja, os grupos formais especializados devem ser mais eficientes do que grandes unidades administrativas desempenhando funções diversificadas. Além disso, facilita a coordenação, por diminuir o número de subordinados a integrar, pois um gerente passa a chefiar apenas alguns supervisores — os quais são chefes de unidades operacionais departamentalizadas — e não um elevado número de especialistas que desempenham trabalhos diversificados.

- As **desvantagens** são várias, sendo a primeira decorrente de facilitar a criação de grupos fechados paroquiais. Nestes, é natural que seus membros percam a visão do conjunto, passando a acreditar que sua unidade é importante em si e não como parte de um todo maior, ou seja, deixam de perceber que existirão enquanto atenderem às necessidades de seus clientes internos. Uma segunda desvantagem está no fato de provocarem conflitos pela competição por recursos escassos, a exemplo de verbas para promoções na carreira, aumento do número de cargos ou instalações físicas maiores e melhores. Ambas tornam difícil coordenar o conjunto de tais grupos psicologicamente isolados, mas que necessitam ser integrados em suas atividades para que a meta organizacional prevista seja alcançada (Kast & Rosenzweig, p. 180).

3. O MODELO BÁSICO DA DEPARTAMENTALIZAÇÃO FUNCIONAL. Algumas das pequenas empresas exemplificadas linhas atrás tinham suas cinco funções operacionais e respectivas subfunções compartimentadas em uma estrutura com apenas duas unidades administrativas: a oficina (ou a loja) e o escritório. Ambas eram coordenadas por uma terceira, a constituída pelos proprietários, mas sem local definido, pois não convinha ter uma "sala de diretoria". No caso de essas empresas crescerem em porte e faturamento, cada uma das unidades administrativas terá um aumento de pessoal, o que as obriga a se particionarem, isto é, ter um grau de departamentalização maior. Por exemplo, o escritório será desdobrado em uma Seção de Pessoal e uma de Contabilidade, o mesmo acontecendo com a oficina, que também será desdobrada em Seções, cada qual com tarefas específicas.

Pelo exposto, a base para se fazer a departamentalização funcional continua sendo as funções e subfunções operacionais hierarquizadas por ordens de complexidade (já analisadas em capítulos anteriores), mas atribuindo cada subfunção a um grupo formal de pessoas. Esse seria o caso extremo de uma grande organização, mas nas situações das médias e pequenas empresas agregam-se várias subfunções a uma unidade administrativa, como no exemplo da ainda pequena empresa, a qual tinha todas as subfunções de movimentar dinheiro e pessoal reunidas no escritório. Para tornar o exposto mais claro, a Figura 18.1 esquematiza a departamentalização funcional de uma indústria de porte médio, tendo por base a representação de Rensis Likert exibida na Figura 14.1, excluídos os pinos de ligação, a fim de simplificar o desenho.

Observa-se que o nível superior de número **3** tem a função de coordenar as funções operacionais situadas na linha intermediária **2**, enquanto as subfunções que transformam insumos em bens ou serviços ficam situadas no nível **1**, o mais baixo de todos, porém de máxima importância para a organização, por ser o que atende às necessidades dos clientes.

18.1.2 Conseqüências da departamentalização funcional

É natural que o processo de departamentalização tenha certas conseqüências pelo fato de serem

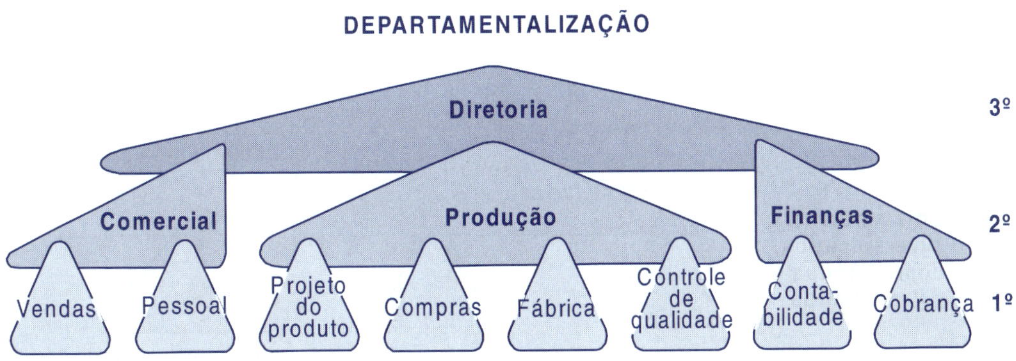

Figura 18.1 *Esquema do caso da departamentalização funcional em uma empresa de médio porte.*

criados subsistemas como partes do sistema "organização", a começar pelos efeitos sobre os próprios participantes.

1. DIFERENCIAÇÃO DOS PARTICIPANTES. A departamentalização nada mais é que a criação de grupos formais que têm funções específicas com estruturas decorrentes, e que compõem subsistemas, como examinado no Capítulo 9. Deve-se destacar que os participantes de cada um desses subsistemas sociais, só pelo fato de lhe serem atribuídas funções comuns, tendem a se **diferenciar em subculturas próprias** em relação às dos demais subsistemas cujas funções sejam diferentes. Assim, o pessoal de "Compras" possui atitudes e comportamentos diversos dos de "Vendas", como já explanado anteriormente, fato esse que é ainda reforçado por outro fator: o de haver tendência de as pessoas entrarem para a organização buscando trabalhos afins à sua personalidade, principalmente em decorrência da aprendizagem, ou seja, do componente caráter. Dessa maneira, quem proveio de família de médicos e bacharelou-se em faculdade de medicina naturalmente procura a área clínica do hospital, embora talvez fosse mais eficaz e eficiente na administrativa, mesmo porque é possível que deteste a profissão que foi obrigado a abraçar.

   Essa diferenciação de pessoas tornou-se assunto clássico na Administração graças às pesquisas dos americanos Lawrence e Lorsch, que ainda acrescentaram dois aspectos.

   - O primeiro diz respeito ao grau de diferenciação dos participantes que exerciam o mesmo tipo de função (por exemplo, "Vendas"), porém transacionavam com ambientes de diferentes graus de certeza. Assim, vendedores que operavam com ecossistemas estáveis (onde havia confiabilidade quanto às informações sobre o mercado em termos de desejos de cliente, produtos, fornecedores e concorrentes), a exemplo dos de cerveja e refrigerantes, possuíam atitudes e comportamentos diversos daqueles que trabalhavam com ambientes de características inversas, como o de propaganda ou de computadores.
   - O segundo aspecto observado aponta que as unidades administrativas mais eficientes eram justamente aquelas que tinham acompanhado a diferenciação do ecossistema (Lawrence & Lorsch, 1972, p. 24-30).

   Este último aspecto é muito importante, pois mostra a conveniência de a departamentalização de uma função acompanhar a diferenciação do ecossistema, por exemplo, a separação de vendas da propaganda na forma de unidades distintas. Essa separação não é difícil de ser obtida, caso se trate de uma grande empresa, mas como fazer se ela for pequena ou média? Nesta situação, é preferível terceirizar contratando uma firma de fora para fazer a propaganda, mantendo-se os vendedores como empregados, o que, na verdade, corresponde a uma separação em unidades diferentes. A Figura 18.2 mostra dois casos de departamentalização, um adequado à diferenciação do ambiente e outro sujeito a críticas (Lawrence & Lorsch, 1973, p. 238-241).

2. FUNÇÕES ESSENCIAIS E ACESSÓRIAS. A oficina de automóveis já exemplificada tinha a atividade-fim de consertar carros, exercida pelos próprios empregados, pois se trata de função essencial para satisfazer a necessidade de os clientes terem seus automóveis prontos para o uso. Já a contabilidade e a folha de pagamento eram executadas por escritório contratado por se tratar de função acessória. Portanto, a departamentalização cria uma gradação

Figura 18.2 *Diferenciação adequada e inadequada de acordo com o grau de incerteza do ambiente.*

na importância das contribuições para a finalidade da empresa atender clientes. Essa gradação de importância não é abstrata, mas uma situação que se reflete nos participantes, criando um **diferencial de poder**. Isto pelo fato de aqueles que exercem atividades essenciais não poderem ser transferidos, ou até demitidos, com a mesma facilidade dos engajados nas atividades acessórias. Além disso, estas últimas são suscetíveis de serem terceirizadas ou mesmo desativadas, significando demissão, se não de todos os participantes, pelo menos da maioria. É o caso das fábricas onde os médicos apenas fazem exames periódicos nos empregados e atendem emergências, podendo a qualquer momento ser dispensados e substituídos por colegas de uma conveniada especializada em prestar serviços clínicos. Já no hospital, o caso é outro, pois os médicos "mandam" por trabalharem na atividade-fim, essencial para a organização satisfazer clientes. Fato semelhante ocorre nas escolas, com os professores, nas firmas de construções, com os engenheiros de obras, nas companhias de aviação, com os pilotos, nos jornais e revistas, com os repórteres, e assim por diante.

18.2 OS CINCO TIPOS DE DEPARTAMENTALIZAÇÃO DERIVADOS DA FUNCIONAL

A literatura costuma repetir as formas de departamentalizar propostas por alguns teóricos da chamada Teoria Neoclássica da Administração, como Luther Gulik, Ernest Dale e Lindall Urwick (Litterer, p. 206). Assim, os textos continuam com falhas que convém serem destacadas.

1. A primeira delas consiste em descrever os vários tipos de departamentalização como se fossem autônomos e não derivados de um básico, o funcional. Essa discrepância ficará mais clara ao leitor pela própria exposição dos modelos decorrentes dessa departamentalização funcional exposta linhas atrás.
2. A segunda é supor que uma organização é departamentalizada em seu **todo apenas de uma forma**. Com isso, omitem o fato real de uma parte ser departamentalizada de acordo com um dos tipos a seguir descritos e, ao mesmo tempo, as outras unidades administrativas de forma diversa da primeira (Drucker, 1999, p. 20).

18.2.1 Departamentalização por processo

É comum a fábrica ter uma linha de produtos diversificados, porém de mesma espécie, a exemplo de aparelhos de iluminação, mas de diversos tipos e formatos. Neste caso, as sucessivas funções de montar, pintar, tornear, prensar e fundir se concretizam em Seções especializadas em cada um desses processos, as quais trabalham com sucessivos lotes do mesmo tipo de produto. A Figura 18.3 esquematiza essa maneira de departamentalizar.

Deve-se chamar a atenção para o fato de nada mais ser que o **detalhamento de a função produzir** da Figura 18.1, agora estruturada em Seções especializadas que compõem a "fábrica", uma das partes do Departamento de Produção. As demais funções operacionais continuam com a departamentalização funcional descrita no item 18.1, fato que textos de administração não costumam destacar.

18.2.2 Departamentalização por produto ou por serviços

É comum a grande empresa dispor de linhas de produtos completamente diferentes, como as Indústrias Villares, quando ainda fabricavam pontes rolantes, guindastes e motores a diesel marítimos de grande potência. Envolvendo tecnologias, clientes e fornecedores diversos, é natural que cada um desses produtos seja separado dos demais, às vezes em fábricas localizadas em bairros e até cidades diferentes. Na verdade, trata-se da mesma departamentalização

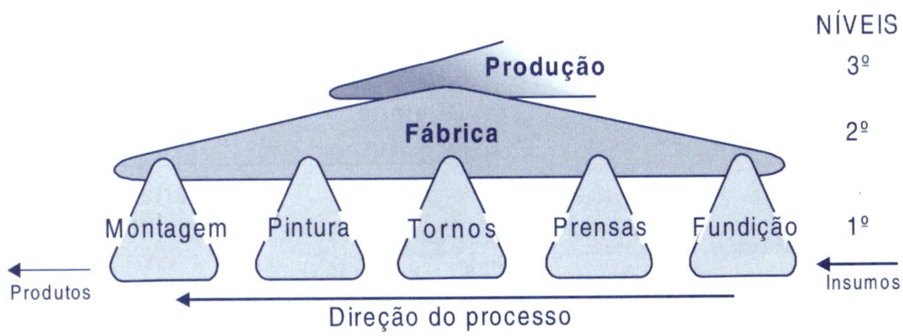

Figura 18.3 *A departamentalização por processo de a função produzir.*

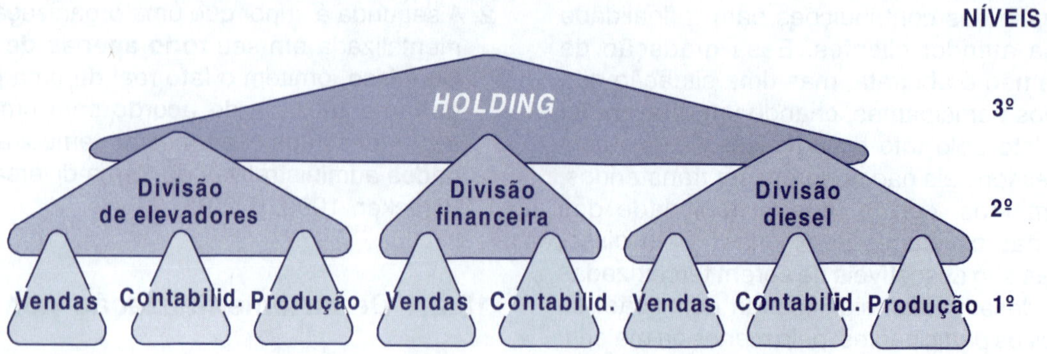

Figura 18.4 *Departamentalização por produto.*

funcional da Figura 18.1, porém de várias empresas integradas por uma *holding*, como visto na Figura 18.4.

Exemplo da divisão por produto foi o famoso caso da General Motors com suas "Divisões" independentes criadas por Alfred Sloan. Sua política era a da competição interna, a ponto de a Divisão Chevrolet ou Buick comprar componentes de outros fabricantes e não da Divisão Delco ou Divisão AC da mesma GM. A separação por produto pode ir desde um mínimo, quando as atividades-meio são compartilhadas (pessoal, vendas, suprimentos), até um máximo, no qual as empresas são sociedades legalmente autônomas. Esses são os conglomerados, conhecidos pelo público somente quando um proprietário morre e numerosas empresas com diferentes denominações noticiam pelos jornais o falecimento de seu "saudoso presidente" ou "inesquecível diretor".

18.2.3 Departamentalização por clientes

Uma fábrica vende para fregueses particulares que fazem pedidos diretos de pequenos lotes e honram os compromissos quitando as duplicatas no vencimento. Ao mesmo tempo, vende para o Governo que exige concorrências para seus grandes lotes e paga quase sempre com grandes atrasos. Assim sendo, é natural que o Departamento de Marketing seja funcionalmente dividido a fim de separar os vendedores acostumados a tratar com cada um desses dois tipos de clientes. A Figura 18.5 mostra esse tipo aplicado à função vender, ou seja, à Seção de Marketing.

Também essa divisão por clientes pode ser estendida às funções produtivas de **serviços**, a exemplo de hospitais que tratam de segurados do INSS em uma ala e de pacientes pagantes em outra, ou então, universidades, nas quais são separados os cursos de pós-graduação que conduzem ao mestrado ou doutorado, dos de graduação que levam ao bacharelado.

18.2.4 Departamentalização geográfica

Grandes empresas, como supermercados e bancos, possuem numerosos estabelecimentos espalhados pelas várias cidades do país. Por isso, costumam ter uma "Diretoria do Interior" destinada a coordenar as filiais, que em geral são agrupadas sob a gerência de "Regionais" por Estado ou Região. Tal é a departamentalização geográfica, comum às Repartições Públicas Estaduais e Federais, bem como organizações estatais, a exemplo da Empresa de Correios e Telégrafos. A Figura 18.6 esquematiza a departamentalização geográfica de uma empresa.

É claro que cada uma dessas filiais é departamentalizada por função ou por outro tipo descrito neste capítulo.

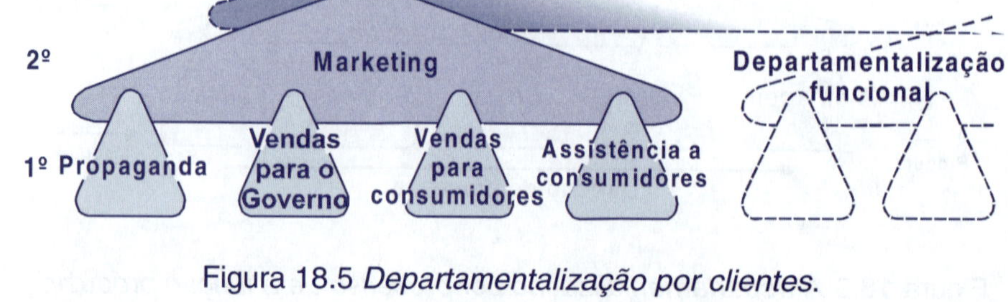

Figura 18.5 *Departamentalização por clientes.*

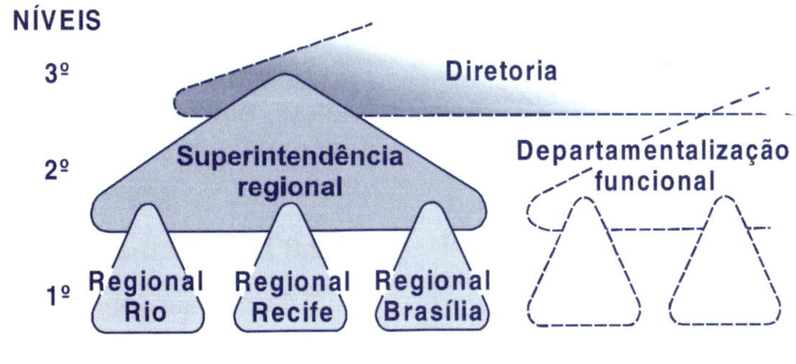

Figura 18.6 *Departamentalização geográfica.*

18.2.5 Departamentalização por matriz (ou por projeto)

As departamentalizações por processo e por produto apresentam vantagens que, em casos particulares, podem ser somadas pela reunião de ambas. Dessa maneira, firmas projetistas, de pesquisas ou construção civil possuem áreas funcionais por **processo**, a exemplo de fazerem fundações, construírem estruturas de concreto, executarem instalações elétricas ou, então, hidráulicas. Seus resultados, porém, são **produtos** diversos, como projetos de barragens, linhas de transmissão de força, hidroelétricas etc., que necessitam de especialistas de áreas funcionais. Pela particularidade de esses "produtos" terem uma duração finita para sua execução, após o que são iniciados outros semelhantes ou não, passou-se a integrar a departamentalização por processo com a por produto, de sorte que os especialistas são alocados à execução de um "produto", porém continuam pertencendo a uma área do processo, ficando, pois, subordinados a dois chefes. Tal fato não deveria trazer maiores problemas, porque o chefe do produto determina "o que fazer", "quanto" e "quando", e o chefe do processo especifica "como fazer". A estrutura resultante é a da matriz, mostrada na Figura 18.7, na qual cada produto recebe a denominação de "projeto", segundo a nomenclatura americana.

Um caso particular do descrito é o da força-tarefa, no qual diferentes especialistas são temporariamente reunidos para executar determinado trabalho. Exemplos são o de projetar um novo produto em uma fábrica, ou o de ampliar as áreas informatizadas de uma organização, comum às empresas de alta tecnologia.

Ressalte-se que as demais atividades-meio continuam departamentalizadas por função ou outro tipo aqui descrito, o mesmo acontecendo com outras de duração perene que sejam atividades-fim, a exemplo das consultorias a clientes nos Institutos de Pesquisa, com os exames de material de construção feitos rotineiramente (Koontz & O'Donnell, p. 189-213) (Vasconcellos & Hemsley, 1986).

Concluindo, toda organização é departamentalizada, ao mesmo tempo, nas várias formas descritas, tudo dependendo do tipo de cliente atendido, da tecno-

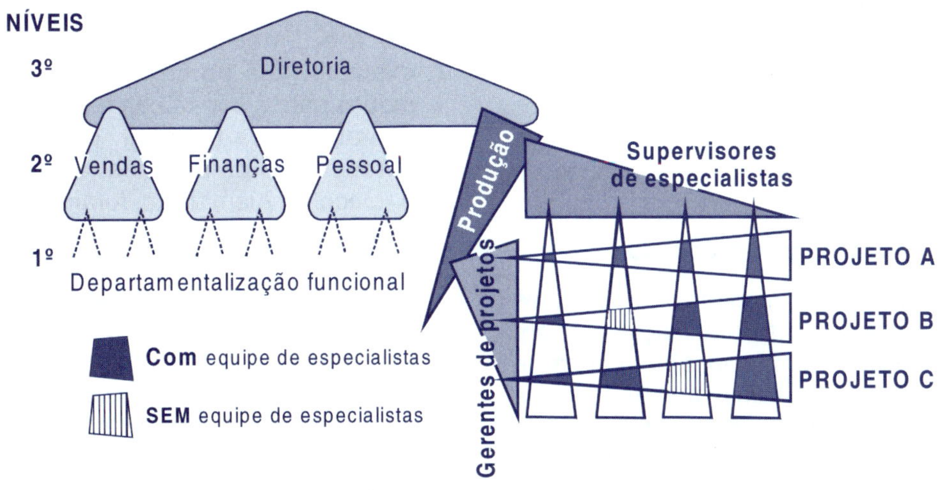

Figura 18.7 *Departamentalização por matriz (também chamada matricial).*

logia empregada, do porte, da política de desenvolvimento adotada pelos proprietários e das mudanças da cultura da sociedade. Além disso, a importância relativa dos vários departamentos se altera de acordo como o estágio da vida da empresa porque, a exemplo da criança que difere do adolescente e este do adulto, a organização também deve se transformar com o tempo. Por isso, as estruturas das empresas não podem ser estáticas, pois necessitam se adaptar a novas situações para continuarem eficazes e eficientes.

Para animar o leitor interessado em saber quais são e como fazer tais adaptações, os últimos capítulos deste livro pretendem fornecer algumas ferramentas para essas finalidades.

TÓPICOS PARA EXPOSIÇÕES

18.1.1 A departamentalização decorre das funções operacionais

Explicar que a palavra "departamentalização" é um neologismo vindo do inglês *departamentalization*, significando departimentar, isto é, separar em partes ou em compartimentos. Com base no exemplo de uma oficina de consertos de automóveis que cresce, mostrar que ocorre a departamentalização pelo fato de serem criadas novas unidades administrativas. Definir departamentalização. Com base na Figura 18.1, mostrar que o modelo básico da departamentalização é o chamado funcional, resultante da criação de unidades administrativas, cada qual destinada a desempenhar uma função específica.

18.1.2 Conseqüências da departamentalização funcional

Tendo por base o exemplo da escola que freqüenta, explicar que a departamentalização propicia a diferenciação, em termos de subcultura, dos participantes de uma unidade administrativa em relação aos dos outros grupos formais. Mostrar que essa diferenciação também se reflete no poder e prestígio usufruídos, a exemplo de professores de uma escola comparados com outros profissionais de grupos formais desempenhando funções de atividades-meio, como limpeza e contabilidade.

18.2.1 Departamentalização por processo

Partindo da Figura 18.1, mostrar que as várias formas de departamentalizar uma organização derivam do modelo básico chamado de funcional, o que não é destacado pela literatura de Administração, que as visualiza como sendo maneiras independentes. Com base na Figura 18.3 e exemplo, explicar a departamentalização por processo do subsistema Fábrica do sistema Produção.

18.2.2 Departamentalização por produto ou por serviços

Com base na Figura 18.4 e exemplo da General Motors, explicar que o sistema *Holding* pode ter suas fábricas (como subsistemas) departamentalizadas por produto.

18.2.3 Departamentalização por clientes

Com base na Figura 18.5 e exemplos, mostrar que Marketing como sistema pode ser departamentalizado em subsistemas de acordo com o tipo de cliente atendido.

18.2.4 Departamentalização geográfica

Com base em exemplos e Figura 18.6, explicar que as grandes organizações podem ter suas filiais agrupadas por regiões geográficas, cada qual subordinada a uma Diretoria regional da matriz.

18.2.5 Departamentalização por matriz (ou por projeto)

Com base na Figura 18.7, explicar que a execução de grandes obras, como hidroelétricas, refinarias e siderúrgicas, é levada a efeito por meio de uma estrutura que engloba a departamentalização por processo e a por produto, tendo por finalidade integrar as vantagens de ambas (mas, infelizmente, também somando as desvantagens). Mostrar que as demais unidades administrativas da organização continuam departamentalizadas por função ou das maneiras explicadas anteriormente. Destacar que esse é um fato sobre o qual os textos de Administração não costumam chamar a atenção, por considerarem que toda a organização é departamentalizada de idêntica maneira.

QUESTÕES DE APLICAÇÃO

1. Você e um sócio fundaram a torrefação de café exemplificada no Capítulo 10, empregando duas moças para a separação manual do café verde, três operários para carregar, operar e descarregar as torradeiras e os moinhos, e mais três moças para empacotar. Além disso, foram também empregados um *office-boy* e um escriturário para serviços administrativos, totalizando dez participantes. Informe, justificando: a) quais subfunções e funções operativas você se incumbiria pessoalmente de executar e, também, de coordenar os elementos transformadores; b) quais grupos formais especializados você criaria para compartimentar os participantes; c) qual seria a maior desvantagem (sob o ponto de vista de esforços comuns dos participantes para que as metas da organização fossem

atingidas) que essa departamentalização deveria acarretar.

2. Tendo por base a Figura 18.1, desenhe os dois níveis da departamentalização que você estabeleceria para a torrefação de café mencionada, ainda na fase inicial como microempresa.
3. O chefe do Departamento de Administração Geral de uma escola coordena, sozinho, as atividades de quase trinta professores, tanto os dos cursos de graduação quanto os de pós-graduação, os quais, por contrato, lecionam em ambos os tipos de curso. Informe, justificando: a) em qual dos quatro casos da Figura 18.2 se enquadra este exemplo; b) trata-se de situação adequada ou inadequada quanto à eficiência dos ensinamentos ministrados?
4. A torrefação de café do exemplo cresceu a ponto de ter dez vezes mais empregados do que na época de sua criação, inclusive passando a fazer ela própria toda a contabilidade e administrar os mais de cem empregados. Nestas condições, desenhe o esquema da **departamentalização por processo** que você faria para essa empresa.
5. Uma organização bancária internacional, que comprou os direitos acionários de um banco com sede em Porto Alegre, expandiu seus negócios abrindo agências em várias cidades dos Estados do Paraná, Mato Grosso do Sul e Rondônia. Informe, justificando: a) qual o maior problema de coordenação que deveria ocorrer com todas essas agências ainda subordinadas diretamente à Diretoria Operacional, responsável pela matriz e todas as filiais; b) desenhe o esquema da departamentalização geográfica que você faria, tendo por base a Figura 18.6.

DISCUSSÃO EM GRUPO

O caso da Santa Casa de Misericórdia (5ª parte)

Partindo das descrições deste caso feitas nos Capítulos 14 e 15, responda, justificando, a pergunta que lhe foi designada.

1. Considerando que as funções operacionais **básicas** mencionadas no **2º nível** das Figuras 10.4, 11.1, 11.2, 12.1 e 12.2 são genéricas para vários tipos de organizações, aplique **as que forem pertinentes** ao caso prático da Santa Casa, indicando as funções enumeradas nessas figuras que foram reunidas (ou seja, departamentalizadas) em cada um dos doze Setores representados no organograma do Capítulo 14.
2. Com base na descrição do caso da Santa Casa feita no Capítulo 15 (mostrando que a departamentalização que criou as Seções deu origem a "paróquias") enumere, justificando, quais foram as indicações feitas sugerindo que os participantes perderam a visão do conjunto (que é o da organização servindo clientes), para só pensarem nos interesses de suas unidades administrativas.
3. Transforme o organograma da Santa Casa esquematizado no Capítulo 14 em um esquema de três níveis da departamentalização funcional da Figura 18.1, fazendo as adaptações necessárias de Seções e de Setores.
4. a) Qual das quatro Seções os Setores a elas pertencentes tem participantes com funções mais diferenciadas entre si; b) idem para a execução de funções menos diferenciadas; c) qual das Seções tem maior número de contatos com pessoas e informações do ambiente externo à Santa Casa e, por isso, seus participantes mostram maior diferenciação relativamente aos das demais Seções, que estão voltadas para a organização em si.
5. a) Identifique pelo menos dois tipos de departamentalização (além da funcional) que se depreende existir na Santa Casa, embora não expresso em seu organograma; b) no caso de essa organização crescer com o desenvolvimento da cidade, como se poderia departamentalizar o corpo clínico por matriz (Figura 18.7), para os casos do recém-criado Laboratório de análises e da UTI, ambos destinados a pacientes nas especialidades de cardiologia, pediatria e neurologia?

LEITURAS COMPLEMENTARES

DRUCKER, Peter. Os novos paradigmas da Administração. **Exame**. São Paulo, Abril, edição 682, ano 32, n. 4, p. 34-53, 24 fev. 1999. Este artigo, já indicado como leitura complementar para outros capítulos, também trata do assunto da departamentalização, abordando o caso tradicional da General Motors americana.

MAZZILLI, Cláudio, AGRA, Caio. O significado do trabalho multifuncional no processo de reestruturação produtiva da Petrobrás. In: **Encontro da ANPAD 22**, 27 a 30 set. 1998. Foz do Iguaçu. Resumo dos trabalhos — ENANPAD 98, p. 182. Análise constatando que o trabalho multifuncional utilizado para reduzir custos depende da complexidade da tecnologia empregada e da autonomia concedida pelas gerências.

SCHWANINGER, Markus. Vencendo a complexidade: um conceito de "*fitness*" organizacional. **Revista de Administração de Empresas**. São Paulo, EAESP-FGV, ano 38, n. 3, p. 18-30, abr./jun. 1998. Proposta de um quadro analítico para o delineamento e o autocontrole de empresas, tendo por base a cibernética e voltado para a maior adequação das organizações aos clientes.

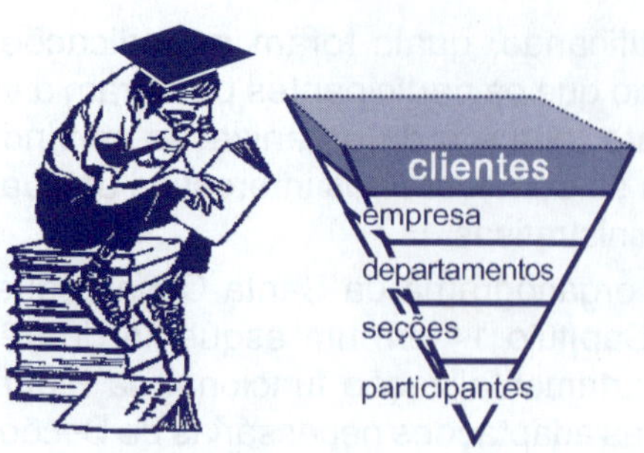

ESTRUTURAS DAS ORGANIZAÇÕES 19

No capítulo anterior, foi examinado o processo de departamentalização que ocorre nas organizações, reunindo funções de, pelos menos, seis maneiras diferentes. Suas representações concretizadas nas figuras são apenas esquemáticas, razão pela qual não fornecem ao administrador elementos suficientes para ele escolher qual delas é mais adequada para uma situação prática. Além disso, surgem perguntas, por exemplo: tendo por base a Figura 18.1, poder-se-ia reunir a função de fabricar com a de controlar a qualidade em um único Departamento? Ou ainda: onde fica situada uma função muito comum que é a de assessoria, como a formada por advogados da grande empresa? Por tratar-se de assunto complexo e para livros inteiros, este capítulo apenas procura introduzir as possíveis respostas.

O primeiro ponto abordado descreve os **cinco conjuntos de partes** de organizações, como o denominado núcleo operacional, cujo nome decorre de nele se concentrarem os executores das cinco funções básicas referentes às atividades fins e meios.

Explicadas as características desses conjuntos de partes, torna-se necessário aplicá-los às situações práticas para delinear as muitas maneiras de **criar estruturas**. Essa será a segunda meta deste capítulo.

19.1 OS CINCO CONJUNTOS DE PARTES DA ORGANIZAÇÃO

Como já mencionado, o camelô, com sua banca na calçada, exerce sozinho todas as cinco funções operacionais descritas nos Capítulos 10, 11, 12 e 13. Além disso, toma decisões, planeja para o futuro e só não tem a quem coordenar. Assemelha-se aos seres unicelulares que a Biologia tem dúvidas se os classifica como vegetais ou animais. As coisas começam a mudar quando admite um ajudante, depois patrocina atividades de colegas e progride até ser dono de canais de televisão, caso seu nome de fantasia seja Silvio Santos. Fazendo uma analogia, as empresas se desenvolvem como as espécies vivas, que, em milhares de séculos se tornaram cada vez mais complexas (no sentido de possuírem maior número de partes), indo da ameba até a baleia.

É de se esperar que a empresa individual do camelô seja acrescida de partes especializadas para constituir o todo que é a organização complexa. Para começar a entendê-la, é preciso **observar como ela é constituída**, como fazem os biólogos com os seres vivos.

Para isso, aproveitaremos a proposta de Henry Mintzberg que, a partir de suas pesquisas, observou que as organizações de **porte médio ou grande** eram formadas por cinco conjuntos básicos de partes, da forma esquematizada na Figura 19.1.

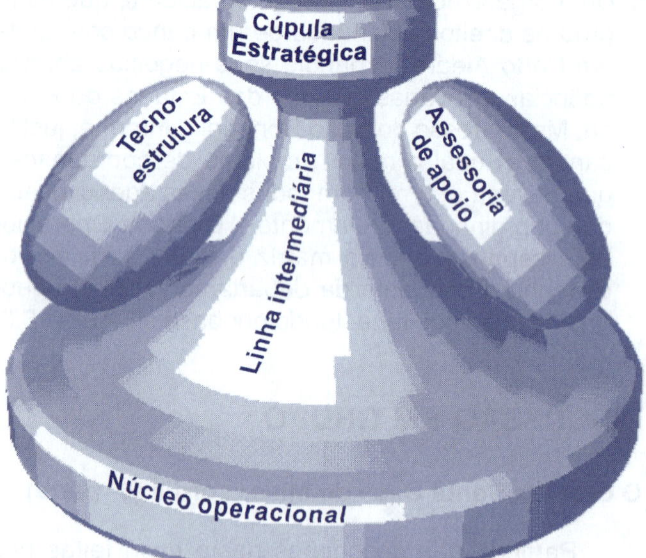

Figura 19.1 *As cinco partes básicas da organização.*

O leitor, acostumado com a representação estrutural das organizações por meio de organogramas em duas dimensões, pode estranhar essa figura tridimensional. Acontece que hoje os programas de computador facilmente permitem desenhar modelos espaciais mais próximos da realidade, o que não era possível nas dezenas de séculos passados. Por isso a humanidade se habituou com as representações dos entes concretos somente no plano, embora existisse algumas poucas em perspectivas.

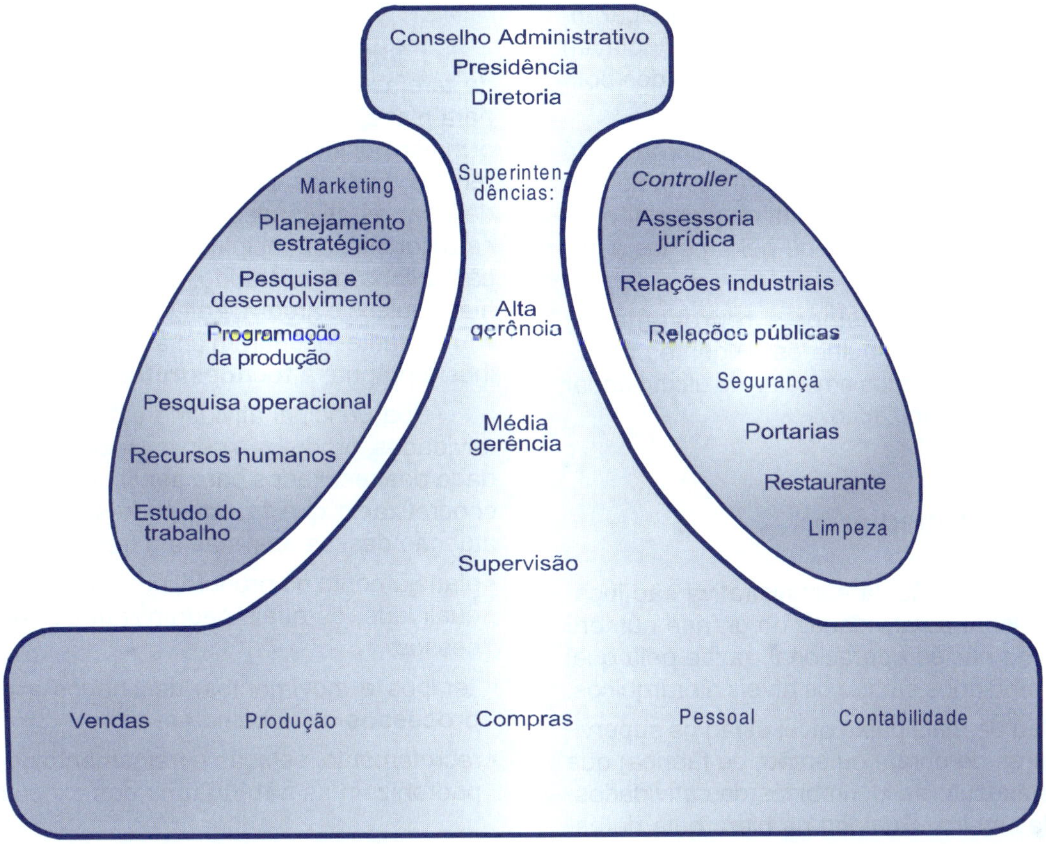

Figura 19.2 *Atividades exercidas nas cinco partes de uma grande organização fabril.*

A Figura 19.2 concretiza o posicionamento dos executores lotados nas cinco partes da estrutura esquematizada na Figura 19.1 (Mintzberg, p. 17-27). Agora a representação foi feita em um plano, deixando para o leitor imaginar como é no mundo real

Neste ponto, seria conveniente perguntar: as micro e pequenas empresas têm esses cinco conjuntos? A resposta é não, pois devem faltar alguns deles, como inexistem órgãos em seres mais simples, a exemplo dos constituintes do plâncton marítimo, em relação aos animais vertebrados.

19.1.1 Núcleo operacional

Engloba os participantes que executam as tarefas destinadas a concretizar as atividades-fins e as atividades-meios. Portanto, é a parte da organização na qual são exercidas as **cinco funções operacionais básicas descritas nos Capítulos 10**, **11**, **12** e **13**, significando ser a estrutura que produz os resultados destinados a satisfazer clientes.

Nas fábricas seus participantes são os vendedores dos produtos, os operários da linha de produção, os compradores, os contabilistas e todos envolvidos na transformação de insumos em saídas, direta e indiretamente. Já nos hospitais os que mais nela se destacam são os médicos, enfermeiros e farmacêuticos, enquanto nas escolas são os professores.

A padronização das tarefas vai de um máximo, como nas linhas de produção onde os robôs fazem os trabalhos sempre repetitivos, até hospitais, onde cada operação cirúrgica difere da outra.

A área operacional costuma ser designada por "chão da fábrica" (vinda do inglês *floor shop*), o que já indica sua posição na parte inferior dos desenhos espaciais das organizações.

19.1.2 Cúpula estratégica

É constituída pelos indivíduos responsáveis pela eficácia da organização no sentido de atender clientes, intermediando-a com os interesses de seus proprietários. Caso a empresa seja de grande porte, nela estão os diretores e o presidente incumbidos de mantê-la perene no tempo e rentável para seus acionistas. Já na repartição pública e na organização estatal o que importa para seus dirigentes é manter o cumprimento de suas finalidades (prender delinqüentes, apagar incêndios, recolher impostos ou fornecer água potável) de acordo com os desejos dos burocratas ou dos políticos que as criaram.

A cúpula estratégica tem esse nome porque está situada na fronteira da organização com seu meio ambiente e para este volta-se com o fim de planejar o futuro que garante o crescimento, ou pelo menos a sobrevivência.

Para compreender melhor a representação espacial da Figura 19.1, imagine os dirigentes dessa cúpula estratégica localizados em salas no último andar do edifício sede da organização.

19.1.3 Linha intermediária

Os dirigentes da cúpula administrativa são incapazes de administrar as atividades do grande número de executores do núcleo operacional, razão pela qual nomeiam intermediários em vários níveis hierárquicos.

No escalão de mais baixo nível estão os supervisores (os mestres-de-obras, ou então, de fábrica) que coordenam os executores incumbidos das atividades-fins e atividades-meios. Subindo na hierarquia de escalões encontram-se os gerentes, ocupando pelo menos três níveis, o baixo, médio e alto. Os coordenadores de todos esses níveis compõem a chamada linha intermediária.

O motivo encontrado para a existência desses muitos escalões de gerência decorre da limitação da **amplitude de controle**. Isto porque um gerente em nível mais baixo na hierarquia só pode coordenar um número reduzido de supervisores. Caso estes sejam numerosos na organização de grande porte são necessários vários gerentes, cada qual com a amplitude de controle que a especialização determina como mais eficiente. Por sua vez, necessitam ser coordenados por outros gerentes, agora colocados em nível acima dos deles, como mostrado pelos "pinos de ligação" sugeridos por Rensis Likert e esquematizados na Figura 14.1.

Cabem aos gerentes pelo menos duas atividades. A primeira é a de transferir as instruções que fluem hierarquia abaixo e responder para cima como estão sendo atingidas as metas estabelecidas para as unidades administrativas que coordenam. A segunda é a de tomar decisões parciais chamadas táticas decorrentes das estratégias mais gerais, que incluem a obtenção de recursos internos e externos necessários para o desempenho das tarefas operacionais do nível que coordenam. Tais recursos são variados, como mão-de-obra, informações, materiais e dinheiro.

19.1.4 Tecnoestrutura

Frederick W. Taylor concluiu que os executores de tarefas não tinham experiências e conhecimentos para planejá-las a fim de o rendimento do trabalho ser o maior possível. Para preencher essa lacuna surgiram os analistas de sistemas, capazes de planejar e delinear as atividades de produção e escritório. Suas características principais são: independência em relação à linha de comando; atuação em todos os níveis hierárquicos e áreas de atividades da empresa; e o que é importante, ocuparem uma parte da organização que lhes é própria; a **tecnoestrutura**.

Sua principal atividade está na padronização de atividades, produtos e serviços, isto é, visar a uniformidade dos resultados para servir clientes. Com o fim de concretizar o que fazem, pode-se dividir o objeto de atuação desses analistas em três áreas:

- planejamento do produto, programação e controle da qualidade, os quais padronizam as **saídas** dos processos;
- tempos e movimentos, destinados a padronizar os **processos** de trabalho em si;
- recrutamento, seleção e treinamento de pessoal, que padronizam as **habilidades** dos executores.

19.1.5 Unidades de apoio

Além da estrutura destinada a concretizar as atividades-fins e as atividades-meios, as organizações necessitam de serviços e materiais que nada tem que ver com seus resultados finais. Dessa forma, as empresas contratam serviços de vigilância e transporte de valores, as universidades criam bibliotecas e editoras, além de restaurantes e centros acadêmicos, enquanto a grande maioria das organizações possui sua própria assessoria jurídica.

Alguns aspectos devem ser destacados dessa parte da organização:

- as unidades de apoio são encontradas em todos os níveis, desde a cúpula (como a assessoria jurídica) até o chão de fábrica (restaurantes e limpeza);
- muitas são terceirizadas enquanto outras são verdadeiras míniempresas, a exemplo das editoras das universidades;
- com a robotização das linhas de produção e o aumento da fabricação por processo (como em refinarias de petróleo, cervejarias, tratamento de água e de esgotos), a relação do pessoal empregado nas unidades de apoio cresceu em relação aos envolvidos com as atividades-fins e atividades-meios pelo fato da redução da mão-de-obra destas últimas.

Acontece que as organizações suprem diferentes necessidades de clientes, cuja diversidade as obriga a se estruturarem, entre outros fatores, de acordo com as características dos bens e serviços que prestam, do porte que possuem no momento e das condições de seu meio ambiente. Isso significa que cada uma das cinco partes básicas descritas têm sua importância e porte conforme o tipo de organização e sua fase de desenvolvimento. Isso significa mudança das Teorias Clássica e Neoclássica para a chamada abordagem ou **Teoria Evolucionista**, que propõe estruturar as organizações de acordo com o estágio de seu crescimento e as mudanças que ocorrem nas sociedades em todos os sentidos (Robbins, p. 182).

19.2 CINCO TIPOS DE ESTRUTURAS ORGANIZACIONAIS

Darwin em sua teoria da evolução das espécies tornou claro que o indivíduo somente consegue viver em dado ambiente se estiver preparado para enfrentar as condições adversas desse meio. Além disso, introduziu a idéia da luta pela sobrevivência, que tanto vale para os seres vivos mais bem adaptados ao ecossistema quanto para os mutantes capazes de continuar a nova espécie. Por esse motivo, a mutação que resultou no ramo chamado Homem de Neandertal não foi adequada para criar um gênero capaz de sobreviver, tanto assim que desapareceu há milênios sem deixar descendência. No entanto, a que originou o *Homo Sapiens* perdurou, pelo menos até os dias de hoje...

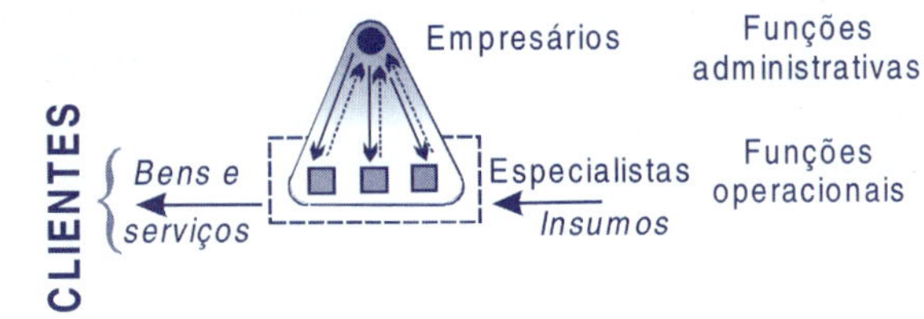

Figura 19.3 *Estrutura simples das micros e pequenas empresas, nas quais a parte-chave é a Cúpula Administrativa.*

De maneira semelhante, um tipo de organização somente terá sucesso caso sua estrutura seja adequada às condições restritivas de seu ecossistema. Naturalmente, as muitas formas de estruturar foram criadas por tentativas e erros, porém só as mais aptas a cada tipo de ambiente sobreviveram e tornaram-se modelos para delinear organizações viáveis.

Tais modelos de estruturas foram estudados por Mintzberg, que, baseado em pesquisas, criou uma tipologia de cinco formas primárias, sendo que as outras encontradas em ecossistemas são formas mistas intermediárias. Os principais critérios utilizados para essa classificação de estruturas foram: 1. **fatores ambientais**; 2. **parte-chave** (como a mais importante do todo que é a organização); 3. tipo principal de **coordenação**.

Tais critérios serão utilizados a seguir para analisar as **cinco estruturas primárias**, tendo por base as **três variáveis culturais**.

19.2.1 Estrutura simples

Essa é a estrutura inicial das empresas recém-fundadas, ainda na fase "infância" da micro e da pequena empresa. São os casos de todas as organizações dos ramos de prestação de serviços e pequeno comércio, inclusive as raras Indústrias que se encontram espalhadas por toda a cidade, como serralharias e olarias, bem como no ramo primário de fazendas de criação e cultivo.

Enquanto a Figura 19.2 exibe a estrutura de um gigante, como a General Electric atual, a Figura 19.3 mostra a estrutura de uma empresa recém-nascida, como poderia ser essa mesma multinacional quando foi criada por Thomas Alva Edison em 1892.

Para exemplificar será adotado o caso, que foi de nosso conhecimento, da empresa que a seguir será denominada **Saiel S.A. Instalações Elétricas**. Pelo motivo de o Brasil ter na década de 1950 iniciado um período de crescimento industrial, com a substituição de artigos importados por nacionais, foram construídas muitas fábricas novas e ampliadas as existentes. Aproveitando essa alteração do ecossistema que fez surgir clientes potenciais, foi criada a Saiel, com a finalidade de executar instalações elétricas, hidráulicas e mecânicas, tendo conseguido muitos contratos de serviços, o que propiciou crescimento em pessoal e faturamento, a ponto de, já no início da década de 1960, ter passado de micro para pequena empresa.

1. FATORES AMBIENTAIS. As peculiaridades do ecossistema — como necessidades dos clientes, compras feitas em fornecedores e pressão de concorrentes — são conhecidas dos proprietários em razão de serem simples. A dificuldade está na variabilidade do meio ambiente que muda continuamente, tanto naquilo que é ou não vendável quanto em quantidades. Um exemplo é o de vestuários, bastando nova moda ou um inverno com pouco frio para causar acúmulo de estoques nas lojas. Além disso, as empresas não têm controle sobre tais fatores, pois a pulverização dos negócios dificulta a formação de oligopólios entre concorrentes e o pequeno volume de tudo que necessitam impede pressionar os fornecedores para concessão de facilidades.

A vantagem é que os pequenos negócios são versáteis pelas reduzidas dimensões, permitindo que os proprietários mudem de ramo com facilidade. Mudar em termos da Ecologia biológica significa morrer por causa de alterações do ecossistema, enquanto que para a Ecologia das organizações (a ser examinada no Capítulo 22) significa, qual fênix, renascer das próprias cinzas na forma de outra espécie adaptada às novas condições.

Na maioria dos casos, a tecnologia empregada em suas operações não tem sofisticação, a exemplo da utilizada em restaurantes *self-service*, oficinas de consertos de carros e nas franquias mais comuns. Por essa razão, qualquer indivíduo sem conhecimentos técnicos e administrativos pode criar tal tipo de empresa, o que somente faz aumentar o número de concorrentes. No entanto, em alguns casos específicos essa variável pode ser classificada como *high tech*, a exemplo da utilizada por microempresas prestadoras dos serviços de manutenção preditiva, isto é, a que informa quantos meses (ou anos) um gerador de eletricidade em usina nuclear vai necessitar de manutenção ou troca.

2. PARTE-CHAVE. Está na cúpula administrativa gerenciada pelos proprietários, mostrada em sombreado na Figura 19.3. Nela o leitor pode identificar a estrutura simples do exemplo da Saiel com os três sócios na cúpula e os mestres-de-obras na linha média, um caso de sócio-grupo pequeno, pouco formalizado e primário.

3. COORDENAÇÃO. A forma empregada é a da **supervisão direta** dos trabalhadores pelos proprietários (Mintzberg. p. 158-163). Entre as três formas de coordenação descrita no Capítulo 6 a predominante é a do condutor, que dita as poucas regras a serem seguidas. Todavia, o habitual é mudá-las continuamente, o que torna a variável **preceitos** instável pelas alterações das normas. Apesar disso, a informalidade e as comunicações diretas de todos para todos aumenta a variável **expressão de sentimentos**.

A coordenação limitada exercida pelos empresários é o ponto fraco da estrutura simples, pois a organização depende da competência deles, sofrendo com suas fantasias e erros. Ademais, quando o dono é único a empresa ainda fica prejudicada pelas ausências ou doença deste, podendo até morrer junto com ele. Pela importância da figura do proprietário, três aspectos ligados a ele precisam ser analisados.

- O primeiro refere-se à **personalidade** do pioneiro criador da empresa, que deveria ser voltada para a realização e não para a afiliação, e muito menos para as tecnologias. O motivo disto é que muitos especialistas fundam empresas por que nelas desejam trabalhar como técnicos e não como administradores voltados para atender necessidades de clientes. Isso pode ser viável quando o médico monta seu consultório, mas não quando pretende transformá-lo em uma clínica.
- O segundo aspecto diz respeito à **cultura** interiorizada pelos empreendedores, que neste país muitas vezes tende para a aventura, com vistas a ganhar dinheiro fácil, e não sentir-se realizado por criar algo que produza resultados.
- Finalmente, **habilidades** e **conhecimentos** constituem o terceiro aspecto a ser analisado. Talvez a mais importante habilidade é a de gerenciar pessoas como dono de um negócio, diferente de quando se é chefe de qualquer escalão organizacional. Por isso, muitos empreendedores fracassam por visarem a eficiência que estavam acostumados quando eram assalariados, em lugar da eficácia exigida dos proprietários de qualquer empresa. Além disso, embora a tecnologia seja simples, o conhecimento de uma especialidade é tão importante na microempresa (como a do sócio responsável pela oficina que conserta automóveis), quanto a teoria e prática administrativa (Marcondes & Bernardes, p. 49-52, 145-148).

Por essas causas de inadaptação às exigências do ecossistema e incapacidade gerencial, a maioria das micro e pequenas empresas sucumbem na luta pela sobrevivência. Por isso, a chamada "mortalidade infantil" das organizações com estrutura simples é altíssima, a ponto de as estatísticas mostrarem que metade das criadas em um primeiro ano não sobrevivem ao segundo e menos de 5% comemoram o quinto aniversário.

19.2.2 Burocracia mecanizada

A espécie mutante de peixe que, para escapar de predadores, conseguiu subir para a terra foi bem sucedida porque conseguiu substituir guelras por pulmões. De forma semelhante, a empresa **Saiel** teve que formalizar sua estrutura para aproveitar o ecossistema favorável e, assim, deixar de ser microempresa. Significa que a organização precisa mudar sua cultura para ultrapassar a etapa da "infância" e conseguir chegar à da "meninice". Para isso necessita se transformar em uma nova espécie de empresa, dando ênfase à variável preceitos por meio de normas escritas, fato esse que levou Mintzberg a denominá-las burocracias mecanizadas.

1. FATORES AMBIENTAIS. Para começar, o ambiente necessita ser simples, isto é, os bens ou serviços serem obtidos por meio de tecnologias que permi-

tam a divisão do trabalho em micro tarefas exigentes de poucas habilidades, como as de linha de montagem. Exemplos são vários, entre os quais o leitor pode enquadrar a fabricação da maioria dos bens de consumo e os serviços de transporte terrestre ou de comunicações. Além disso, o ambiente precisa ser estável no sentido de não estar sujeito a contínuas alterações, tanto de tipos quanto de quantidades de fornecimentos. Dessa maneira, sua estabilidade possibilita padronizar todas as operações de produção, tornando-as repetitivas.

Por essa razão, a base para seu planejamento está no *shop floor*, o já mencionado "chão da fábrica", onde são executados os processos de fabricação ou prestados serviços, mesmo que em lugares afastados da sede da empresa. Tais processos não admitem variações porque, caso contrário, não poderiam ser tornados rotineiros com vistas à eficiência. Isso significa enfatizar o estudo de tempos & movimentos, a programação e controle da produção e o treinamento, estando embutida a exigência de controlar a qualidade, tudo isso com o fim de evitar variações não previstas.

2. PARTE-CHAVE. Tais padronizações necessitam de especialistas capazes de especificar o que, o quando e o como fazer do núcleo operacional, para isso alocados em posições fora da linha de comando e acima do escalão ocupado pelos supervisores. Pela importância de suas atividades com o fim de obter eficiência, tornam-se a **parte-chave** da organização, que deixa de ser a cúpula administrativa. Esse componente foi chamado por Mintzberg de **tecnoestrutura**, como o mais importante da burocracia mecanizada, tendo como cliente interno o núcleo operacional. Naturalmente, a concretização das suas atividades são as normas, isto é, a variável **preceitos** da subcultura organizacional.

   Estando a cadeia de processos de fabricação devidamente padronizada, cada trabalhador em um posto recebe sempre o mesmo material do operário situado no que o antecede e, após nele executar mais uma operação, remete-o para o que o sucede.

3. COORDENAÇÃO. Formalizada essa linha de pressões, o principal mecanismo de **coordenação** passa a ser o próprio **processo de trabalho padronizado**, ficando o supervisor com a função de atuar apenas nos casos de exceção. Essa linha de pressões ocorre dentro do núcleo operacional mostrada na Figura 19.4, onde a parte-chave — que é a tecnoestrutura — está escurecida para destacá-la.

Ao lado e fora da linha de comando da estrutura principal, aparece a denominada **tecnoestrutura**. Nela, estão incluídas as acessórias relações públicas e assistência jurídica, como é habitual, e também a folha de pagamentos, as pesquisas e desenvolvimento, a determinação de preços e até a segurança interna. Nas estruturas simples, muitos serviços são comprados de terceiros, entre os quais citam-se escritórios de contabilidade e de advocacia. Já as burocracias criam internamente órgãos destinados a perfazê-los, em parte para manter o controle sobre eles, o que seria difícil caso fossem terceirizados.

Aliás, o **controle** é o apanágio das burocracias, tanto internamente para evitar procedimentos não especificados, quanto externamente, manipulando os meios de comunicação com o fim de manter o ambiente estável para possibilitar que seus processos continuem rotineiros. Por isso, a variável **expressão de sentimentos** é reprimida, e quando excede os limites suportáveis resultam extravasamentos bem conhecidos, como greves, operações-tartaruga, absenteísmo e sabotagens (Mintzberg, p. 164-187).

É importante destacar que as modernas técnicas de melhorar a qualidade e baixar os custos de fabricação, entre as quais cita-se o MRP II — *Manufacturing Resourse Planning*, o *Just-in-time*, o *Kanban* e os Círculos de Controle de Qualidade, foram, principalmente, criadas para serem **aplicadas às burocracias mecanizadas**, restrição essa pouco mencionada pela literatura que trata dessas técnicas.

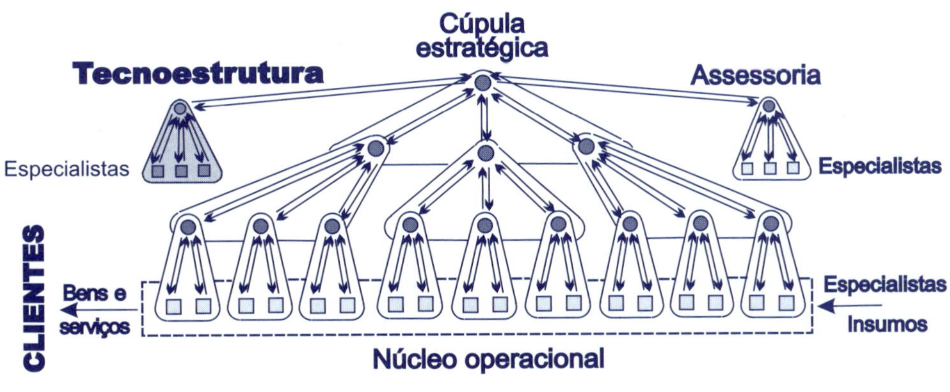

Figura 19.4 *A estrutura da burocracia mecanizada, na qual a parte-chave é a tecnoestrutura.*

19.2.3 Burocracia profissional

O ambiente pode ser estável pela mudança lenta da variável tecnologias, porém os clientes exigem atendimento personalizado. São exemplos saúde, educação, auditorias e assistência social. É claro que tais condições determinam outro tipo de estrutura, que Mintzberg denominou burocracia profissional.

1. FATORES AMBIENTAIS. O atendimento às pessoas carentes de tratamento médico e às firmas desejosas de conhecer detalhes de suas operações têm que ser levados a efeito por especialistas com habilidades e conhecimentos adquiridos por anos de estudo e de prática. Dessa forma, os fatores ambientais são, ao mesmo tempo, variáveis e complexos — o que significa que não podem ser rotineiros — de sorte que a estrutura da organização tem que dar destaque à parte que atende a essas condições, por sinal muito diferente das que pressionam as burocracias mecanizadas.
2. PARTE-CHAVE. O leitor logo irá intuir que será preciso formalizar uma unidade composta por especialistas de alto nível com o fim de atender diretamente aos clientes carentes de tratamento médico ou as pessoas desejosas de aprender alguma profissão. Essa unidade deverá ser o **núcleo operacional** da organização e, pela sua importância, a parte-chave da estrutura.

   A variedade das tecnologias empregadas nesses trabalhos personalizados deve ser muito grande, motivo pelo qual elas foram classificadas na forma de profissões e, dentro dessas, em especialidades.

   Por isso, em primeiro lugar foram "rotulados" de medicina, docência, advocacia, contabilidade e muitas outras, sendo que cada uma delas ainda foi subdividida. Assim, na área de saúde existem os "rótulos" de pediatria, neurologia, ortopedia e assim por diante, enquanto em administração tem-se marketing, produção, recursos humanos etc. e na docência aulas de preleções, seminários e discussão em grupos. Em segundo lugar, criam-se técnicas padronizadas para cada tipo de necessidade, como a de obturar dentes, que difere da de engessar membros fraturados. Finalmente, por escolha do cliente ou determinação do profissional, as necessidades a serem satisfeitas são encaixadas em algum dos rótulos previamente determinados para, de acordo com a designação atribuída, iniciar os atendimentos. Dessa maneira, a mãe leva o recém-nascido ao pediatra e não ao ortopedista e o advogado que só atua na Justiça do Trabalho não aceita uma causa penal e recomenda um colega especialista em ações criminais.

   Deve-se observar que *professional* em inglês denota o especialista com diploma universitário (e não "quem exerce uma atividade por profissão ou ofício", como definido pelo Dicionário Aurélio), o que explica o nome dado por Henry Mintzberg a esse tipo de organização.
3. COORDENAÇÃO. Na linha de montagem para a fabricação de automóveis na burocracia mecanizada, o motor sempre é colocado sobre a carroceria depois que esta estiver pronta para recebê-lo. Em contraposição, no hospital, onde existe a burocracia profissional, o médico pode enviar o cliente para casa, encaminhá-lo à Radiografia ou mesmo à Ultra-sonografia computadorizada. Portanto, em razão da variedade das tecnologias aplicadas e das necessidades a suprir, não é possível padronizar o trabalho e sim as **habilidades** para levá-los a efeito. Por essa razão, as universidades adicionam às habilidades e aos conhecimentos adquiridos pelos seus professores em cursos específicos de graduação a aprendizagem em programas de mestrado e doutorado adequados a suas especialidades com o fim de padronizar ainda mais o docente.

   Dessa forma, as habilidades padronizadas de profissionais constituem o mecanismo suficiente para a **coordenação** do que devem fazer, motivo pelo qual não precisam que alguém os gerencie para a execução de suas tarefas. Isso fica bem claro em universidades, onde um chefe de departamento pode ter até 100 professores diretamente subordinados a ele. Naturalmente, neste caso, sua função é estabelecer cargas de disciplinas e horários, bem como administrar conflitos e casos de exceções. Esses são fatores positivos, sendo negativo o fato de esse tipo de coordenação ser frágil pela possibilidade de resistência por parte dos profissionais que, alegando autonomia para seus procedimentos, podem aproveitar-se disso tornando-se incompetentes e inescrupulosos com os clientes. Ademais, existe o problema sempre mencionado do corporativismo, pois a pequena gerência, intermediária entre eles e a cúpula administrativa, é constituída exatamente por esses profissionais, que deixaram (em parte) suas especialidades para tornarem-se administradores. Um fator que os enfraquece nesse gerenciamento de colegas é o fato de, em muitos casos, serem eleitos pelos votos de seus pares e ainda por tempo determinado, após o qual tornam-se subordinados de quem foi seu inferior hierárquico.

As disfunções não se limitam a tais aspectos, mas ainda incluem outros como a resistência a inovações e a tendência de adquirir todos os males das burocracias (Mintzberg, p. 204-212).

A Figura 19.5 esquematiza a estrutura da espécie de organizações classificadas como burocracias profissionais.

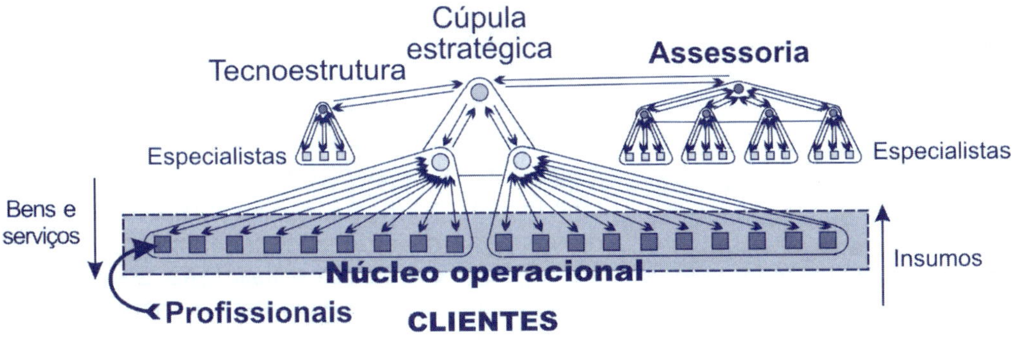

Figura 19.5 *Estrutura das burocracias profissionais, nas quais a parte-chave é o Núcleo Operacional.*

A assessoria de apoio é destacada na figura pelo motivo de responsabilizar-se pelos serviços auxiliares, a exemplo de farmácia, raios X, lavanderia e cozinha em hospitais, ou então, biblioteca, livraria, lanchonete e cópias xerox em escolas. Portanto, seu cliente é tanto o interno, ou seja, os profissionais do núcleo operacional, quanto o externo, a exemplo de alunos nas escolas. Já a tecnoestrutura é inexpressiva, sendo voltada mais para as atividades administrativas, pois as operacionais não permitem padronização e nem os profissionais a consentiriam. Quanto aos fornecimentos e insumos deve-se destacar o fato de na figura estarem representados por setas verticais pelo motivo de inexistir um fluxo horizontal de transformações, como nos dois tipos anteriores, e sim intercâmbios diretos de serviços entre o profissional e o cliente individualizado.

19.2.4 Burocracia divisionalizada

A literatura cita o caso da General Motors, uma burocracia mecanizada americana que cresceu até ao ponto em que foi obrigada a subdividir sua estrutura de acordo com os produtos que fabricava. O motivo disto não foi seu porte gigantesco e sim porque atuava em vários ecossistemas, cada qual a pressionando de formas diversas. Por exemplo, os clientes de automóveis eram completamente diferentes dos revendedores que compravam velas de ignição. O caso da já referida empresa de médio porte **Saiel** foi semelhante (guardadas as proporções) quando cresceu e para atingir a fase de "adolescência" teve que separar a fábrica da instaladora, ou seja, criar uma firma para a produção de perfilados para vender a quem deles precisasse e manter a antiga prestadora de serviços industriais.

1. FATOR AMBIENTAL. A principal diferença das burocracias examinadas anteriormente é a diversidade dos tipos de clientes, o que determina partes operacionais com subculturas diferentes, ou seja, tornem-se física e administrativamente separadas. No caso da **Saiel**, o ambiente da fábrica era estável e a variável tecnológica simples, enquanto o meio da prestadora de serviços era dinâmico e exigente de técnicas sofisticadas, o que determinou a separação em duas empresas, cada qual com sua razão social própria.
2. PARTE-CHAVE. Na já mencionada **Saiel**, foi nomeado um diretor para a fábrica — agora separada como nova empresa — e outro para a de instalações industriais, ambos posicionados em escalões intermediários na linha de comando em razão dos proprietários continuarem na cúpula administrativa, que tomou a forma de uma empresa *holding*. Essas duas diretorias compunham a **parte-chave** da estrutura, pois seus ocupantes eram responsáveis pelas operações de suas respectivas empresas, que deviam gerar lucros para a *holding*. A função desta última era alocar no mercado financeiro os recursos necessários e, também, distribuir os lucros obtidos, além de especificar os resultados a serem alcançados pelas empresas subordinadas.

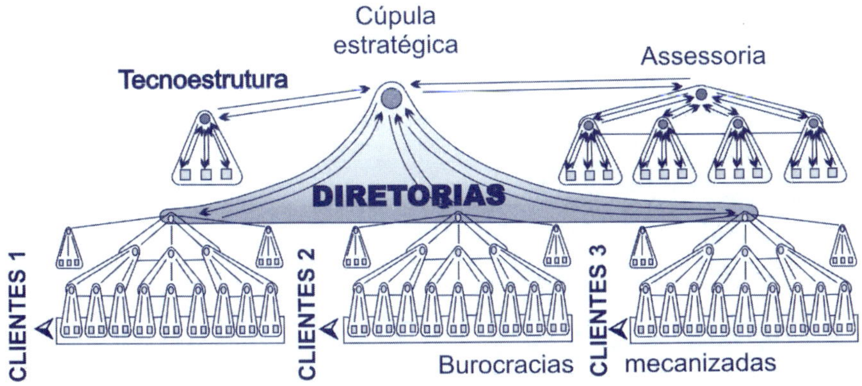

Figura 19.6 *Estrutura das burocracias divisionalizadas, com a linha intermediária destacada por ser a parte-chave.*

3. COORDENAÇÃO. Determinando os resultados a serem obtidos, o escritório central estabelece um mecanismo de **coordenação** para controlar as empresas coligadas. Para isso, cria órgãos próprios na forma de uma tecnoestrutura e

uma assessoria, como indicado na Figura 19.6, onde as partes divisionalizadas são mostradas com o formato de três burocracias mecanizadas (Mintzberg, p. 213-249).

O desenho da figura seria diferente, caso o modelo fosse aplicado para o caso da **Saiel**, porque nela as divisões são apenas duas e diversas, ou seja, uma correspondente à fábrica com a estrutura da burocracia mecanizada e outra para a firma de instalações, esta provavelmente tendendo para a burocracia profissional.

19.2.5 Adhocracia

A corrida espacial americana foi confiada à NASA, uma organização constituída por cientistas de alto nível, tendo por finalidade inovar, projetando e construindo veículos só imaginados nos filmes de ficção científica. Sua estrutura foi delineada de forma diferente das burocracias, tendo sido chamada de adhocracia. Este nome foi emprestado por Mintzberg do livro de Tofler, **O choque do futuro**, inclusive porque a organização assim denominada faz projetos a pedidos *ad hoc* por clientes com necessidades muito específicas.

1. FATORES AMBIENTAIS. As três estruturas descritas páginas atrás e caracterizadas por serem burocráticas tornam-se inviáveis no caso de ecossistemas compostos por clientes cujas necessidades são de produtos ou serviços muito variáveis e destinados a novos usos (o que exige formas não convencionais). Por isso, na última metade do século vinte foi criada uma nova estrutura organizacional para atender às pressões de fatores externos caracterizados por exigirem invenções e uso de tecnologias consideradas *high tech*.

   Linhas atrás, foi mencionada a NASA com a função de atender o governo americano, mas outros clientes existem com menos sofisticação, a exemplo de órgãos estatais que necessitam de serviços inovadores e organizações desejosas de divulgar seus produtos nos meios de comunicação. Para suprir essas demandas, são criadas empresas de consultoria em áreas de construção, preservação ambiental, projetos e criação de *sites* na Internet, bem como agências de propaganda, ou seja, adhocracias.

2. PARTE-CHAVE. O que caracteriza a estrutura das adhocracias é ser mutável, por ser criada, modificada e desfeita segundo as exigências dos serviços ou produtos pelos quais a organização se responsabiliza. A variável tecnológica *high tech* exige a admissão de especialistas de alto nível para trabalharem dentro de **equipes** multidisciplinares, que podem até ter membros representantes dos clientes. São os casos das estruturas matriciais já descritas, com todas as vantagens e dificuldades que lhes são inerentes. Além disso, tais grupos formais (porém, com muitos aspetos dos informais) são incumbidos de partes específicas do projeto global. Por exemplo, para tornar uma realidade a usina elétrica movida pela energia solar é necessário que uma

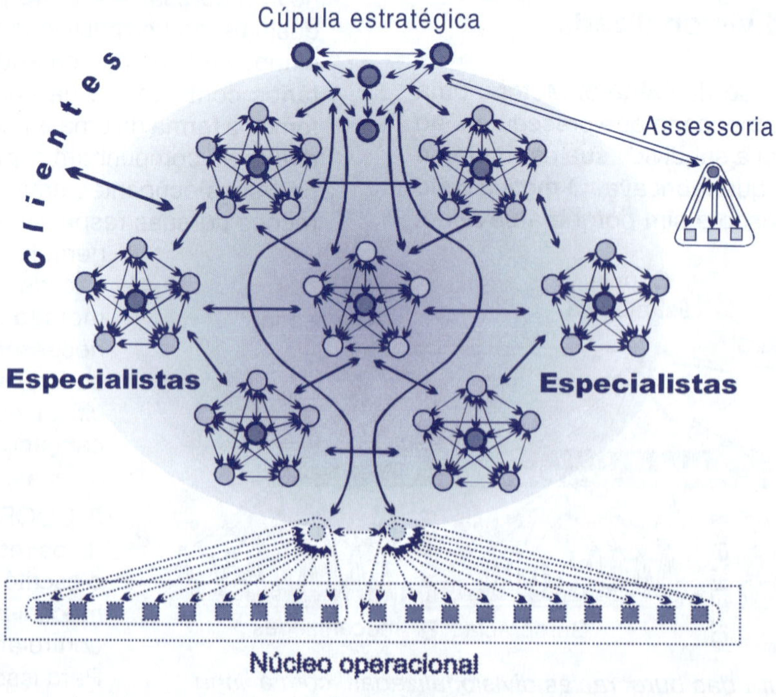

Figura 19.7 *Estrutura mutável da adhocracia, com a parte-chave escurecida para destacar as equipes.*

equipe trate das placas de selênio, outra de baterias elétricas e assim por diante. Ademais, durante seus trabalhos, esses grupos ainda têm que se integrar, talvez pelos seus líderes escolhidos pelos próprios membros. Por causa dessas condições, a parte-chave da organização é constituída por todas essas **equipes interligadas**.

3. COORDENAÇÃO. Os especialistas das burocracias profissionais aplicam técnicas padronizadas, enquanto que os das adhocracias não dispõem de modelos testados pelo motivo de inovarem em lugar de aperfeiçoarem o que existe. Por isso, a única forma de coordenação viável é o **ajustamento mútuo**, segundo o qual os próprios membros se entendem quanto ao que fazer. Isso fica bem claro nas empresas de propaganda, onde o pessoal de marketing colabora entre si para criar um anúncio quase a partir do nada.

Como o leitor pode notar pela Figura 19.7, a estrutura da adhocracia difere das anteriormente exibidas, pois a linha intermediária confunde-se com a tecnoestrutura. No entanto, uma assessoria é necessária porque alguém precisa fazer a folha de pagamento, a contabilidade e outras atividades burocráticas. Nessa situação, seus clientes internos são as equipes multidisciplinares.

Alguns detalhes devem ser observados. Em primeiro lugar, a cúpula estratégica fica voltada mais para o ecossistema em busca de serviços de clientes do que para as operações internas. Em segundo lugar, o núcleo operacional está com linhas tracejadas por ter um papel secundário, inclusive podendo ser terceirizado, como fez a NASA contratando empresas para construir o que projetava. Finalmente, as flechas indicam a necessidade de comunicações de todos para todos. Tais detalhes mostram que princípios considerados básicos pela administração tradicional têm poucas aplicações nas adhocracias.

Concluindo, a estrutura simples e a burocracia mecanizada foram as estruturas de ontem, a burocracia divisionalizada e a profissional são as de hoje, e a adhocracia será a de amanhã (Mintzberg, p. 250-257). Por isso, as novas técnicas para delinear organizações do novo século, a exemplo da **reengenharia**, preconizam mudanças com base em **procedimentos diversos dos tradicionais até agora adotados para estruturar organizações**.

TÓPICOS PARA EXPOSIÇÕES

19.1.1 Núcleo operacional

Com base na Figura 19.1 e tendo como exemplo a escola que freqüenta, explicar que o núcleo operacional deve ser a primeira parte da organização para analisar. Isto porque é constituído pelas cinco funções operacionais examinadas nos Capítulos 10, 11, 12 e 13, que concretizam as atividades-meio, bem como as atividades-fim que suprem as necessidades dos clientes externos. Destacar que essa parte da organização enfatiza em suas operações a eficiência mais que a eficácia.

19.1.2 Cúpula estratégica

Ainda com base na Figura 19.1, explicar que, no pólo oposto ao do núcleo operacional, fica situada a cúpula estratégica. Ela é constituída pelos proprietários ou por seus representantes, responsáveis pela eficácia da organização. Sua denominação decorre do fato de ser o contato com o meio ambiente para planejar o futuro a fim de garantir que a organização continue viável e perene no tempo.

19.1.3 Linha intermediária

Ainda com base na Figura 19.1 e a própria escola na forma de modelo, explicar que a cúpula estratégica tem uma amplitude de controle reduzida, o que a impede de coordenar diretamente os numerosos participantes do núcleo operacional. Por isso, seus ocupantes nomeiam prepostos rotulados de superintendentes, gerentes e supervisores, os quais compõem a linha intermediária da estrutura da organização.

19.1.4 Tecnoestrutura

Ainda com base na Figura 19.1 e a escola na forma de modelo, explicar que as grandes organizações criam uma estrutura destinada a estabelecer prescrições destinadas a padronizar as saídas (produtos e serviços), os processos de trabalho (como tempos e movimentos) e habilidades dos executores (no caso das escolas, estes são os professores e nos hospitais os médicos e a enfermagem).

19.1.5 Unidades de apoio

Ainda com base na Figura 19.1 e a escola na forma de modelo, explicar que as grandes organizações criam uma estrutura destinada a prover serviços, a exemplo de restaurante, segurança e biblioteca, na forma de unidades de apoio às finalidades de atender clientes. Com base na Figura 19.2 mostrar os constituintes das cinco partes da organização.

19.2.1 Estrutura simples

Tendo por base a Figura 19.3 e o caso da empresa Saiel, explicar **resumidamente** as características de: 1. fatores ambientais, 2. parte-chave e 3. coordenação da estrutura simples.

19.2.2 Burocracia mecanizada

Tendo por base a Figura 19.4 e o caso da empresa Saiel, explicar **resumidamente** as características de: 1. fatores ambientais, 2. parte-chave e 3. coordenação da burocracia mecanizada.

19.2.3 Burocracia profissional

Tendo por base a Figura 19.5 e o exemplo da própria escola, explicar **resumidamente** as características de: 1. fatores ambientais, 2. parte-chave e 3. coordenação da burocracia profissional.

19.2.4 Burocracia divisionalizada

Tendo por base a Figura 19.6 e o exemplo da General Motors, explicar **resumidamente** as características de: 1. fatores ambientais, 2. parte-chave e 3. coordenação da burocracia divisionalizada.

19.2.5 Adhocracia

Tendo por base a Figura 19.7 e o exemplo da NASA, explicar **resumidamente** as características de: 1. fatores ambientais, 2. parte-chave e 3. coordenação da adhocracia.

QUESTÕES DE APLICAÇÃO

1. Comparando a Figura 18.1 que diagrama a estrutura clássica da organização com a Figura 19.1 proposta por Henry Mintzberg, indique: a) as partes que são comuns a ambas; b) as partes faltantes na Figura 18.1.
2. Com base nas Figuras 19.1 e 19.2 indique: 1. as unidades administrativas; e 2. os cargos ou atividades dos principais ocupantes de cada um dos cinco conjuntos das partes básicas (que existirem) da **organização que é a escola freqüentada**.
3. Tendo, por exemplo, a lanchonete (provavelmente terceirizada) de sua escola e com base na Figura 19.3, descreva pelo menos três peculiaridades: a) dos FATORES AMBIENTAIS e próprios dessa microempresa; b) da PARTE CHAVE; c) da COORDENAÇÃO.
4. No caso dos negócios do proprietário da lanchonete de sua escola irem tão bem que ele se dispusesse a abrir idênticos estabelecimentos na forma de **franquias**, informe, justificando, qual das cinco formas básicas de estruturar organizações seria mais conveniente para essa nova empresa?

DISCUSSÃO EM GRUPOS

O caso da fábrica de plásticos (3ª parte)

Com base nas descrições do caso feitas nos Capítulos 2 e 9, cada grupo responda, justificando, a pergunta que lhe foi determinada.

Questões para cada grupo responder

1. Compare o desenho (4) representativo da situação encontrada pelo consultor com a Figura 19.2 e redesenhe esta última nela indicando: a) os componentes da cúpula estratégica, linha intermediária e tecnoestrutura da fábrica de plásticos; b) os elementos faltantes no desenho (4) que você supõe existir na fábrica de plásticos, mas não mencionadas pelo consultor.
2. Indique, justificando a razões, qual dos cinco tipos de estrutura seria mais conveniente para a fábrica de plástico na fase inicial [desenho (1)].
3. Indique, justificando as razões, qual dos cinco tipos de estrutura seria mais conveniente para a fábrica de plástico na fase (4) do desenho feito pelo consultor.
4. Comparando as quatro fases do crescimento da fábrica de plásticos indique, justificando, em quais delas a existência de grupos informais era: a) adequada às finalidades da empresa; e b) qual era inadequada por criar dificuldades organizacionais.
5. Considerando a fase em que a empresa mudou a linha de produtos, passando da fabricação de folhas e frutos de plástico para a de plumas, indique, justificando, em qual dos cinco tipos de estrutura a empresa se organizou nessa fase transitória de seu desenvolvimento.
6. GERAL PARA A CLASSE. As mudanças sofridas pela estrutura da fábrica de plásticos confirmam a Teoria Clássica, ou a Neoclássica ou a Evolucionista? Justificar a resposta.

LEITURAS COMPLEMENTARES

GUIMARÃES, Tomas A., MENDES, Paule J. V. Estrutura organizacional: um estudo exploratório a respeito dos componentes administrativos e de supervisão. In: **Encontro da ANPAD 22**, 27 a 30 set. 1998. Foz do Iguaçu. Resumo dos trabalhos — ENANPAD 98, p. 138. Pesquisa levada a efeito em 18 empresas públicas e privadas revelou que, apesar da amplitude de controle entre elas ser muito próxima, a estrutura administrativa e o número de níveis dos cargos nas públicas era muito maior que nas particulares.

NETZ, Clayton. A corporação sem centro. Anarquia? Utopia? Eficácia? **Exame**. São Paulo, Abril, ed. 697, 22 set. 1999. Sugerido como leitura complementar no Capítulo 14, neste também se aplica por mostrar a configuração da estrutura organizacional adotada por grandes empresas para se tornarem competitivas.

STEIL, Andréa V., BARCIA, Ricardo M. Aspetos estruturais das organizações virtuais. In: **Encontro da**

ANPAD 23, 19 a 22 set. 1999. Foz do Iguaçu. Resumo dos trabalhos — ENANPAD 99, p. 135. Analisa a estrutura de organizações que utilizam o teletrabalho pelo emprego da tecnologia de informação e de comunicação, reduzindo o tempo de permanência na empresa de participantes que realizam negócios com os clientes.

WOOD Jr., Thomas. A burocracia está morta. Viva a burocracia! **Exame**. São Paulo, Abril, ed. 708, 23 fev. 2000. Sugerido como leitura complementar no Capítulo 15, este artigo discute as implicações mútuas entre a burocracia e a estrutura das empresas

20 INFORMAÇÕES E COMUNICAÇÕES

No Capítulo 5 foi explanado, com base na Teoria Comportamental, que muitas maneiras de agir de uma pessoa são determinadas pelas **comunicações** que recebe, seja de chefes, pares ou subordinados. Já nos Capítulos 10, 11, 12 e 13 foram explicadas as funções operacionais de vender, produzir, comprar e movimentar dinheiro ou pessoas, destacando-se o fato de o nível considerado superior comunicar-se com o inferior a fim de intervir em suas operações, dele recebendo respostas. Dessa maneira, foi introduzida a **Teoria das Informações** e no Capítulo 15 foi abordado o controle, que também é baseado nas comunicações. Agora, esses temas teóricos necessitam ser mais desenvolvidos para serem aplicados à Administração.

Para começar, as pessoas procuram se comunicar transferindo informações na tentativa de mutuamente se influenciarem. Por essa razão, a **Teoria da Informação** e a **das Comunicações** será o primeiro assunto a ser aqui abordado.

Por outro lado, como examinado no Capítulo 16, quando o administrador tenta **influenciar** subordinados ele o faz utilizando o poder, as trocas ou a autoridade. Analisar as comunicações em cada uma dessas três formas de coordenar será o tópico seguinte.

Para finalizar, serão abordados dois assuntos que a literatura da Administração costuma omitir. O primeiro é o do **boato** e o segundo o das **informações falsas**, tanto as encontradas nas propagandas e promoções quanto as internas entre participantes das organizações.

20.1 INFORMAÇÃO E COMUNICAÇÃO NAS ORGANIZAÇÕES

Da mesma forma que muitos outros termos utilizados neste trabalho, a linguagem coloquial utiliza a palavra informação de maneira imprecisa e com significado diferente do empregado em Administração. Por isso, é preciso alertar o leitor para o fato de muitos autores que teorizaram sobre a transmissão de sinais propuseram conceitos matemáticos sem relação com o **significado** que tais sinais poderiam ter para a pessoa humana, porém chamando-os de "Teoria da Informação". Isso trouxe confusões para os administradores, que não são cientistas e nem engenheiros eletrônicos (Cherry, p. 91). Esse é o caso de muitos artigos e livros escritos após a Segunda Guerra Mundial, a exemplo de E.L. Hartley, Claude Shannon, Norbert Wiener e outros.

20.1.1 O que é informação?

Pelas razões expostas, é conveniente iniciar o assunto conceituando o termo informação de maneira a permitir melhor entendimento de suas aplicações às organizações. Com essa finalidade, a nós pareceu apropriada a definição proposta por Arsac, porém modificada em uma tradução livre.

A palavra **informação** designa a situação atual de um fenômeno, desde que este possa apresentar um número finito de estados diferentes (Arsac, p. 4).

Essa definição é algo complexa, razão pela qual exige algumas explicações adicionais para facilitar seu entendimento. Inicialmente, a idéia de fenômeno vem da Filosofia.

Fenômeno é tudo que pode se manifestar no espaço e no tempo segundo leis do entendimento (Dicionário Aurélio).

Assim, fica subentendido referir-se a algo concreto que se altera e, por isso, suscetível de medida e atribuição de variáveis relativas. Por exemplo, na Física a temperatura dos corpos é um fenômeno, cujo estado em dado momento é expresso em graus Celsius ou Fahrenheits. De forma análoga, nas organizações a quantidade de estoques é expressa em peças ou quilogramas, enquanto o dinheiro do caixa, em unidades monetárias. Por outro lado, tudo que nos rodeia são entes reais (diferente de abstrações, como a felicidade) e, por isso, o número de estados possíveis somente poderá ser finito (ter um limite inferior e outro superior). Sua variação pode ser de forma contínua (como a temperatura dos corpos) ou discreta (como as peças no estoque).

Como o leitor pode observar com base na definição, tudo que nos rodeia é passível de ser caracterizado como sendo uma informação (seu estado em dado momento), já que de maneira lenta ou rápida as coisas se alteram no tempo.

Outro conceito ligado com a informação é o da mensagem.

Mensagem é a seleção ordenada de um conjunto de sinais que objetiva transferir informações (Cherry, p. 461).

Exemplos de mensagens são cartas, telegramas, notas fiscais, duplicatas, listagens emitidas por computador, *e-mails* e até frases de viva voz. Portanto, nos casos da Teoria dos Sistemas Hierarquizados expostos neste livro, as intervenções e as respostas são mensagens, as primeiras provocando as segundas. Um exemplo é a instrução do chefe para o subordinado executar certa tarefa e a posterior informação deste que já a realizou.

A definição de mensagem introduz outra palavra a ser conceituada, que é sinal.

Sinal é a forma física presente na mensagem emitida (Cherry, p. 263, com modificações).

Correspondem a sinais as inflexões da voz, os gestos, as letras e os números em cartas e notas fiscais, os impulsos elétricos em telefonia e as luzes na comunicação entre navios.

Uma **categoria importante de sinais** recebe o nome de símbolos.

Símbolo é "a representação de algo por ter qualidades análogas, ou então, por associação de pensamento" (Cherry, p. 28 e 463).

São exemplos de símbolos: a bandeira para representar um país; a coroa para o reino ou soberano; a cruz para a religião cristã; o ramo de oliveira para a paz; a figura do Tio Sam para os americanos; e até carros e casas de luxo para a riqueza.

A informática divulgou uma outra palavra que era utilizada pelos teóricos da informação, isto é, o conhecido "ícone", que deve ser familiar para o leitor que opera em microcomputadores.

Ícone é o símbolo que apresenta relação de semelhança com o objeto a que se refere.

Na janela de um monitor aparece um ícone com o formato da miniatura de uma impressora para significar que, caso seja clicado com o *mouse*, tudo o que está escrito ou desenhado começa a ser impresso. Outro exemplo familiar é a figura que permite "salvar", ou melhor, transferir o que foi digitado para o disco rígido (salvar é a tradução errada do inglês *to save*, cujo significado é poupar dinheiro ou guardar, razão pelo qual o ícone é a representação de um cofre).

Acontece que essa incongruência na representação é provocada por um aspecto básico: todo sinal, símbolo ou ícone decorre de uma **convenção** a ser feita entre as pessoas que irão visualizá-los. Por exemplo, entre os romanos foi convencionado que os sinais VIII (letras que representam sons vocais) significam uma quantidade, que os árabes resumiram no sinal 8. Um exemplo de completa mudança de significado é o sinal @, hoje muito conhecido na Internet, anteriormente designando a unidade de medida chamada arroba (vinda do grego *arrubá*) com o valor aproximado de 15 quilos.

A Figura 20.1 exibe exemplos dos conceitos sobre informação expostos linhas atrás, sem classificá-los para o leitor os identificar. Todavia, por não ter conhecimento do que foi convencionado para estabelecer a relação de cada figura com um determinado ente (concreto ou abstrato), muitos dos sinais lhe serão incompreensíveis.

Neste ponto poder-se-ia perguntar: qual o interesse disso tudo para o administrador? A resposta é: grande. Isto porque uma de suas funções (que foi introduzida no Capítulo 1) é influenciar pessoas e, para isso, utiliza comunicações tendo por base a informação.

Figura 20.1 *Mensagens, sinais, ícones e símbolos.*

As explicações desse processo de influenciar foram iniciadas no Capítulo 5 (que abordou o comportamento), prosseguindo a seguir, porém de forma resumida.

20.1.2 Teoria da Informação e da Comunicação

O termo comunicação possui as mesmas dificuldades para conceituar palavras que têm grande extensão (como a já mencionada "sistema"), o que explica a diversidade dos conceitos dados pelos autores que se interessam pelo assunto. No entanto, a nós pareceu que, reduzindo seu campo de aplicação para o âmbito da Administração, fica mais fácil a compreensão da idéia e, também, dos diferentes tipos aplicáveis às organizações.

1. TEORIA DA INFORMAÇÃO. Baseado nas aplicações destinadas à transmissão de sinais por linhas telefônicas ou ondas hertzianas, a literatura administrativa costuma iniciar as explicações sobre comunicações por meio de esquemas unidirecionais, como mostrado na Figura 20.2. Como seria previsível, o desenho original era inteiramente abstrato, mas, com o fim de torná-lo mais claro, o adaptamos para a situação concreta de o emissor enviar uma informação via Internet para o *e mail* do receptor.

   Cada uma de suas partes será descrita a seguir.

   - **Fonte**. É o emissor de sinais, como a pessoa que fala, o coração que bate ou a peça de metal carregada por quem entra no banco.
   - **Transmissor**. É o que transforma os sinais de emissor para que o canal possa transmitir, a exemplo do telefone, os eletrodos no exame cardiológico e o sensor magnético na porta do banco.
   - **Canal**. Significa o ente que permeia o transmissor e o receptor que, nos casos exemplificados linhas atrás, são os fios condutores de eletricidade.
   - **Receptor**. Consiste no equipamento que transforma os sinais recebidos através do canal para o destinatário. Nos exemplos seria um segundo telefone, o aparelho que imprime o eletrocardiograma ou os relés que travam a porta giratória.
   - **Destinatário**. É a quem os sinais se destinam, no caso seria a outra pessoa, o médico ou o segurança do banco.
   - **Ruídos**. São as perturbações indesejáveis e não previstas que atuam desde o transmissor até o receptor. Incluem defeitos, ligações inadequadas, falhas de energia e interferências externas, como barulhos, raios de tempestades e centenas de outros mais.

   Para tentar sobrepujar (pelo menos em parte) as interferências externas, a Teoria da Informação criou a idéia de **redundância** (Chiavenato, p. 695-698).

   - **Redundância**. Consiste na repetição das informações em seu todo ou em parte, na tentativa de sobrepujar os ruídos inevitáveis. Um caso pouco divulgado é a redundância para transmissão de mensagens por meio de cabos submarinos com extensão de milhares de quilômetros. Nestes, as interferências impediam que os sinais Morse de uma letra fossem corretamente decodificados, ra-

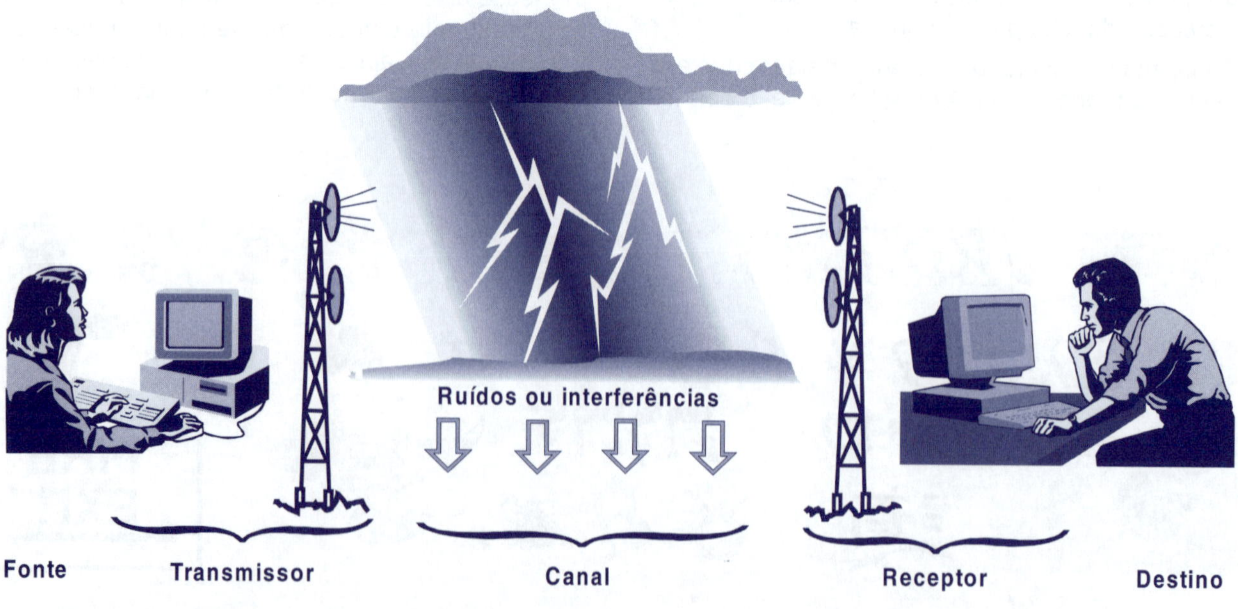

Figura 20.2 *Aplicação do modelo de transmissão de sinais proposto por Claude E. Shannon.*

zão pela qual cada uma delas foi substituída pelos correspondentes a três dígitos. Por exemplo, para transmitir a letra **A** foi abandonado o tradicional ponto e traço pelos sinais designativos dos números 0, 9 e 7. Naturalmente, isso aumentou muito o tempo de transmissão, mas garantiu menos erros em decodificá-los.

Enfocando como ponto principal a **transmissão** de informações de uma forma geral para todos os processos, essas teorias não concederam a devida importância para as dificuldades em gerar informações corretas pelo emissor, nem sua compreensão deformada pelo destinatário e nem o fato de as comunicações serem bilaterais na forma de uma série de transações estímulos-respostas. Tais deficiências serão sobrepujadas a seguir.

2. O QUE CARACTERIZA A COMUNICAÇÃO? Para começar, postula-se que, para haver comunicação, é necessária a existência de três condições. Primeiramente, deverá existir uma pessoa **A** que se dirige a uma outra **B** com a **intenção de influenciá-la** de alguma maneira. A segunda condição é a existência de um ente **X** externo a ambas, que pode ser concreto, como ações da Bolsa que uma pessoa deseja comprar e a outra vender, ou abstrato, como o emprego buscado em dada organização. A terceira condição é haver algum tipo de relação entre essas duas pessoas com o objeto externo, como o interesse de realizar o negócio exemplificado linhas atrás.

Ocorre **comunicação** quando a pessoa **A** estimula a pessoa **B** com uma informação relacionada ao ente **X**, e desta obtém uma resposta (Buckley, p. 178).

Trata-se, pois, de um processo pelo qual **A** é um influenciador desejoso de alterar o comportamento do influenciado **B**, dentro de uma situação específica (Tannembaum *et alii*, p. 42-43). A Figura 20.3 esquematiza em (1) a comunicação na forma estímulo-resposta (Buckley, p. 167-169).

A comunicação na forma de estímulo-resposta deve ser mais bem detalhada para seu melhor entendimento.

- O emissor **A** se dirige ao receptor **B** porque tem o interesse de que este último se comporte de alguma forma em relação ao ente **X**, o que explica a intenção de **influenciá-lo**. Assim, se **A** é o candidato ao emprego **X** da empresa na qual **B** é o selecionador, sua comunicação inicia com estímulos para que **B** tenha comportamentos de admiti-lo e, para isso, provavelmente descreverá suas qualidades pessoais, naturalmente omitindo os defeitos.
- Essas qualidades pessoais constituem a **informação** dada pela pessoa **A**, que, de acordo com o já conceituado, significa fornecer o estado atual de um fenômeno variável, como sucede com as qualificações profissionais de um indivíduo.
- O **grau de congruência de metas** entre **A** e **B** determina a forma de influenciar e, portanto, do tipo de comunicação e de conteúdo informativo. Assim, o capataz determina que se faça hora extra com a informação de que a negativa em aceitá-la incorrerá em demissão; o chefe estimula o melhor desempenho com a promessa de breve promoção, e o médico fornece prescrições para o paciente tratar-se. Como o leitor logo perceberá, são exemplos de influência pelo uso, respectivamente, do poder, das trocas e da autoridade.
- Por meio do estímulo da **mensagem**, o emissor influencia o receptor e, à proporção que consegue mudar o comportamento deste, sua comunicação é mais ou, então, menos **eficiente** (Tannembaum *et alii*, p. 44). No exemplo, seria eficiente, caso o selecionador de pessoal admitisse o pretendente, e ineficiente, se não conseguisse impressioná-lo favoravelmente.
- Em decorrência do estímulo, o receptor emite a mensagem resposta que, ainda dentro do exemplo, poderia ser um pedido de informação sobre suas

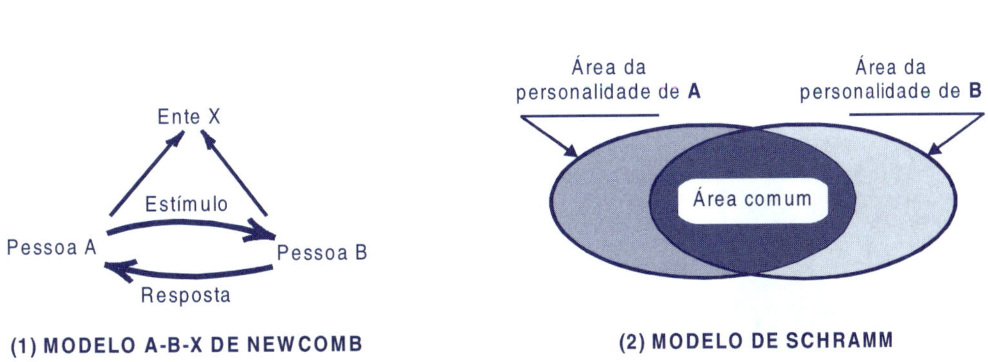

Figura 20.3 *Processo de comunicação e condições para o entendimento dos significados.*

experiências em funções semelhantes às do cargo pretendido. É importante notar que essa resposta constitui um estímulo para o emissor inicial responder, de sorte que, na realidade, o processo comunicativo é uma série de transações estímulos-respostas. Portanto, o esquema da Figura 20.3 representa apenas uma **interação**, quando na prática ocorre um número muito grande delas (Watzlawick *et alii*, p. 50-53).

- A compreensão por parte de **B** ao estímulo recebido depende dos pontos comuns individuais e sociais que tem em relação ao emissor **A**, valendo o mesmo para a resposta que **B** der a **A**. Tais semelhanças são em termos de cognições, atitudes e motivos, bem como quanto às tecnologias, preceitos e sentimentos presentes nas subculturas de cada comunicante. Corresponde à intercessão das duas áreas representadas em (2) na Figura 20.3 e permite entender o que é denominado por **barreiras nas comunicações**. Assim, quanto menor for essa área comum, mais difícil será o mútuo entendimento dos estímulos-respostas e vice-versa (Krech *et alii*, p. 327 e 333-335) (Sayles & Strauss, p. 273-295). Tal fato explica muito das dificuldades nos entendimentos entre especialistas que exercem diferentes funções operacionais e, também, entre coordenadores que ocupam níveis hierárquicos diversos.
- A pessoa **A** pode dirigir-se, ao mesmo tempo, às pessoas **B**, **C**, **D**, e até **N** (a exemplo do chefe que preside uma reunião de subordinados), sem que o modelo da Figura 20.3 fique alterado, pois se aplica a cada dupla de indivíduos de *per si*. Neste caso, porém, haverá influência da pressão social, pois se trata de comunicações dentro de grupos (formais ou informais).

O interesse para o administrador entender o esquema explicitado está na possibilidade maior de descobrir o conteúdo da personalidade de seus interlocutores com o fim de influenciá-los com maior eficiência. O famoso alemão naturalizado americano, Henry Kissinger, relata que o líder chinês Mao Tsé Tung criara o hábito de fazer perguntas aparentemente como brincadeiras, mas na verdade para avaliar a personalidade das pessoas pelas respostas que davam (Bernardes & Marcondes, p. 62).

Como o leitor percebe, a exposição que foi feita sobre a Teoria das Comunicações e aspectos decorrentes é apenas um resumo do assunto, mas permite fazer numerosas conjecturas sobre o processo que se desenrola nas organizações.

20.1.3 Três tipos de comunicação

As experiências de todos nós sugerem haver numerosos tipos de comunicação, o que exige melhor exame do assunto. Para isso, a análise desse tema poderá ser simplificada com auxílio da proposta de Russel Ackoff. Esse autor classifica as comunicações em apenas três tipos, o que ainda vem ao encontro de nossos interesses em aplicá-las aos modelos de sistemas hierarquizados.

Figura 20.4 *Os sucessivos imbricamentos dos três tipos de comunicação.*

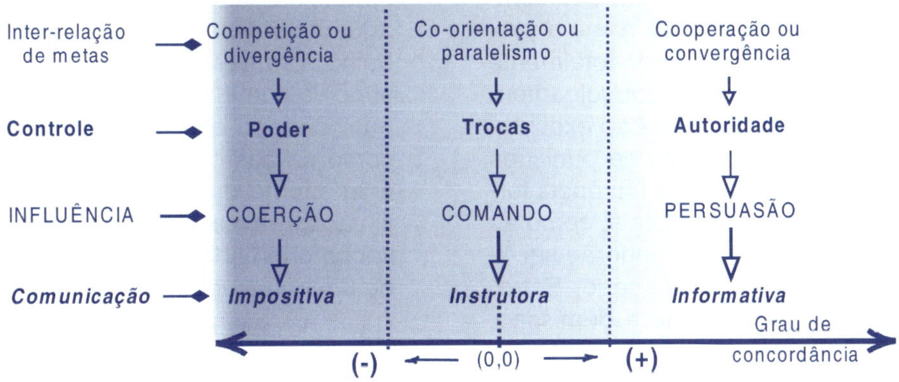

Figura 20.5 *Os três tipos de comunicação para influenciar em função das formas de as metas se inter-relacionarem.*

A compreensão da proposta de Ackoff não é fácil, em parte pelo formalismo e tratamento matemático. Todavia, é possível resumir seus principais aspectos com o fim de adequá-la aos interesses do ponto de vista do administrador.

O primeiro aspecto a examinar é a caracterização por ele feita, de três tipos de comunicação: o **informativo**, o **instrutor** e o **impositivo**. Este último é a substituição da palavra "motivacional" empregada por Ackoff, já que em capítulos anteriores foi mencionado que "motivo" expressa uma força interna à pessoa (mas que é suscetível de estimulação externa).

A Figura 20.4 esquematiza como esses três tipos de comunicação se imbricam uns nos outros.

1. COMUNICAÇÃO INFORMATIVA. É o caso de a **informação** ser o predominante na mensagem, ficando em segundo lugar as tentativas de influenciar comportamentos. Um exemplo é o do chefe que informa sua secretária que não atenderá telefonemas externos durante a reunião. A maior parte das comunicações rotineiras entre as unidades operacionais de vender, produzir etc. são informativas e, por isso, passíveis de serem processadas em computador.
2. COMUNICAÇÃO INSTRUTORA. Quando o emissor procura influenciar mostrando os efeitos que o comportamento deve ter, ele estimula por meio da comunicação instrutora. Um exemplo é o chefe dizer ao subordinado qual a meta que este deve alcançar, como peças fabricadas na quantidade **X**, no tempo **Y** e com a qualidade **Z**. Nesse caso, além da **informação** existe uma **ordem** a ser cumprida.
3. COMUNICAÇÃO IMPOSITIVA. Denominada por Ackoff de motivacional, ocorre quando o emissor procura influenciar o receptor mostrando a forma de este se comportar para a efetivação da meta pretendida, ficando **implícita a punição caso não a concretize**. Na escola, a meta é a aprendizagem e, por isso, o professor tenta influenciar os alunos para que estudem argumentando que, nos dias atuais de concorrência, interessa a eles o conhecimento e não mais só o diploma (a punição é não conseguirem emprego).

Um segundo aspecto a destacar é que os três tipos de comunicação não se excluem, mas apenas indicam a ênfase dada a um componente da mensagem. Assim, na comunicação **estimuladora** o chefe **informa** o subordinado sobre a meta a ser alcançada, **instrui** como obtê-la, e, ainda, mostra a **conveniência** de executar o trabalho solicitado (Ackoff, 1958, p. 218-234) (Buckley, p. 177-180).

20.2 A INFLUÊNCIA PARA CONTROLAR POR MEIO DA COMUNICAÇÃO

Já foi exposto que o controle faz parte da Teoria Comportamental, razão pela qual esta servirá de início para as explanações sobre as formas de operacionalizá-lo por meio das comunicações.

20.2.1 Tipos de metas e o controle por meio das comunicações

Foi examinado em capítulo anterior que, de acordo com o tipo de inter-relação das metas dos influenciados para com as do influenciador, este utilizará as trocas, o poder ou a autoridade para controlá-los. Naturalmente, ele usará uma forma diferente de comunicação para cada um desses controles, como esquematizado na Figura 20.5.

Serão examinadas três maneiras típicas de influenciar, correspondentes às três formas de controlar.

1. INFLUÊNCIA PELA COERÇÃO. Imagine-se um chefe que, embora o expediente esteja para ser encerrado, chama a secretária e determina que ela digite

um grande número de cartas. Nesse caso, o comportamento necessário para alcançar a meta pretendida pelo influenciador é considerado totalmente oposto aos interesses da executora. Seu julgamento é ativamente contra, razão pela qual só executará a ação diante da ameaça explícita de punições piores que o desconforto sentido pela anuência forçada. Nas organizações chamadas totais, como as militares e eclesiásticas, as sanções poderão ser físicas, a exemplo do confinamento forçado. Entretanto, nas empresas vão apenas até a demissão, passando antes pela eliminação de benefícios, transferência de seção, perda de promoção e outras punições morais.

Todavia, a coerção como influência costuma ser evitada em razão do temor de, mais tarde, o empregado vir a "dar o troco". Note-se que não será a punição que desencadeará o comportamento esperado (pois sua aplicação é justamente causada pela recusa de agir como desejado), mas a **ameaça** de aplicá-la. A coerção é um ato de poder, desgastando-se com sua utilização. Por isso, é útil apenas como a clara demonstração da possibilidade de real aplicação futura, pois é óbvio que a demissão não fará com que o empregado execute a ação a que é contrário.

Pelo exposto, conclui-se que, nesse tipo de influência, as **metas** individuais do executor e do influenciador são competitivas ou divergentes. Havendo, pois, dissenso (e, por isso, o uso do poder), a comunicação será **impositiva,** a exemplo do policial que detém um suspeito, informando-o sobre a prisão, instruindo-o para entrar no carro da radiopatrulha e impondo a execução desse procedimento com ameaças que mostram o que sucederá caso se negue a cumprir a ordem.

Nesse exemplo, os estímulos são negativos, porém é possível a utilização de estímulos positivos que compensem a oposição inicial, como o caso do chefe que promete vantagens ao subordinado para este desempenhar um serviço que, em princípio, é contra.

2. INFLUÊNCIA PELO COMANDO. O influenciado não é contra nem a favor por não lhe pesar psicologicamente a execução pretendida, em virtude de já fazer parte de seu contrato de trabalho (não o registrado em sua carteira profissional, mas o culturalmente aceito e por ele interiorizado). Poderá haver certa dose de discordância, porém esta será suprada pela esperança de benefícios futuros em face de sua aceitação, ou para não arriscar a perda dos atuais, ocorrendo um ajustamento por racionalização como: "afinal a responsabilidade é dele" (do chefe). A maioria dos comportamentos técnicos desencadeados nas burocracias em seus níveis operacionais decorre deste tipo de influência, mesmo porque faz parte de sua subcultura que o subordinado aguarde ordens superiores para desempenhar o trabalho. Em geral, a influência pelo comando pressupõe a dominação exercida por meio de prêmios e punições, só que estas últimas não são explícitas como na coerção, mas subentendem-se pelo não-acatamento das determinações recebidas. Nessa situação, as metas do seguidor e influenciador devem ser co-orientadas ou paralelas, já que as pretensões de um não ajudam nem prejudicam as do outro.

   Havendo indiferença pela ação pretendida (como nas trocas pela remuneração), a comunicação será apenas **instrutora,** a exemplo do chefe que dá uma ordem para o subordinado, informando-o sobre os detalhes do que deve executar. Todavia, essa forma de influenciar não é exclusiva de chefias, mas pode ocorrer dentro de grupos coesos, como de bombeiros durante incêndios, da defesa civil por ocasião de enchentes e mesmo de médicos e enfermeiras em salas de cirurgias. Nesses casos, o comando pode até vir de um inferior na escala hierárquica, porém obedecido pelo superior que sente ser apropriado para aquele momento.

3. INFLUÊNCIA PELA PERSUASÃO. O influenciador altera o julgamento do seguidor, despertando nele a conveniência de executar aquilo que propõe. Uma primeira situação é a de metas co-orientadas, quando o influenciador carece de poder em virtude de o seguidor não estar formalmente sob sua dependência. Uma segunda é a de metas cooperativas, cuja consecução dependa de convencimento. Se existir um grau de concordância suficientemente elevado, em ambos os casos basta uma sugestão para que desperte no seguidor a percepção da conveniência de agir, sendo, dessa forma, ativado seu julgamento já predisposto para aceitar o proposto pelo influenciador.

   Esse tipo de influência é típico dentro de grupos formais ou informais compostos por pessoas maduras e engajadas na execução de uma tarefa decisória ou operacional, em decorrência de mútuas interações de seus membros.

   Todavia, havendo *a priori* concordância plena, ou, pelo menos, quase completa, o seguidor executa a ação sem que ela sequer lhe tenha sido sugerida, pois sua percepção indica a adequação de ser deflagrada, partindo do mesmo processo utilizado pelo influenciador. Este é o caso de assessores que, pelos anos de convivência, são capazes de se antecipar às ordens do chefe, ou do grupo cooperativo cujos membros aprenderam a atuar quase independentemente da coordenação do líder (Zaccarelli, p. 11-14).

   Em qualquer um desses casos, basta a comunicação **informativa** para que o coordenado desempenhe o serviço desejado. Dessa maneira, é suficiente o médico receitar os remédios para que o paciente siga as prescrições.

Nos três caso examinados, é suposto que as **respostas dadas pelos níveis inferiores** aos superiores sejam do tipo **informativo**, já que apenas comunicam o executado ou as razões pelas quais não puderam cumprir as ordens. Todavia, não ficam excluídas as do tipo impositivo nas situações em que pretendem modificar a comunicação do nível superior e, para isso, tentam influenciá-lo utilizando o poder que todo subordinado detém (Bernardes & Marcondes, p.64-65).

20.2.2 O boato nas comunicações informais

A Teoria de Relações Humanas deu grande importância para o boato, em razão de enfocar o grupo informal, no qual esse tipo de comunicação é mais encontrado. Por outro lado, os estudiosos da Teoria das Comunicações destacaram mais o boato em nível da sociedade, especialmente os disseminados com finalidades políticas, do que os surgidos em um nível abaixo, o da organização, onde deveriam ser importantes para a Teoria Comportamental.

Para iniciar o exame do assunto é preciso tornar bem claro o que é o boato, para isso fazendo uma síntese de diversas definições.

O boato é uma informação sobre pessoas ou acontecimento atual, disseminado com a intenção de convencer pessoas por alguma finalidade oculta (Kapferer, p. 5-9).

Os exemplos são tantos e tão variados que ficaria difícil fornecer algum, aliás, desnecessário, porque o leitor os conhece à saciedade na empresa ou escola que freqüenta. Entretanto, devem-se destacar pelo menos **cinco determinantes** que propiciam o surgimento do boatos:

- reduzir a ansiedade das pessoas desejosas de conhecer fatos que podem interferir em seus objetivos pessoais;
- aumentar o prestígio de quem o espalha por sugerir que "sabe das coisas";
- ser mais digno de crédito do que as informações oficiais, a exemplo do jornalzinho da organização;
- não ser controlado pela alta administração, a quem incomoda pelo risco de desmentir o que informa (Robbins, p. 266-267);
- tanto ser verdadeiro (ou ter um fundo de verdade) quanto falso (Kapferer, p. 9).

Os praticantes da Escola de Relações Humanas procuram fornecer prescrições para reduzir os efeitos negativos do boato sobre a produção, a exemplo de que a empresa vai mal financeiramente e pode fechar, vão ocorrer demissões ou transferências obrigatórias, alguém importante e benquisto vai sair e outros mais. Tais medidas podem minimizar os efeitos e credibilidade das informações, mas não impedir totalmente a disseminação de boatos.

20.2.3 As informações incompletas e as falsas

Os teóricos que estudaram a informação estavam mais interessados em como transmitir dados do que verificar se estes eram completos para uso do receptor e, também, se eram ou não verídicos. Acontece que estas últimas características são importantes para o administrador, motivo pelo qual a Teoria da informação deve ser completada para analisar essas duas falhas.

1. OMISSÃO DE INFORMAÇÕES. Poder-se-ia dizer que é o contrário da redundância, pois. se esta é a repetição de dados, aquela é sua ausência.
    - INFORMAÇÕES INCOMPLETAS. Exemplos são as instruções para execução de tarefas, em geral apenas verbais quando deveriam ser completadas por escrito. Para piorar, é hábito a falta do emissor exigir um *feedback*, tanto para ter a certeza de que o receptor entendeu sua mensagem, quanto na forma de resposta para saber como os serviços determinados estão sendo feitos ou se já foram executados.
    - FALTA DE INFORMAÇÕES. Um caso muito comum é a omissão da data e do local em que o documento teve origem. Um problema sério que tivemos conhecimento foi o de duas plantas, uma modificando a outra, destinadas à construção de uma usina. Apesar de na legenda de ambas constar uma coluna para a data e o local, nenhuma foi preenchida pelos numerosos especialistas que tinham projetado, desenhado e revisto. Pelo desconhecimento de qual delas era mais recente e servido de base para as obras, foi necessário quebrar vários trechos em concreto para descobrir onde passavam as tubulações com defeitos. Esse desleixo é evidente em muitos trabalhos de alunos feitos sem indicação de local e data. Acontece que isso não é aceito pelas empresas, sendo que tais omissões resultam em pontos negativos para o empregado.
2. FALSIDADES NAS INFORMAÇÕES. Até este ponto foi suposto que o emissor comunicava apenas informações verdadeiras em suas tentativas de influenciar o receptor, o que nem sempre acontece. Qual é, então, o motivo de fornecer informações falsas?

A **informação falsa** destina-se a conseguir um comportamento que **não seria obtido** comunicando a verdade.

Podem-se relacionar pelo menos três maneiras de falsear informações.

- Fazer acreditar que **não** existe algo que **existe**. Por exemplo, anúncios fornecem os valores de prestações e não os juros embutidos nas compras a prazo. Os jornais noticiaram que uma empresa de serviço público alegava prejuízos e, por isso, atrasava pagamentos e benefícios forçando seus empregados a fazer greve e, assim, conseguir do governo aumento de tarifas.
- Fazer acreditar que **existe** o que **não** existe. Ficamos conhecendo o dono de uma empresa que em todas as conversas mencionava as dificuldades inerentes a seu ramo de negócios, inclusive problemas financeiros de concorrentes, tendo por objetivo ocultar seus lucros. Dessa forma, falseando a verdade desencorajava pedidos de aumento de salários por seus empregados e ainda utilizava como fator de barganha nas compras que fazia. Entretanto, suas numerosas propriedades e novos empreendimentos desmentiam suas afirmativas da inexistência de lucros. De maneira semelhante, dirigentes empresariais assustam empregados com o anúncio de crises iminentes, especialmente no ramo explorado por suas empresas. Com isso, amortecem reivindicações de toda ordem e ainda ganham votos de confiança como únicos capazes de enfrentar esse futuro que dizem ser incerto.
- **Deformar** o que existe, ou seja, exagerar ou minimizar alguma informação de forma falaciosa. O leitor já deve estar vacinado contra os exageros na qualidade de produtos e serviços, tanto na propaganda quanto na publicidade. As organizações também costumam aumentar suas qualidades para impressionar empregados, especialmente com seus jornais internos (uma das razões pelas quais não gozam de credibilidade e nem de interesse), como tentativas para que estes "vistam a camisa da empresa".

Como já prevenido, o exposto neste capítulo destina-se apenas a fornecer as bases das Teorias da Informação e da Comunicação, tendo o apoio das Teorias Comportamentais e com o fim de mostrar como se pode influenciar pessoas com eficiência. Por isso, os temas foram tratados superficialmente, como ponto de partida para os interessados que pretendam aprofundar seus conhecimentos (Robbins, p. 426) (Durandin, p. 84, 110, 126).

É preciso destacar que a **comunicação eficiente e eficaz necessita ser aprendida pelo administrador** (Bernardes & Marcondes, p. 69-70). Tal aprendizagem é possível para qualquer pessoa, devendo ser iniciada na escola por meio de exposições para a classe e discussão de assuntos em reuniões com colegas, o que irá facilitar o desempenho das funções do administrador. Este, já no exercício de suas atividades profissionais, pode e deve aprimorá-las freqüentando cursos para aprender a melhor falar em público. A disseminação desse tipo de escola é uma boa prova de como as pessoas sentem necessidade de influenciar os outros pela comunicação. Todavia, isso tudo não basta, porque a verdadeira capacidade (como tudo em administração) somente pode ser adquirida pela prática do dia-a-dia em casos reais, diante de subordinados, pares, chefes, clientes e com outras pessoas.

TÓPICOS PARA EXPOSIÇÕES

20.1.1 O que é informação?

Explicar que este capítulo aborda as informações e as comunicações que ocorrem na organização, tanto entre seus participantes quanto com pessoas do meio externo. Com base em exemplos, definir: informação, mensagem, sinal, símbolo e ícone. Pedir à classe que identifique quais são as mensagens, sinais, ícones e símbolos da Figura 20.1.

20.1.2 Teoria da Informação e da Comunicação

Com base na Figura 20.2 e exemplos, defina os componentes do modelo de transmissão de informações. Com base na Figura 20.3, explique o processo de comunicação entre pessoas.

20.1.3 Três tipos de comunicação

Com base na Figura 20.4, explique os três tipos de comunicações que ocorrem entre os participantes nas organizações.

20.2.1 Tipos de metas e o controle por meio das comunicações

Com base na Figura 20.5, correlacione as três formas de coordenar pessoas com os três tipos de comunicação.

20.2.2 O boato nas comunicações informais

Defina boato com um exemplo. Exponha os cinco determinantes que propiciam o boato.

20.2.3 As informações incompletas e as falsas

Exponha que a literatura sobre Administração costuma omitir o exame das comunicações intencionalmente falsas destinadas a pessoas dentro e fora das organizações. Explique o que se considera omissão de informações e informação falsa.

QUESTÕES DE APLICAÇÃO

1. O almoxarifado do Setor de Expedição de uma montadora de veículos recebeu de uma de suas concessionárias o seguinte fax impresso com falhas: PEDIDO DE REMESSA DE MATERIAL: quantidade 1.000 unidades, código 135.23- 89 . prazo solicitado: dois dias. O almoxarifado da montadora verificou o número do código e o identificou como sendo o de caminhão diesel de 30 toneladas. Com base na Figura 20.2, informe: a) a fonte; b) o destinatário; c) a mensagem; d) o ruído ou interferências; e) o que faltou no fax para não invalidá-lo pelo pedido absurdo de 1.000 caminhões em dois dias.
2. Com auxílio do modelo A-B-X da Figura 20.3: a) escreva cinco frases que caracterizem três interações, começando pela mensagem-estímulo do professor **A** que surpreendeu o aluno **B** colando de um colega uma questão da prova, ficando o último estímulo de **A** sem resposta por parte do aluno **B**; b) informe qual é o ente **X** deste caso.
3. Decomponha em três partes a seguinte mensagem do chefe aos subordinados: "Amanhã venham todos uma hora mais cedo a fim de prepararmos os dados solicitados pela auditoria; eu prometo compensar o esforço de vocês com a saída uma hora antes", e informe, justificando, qual a parte da frase que é: a) informativa; b) instrutora; c) estimuladora.
4. a) Descreva uma certa situação de empresa em que três coordenadores pretendem influenciar subordinados para que seja executado um mesmo trabalho, sendo 1. o primeiro tendo o controle baseado no poder, 2. o segundo pelas trocas e 3. o terceiro com a autoridade; b) escreva as três frases respectivas a cada dos três coordenadores, que as emitiram tentando estimular por meio dela seus respectivos subordinados.

DISCUSSÃO EM GRUPOS

O caso da fábrica de plásticos (4ª parte)

Com base na descrição do caso feita nos Capítulos 02 e 09 responda, justificando, a questão determinada para seu grupo.

Questões para cada grupo responder

1. Considerando a fase em que a fábrica ainda produzia folhas e frutos de plástico informe: a) as comunicações do gerente de Finanças para influenciar os dois sócios foram: eficientes, eficazes, ambas ou nenhuma; b) as comunicações do gerente de Vendas para influenciar os dois outros gerentes foram: eficientes, eficazes, ambas ou nenhuma.
2. Com base na 1ª parte da descrição do caso, desenhe o modelo de Schramm indicando, com justificações, qual das áreas comuns de percepções deve ser a maior, a média e a menor para os casos de comunicações entre: a) o gerente de produção e o gerente de finanças; b) o gerente de produção e o gerente de vendas; c) o gerente de produção e seus operários.
3. Com base na figura da 2ª parte do caso no Capítulo 9, informe qual dos três tipos de comunicação deveria prevalecer entre os gerentes e seus empregados: a) na fase inicial (1); b) na fase (3); c) na fase (4).
4. Com base na figura da 2ª parte do caso no Capítulo 9, informe qual fase deveria predominar a influência dos gerentes; a) pela coerção; b) pelo comando; c) pela persuasão.
5. Com base na figura da 2ª parte informe qual das quatro fases deveriam ter ocorrido mais: a) barreiras às comunicações; b) boatos.

LEITURAS COMPLEMENTARES

BERNARDES, Cyro. Técnicas de reunião que os livros não contam. **Revista de Administração**. São Paulo, FEA-USP, ano 18 n. 3, p. 94-95, jul./set. 1983. Expõe técnicas "maquiavélicas" para influenciar audiências.

DORNELAS, Jairo S., HOPPEN, Norberto. Inovações ligadas ao processo de gestão participativa e ao uso de sistemas de apoio a decisão em grupo, na direção de novas formas de estruturas. In: **Encontro da ANPAD 23**, 19 a 22 set. 1998. Foz do Iguaçu. Resumo dos trabalhos — ENANPAD 99, p. 42. Conclui que o trabalho em grupo é uma antiga vocação humana, sendo a força motriz para as pessoas examinarem melhor competências e potencialidades de aliados e, também, de concorrentes.

NÓBREGA, Clemente. Senha: cliente. Sucesso no mundo empresarial, hoje não é determinado pela tecnologia. **Exame**. São Paulo, Abril, ed. 712, 19 abr. 2000. Argumenta ser o cliente quem se beneficia quando a informação torna-se precisa, abundante, barata e ao alcance de todos.

VASSALO, Cláudia. Dois mundos. Vendedoras reais. Promotoras virtuais. **Exame**. São Paulo, Abril, ed. 712, 19 abr. 2000. Mostra como a empresa Natura enfrenta o desafio de entrar na era digital.

21 SISTEMAS DE COMUNICAÇÕES E A INFORMÁTICA

Quando o leitor compra algo no supermercado, o caixa pesa cada um dos volumes, passa pela leitora ótica os que tiverem código de barras e imprime a nota fiscal com auxílio de um terminal de computador. Com isso, a venda da mercadoria serve para dar baixa nos estoques, creditar o valor da porcentagem para os empregados e ser a fonte para contabilizar balancetes, caixa e recolhimentos de impostos.

Tal processamento decorre da aplicação da Teoria de Sistemas Hierarquizados, juntamente com a Teoria Matemática e a Teoria da Informação e a da Comunicação. Com essa múltipla base, o processo implantado nessa empresa é chamado **sistema de comunicações**, que será o primeiro tema a ser examinado.

Acontece que tais comunicações costumavam ser veiculadas por pessoas que, além da viva voz, empregavam meios escritos para transferir informações de sua Seção ou Departamento para outras unidades administrativas. Todavia, com as facilidades criadas no século passado pela inovação tecnológica dos *transistors* e *microships* presentes em computadores, tais informações passaram a ser automatizadas por meio de práticas baseadas na Teoria das Comunicações, que ficaram mais conhecidas pelo neologismo **Informática**. Esse assunto será examinado na segunda parte deste capítulo.

Para finalizar, serão abordadas duas aplicações da Teoria da Comunicação pouco destacadas pela literatura de Administração. A primeira diz respeito à criação de sistemas de informação para prevenir e descobrir **fraudes** cometidas na organização, especialmente com auxílio da informática. O segundo assunto — em geral evitado pelos estudiosos da Administração, mas não pelos praticantes —, é o dos sistemas de **inteligência**, usualmente existentes nas grandes organizações, embora sempre negado.

21.1 SISTEMAS DE COMUNICAÇÕES

É comum a menção de "Sistemas de Informações Gerenciais" (abreviado para SIG em português e MIS em inglês, que é o *Management Information System*). Todavia, o maior número de usuários da informação não é o das chefias com funções administrativas, mas os especialistas envolvidos diretamente com funções operacionais. Isto porque são estes últimos que dela necessitam para seus trabalhos do dia-a-dia, ou seja, os executores alocados na parte da estrutura organizacional da Figura 19.1 chamada por Mintzberg de "núcleo operacional". É o caso exemplificado no início deste capítulo, em que a função de movimentar dinheiro tem necessidade de ser informada da venda efetuada para seu fluxo de caixa e a função de comprar, para repor estoques.

É claro que as gerências precisam saber o desempenho das unidades a elas subordinadas (como informações sobre quais artigos estão sendo mais vendidos e quais estão "encalhando"), a fim de tomar decisões de responsabilidade de seu nível hierárquico. Estas são, também, informações operacionais, somente consolidadas de acordo com a forma que o sistema de comunicações foi projetado. Por essas razões, preferimos abreviá-la para **sistemas de comunicações**, mais simples e mais amplo que os usuais Sistemas de Informações Gerenciais-SIG.

21.1.1 Características de um sistema de comunicações

Inicialmente, é preciso compreender no que consiste o sistema de comunicações examinando suas funções e estruturas para, em seguida, fazer aplicações práticas dentro do quadro de referência composto pela **Teoria de Sistemas Hierarquizados** e pelas **três variáveis culturais**.

1. FUNÇÕES DO SISTEMA DE COMUNICAÇÕES. Em primeiro lugar, é intuitivo que todas as unidades operacionais transformam dados, tanto como atividade principal (a exemplo da contabilidade), quanto como atividade complementar (a exemplo de vendas, compras e pessoal). Em segundo lugar, as unidades que coordenam, controlam e decidem também processam informações, como fica claro pelo exame das comunicações internas que fluem nas organizações hierarquia acima e abaixo, bem como as obtidas do meio exterior. Acontece que essas unidades preci-

sam receber dados e enviá-los já transformados para outras áreas organizacionais. Por isso, é preciso **tornar efetivas as transferências** de informações, sendo essa a **função** do sistema de comunicações.

2. ESTRUTURA DO SISTEMA DE COMUNICAÇÕES. Explicitado o primeiro componente do sistema, falta definir o segundo, ou seja, a **estrutura**, como explanado nos itens 4.1.1 e 4.1.2. Ora, a estrutura que concretiza a função é a das partes processadoras, que são as próprias pessoas departamentalizadas em unidades administrativas, pois são elas que transformam as informações, com ou sem a utilização de máquinas. Portanto, a estrutura de comunicações se confunde com a da organização, sendo a primeira uma imagem da segunda. Tal afirmativa torna-se mais clara para o leitor se este examinar as diversas figuras dos capítulos anteriores, nas quais os esquemas mostram as partes **interligadas por flechas** que, em grande parte, **representam comunicações**, especialmente quando se trata do nível superior que intervém no inferior e dele obtém resposta.
3. SUBSISTEMAS E SUBFUNÇÕES. O sistema de comunicações é suscetível de ser decomposto em dois subsistemas, a fim de atender a duas subfunções diversas.
   - Subsistema de comunicações **operacionais**, destinado a permitir o fluxo das informações entre as unidades administrativas envolvidas com as funções e subfunções operativas. Sua característica principal é das informações serem **internas** à organização, **rotineiras** e, por isso, **padronizadas**, razão pela qual são susceptíveis de serem processadas em computador.
   - Subsistema de comunicações **administrativas**, destinado a fornecer informações para o **planejamento** e **controle**, tendo as características de provirem tanto do meio externo quanto do interno à organização, serem assistemáticas e de pequeno volume. Por essas características, dificilmente são processáveis em computador, pelo menos com a tecnologia atual (Bio, p. 34-35).
4. O SISTEMA DE COMUNICAÇÕES E AS TRÊS VARIÁVEIS CULTURAIS. Como não poderia deixar de ser, as três variáveis culturais estão intimamente ligadas à comunicação.
   - **Tecnologias**. Inclui os meios escolhidos para as comunicações, a exemplo de cartas, memorandos e bilhetes com seus formatos padronizados, ou então, o uso de processamento eletrônico. Assim, no caso exposto no início deste capítulo, as cópias das notas fiscais podem ir fisicamente para a contabilidade ou diretamente à memória do computador por meio de terminais nos caixas do supermercado. Faz parte da variável tecnologias, também, o conteúdo das mensagens, no qual se incluem sinais, símbolos e até ícones.
   - **Preceitos.** Um aspecto importante é o das normas de procedimentos que especificam quem se comunica com quem e o que informa, instrui ou estimula. Por exemplo, o Chefe de Compras pode adquirir material até um certo valor apenas informando o Diretor de Suprimentos, mas necessita aprovação deste, caso ultrapasse a quantia-limite.
   - **Sentimentos**. Quando predomina a insegurança, as comunicações se reduzem e de verbais passam a escritas. Além disso, outros aspectos podem ser examinados, por exemplo, as comunicações informativas transmitem menos sentimentos e as estimuladoras mais de todas, ficando as instrutoras em posição intermediária.

21.1.2 Características do sistema de comunicações nas organizações

A literatura costuma entrar nos detalhes do planejamento, implantação e operação dos sistemas de informação sem esclarecer alguns aspectos fundamentais da comunicação nas organizações. Por isso, é necessário tornar clara a variabilidade das comunicações em função do tipo de organização e o custo-benefício da informação.

1. TODAS AS ORGANIZAÇÕES POSSUEM UM SISTEMA DE COMUNICAÇÕES. A microempresa do sapateiro remendão tem seu sistema de comunicações externas com fregueses e talvez com o Fisco, bem como internas com o ajudante. Já a microempresa da Figura 19.3 de estrutura simples precisa, também, de um sistema interno, pois necessita contabilizar as movimentações de dinheiro. Portanto, toda organização, seja simples e informal, ou então, complexa e estruturada, desenvolve, desde o início de suas operações, um sistema próprio de comunicações.
2. CADA ORGANIZAÇÃO TEM O SISTEMA DE COMUNICAÇÕES QUE LHE É PRÓPRIO E ÚNICO. Já foi mencionado que cada organização desenvolve uma cultura peculiar em função do que faz, das imposições do ambiente e das idiossincrasias dos fundadores, tal qual os traços de personalidade que identificam uma pessoa. Dessa maneira, é natural que o sistema de comunicações seja específico, o que explica muitos fracassos em tentativas de "transplantes" de pacotes pré-desenvolvidos de informações, supostamente adequadas a qualquer tipo de empresa. Isso fica mais claro examinando as figuras representativas das várias estruturas delineadas

no Capítulo 19. O mesmo acontece no caso de empresas diversas, porém classificadas como sendo de mesmo tipo, pois o sistema de comunicações de uma escola tem que ser diferente do correspondente a um hospital, embora ambas sejam consideradas burocracias profissionais.

3. AS ORGANIZAÇÕES MODIFICAM-SE E, TAMBÉM, SEU SISTEMA DE COMUNICAÇÕES. Percorrendo a escala animal, observa-se a tremenda variação nas comunicações internas e externas que ocorre ao subirmos do nível de protozoários, esponjas, répteis, mamíferos até ao do ser humano. É intuitivo que o mesmo deve suceder nas organizações quando crescem, desenvolvem e tornam-se mais complexas, de sorte que o sistema de comunicações que era adequado em uma fase do crescimento torna-se um empecilho na fase seguinte (Greiner, 1972). Assim, as comunicações informais da pequena empresa devem ser formalizadas quando passa a média, e mais ainda quando se torna de grande porte, especialmente na parte intitulada por Mintzberg de burocracia mecanizada.

4. CUSTO-BENEFÍCIO DA INFORMAÇÃO. À proporção que a informação aumenta em quantidade e melhora em qualidade, seu **custo** de obtenção cresce seguindo uma curva que se eleva com rapidez crescente. Isso porque cada vez fica mais difícil adicionar aperfeiçoamentos, tanto em produtos quanto em informações, razão pela qual a forma de **melhorar** qualquer coisa é fazer **mudanças radicais**. Assim, as máquinas de escrever foram grandemente aperfeiçoadas no final do século 19, porém menos durante o século 20, sendo substituídas pelo microcomputador em suas últimas décadas.

   Por outro lado, o aperfeiçoamento das informações faz com que o **benefício** auferido também cresça, porém ao contrário do custo, isto é, seguindo uma curva de rendimentos decrescentes, ou seja, aumentando cada vez mais devagar até se tornar paralela com o eixo das abscissas de um gráfico cartesiano. Dessa maneira, a diferença entre ambas, isto é, entre o benefício e o custo, representa o **ganho** auferido com a informação. Portanto, deve existir um ponto em que esse ganho é máximo e além do qual o lucro com o aperfeiçoamento da informação não compensará os gastos. Um exemplo disso é a limitação do universo a ser pesquisado nas verificações de opiniões, como as de aceitação de um produto recém-lançado ou tendências de votos em marketing político. Por isso, são entrevistadas ao redor de apenas 2.000 pessoas e não 10.000 ou mais, porque o custo cinco vezes maior não iria compensar o aperfeiçoamento dos resultados obtidos.

A Figura 21.1 esquematiza o custo-benefício da informação, devendo-se notar sua semelhança com a Figura 15.2 referente ao rendimento do controle, o que sugere que essas são representações de muitos fenômenos que ocorrem nas organizações.

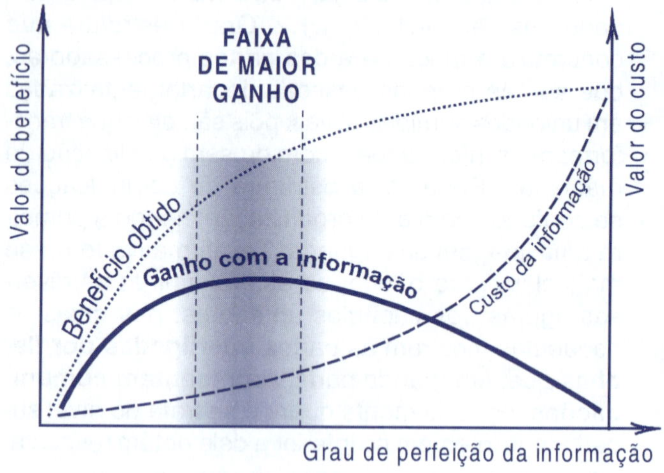

Figura 21.1 *Faixa de maiores ganhos com a perfeição e volume de informações.*

Concluindo, o exposto torna claro para o leitor como o quadro de referência composto pelos vários sistemas hierarquizados e pelas três variáveis culturais pode ser utilizado para a análise das comunicações em organizações existentes, ou para o planejamento de mudanças e, também, para o delineamento de uma a ser criada.

21.2 UTILIZAÇÃO DO COMPUTADOR PELAS ORGANIZAÇÕES

Nas décadas de 1960 e 1970, as grandes organizações montavam uma sala com ar condicionado só para nela instalar um enorme computador (o *mainframe*), imitando filme de ficção. Com isso, procuravam distinguir-se dos concorrentes por mostrar que estavam acompanhando o progresso da tecnologia, fazendo acreditar que o mesmo sucedia com seus produtos. Hoje seu sucessor, o microcomputador, deixou de ter o charme da novidade, e qualquer pessoa tem um em casa, seja para acessar a Internet e fazer trabalhos particulares, seja para os filhos (e seus pais) brincarem com joguinhos.

Com essa popularização, o computador miniaturizado passou a ser exibido até pelas microempresas, a exemplo de oficinas de automóveis, livrarias e até bancas de jornal. Todavia, a maioria não mediu a relação custo-benefício porque uma das finalidades continua sendo impressionar, porém de forma diversa da anterior, isto é, pela ausência, ou seja, se o cliente não vê um microcomputador ligado pensa tratar-se de empresa retrógrada ou que está mal de finanças.

Surge, então, a pergunta: vale a pena implantar um ou mais microcomputadores na empresa, naturalmente para operar, e não para impressionar? É evidente que não cabe neste livro comentar a utilização de computadores na função operacional de produção em firmas cuja atividade-fim tem neles sua razão de ser, a exemplo de gráficas, jornais, editoras, empresas de projetos e propaganda, pois são máquinas como tornos, prensas, motores e equipamentos em fábricas. Assim sendo, para responder a pergunta acima é preciso avaliar se o custo-benefício compensa seu uso para as atividades-meio e para as funções gerenciais.

21.2.1 A informática como processo dentro da Teoria das Informações

O computador do banco comercial soma e subtrai os depósitos e retiradas do cliente e deixa registrado o saldo para eventuais consultas. De maneira semelhante, o feirante calcula o quanto o cliente deve pagar pela mercadoria que está comprando e depois soma todas as entradas e saídas de dinheiro, para isso utilizando uma simples calculadora de mão. O primeiro caso é considerado dentro do campo da informática, porém, o segundo também pertence a essa área do conhecimento? A resposta depende do conceito dado ao termo, motivo pelo qual convém precisar melhor o que se entende por essa palavra.

Para isso nada melhor que buscarmos as origens do conceito, quando o francês Philippe Dreyfus cunhou o termo **informática** sem outro interesse senão o de propor a criação de uma "**ciência" para o estudo e tratamento das informações**. Assim, aproveitou o sufixo designativo de disciplinas como Matemática, Física e Química, mas sem condicionar o uso da mecanização ou da automação. Mais tarde, a Academia Francesa definiu informática sem determinar a obrigatoriedade do tratamento das informações ser feito por meios eletrônicos, como se conclui por uma tradução livre.

> **Informática** é a ciência do processamento racional, principalmente por computadores eletrônicos, da informação considerada como o suporte do conhecimento humano e das comunicações nos domínios técnicos, econômicos e sociais (Arsac, p. 48-49).

Não obstante todos os defeitos dessa definição, é claro que se trata de um processo dentro da Teoria da Informação e da Comunicação e a utilização de computadores não é condição necessária para se ter a informática em uma organização. Todavia, foi a rapidez no processamento de informações obtida por computador que permitiu, não só a mecanização dos serviços feitos manualmente, a exemplo do tratamento de fotografias e desenhos de objetos e plantas arquitetônicas, como também mudanças estruturais da própria organização, provocadas pela automação centralizada dos procedimentos operacionais fins e meios.

21.2.2 Vale a pena informatizar a organização?

As vantagens ou benefícios não se referem somente a lucros em dinheiro, pois, caso assim fosse, ninguém preferiria ganhar menos como empresário de uma banca de jornal do que empregado com salário razoável, porque não ter patrão já é considerado um lucro. Dessa maneira, muitos dos benefícios do microcomputador são subjetivos e, portanto, não quantificáveis em qualquer moeda. Ao contrário, as desvantagens são, em sua maioria, quantificáveis em termos monetários, com será visto a seguir.

1. VANTAGENS DAS COMUNICAÇÕES OPERACIONAIS SEREM COMPUTADORIZADAS.
   - **A falta do computador chama mais a atenção que sua presença**. Um aspecto da Teoria Comportamental é levar em conta a personalidade humana que procura indicadores que permitam descobrir características das pessoas, entre os quais podemos citar a riqueza e a correção nos negócios. Tais indicadores, não importa do que, são conhecidos como símbolos, a exemplo do "carrão importado" que sugere riqueza, pois somente quem possui dinheiro para gastar pode adquirir um automóvel de luxo. Assim sendo, o microcomputador é um símbolo de modernidade, fazendo crer que a farmácia tem estoques atualizados, sendo devolvidos para o laboratório fornecedor os remédios com datas de validade vencidas e não os empurrando para o cliente, como é hábito fazer. Portanto, o microcomputador é um eficiente símbolo para fazer crer na capacidade e atualização técnica de uma empresa.
   - **O computador agiliza a rede de comunicações operacionais**. Isso fica bem patente no exemplo do supermercado no início do capítulo, em que o computador é necessário por tratar-se de ativida-

de-fim (a de comercializar). Entretanto, nas grandes empresas que têm um grande número de dados para processar é obrigatório em suas atividades-meio (como contabilidade e pessoal). Por outro lado, com auxílio da Internet, torna possível a integração de todas as funções da organização, sobretudo entre as filiais e a matriz separadas por oceanos ou grandes extensões territoriais. Essa é a razão pela qual o atendimento a clientes ficou extremamente facilitado pelas respostas rápidas a seus pedidos.

- **O computador obriga a formalização da rede de comunicações da empresa**. A organização adota a Teoria Clássica e a da Burocracia pela criação de normas para todos seus procedimentos pelo fato de o computador não ser flexível. Isto porque somente faz as operações de acordo com um certo número de programas, o que obriga a criar procedimentos para serem obedecidos por todos os participantes de suas unidades administrativas. Isso é bom, pois as coisas têm que ser pensadas antes das execuções e não serem feitas na última hora e de qualquer jeito. Com isso, no caso da informatização, basta que um vendedor não coloque o número do código da mercadoria adquirida pelo cliente, ou então, o faça com apenas um dígito errado para que impossibilite o caixa de emitir a nota fiscal, mesmo que a descrição esteja correta. Fica, assim, fácil de verificar quem é cuidadoso e quem não é.

  Aparentemente, essa formalização obrigatória de procedimentos é um complicador para as operações do dia-a-dia da empresa. Além disso, a padronização aumenta a eficiência de quem executa qualquer tarefa, pois a faz sempre da mesma forma, o que diminui o tempo de aprendizagem ao permitir que o empregado iniciante acostume-se mais rapidamente a desempenhar seu trabalho.

- **O computador diminui erros e reduz as possibilidades de fraudes**. A informatização minimiza a quantidade de erros cometidos por causa da padronização dos procedimentos e, se estes ocorrerem, o computador logo os acusa. O mesmo sucede com as fraudes, pois elas nada mais são que desvios do estabelecido por meio da padronização de procedimentos.

  Como fica claro pelas exposições, não é fácil avaliar quantitativamente o valor de certos benefícios, por exemplo, qual teria sido o prejuízo que a empresa teria por um erro, ou qual o valor de um roubo que **não foi cometido** graças ao computador.

2. DESVANTAGENS DAS COMUNICAÇÕES PADRONIZADAS POR COMPUTADOR. Se os benefícios da informatização das redes operacionais das empresas são difíceis de quantificar, o mesmo não sucede com as desvantagens provenientes do uso de computadores.

- **Os sistemas operacionais computadorizados estão sujeitos a interrupções**. A falta momentânea de energia elétrica pode ser compensada pelo uso de baterias chamadas de *nobreaks* (neologismo inventado neste país e desconhecido pelos americanos e ingleses, para os quais é UPS, *uninterrupted power system*) que, pelo menos, garantem horas de funcionamento. Completamente diversa é a interrupção causada por defeitos nos microcomputadores ou em seus periféricos, entre os quais estão as impressoras, como o leitor já deve ter observado em lojas, onde tudo passa a ser feito manualmente, causando filas e aborrecimentos aos clientes.

- **O computador exige normas de procedimento trabalhosas de alterar**. Basta a nova mudança de alguma lei ou portaria do governo (e tais modificações são quase diárias) para que se tenha de alterar os programas pela introdução de outras porcentagens, índices, isenções e, o que é mais comum, de novos tributos. Mesmo que isso não ocorra, um procedimento da própria organização julgado incorreto ou ineficiente, bem como a introdução de outros exigidos por qualquer mudança administrativa, obriga a alterações nos procedimentos. Só para aclarar as idéias, são exemplos: a introdução da caneta ótica ou leitora de códigos de barra para substituir a digitação dos preços das mercadorias, ou então, a inovação de conceder uma porcentagem aos vendedores pelos negócios conseguidos. Além disso, mudanças menores têm que ser feitas todos os meses e, às vezes, todos os dias, como cadastramento dos novos clientes e remoção ou alterações dos registros dos antigos, tudo consumindo tempo de pessoal habilitado para executá-los.

- **A informática tem custos a serem levados em conta**. A compra de sistemas computadorizados tem seu preço de aquisição, que deve ser acrescido dos custos da manutenção preventiva e corretiva, bem como da depreciação muito rápida dos equipamentos somente pela obsolescência. É preciso, ainda, incluir no preço os programas a serem elaborados, mantidos e corrigidos especificamente para uma dada empresa, já que os padronizados são parciais e difíceis de ser integrados em um só procedimento. A depreciação referida não se limita às máquinas, porque incluem, também, os próprios programas, que ficam obsoletos até mais depressa que os microcomputadores.

Expostos alguns prós e contras à implantação de sistemas integrados de comunicação na empresa, resta agora chamar a atenção para o fato de o assunto ter sido tratado apenas como introdução, pois a implantação do processamento por computador em uma organização é tema para um curso inteiro (Marcondes & Bernardes, p. 136-139).

21.3 FRAUDES INTERNAS À EMPRESA

Os brasileiros são mais desonestos que os demais habitantes do primeiro ao quarto mundo? Jornais publicaram em 1995 os resultados de uma pesquisa que coloca o Brasil entre os cinco primeiros países mais corruptos, logo atrás da China. No entanto, isso não significa dizer que a resposta da pergunta acima deva ser "sim". Todavia, sem dúvida este é um dos países onde a impunidade pelo crime é muito grande, desde infrações de trânsito até ilícitos de toda ordem no Governo Federal e nos dos Estados e Municípios, como jornais, revistas e a televisão continuamente noticiam. É natural que tudo isso se estenda para as empresas, especialmente às micro e às de pequeno porte, onde o hábito é ter confiança nos empregados, além de, geralmente, uma só pessoa executar sozinha várias atividades administrativas, o que dificulta controlá-la.

Os ramos tradicionais de serviços já estabeleceram formas de evitar desvios de dinheiro, que não podem ser chamadas de controle e sim de medidas preventivas. Assim, qualquer um já observou em restaurantes e em pequenas lojas ser o caixa um dos donos ou parente próximo. Entretanto, isso não resolve tudo, motivo pelo qual serão, a seguir, examinados alguns aspectos do controle contra fraudes, evidentemente sem pretender esgotar o assunto, pois para isso seria necessário um livro inteiro, a exemplo dos vários que já o abordaram, como o escrito por Oliveira, **Como os empregados roubam as empresas,** e por Prieto, **Manual de prevenção de fraudes**.

21.3.1 Tipos de fraudes

Uma listagem completa das diferentes maneiras que empregados e sócios fraudam empresas é tão inexeqüível quanto a dos vírus que invadem microcomputadores, pois diariamente são criados novos modos de causar prejuízos. Por essa razão, apenas serão examinadas algumas formas mais "tradicionais", cabendo à engenhosidade do administrador prever outras que possam aparecer. Com o fim de auxiliar o empresário a pensar nesse problema, novamente dividiremos as análises de acordo com as cinco funções administrativas, pois os furtos costumam estar interligados, embora a maioria envolva a área contábil e financeira, por ser a que mexe com o dinheiro.

1. FUNÇÃO VENDER. Nesta função o empregado tem contato direto com o público e, assim, pode favorecer o cliente, cobrando a menos e dividindo a diferença de preço. Por outro lado, a fraude torna-se ainda mais fácil caso não haja documentos escritos, como cheque nominal do comprador e a correspondente nota fiscal (aliás, como é hábito neste país).
2. FUNÇÃO PRODUZIR. Nos estabelecimentos que efetuam consertos de utilidades, a exemplo de automóveis, televisões e eletrodomésticos, o técnico que executa esse serviço pode retirar peças do almoxarifado e não contabilizar o tempo que empregou no trabalho, recebendo do cliente "um agrado" pelo serviço feito "de graça" pela empresa.

   Já outro caso de muito maior valor e de nível mais alto refere-se a projetistas e consultores que executam serviços para clientes particulares utilizando o tempo que deveriam dedicar à empresa, bem como as instalações e materiais desta última, quando não informações confidenciais.

   Existe, ainda, um tipo de fraude generalizada em todas as organizações do país, que é a do **desperdício**. Nela, incluem-se insumos, máquinas e equipamentos que se estragam por ficarem abandonados às intempéries, materiais requisitados e parcialmente utilizados e o restante jogado fora, água e gás perdidos por vazamentos, bem como energia elétrica desperdiçada com luzes e motores desnecessariamente mantidos ligados. O desperdício é a fraude mais difícil de ser impedida por estar dentro da cultura brasileira. Assim, o povo aceita o desperdício de tempo gasto em filas, as perdas por ineficiências dos órgãos públicos e empresas estatais, os estoques de grãos comprados pelos governos apodrecendo em armazéns e tudo o mais que diariamente a imprensa noticia.
3. FUNÇÃO COMPRAR. Em uma firma em que tínhamos trabalhado, o comprador demitiu-se e quando chegou o final do ano o correio entregou várias cartas a ele dirigidas. Quando abertas por um diretor foi verificado que continham os comprovantes exigidos para a declaração do imposto de renda referentes às comissões que os diversos fornecedores lhe tinham dado, evidentemente com acréscimo de preço para a empresa. Este caso torna clara a afirmação de que está nas compras a grande fonte das fraudes, cujas diferentes modalidades também seria difícil de listar, tão numerosas que são.

   Por isso, não importando quão grande é a organização, as aquisições, sejam elas de materiais, máquinas, imóveis ou serviços fornecidos por terceiros, sempre devem ser efetivadas pelos proprietários. Todavia, isso não impede que ainda haja fraude, por exemplo, a de um sócio para com os demais.

É claro que as compras de pequeno valor em relação ao volume total das aquisições da empresa têm que ser levadas a efeito por compradores, os quais sempre receberão alguma vantagem, nem que seja em almoços ou passagens aéreas por ocasião de suas férias.

4. FUNÇÃO MOVIMENTAR DINHEIRO. Há muitos anos, o caixa da filial de um banco na cidade de Vitória deu um desfalque e no dia seguinte foi trabalhar normalmente. Diretores da matriz foram chamados pelo gerente a fim de negociar a saída honrosa do autor do furto. Certamente este correu o perigo de ser "apagado" por algum jagunço especialmente contratado para efetuar a "queima de arquivo". Isso porque esse caixa devia conhecer ilícitos do próprio banco, não sendo o único exemplo de empresa que fica na mão de seu empregado, especialmente se este for da área contábil. Já outro caso é o do roubo propriamente dito cometido por quem transaciona com o numerário da empresa. As formas de fraudar são muitas, como as de cheque ao portador, dinheiro de contado ou pagamento feito a maior, às vezes com a conivência do cliente. Por essas artimanhas, faz parte do folclore da administração o caso do responsável pelo numerário da empresa que nunca tira férias, temendo que seu substituto descubra e denuncie suas tramóias.
5. FUNÇÃO MOVIMENTAR PESSOAS. O zelador de um prédio de apartamentos em cidade litorânea, responsável pela folha de ponto dos empregados, anotou por anos a fio sua folga semanal como trabalhada, recebendo, assim, todos os extras determinados pela legislação trabalhista. Os vários síndicos e sucessivos membros do conselho consultivo não deram importância a essa fraude. Isso continuou até que um novo síndico demitiu esse zelador. Se os proprietários desse condomínio não se importavam com esse tipo de roubo, muito menos deverão fazê-lo os gerentes que não são donos da empresa, a menos que existam mecanismos de controle para tais abusos. Esse não é um caso único, pois os jornais noticiaram casos de políticos que recebiam parte dos salários pagos a seus assessores. Outro exemplo é o de chefias que anotam horas extras não trabalhadas ou desnecessárias, apenas para compartilhar dos salários de subordinados.

Acontece que, neste país, é mais fácil o próprio empregado furtar a empresa por **controles malfeitos** do que no primeiro mundo. Assim, a Autolatina foi roubada em 13 milhões de dólares só em um ano, a Varig em 7 milhões de reais, a TV Globo em 4 milhões de reais enquanto a Brahma ficou na lista com apenas meio milhão de reais (A pirataria privada, p. 96-98).

Finalizando, os próprios sócios podem fraudar a empresa, desviando dinheiro a ela pertencente, mas isto faz parte do noticiário policial dos jornais e aqui não será abordado. Caso o leitor deseje se aprofundar no assunto (muito recomendável caso queira se tornar empresário), sugerimos procurar ler revistas e livros sobre o tema, como os já citados. Isto porque não basta buscar oportunidades fora e não fiscalizar a própria empresa .

21.3.2 Controles para evitar fraudes

No Capítulo 15, foi explicado que o controle destina-se a alcançar determinada meta. Neste caso, a meta é reduzir as fraudes ao mínimo já que impedi-las completamente fará cair a eficiência por ficar muito dispendiosa, como mostrado na Figura 15.2. O assunto deve ser dividido em partes.

1. PADRÕES PARA AS METAS PRÉESTABELECIDAS. Já que furto zero é uma utopia, bem como anular todas as fraudes do desperdício, resta determinar os padrões para a meta de mantê-las dentro de limites máximos. Por exemplo, especificar diferentes porcentagens, como 0,5% para os recebimentos mensais do que for pago pelos clientes pelas notas fiscais emitidas (mesmo os bancos consideram um valor para os erros fortuitos de lançamentos, o chamado "quebra de caixa"), 5% para o valor dos desperdícios de matéria-prima estragada e assim por diante. Como se pode verificar pelos exemplos, cada área administrativa deverá ter sua meta específica e o padrão para concretizá-la, ainda com submetas onde for aplicável.
2. FREQÜÊNCIA DOS CONTROLES DE FRAUDES. Na Figura 15.2, foi esquematizado o modelo do controle, que por ser geral aplica-se ao de fraudes. Dessa maneira, pode-se ir desde a verificação diária de todas as operações, sejam elas contábeis, de compras ou de vendas, até amostragens de poucos valores, por exemplo, 5 a 10%, ou apenas a de maiores quantidades, seja 50 ou 60% do total das operações. Nesse ponto, o controle de fraudes difere dos demais tipos por ter um componente psicológico e, por isso, a amostragem funciona até melhor que o controle extensivo, que com o tempo perde a eficiência por tornar-se rotineiro.
3. QUEM DEVERÁ LEVAR A EFEITO O CONTROLE DE FRAUDES? É lógico que nas micros e pequenas empresas deve ser uma das funções dos proprietários, especificamente o que tiver mais tendência para empresário. No caso de a microempresa crescer, passando para a classe de pequena e até para a de médio porte, será necessário delegar essa

função, preferivelmente para os administradores situados hierarquicamente abaixo dos sócios, ou seja, para os chefes de fábrica, escritório ou das lojas. Essa delegação introduz uma dúvida: será que esses novos controladores serão eficientes e eficazes em sua missão? Uma solução continua sendo a informatização, pois as máquinas costumam ser incorruptíveis, incansáveis e, sobretudo, obedecem sem discutir.

4. A INFORMATIZAÇÃO DOS CONTROLES. O controle das várias operações administrativas, inclusive o controle das fraudes, somente será eficiente caso seja integrado em um único sistema, uma subfunção operacional alimentando as demais. Assim, o pedido de compra ou prestação de serviço por parte de um cliente relaciona-se com a emissão da nota fiscal, duplicatas, recibos de pagamento em dinheiro ou cheque, baixa no estoque do material vendido e pedido de novas compras para repor o estoque, folha de pagamento dos vendedores caso ganhem comissões e todos os documentos fiscais, como INSS, FGTS, ICMS, IPI, ISS, IR e demais siglas que os burocratas dos governos criaram para infernizar a vida das empresas. A vantagem da automatização dos procedimentos administrativos é agilizar a percepção de problemas, inclusive os decorrentes de fraudes.

   Entretanto, está ocorrendo um fato inverso ao exposto acima, isto é, os próprios participantes estão utilizando os sistemas de informação computadorizados para efetuar furtos. Tais fatos são noticiados pela imprensa, que atribui a ênfase em projetar sistemas informatizados com proteções para evitar o acesso por pessoas de fora e não para evitar assaltos pelos participantes de dentro. Tais furtos ocorrem em todos os países, tanto assim que foi cunhado o neologismo *hacker* para denominar tais assaltantes cibernéticos. Caso o leitor se interesse pelo assunto, recomendamos pesquisar em *sites* da Internet sobre livros que tratam da matéria, tanto de autores estrangeiros quanto de nacionais.

5. QUEM DEVERÁ ACIONAR AS MEDIDAS CORRETIVAS? A resposta é ambígua; dependerá de cada caso. Corresponde à anterior, sobre a questão de quem efetivará os controles. Naturalmente, difere no sentido que a última instância será de responsabilidade dos proprietários, como a demissão por justa causa e até pedido de ações policiais ou jurídicas nos casos extremos de roubos. Já nas situações mais comuns, outras medidas corretivas terão que ser tomadas, principalmente as de modificar os procedimentos administrativos que permitiram as disfunções detectadas, por exemplo, em um restaurante os garçons terão que registrar cada pedido do freguês em talonário de três vias numeradas, uma cópia indo para a cozinha, outra para o caixa, permanecendo a terceira com ele para verificações cruzadas no fim do expediente.

21.3.3 Serviços de inteligência

Quando a empresa de transporte aéreo na qual trabalhávamos foi vendida a uma congênere, fomos avisados de que os novos proprietários mantinham "olheiros" sem vínculo empregatício, tendo por função viajar como passageiros e depois relatar para a diretoria tudo o que tinham descoberto de errado. Nós desconhecíamos se era verdadeiro tal serviço de inteligência ou não passava de fruto da imaginação, porém o fato é que os empregados da empresa comprada tornaram-se mais cuidadosos naquilo que faziam, sobretudo os que tinham contato direto com o público.

Por outro lado, as aplicações da Teoria da Informação para saber como estão se comportando os clientes e as empresas concorrentes, bem como quais são as tendências futuras, deixam de ser vistas com reprovação (desde que não seja usada a técnica da espionagem dita industrial).

Para começar, serviços de inteligência é o termo aceito para obter informações, tanto internamente, sobre as maneiras que os empregados desempenham seus trabalhos, quanto externamente, para conhecer o ecossistema em transição. Considerar que a espionagem interna é ou não moralmente correta não passa de um juízo de valor voltado para a cultura ideal das organizações. Isto sai fora do nosso escopo de apenas relatar fatos relacionados à cultura real do mundo dos negócios, tendo por finalidade despertar no leitor o interesse pela verdade, ou seja, informando juízos da realidade.

1. É COMUM A ESPIONAGEM INTERNA? É difícil de responder porque as organizações não fazem alarde desse fato. Todavia, nossa experiência diz que não é habitual, pelo menos neste país, onde os empresários normalmente dispensam o uso de serviços internos de inteligência. Entretanto, elas existem, só que não são divulgadas por razões que dispensam comentários. Um exemplo disso é o das empresas especializadas que, por contrato com franqueadores, têm por missão enviar seus agentes (geralmente não registrados pelo motivo da terceirização de tais serviços) para investigar o desempenho dos franqueados. Parece que isso é um indicador de mudança na cultura do empresário, ou seja, ele está deixando de lado a crença de que é imoral ter informações por esse processo. Se isso está ocorrendo é porque existem vantagens inequívocas.

2. VANTAGENS DA INFORMAÇÃO INTERNA. É óbvio que os sistemas de informação convencionais, mesmo os computadorizados, têm suas limitações e, por isso, deixam de comunicar fatos importantes sobre a execução de serviços. Assim sendo, uma primeira vantagem da informação interna que nos vem à memória é a de conhecer como as chefias supervisionam seus subordinados. Com isso é possível saber quem promove e prestigia os bons empregados, ou então, os persegue por temerem que, pela competência, possam um dia vir a tomar seus lugares.

   Tal procedimento não prejudica só o empregado, pois este, sofrendo tais pressões e sentindo-se injustiçado, volta-se contra a empresa ao procurar vingar-se, criando problemas para conseguir seu desligamento sem justa causa, inclusive por sugestão do próprio chefe, que assim procura livrar-se do perigo que ele representa. Portanto, o ódio que muitos empregados demonstram contra a firma, na verdade, decorre de chefias mesquinhas, fato esse importante de ser descoberto pelos proprietários, que costumam ouvir as razões somente de um dos lados, sobretudo para não desgostar aquele posto no cargo de gerente ou supervisor.

   Evidentemente, uma outra vantagem é descobrir fraudes que os sistemas de informação computadorizados são incapazes de detectar, como, por exemplo, a fraude do desperdício. Tais sistemas também não informam sobre as personalidades dos empregados e, por isso, se elas são adequadas ao trabalho que lhes são designados, seja por incompetência de percepção das chefias, seja de propósito, para prejudicar um subordinado com quem "não vão com a cara".

   Tais deficiências dos sistemas de informação é que levaram os franqueadores a espionar seus contratados, pois saber de coisas certas ou erradas só é possível por meio de **contatos pessoais.**

3. DESVANTAGENS. É intuitivo que a primeira desvantagem a ser destacada é o risco da descoberta do "araponga", como ridicularizado em novela da televisão, com evidente desprestígio do "FBI particular". Mesmo que isso não ocorra, a própria suspeita da existência da espionagem interna causa perda de confiança na honestidade e correção de procedimentos da própria empresa. Isso ficará minimizado se a existência de tais procedimentos ficar evidente e que eles sejam levados a efeito por órgãos externos, a exemplo de firmas de auditoria ou, no caso de franqueadores, por empresas especializadas em descobrir falhas no desempenho dos contratados.

4. QUEM DEVE ESPIONAR? Conta-se que Henry Ford, ao envelhecer, começou a desconfiar que os empregados de sua montadora de automóveis o estavam enganando. Por essa idéia errada, arvorou-se ele mesmo em espião, investigando tudo que ocorria na fábrica. Esse caso não é único, mas repete-se em micro e pequenas empresas, quando o fundador passa dos 60 ou 70 anos e, paulatinamente, começa a não mais confiar em ninguém. O interessante é que os empresários, mesmo sem ter chegado a essa idade, costumam não acreditar nas disfunções de suas firmas relatadas por pessoas amigas. Parece que sentem sua empresa como se fosse membro da família e por isso não gostam que lhes falem sobre problemas e erros cometidos por esses "filhos queridos". Isto porque, de uma certa forma, refletem falhas deles próprios por não os terem "educado convenientemente". Portanto, os casos relatados sugerem que amigos e os próprios sócios não são adequados para a missão de informantes. Resta a alternativa de serem feitas inspeções por firmas especializadas em auditoria, não somente contábil como usual, mas entrando a fundo nos procedimentos operacionais e administrativos. O leitor perguntará: a micro e pequena empresa têm potencial financeiro para contratar serviços de auditoria? Têm e, por isso, devem fazê-lo, seja com pequenas firmas especializadas, seja contratando pessoas de confiança e sem vínculo empregatício.

Uma palavra final otimista. Algum leitor pode ter se escandalizado com o que foi dito nas páginas anteriores e achar que se trata de uma visão negativa dos participantes das empresas. Na verdade, são fatos frutos de vivências, de relatos de conhecidos e amigos, bem como do que é noticiado no dia-a-dia por jornais, revistas e até em livros sobre fraudes. Além do mais, pela sua importância, vários práticos escreveram numerosos textos sobre a matéria, alguns listados na bibliografia deste livro.

Tudo isso deveria ser assunto para um ramo da Teoria da Informação e da Comunicação, com pesquisas de estudiosos publicadas em revistas de Administração. Entretanto, tais pesquisadores teriam que ser pessoas de coragem para escrever mostrando o lado podre da cultura real das organizações, em lugar dos temerosos que costumam não ir além dos temas "água com açúcar" da cultura ideal.

Apesar de tudo, dois fatos podem ser considerados otimistas. O primeiro é que as fraudes (sobretudo as do desperdício) diminuem à proporção que os administradores são líderes e não ditadores, inspirando confiança mais que temor. O segundo é que a espionagem pode tornar-se a verificação **do certo mais do que do errado** e levada a efeito pelos proprietários e seus gerentes. Talvez seja essa a razão de, antes de subirem para seus escritórios, os presidentes e diretores dos grandes conglomerados industriais japoneses passarem diariamente pelas instalações das fábricas a fim de conversar com os operários. Com isso, ficam sabendo das verdades cruas, não mais aceitando as mentiras adocicadas que muita gente gosta de ouvir e acreditar.

TÓPICOS PARA EXPOSIÇÕES

20.1.1 Características de um sistema de comunicações

Com base em uma figura de função operacional dos Capítulos 10, 11 ou 12, explicar que será examinado o **sistema de comunicações**, englobando as informações destinadas às funções **operacionais.**Idem com alguma do Capítulo 14 relativa às informações **administrativas** das organizações. Explicar que o sistema de comunicações tem por **função** tornar **efetiva a transferência de informações** entre participantes das organizações. Partindo de exemplos, explicar quais são os aspectos do sistema de comunicações que se referem às variáveis culturais tecnologias, preceitos e sentimentos.

21.1.2 Características do sistema de comunicações

Com base em exemplos concretos, explicar que: todas as organizações possuem um sistema de comunicações que lhe é próprio; caso a organização se modifique (cresça, mude de ramo etc.), seu sistema de comunicações também se altera.

21.2.1 A informática como processo dentro da Teoria das Informações

Explicar que será examinado o assunto relativo ao uso do computador pelas organizações. Definir **informática**, explicando que a divulgação do microcomputador levou ao hábito de ligar as duas palavras como sendo referentes ao mesmo assunto.

21.2.2 Vale a pena informatizar a organização?

Com base em exemplos explicar resumidamente as vantagens das comunicações operacionais serem computadorizadas. Idem quanto às desvantagens.

21.3.1 Tipos de fraudes

Explicar que os estudiosos da Administração não costumam abordar o tema da fraude nas organizações, embora o façam em livros e artigos de revistas (mencioná-los). Com base em exemplos, explicar resumidamente os tipos de fraudes referentes às cinco funções operacionais, enfatizando a fraude pelo **desperdício**.

21.3.2 Controles para evitar fraudes

Com base na Figura 15.2, explicar que, financeiramente, compensa estabelecer medidas apenas para um limite de fraudes, já que impedi-las é impossível. Por isso, deve-se implantar sistemas computadorizados que, embora sejam passíveis de serem utilizados para cometer fraudes por especialistas que o operam, servem para inibir muitos participantes e clientes externos a fraudar a organização.

21.3.3 Serviços de inteligência

Explicar que, à semelhança de órgãos oficiais, o termo serviços de inteligência se aplica à espionagem, tanto externa à organização quanto internamente em relação aos seus participantes. Explicar que se trata de assunto que envolve **juízos de valor** e, por isso, geralmente omitido pela literatura administrativa. Explicar com exemplos que o serviço de inteligência interna permite tanto descobrir fraudes, como as do desperdício, quanto às potencialidades de participantes que as chefias mesquinhas omitem por razões pessoais.

QUESTÕES DE APLICAÇÃO

1. Desenhe o fluxo de um **sistema de comunicações operacionais** para o caso da loja que: 1. inicia com a emissão de notas fiscais pelas vendas (função de vender); 2. credita comissão ao vendedor (função de movimentar pessoas); 3. dá baixa no estoque para reposições (função comprar); e 4. fornece informações para a emissão de documentos contábeis, como balanços e recolhimento de impostos (função movimentar dinheiro).
2. Apesar de a empresa que você é proprietário ser de pequeno porte, justifique pelo menos duas razões para não utilizar programas operacionais padronizados e prontos que se encontram no mercado, e sim contratar uma empresa de informática para **elaborar** e **manter** todos os procedimentos para sua pequena rede intranet de computadores.
3. Tendo por base a escola que freqüenta, liste pelo menos cinco itens de desperdícios.
4. Com o fim de evitar fraudes e saber o que acontece em sua empresa de médio porte, como administrador, qual **alternativa** você escolheria: 1. eleger pessoas para serem espiãs e relatarem o que descobri-

rem de errado; 2. montar uma estrutura sofisticada de processamento de dados; 3. fazer visitas diárias às várias unidades administrativas e conversar com participantes, desde gerentes até faxineiras; 4. outra não mencionada (descrever qual).

DISCUSSÃO EM GRUPOS

O caso da fábrica de plásticos (5ª parte)

Com base na descrição do caso feita nos Capítulos 2 e 9, responda, justificando, a questão determinada para seu grupo.

Questões para cada grupo responder

1. a) Na fase inicial [1] a fábrica de plásticos já tinha desenvolvido um sistema de comunicações? b) em qual fase pode-se inferir que a empresa teve seu primeiro sistema **formal** de comunicações? c) em qual fase pode-se inferir que o sistema **formal** de comunicações foi ineficiente?
2. Faça um quadro com cinco colunas (uma para cada função operacional e na seqüência descrita nos Capítulos 10, 11 e 12) e nelas diagrame um sistema de comunicações básico, tendo por **início** as informações provindas de documentos referentes a: 1. emissão de **notas fiscais** pelas vendas de plumas artificiais; 2. **horas trabalhadas** pelos participantes; e 3. **recibos** de faturas pagas pelos clientes. As **informações finais** consistem em 4. **folha de pagamento**, 5. **pedidos de compras**, 6. **baixa no estoque** do que foi produzido e 7. **documentos contábeis** exigidos pela legislação trabalhista e fiscal.
3. Caso a fábrica de plásticos fosse criada nos dias de hoje, informe: a) em qual das quatro fases deveria ser implantada sua primeira rede de computadores? b) qual das seguintes alternativas seria a mais eficaz e eficiente para a fábrica: 1. ampliar o contrato celebrado com o consultor de empresas para que ele também elaborasse os programas para os computadores; 2. comprar programas prontos destinados às funções de vender, produzir, comprar, movimentar pessoal e dinheiro; 3. contratar uma firma especializada com o fim de elaborar programas específicos para a empresa e, após, manter e atualizar os procedimentos.
4. Com o fim de reduzir o número e valor das fraudes, qual ou quais das cinco funções operacionais convinha aos proprietários: a) se incumbirem eles próprios de exercê-la; b) tomarem medidas para reduzir a fraude por desperdícios; c) aumentarem o controle por meio de um sistema de comunicações administrativas internas.
5. Descreva pelo menos três informações que os diretores deveriam obter por meio de um sistema de inteligência: a) interno à empresa; b) externo em relação ao meio ambiente.

LEITURAS COMPLEMENTARES

A PIRATARIA PRIVADA. **Veja**. São Paulo, Abril, ano 29, n. 39, jan. 1997. O artigo enumera alguns furtos efetuados por empregados na Varig, TV Globo, Brahma e outras empresas.

KAWASAKI, Guy. Pense digitalmente, faça analogicamente. **Exame**. São Paulo, Abril, ed. 696, 08 set. 1999. É chamada a atenção para o fato de que a tecnologia da informação não pode substituir o relacionamento pessoal entre empregados e clientes.

LOPES, Mikail. Torneira de bits. **Exame**. São Paulo, Abril, ed. 710, 22 mar. 2000. Os sistemas de informação evoluíram a ponto de existirem soluções integradas para a geração de informações destinadas à administração da empresa como um todo, utilizando a Internet como um meio de operação e de negócios.

MATTOS, Antonio Carlos. Empregos e empresas que mudarão com a Internet. **Revista de Administração de Empresas**. São Paulo, EAESP-FGV, ano 39, n. 3, jul./set. 1999. Aborda as grandes mudanças que deverão ocorrer nas organizações e nos empregos em decorrência da cada vez maior utilização da Internet.

REDE FURADA. **Isto é**. São Paulo, Editora Três, n. 1588, 8 mar., 2000. Expõe os furtos efetuados por *hackers* em correntistas de bancos, atuando diretamente nos programas das caixas eletrônicas e na clonagem de telefones celulares.

TAIT, Tânia F. C., PACHECO, Roberto C. S. Elementos para uma arquitetura de sistemas de informação: um estudo no núcleo de processamento de dados de uma universidade pública. In: **Encontro da ANPAD 23**, 19 a 22 set. 1999. Foz do Iguaçu. Resumo dos trabalhos — ENANPAD 99, p. 34. Proposta de um sistema de informações que relacione a administração, os negócios, as estruturas, as tecnologias e os clientes, tendo por base um estudo no Núcleo de Processamento de Dados da Universidade Federal de Santa Catarina.

O MEIO AMBIENTE E AS SOCIEDADES EM TRANSIÇÃO 22

É intuitivo que os clientes dos supermercados são diferentes dos das fábricas de autopeças, significando que esses dois ramos de empresas atuam em meios distintos. Por isso, são diversamente afetados pelas condições econômicas, concorrentes e demais fatores ambientais, o que mostra pertencerem a dois ecossistemas. Explicar esses relacionamentos peculiares a cada ramo de negócios é o objeto de uma nova extensão da Teoria de Sistemas Hierarquizados, a denominada **Ecologia das Organizações**, que tem por alicerce a ciência da Ecologia. Ela se aplica ao quinto nível de complexidade da Figura 4.3, tendo por finalidade sistematizar os conhecimentos derivados da interação das organizações entre si. Apresentá-la aos leitores será a meta da primeira parte deste capítulo, que procura fornecer as bases para a estratégia de negócios a ser examinada no seguinte. Em outras palavras, será abordada uma das partes da Teoria da Contingência, ou seja, o ambiente como um fator situacional para a análise e planejamento das organizações.

Por outro lado, os ecossistemas caracterizam-se pelo fato de serem formados por pessoas que, ao mesmo tempo, são participantes dos vários tipos de organizações, razão pela qual nelas impõem as culturas que lhes são peculiares. Expor as **diferenças culturais**, tanto das sociedades atuais quanto das previstas para o futuro, bem como seus **efeitos nas organizações**, é a finalidade da segunda parte deste capítulo.

22.1. A ECOLOGIA DAS ORGANIZAÇÕES

Ultimamente tem sido comentado o equilíbrio em que vivem animais e vegetais nos mangues à beira-mar, e sua destruição pelos vazamentos de petróleo de navios e oleodutos, causa dos chamados desastres ecológicos. Com isso, apareceram defensores da "ecologia" (quando deveriam protestar contra a destruição do equilíbrio dos ecossistemas). Isto porque a palavra **ecologia designa apenas uma ciência**, com leis e teorias estabelecidas muito antes das prescrições administrativas de Taylor e Fayol.

22.1.1 Do que trata a Ecologia das Organizações?

As pessoas são seres vivos e, por isso, seu ambiente também é objeto de investigações, inclusive as sociedades que elas originam. Tanto assim que a Sociologia criou um ramo de estudos denominado **Ecologia Humana** (Horton & Hunt, p. 337). Em decorrência, por analogia com essa ciência, está sendo desenvolvida uma prática que recebeu o nome de **Ecologia das Organizações**, tendo por objeto o estudo do ambiente empresarial e as prescrições para o planejamento de negócios.

É importante observar que, tal qual a Ecologia Biológica que não estuda um indivíduo específico e sim espécies ou raças, a Ecologia das Organizações não enfatiza o exame de uma organização determinada, mas **ramos ou categorias organizacionais**. Assim, conhecendo as características ecológicas de um ramo de negócios, o administrador fica mais bem capacitado para tirar partido disso a fim de planejar uma determinada empresa com vistas ao aumento de eficácia e eficiência. Portanto, não se trata de conhecimentos acadêmicos, mas sim de práticas destinadas ao crescimento e desenvolvimento organizacional.

Para melhor entendimento da Ecologia Biológica torna-se necessário conceituar qual é seu objeto.

A **Ecologia** tem por objeto o estudo dos relacionamentos dos seres vivos entre si e o meio ambiente no qual habitam (Dicionário Aurélio).

Esse é mais um termo que os meios de comunicação se apossaram e, com base nele, começaram a divulgar notícias sobre desequilíbrios de ecossistemas sem conhecerem o verdadeiro significado dessa ciência. Assim sendo, é tão inócuo ouvir alguém dizer que defende a Ecologia como falar que é a favor da Biologia ou Mineralogia e até mesmo dizer que defende a Matemática ou a Física.

22.1.2 Os ecossistemas organizacionais são análogos aos biológicos?

Depois das restrições por nós feitas no item 3.1.2 do Capítulo 3 quanto à idéia de comparar os sistemas formados por entidades sociais aos existentes nos organismos biológicos, é importante saber se os ecossistemas dos seres vivos são parecidos ou não com os das organizações. A resposta é **sim**, por várias similaridades entre ambos.

1. Os organismos nascem, crescem e morrem, e as organizações são criadas, operadas e acabam encerrando as atividades por vários motivos, ou então mudam de ramo, o que equivale à morte de uma empresa e ao nascimento de outra diferente da primeira.
2. Existe uma **cadeia alimentar** que começa com as plantas que captam a energia solar e retiram nutrientes do ar e do solo, prossegue com os herbívoros que delas se alimentam, vindo em seguida os carnívoros e, por fim, os decompositores que fazem retornar as partes mortas dos vegetais e animais a compostos organo-minerais. De maneira semelhante, as organizações transferem entre si matérias-primas, produtos acabados, energia sob diversas formas, informações e dinheiro, seguindo uma **cadeia de fornecimento** (*supply chain* em inglês). Esta, em seu conjunto, cria uma **teia** de transferências de produtos, serviços, informações, dinheiro etc.
3. O ser vivo possui funções concretizadas por estruturas que compõem sistemas relacionados entre si para garantir a sobrevivência e o crescimento, o mesmo sucedendo com as organizações.
4. Vegetais e animais são englobados em espécies de acordo com semelhanças biológicas, o que significa similaridades nas condições de intercâmbio com o ambiente, enquanto as organizações são classificadas em setor primário, secundário e terciário e em cada um deles em ramos como industrial e de serviços, cada qual ainda admitindo subclassificações, o que também significa similaridades em relação a teias de suprimentos e demais interações com o meio externo.
5. Mudanças no meio ambiente fazem desaparecer uma espécie inteira, como ocorreu com os mamutes e, de forma semelhante, com certos ramos organizacionais, a exemplo do ocorrido com boliches na década de 1960 que fecharam ou faliram, quando passou a moda e os clientes sumiram. Isso sugere ser inútil "lutar contra a correnteza" quando o ecossistema se torna "inóspito" para a empresa.
6. Em uma região, o número de seres de cada espécie não cresce além de um máximo por efeito da chamada resistência ambiental, caracterizada pela somatória de fatores físicos, como a disponibilidade de alimentos, que restringe a proliferação, e de fatores biológicos, como o aumento de doenças e de predadores que eliminam os indivíduos, ambos mantendo a população dentro de limites. O mesmo sucede com as empresas de uma categoria, a exemplo da quantidade de farmácias em um bairro. Assim, parece que neste terceiro milênio o número de videolocadoras tende a se estabilizar depois do crescimento havido nas últimas décadas do século passado.

Por outro lado, **existem muitas discrepâncias** entre a Ecologia Biológica e a das Organizações, como exibido na Figura 3.1 em relação à classificação de Kenneth Boulding, na qual os vegetais e animais ocupam o nível 5 e 6, enquanto os sistemas sociais estão no nível 8. Abaixo são enumeradas algumas delas.

1. Dentro da mesma espécie os organismos animais ou vegetais são diferentes, mas não tanto como as organizações dentro do mesmo ramo de negócios. Assim, existem variedades de coelhos, mas não comparáveis às diversidades de farmácias ou supermercados.
2. A sobrevivência e o crescimento de muitos organismos biológicos se fazem à custa de partes ou do todo de outro ser vivo que lhe serve de alimento. Inversamente, as organizações sobrevivem das saídas de outras entidades sem o sacrifício das mesmas. Dessa maneira, em lugar de, na cadeia alimentar, serem predadoras, as empresas na cadeia de fornecedores são clientes umas das outras.
3. Um coelho nasce coelho e morre como tal, porém a farmácia da esquina pode ampliar os negócios chegando até a criar um grupo de filiais, o que significa crescer e diversificar, ou seja, ocorrem mutações rápidas em resposta à alteração ambiental.
4. Os seres vivos mudam o ambiente, porém de forma lenta, a exemplo da redução de gás carbônico na atmosfera pela fotossíntese das plantas em milhões de anos. Ao contrário, as organizações são capazes de rapidamente alterarem seu meio externo se este lhes for desfavorável.
5. Finalmente, há uma inversão no sentido da cadeia alimentar, isto é, na biológica o aumento do número de raposas diminui o de coelhos que lhes serve de alimento, ocorrendo o contrário com as empresas, pois são beneficiadas com o crescimento de clientes. Por outro lado, aumentando as áreas verdes, cresce a quantidade de coelhos, porém o maior número de fabricantes não significa mais compradores, mesmo que baixem os preços.

Apesar dessas discrepâncias, é possível, ainda, comparar o ecossistema das organizações com os dos seres vivos aplicando a metodologia científica da **analogia**.

Analogia consiste no método que propõe a investigação das propriedades de um conjunto de fatos e fenômenos pouco conhecidos por meio da transferência de outros mais bem compreendidos (Nagel, p. 111).

Como exposto no Capítulo 3, esse procedimento foi levado a efeito com a abordagem sistêmica, que da Biologia foi transferida para a Administração, com inegáveis resultados para esta prática. Isso permitiu que, em uma segunda etapa, o desenvolvimento da metodologia própria à Administração conhecida por hierarquização de sistemas fosse possível graças ao progresso ocorrido com os conhecimentos administrativos.

É de supor que, no futuro, o mesmo progresso também ocorra com a Ecologia das Organizações, isto é, seja desenvolvido um conjunto de métodos para prever os comportamentos dentro dos ecossistemas, tendo por base conhecimentos específicos às organizações em interação e não emprestados às dos seres vivos. Tanto assim que a terminologia inicial cunhada por Zaccarelli de "Ecologia das Empresas" está sendo mudada para "Ecologia das Organizações", ou seja, ampliando seu campo de aplicação (Bertero, p. 489).

O leitor poderia perguntar: essa analogia está sendo confirmada pela prática? A resposta é **sim**. Isto porque as pesquisas feitas para teses de doutoramento já mostraram que a intuição dos aspectos levantados pela Ecologia das Organizações (a exemplo de enfatizar os pontos fortes e a cadeia de fornecedores) permitiu que empresas tivessem melhor desempenho econômico em relação a outras do mesmo ramo, as quais não perceberam a importância de tais fatores para sua sobrevivência e crescimento. Ademais, autores modernos levam em conta as redes de suprimentos em complemento aos segmentos de clientes finais para as estratégias de negócios (o planejamento estratégico do século 20). Aliás, na cadeia de fornecedores, uma organização é cliente das que a antecedem, confirmando que são dois assuntos interligados. A Figura 22.1 mostra essa teia de transferências.

22.1.3 Alguns princípios da Ecologia para o planejamento organizacional

O número de espécies e, dentro delas, o número de indivíduos, mantém-se relativamente estável dentro de ecossistemas equilibrados. Todavia, basta o rompimento por alterações duráveis para que desapareçam espécies ou varie o número de indivíduos. Fato semelhante ocorre nos ecossistemas das organizações, de sorte que interessa ao administrador ter conhecimentos dos mecanismos que governam o equilíbrio das interações com o fim de descobrir oportunidades e prever condições desfavoráveis. Por essa razão, resumiremos alguns aspectos mais relevantes da Ecologia das Organizações com o fim de servir de introdução ao assunto e mostrar sua relevância para o planejamento.

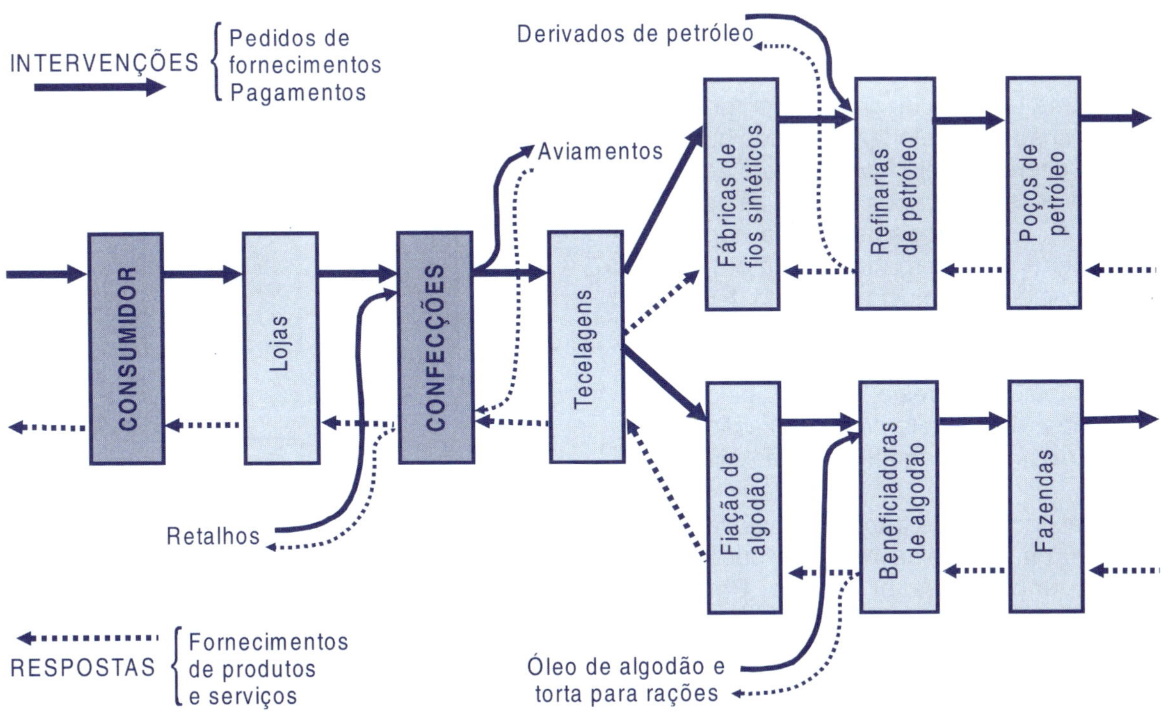

Figura 22.1 *Teia de transferências no ramo de confecções de roupas hierarquizada por precedências.*

1. TEIA DE TRANSFERÊNCIAS. As conhecidas cadeias alimentares atmosfera, bactérias, vegetais, animais e novamente bactérias são transferidas para as organizações como cadeias de fornecedores. Assim, a Figura 22.1 mostra as transferências na produção e comercialização de tecidos e confecções. A representação está simplificada, pois, na realidade, é muito mais complexa, como mostrado por Leontieff, que, em 1973, recebeu o prêmio Nobel pelo seu grande quadro, no qual é analisado o quanto cada ramo ou categoria industrial recebe e fornece aos demais ramos. Com esse modelo, pode-se calcular os efeitos causados por mudanças, a exemplo de um aumento da produção de automóveis, que irá causar alterações em todas as demais indústrias do país (Galbraith, 1979, p. 10-13).

Preferimos utilizar a palavra "teia" em lugar do termo "rede" ou cadeia de suprimentos, como empregado por muitos autores. A razão é que a conotação é a da teia das aranhas, onde uma perturbação em qualquer ponto é percebida nos demais. Portanto, teia denota um sistema dinâmico e não estático como o das redes de pescar. Aliás, apesar de ter o nome de internet (um neologismo criado no século vinte, formado com a palavra traduzível por "rede"), seu campo é o do *world wide web* (este último termo significa "teia").

O exame do esquema da figura leva a destacar alguns aspectos importantes.

- A Figura 22.1 é semelhante à Figura 10.1, pois ambas esquematizam seqüências de transformações **hierarquizadas por níveis de precedências**, em que o sistema posterior recebe uma resposta do anterior conforme a intervenção que a ele faz. Contudo há uma grande diferença pelo fato de agora se abordar os processos levados a efeito pelas organizações de um **ecossistema** e não pelos elementos do sistema **interno** à empresa, como examinados no Capítulo 10. Essa diferença determina uma complexidade muito maior pelo aumento do número de elementos transformadores e, também, pelo fato de escapar do controle da organização por envolver outras entidades que não ela sozinha.
- Os ramos secundários de transferências de subprodutos, ou, então, de resíduos pode tornar uma empresa viável ou não. Por exemplo, uma granja avícola não deveria ser implantada caso o local impossibilite o aproveitamento do esterco, penas e ossos. Isto porque, sem esta renda adicional, o negócio pode não ser rentável pelo motivo de a venda de ovos e carne ser feita a preços baixos para competir com os provenientes de outras regiões, algumas até mais distantes.
- Uma perturbação de qualquer tipo na teia de intervenções/respostas afetará ramos afastados do evento, como ocorreu no "congelamento" de preços da carne bovina, no auge do já quase esquecido "plano cruzado" de tristes conseqüências. Nessa ocasião, as lojas de sapatos ficaram sem mercadoria simplesmente porque os pecuaristas não venderam o gado para o corte porque os preços deixaram de ser compensadores. Com isso, a resultante falta de couro quase parou a indústria de calçados.
- Como se observa na Figura 22.2, ao lado do retângulo "clientes" existe um outro sem ligações com os demais e rotulado de "**não-clientes**". A razão de estar aí colocado deve-se ao fato de qualquer organização, por maior que seja, atender apenas uma fração do mercado, isto é, a de pessoas que são clientes. Entretanto, além de serem em maior número, os não-clientes (isto é, os clientes de outras organizações) é que introduzem mudanças. Um exemplo disso é o das antigas lojas de depar-

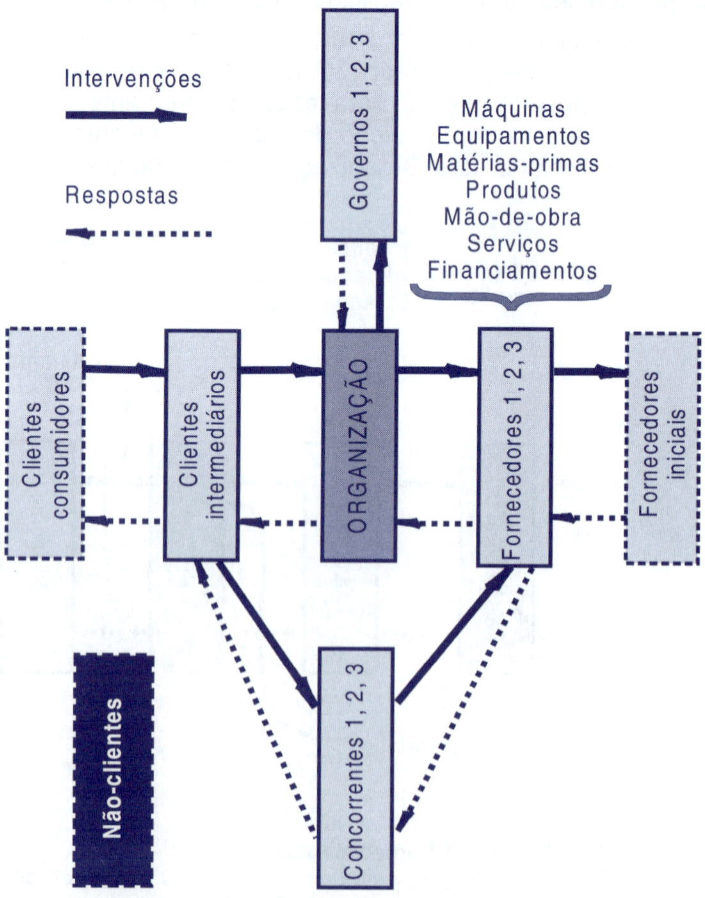

Figura 22.2 *Teia de transferências, cujas oscilações prejudicam todo um ramo de negócios.*

tamentos (como a Mesbla e o Mappin), cujos clientes permaneciam leais, mas diminuíam ano após ano por morte, devido à idade cada vez mais avançada. Os não-clientes, forma-dos sobretudo por pessoas mais jovens, preferiam comprar nos *shoppings* pela maior variedade de lojas, segurança e outros atrativos, como alimen-tação e divertimentos. Com isso, as mudanças se iniciam pelos não-clientes, cujas oportunidades de servi-los não costumam ser levadas em conta pelas organizações, embora eles façam parte de seu ecossistema (Drucker, 1999, p. 102).

- As organizações que fazem o **transporte** de produtos estão presentes em quase todas as interfaces de transformação, razão pela qual foram omitidas nas figuras a fim de simplificar os desenhos. É claro que, nos casos práticos, elas têm que ser levadas em conta.
- Por causa da interdependência das redes de suprimentos (pedidos/fornecimentos) que funcionam como teias de aranha (onde uma oscilação em qualquer ponto repercute em todos os demais), as grandes empresas estão se integrando para gerenciar os custos em todo o processo produtivo. Diferente do que se fazia no século passado (quando se calculava o custo e sobre ele era acrescida a margem de lucro para determinar por quanto seria vendido), hoje as organizações **estabelecem primeiro o preço que o cliente está disposto a pagar** pelo serviço ou produto e **depois reduzem as despesas** em toda a cadeia de suprimentos. Para isso, a fabricação dos componentes e as montagens finais são levadas a efeito pela associação de empresas nas cidades e nos países que oferecerem maiores vantagens econômicas (Galbraith, 1999, p. 95-96). Um exemplo é o dos automóveis montados no Brasil com peças vindas de diversos países, para onde também exportam os componentes aqui fabricados que tiverem custos menores. Tais alterações não indicam mudanças nas teorias de Administração e sim em suas aplicações.

Talvez foi a não obediência a essa nova forma de negócios que levou a Mercedes a fracassar no final da década de 1990 ao lançar o carro Classe A, que, conforme noticiado por jornais e revistas, teve as vendas muitíssimo abaixo das expectativas simplesmente porque os possíveis clientes acharam-no muito caro, ou melhor, o custo não compensava o benefício auferido.

2. AGENTE ECOLÓGICO. A água do mar é chamada de **agente ecológico** para as espécies de algas, crustáceos e peixes, mas não o solo. Este passa a ser o agente ecológico para as espécies vegetais e animais terrestres. De forma análoga, um ramo de fornecedores e de clientes é agente ecológico para uma específica categoria comercial ou industrial, porém não o é para outras. Dessa forma, embora cada vez mais crescendo em número, a maior parte da população do país não é agente ecológico para a indústria automobilística, mas o é para a de transporte coletivo.
3. FATOR ECOLÓGICO. O agente ecológico "água do mar" influi nos seres vivos de acordo com certos **fatores**, entre os quais estão temperatura, oxigênio dissolvido, acidez e luz, cujos valores quantitativos adequados variam para cada espécie. Dessa maneira, a falta de oxigênio não influi nas algas verdes, porém impede a vida animal. De forma semelhante, a importância do fator ecológico é variável para cada ramo de negócios. Por exemplo, a regularidade no fator entregas de insumos para o setor de serviços não é tão importante quanto para as grandes indústrias, que podem ter a produção parada por falta de matéria-prima.

   Para tornar mais claros e permitir aplicações práticas, são relacionados na Figura 22.3 alguns agentes e respectivos fatores ecológicos.
4. FAIXA DE TOLERÂNCIA E PONTO ÓTIMO. As tilápias têm sua reprodução assegurada no caso de a temperatura da água se mantiver entre o máximo de 29°C e o mínimo de 22°C, sendo 25°C o **ponto**

AGENTES	FATORES ECOLÓGICOS
Clientes	Volume de compras / Regularidade nos pedidos / Lealdade
Fornecedores	Pontualidade nas entregas / Facilidade nos pagamentos
Concorrentes	Política de preços / Política de propaganda / Qualidade
Bancos	Limites de créditos / Custo dos financiamentos
Mão-de-obra	Salários / Quantidade disponível / Qualificação
Governo	Carga de tributos / Políticas de créditos / Incentivos

Figura 22.3 *Exemplos de agentes e seus respectivos fatores ecológicos.*

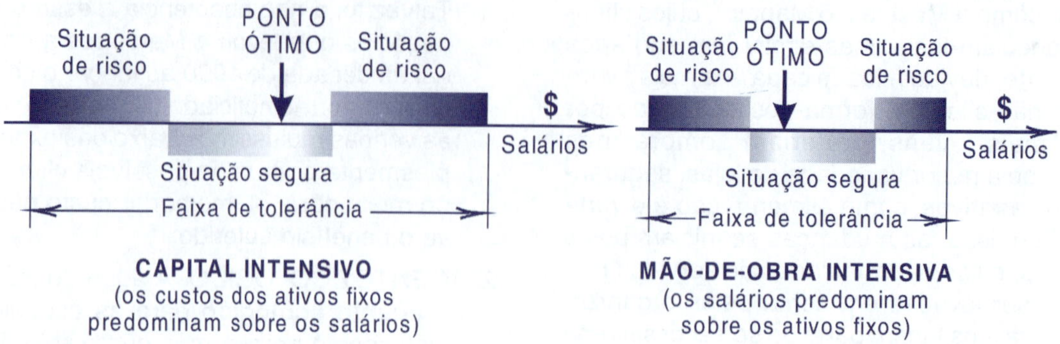

Figura 22.4 *Exemplos de faixa de tolerância e situações de risco e de segurança.*

ótimo. Outros peixes têm limites diferentes, como é fácil de entender, o que significa existir uma **faixa de tolerância** para cada espécie em relação a cada um dos fatores ecológicos. Transferindo para a organização temos o fator salário relacionado ao agente "mercado de trabalho", que abaixo de um mínimo impede conseguir mão-de-obra, e acima de um máximo aumenta os custos de forma insuportável para a sobrevivência de um ramo empresarial. De maneira semelhante, existe um ponto ótimo representado pelo **custo do salário em relação à produtividade** do empregado e que dá melhores condições para a sobrevivência. A Figura 22.4 exibe duas faixas de segurança para esse fator, uma para empresas que utilizam **capitais intensivos** (como fábricas de cimento, refinarias de petróleo e empresas de transporte aéreo), e outra para as de **mão-de-obra intensiva**, a exemplo da maioria das firmas de serviços, como turismo, propaganda, projetos e também as de construção civil de edifícios (as demais, como de terraplanagem, utilizam maquinário pesado de alto custo que as inclui nas de capital intensivo).

5. PONTOS FORTES E FRACOS. Durante as secas cíclicas do Nordeste, grande parte dos vegetais desaparece, menos as cactáceas (mandacaru e cactos) por terem o **ponto forte** de armazenarem água no caule e reduzida transpiração através das folhas. De forma análoga, o ramo das empresas limpadoras nasceu e se mantém graças ao ponto forte de pressionarem faxineiras na execução de serviços rotineiros, desinteressantes e com baixo *status* social, além de serem difíceis de incentivar por meio de pagamentos com base na produtividade. Não possuindo esse ponto forte, os bancos, repartições públicas e grandes empresas preferem contratar tais serviços com terceiros (origem do termo "terceirizar") a executá-los com seus próprios empregados.

Ponto forte é uma diferenciação conseguida por um ramo ou categoria de organizações que lhes dá vantagem operacional em seu ecossistema.

Para o administrador interessa tirar partido do ponto forte da empresa na qual trabalha, trazendo-o, por exemplo, para o mais próximo possível do ponto ótimo, como mostrado na Figura 22.5 (Zaccarelli *et alii*, Capítulos 1, 2, 3 e 4).

Pode-se observar nessa figura que as empresas **A** e **B** estão em situação crítica pelo fato de se posicionarem na faixa de risco, enquanto **X**, apesar de estar dentro da faixa de tolerância, está muito afastada do ponto ótimo. Todavia, se o administrador conseguir deslocar sua organização da posição **X** para a **X'** ela obterá vantagem operacional sobre as congêne-

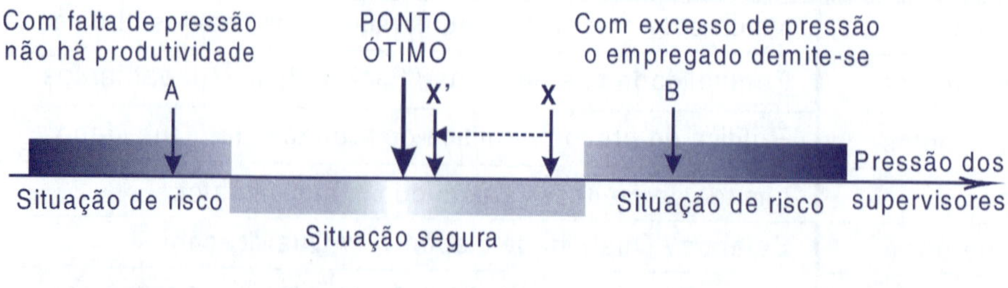

Figura 22.5 *Deslocamento do ponto forte das empresas, a fim de melhorar as condições de sobrevivência, quanto ao fator "pressão da supervisão".*

res por aproximar-se do ponto ótimo. Isso poderá ser conseguido talvez reduzindo a pressão pela supervisão cerrada por meio de alguma forma de incentivo, como pagamento de uma porcentagem sobre os lucros, ou pelo **teletrabalho**, isto é, fazer parte das tarefas em casa e não na empresa.

6 GRAU DE INCERTEZA. A precipitação de chuvas e a temperatura do ar na região amazônica são mais ou menos constantes durante todo o ano, o que não sucede no agreste nordestino. Por isso, as plantas e os animais são muito diferentes, pois só conseguem sobreviver os que se adaptaram às condições específicas de cada uma dessas áreas. No caso da Ecologia das Organizações, esse grau de variabilidade corresponde ao **grau de incerteza**, cujos fatores mais importantes são os três seguintes:

- **capacidade de sustentação**, maior para as plantas do Amazonas (pela abundância de nutrientes) e menor para as do nordeste e, de forma análoga, para as organizações voltadas para a informática no final do século passado em comparação com a disponível para empresas de seguros;
- **mutabilidade dos fatores ecológicos**, pequena nas águas profundas do mar e grande nos desertos, correspondendo ao ramo dos remédios em relação ao dos vestuários, o qual é dinâmico;
- **complexidade**, como sendo a quantidade de fatores intervenientes, maior para as espécies animais que para as plantas, similar para o ramo de cigarros comparado com o das empresas provedoras de usuários da Internet.

As três variáveis podem ser exibidas em um diagrama bidimensional, como o da Figura 22.6, onde as **flechas indicam o aumento da incerteza**.

Acontece que o ambiente estável e simples também possui maior capacidade de recursos, enquanto no complexo e dinâmico estes geralmente são escassos. Neste último caso, os erros são desastrosos e a previsibilidade é difícil por existirem muitos elementos a monitorar (Robbins, p. 89-90).

O leitor pode observar que essas três dimensões da incerteza ambiental já foram abordadas por Mintzberg, conforme analisadas no Capítulo 19.

Com essa breve introdução à Ecologia das Organizações, fica completado o exame do quinto nível do modelo de hierarquização de sistemas por ordens de complexidade da Figura 4.3, ou seja, o do ecossistema. Seu estudo é uma das partes da Teoria da Contingência pela importância no planejamento dos negócios.

Deve-se destacar que o conhecimento da interação ambiente-organização é de interesse do administrador, sobretudo se ocupa escalões intermediários ou superiores, pois terá que ser mais eficaz do que eficiente, isto é, fazer as coisas acontecerem e não apenas executar ordens.

22.2 A SOCIEDADE EM TRANSIÇÃO

As culturas e subculturas das sociedades já foram examinadas no Capítulo 6, bem como a influência sobre as organizações que nelas estão imersas. Assim, foi analisado o componente tecnologias, cuja variação explica o fato de máquinas para o mesmo uso serem diferentes conforme o país de origem, a exemplo da praticidade das americanas e a resistência e durabilidade das alemãs. Falta, ainda, examinar alguns aspectos da diversidade, tanto do ponto de vista das sociedades atuais quanto das previstas para o futuro, o que significa voltar a examinar o sexto nível dos subsistemas hierarquizados por ordens de complexidade. Com isso, pretende-se despertar no administrador a necessidade de os planejamentos serem levados a efeito prevendo as diferenças conjunturais das sociedades no espaço e no tempo.

22.2.1 As sociedades brasileira, japonesa e americana

Existindo tantas culturas quantas forem as sociedades, é de se esperar que as organizações a elas pertencentes difiram entre si por criarem subculturas específicas. Assim, a mesma empresa multinacional possui características diversas conforme o país em que atua e, por isso, é preciso que seus dirigentes entendam que irão encontrar uma "nova" organização ao serem transferidos de um lugar para outro.

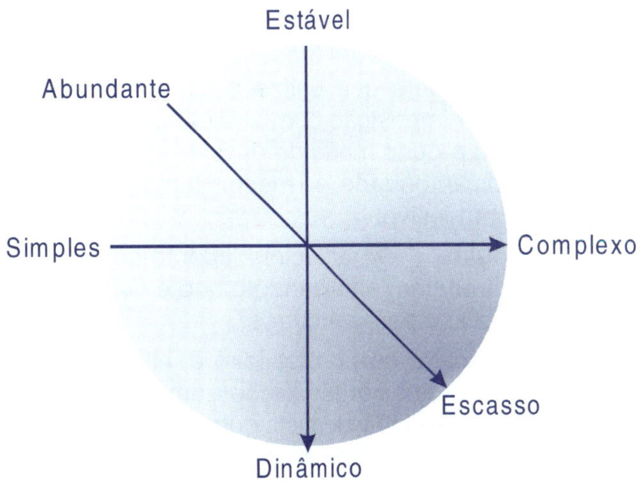

Figura 22.6 *As três dimensões da incerteza do ambiente.*

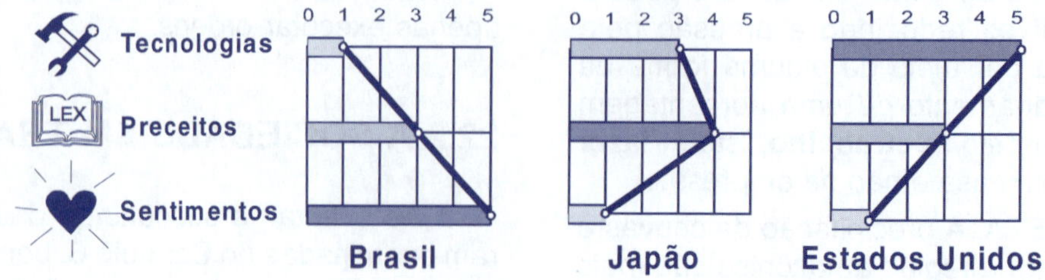

Figura 22.7 *As variáveis culturais mostrando características de três sociedades.*

O assunto é por demais extenso para ser aqui examinado, de sorte que apenas serão mostrados alguns aspectos da sociedade brasileira e de duas que no momento nos influenciam, a japonesa e a americana.

A Figura 22.7 esquematiza o perfil das três variáveis culturais para cada uma dessas três sociedades, tendo por base a proposta feita no Capítulo 6 e com a observação de ser **suposto e não verificado em pesquisas**.

1. CULTURA BRASILEIRA. Alguns autores que a estudaram sugerem a conveniência de examiná-la a partir de suas diferentes subculturas, pois a extensão do país torna difícil identificar uma cultura única a que elas pertençam como ramificações. Entretanto, Souza, utilizando o modelo das três variáveis culturais introduzido no Capítulo 5, sugere que a dimensão predominante no Brasil é a expressiva, seguida da de preceitos e finalizando com a da tecnologia.

   - **Sentimentos**. Os motivos inatos liberados tornam o brasileiro afetivo, impulsivo, sensual, sem censura, curioso, auto-indulgente, egocêntrico, agressivo, manipulador e criativo, enquanto as vivências da infância o tornam submisso às pessoas que demonstrem usufruir poder.
   - **Preceitos**. Os motivos modelados pela aprendizagem fazem com que utilize a severidade como método e a imposição como válida para que seja aceito seu próprio modo de encarar as tradições e a moral da autoridade, ao mesmo tempo que é protetor e permissivo.
   - **Tecnologias**. Pelo raciocínio, adapta-se às situações de trabalho, analisando o que é conveniente fazer para si e para os outros.

   Isso tudo mostra que o brasileiro é, em termos de comportamento nas organizações, um autocrata-benevolente e mais individualista que participante (Souza, 1978, p. 64-69). Nós acrescentamos que, pelas nossas experiências, existe uma incapacidade do homem que vem do campo para trabalhar em fábricas, de compreender a exigência de seus serviços serem executados com esmero. Esse aspecto tecnológico sugere provir da cultura da sociedade rural, que aceita lavouras sem alinhamento ou maiores cuidados no plantio, criando atitudes para o trabalho como se fabricar peças fosse plantar milho. Quanto à variável preceitos, é lugar-comum dizer que o brasileiro valoriza mais serviços de "colarinho e gravata", menos os de "camisa esporte" e nada os de "graxa". Trata-se de suposições não comprovadas por pesquisas, porém o mesmo não se pode dizer da busca do título de "doutor" em lugar de "técnico", pois é fácil medir a diferença entre o número de candidatos às escolas de cada um desses dois tipos de profissão (Bernardes & Marcondes, p. 156) (Freyre, p. 164). Tais considerações fazem pensar que o povo brasileiro tenha menos senso de responsabilidade e seja imaturo, se comparado com o americano e os europeus. Isso pode ser revertido caso seja ensinado e exigido ser responsável pelos atos praticados.

2. CULTURA JAPONESA. É incrível, mas principiamos a nos interessar em saber como operam as organizações japonesas depois que os Estados Unidos começaram a se preocupar com a crescente competição industrial do Oriente e autores passaram a escrever livros traduzidos para o português. Assim, não obstante a grande imigração iniciada no princípio deste século e o número crescente de empresas com filiais no Brasil, somente tentamos conhecer a cultura da sociedade produtiva do Japão por meio de pesquisadores americanos.

   O exame dos estudos destes últimos, subsidiados por relatos de visitantes brasileiros, sugere que a sociedade do Japão é mais homogênea que a nossa, e a ordem hierárquica das variáveis culturais é inversa a da exposta para a brasileira. Dessa maneira, em primeiro lugar situa-se a variável dos preceitos, a exemplo da crença que valoriza o trabalho e a visão tradicionalista do país, vindo por último a liberdade de expressar sentimentos (Ouchi, Pascale & Athos, Aquino). Por isso, é de se esperar que o conteúdo da variável intermediária das tecnologias seja influenciada pela de preceitos, diferente, pois, da sociedade brasileira que, apesar de ela também estar entre as outras duas, é determinada pela criatividade e improvisação, a exemplo dos desfiles de escolas de samba que dão suporte a essa hipótese.

3. CULTURA AMERICANA. As dimensões dos Estados Unidos e as diferenças raciais dos imigrantes que lá foram morar sugerem a predominância de subculturas sobre uma cultura global identificável por características únicas. Apesar dessa restrição, é factível supor que, de certa maneira, a hierarquia das três variáveis culturais tenha como importante as tecnologias, seguida pelos preceitos, vindo a expressão de sentimentos por último. Quanto ao conteúdo da variável preceitos, é de se pensar que haja ênfase no individualismo e produção de bens materiais, fruto do componente religioso de origem judaica e calvinista. Dessa maneira, o cidadão americano não quer e até impede a intervenção do Estado em seus negócios, diferente do que sucede com o brasileiro, sempre a esperar benesses do Governo (Souza, 1978, p. 62-67).

Refletindo sobre as diferenças observadas na exposição feita sobre as três culturas e concretizadas nos esquemas da Figura 21.4, pode-se inferir como os transplantes das prescrições administrativas americanas e japonesas são perigosos ou, pelo menos, contraproducentes, quando feitos para países como o Brasil, sendo pior que comprar roupa feita sem antes tê-la experimentado.

22.2.2 A evolução da sociedade; a era da incerteza

O atraso tecnológico evidenciado na Alemanha Oriental após a queda do muro de Berlim, a divisão da União Soviética em repúblicas independentes e a cisão na Iugoslávia, com seu modelo de gestão participativa dos trabalhadores das empresas, trouxeram de volta a idéia de que o ser humano produz eficaz e eficientemente só quando isso lhe traz benefícios individuais. Essa constatação, nas décadas finais do século 20, prejudicou grandemente o modelo tradicional de socialismo igualitário. Tais fatos sugerem ao administrador a necessidade de procurar entender as mudanças da sociedade e as decorrentes alterações na organização, pois elas influem diretamente nas funções que exerce, como será analisado a seguir, com base na Figura 22.8.

1. ERAS. O veloz avanço tecnológico no final do século 18 foi acelerado neste último, de sorte que a sociedade mudou e está mudando rapidamente. Embora se trate de fenômeno contínuo, em Sociologia tem sido costume segmentar as mudanças das instituições econômicas em "eras", rotulando-se as que seguiram à feudal em **pré-industrial**, **industrial** e **pós-industrial**.

   A primeira é caracterizada pelas condições da época, que, nos Estados Unidos e Inglaterra, vai até a metade do século 19. A segunda era se inicia com a chamada Revolução Industrial, quando nasceram as grandes empresas e criaram-se as multinacionais, continuando até o fim da Segunda Guerra Mundial. Já a terceira decorre do tremendo impacto tecnológico que começou na metade do século passado e se acelera neste terceiro milênio, sobretudo decorrente do avanço nas comunicações.

2. ÉTICAS. Em cada uma dessas "eras", as normas, crenças e valores vigentes, ou seja, a variável preceitos da cultura, são sintônicos com a situação, orientando comportamentos coletivos específicos que foram denominados "éticas". Dessa maneira, correspondendo à era pré-industrial, temos a ética comportamental direcionada para a **sobrevivência**

ERA	PRÉ-INDUSTRIAL	INDUSTRIAL	PÓS-INDUSTRIAL
ÉTICA	**SOBREVIVÊNCIA**	**PROTESTANTE**	**SOCIAL**
Estrutura	Pré-burocrática	Burocrática	Pós-burocrática
Seleção dos participantes	Indicações pessoais	Profissão	Potencialidades
Promoção na carreira	Favoritismo	Mérito e antigüidade	Experiência e desempenho
Formas de especialização	Auto-aprendizagem	Treinamento na organização	Profissional e conhecimentos
Hierarquia de cargos	Segundo a classe social	Linha de comando	Baseada na capacidade
Normas de procedimentos	Tradição ou capricho	Normas escritas	Pragmáticas e temporárias
Tempo no cargo	Dependente de favores	Permanente	Baseado na vida do projeto
Tratamento dos clientes	Pessoal	Impessoal	Universalista e democrática

Figura 22.8 *Correlação entre as eras, éticas comportamentais e respostas das organizações.*

e, por isso, as pessoas eram dependentes, havia poucas opções de modos de vida e o mundo era estável com alto grau de certezas.

Já na era seguinte, a industrial, valorizou-se o individualismo, a independência, a parcimônia, o trabalho árduo e o acúmulo de riquezas, o que levou Max Weber a denominar **ética protestante** por representar crenças de países com predominância da religião calvinista.

Finalmente, na era pós-industrial, a ética correspondente é a **social**, na qual os comportamentos são dirigidos para a liberdade, a autonomia e a discordância, havendo maior número de opções de vida, mas as incertezas aumentam resultando em insegurança e conflitos, tanto assim que os vínculos com as organizações são transitórios e substituídos por laços de amizades e identificação com movimentos coletivos e associações diversas.

3. RESPOSTAS DAS ORGANIZAÇÕES. Ao mesmo tempo, os participantes das organizações as modelam para corresponder às exigências econômicas e tecnológicas, de sorte que é possível correlacionar os estágios das sociedades com tipos de estruturas. Com isso, as maneiras de as funções organizacionais se concretizarem também se alteram no tempo, a exemplo da seleção de pessoal, que na estrutura pré-burocrática baseia-se no "quem indicou", na burocrática nos conhecimentos e habilidades para o desempenho de uma tarefa e na pós-burocrática nas potencialidades para a execução de mais de uma atividade. Poderá ser elaborado um quadro-resumo das observações feitas a respeito das mudanças da sociedade e correspondentes adaptações das organizações (Motta, 1974, p. 92 e 99) (Basil & Cook, p. 76-81).

4. ESCLARECIMENTOS ADICIONAIS. A análise do quadro da Figura 22.8 deve ser acompanhada de alguns esclarecimentos.
   - Há uma contínua redução no tempo de duração de cada uma das éticas, o que trouxe dificuldades para acomodações à ética protestante e muito mais para adaptações à ética social, esperando-se, pois, um período de grande turbulência para esta última década do século 20 e início do 21, o que levou a ser denominada "era da incerteza" (Galbraith, 1979) e "era da descontinuidade" (Drucker, 1980).
   - Em um mesmo país, os três estágios mantêm-se concomitantemente, mas com incidências variáveis de acordo com o grau de desenvolvimento já alcançado pelas diversas regiões, causando dificuldades de entendimentos entre indivíduos e grupos, como exemplificado no Capítulo 6 com vaqueiros trabalhando na mina de magnesita como operários.
   - Os países desenvolvidos avançam no tempo para a efetivação das mudanças sociais, ocorrendo o inverso no Terceiro Mundo, o que provoca descontinuidades econômicas e tecnológicas cada vez maiores e conseqüente aumento de tensões entre os níveis sociais. Essa verdadeira luta de classes, que, além da cidade, alcança o campo tende a intensificar cada vez mais em função dos desníveis econômicos, em grande parte decorrentes da explosão populacional, que levou a ser chamada de "poluição demográfica" e que é a impulsionadora de todas as demais. Além disso, e o que é pior, ela não está sendo entendida em suas conseqüências devastadoras, tanto pelas religiões quanto pelos partidos da direita e da esquerda. Fica a cargo do leitor o julgamento do que foi explanado.
   - As organizações são progressistas quanto à aceitação das novas tecnologias, mas retardam as modificações sociais internas na dimensão dos preceitos e, sobretudo na da expressão de sentimentos que deveriam acompanhá-las. Isto em virtude de os dirigentes estarem acomodados e sentirem-se ameaçados com mudanças por não saberem para onde elas conduzirão (Basil & Cook, cap. 4).

5. RESISTÊNCIAS ÀS MUDANÇAS SOCIAIS. Pelo fato de hoje situarem-se dentro desse período turbulento, os administradores defrontam-se com um dilema: manter o *status quo* das estruturas dentro dos modelos tradicionais, aceitando a posição acomodada de leigos e especialistas que não vêem maneiras diferentes de fazer as coisas, ou tornarem-se agentes de mudanças para uma direção não determinada, utilizarem modelos não suficientemente testados e, ao mesmo tempo, tentar influenciar os tradicionalistas que acham "isso está certo porque sempre deu certo".

6. ADAPTAÇÕES ÀS MUDANÇAS SOCIAIS. Todavia, duas forças sociais muito grandes impulsionam para as mudanças das organizações: primeiro a sociedade global (que não mais sente a empresa como geradora de bem-estar, mas como poluidora do ambiente); e segundo os próprios participantes (cuja insatisfação pelo trabalho sem significado e rotineiro a que estão submetidos é concretizada por greves, operações-tartaruga e baixa produtividade).

Por isso tudo, as diversas teorias administrativas (criadas desde o início do século passado e teimosamente mantidas e ensinadas nas escolas sem uma crítica sequer) estão sendo revistas e atualizadas, inclusive as funções do próprio administrador (Covre, p. 182) (Ansoff, p. 197-205). Tais fatos são animadores, pois mostram que, apesar de não termos nenhum autor de renome mundial que tenha escrito sobre Administração, nessa área começamos a nos aproximar do primeiro mundo.

Todavia, fazendo uma paráfrase do dia 17 de outubro de 1917, data em que a antiga Rússia comemorava a vitória do comunismo (e, por isso, o mês foi chamado de "outubro vermelho"), o dia 11 de setembro de 2001 poderia ser denomiando "setembro negro" para os Estados Unidos. Pensando em termos sociológicos do método denominado **dialética**, poder-se-ia dizer que ocorreu uma esperada mudança qualitativa, decorrente de contradições que se avolumaram durante as lentas mudança quantitativas que a antecederam.

Neste ponto, o leitor interessado em assuntos administrativos e organizacionais poderia perguntar: o que tais observações têm a ver com a Administração? A resposta é: **muito**. Isto porque o mundo se alterou, mas sem possibilidade de antervermos no que e em qual sentido, pois, conforme explicado em capítulo anterior, a dialética é incapaz de informar qual a direção seguida após a mudança qualitativa.

Entretanto, esse mesmo leitor pode prever alguns eventos futuros, tendo por base certas tendências atuais. Inicialmente, muitos novos negócios devem surgir, enquanto antigos podem se reduzir e até desaparecer. Em outras palavras, o que deu certo no passado não tem a garantia da continuidade de sucesso no futuro. Em segundo lugar, cada vez mais se terá certeza de duas coisas que a pessoa não poderá perder: os **conhecimentos** teóricos e práticos que permitem saber o que interessa ser feito e a **experiência** para saber como realizar. Isso significa que mais e mais **títulos e diplomas perderão sua atual importância**, aliás o que já vem acontecendo há algumas décadas.

A conclusão é uma só: os autores mencionados em páginas atrás não erraram quando escreveram que estávamos na **era da incerteza**.

TÓPICOS PARA EXPOSIÇÕES

22.1.1 Do que trata a Ecologia das Organizações?

Explicar que este capítulo aborda os temas do ambiente das organizações e das sociedades em transição, situados, respectivamente, no quinto e sexto nível da hierarquia de sistemas por ordens de complexidade da Figura 4.3. Definir a **ciência** Ecologia e explicar que, à semelhança do estudo do meio ambiente dos seres vivos, está sendo desenvolvida uma prática abordando o ambiente das organizações e, por isso; denominada Ecologia das Organizações.

22.1.2 Os ecossistemas organizacionais são análogos aos biológicos?

Explicar que os ecossistemas organizacionais têm semelhanças com os biológicos quanto a: perenidade no tempo; cadeia alimentar e cadeia de fornecedores; funções e estruturas; espécies animais e setores organizacionais; mudanças ambientais; equilíbrio do número de indivíduos. Mostrar que também existem diferenças como: diferenças entre indivíduos; cadeia de fornecedores e não alimentar; mutação; inversão na cadeia alimentar. Explicar que, apesar dessas discrepâncias, é possível analisar a Ecologia das organizações por **analogia** com a biológica.

22.1.3 Alguns princípios da Ecologia para o planejamento organizacional

Com base nas Figuras 22.1, 22.2, 22.3, 22.4, 22.5 e 22.6, explicar **resumidamente**: teia de suprimentos; agente ecológico; fator ecológico; faixa de tolerância e ponto ótimo; pontos fortes e fracos; e grau de incerteza.

22.2.1 As sociedades brasileira, japonesa e americana

Iniciar informando que serão examinadas as diferenças de sociedades, em prosseguimento às explanações do Capítulo 6. Com base na Figura 22.7 e as variáveis culturais, explicar as diferenças entre as sociedades brasileira, japonesa e americana.

22.2.2 A evolução da sociedade; a era da incerteza

Tendo por base a Figura 22.8, mostrar a evolução das sociedades pelas mudanças nas: eras; éticas; respostas das organizações; resistências às mudanças; e adaptações às mudanças sociais. Mostrar que atravessamos um momento de incertezas, tanto atuais quanto para o futuro, aumentadas pelo ataque sofrido pelos Estados Unidos em 2001. Tornar claro que conseguir emprego ou criar empresa própria pelo administrador não depende tanto de títulos e diplomas, mas sim de conhecimentos de teorias e de práticas, bem como das experiências de como concretizar bens e serviços que satisfaçam necessidades de clientes.

QUESTÕES DE APLICAÇÃO

1. Com base na Figura 22.1, desenhe a teia de transferências para o ramo de laticínios, indo desde as organizações fornecedoras de leite e de embalagens até o consumidor final, que adquire os produtos em leiterias, feiras livres e supermercados.
2. No caso dos bancos comerciais, em relação ao agente "clientes", é sabido que a faixa de tolerância para o fator ecológico "rapidez no atendimento" é estreita, pois os clientes não aceitam demoras. Pelo fato de o aumento da velocidade do atendimento exigir caríssimos equipamentos eletrônicos, o pequeno banco fica em desvantagem se comparado

com os grandes. Tendo essas informações e de acordo com sua intuição: a) mostre em um desenho a faixa de tolerância (com auxílio da Figura 22.4) indicando o ponto ótimo e o posicionamento dos grandes e dos pequenos bancos para esse fator ecológico; b) já que nesse fator ecológico o pequeno banco (cujo atendimento é mais demorado) tem seu ponto fraco, qual outro fator, ainda do agente "cliente" que para ele constitui um ponto forte (que para os grandes bancos é um ponto fraco), permitindo sua sobrevivência?

3. Tendo por base cada uma das três variáveis culturais, indique, separadamente para cada uma delas, quais aspectos da subcultura dos vaqueiros nordestinos examinados no Capítulo 6: a) são concordantes com a cultura brasileira descrita por Souza; b) são discordantes com essa mesma cultura.
4. Em relação ao futuro das fazendas produtoras de leite, pergunta-se: a) quais são as maiores preocupações sociais quanto à contaminação do leite e dos cursos de água pelos métodos de forçar o aumento da forragem por hectare das pastagens; b) à semelhança de granjas avícolas, poderia ser economicamente viável manter as vacas produtoras de leite tipo **A** (mais caro que o **B** e o **C**) estabuladas próximas às capitais e receber capim plantado em lugares até distantes; c) qual o pró e o contra na substituição da comercialização do leite pasteurizado posto em recipientes plásticos por leite em pó enlatado?

DISCUSSÃO EM GRUPOS

O caso da granja avícola

Você e amigos estão interessados em iniciar a criação de frangos e de galinhas poedeiras em uma granja a ser instalada em fazenda nos arredores de cidade interiorana localizada na região norte do país. Terá por finalidade atender clientes moradores em parte da área amazônica, na qual ovos e carnes de frango ainda vêm de Estados localizados nas regiões sul e nordeste. Para iniciar o empreendimento, a primeira coisa que vocês fazem é analisar as características desse ramo de produção primária e prever as possibilidades futuras, objetivando verificar a viabilidade do negócio e ter informações para levar a efeito o planejamento.

Com base nessa descrição, responda, justificando, a questão determinada para seu grupo.

Questões para cada grupo responder

1. Desenhe a rede de suprimentos tendo por paradigma a Figura 22.1, desde a fazenda produtora de cereais para rações até o consumidor final (tanto de ovos quanto de frangos limpos, ambos já embalados), incluindo a comercialização dos subprodutos.
2. a) Informe a classificação do empreendimento em alto, médio ou baixo quanto às intensidades de capital e de mão-de-obra; b) tendo por base a Figura 22.5, 1. desenhe as faixas de tolerância para o fator "custo dos financiamentos" e nele inclua 2. a localização do ponto ótimo e 3. explique as **dificuldades** para os pontos A e B nas faixas de risco.
3. Informe: a) pelo menos três pontos fortes do ramo avícola em relação aos ramos concorrentes de proteína animal (laticínios e carne de gado); b) idem para os pontos fracos.
4. Informe: a) 1. vocês utilizariam mão-de-obra local sem conhecimentos de granjas; 2. trariam todo o pessoal do sul do país; ou 3. contratariam um especialista para ensinar os empregados do lugar; b) vocês utilizariam um modelo de estrutura das granjas do sul, dos americanos da Califórnia ou dos japoneses de Okinawa?
5. a) Com base no item 3, "RESPOSTAS DAS ORGANIZAÇÕES", e o quadro da Figura 22.8, informe qual dos três modelos de estrutura seria mais viável para essa granja; b) intuitivamente, qual seria o futuro provável quanto à tendência de variação do consumo pela sociedade nortista de ovos, frangos e seus derivados em relação à carne bovina?

LEITURAS COMPLEMENTARES

A ÉTICA DA RIQUEZA. **Veja**. São Paulo, Abril, ano 33, n. 12, 22 mar., 2000. Entrevista com David Landes, autor do livro **A riqueza e a pobreza das nações**, que expõe seu ponto de vista sobre o futuro do Brasil.

AMBIÇÃO E ÉTICA. **Veja**. São Paulo, Abril, ed. 1684, ano 34, nº 3, 24 jan., 2001. Stephen Kanitz defende o ponto de vista da pessoa definir qual a ética que seguirá em sua vida para depois ter a ambição pelo sucesso, pois, se fizer o contrário, a ambição não permitirá que tenha ética para nada.

CUNHA, Miguel P. Ecologia organizacional: implicações para a gestão e algumas pistas para a superação de seu caráter anti-management. **Revista de Administração de Empresas**. São Paulo, EAESP-FGV, ano 39, n. 4, out./dez. 1999. Apresenta argumentos para contestar a crítica que considera a abordagem da ecologia das organizações uma teoria contra a Administração.

TELLES, Marcel. Caça ou caçador. Quem não se internacionalizar será internacionalizado. **Exame**. São Paulo, Abril, ed. 707, 09 fev. 2000. Mostra o efeito da globalização que está provocando uma onda de fusões e aquisições de empresas com significativas alterações no cenário econômico mundial pelo surgimento de mega corporações, a exemplo da MCI-Sprint, AOL-Time Warner e Exxon-Mobiloil entre outras.

TORTATO, Ubiratã. Implementação de fusões e aquisições e valores do grupo dirigente. In: **Encontro da ANPAD 23**, 19 a 22 set. 1999. Foz do Iguaçu. Resumo dos trabalhos — ENANPAD 99, p. 177. Trata do conflito cultural trazido pelas mudanças de valores nos processos de fusões e aquisições, destacando as resistências dos dirigentes da empresa adquirida.

VASSALO, Cláudio. Saúde! **Exame**. São Paulo, Abril, ed. 692, 14 jul. 1999. Comenta a fusão da Brahma com a Antártica, que criou a maior empresa privada brasileira, destinada a enfrentar os grandes concorrentes norte-americanos e europeus.

CRESCIMENTO, DETERIORAÇÃO E DESENVOLVIMENTO ORGANIZACIONAL 23

O grupo Votorantim cresceu através dos anos, nascendo como pequena empresa e amadurecendo como grande conglomerado de organizações, o mesmo sucedendo com Villares, Bradesco, Camargo & Corrêa, Odebrecht e muitos outros. A razão mais óbvia para esse crescimento é o aumento do número de clientes satisfeitos por terem suas necessidades atendidas. De maneira semelhante, os antigos grupos Mesbla e Mappin desenvolveram-se como os exemplos acima, porém não ultrapassaram a fase de maturidade para o início de nova curva ascendente, pois começaram a declinar até o desaparecimento. Isto porque, em razão de vários motivos, entre os quais erros gerenciais, tiveram cada vez menos clientes para comprar o que revendiam. Em um processo de mudança ainda mais rápido, milhares de pequenas empresas nascem anualmente, mas a maioria não sobrevive às crises da "primeira infância", encerrando os negócios, sendo vendidas ou simplesmente falindo. Talvez tivessem clientes, mas não em quantidade suficiente para que os lucros com as vendas superassem as despesas.

Entender melhor esses processos por meio da análise das forças internas que favorecem o **crescimento** e o **desenvolvimento** das organizações e das que provocam sua **deterioração** é a finalidade deste capítulo. Complementa, assim, o anterior, que examinou as influências das forças externas do ecossistema e da sociedade mais ampla. Com isso, se tem uma visão dinâmica da vida organizacional que se desenrola tal qual um filme, enquanto os capítulos iniciais deste livro examinaram os aspectos estáticos da organização à semelhança de uma coleção de fotografias.

Naturalmente, o enfoque é o da Teoria da Contingência naquilo que diz respeito aos fatores que determinam mudanças da organização no decorrer de sua existência.

23.1 O CRESCIMENTO GERA CRISES NA ORGANIZAÇÃO

Crustáceos como caranguejos e, também, muitos insetos criam uma carapaça envolvendo todo o corpo, o que lhes dá firmeza para os movimentos e os protege dos predadores. Acontece que, à proporção que o animal cresce, esse benefício torna-se um estorvo por impedir o desenvolvimento natural, de sorte que a solução biológica é, de tempos em tempos, eliminar essa capa de quitina e substituí-la por uma nova "pele", maior que a anterior.

Fenômeno análogo ocorre com as organizações, que desenvolvem uma cultura conveniente para certo porte, mas que se torna inadequada quando elas aumentam em porte e faturamento. Por essa razão, é preciso substituí-la por outra com características diferentes para manter o desenvolvimento e até para garantir a sobrevivência.

23.1.1 Ciclo de vida das empresas

Relatados em vários livros de Administração, os resultados de pesquisas levadas a efeito nos Estados Unidos por Larry E. Greiner mostraram que, durante o crescimento das organizações, destacam-se quatro fenômenos.

1. CRESCIMENTO EM ETAPAS. O crescimento das empresas se faz em etapas bem definidas e com características semelhantes para qualquer tipo de organização, acompanhando uma sucessão predeterminada de fases. O início de tal seqüência foi observado por nós na firma descrita no final deste capítulo com o nome fictício de **Saiel**, que de microempresa cresceu para pequena organização, seguindo a etapa chamada por Greiner de **evolução**. Entretanto, apesar do faturamento continuar promissor, alguns anos após o início de suas operações, essa empresa começou a enfrentar séria **crise** gerencial originada pela dificuldade em coordenar o trabalho do crescente número de empregados. Foi, então, contratado um consultor externo que modificou a estrutura, formalizando-a por meio de manuais de organização e de procedimentos.

   Isso causou uma **revolução** entre os empregados dessa firma de instalações industriais, mas que permitiu que ela continuasse crescendo. Dessa maneira, foi vencida a primeira crise graças a essa revolução. Aliás, essa palavra é empregada para identificar esse período sempre traumático de mudança da cultura organizacional, ocasião em que aumenta o conflito interno.

Todavia, muito mais tarde soubemos que essa empresa havia pedido concordata e, em seguida, encerrado suas atividades. Provavelmente, evoluiu graças à formalização de procedimentos, mas não conseguiu superar a turbulência seguinte, chamada crise de **autonomia**.

2. MUDANÇA ORGANIZACIONAL. Paradoxalmente, as medidas organizacionais criadas para atender eficaz e eficientemente a uma etapa de crescimento com o tempo tornam-se inadequadas, sendo necessário mudá-las a fim de conseguir passar para a fase seguinte. Assim, a microempresa inicia suas atividades com as características de entusiasmo, informalidade, espírito criativo e esforço de todos sem ligar para horários e feriados. Crescendo em faturamento e número de empregados, ela se torna pequena empresa e começa, então, a sentir os problemas de gerenciamento, tanto pela dificuldade de os sócios compreenderem que necessitam delegar funções quanto pela deficiência de integração entre as pessoas. Quando esses problemas forem resolvidos pela mudança da estrutura com a formalização por meio de normas de procedimentos, a empresa volta a crescer até surgir nova crise, esta criada em decorrência dessa regulamentação, que passa a limitar a autonomia das gerências para enfrentar seus problemas do dia-a-dia.

   Dessa forma, o que era força em uma etapa torna-se fraqueza na fase seguinte. No exemplo já citado da instaladora industrial Saiel, é provável que a crise de autonomia tenha sido criada exatamente pelas novas práticas de formalização dos procedimentos. Aconteceu que, não tendo conseguido fazer uma revolução cultural para evoluir para a fase seguinte, conhecida por **delegação** de responsabilidades, acabou fechando suas portas após levantar a concordata.

3. CONFLITO. Alguns participantes da organização pressionam para mudar a estrutura em razão de sentirem a inconveniência das condições vigentes pelo fato de os resultados obtidos estarem abaixo de suas expectativas. Ao mesmo tempo, outros reagem para manter o *status quo*, isto é, a mesma situação, resultando o embate de interesses divergentes, o que faz aflorar o conflito entre os participantes normalmente existente, porém mantido submerso pela acomodação (Greiner, 1972). No caso da instaladora industrial Saiel exemplificada, foram os proprietários que, em conjunto, impuseram os procedimentos elaborados pelo consultor apesar da oposição dos que estavam acostumados a resolver tudo informalmente, como retirarem peças do almoxarifado sem requisições e respectivos comprovantes de recebimento dos materiais. A alteração cultural da empresa foi, então, uma verdadeira revolução, aliás, somente viável de ser provocada porque os donos usufruíam poder para tal.

4. MEIO AMBIENTE. Os fatores externos, que alteram para mais ou para menos a procura de bens e serviços por parte dos clientes, podem tanto apressar a crise quanto adiá-la, bem como fazer com que aumente ou, então, diminua de intensidade. Assim, paradoxalmente, o crescimento rápido da empresa em faturamento e pessoal — por exemplo, em decorrência de um mercado comprador — dificulta a realização de ajustes administrativos eficientes, o que irá apressar as crises com intensidade maior que as criadas em organizações com desenvolvimento mais lento.

   Talvez nos dias de hoje, em que a procura por bens e serviços cresce em ritmo muito menor que na segunda metade do século passado, a já mencionada empresa Saiel tivesse suportado melhor as crises pelo fato de ter tido mais tempo para adequar sua cultura às novas situações. Em contrapartida, a aceleração das mudanças tecnológicas e sociais nos dias de hoje obriga a alterações não só de produtos e processos, mas também culturais e de formas de administrar. O resultado é a necessidade de um novo tipo de mudança (esta contínua e não por etapas): a da adaptação às condições mutantes do terceiro milênio. Com isso, diminui a importância da especialidade obtida em cursos formais ou pela experiência (tanto de empregados quanto de patrões) e aumenta a da capacidade de enfrentar novos desafios e, também, a de trabalhar em equipes.

Embora realizada há mais de vinte anos, a pesquisa americana resumida páginas atrás acrescentou novos aspectos à Teoria da Contingência, aproveitados por praticantes de Administração como Ichak Adizes a seguir mencionado. De qualquer maneira, seu exame fornece subsídios para o empresário que, tendo problemas com sua firma, descubra se ela não está passando por uma dessas crises, a exemplo da menina ou menino que sofre os problemas da puberdade.

Aproveitando essa analogia do crescimento humano, as fases do ciclo de vida de uma empresa mostram cada etapa como semelhante a um período de turbulência na vida das pessoas. Todavia, diferente do que sucede com o indivíduo, a situação da empresa é mais crítica, pois, caso a crise não seja resolvida, ela não alcançará a etapa seguinte, encerrando suas atividades, sendo vendida ou tendo a falência decretada.

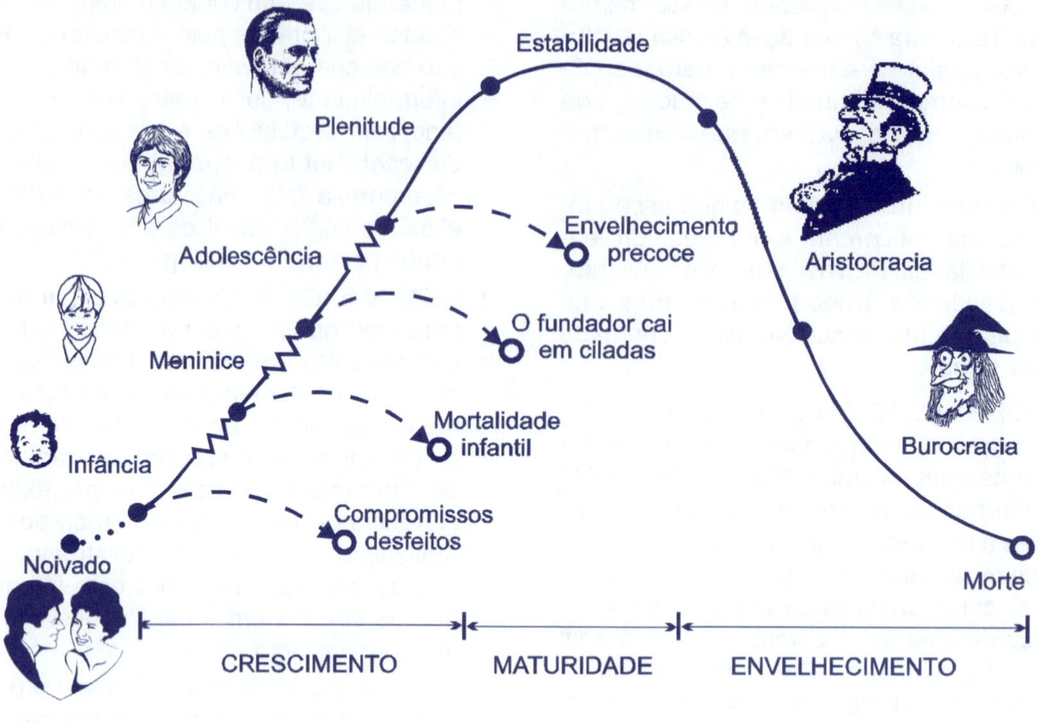

Figura 23.1 *Ciclo de vida das empresas com fases de crescimento intermediadas por crises (Adizes, p. 87).*

A Figura 23.1, elaborada a partir das propostas de Adizes, exibe os prováveis ciclos da vida de uma empresa genérica.

Cada fase do ciclo de vida exige alterações para ser transposta, o que significa **mudanças culturais**. Tais mudanças são profundas, envolvendo, entre outras:

- alteração de políticas, por exemplo, admitir um ou mais sócios, fato esse até então descartado por proprietário que seja individualista;
- modificações da estrutura, significando mais ou até menos cargos, ou seja, o chamado *downsising*, com demissões de empregados e possível terceirização de atividades, além de alterações nos relacionamentos entre chefias e subordinados, a exemplo do horário flexível e do **teletrabalho**, este permitindo ao empregado fazer parte do serviço em casa;
- mudanças culturais decorrentes das alterações das políticas e das novas estruturas organizacionais, como visto em capítulo anterior;
- adequação do estilo gerencial dos proprietários a cada fase, pois uma etapa finalizada por uma crise difere da anterior e, também, será diversa da posterior, como ficou bem claro no exemplo da instaladora de equipamentos elétricos (Marcondes & Bernardes, p. 47-49).

Como o leitor logo intuirá, as intervenções necessárias são por demais complexas para serem prescritas em parte de um capítulo, pois exigem o espaço de cursos completos de desenvolvimento organizacional. Por essa razão nos limitaremos a indicar mais adiante leituras para os interessados no assunto.

Os modelos de Greiner e de Adizes mostraram "o que" sucede nas fases de crescimento da organização, mas não explicaram "por que" acontece a sucessão de fases de evoluções seguidas de crises. Nem mesmo explicaram tratar-se de fenômeno normal e esperado em todas as sociedades e, por extensão, nas microssociedades que são as organizações. O entendimento desse embate de forças é possível com o método explicativo das mudanças sociais chamado de **método dialético**.

23.1.2 O método dialético aplicado à Administração

Em geral, pessoas com poucos conhecimentos de ciências sociais vêem a dialética sob conotações ideológicas e políticas quando, na verdade, trata-se de um **método utilizado pela Sociologia para analisar mudanças em sociedades**. A dialética nasceu na Grécia antiga com Heráclito de Éfeso e prosseguiu com Aristóteles para voltar somente durante o Renascimento com Montaigne e Diderot, atingindo o apogeu com Hegel para, nos tempos modernos, ter sua forma acabada com Engels e Marx (Lakatos & Marconi, p. 70).

Seu entendimento fica facilitado com o exemplo físico das transformações sofridas pela água. Estando ela no estado sólido na forma de gelo, à proporção que é adicionado calor ocorrem mudanças apenas **quantitativas**, isto é, a temperatura se eleva. Todavia, ao chegar ao zero grau Celsius, sucede grande alteração **qualitativa**, ou seja, transforma-se em líquido. Continuando a adicionar calor, a mudança quantitativa prossegue em razão de a água ficar cada vez mais quente, até que, ao alcançar os cem graus Celsius, nova variação quantitativa tem lugar ao mudar para o estado de vapor. Essa analogia torna mais claro por que a empresa vai crescendo em faturamento e dimensões (quantitativas) até o momento que surge a crise que, se não for solucionada por meio de mudança (qualitativa) adequada ao estágio, poderá levar a organização à interrupção dos negócios ou à falência. Ainda fazendo uma analogia, não mudar é como tentar impedir que a água ferva mantendo a tampa da chaleira soldada, cujas conseqüências são fáceis de prever.

Outro assunto da dialética é o das contradições, que pode ser mais bem entendido com o exame do que sucede na Família, institucionalizada pela cultura ideal com normas que obrigam a fidelidade conjugal. A ela contrapõe-se a cultura real pelo desejo natural de variações, curiosidade por coisas novas e alteração da rotina diária, que contradizem o estruturado pelos costumes.

Por razões culturais semelhantes, nas organizações existe um grande número de contradições, entre as quais citamos:

- delegar trabalho e continuar responsável por serviços feitos por outros, com padrões de qualidade, métodos e dificuldades de execução que o administrador não conhece perfeitamente, já que não é sua especialidade;
- ser especialista e capaz, mas ter por coordenador quem pouco entende do que e como fazer as coisas, mas dá ordens, muitas das quais inexeqüíveis ou contraproducentes;
- desejar satisfazer os objetivos pessoais que são contrários às metas estabelecidas para a unidade em que se está lotado, por exemplo, crescer profissionalmente em repartição pública burocratizada;
- ser instado para demonstrar criatividade, iniciativa e responsabilidade e, ao mesmo tempo, obedecer a regulamentos que exigem conformismo e regras estreitas para as ações.

São essas contradições internas que geram forças no sentido de mudar um estado presente considerado insatisfatório para outro futuro, cuja direção e sentido dependem do que predominar. Portanto, contrariando a antiga concepção vinda da Biologia e chamada homeostase — a busca do equilíbrio dinâmico —, as organizações são instáveis por essa luta interna de "**contrários**", na forma de oposição de idéias, desejos, crenças e comportamentos de seus participantes. Essas são forças internas, mas além delas estão as externas pelas alterações na sociedade mais ampla, na qual outros tipos de contradições também irão refletir internamente a organização.

Como exposto linhas atrás, as pequenas mudanças **quantitativas**, seja na produção e faturamento, seja na especialização e número dos participantes, fazem com que os conjuntos de **contradições cresçam** até o ponto em que provocam uma crise. Esta determina algum tipo de acomodação pelo fato de ter ocorrido outro tipo de mudança, agora **qualitativa**. Tal acomodação, caso não seja administrada, tende a levar para a falência, venda ou dissolução. Entretanto, se prevista e bem conduzida, pode levar a empresa no sentido de nova fase de desenvolvimento, porém diferente da anterior, a qual não mais se repetirá (Lakatos & Marconi, p. 72-78).

Essa é a explicação com base no método dialético para a sucessão de crises dos modelos descritos por Greiner e Adizes. Ela deve servir para alertar o administrador para nunca considerar as unidades formais e a própria organização como coisa acabada após o término de alguma mudança, mas em contínuas modificações, que podem levar meses, anos ou décadas para a próxima mudança qualitativa.

Neste ponto, o leitor pode supor que, caso a empresa não aumente de porte, faturamento e pessoal, ela não deve passar por crises, a exemplo da farmácia ou livraria da esquina, nela localizadas há mais de meio século. Isso é um engano, pois as tecnologias mudam e também os hábitos de clientes. Dessa maneira, poderá surgir um concorrente que venda livros pela Internet ou quem possa oferecer descontos nos remédios por pertencer a uma grande cadeia de lojas que compra diretamente dos laboratórios. Na verdade, as empresas são como as bicicletas: se pararem elas caem.

23.1.3 Disfunções organizacionais

Os sociólogos interessados pelas organizações costumam rotular de **disfunções organizacionais** as pressões decorrentes da cultura interiorizada nas pessoas que, de alguma forma, causam danos às suas operações. Entre elas podemos incluir as **resistências** às mudanças necessárias para o desenvolvimento da organização.

1. RIGIDEZ CULTURAL DOS DIRIGENTES. Com base na Teoria da Contingência, foi repetido muitas vezes que a cultura da organização precisa mudar:

- quando cresce em porte e faturamento, para ultrapassar as etapas de revolução e atingir a da nova evolução;
- quando o ecossistema se altera pelas mudanças na sociedade.

Não é um processo indolor, pois muitas cabeças precisam rolar, novas pessoas admitidas, outros processos e estruturas estabelecidos e novos riscos necessitam ser aceitos. Todavia, um grande óbice costuma dificultar e até impedir que as medidas necessárias sejam concretizadas. Trata-se dos **próprios dirigentes**, que se acomodaram com um estado de coisas e recusam-se a admitir que estão ultrapassados nas suas concepções, idéias e formas de atuar, como mostra a caricatura na Figura 23.2.

Figura 23.2 *Já que o administrador não pode demitir seu chefe, a melhor solução para ele é mudar de setor, de emprego ou criar empresa própria.*

Poderia parecer que doenças ou morte de proprietário esclerosado poderiam solucionar o problema, mas é comum serem sucedidos por parentes próximos que não têm conhecimento dos negócios nem experiência de coordenar pessoas e, muitas vezes, nem gosto em ser empresários ou, ainda, são basicamente desonestos. Os resultados são previsíveis e não precisam descrições pelo fato de serem bem conhecidos. Por causa dessas fraquezas da cúpula administrativa, o ciclo de vida de muitas organizações que cresceram adquirindo grande porte foi breve no tempo, pois logo desapareceram. Em compensação, outras atravessaram séculos mantendo-se saudáveis e dinâmicas. Qual o segredo destas últimas? Autores relatam que, nesses casos, os fundadores tinham tomado três medidas preventivas:

- criar uma **ideologia** voltada para a eficácia e a eficiência;
- **não admitir parentes** para cargos gerenciais;
- treinar desde cedo **administradores profissionais** para substituí-los.

Assim fazendo, não houve necessidade de contratar algum "salvador" admitido de fora para dirigir a organização quando em dificuldades, o que em geral não dá certo (Collins & Porras, p. 244-264). Talvez esteja aí o segredo já mencionado do conglomerado Bradesco, o maior banco do país, que, apesar da morte de seu fundador, Amador Aguiar, continua crescendo (esse empreendedor não teve filhos).

Neste ponto, o leitor pode argumentar que conhece muitos casos em que a organização cresceu graças a parentes do fundador. É verdade, mas apenas se o temperamento do sucessor o leva a ser dinâmico (recordar a Teoria Comportamental exposta no item 5.2 do Capítulo 5). Isso não basta, pois a adequação do caráter (parte da personalidade que é culturalmente aprendida) à função de empresário ocorre mais na segunda geração (em que o fundador é da primeira) e tende a diminuir nas seguintes. Isto porque os descendentes talvez não tenham sido condicionados na infância para a realização (por não terem passado pelas dificuldades de vida dos pais).

2. NEPOTISMO. Consiste na colocação em cargos gerenciais de indivíduos inadequados para a função somente porque são filhos, irmãos ou cunhados, apenas pela expectativa de lealdade e não pela competência. Outro exemplo de nepotismo é a admissão de pessoas a ser trocada por algum tipo de benefício nem sempre honesto, ou então, de "puxa-sacos" declarados, pois muitos proprietários, sobretudo em idade avançada, gostam de aduladores.

No caso das empresas particulares, isso é possível porque quem faz a norma é o dono, o que caracteriza estarem ainda no estágio pré-burocrático tradicionalista, em que a seleção ocorre pela amizade, a promoção por favoritismo e a permanência depende de submissão. Já no caso das empresas estatais e repartições públicas, o nepotismo só é viável na cúpula administrativa que fica aberta às negociações políticas de troca de favores, pois o restante da organização deve estar burocratizado no sentido de existirem regras escritas para admissão e preenchimento de cargos. Todavia, muitas vezes tais regras são transgredidas, sobretudo nas empresas estatais, como volta e meia os jornais noticiam.

Interessante é que a palavra nepotismo tem por origem o italiano *nipote*, com o significado de "sobrinho", por referência ao favoritismo e influência que os parentes admitidos pelo Papa exerciam na administração eclesiástica (Dicionário Aurélio). Evidentemente, os danos causados por tal procedimento são grandes, tanto por erros de atuação, nos casos de incompetência por parte dos apaniguados, quanto pelos efeitos danosos sobre os mais capazes, que, sentindo-se prejudicados, se omitem quando não sabotam ou simplesmente pedem demissão.

3. BUROPATOLOGIAS. Se, por um lado, a introdução nas organizações de normas escritas trouxe para elas aumento de eficiência e eficácia, por outro resultou em rigidez de procedimentos e na substituição do preceito de servir ao cliente pelo de servir aos próprios participantes, disfunções essas denominadas por Thompson de "**buropatologias**" (Thompson, Cap. 8).

   Esse é o nome dado às "doenças" das burocracias, que surgem acompanhando um processo decorrente de condições favoráveis, que podem ser assim resumidas. Em primeiro lugar, o crescimento da organização exige grande integração de esforços e, conseqüentemente, uniformidade dos desempenhos para concretizar determinada função, evitando-se ao máximo discrepâncias de ações para o mesmo caso. Para impedir os desvios são necessários procedimentos padronizados por meio de normas escritas que especifiquem o que fazer em cada situação. Em segundo lugar, há necessidade de que os executores sejam habilitados para as diversas tarefas e que possam ser promovidos para chefias à proporção que desenvolvam suas potencialidades. Isso é concretizado por mais normas escritas, determinando as condições para admissão, transferências, demissão e ascensão na carreira. Finalmente, o participante percebe que somente poderá ser recompensado na forma de promoções — e não ser punido — caso atue de acordo com a letra dos regulamentos, o que o leva a conformar-se com as regras, mesmo porque, em caso contrário, acabará sendo penalizado com transferências, bloqueio na carreira e até demissão, se não for estável por ser funcionário público.

   O pior é que essa pretensa racionalidade pela obediência às normas conduz a **disfunções**. Para começar, na tentativa de prever todas as possibilidades as normas tornam-se extremamente detalhadas. Todavia, como é impossível prever que não ocorrerá algum caso inesperado, quando este surge passa a ser tratado como os rotineiros. Assim, da mesma forma que o paciente necessitado de tratar um dente cariado pela norma tem de voltar outro dia por ter esquecido de trazer a carteira emitida pela firma do convênio odontológico, também o acidentado pode morrer na porta do hospital por não se ter prevenido antecipadamente com os documentos necessários. Com isso, a norma, que inicialmente era o meio para orientar procedimentos eficientes, torna-se um fim em si mesma, pois tudo depende de sua obediência por parte do funcionário para receber prêmios e não ser punido, mesmo que isso prejudique a organização e, obviamente, o cliente (Merton, p. 27-49).

   Além disso, sendo o regulamento a lei da organização, é imparcial e também impessoal por não levar em conta necessidades, aspirações e mesmo defeitos e qualidades de cada um, nivelando todos como máquinas feitas em série. O resultado dessa impessoalidade é tornar a burocracia um grande grupo secundário, no qual o funcionário perde a consciência de si mesmo como indivíduo. Por isso, como já mencionado, o burocrata cria a "ficção institucional" por sentir a organização como tendo vida própria e acima de qualquer controle humano, levando-o a regredir psicologicamente ao se ver na obrigação de servir e defender essa "mãe terrível" a fim de não perder seu "amor maternal" (Pagés *apud* Motta, 1986, p. 47). Isso explica as razões de os funcionários públicos atenderem somente em última instância às reivindicações e necessidades dos clientes, pois sentem que, se não agirem assim, prejudicarão "sua repartição". Esquecem o fato de que esta foi criada exatamente para atender o público que a mantém pagando impostos, o que contribui para as manifestações de hostilidade para com eles (Horton & Hunt, p. 194).

   De qualquer forma, a tendência no ciclo de vida das organizações é a de tornarem-se burocráticas, como ante-sala da morte por falência, venda, ou dissolução, conforme exibido na Figura 13.5 do Capítulo 13. Acontece que esse salutar desaparecimento não ocorre nos órgãos públicos porque seus recursos financeiros fluem independentemente da eficácia e eficiência. Por isso, dificilmente órgão inoperante ou desnecessário é extinto, continuando a existir quais zumbis desencarnados.

4. LEI DE FERRO DA OLIGARQUIA. Uma característica da organização da era pós-burocrática é a da escolha dos coordenadores ser interna por eleição ou consenso, e não externa e imposta. Isso também ocorre nos grupos formais do sistema sociotécnico já explanado e nas organizações normativas na forma de associações mantidas pelos membros, a exemplo de condomínios de apartamentos, clubes recreativos, partidos políticos, cooperativas e sindicatos. No Capítulo 8, foi mostrado que, com o tempo, os líderes assim escolhidos não se contentam

com a deferência dos liderados, passando a desejar algo mais na forma de poder ou algum tipo de pagamento remunerativo, o que leva muitas vezes a roubalheiras (Blau, p. 182). Conseguidos tais benefícios adicionais, passam a não mais querer abandonar os cargos para os quais foram eleitos, a fim de não perderem vantagens honestas e desonestas, tornando-se, então, condutores e perpetuando o poder com auxílio de uma oligarquia de membros também beneficiados. Com isso bloqueiam toda e qualquer possibilidade de ascensão de participantes que possam vir a ameaçar a camarilha, o que levou o sociólogo alemão Robert Michels a denominar esse processo de **Lei de Ferro da Oligarquia**, com base nos estudos sobre sindicatos de operários (Michels *apud* Horton & Hunt, p. 192) (Etzioni, 1967, p. 223).

Essa é a situação final de muitas associações particulares e públicas, embora em sua fundação os comportamentos iniciais dos dirigentes escolhidos pelos seus pares fossem muito diferentes. Isto porque, no princípio, os participantes da cúpula administrativa eleita não pretendem perpetuar-se nos cargos, mas são levados a isso pela omissão dos demais membros, que não freqüentam as reuniões, permanecem mal-informados e, sobretudo, não se unem para exercer controle real sobre os dirigentes que elegeram. Ademais, estes recebem apoio de alguns de seus próprios eleitores para com isso gozarem de benefícios particulares em detrimento do bem coletivo. Com isso, ocorrem inversões pelo domínio dos delegados sobre os delegantes e mandatários sobre os mandantes.

Naturalmente, esse estado de coisas se mantém até chegar um dia em que o aumento quantitativo dos excessos de desmandos provoque a mudança dialética qualitativa, quando ocorre uma revolta bem-sucedida que os alija do poder. Acontece que tornam a ser colocados no lugar outros eleitos que, geralmente, acabam copiando a forma de agir de seus antecessores, assim prosseguindo o círculo vicioso da "lei de ferro da oligarquia" (Horton & Hunt, p. 192). Tais fatos independem de classe social, não ocorrendo só nos sindicatos de operários estudados por Michels, mas também em clubes sociais e esportivos, associações beneficentes e condomínios de luxo, sejam de sítios para lazer ou de apartamentos.

23.2 MUDANÇAS NAS ORGANIZAÇÕES

As sociedades estão mudando para direções que não se podem prever, mas as organizações diferem porque suas alterações podem ser planejadas até certo grau, em razão de serem microssociedades incomparavelmente menores. As explicações dos motivos de mudanças e formas de controlá-las serão examinadas a seguir.

23.2.1 Desenvolvimento *versus* deterioração

Se for natural que ocorra a sucessão das crises analisadas páginas atrás, como entender por que muitas organizações não conseguem sobrepujá-las e se deterioram, enquanto outras as ultrapassam e continuam a se desenvolver? A explicação é dada por Kurt Lewin com sua **Teoria do Campo**, que mostra ser o caminho de uma organização o resultado de ações de seus participantes, como forças na maior parte inconscientes, que provocam a deterioração, contrapondo-se a forças que tentam levá-la a desenvolver-se e a crescer.

As forças no sentido de alterar a situação presente são **impulsoras** e, em contraposição, no sentido de manter o *status quo*, estão as forças de **restrição**. A resultante dessas duas tendências opostas determina o equilíbrio (caso sua soma seja zero), ou, então, uma tendência seja no sentido do desenvolvimento, seja no da deterioração, como esquematizado na Figura 23.3 (Hersey & Blanchard, p. 123-125) (Foguel & Souza, p. 35-37).

A conjugação desse modelo com os de Greiner e de Adizes leva às seguintes considerações:

- as forças de restrição decorrem das próprias forças de impulso e vice-versa, isto é, uma provoca a outra e, por isso, tais contradições existirão sempre em cada unidade administrativa e em toda a organização;
- as forças de impulso, que em uma época conduzem ao desenvolvimento, em outra se tornarão restritivas, a exemplo da ênfase na produção que é benéfica na fase inicial da empresa, mas se torna restritiva por coibir a ênfase na administração exigida para alcançar a fase seguinte;
- podia-se pensar que as forças de impulso decorrem da alta administração e as restritivas dos demais participantes, mas isso não corresponde à realidade, a exemplo da recusa de um ou mais proprietários em delegar, o que conduz à "crise da autonomia", no dizer de Greiner;
- os comportamentos de impulso mais intensos que os de restrição produzem mudanças quantitativas até o ponto em que a soma das duas inverte de sinal, ocasião em que ocorre uma crise seguida da alteração qualitativa, seja para o desenvolvimento com outro tipo de forças, seja para a dissolução, venda ou falência, como resultado final da deterioração organizacional.

Como o leitor percebe, as Teorias da Contingência, do Comportamento e do Campo se completam para explicar a dinâmica organizacional e, também, para analisar onde a empresa se encontra em dado instante, bem como sua tendência futura e, o que é mais importante, quais medidas devem ser tomadas para evitar sua deterioração. Por exemplo, tornar claro ao proprietário que não deve admitir parentes e parasitas, mas entregar a empresa para administradores profissionais por ele preparados e aposentar-se em seguida. Isso é possível? Sim, como fez Robert Gavin, que recebeu a Motorola do fundador, seu pai, Paul Gavin. Após iniciar trabalhando no almoxarifado, Robert Gavin subiu na hierarquia da empresa até a presidência, tendo despendido vinte e cinco anos preparando sucessores para quando se aposentasse, nenhum sendo seu parente (Collins & Porras, p. 257-258).

23.2.2 Medidas para efetivar o desenvolvimento organizacional

Na sociedade, o processo dialético escapa ao controle das classes dirigentes, a exemplo do que ocorreu na França em 1789, na Rússia em 1917, na União Soviética em 1991, e também no Brasil, em 1964. Todavia, nas organizações o processo de mudança pode ser orientado, primeiro para evitar a deterioração e segundo para promover o desenvolvimento.

1. DETERIORAÇÃO ORGANIZACIONAL. As insatisfações pessoais fazem parte da dinâmica social, como foi verificado em pesquisas realizadas com pequenos grupos (Klein, 1972, p. 160). Para isso, contribuem várias razões, e uma delas são as falhas provindas da infância no processo de integração da cultura com a personalidade do indivíduo. São problemas de socialização que levam o participante a adotar comportamentos desviantes da maioria, a exemplo de desempenhos aquém do esperado, transgressão de normas e disseminação de sentimentos de revolta contra a ordem estabelecida. Como defesa, esse indivíduo procura outros com as mesmas falhas de personalidade para neles encontrar eco de suas insatisfações e maior poder de ação, dando origem a um **grupo desviante**.

   É claro que nas organizações esses grupos desviantes agem sub-repticiamente nos moldes das *gangs* da sociedade, pois, caso contrário, seriam logo descobertos e expulsos. Apesar desses cuidados, são identificáveis por espalhar boatos, fazer pequenas sabotagens e estar sempre reclamando das menores coisas, o que causa a impressão de defenderem a coletividade, quando, na realidade, estão dando suporte às suas frustrações pessoais (Horton & Hunt, p. 112 e 114-116). Se os participantes em todos os níveis não detectarem a presença desses grupos desviantes ou de contracultura e não os anularem de uma forma ou de outra, suas atividades contribuirão para aprofundar as crises organizacionais.

   A outra razão para a insatisfação é estar desbalanceado o conjunto das contribuições em relação ao dos recebimentos do participante. Uma das causas desse desequilíbrio é não haver o esperado aumento de pagamentos com o decorrer do contrato de trabalho, seja de salários ou ascensão na carreira, seja da falta de reconhecimento por dedicação e serviços prestados. O efeito mais imediato é a tentativa

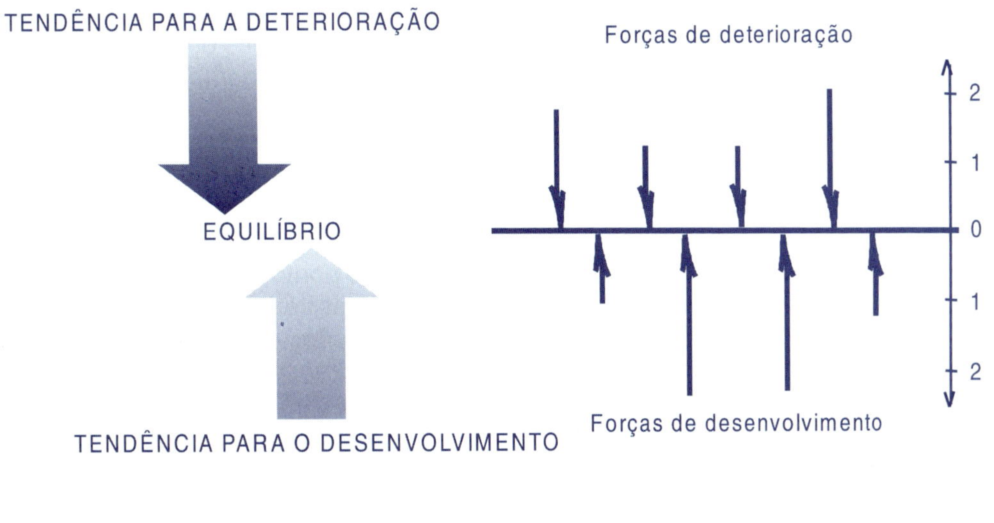

Figura 23.3 *O campo de interação das forças de deterioração e de desenvolvimento.*

de equilibrar as trocas por meio da redução nas contribuições (como analisado no Capítulo 8), que se concretiza pela menor produtividade. Isso leva a maiores controles e conseqüente aumento de insatisfação, criando-se condições para o círculo vicioso gerador de crises. Neste caso, também surgem grupos desviantes, sendo exemplos os informais citados pela literatura administrativa, que limitam a produção quando o pagamento é por peça fabricada. Esse tipo de insatisfação é mais sério do que a anteriormente descrita (que pode ser minimizada já na seleção de pessoal, impedindo a entrada de candidatos potencialmente criadores de casos), pois atinge exatamente os mais desejosos de produzir.

Nas situações de crise provocadas por fatores externos à organização, como a recessão econômica no início da década de 90, a tendência é o aumento de insatisfações e, com isso, os grupos de contracultura ganham novos adeptos. O resultado é os comportamentos desviantes se tornarem coletivos, instalando-se, então, a **deterioração organizacional**, que de tendência sempre existente nas organizações se torna realidade concreta (Foguel & Souza, p. 22-34). Esta se caracteriza pela queda da produção, piora na qualidade dos produtos, queixas de clientes, diminuição dos lucros, eclosão de greves e operações-tartaruga, atrasos nas entregas e aumento do *turnover*, além de muitas outras disfunções que a experiência do leitor logo constatará.

2. DESENVOLVIMENTO ORGANIZACIONAL. A lenta deterioração organizacional encontra resistência por parte de numerosos participantes que, apercebendo-se da crise, predispõem-se a resistir, não sabendo, contudo, como se organizar para fazê-lo. As razões para essa resistência estão: na compreensão clara de que aquela organização é o meio encontrado para satisfazer muitas de suas necessidades; a percepção de que mudar de emprego indo para outro significa começar tudo de novo; e a visão etnocêntrica de julgá-la melhor que as congêneres e, por isso, convindo salvá-la e não se desligar. Dessa forma, correspondem a outro tipo de desviantes: o dos pioneiros para melhores condições de vida, à semelhança dos revolucionários pela independência no século 18 e dos defensores do sufrágio universal no século 19 (Horton & Hunt, p. 122).

Uma pergunta logo surge: como obter esse desenvolvimento em contraposição às forças destrutivas? Responder a essa questão, propondo medidas concretas, é o que pretende a técnica conhecida por **Desenvolvimento Organizacional**, comumente representada pela sigla **DO**. Conceituar esse termo de forma a atender às concepções de todos os autores que o definiram a sua maneira é sobremodo difícil. Todavia, pode ser feita uma proposta de síntese.

DO é a mudança planejada da cultura e subculturas da organização — com a meta de que ela melhor atenda às finalidades para as quais foi criada, tanto de satisfazer necessidades de clientes quanto de seus participantes —, levada a efeito pelos próprios integrantes com auxílio de intervenções externas de consultores habilitados (Souza, 1978, p. 16-21) (Souza, 1981, p. 13) (Foguel & Souza, p. 72 e 170-171).

Como o leitor pode observar, a explicação é extensa por incluir muitas variáveis a serem consideradas para caracterizar em que consiste a prática do DO. Entre essas variáveis, deve-se destacar que o processo de mudança tem de ser levado a efeito pelos seus participantes, os maiores interessados, por sentirem os prejuízos da deterioração e os benefícios do desenvolvimento, além de serem eles que devem mudar. Também é importante notar que esses participantes não estão capacitados a concretizar o processo sem auxílio externo, pois seria como o paciente com distúrbios emocionais tentar a cura sozinho, sem o diagnóstico e as prescrições de um médico. Outro aspecto a destacar é tratar-se de mudança cultural e esta variar de acordo com a fase de crescimento em que a organização se encontra e, portanto, qual é a crise presente, ou que se avizinha.

Dessa maneira, os modelos de Greiner, Adizes e Lewin fornecem pistas para o diagnóstico do estado atual e **para onde se deve mudar**, enquanto as três variáveis culturais servem de base para identificar **o que deve ser mudado**. A Figura 23.4 exemplifica a organização quando estava na fase de evolução pela criatividade, como se deteriorou na crise de gerência e como deve evoluir pela formalização.

O fato de o DO não ser imposto, mas provir da ação dos próprios participantes da organização, mostra como é difícil ser levado a bom termo (sendo às vezes até impossível) e explica, também, os numerosos fracassos em relação aos poucos sucessos de que se tem notícia. Esses decorrem, principalmente, de os participantes realmente não desejarem mudar seus comportamentos, pois isso implica alterações de crenças, normas e valores interiorizados durante muitos anos de empresa. Uma delas é a dos proprietários de que, havendo aumento dos lucros, estes devem ser divididos entre os donos do negócio e não entre todos.

Neste ponto, o leitor irá perguntar: qual será, então, o processo adequado para as intervenções de DO? Para responder a essa questão seria necessário escrever outro livro, pois se trata de assunto para cursos específicos, quando o nosso interesse é apenas alertar para o perigo de intervenções mal conduzidas, especialmente por amadores, e sugerir um caminho para o desenvolvimento das teorias e práticas, ou seja, a utilização dos modelos de Greiner, Adizes, Lewin e das três variáveis culturais.

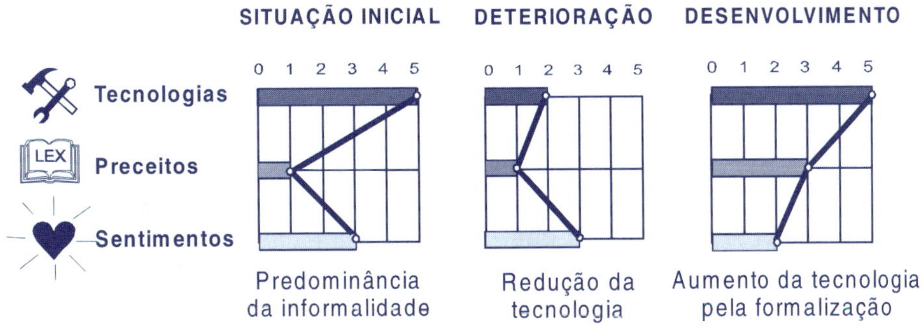

Figura 23.4 *Exemplo da mudança cultural que o* ***DO*** *pretende concretizar em uma fase do crescimento da empresa.*

Entretanto, algumas pistas devem ser fornecidas para saber quais condições preexistentes tornam possível iniciar uma intervenção de DO com a viabildade de ser bem-sucedida.

- A primeira delas (e a mais eficiente) é a dos fundadores terem criado e mantido a política do monitoramento constante do meio ambiente global, de seu ecossistema e da própria empresa.
- A segunda é a aceitação das mudanças assim que se mostrarem necessárias. Essa política, aliada à anterior equivale à manutenção da saúde por meio de exercícios diários, alimentação balanceada e *check-ups* anuais. Em outras palavras, trata-se de fazer um DO continuado.
- A terceira é a de, percebendo a aproximação da crise e **antes** que ela se instale, a cúpula administrativa adotar a prática de contratar uma firma de consultoria habilitada para orientar as mudanças que forem julgadas necessárias. Corresponde a consultar um bom e experiente médico assim que surgirem sintomas de alguma doença e, após, seguir suas prescrições.

Pelas linhas atrás, o leitor logo percebe que as intervenções fracassadas de DO ocorrem quando a crise já se instalou e os proprietários não querem mudar de comportamento. É análoga ao paciente que chega ao hospital horas depois de sentir um infarto e recusa o tratamento, por exemplo, parar de beber ou de fumar.

Assim sendo, para terminar convém prevenir o leitor tornando claro **o que não é DO**, embora muitos administradores pensem ser.

Portanto, **NÃO constitui intervenção de DO**:

1. levar a efeito uma tentativa de mudança por meio da elaboração de documentos, geralmente de manuais, especificando novas estruturas e procedimentos, o que é comum no setor público, resquício da cultura legiferante brasileira e cujos resultados práticos o leitor bem conhece;
2. propôr modelos para alcançar um estado futuro ideal, porém falhos por não ter sido corretamente avaliado o problema existente e ser desconhecida qual a fase futura que realmente deve ser atingida;
3. conduzir programas de treinamento para executivos e gerentes de vários níveis com o enfoque didático de fornecer conhecimentos em lugar de meios para eles auto-avaliarem e de "ensinar a aprender com a experiência", como se dispor de informações bastasse para ocorrerem mudanças de comportamento (Foguel & Souza, p. 59-60 e 68-72);

Existem, no entanto, intervenções de DO que, pela maneira conduzida, levam ao fracasso, como por exemplo:

1. enfocar somente o comportamento que, apesar de importantíssimo, não é o único fator, pois o tipo do ramo da empresa, sua história e fase de crescimento, bem como seu ecossistema, influem poderosamente para desencadear a situação de crise e indicar a melhoria desejada para o futuro;
2. tratar apenas com o nível gerencial, ou então, só com a cúpula diretiva dentro de um enfoque elitista comum a muitos consultores, quando a grande força da organização está no nível de supervisores e no de operações, que são a frente de batalha da empresa;
3. aplicar "pacotes" preestabelecidos, quando as organizações diferem umas das outras, e o que deu certo em uma não significa suceder o mesmo com as demais;
4. utilizar práticas metodológicas desenvolvidas em países com cultura diversa da brasileira, sem levar em conta que neste país existem diferenças marcantes com os mais industrializados da Europa e América do Norte (Souza, 1981, p. 12).

Além disso, a empresa de consultoria contratada pode se envolver em **missão impossível**. Um caso de nosso conhecimento foi o de uma grande organização estatal cujo presidente queria que ela voltasse a operar com a eficiência de seus primeiros anos de vida, décadas atrás. Acontece que ele não podia tomar a decisão mais importante, que era pôr na rua toda a diretoria nomeada por injunções políticas. Felizmente para a organização, essa medida foi tomada alguns anos mais tarde, quando o governo vendeu a empresa para a iniciativa privada.

Finalizando, este capítulo procurou mostrar que, tal qual a pessoa humana, a empresa sofre de doenças ocasionais, muitas delas causadas por "maus hábitos". Todavia, existe cura para a maior parte delas, mas desde que sejam detectadas a tempo, reconhecidas como tais e que haja vontade real de aceitar o tratamento recomendável. Assim sendo, o administrador precisa estar bem a par de todos esses processos, pois cabe a ele prever disfunções, diagnosticar as causas e promover as medidas que estiverem a seu alcance.

TÓPICOS PARA EXPOSIÇÕES

23.1.1 Ciclo de vida das empresas

Explicar que este capítulo parte do princípio de que é um erro supor que as organizações permanecem estáticas no tempo, quando o correto é considerá-las em contínuas mudanças causadas tanto por forças internas a elas quanto por externas provindas do meio ambiente. Fazendo analogia com o ser humano e tendo por base a Figura 23.1, explicar que: 1. pode-se inferir que as organizações passam por etapas de crescimento em termos de porte e faturamento; 2. cada etapa é precedida de uma fase de evolução seguida por outra de "revolução", que se não for superada leva a organização a se deteriorar no sentido de fechar encerrando os negócios, ser vendida ou falir; 3. as mudanças que permitem a organização superar as dificuldades de uma fase irão causar outras na seguinte, mas com diferentes características.

23.1.2 O método dialético aplicado à Administração

Explicar que as etapas esquematizadas na Figura 23.1 podem ser explicadas pelo método dialético vindo da Sociologia. Explicar as mudanças quantitativas que provocam alterações qualitativas. Aplicar à Administração a idéia sociológica das contradições, enumerando algumas observáveis em organizações.

23.1.3 Disfunções organizacionais

Explicar que uma das causas da deterioração de uma empresa é provocada pela cultura dos participantes, que, de alguma forma, dificultam as mudanças organizacionais. Explicar com exemplos: rigidez cultural; nepotismo; buropatologias; e a Lei de Ferro da Oligarquia.

23.2.1 Desenvolvimento *versus* deterioração

Tendo por base a Figura 23.3, explicar a Teoria do Campo, segundo a qual as organizações estão sujeitas a dois conjuntos de forças: um que tende a provocar a deterioração e outro que pressiona para o desenvolvimento. Explicar com exemplos que tais forças decorrem de causas externas e internas, sendo que estas últimas tanto são provocadas pelos participantes quanto pelos dirigentes.

23.2.2 Medidas para efetivar o desenvolvimento organizacional

Caracterizar com exemplos no que consiste a deterioração organizacional. Explicar que a tendência de deteriorar é contrabalançada pela ação de participantes que se apercebem da crise que se aproxima. Quando essa ação torna-se planejada, recebe o nome de Desenvolvimento Organizacional. Com base na Figura 23.4, exemplificar um caso de DO pela mudança das três variáveis culturais dos participantes. Para o DO ser eficaz e eficiente, são necessárias muitas condições específicas que, caso inexistam, tornarão a mudança impossível.

QUESTÕES DE APLICAÇÃO

1. Observa-se a existência de empresas que crescem até certo ponto em faturamento e número de empregados e daí para diante estacionam, mantendo, porém, um retorno razoável do capital aplicado e sem crises aparentes. Informe, justificando: a) tal fato contradiz o modelo de Greiner ou é apenas uma situação particular com mais longa duração, mas ainda dentro do esquema proposto de evolução e crises; b) se manter o mesmo porte é adequado ou não, pois se acredita que todas as empresas deveriam crescer continuamente, embora existam até livros negando isso, a exemplo do *Small is beautiful.*
2. Considerando que durante o crescimento a cultura da organização deve mudar para superar as crises, com base no Capitulo 19 e Figuras 17.1 e 23.1 informe, justificando: a) qual é o estilo do empresário adequado para a etapa "infância"; b) idem para a fase "meninice".
3. A história mostra que os governos procuram neutralizar de uma ou de outra forma os grupos desviantes que tentam provocar a mudança dialética. Assim, responda, justificando: a) uma sociedade democrática dos dias atuais não deveria restringir ações de fascistas que pregam a ditadura, pois se assim o

fizesse estaria contra as liberdades individuais; b) a empresa democrática não deve identificar e desligar os participantes que procuram sabotar e espalhar boatos a fim de desmoralizar a organização perante seus próprios empregados, pois caso o fizesse deixaria de ser democrática e estaria atrasando a mudança dialética qualitativa?

4. Você é consultor de empresas especializado em Processamento de Dados e foi convidado pelo jovem e recém-formado em Administração, filho do presidente da empresa da grande cadeia de lojas, que acaba de assumir a Diretoria Administrativa e, por isso, entusiasta em fazer uma intervenção de DO. Informe, justificando: a) pelo menos três razões para o fracasso da intervenção de DO que você tentasse levar avante; b) como e por que esse fracasso dificultaria uma segunda tentativa de intervenção de DO, embora em condições muito mais favoráveis.

DISCUSSÃO EM GRUPOS

O caso da empresa Saiel de instalações industriais

1. EVOLUÇÃO PELA CRIATIVIDADE E A CRISE DE GERÊNCIA. Pelo motivo de o Brasil ter na década de 1950 iniciado um período de crescimento industrial com a substituição de artigos importados por nacionais, foram construídas muitas fábricas novas e ampliadas as existentes. Com o fim de aproveitar essa alteração do ecossistema, o eletrotécnico holandês Van Sulz, após trabalhar em algumas empresas e naturalizar-se brasileiro, propôs sociedade a João Maia, um engenheiro eletricista, e a Fulton, brasileiro, mas filho de americanos e graduado em engenharia mecânica nos Estados Unidos. Dessa maneira, foi criada a empresa **Saiel — Sociedade de Artefatos e Instalações Elétricas Ltda.**, com a finalidade de executar instalações industriais elétricas e mecânicas para atender às necessidades de clientes que dirigiam indústrias.

   A empresa Saiel conseguiu muitos contratos de serviços, o que propiciou crescer em pessoal e faturamento, a ponto de, já no princípio da década de 1950, ter passado de micro para pequena empresa. Nessa fase inicial, destacava-se a informalidade, o espírito criativo e um esforço de todos sem ligar para horários e feriados.

   Todavia, embora o mercado continuasse promissor, no final dessa mesma década de 1950 a firma passava por uma séria crise gerencial, criada pela dificuldade de coordenar o crescente número de empregados e pela maior necessidade de conhecimentos administrativos não possuídos pelos sócios fundadores, pois dois deles eram engenheiros e o terceiro técnico em eletricidade.

2. EVOLUÇÃO PELA DIREÇÃO E A CRISE DE AUTONOMIA. Para pôr fim às constantes reclamações e queixas de clientes e ao desinteresse em assumir riscos por parte dos encarregados de obras que ficavam esperando por orientações, no início da década de 1960 os sócios resolveram contratar um consultor externo a fim de "pôr ordem na casa". Esse administrador profissional detectou que o problema estava na falta de formalização dos procedimentos e, também, de um nível intermediário entre a diretoria e os encarregados de obras. Por isso, elaborou Normas de Organização e Normas de Procedimentos, e orientou a contratação de engenheiros para ocuparem o nível recém-criado de fiscais de obras. Resolvidos tais problemas, a firma continuou crescendo até atingir mais de 300 empregados, mas dentro de oito anos estava de novo em dificuldades, porque as obras ficavam "amarradas" porque os engenheiros do segundo escalão, que "sabiam das coisas", viam os sócios-proprietários continuando a intervir nas obras. Chegou-se, assim, à **crise de autonomia**, na qual os possuidores de conhecimentos especializados não podem utilizá-los pela rigidez dos procedimentos formalizados.

3. EVOLUÇÃO PELA DELEGAÇÃO E A CRISE DE CONTROLE. A solução para a crise de autonomia é descentralizar, porém isso é dificultado tanto pela cúpula dirigente que recusa delegar, quanto pela falta de aptidão dos níveis gerenciais desacostumados que estão a decidir por si mesmos. No caso exemplificado, os sócios não conseguiram mudar a si mesmos, de sorte que as coisas continuaram de mal a pior e ainda agravadas pela recessão dos anos de 1965 e 1968. O resultado é que, na década de 1970, a empresa pediu concordata e acabou encerrando as atividades para não ir à falência.

Com base no exposto, que complementa a introdução feita no Capítulo 19 sobre a empresa **Saiel**, discuta e informe, justificando, a questão designada para seu grupo.

Questões para cada grupo responder

1. Redesenhe as fases de infância, meninice e adolescência da Figura 23.1, e nelas especifique: a) as fases com a indicação dos anos das alterações dialéticas **quantitativas**; b) idem para cada mudança dialética **qualitativa**.
2. Especifique qual mudança cultural dos participantes e da diretoria não ocorreu e, por isso, a empresa fechou.

3. Enumere os indicadores que mostravam a aproximação da crise que provocou o fechamento da empresa.
4. Redesenhe a Figura 22.3 e nela concretize: a) pelo menos três forças que causavam a deterioração que levou à primeira crise; b) três outras que promoviam o crescimento da firma (inclusive alguma externa).
5. Em uma intervenção de DO que poderia ter sido feita na segunda fase e antes de a crise final liquidar com a empresa, qual novo estilo deveria ser ensinado aos diretores, tendo por base: 1. as pressões da Figura 17.2; e 2. a denominação a ele dado por Ichak Adizes e por Blake & Mouton na Figura 17.1.

LEITURAS COMPLEMENTARES

MENEZES, Edgard J. C., SANTOS, Silvio A. Fatores condicionantes do crescimento empresarial: uma contribuição para a gestão do processo de varejo. **Revista de Administração**. São Paulo, FEA-USP, ano 32, n. 2, abr./jun. 1997. Resultados de um estudo que levantou os fatores endógenos nos negócios do ramo varejista, como planejamento, profissionalização, pagamentos, mudanças culturais, aprendizagem, vantagens competitivas, novas tecnologias e satisfação dos clientes.

ROIEK, Rosane S., BULGACOV, Sergio. Declínio organizacional e processo estratégico. In: **Encontro da ANPAD 23**, 19 a 22 set. 1999. Foz do Iguaçu. Resumo dos trabalhos — ENANPAD 99, p. 183. Pesquisa sobre o ex -Banco Bamerindus, que destaca seu declínio, cujas causas são, entre outras, externas, pelas mudanças dos fatores ambientais, e internas, pelos fracassos da cúpula diretiva com a centralização das decisões, o conservadorismo e a falta de profissionalização.

VASSALO, Cláudio. Perguntar não ofende. **Exame**. São Paulo, Abril, ed. 708, 23 fev. 2000. A empresa americana multinacional Procter & Gamble, com mais de um século e meio de vida (fundada em 1837), está buscando promover mudanças culturais significativas, a fim de continuar crescendo e se fortalecendo para sobreviver e se tornar mais lucrativa.

A HIERARQUIA DAS DECISÕES E AS ETAPAS DO PLANEJAMENTO

24

As sociedades de abelhas já têm suas operações programadas e não precisam decidir se devem continuar fabricando mel e cera ou se é preferível dedicarem-se a outro produto e, também, não necessitam alterar suas estruturas porque as operárias querem mais alimento para continuar a recolher polem das flores. Já as organizações humanas, por serem microssociedades artificialmente criadas, necessitam planejar suas operações iniciais, seguidas de contínuas reformulações por causa de seu meio externo estar em contínua mudança em termos de clientes, fornecedores, concorrentes etc.

Ora, planejar consiste em grande parte na tomada de decisões seqüenciais e, por isso, susceptíveis de serem hierarquizadas. Assim sendo, o primeiro objetivo deste capítulo é examinar o **sistema hierarquizado de decisões** existente nas organizações. O segundo será o exame da **estratégia de negócios**, analisada de acordo com as etapas do planejamento para **criar uma empresa** que não venha a fracassar. Essa seqüência começa com o exame do nível **estratégico**, continua com o do **integrativo** e finaliza com o do **operacional**, também seguindo uma hierarquia, agora por níveis de intervenção. Acontece que uma firma, após ser criada, sofre as pressões de seu meio ambiente, razão pela qual são necessárias contínuas adaptações para **mantê-la viável**. Este será o assunto analisado no final deste capítulo.

24.1 O SISTEMA HIERARQUIZADO DE DECISÕES

O esquema de processos operacionais exibidos na Figura 11.1 mostra as transformações operacionais que têm lugar nas empresas, a exemplo de pessoas curadas que foram doentes para o hospital, de carros consertados que entraram quebrados na oficina ou de bens produzidos a partir de insumos, estes na forma de matérias-primas compradas pela fábrica. Caso as sociedades humanas fossem pré-programadas como as de insetos, então, as transformações acima descritas não precisariam ser planejadas. Entretanto, como tal não ocorre, é necessário que, continuamente, sejam tomadas **decisões** sobre o que fazer. Essa explicação mostra que o esquema da Figura 11.1 precisa ser ampliado pela introdução de um nível acima das funções operacionais, ou seja, o da **função decisória**.

Essa função do administrador é tão importante que Herbert Simon propôs ser a organização um sistema decisório. Isto porque o trabalho para qualquer participante consiste, em parte, na escolha entre alternativas com o fim de basear suas ações destinadas a alcançar metas preestabelecidas (Robbins, p. 35).

24.1.1 Teoria das decisões

É claro que são necessárias muitas decisões de empreendedores antes mesmo de a organização ser constituída. Todavia, depois de serem criadas, muitas coisas se alteram durante o decorrer das operações das empresas, de sorte que continuamente precisam ser tomadas novas decisões em todos os níveis hierárquicos. Portanto, a função de decidir é permanente e, em conseqüência, também as estruturas correlatas, sempre intervindo no processo produtivo e dele obtendo respostas. Esse fato mostra que o sistema organização pode ser visto como formado por dois subsistemas, o **operacional** e o **decisório**, ambos hierarquizados em níveis de **intervenção**. Por sua vez, o subsistema decisório pode ser dividido em "sub subsistemas" em razão de as decisões serem levadas a efeito em várias etapas e não em uma única.

Dessa maneira, o artífice e o maquinista têm a função de tomar decisões sobre o que executam, da mesma forma que o camelô decide o que vender e em que local da cidade colocar sua banca, bem como onde comprar seus produtos.

Neste ponto é necessário tornar claro o significado da palavra **decidir**. Os dicionários e autores têm várias definições denotando coisas diferentes, porém uma nos pareceu mais aplicável à Administração.

Decidir indica o comportamento do indivíduo orientado para alcançar determinada meta por meio da escolha de um curso de ação entre as várias alternativas por ele percebidas (Kast & Rosenzweig, p. 384).

A Figura 24.1 esquematiza o subsistema operacional e o decisório, ambos hierarquizados por níveis de intervenções.

Para concretizar o processo da decisão, vamos partir de um exemplo. Dois supervisores demitidos de uma grande fábrica de confecções em virtude da recessão econômica resolveram aproveitar a experiência e o dinheiro recebido pelo FGTS de muitos anos de serviço para fundarem uma firma própria, em vez de engrossarem as filas dos desempregados. Para organizarem essa nova empresa, eles tinham dois caminhos para escolher: 1) o do ensaio e erro, ou seja, fazer e ver o que acontece, e 2) o do planejamento, isto é, **decidir entre alternativas** viáveis a fim de elaborar um plano antes de passar à ação. Examinaremos este último caminho, conhecido por processo decisório, já que sair por aí sem prever aonde ir dispensa qualquer estudo ou conhecimento, embora seja, em geral, o utilizado pelos pseudo-administradores.

Assim sendo, convém mostrar quais são as partes do processo decisório, não importando tratar-se de escolher o local para passar as férias, aproveitar oportunidades de mercado ou criar uma nova empresa. A Figura 24.2 esquematiza de forma simplificada os principais componentes do processo decisório, o chamado *decision making* da literatura americana (Kast & Rosenzweig, p. 392-395).

1. SITUAÇÃO PROBLEMÁTICA. Primeiramente, os dois ex-supervisores do exemplo estavam com o problema de escolher o que conviria ser "o nosso negócio". Diferentemente da acepção usual da Matemática, problema (ou "situação problemática") designa uma condição de dúvida sempre externa à pessoa, e que ela deseja ou precisa esclarecer. No caso, o **problema inicial** é: 1. a escolha de quais deverão ser as **necessidades de clientes** para satisfazer por meio de produtos ou serviços a serem fornecidos pela nova empresa; 2. as **restrições** oriundas de pressões originadas pelo **meio ambiente**.
2. ALTERNATIVAS. É intuitivo que uma situação problemática pode ser resolvida de várias maneiras, isto é, existe um número grande de alternativas. Assim, os dois amigos ex-supervisores consideraram a possibilidade de montarem uma butique, uma firma atacadista de tecidos para distribuição no interior e uma fábrica de fantasias para o carnaval, ou seja, apenas as alternativas $\mathbf{A_1}$, $\mathbf{A_2}$ e $\mathbf{A_3}$, sendo esta última a correspondente a $\mathbf{A_n}$ da Figura 24.2.

   Deve-se notar que poderiam ter pensado em uma empresa de processamento de dados, um pronto-socorro ou um sítio de criação de rãs, porém estes negócios estavam fora de suas vivências e conhecimentos técnicos e, por isso, não foram sequer cogitados. Isto porque, como vários autores afirmam, o ser humano não consegue lidar com mais de seis ou sete variáveis ao mesmo tempo, a menos que utilize sofisticados processos computadorizados. Por essa razão, o usual é levar em conta apenas uma quantidade limitada de alternativas, embora elas existam em número muito grande (Lawrence & Lorsch, 1972, p. 10).
3. PROBABILIDADE DE SUCESSO E GANHOS. São as variáveis associadas a cada alternativa, algumas susceptíveis de medição e outras inteiramente subjetivas. Assim, muito provavelmente a probabilidade de sucesso da butique é maior do que a da fábrica de fantasias, porém os "ganhos" devem ser menores, tanto em termos monetários quanto de satisfação pessoal. Neste ponto entra o exame de um assunto cuja análise exige uma disciplina de Administração inteira, que é o da **avaliação da qualidade de um negócio**, ou seja, onde o escolhido se localiza na escala cujos extremos são de um lado os bons e do outro os ruins (Zaccarelli, p. 75-88). Para isso é necessário avaliar toda a teia de transferências examinada no Capítulo 22, seguindo um processo que será resumido páginas adiante.
4. VALOR DAS ALTERNATIVAS. A probabilidade de sucesso para cada alternativa multiplicada pelo

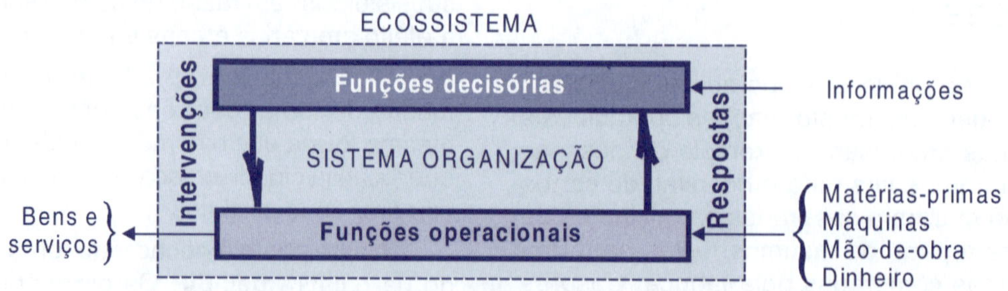

Figura 24.1 *O sistema organização visto como formado pelo subsistema operacional e pelo subsistema decisório.*

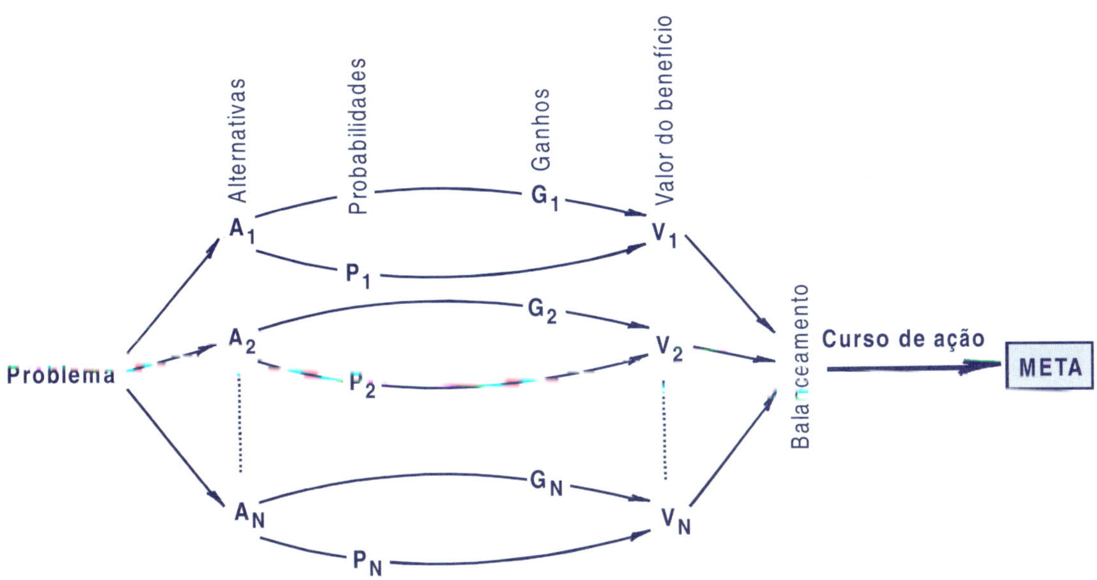

Figura 24.2 *Os componentes do processo decisório.*

ganho associado dá uma idéia de **valor do benefício**, ou seja, o lucro em função dos riscos para obtê-lo. Por exemplo, a Bolsa de Valores oferece ganhos maiores que os depósitos em Caderneta de Poupança, mas com possibilidades de perdas muito grandes, de sorte que o valor do benefício {como produto do lucro esperado pela probabilidade de sucesso) pode até ser inferior às aplicações que não sejam de risco.

É claro que se trata de assunto grandemente subjetivo, tanto assim que as corretoras de valores oferecem aos clientes diferentes *mix* de investimentos, conforme eles se classificam como agressivos ou conservadores. Nesse sentido, os jornais noticiam as aventuras de investidores agressivos, tendo sido citados, na década de 1990, os especuladores Nagi Nahas e Ricardo Mansur, que obtiveram grandes lucros seguidos de enormes prejuízos.

5. BALANCEAMENTO. Depois de calculado o valor benefício para cada alternativa, sua comparação permite avaliar qual deles pode propiciar maior **vantagem competitiva**. Assim, é possível que os dois ex-supervisores tivessem feito o balanceamento dos valores de cada alternativa e escolhido a correspondente à fábrica de fantasias para o carnaval. Isto porque devem ter dado a ela um ganho maior por razões subjetivas de fazerem algo diferente, mas ainda dentro do ramo de confecções que estavam acostumados, fato esse que eleva o valor do benefício, mesmo havendo menor probabilidade de sucesso em termos de lucratividade.
6. CURSO DE AÇÃO E META. O passo seguinte à escolha da alternativa é formalizá-la por meio de um **curso de ação** com o fim de atingir determinada **meta**, isto é, tomar medidas concretas para alcançar resultados também concretos, tanto em termos qualitativos quanto quantitativos e dentro de um prazo preestabelecido.

24.1.2 As etapas do processo decisório que resultam em um plano

A decisão que resultou na escolha da fábrica de fantasias constitui apenas a primeira etapa na solução do problema percebido, pois introduz outros subproblemas a resolver. A esquematização da busca de soluções pode ser feita com auxílio das funções operacionais descritas nos Capítulos 11, 12 e 13, seguindo a hierarquia de precedências. Dessa forma, ter-se-ia a seguinte seqüência, com alguns quesitos a serem determinados.

1. VENDAS. Número e capacidade de compra de clientes das escolas de samba e/ou das lojas de vestuários.
2. PRODUÇÃO. Local das oficinas e determinação das máquinas necessárias.
3. COMPRAS. Escolha de fornecedores de panos e adereços, suas condições de pagamento e de prazos de entregas.
4. PESSOAL. Mão-de-obra necessária em termos de quantidade e qualificação profissional, além de uma **ideologia** para os participantes da empresa (que será examinada com detalhes no fim deste capítulo).
5. DINHEIRO. Investimentos necessários e bancos para operações financeiras.

As decisões resultantes da análise de cada um desses itens fazem surgir novas alternativas a escolher, de sorte que o processo decisório consiste na decomposição de problema inicial em subproblemas na forma de uma sucessão de etapas. Embora esse não seja o hábito, os resultados alcançados em cada etapa devem ser concretizados pela elaboração de um documento escrito que é o **plano** (Rebouças, p. 20-22). A Figura 24.3 mostra essa ramificação do problema inicial em subproblemas, bem como as sucessivas etapas até chegar à solução final (Mesarovic *et alii*, p. 44-45).

No exemplo da fábrica de fantasias, o subproblema de localizar as instalações industriais pode ter sido solucionado com o aluguel de um galpão, o que provoca um novo problema: o do *layout*, ou seja, como dispor as máquinas de cortar e costurar de acordo com o formato e dimensões do imóvel. Agregando todos os problemas e suas soluções, o processo decisório termina em um **plano final**, o que não é uma novidade, pois corresponde aos projetos exigidos pelos órgãos públicos e privados para concederem empréstimos a novos empreendimentos ou ampliações dos existentes. Nesse documento, deve estar discriminado o que for necessário para criar uma organização supostamente viável, detalhando tanto as funções operacionais quanto a departamentalização, ambas necessárias para concretizar o sistema empresa.

Um aspecto que os livros de criação de empresas não destacam é o da necessidade de o plano comprovar se o empreendimento é viável ou não, ou seja, se é capaz de compensar o capital investido. Caso a resposta seja negativa ou mesmo duvidosa, o mais indicado é começar tudo de novo, porém com outro tipo de negócio que possa ter clientes em número suficiente para torná-lo atrativo. A razão de muitos empreendimentos fracassarem talvez esteja na falta das análises sugeridas linhas atrás, que se tivessem sido realizadas mostrariam, de antemão, dificuldades intransponíveis para a nova empresa.

24.1.3 Características da hierarquização por intervenções dos subsistemas decisórios

Decidir entre alternativas é uma função administrativa que necessita de estrutura definida para concretizá-la. Esta pode ser constituída por um só indivíduo (no caso da estrutura simples da microempresa), por grupos de participantes (os da tecnoestrutura da burocracia) ou por toda a organização (as equipes da adhocracia), conforme detalhado no Capítulo 19. Ora, funções e estrutura formam sistemas, de sorte que se pode intuir ser o processo decisório um sistema caracterizado por ter a finalidade de escolher cursos de ação entre alternativas.

Por outro lado, foi visto no item anterior que esse processo é levado a efeito em etapas seqüenciais, o que permite inferir ser possível e, também, conveniente dividir o sistema decisório em subsistemas e, ainda mais, hierarquizá-los de acordo com a sucessão de subproblemas que vão surgindo à proporção que as soluções parciais são alcançadas. Temos, assim, uma **família de subsistemas decisórios**, os quais devem obedecer ao modelo de **hierarquização por níveis de intervenção**, pelo motivo de estarem dispostos em paralelo. Dessa maneira, temos o seguinte:

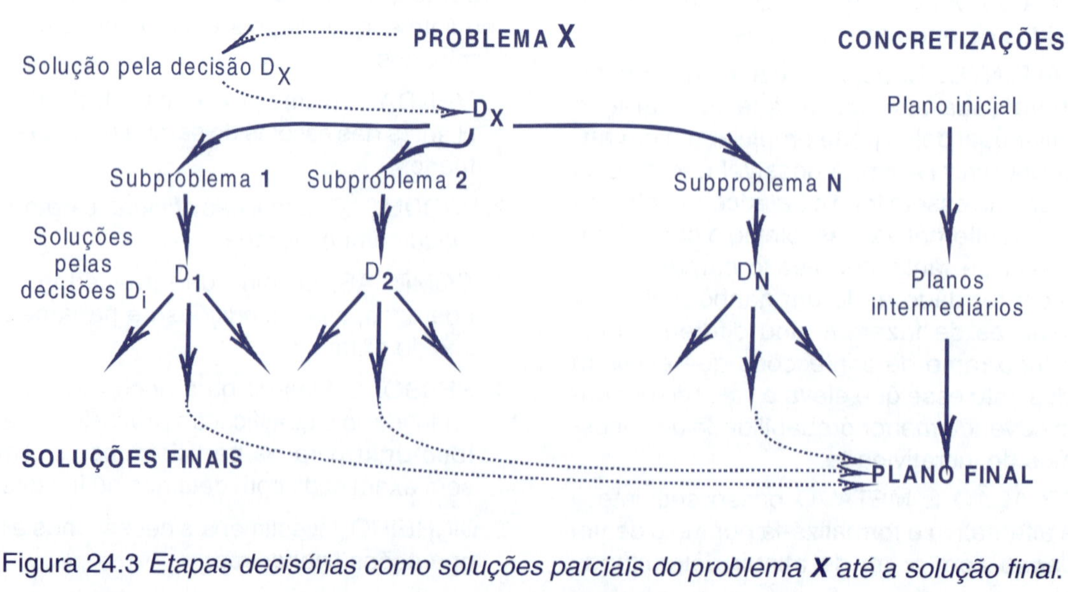

Figura 24.3 *Etapas decisórias como soluções parciais do problema **X** até a solução final.*

1. o nível superior é caracterizado por problemas de mesma espécie, cujas soluções parciais constituem subproblemas para o nível inferior resolver;
2. a intervenção do nível superior consiste em determinar que o inferior detalhe o plano parcial recebido, tendo por missão reduzir as incertezas pelas generalidades a ele inerentes;
3. a resposta deste nível é a informação comunicando as soluções parciais alcançadas, ou então justificativas por não tê-las conseguido, com pedidos de novas instruções ou esclarecimentos;
4. naturalmente, caso o nível inferior não consiga reduzir as incertezas, o superior terá que fornecer novas informações ou reformular a decisão anteriormente tomada.

O exemplo da fábrica de fantasias esclarece melhor o exposto. Assim, o nível mais elevado dos dois sócios tem a função de decidir os aspectos **estratégicos**, entre os quais se inclui o de escolher qual será o "nosso negócio" em termos da viabilidade de haver clientes para o produto, ter o *know-how* para as confecções e dispor de numerário para os investimentos. Completada essa função, os dois sócios podem até contratar uma firma especializada para conseguir financiamentos junto a organizações de créditos com programas de auxílio a micros e pequenas empresas. Isto para solucionar subproblemas, como vender fantasias diretamente para escolas de samba ou para lojas de vestuários em *shoppings*, bem como programar as necessidades de aportes de dinheiro para os ativos imobilizados e circulantes. Dessa maneira, a firma de consultoria decidirá em nível **tático**, que é o imediatamente inferior ao dos sócios, podendo descer até chegar ao primeiro, ou seja, o das decisões **operacionais**, caso for incumbida de detalhar os métodos e procedimentos das funções de transformação.

Caso os sócios se incumbissem, eles mesmos, de decidir nos dois níveis abaixo do estratégico, o modelo ficaria invalidado? Não, porque eles assumiriam o papel da firma de consultoria, ou seja, decidiriam, também, nos níveis tático e operacional.

24.2 ETAPAS E NÍVEIS DO PLANEJAMENTO

Quem pretende aproveitar as férias para descansar em algum lugar precisa **planejar** a viagem após tomar uma série de decisões, sendo uma delas a do lugar que convém ir. Essas são as iniciais, mas a elas devem seguir outras decisões, que necessitam ser tomadas durante todo o passeio, por exemplo, onde passear à noite. De forma semelhante, para criar uma empresa é necessário decidir sobre vários assuntos, como examinado nos itens anteriores, seguindo um processo chamado de **planejamento** que culmina em um **plano de ação**.

Iniciadas as operações desse novo negócio, outros tipos de decisões precisam ser tomadas em razão de fatos inesperados ou não, estando entre estes últimos as crises de crescimento que são difíceis de evitar, conforme explicado no capítulo anterior.

24.2.1 O que é planejar e quando deve ser levado a efeito

As decisões destinam-se a um processo mais geral, que é o de planejar, sendo esta uma das funções do administrador. Para tornar mais claro o significado da palavra pode-se adotar uma definição simples.

Planejar é fazer o esboço de um futuro desejado, com os meios efetivos de realizá-lo (Ackoff, 1974, p. 1).

No exemplo dos ex-empregados que se associaram, o futuro almejado era a concretização de um negócio próprio, o qual exigirá decisões sobre clientes a satisfazer e meios em termos monetários, físicos (local e equipamentos), mão-de-obra e *know-how*. Para isso são necessárias três atividades diferentes, mas complementares, ou mais especificamente:

1. **descobrir** negócios rentáveis, que no exemplo citado foram butique, tecidos por atacado e fábrica de fantasias;
2. **criar** outras alternativas, ou seja, inventar novas atividades, como a já mencionada fabricação de plumas de plástico para escolas de samba, produto esse que era inexistente no mercado;
3. **solucionar** problemas gerados pelas alternativas, o chamado *problem solving*.

Neste ponto, deve-se destacar que as duas primeiras atividades caracterizam o **empreendedor** e a terceira, o **empresário**. Este último procura resolver os problemas que se apresentam dividindo-os em etapas, as quais chamaremos de estratégica, integrativa e operacional, como mencionadas linhas atrás.

Entendido no que consiste o planejamento, resta, agora, explicar as ocasiões em que precisa ser levado a efeito e, também, quais devem ser os principais tomadores das decisões.

1. CRIANDO A ORGANIZAÇÃO. A Figura 2.1 mostra, na espiral que se desenvolve no tempo, ser o planejamento a primeira função seqüencial do administrador, que no exemplo dos desempregados foi a de satisfazer clientes desejosos de fantasias produzidas em uma fábrica. Dois aspectos devem ser destacados:

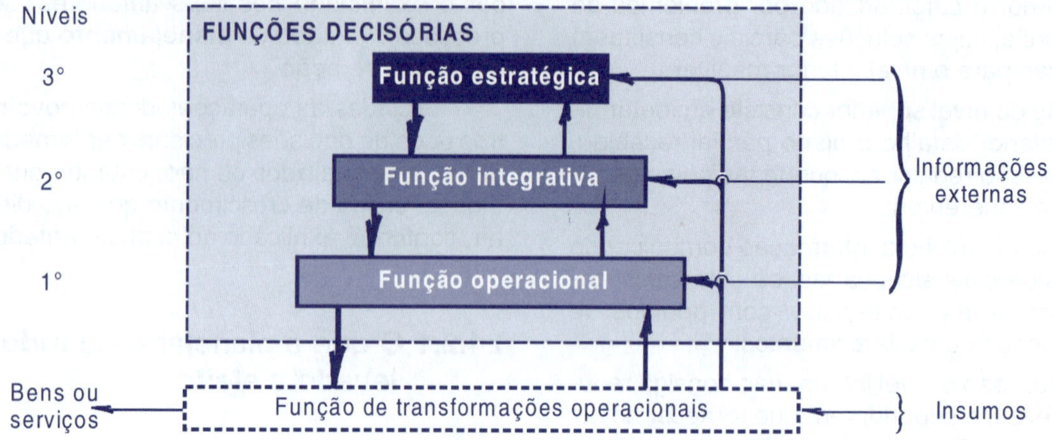

Figura 24.4 *Os três subsistemas do sistema decisório de planejamento, hierarquizados por intervenções.*

- o planejamento inicial cabe aos proprietários, ou seja, aos **empreendedores** no sentido dos que criam negócios para satisfazer um mínimo de clientes que os tornem rentáveis;
- a implantação do planejado a fim de concretizar o futuro desejado (segundo a definição de linhas atrás), seguido da função de operar e depois da de avaliar as metas alcançadas, comparando as anteriormente previstas e com a nova realidade criada pelas alterações internas da organização e pelas mudanças do ecossistema.

2. ADMINISTRANDO A ORGANIZAÇÃO. Observa-se na Figura 2.1 que a função de planejar repete-se em uma seqüência de períodos, entre os quais se destacam os que ocorrem em função das crises pelas quais deve passar a organização, como exibidas na Figura 23.1. No caso já mencionado da empresa Saiel, os sócios planejaram a mudança orientada para a formalização dos procedimentos quando o maior porte dificultou os controles da execução de obras e consumo de materiais.

O aspecto a ser destacado é que, na primeira volta da espiral da Figura 2.1, o passo inicial é do **empreendedor**, por ser quem cria a organização, enquanto nas voltas seguintes é de responsabilidade do **empresário**, ou seja, o dirigente que mantém a empresa viável no tempo.

24.2.2 Os três níveis de planejamento

Neste ponto o leitor poderá perguntar: quantos níveis decisórios o sistema hierarquizado deve ter? A resposta é: quantos forem necessários. Entretanto, autores como Mesarovic e Ansoff acham suficientes apenas três: o **estratégico**, o **integrativo** e o **operacional**.

É importante destacar que cada qual concretiza um tipo de planejamento correspondente a esses três termos. A Figura 24.4 esquematiza esses tipos de processos, detalhando, pois, o único nível do esquema da Figura 24.1.

Cada nível corresponde a uma etapa diferente do processo de planejar. Isto porque o número de subproblemas a resolver é cada vez maior e, concomitantemente, mais específicos (em razão de a generalidade diminuir à medida que são solucionados), o que determina tipos diferentes de planejamentos, ou seja, respectivamente o planejamento estratégico, o integrativo e o operacional. Como mencionado anteriormente, cada um deles é concretizado por um **plano** na forma de documento escrito, fruto de **metodologia** com prescrições determinadas para cada etapa e que a seguir será resumida.

1. PLANEJAMENTO ESTRATÉGICO. O planejamento estratégico caracteriza-se por interligar as necessidades sociais de clientes com as finalidades da organização que é de satisfazê-las, tendo por **restrição** as pressões do meio ambiente. Nos exemplos já dados, corresponde à criação da fábrica de fantasias e, também, à modificação da linha de produtos, que passou a produzir plumas artificiais. Apenas para mostrar alguns princípios, será destacado que o planejamento estratégico se refere a:

   - verificar quais são as necessidades de clientes a satisfazer e o número provável de compradores;
   - estabelecer uma linha de bens ou de serviços a elas correspondentes;
   - avaliar as restrições dos fatores ambientais desse ramo de negócios;
   - especificar as funções de vender, produzir, comprar as matérias-primas, movimentar mão-de-obra e obter financiamentos;

- delinear a estrutura necessária para concretizar as funções.

Operacionalmente parte-se de informações sobre o **ecossistema** e sobre as capacitações **internas da organização** (como recursos disponíveis de conhecimentos, equipamentos, dinheiro etc.), e de acordo com **processos** criativos e decisórios planeja-se um **estado futuro** consubstanciado pelo **plano estratégico**. A obtenção dos dados externos tem que ser feita pelos próprios empresários, pois estão dispersos, variam com o lugar, o tempo e, sobretudo, sem um sistema informatizado para supri-los (Drucker, 1999, p. 102-103). Por outro lado, as informações internas (no caso de a organização já existir) podem ser fornecidas pelo sistema de processamento de dados pelo fato de serem quantificáveis.

O modelo básico para o planejamento estratégico é o das variáveis culturais, estabelecendo-se os produtos e processos, as estruturas e normas e, implicitamente, os sentimentos permitidos. Portanto, determina as linhas mestras da nova cultura (ou modificações da existente).

Deve-se destacar que, diferentemente de ser aplicável só às multinacionais ou às corporações, o planejamento estratégico é válido para qualquer tipo de organização, desde que se façam ajustes de acordo com o porte de cada uma delas. Talvez a idéia dessa limitação decorra da origem do termo, a dos planos militares para a conquista de nações e, também, do seu uso por autores voltados para a administração das *corporations* americanas, como Ackoff, Drucker, Ansoff e Porter.

Outro ponto a destacar, e pouco referido pela literatura de administração, é que o planejamento estratégico não objetiva só o crescimento de vendas ou o aumento dos lucros, podendo limitar-se apenas ao desenvolvimento organizacional no sentido de melhor adaptar a empresa ao seu nicho ecológico, como faz a engenharia genética que procura mudar plantas e animais, não para torná-los maiores e sim mais resistentes a doenças e pragas. Além disso, é viável um planejamento estratégico para vender a empresa, comprar outra, reduzir a produção com a correspondente alienação de imóveis, máquinas, estoque e venda de registro de marcas e patentes e, por que não, para encerrar definitivamente as atividades.

A exposição feita apenas introduziu o assunto, devendo os mais interessados consultar a literatura existente, por sinal muito extensa.

2. PLANEJAMENTO INTEGRATIVO (OU TÁTICO). A distinção entre o planejamento estratégico e o integrativo (também denominado tático) raramente é tornada clara (Ackoff, 1974, p. 3). Todavia, Sergio B. Zaccarelli, partindo do modelo sistêmico de decisões hierarquizadas proposto por Mesarovic, distinguiu melhor o planejamento integrativo com sua metodologia para operacionalizar essa etapa de mudança organizacional. Assim, com base no plano estratégico determinado pelo nível decisório hierarquicamente mais elevado, o nível inferior das decisões integrativas procura solucionar os subproblemas que recebe por meio de critérios que determinam o **grau de ênfase** a ser dado a cada uma das funções e subfunções operacionais. Por exemplo, no caso da fábrica de fantasias, o plano estratégico tem a primazia de estabelecer que o produto destina-se tanto às escolas de samba quanto às lojas de departamentos. Essa decisão cria o subproblema para ser resolvido pelo nível inferior, que é o da ênfase a ser dada aos estilos das fantasias, que será alta para a venda às lojas (porque exigem criatividade e modelos variados bem feitos) e baixa para as escolas de samba (que determinam os desenhos para grandes lotes e aceitam peças mal-acabadas).

Por uma questão de uniformidade na fabricação, é possível que o nível integrativo decida pela ênfase baixa a ser dada ao "projeto do produto", o que torna desnecessária a contratação de estilista de roupas. Valendo-se do seu direito de influência, o nível inferior comunica essa decisão ao superior, o qual pode aceitá-la reformulando sua determinação anterior e, assim, alterar sua instrução inicial, concordando em vender apenas às escolas de samba, e não às lojas de departamentos.

É importante observar que essa metodologia tem várias implicações. Primeiramente, o plano estratégico não é definitivo e pode ser aperfeiçoado pelas decisões do nível integrativo, dentro do processo de retroalimentação pela resposta com nova intervenção. Em segundo lugar, a ênfase alta, média ou baixa decidida para uma subfunção operacional reflete nas demais. Assim, com a ênfase baixa dada ao "projeto do produto" (que é o estilo das fantasias), a subfunção de "concorrências" de suprimentos deverá ter ênfase alta, pois os lotes de tecidos serão grandes e pequenas diferenças de preço influirão nos custos do produto final (Zaccarelli & Kwasnicka, 1978).

O leitor poderá perguntar: qual será a seqüência a ser dada na sucessão de ênfases? Em primeiro lugar, deverá acompanhar a **hierarquia de intervenções** das funções operacionais, isto é, vender, produzir, comprar, movimentar pessoas e movimentar dinheiro, e, em segundo lugar, para cada uma delas, seguir a **hierarquia de precedências** das subfunções. Exemplificando com a função comprar, se a ênfase dada à subfunção "promover concorrências" for alta, então a mesma também deverá ser dada para a precedente "pesquisar mercado fornecedor", como é fácil de entender.

Depois de determinar todas as ênfases das subfunções operacionais dentro do processo interativo com o nível estratégico, o resultado final é um documento que consubstancia o **plano integrativo (ou tático)**.

3. PLANEJAMENTO OPERACIONAL. O planejamento operacional caracteriza-se por determinar os **cursos de ação** para os processos de transformação seguirem com o fim de produzir bens ou prestar serviços. O ponto de partida é o plano integrativo e o resultado final é o **plano operacional**, que consiste em um conjunto de normas de procedimentos, padrões a serem obedecidos e normas de organização que prescrevem as funções e estruturas das unidades administrativas.
   - **Vender**. Listas de linhas de produtos que contêm as especificações técnicas, preços, descontos e prazos de fornecimentos para cada item fabricado.
   - **Produzir**. Projeto do produto no qual são incluídos desenhos, especificações e tolerâncias a serem obedecidas.
   - **Comprar**. Requisições de compras de acordo com formulários padronizados.
   - **Movimentar pessoas**. Formulários relativos a subordinados para serem preenchidos por todos os gerentes e supervisores.
   - **Movimentar dinheiro**. Exigências quanto à documentação necessária para ser apresentada pelos credores a fim de receberem os pagamentos a que tenham direito.

Dois pontos são importantes de serem destacados. Em primeiro lugar, a **variável cultural** mais enfatizada é a das tecnologias, porém, sem descurar a dos preceitos por meio das normas de procedimentos, ficando por último a da expressão de sentimentos. Em segundo lugar, pelo fato de os cursos de ação serem repetitivos e, também, de lidarem com **quantidades**, é de todos os três níveis de planejamento o que mais pode utilizar o **computador** para otimizar as decisões. Para aumentar a eficiência dos procedimentos foi desenvolvida, no início da segunda metade do século 20, a chamada Teoria Matemática da Administração.

24.2.3 Teoria Matemática da Administração

Seu nome deriva do fato de serem empregados modelos matemáticos para a solução de problemas administrativos, poucos em nível integrativo e vários em nível operacional (Chiavenato, p. 706-729). As mais utilizadas são englobadas sob a denominação de pesquisa operacional.

A pesquisa operacional é a tradução de *operations research*, desenvolvida durante a Segunda Guerra Mundial para otimizar as decisões destinadas a fins militares, e posteriormente aplicadas para melhorar as decisões organizacionais em nível das transformações (Ellenrieder, p. 3-9). Como se observa, o nome não esclarece muito, razão pela qual é melhor dar alguns exemplos de aplicações destinadas a otimizar subfunções operacionais.

1. FILAS DE ESPERA. Nos supermercados existe o dilema de colocar poucos caixas (medida que reduz os custos, mas também as vendas por afugentar clientes em razão de longa espera em filas), ou então aumentar o faturamento pela ampliação do número de "postos" de pagamento (porém elevando as despesas pelo acréscimo de máquinas registradoras, empregados e espaço ocupado). Intuitivamente, percebe-se que deverá existir um número ótimo de caixas, o qual poderá ser determinado por meio de modelos desenvolvidos pela pesquisa operacional. Problema semelhante ocorre na manutenção de máquinas e equipamentos das fábricas, pois se o número de postos de conserto for pequeno, muitas máquinas quebradas ficarão esperando para ser reparadas, e se for grande, os custos serão elevados, de sorte que deverá existir um número ótimo que poderá ser determinado ainda com auxílio da pesquisa operacional.
2. PROGRAMAÇÃO LINEAR. O exemplo clássico é o das rações balanceadas para animais. Estas são compostas por farelo, milho, farinha de ossos, aditivos vitamínicos etc., tendo a finalidade de fornecer quantidades mínimas e máximas de sais minerais, proteínas, glicídios e vitaminas. Cada um dos ingredientes que compõem a ração tem um preço diferente que varia com a sazonalidade das culturas, de sorte que para manter os compostos alimentares dentro dos limites exigidos com o mínimo de custo é necessário balancear continuamente as quantidades de insumos, o que só é viável de fazer com o uso de computadores, tão complexos que são os cálculos. Para isso, foram desenvolvidos modelos matemáticos conhecidos por programação linear.
3. ESTOQUES. Um supermercado pode ter prateleiras tão grandes que nelas se possam colocar uma enorme quantidade de mercadorias com o fim de reduzir o risco de virem a faltar. Porém, o custo crescerá grandemente, a ponto de as despesas financeiras com estoques elevados e o aumento da

amortização das áreas construídas poderem até inviabilizar o empreendimento. Uma solução seria reduzir os estoques fazendo pedidos aos fornecedores de pequenos lotes. Entretanto, haverá a possibilidade de faltar mercadoria e, com isso, afugentar clientes, além de aumentar os custos pelos pedidos constantes de quantidades diminutas. O mesmo problema ocorre com as fábricas, sendo ainda mais sério no caso de faltar matéria-prima, que pode paralisar linhas inteiras de produção. A solução é encontrada com o uso de modelos probabilísticos que permitem dimensionar estoques mínimos sem muito perigo de faltas e, conseqüentemente, com redução de custos.

Além desses métodos existem outros, como **programação dinâmica**, **teoria das ordenações** (para otimizar cargas em máquinas), **teoria da confiabilidade** (para a previsão da vida útil de equipamentos e, portanto, as necessidades de substituições) e, por fim, os conhecidos **métodos do caminho crítico**, a exemplo do CPM (*critical path method*) e do PERT (*program evaluation and review technique*), destinados ao planejamento de atividades e já mencionados no Capítulo 10.

Como se pode observar, as descrições feitas têm a finalidade de apenas fornecer algumas informações ao leitor sobre os métodos da pesquisa operacional, bem como despertar seu interesse pelo assunto, mas sem dar a ele condições de aplicá-los às situações reais. Para isso é necessária a freqüência a cursos formais, como os ministrados em Escolas de Engenharia de Produção, tanto em nível de graduação quanto de pós-graduação, pois envolvem conhecimentos de Matemática e Estatística, além do processamento de dados por computador.

24.3 MANTENDO A ORGANIZAÇÃO VIÁVEL

Examinando a Figura 23, observa-se que, após a implantação do plano operacional, segue-se um período de crescimento até chegar à crise da fase seguinte, onde deve ter início novo planejamento estratégico. Assim, a empresa cresce alternando os comportamentos **competitivos** (quando a meta é obter o retorno do capital pelas trocas com a sociedade dos bens e serviços, visando a eficiência) com os comportamentos **empreendedores**, ou estratégicos (quando a meta é mudar a cultura a fim de vencer a deterioração organizacional, buscando a eficácia). Como já explicado, o próprio sucesso obtido pelo comportamento competitivo — eficiente na fase evolutiva — tende a manter a cultura organizacional, mesmo quando as condições externas provocam o início da crise.

Com isso, os hábitos criados pelo cotidiano estável que tornam a cultura esclerosada geram grandes forças contrárias às mudanças necessárias para vencer a deterioração e promover o desenvolvimento pelo comportamento empreendedor.

Esse fato, na era industrial das organizações burocráticas, podia ser sobrepujado tendo em vista a lentidão das alterações sociais. Entretanto, na era pós-industrial das incertezas, a estabilidade da cultura organizacional assume importância capital pelo fato de ser capaz de impedir todas as tentativas de desenvolvimento e, com isso, levar a organização a fechar as portas ou então a falir (Ansoff *et alii*, p. 51-59).

24.3.1 Administração estratégica

A organização no seu período saudável assemelha-se à pessoa com boa saúde que, por isso, se excede no trabalho, na comida, no sexo e em muitas outras coisas mais, o que provoca alguma doença insidiosa. O comum em sua fase inicial é não dar importância aos tênues sinais de alguma disfunção, que quando se tornam mais evidentes é tratada com pílulas ou chazinhos. Só quando a doença se agrava é que se vai ao médico e depois à sala de operações ou coisa pior. De forma semelhante, os dirigentes de uma empresa podem perceber sinais de disfunções mas resistirem a tomar medidas preventivas para que não se agravem, até o momento onde nenhuma cirurgia é capaz de salvar a organização do fracasso.

Na tentativa de minimizar tais dificuldades, na década de 70 surgiu nos Estados Unidos uma nova proposta que ficou conhecida por **administração estratégica**, caracterizada por um processo contínuo de diagnóstico da situação interna e externa à organização, e de planejamento, implantação e operação (Gaj, p. 26-27). Assim, procura acomodar as duas subculturas (competitiva e empreendedora) consideradas desviantes aceitáveis de uma cultura que, conforme a situação externa, oscila para um lado e para outro de dois extremos (Ansoff *et alii*, p. 76-79 e 88-89).

Dessa forma, ambas subculturas coexistem durante todo o tempo de vida da empresa, de sorte que a função de planejar é concomitante e paralela com a de operar, porém com estruturas diversas, já que são subculturas diferentes (Radosevich, p. 179-181).

Diante dessa justaposição das fases competitivas e empreendedoras, propomos um modelo integra-

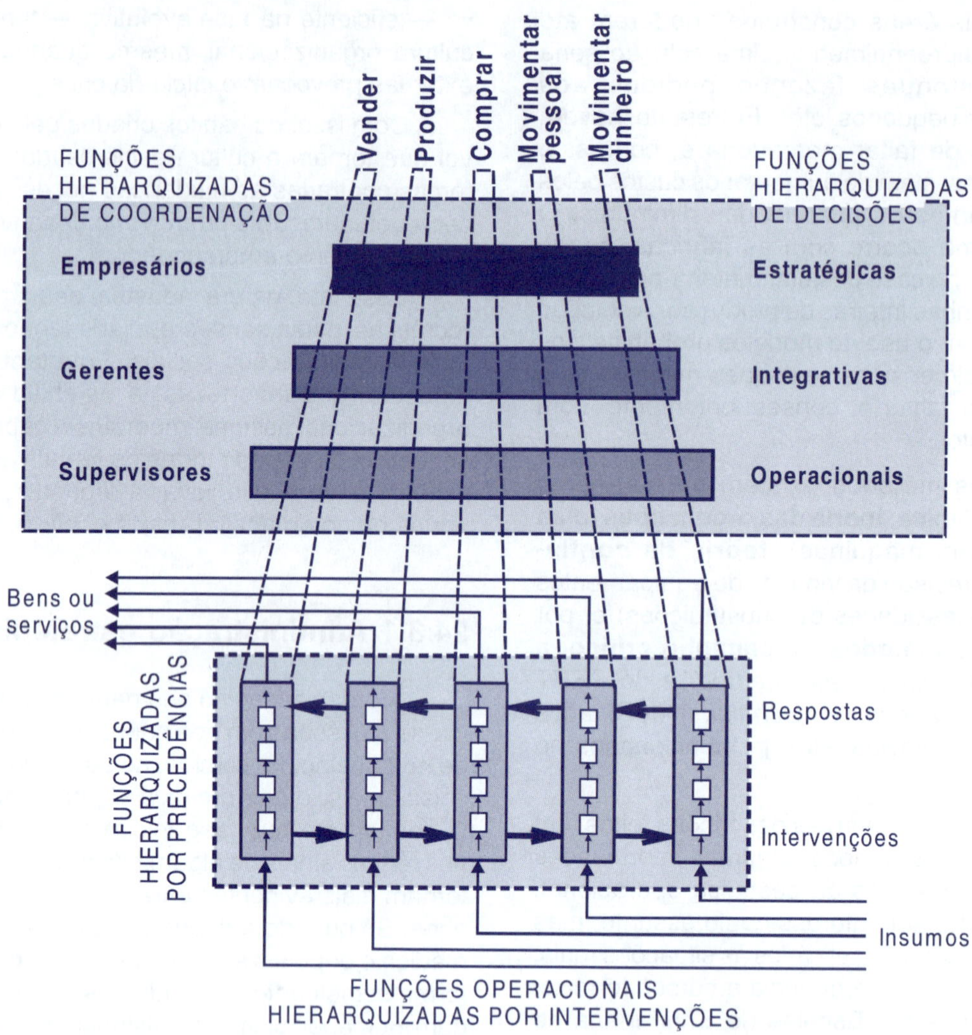

Figura 24.5 *Modelo integrativo do planejamento com as funções operacionais e a coordenação.*

tivo dos vários sistemas hierarquizados, conforme esquematizado na Figura 24.5.

Esse modelo pode parecer complexo, porém nada mais é que a justaposição dos esquemas explicados em capítulos anteriores, cujas características principais devem ser examinadas.

1. A mudança decorre da percepção de uma situação atual considerada insatisfatória para outra futura desejável, a exemplo de uma com redução das vendas para uma seguinte com faturamento maior.
2. As dificuldades estão em como resolver satisfatoriamente o **problema da passagem** da primeira para a segunda situação (Zaccarelli, 2000, p. 60-61).
3. Envolve os três tipos de planejamento que acompanham os níveis decisórios, isto é, estratégico, integrativo e operacional.
4. Esses níveis devem corresponder aos níveis da hierarquia de coordenação, respectivamente de diretores (os empresários), gerentes e supervisores, pois, como já exposto, os participantes de cada um desses escalões têm atitudes diferentes para com os problemas organizacionais.
5. A seqüência horizontal do planejamento segue a hierarquia de intervenções, que inicia com marketing e finaliza com recursos humanos.
6. Dentro de cada uma dessas cinco funções operacionais, a seqüência é a das subfunções hierarquizadas em precedências.
7. O processo é **contínuo**, isto é, não são feitos grandes planos estratégicos, integrativos e operacionais para implantações intermitentes e sim ajustes nos três níveis decisórios à proporção que o ecossistema se altera e a deterioração se manifesta.
8. As estruturas são fixas ou mutáveis, porém o modelo envolve apenas as funções e, desta maneira, uma aquisição pode ser feita pelo encarregado da Seção

de Compras e outra pelo diretor da Produção, ou, então, uma decisão operacional ser tomada por um gerente e outra por um executor na linha de produção.

9. O fator preponderante na estratégia é o **meio ambiente**, pois a própria empresa é um agente perturbador que causa reações adversas dos concorrentes e inesperadas de clientes e fornecedores (Zaccarelli, 2000, p. 46).

Evidentemente, a administração estratégica cria novos desafios, por exemplo, exigir maior ênfase na integração de unidades diferenciadas, tanto assim que é preciso tornar a mudança como fato normal na vida da organização, o que é tentado por meio da **aprendizagem interna planejada** (Ansoff *et alii,* p. 89).

Esse processo de mudança não admite receitas (porque cada caso é diferente de outro) e sim diretrizes gerais, sendo uma delas a manutenção de uma ideologia voltada para o desenvolvimento da organização.

24.3.2 Criando e mantendo a ideologia da organização

A palavra ideologia tem uma conotação negativa que a torna omissa na maior parte dos livros tradicionais sobre Administração, da mesma forma que encobre a ocorrência de furtos por participantes das organizações e de informações falsas de toda sorte. Uma explicação está na ênfase dada à cultura ideal em detrimento da real, ou seja, no que deve ser em lugar do que é. Todavia, como já explanado, a escola de relações humanas faz muitas referências ao boato por considerá-lo prejudicial para a eficiência da produção. Por outro lado, encontra-se literatura específica sobre esses três assuntos negligenciados em livros escritos especialmente para prevenir o administrador sobre seus efeitos e ensinar como sobrepujá-los. Nesse sentido, abordaremos a ideologia que o empreendedor tem que criar para tornar sua empresa viável e duradoura no tempo.

Uma pergunta poderia ser feita: o administrador deve criar em seu planejamento estratégico inicial uma ideologia para a empresa? A resposta é simples e direta: **deve** e **pode**. Ao fundar uma empresa própria, mesmo inconscientemente, o empreendedor cria uma ideologia. Por exemplo, no bar da esquina, cuja tecnologia consiste em vender salgadinhos frios e café requentado, o dono pode, sem perceber, criar preceitos tais como: "aqui se reaproveita tudo" (norma); "o empregado é um mal necessário" (crença) e "é desagradável ter que atender clientes" (valor). É claro que com tal ideologia negativa essa microempresa fechará antes de comemorar seu primeiro aniversário.

Em contrapartida, os criadores de empresas voltadas para o sucesso elaboraram ideologias com valores positivos, não deixando a formação da cultura organizacional para o acaso. Pesquisando firmas que atravessaram o século, tais como as centenárias American Express, Citicorps e General Electric, autores concluiram que sua longevidade era o resultado da criação por seus fundadores de ideologias básicas, mantidas "a ferro e a fogo" para garantir a continuidade dos negócios e propiciar o progresso constante, o que não é fácil (Collins & Porras, p. 112-113).

Sendo tão importante para o sucesso da organização criar e manter princípios básicos que constituem sua ideologia, nada mais natural que sugerir um modelo de ideologia seguida pelos participantes de uma empresa de sucesso, a Boeing americana. Para começar, a ideologia tem que ser concretizada com poucos **enunciados** básicos, os quais irão constituir sua essência. No caso da construtora de aviões Boeing, seus valores e crenças são assim resumidos:

- seremos sempre líderes e pioneiros no setor de aeronáutica;
- enfrentaremos grandes desafios e riscos;
- manteremos a segurança e qualidade de nossos produtos;
- seremos íntegros e somente entraremos em negócios éticos;
- viveremos no mundo da aeronáutica.

Para concretizar a eficácia de tais enunciados, deve-se chamar a atenção para o fato de a Boeing ter começado em 1915 fabricando aviões para a marinha americana, depois produzindo a Fortaleza Voadora B-17 durante a Segunda Grande Guerra, seguida pela Super fortaleza B-29 (que jogou as duas bombas atômicas sobre o Japão) e o jato de oito motores B-52 durante a Guerra Fria com a Rússia. Depois disso, sem ter encomendas militares, entrou na aviação civil produzindo o jato 707 e o Jumbo 747. Em contraposição, a Douglas não possuía uma ideologia voltada para o sucesso, embora se tenha destacado com os famosos modelos a hélice DC-3 e DC-4 e depois com a série de aviões de passageiros a jato até o DC-10. Talvez por essa falha, seus negócios foram de mal a pior, contemporizando a queda ao associar-se com a McDonnell. Isso não foi sua salvação, pois em 1996 acabou sendo comprada pela Boeing, que assim se tornou a maior empresa do ramo, seguida de longe pelo consórcio europeu Airbus.

Não tendo especificado uma ideologia desde seu início, a organização pode concretizar uma depois de vários anos de existência? A resposta é: sim, porém a tarefa será muito mais difícil que a de criar uma logo no início (Collins & Porras, p. 319-320). Um exemplo é o do 16º banco mundial ABN AMRO Bank, fundado em 1824 na Holanda, com a finalidade de promover o comércio com as Índias Orientais e há mais de oitenta anos no Brasil. Depois de várias fusões com outros bancos, em 1995 estabeleceu formalmente quatro preceitos básicos (que os chamou de "**valores**") para nortear seus negócios em todos os países: **integridade**, **trabalho em equipe**, **respeito** e **profissionalismo**. Naturalmente, tais preceitos não eram novidade, pois deveriam existir dentro de seu núcleo empresarial desde o século 19, mas tiveram que ser explicitados para todos os novos empregados, tantos os recém-admitidos como os provenientes das organizações vindas das fusões, a exemplo dos que provieram da aquisição do Banco Real (Marcondes & Bernardes, p. 35-37).

Um pensamento do leitor poderia ser: trata-se de recomendações ditatoriais, à semelhança das impostas pelos países que forçaram seus povos a aceitar ideologias extremistas, quer da direita quer da esquerda. Em parte isso é verdadeiro, pois as organizações são microssociedades que apresentam características das sociedades maiores. Existe, porém, uma diferença fundamental: o indivíduo tem uma nacionalidade não porque a tenha desejado, mas pelo fato de ter nascido em um dado país, do qual somente sai caso emigre, ou seja, expulso. Ao contrário, entra para uma organização por vontade própria e se desliga quando acha que os custos de nela participar são maiores que os benefícios recebidos. Um exemplo é o do vendedor da loja de departamentos americana Nordstrom que saiu "expulso" pelos colegas após onze meses de sua admissão porque não interiorizou a ideologia da empresa. No entanto, em um ano já estava ocupando o cargo de gerente em outra organização, aproveitando a experiência ganha na Nordstrom (Collins & Porras, p. 174-180).

Finalizando, o leitor pode achar que a análise feita é muito detalhada e não corresponde à realidade empresarial. A resposta para essa dúvida está no fato de ser necessário conhecer as partes para ser possível criar o todo, este visto como a organização que se pretende fundar e manter viável. Fazendo uma analogia, quem pretende montar um microcomputador tem que saber, inicialmente, qual o tipo de necessidade que ele deverá satisfazer. A partir dela, especificar as configurações que a atendam, o que significa determinar quais são as partes que devem compô-lo, especialmente quanto aos seus desempenhos e restrições. Após a montagem poderá, então, utilizá-lo para concretizar aquilo de que necessita. Naturalmente precisará fazer novas modificações à proporção que surjam novas oportunidades de uso e, também, de acordo com o progresso da informática.

Da mesma forma, o **empreendedor** que deseja fundar uma empresa necessita determinar a quem ela irá servir e, após, concretizar as etapas de sua criação. Depois, como **empresário**, saber o que fazer para ela continuar lucrativa no tempo, e, por fim, adaptá-la às mudanças internas e externas que vierem a ocorrer.

TÓPICOS PARA EXPOSIÇÕES

24.1.1 Teoria das decisões

Explicar que este capítulo aborda as **decisões** para criar e operar uma organização e, também, o **planejamento** inicial de uma empresa e os necessários para mantê-la viável. Com base na Figura 24.1, mostrar que é necessário completar a Figura 11.1, limitada ao nível operacional, por mais um nível, o decisório. Definir o conceito "decidir". Partindo da Figura 24.2 e de um exemplo, expor resumidamente os componentes do processo decisório.

24.1.2 As etapas do processo decisório que resultam em um plano

Partindo da Figura 24.3, e de um exemplo, mostrar que a solução de um problema cria subproblemas que também precisam ser resolvidos.

24.1.3 Características da hierarquização por intervenções dos subsistemas decisórios

Ainda com base na Figura 24.3 e de um exemplo, explicar que o conjunto de subproblemas ocupa um mesmo nível pelo fato de serem de mesma espécie. Suas soluções criam outros problemas a serem resolvidos, estes em um nível abaixo e que poderiam ser chamados de "sub subproblemas". Mostrar que tais níveis estão hierarquizados por intervenções pelo fato de o nível superior instruir o inferior, e deste esperar uma resposta.

24.2.1 O que é planejar e quando deve ser levado a efeito

Partindo de exemplos, definir "planejar". Com base na Figura 2.1, explicar o que se entende por empreendedor e por empresário.

24.2.2 Os três níveis de planejamento

Tendo a Figura 24.3 por base, explicar sua correspondência com os três níveis do processo decisório diagramado na Figura 24.4. Com apoio de exemplos, explicar as bases do planejamento estratégico. Idem para o integrativo (ou tático). Idem para o operacional.

24.2.3 Teoria Matemática da Administração

Explicar as características fundamentais da Teoria Matemática. Apresentar, de forma resumida, os pontos que são tratados pela pesquisa operacional e suas aplicações: filas de espera; programação linear; estoques mínimos e métodos do caminho crítico.

24.3.1 Administração estratégica

Explicar que a aceleração das mudanças da era pós-industrial obriga a constante monitoração das pressões ambientais e da situação interna da empresa, que ficou conhecida por administração estratégica. Com base em exemplo, explicar que, quando a situação atual é considerada insatisfatória, é necessário provocar algum tipo de mudança para alcançar outra posição mais favorável. Trata-se do problema de passagem, cuja solução fica dificultada pela falta de percepção dos próprios dirigentes e resistências dos demais participantes.

24.3.2 Criando e mantendo a ideologia da organização

Mostrar com exemplos que, ao iniciar as operações de uma entidade social, sempre é criada uma cultura organizacional. Explicar com exemplos que as empresas que atravessaram séculos possuíam uma cultura criada e mantida na forma de uma ideologia a ser seguida por quem não desejasse perder o emprego.

QUESTÕES DE APLICAÇÃO

1. Uma pessoa terminou o curso profissional e tem diante de si três alternativas: A_1 arranjar um emprego em repartição pública com 90% (ou 0,9) de probabilidade de ser bem-sucedido no emprego, nele se mantendo até a aposentadoria, e 10% (ou 0,1) de ganho monetário e satisfação pessoal; A_2 candidatar-se a um emprego em multinacional com 50% (ou 0,5) de sucesso em permanecer no emprego e igual valor de ganho e satisfação; e A_3 montar firma própria com 30% (ou 0,3) de probabilidade de a empresa ter sucesso e 70% (ou 0,7) de lucro e satisfação pessoal. Com esses dados: a) calcule os valores dos benefícios V_1, V_2 e V_3 para cada alternativa; b) informe qual seria sua decisão final resultante do balanceamento das vantagens de cada uma das três alternativas, justificando as razões da escolha.
2. Você decidiu montar uma firma própria para dar consultoria a empresas. Informe, justificando, pelo menos três subproblemas criados com essa decisão.
3. Ao planejar o escritório de consultoria você decidiu o seguinte: 1. só aceitar serviços que envolvam processamento eletrônico de dados; 2. seguir uma tabela de custos/hora para cobrar os serviços prestados por analistas juniores e seniores; 3. preferir contratar empregados com experiência a treiná-los na empresa. Com base nessas três decisões, informe, justificando, qual delas corresponde ao plano: a) estratégico; b) integrativo; e c) operacional.
4. Para a criação e instalação de um **restaurante** foram tomadas as seguintes decisões: 1. fornecer somente refeições *a la carte*; 2. preferir comida pronta supergelada a prepará-la no local; 3. fazer a lista de pratos com os preços. Redesenhe o bloco superior tracejado da Figura 24.5 (dos três níveis decisórios e das cinco funções operacionais) e nele inscreva: a) a função operacional que a elas deve corresponder; b) o nível decisório de cada uma delas.

DISCUSSÃO EM GRUPOS

O caso da fábrica de fantasias (1ª parte)

Tendo por base os dados fornecidos no exemplo citado neste capítulo, seu espírito de empreendedor e, também, a experiência com pequenas empresas, responda, justificando, a pergunta que foi designada para seu grupo.

Questões para cada grupo responder

1. Decidida a criação da fábrica de fantasias, surgem três subproblemas com a mão-de-obra em razão de existirem três alternativas: A_1 empregar costureiras; A_2 contratar costureiras para trabalhar nas próprias casas; A_3 terceirizar, contratando firma de confecções para fornecer fantasias prontas. Com base nessas três alternativas, escolha o curso de ação balanceando os valores dos benefícios calculados: 1. por meio de uma probabilidade estimada de não haver interrupção de fabricação; e 2. o ganho atribuído a cada uma delas.
2. Considerando que na hierarquia de decisões o nível superior informou que as fantasias serão confeccionadas fora por firmas contratadas e o nível inferior argumentou que, neste caso, a empresa de industrial passaria a comercial, esclareça: a) qual é a intervenção; b) qual a resposta; c) qual será a provável decisão do nível superior quanto a novas instruções ou reformulações das suas informações iniciais.
3. Considerando que em qualquer nível o planejamento inclui tanto decidir quanto obter informações, desenhe um gráfico cartesiano que tenha: 1. por ordenadas segmentos dos três níveis decisórios; e 2. por abscissas os graus de necessidade (grande, médio e pequeno) de informações externas. Nesse gráfico, desenhe a curva que relaciona os três níveis decisórios com os três graus da necessidade de informações externas.

4. Se o plano estratégico determinar que as costureiras serão contratadas e pagas por peça para trabalhar em suas residências, com máquinas de costura e matérias-primas fornecidas pela empresa, informe quanto ao plano tático: a) a empresa será de capital intensivo ou de mão-de-obra intensiva?; b) qual deverá ser o ponto forte da empresa quanto aos pagamentos da mão-de-obra?; c) deverá ser dada ênfase alta, média ou baixa ao treinamento interno?; d) em correspondência a esta última pergunta, deverá ser dada ênfase alta, média ou baixa ao recrutamento e seleção de costureiras?
5. a) 1. Você esperaria que entrassem no mercado outras fábricas de fantasias para então resolver o que deveria ser feito, ou 2. antes disso já entraria em negociações para uma fusão com a fábrica de plumas de plástico? b) Neste último caso, qual o modelo que estaria sendo seguido: 1. o de planejamento estratégico; ou 2. o de administração estratégica?

LEITURAS COMPLEMENTARES

FORTE, Sergio H. A. C. Estratégias empresariais das maiores indústrias do Estado do Ceará. In: **Encontro da ANPAD 23**, 19 a 22 set. 1999. Foz do Iguaçu. Resumo dos trabalhos — ENANPAD 99, p. 167. Pesquisa sobre as estratégias dessas indústrias desde o início do Plano Real, que constatou estarem utilizando procedimentos destinados a garantir a sobrevivência e o desenvolvimento.

LOIOLA Elisabeth, QUINTELLA, Rogério. Administração estratégica. O caso das empresas de construção civil na Bahia. **Organização e Sociedade**. Salvador, ano 6, n. 15, p. 35-50, maio/ago. 1999. O artigo analisa as implicações das estratégias das empresas de construção da Bahia quanto à competitividade nesse ramo.

MACHADO DA SILVA, Clovis L., FONSECA, Valéria S., FERNANDES, Bruno H. R. Mudança estratégica nas organizações: perspectiva cognitiva e institucional. In: VIEIRA, Marcelo M. M., OLIVEIRA, Lucia M. B. (Orgs.) **Administração contemporânea**: perspectivas estratégicas. São Paulo: Atlas, 1999. p. 102-116. As empresas sentem-se pressionadas a promover mudanças estratégicas em ritmo cada vez mais acelerado a fim de enfrentarem ambientes crescentemente competitivos.

SILVA, Adriano. Camaleão da Amazônia. Investir na diferença ou realçar a semelhança? **Exame**. São Paulo, Abril, ed. 703, 15 dez. 1999. Analisa a estratégia adotada pela Coca-Cola a fim de posicionar o Guaraná Kuat no segmento do mercado desse tipo de refrigerante.

REAÇÕES ÀS MUDANÇAS E A IMPLANTAÇÃO DO PLANEJADO

25

Os casos já discutidos em grupos da fábrica de plumas de plástico, da empresa de ônibus e da instaladora industrial Saiel mostraram que chega um instante em que a cultura da organização necessita ser mudada antes que a deterioração comprometa irremediavelmente a sobrevivência do empreendimento. Todavia, esse fato não é claro para a maioria dos participantes, de sorte que muitos reagem a qualquer tentativa de influenciar para alterarem seus comportamentos, tanto por não acharem necessário quanto por se terem acomodado à situação. Além disso, outros são contra por temerem a perda de posições e vantagens, às vezes sem fundamento, mas às vezes por motivos reais. Os mecanismos de tais **resistências à mudança** são muitos, mas os principais serão resumidos na primeira parte deste capítulo, com enfoque psicológico e sociológico que o assunto requer, pois envolve as atitudes das pessoas e seus relacionamentos sociais. Seu desconhecimento por parte de administradores explica os muitos fracassos das tentativas de alterar a cultura organizacional.

Mudar, porém, significa comportar-se de maneiras diferentes, o que necessita ser aprendido. Por isso, é necessária para o administrador a compreensão das **formas da aprendizagem**, motivo pelo qual o assunto é introduzido na segunda parte do capítulo. Para tornar o assunto mais claro, serão analisadas as prescrições de algumas técnicas destinadas a facilitar a implantação dos planos resultantes do processo decisório.

Depois de ter concretizado o plano, o administrador inicia sua função de coordenar as operações do dia-a-dia, até o momento em que a percepção das inadequações de produtos e ou serviços com as necessidades dos clientes faz com que inicie a **função de avaliar** o que está em operação, com isso preparando a **nova etapa de planejar**, que finaliza este capítulo.

25.1 AS RESISTÊNCIAS ÀS MUDANÇAS

As pessoas desejam e, ao mesmo tempo, temem as mudanças, fatos esses que precisam ser mais bem explicados. Para isso, em razão de envolver os participantes, os grupos sociais, a organização e até a sociedade, nada melhor do que utilizar o quadro de referência em que foi aplicada a hierarquização de sistemas por ordens de complexidade. Além disso, por causa de as mudanças comportamentais envolverem a cultura da organização, é preciso complementar esse modelo com o das três variáveis culturais.

25.1.1 Resistências às mudanças e os níveis de complexidade da organização

As mudanças de comportamento exigem alterações de atitudes, as quais são influenciadas pelos grupos sociais, estes indo desde a família até a sociedade. Por isso, as resistências para alterar as mudanças das formas de agir devem ser examinadas seguindo os **cinco níveis do sistema organização hierarquizado por níveis de complexidades**, começando pelo do participante.

1. NÍVEL DO PARTICIPANTE. A necessidade inata de manter-se estimulado torna a pessoa curiosa, buscando novidades em seu ambiente, sobretudo se este se mantém estável e, com isso, pouco motivador. Isto porque as coisas, com a repetição, deixam de ser novidade, gerando a "habituação", isto é, acabam cansando (Murray, p. 121-122). Portanto, é de prever que sempre haja um grau de curiosidade e, também, de receptividade em relação às mudan-ças na organização.

Contrapondo-se ao impulso pelo inusitado está a necessidade pela segurança, tanto pelo receio de ameaças físicas quanto pela ansiedade por ameaças psicológicas. Entre estas se inclui vir a ter que duvidar das capacidades pessoais e do apoio que possuía em crenças e valores, os quais podem ter sido mos-trados serem irreais ou falsos (Murray, p. 88-89). Ora, quando o indivíduo se defronta com a possibilidade de qualquer mudança, ele prevê situações futuras com efeitos desconhecidos e promessas incertas, sendo natural que isso provoque certo grau de ansiedade como sentimento vago, cujas causas podem até passar despercebidas (Judson, p. 38 e 41). A conseqüência é a desconfiança inicial a qualquer proposta de alterações, que pode ser seguida de resistências em graus variáveis.

A curiosidade, ou seu contrário, a aversão diante da novidade, são reduzidas ou ampliadas pela aprendizagem havida na infância e pelas experiências passadas. Por isso, muitos participantes não só aceitam como buscam mudanças, enquanto outros são conservadores ao extremo, vendo toda e qualquer alteração como perigosa, razão pela qual são contrários por princípio. Esses fatos justificam as afirmações que têm sido feitas a respeito da importância de o administrador conhecer a si mesmo, seus subordinados, pares e até superiores hierárquicos, a fim de prever quais o apoiarão e quais resistirão às mudanças por implantar (Judson, p. 41-43). Por exemplo, sentindo que os negócios da empresa estão se deteriorando, mas não a ponto de a cúpula administrativa já esclerosada perceber (ou querer ter conhecimento desse fato), o administrador tem a alternativa de se acomodar esperando a falência ou antecipá-la mudando de emprego, já que enfrentar a deterioração é missão impossível por não desfrutar de poder para tal.

2. NÍVEL DE GRUPO. Se por um lado o indivíduo ganha por pertencer a uma comunidade pela sinergia alcançada, por outro perde em virtude de os outros membros lhe restringirem os comportamentos. Com isso, a atitude de um participante pode ser favorável a certas mudanças, mas não agir como pretende, ou melhor, contrariar a alteração proposta unicamente para não ter de resistir aos companheiros. Isso deve ter ocorrido durante a privatização de organizações estatais, quando os mais capazes — que viam na mudança oportunidades de promoção por ficarem livres de injunções políticas — se curvaram à maioria inepta que temia demissões.

   Essa pressão social para conformar também ocorre em sentido inverso, isto é, obriga o membro a aderir à mudança, embora tenha atitudes contrárias a ela. Um desses casos é o do programa iniciado na França pela Igreja (mas já cancelado pelo fracasso), no qual padres se empregavam em fábricas para converter os operários ao catolicismo, mas, em vez disso, eram convertidos pelos companheiros ao marxismo (Horton & Hunt, p. 105).

   Dois fatores influenciam o grau da pressão social para conformar. O primeiro diz respeito à coesão do grupo que, quanto maior for, mais os membros exercerão pressão sobre um companheiro para que este se posicione contra ou a favor da alteração pretendida. O segundo fator refere-se à figura do "líder de opinião", assim chamado o membro que exerce grande influência na formação e mudança das atitudes dos outros. Dessa maneira, qualquer tentativa de mudança organizacional deve visar a conquista dos líderes de opinião, ou, então, sua remoção caso posicionem-se contra as alterações pretendidas (Zimbardo & Ebbesen, p. 34).

   Resumindo o que já foi mencionado em capítulos anteriores, a compreensão do comportamento grupal é importante para o administrador, pois são os grupos que tentam impor mudanças, ou, então, as repelem, sempre existindo líderes de opinião que deflagram o processo ou o bloqueiam.

3. NÍVEL DA ORGANIZAÇÃO. O assunto a ser examinado neste nível da hierarquia de complexidade analisa apenas o fato de o sucesso ou não da mudança proposta ser influenciado pelos acontecimentos passados. Assim, a história da organização determina, *a priori*, atitudes de seus participantes favoráveis ou contrárias às alterações. Isto porque faz parte dos processos mentais do indivíduo supor que o curso de um acontecimento do passado seja repetido no futuro. Com isso, o sucesso ou insucesso de determinada mudança fica registrado na mente dos funcionários ou empregados, criando expectativas da repetição das conseqüências anteriores para qualquer nova tentativa de mudança (Judson, p. 48-49). Se os dirigentes forem recém-admitidos e os consultores externos incumbidos da mudança desconhecerem os eventos passados de uma organização, tanto uns quanto outros não compreenderão resistências surgidas contra as alterações propostas, mesmo quando beneficiem os próprios participantes.

4. NÍVEL DO ECOSSISTEMA. Como explanado em capítulo anterior, as características do ambiente externo à organização têm grande influência na fixação das subculturas dos participantes que com ele transacionam. Por essa razão, quem trabalha em unidade administrativa cujos relacionamentos são com ecossistemas mutáveis aceita mais facilmente as mudanças do que aqueles cujos contatos são feitos com ambientes estáveis. Por isso é de prever que o pessoal de propaganda tenha atitudes *a priori* favoráveis, o mesmo não acontecendo com o de contabilidade.

   Em termos de Ecologia das Organizações esse fato poderá ser traduzido dizendo que: quanto **mais mutável** for determinado **fator ecológico** importante para a organização, mais seus participantes **aceitarão mudanças**, pois se habituaram com faixas de tolerância indefinidas e localização variável do ponto forte. Nessas condições, a exemplo das empresas de projetos, um ponto forte da organização a ser enfatizado será justamente sua capacidade adaptativa, concretizada pela aceitação de mudanças por parte de seus participantes. Ao contrário, se o meio ambiente como um todo for **estável**, então a subcultura organizacional criada terá a característica de **ser resistente** às novidades. Tal é o caso das repartições públicas, explicando por que seu ponto forte de resistir a casuísmos se torna fraco em tempos turbulentos de rápidas alterações sociais e tecnológicas. Exatamente o contrário sucede com as empresas que utilizam tecnologia de ponta, a exemplo da indústria eletrônica e de informática, onde a crença é de que o adequado de hoje poderá não mais ser amanhã.

5. NÍVEL DA SOCIEDADE. Todas as sociedades desenvolvem normas e crenças peculiares, de sorte que qualquer tentativa de mudança organizacional que contrarie uma dessas variáveis culturais irá encontrar tremendas barreiras para sua implantação (Judson, p. 43-45). Um exemplo é o caráter paternalístico ou autocrata benevolente das chefias em relação aos subordinados que, em geral, é encontrado no povo brasileiro. Esse traço cultural dificulta qualquer intervenção de desenvolvimento organizacional que enfatize a responsabilidade, o autocontrole, a iniciativa e, inclusive, o trabalho em equipe (Souza, p. 68-69).

   Um segundo aspecto a considerar diz respeito às classes sociais. Assim, é um fato conhecido em Sociologia que a aceitação das inovações cresce na proporção direta em que se ascende na escala econômica das classes sociais. Isto porque a subcultura das pessoas de menor renda as torna conservadoras, enquanto os mais ricos são mais liberais quanto às novidades (Horton & Hunt, p. 220-222). Um exemplo é o da moda no vestuário, que inicia nas classes altas para depois ser copiada pelas demais. Portanto, não se deve esperar que pequenas empresas de tecnologia simples inovem teorias administrativas, as quais costumam iniciar pelas grandes organizações, quando não pelas multinacionais. Além disso, como existe correspondência entre *status* dos participantes da organização e suas posições na sociedade — como já esquematizado na Figura 14.4 —, é de se prever maiores resistências na base operacional da hierarquia do que na cúpula administrativa. Isso é mais evidente nas burocracias mecanizadas da classificação de Mintzberg, como bancos, fábricas e lojas. Todavia, tais resistências são menores nas burocracias profissionais, onde o núcleo operacional é formado por professores nas escolas e médicos nos hospitais, e ainda mais reduzidas nas adhocracias, onde a base é formada por especialistas de alto nível, a exemplo das grandes empresas de projetos, propaganda e consultoria.

   Outro aspecto que é citado por Peter Drucker refere-se ao desdém que as pessoas com conhecimentos e habitantes no Terceiro Mundo consideram o trabalho manual e, também vice-versa. Isto porque os trabalhadores vêem os de nível universitário como teóricos e sem prática. Por isso, fica difícil para esses países treinarem esses trabalhadores manuais para serem "tecnólogos", ou seja, os operários do futuro, possuindo conhecimentos teóricos para executarem trabalhos manuais de fabricação ou de reparos exigentes de média e alta tecnologia (Drucker, 1999, p. 122-124). O leitor poderá ter dúvidas sobre essas afirmações a respeito da capacidade dos "técnicos" nacionais, mas elas desaparecerão quando tiver seu microcomputador "consertado" por um desses amadores travestidos de profissionais. Para confirmar, basta perguntar a ele qual escola ou curso técnico freqüentou para saber como funcionam os computadores e qual especialista foi seu mentor para ensinar a prática de seu trabalho.

Essas últimas considerações a respeito da sociedade fecham o circuito, pois retornam à análise do indivíduo quanto às suas atitudes aprendidas de acordo com as características sociais do ambiente onde nasceu e cresceu.

25.1.2 Resistências às mudanças e as três variáveis culturais

As três variáveis culturais estão dentro de cada nível da hierarquia por ordens de complexidade porque são intrínsecas ao ser humano, o qual, por sua vez, está presente em todos elas. Por outro lado, a Sociologia diferencia o grau de aceitação das inovações conforme o componente de cultura envolvido. Com a reunião dessas duas considerações, o modelo de hierarquia por níveis de complexidade pode ser completado pelo das três variáveis culturais para explicar como um tipo de mudança é mais facilmente aceito que outro. Assim, a intensidade das reações dentro do contínuo **adesão**, **indiferença** e **resistência** (passiva ou ativa) muda conforme a variável cultural mais envolvida.

1. TECNOLOGIAS. As vantagens de modificações introduzidas nos processos, insumos (máquinas, matéria-prima, *know-how*) e mesmo nos produtos e serviços que tragam maior aceitação por parte dos clientes são relativamente fáceis de serem demonstradas. Isso torna a variável tecnologias (em relação às outras duas) a que oferece **menor resistência** para aceitação pelos participantes da organização (Horton & Hunt, p. 391-392).

   Apesar disso, é possível que certas mudanças não sejam aceitas por ferirem interesses concretos. Um exemplo é o das resistências surgidas antigamente por ocasião da instalação dos grandes computadores, causadas pelo receio de provocar desemprego, o mesmo acontecendo hoje em relação à utilização de robôs em linhas de montagem.

2. PRECEITOS. As normas, crenças e valores adquiridos na infância são difíceis de mudar, de sorte que qualquer alteração proposta que envolva tais variáveis será *a priori* recusada. Um exemplo da não aceitação de mudanças porque estas contrariam crenças de uma classe social é o da resistência de empregados na construção civil para a utilização de equipamentos de segurança, pois fere a atitude de ser "machão" enfrentando o perigo de peito aberto (que conduz ao hospital ou ao cemitério).

   Já as mudanças relativas aos preceitos criados no ambiente de trabalho, e que dão origem à subcultura da organização, são passíveis de aceitação, porém com muito mais dificuldade que as alterações de tecnologias mencionadas linhas atrás. Isto porque suas vantagens não são evidentes e, também, por pretenderem modificar atitudes arraigadas com o tempo. Todavia, existe uma gradação nas resistências, pois as normas são mais facilmente alteradas que as crenças e valores, pelo fato de serem concretas e passíveis de punições pelas transgressões. Dessa forma, a norma de "proibido fumar" coíbe um ato que não influencia as atitudes para com o cigarro, o mesmo acontecendo com muitos regulamentos que as empresas estão modificando a toda a hora. No entanto, contrariar o que é aceito pela sociedade (e por isso faz parte de sua cultura) é extremamente difícil, a exemplo da crença de operários especializados não poderem desempenhar tarefas diversas às de suas profissões (Judson, p. 45).

3. SENTIMENTOS. As mudanças que envolvem emoções e também sentimentos são as mais difíceis de ser aceitas por influírem nos componentes mais profundos das atitudes das pessoas, os quais são cristalizados em tenra infância e, portanto, duradouros. Isso é bem conhecido dos psiquiatras que tentam extirpar fobias de ambientes fechados, depressão suicida ou a alegria injustificada da fase maníaca da paranóia. Já os sentimentos criados pela dinâmica organizacional são de formação recente e, por isso, pouco arraigados, mas em contrapartida dificilmente confessados. Aqui se incluem: a insegurança do emprego, a insatisfação pelo trabalho e as raivas ou antipatias pessoais. Alguns destes são sentimentos conscientes e outros não, os quais, por ficarem escondidos, são incluídos nos assuntos "não faláveis" e, portanto, submersos no "*iceberg* organizacional". Nesta analogia, a variável de sentimentos difere da de tecnologias e mesmo de alguns componentes da de preceitos (a exemplo de normas e estruturas), porque estes últimos afloram e, assim, podem ser discutidos abertamente (Foguel & Souza, p. 118-119).

A Figura 25.1 procura visualizar como as resistências às mudanças se relacionam com as três variáveis culturais.

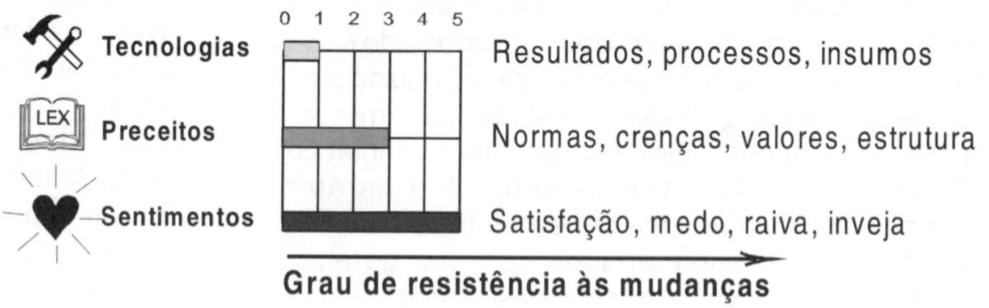

Figura 25.1 *Grau de resistência às mudanças em função das três variáveis culturais.*

O leitor encontra neste livro muitos assuntos que contrariam crenças arraigadas, sobretudo de pessoas que já são graduadas em Administração. Um exemplo é o da ficção de que as organizações têm objetivos, e outro é o da hierarquia de necessidades de Maslow, ainda aceita por muitos que não acreditam ter sido negada pelo seu próprio autor. Trata-se do apego a uma idéia aprendida como verdadeira que, quando mostrada ser falsa, traz uma dissonância cognitiva só passível de ser reduzida negando a evidência. Por isso, caso Jesus Cristo voltasse à Terra dizendo que alguns de seus ensinamentos estavam errados, ele seria novamente crucificado por esses míopes intelectuais, muito numerosos em todos os níveis das organizações.

25.2 IMPLANTAR, OPERAR E AVALIAR O PLANO OPERACIONAL

Mudar é comportar-se de formas diferentes, o que necessita de aprendizagem no sentido amplo do termo. Algumas técnicas para conseguir essas mudanças são utilizáveis por administradores, convindo apenas mencioná-las, já que é assunto por demais complexo para se dar detalhes em profundidade em apenas um item deste livro. Ademais, práticas foram desenvolvidas para conseguir alterações da cultura organizacional a fim de concretizar o plano operacional, transferindo-o do papel para a realidade da organização. Essas são, também, técnicas a serem mostradas de forma introdutória, pois se trata de matéria para cursos inteiros e não discussão em fim de capítulo.

25.2.1 Mudanças pela aprendizagem de novos comportamentos

Fazer com que a pessoa abandone comportamentos a que está habituada e adquira novos não é fácil, como comprovado pelos inúmeros fracassos das tentativas feitas, sendo exemplos as campanhas encetadas para acabar com o vício da bebida ou do fumo, ou então, fazer os motoristas dirigirem com responsabilidade. Todavia, por causa de o ambiente das organizações ser mais restrito que o mais amplo da sociedade e, também, pelo fato de os participantes renitentes poderem ser desligados, a modificação de comportamentos é viável, desde que seguidas certas técnicas de aprendizagem.

1. MUDANÇAS PELA MODIFICAÇÃO DE METAS. O modelo de Leavitt esquematizado na Figura 5.1 mostra que o comportamento pode ser alterado por modificações nos objetivos, nas necessidades ou em ambos. Acontece que as necessidades são inatas, ou, então, resultantes da aprendizagem de toda uma vida e, por isso, fora da área de atuação dos administradores, cabendo aos psiquiatras tentarem alterar os comportamentos mais inadequados. Os objetivos pessoais também escapam à influência dos administradores, porque o participante entra na organização justamente para satisfazê-los. Resta-lhes, portanto, apenas **intervir** nas **metas** pessoais e atuar sobre os **estímulos** a dar para os participantes buscarem seus objetivos preestabelecidos. Assim, um vendedor tem diversos desejos a serem satisfeitos pela meta intermediária do dinheiro ganho, que é concretizada pelo pagamento de um salário mensal fixo. Todavia, seu comportamento pode ser de apenas "visitar clientes" e não o de vender. Interessado em mudar essa forma de agir para a de "obter pedidos", o administrador pode utilizar a proposta de Vroom (já mencionada em capítulo anterior), que sugere condicionar o recebimento do pretendido à eficiência do desempenho. Dessa forma, ele torna os recebimentos de dinheiro proporcionais às vendas efetuadas e não mais a um salário fixo. É evidente ser necessária uma comu-nicação eficaz para que esse vendedor perceba as vantagens das mudanças e, ao mesmo tempo, o estimule com ensinamentos de como vender melhor.

   A Figura 25.2 mostra o esquema de Leavitt resumido e as áreas de atuação do administrador e do psiquiatra para alterar o comportamento aprendido e estimulá-lo para obter novas formas de ação (Hersey & Blanchard, p. 195-196).

2. MUDANÇA POR PRÊMIOS E PUNIÇÕES. Para que novos comportamentos se tornem hábitos, não basta modificar metas e dar estímulos, mas também que o participante receba prêmios pelas formas de agir alteradas. Em primeiro lugar, se o vendedor do exemplo passar a ganhar mais pelas comissões recebidas, isto constitui um prêmio que reforça o comportamento de obter pedidos e não simplesmente visitar clientes. Em segundo lugar, é necessário que haja punições para os vendedores que não consigam novos pedidos porque continuam se limitando a converar com os clientes, o que podem ser concretizadas pela redução dos ganhos, já que estes são proporcionais às vendas.

   Como se vê, os termos prêmios e punições utilizados pela Psicologia possuem significados mais amplos que os do jargão administrativo. De qualquer forma, é importante ter em mente que os prêmios devem ser dados aos comportamentos julgados adequados para que se mantenham, e as punições aos inconvenientes para que se extingam (Staats & Staats, p. 44-50). Deve-se notar, porém, que quanto mais um comportamento estiver arraigado mais difícil será mudá-lo, pois se tornou um hábito, como o de quem fuma há vinte anos, exigindo reforços positivos

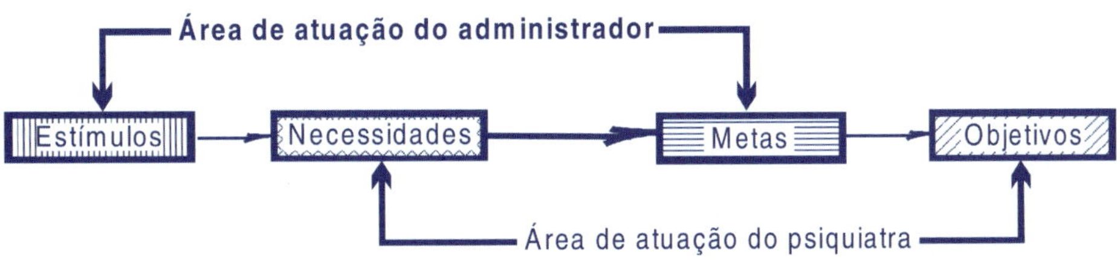

Figura 25.2 *Modificação dos comportamentos por nova aprendizagem.*

(prêmios) e negativos (punições) intensos para extingui-lo (Hersey & Blanchard, p. 189-195) (Zimbardo & Ebbesen, p. 88-91).

3. MUDANÇAS PELA DISSONÂNCIA COGNITIVA. Para que o indivíduo mude seu comportamento é preciso que venha a sentir certo desconforto com os resultados atuais. Uma forma de provocar esse desconforto é criar condições para que o participante venha a ter dissonância cognitiva entre o que acredita como adequado ou certo e a situação real (Zimbardo & Ebbesen, p. 68-73) (Festinger, p. 12-13 e 26). Um exemplo já mencionado é o dos padres operários franceses que, diante das convicções generalizadas dos companheiros de trabalho contrárias às deles, acabaram mudando as próprias crenças e valores adotando as marxistas e, com isso, reduzindo o conflito interno por meio do conformismo. É interessante observar que o proposto pela literatura tradicional de Administração sob o nome de "motivar o empregado" nada mais é que o chefe estimular o subordinado relapso mostrando que suas convicções de trabalhar o mínimo estão em desacordo com as dos companheiros e que, enquanto as destes últimos conduzem a promoções, as dele de só tapear resultarão em ser demitido. Uma possível alteração desses princípios para a mudança organizacional é tornar claro que os comportamentos atuais (que podiam ter sido adequados em situações passadas) estão levando a organização para a insolvência com desemprego geral, pois o que antigamente se acreditava como certo, hoje não mais o é.

Uma pergunta é possível de ser feita: que fazer se tais medidas não derem o resultado esperado? A resposta é simples, porém habitualmente omitida na literatura tradicional de Administração: demitir o resistente. Sua operacionalização pode ser difícil por vários motivos. O resistente à mudança é: o próprio chefe; algum dos pares; o dono da empresa; o funcionário estável da repartição pública; ou o empregado colocado por políticos na empresa estatal. Todos eles podem ser contrários a mudanças para não perder prestígio, poder e possibilidade de negociatas (o que é até explicável) ou apenas por desinformação quando não por incapacidade para o cargo. No caso de empresas, a solução é natural pelo fechamento, venda ou falência, como mostrado na Figura 23.1, enquanto nas burocracias de órgãos públicos os prejuízos são cobertos pelos contribuintes.

25.2.2 Implantação do planejado pela mudança da cultura organizacional

As técnicas de mudanças adotadas pelas "organizações totais" (assim chamadas as que envolvem completamente os participantes, a exemplo de quartéis, seminários religiosos e institutos correcionais) levaram sociólogos a estudá-las em detalhes pelo fato de conseguirem profundas alterações de comportamentos. Nelas são aplicados procedimentos drásticos, também repetidos nas utilitárias, porém de forma muito mais suave, o que não invalida seu aproveitamento como modelo (Schein, p. 151-152). As etapas desse processo foram denominadas por Kurt Lewin de **descongelamento, mudança e recongelamento.**

1. DESCONGELAMENTO. Nessa etapa inicial, o recruta ou seminarista é "derretido" internamente, e para isso o novato é segregado de qualquer contato social externo. Em seguida, é degradado psicologicamente a fim de fazer com que sinta serem suas crenças e valores que traz consigo inconvenientes com as crenças e valores do novo ambiente, introduzindo, assim, a dissonância cognitiva. Como reforço são, ainda, impostos castigos para os comportamentos inadequados e prêmios na forma de "não punições" para os adequados.

2. MUDANÇA. O participante não pode ter suas crenças e valores destruídos e ficar sem outros que os substituam. Por isso, lhe são dados modelos dos novos comportamentos na forma de envolvimento com veteranos com os quais possa se identificar, não podendo estes ocupar posições sociais nessa organização nem muito acima nem muito abaixo, porque caso contrário não seriam aceitos por serem muito "diferentes". Ao mesmo tempo, o iniciante é colocado em situações onde aprende por si as formas de manejá-las, ou, então, de se adaptar, o que lhe dá confiança sem criar ressentimentos ou frustrações.

3. RECONGELAMENTO. Nessa fase, os comportamentos "solidificam-se" por meio da manutenção das condições pela permanência do indivíduo no mesmo ambiente que propiciou as mudanças. A falta desta etapa em muitos programas de treinamento explica os fracassos que se sucedem, pois o participante retorna para o ambiente antigo, que por ser contrário a seus novos comportamentos tende a provocar a extinção destes (Hersey & Blanchard, p. 200-207). Isso ocorre até com militares, que apesar de anos de caserna mudam quando são reformados e voltam para a vida civil.

Uma pergunta logo surge: esses mesmos processos ocorrem nas organizações que não sejam "totais"? Sim, a exemplo do recém-formado que ingressa em uma empresa, onde de início sofre a separação dos antigos colegas de escola e é pressionado pelo grupo dos novos companheiros para adotar a subcultura deles, a qual fica consolidada porque não mais volta ao ambiente escolar. Em parte isso é explicável pelo fato de ter saído de uma instituição (a educacional) e ter entrado em outra (a econômica), com função e estrutura diferentes.

Isso explica por que qualquer tentativa de mudar a cultura da organização por esse processo exige que as alterações sejam coletivas, pois caso contrário o mutante é pressionado pelo ambiente, voltando a se comportar como antes, só com uma diferença: ter um sentimento de frustração a mais (Schein, p. 159-163).

Essa necessidade de envolvimento de todos os afetados pela mudança pode ser concretizada por meio do modelo proposto por Hersey e Blanchard, que, em princípio, compõe-se de dois esquemas: o da **mudança imposta** e o da **mudança participativa**, como mostrado na Figura 25.3, os quais não se excluem, mas se completam.

1. MUDANÇA IMPOSTA. Estabelecido o plano operacional, a cúpula administrativa o impõe de cima para baixo até chegar ao núcleo operacional, com alterações em todos os níveis por ordens de complexidade e em todas as três variáveis culturais. Para isso é necessário o uso do poder com o emprego de punições para os recalcitrantes e prêmios para os que aderirem. A vantagem está na rapidez da implantação, sendo bem-sucedida quando a tecnologia for simples, ou então, durante crises econômicas ou não, momento em que todos sentem o perigo de perder o emprego.

   Em outros casos, porém, tende a provocar reações contrárias e as mudanças costumam não ser duradouras, pois, assim que afrouxam as pressões, os participantes voltam a se comportar como estavam habituados.

2. MUDANÇA PARTICIPATIVA. Também tem que ser iniciada pela cúpula administrativa, somente que com o uso da autoridade e ênfase nos "líderes de opinião" para estes agirem sobre os participantes, tornando a mudança grupal. Os meios englobam o despertar de metas coletivas, a dissonância cognitiva entre a realidade presente e a prevista para o futuro a fim de provocar o desejo de alterações e o envolvimento de todos os afetados pelas mudanças. Esse comprometimento é fundamental, podendo ser obtido pela participação dos especialistas e administradores em todos os níveis durante a fase de planejamento. Para isso, pode ser utilizada a metodologia conhecida por "**administração por objetivos**", onde cada unidade administrativa recebe informações sobre o subproblema que a afeta e procura solucioná-lo decidindo por consenso sobre meios e fins, os quais constituirão os "sub subproblemas" para o escalão inferior, processo esse iniciado na alta administração e terminado nos níveis operacionais.

   A desvantagem da mudança participativa está na demora em conseguir resultados concretos, porém estes serão duradouros e as resistências minimizadas. Como já mencionado, este processo convém para organizações que empregam tecnologia complexa em ecossistemas variáveis e têm participantes maduros. É claro que um método não exclui o outro, devendo ambos ser dosados de acordo com as circunstâncias (Hersey & Blanchard, p. 198-200).

25.2.3 As funções administrativas de operar e avaliar o plano

Implantado o plano operacional, o administrador passa a participar dos processos do dia-a-dia, desempenhando as funções e subfunções operacionais, evidentemente de acordo com o nível hierárquico ocupado. Assim, obtém financiamentos, compra máquinas e matérias-primas, recruta e seleciona pessoal, a exemplo do diretor da siderúrgica que adquire minério e carvão ou do presidente que recruta e seleciona um novo diretor. Com isso, fica bem claro que a função de operar é incumbência de todos os participantes da organização, e não só do pessoal da linha de montagem ou dos escritórios.

Figura 25.3 *A técnica da implantação do plano pela mudança imposta e pela participativa.*

Completada a implantação do plano operacional, ou mesmo antes, é iniciada sua **avaliação**, tanto comparando o planejado com o executado quanto este com a situação externa, que pode ter-se alterado. Um exemplo é o das oscilações da conjuntura econômica, que costuma sair de uma fase de expansão para outra recessiva e vice-versa. Outro caso é o das mudanças nos hábitos de clientes, como as que provocaram o encerramento de lojas de departamentos, como Mappin, Mesbla e Sears, por causa das pessoas mais jovens passarem a preferir fazer suas compras em *shoppings* porque estes oferecem mais variedades, inclusive lazer e estacionamento de carros (Drucker, 1999 p. 45-46).

É importante observar que o modelo de avaliação do plano implantado é diferente do paradigma do controle. Isto porque, em vez de procurar manter os resultados previstos, busca-se investigar se estes são adequados à nova situação externa e, caso não o sejam, iniciar um novo planejamento.

Dessa maneira, fica claro o que se entende por administração estratégica, na qual a fase operacional da organização não se alterna com a fase do planejamento, **mas é concomitante**, ou seja, o planejamento é permanente a fim de não esperar que a deterioração se fixe para só então tentar resolvê-la. Portanto, em Administração é inaplicável o ditado: "em time que está ganhando não se mexe nos jogadores", pois o germe da deterioração se instala na vitória e prepara a próxima derrota.

O leitor pode perguntar: a administração estratégica permanente como exposta neste capítulo é habitualmente exercida pelos dirigentes? A nossa experiência sugere que a resposta é negativa. As razões são várias para esse comportamento disfuncional. Em primeiro lugar, o automóvel começa a envelhecer a partir do momento que sai da linha de montagem, a empresa do instante que é criada e a pessoa humana do dia que nasce. Esse envelhecimento é pouco perceptível porque as mudanças são lentas, razão pela qual todos vão se acostumando com elas e, por isso, não tomam medidas para se adequar à idade que aumenta. Assim, o habitual é continuar trabalhando em demasia e sem férias, fumar e beber demais, bem como não prestar atenção às pequenas evidências de disfunções. É comum, também, negar o reconhecimento delas existirem ou querer tratá-las com chazinhos ou remédios caseiros, até o momento em que o médico diagnostica ser doença incurável ou de tratamento incerto. Na empresa, corresponde a supor que as dificuldades são passageiras e que podem ser resolvidas com medidas paliativas, até o momento no qual se descobre não valer mais nada porque está insolvente e à beira da falência. Aqui se aplica o ditado "o pior cego é aquele que não deseja ver", ampliado para o administrador com: "e também não quer ouvir".

Outra razão decorre da atitude do dirigente só preocupado com as tarefas internas do dia-a-dia e não com a fusão do concorrente com a multinacional que, com isso, amplia os negócios tendo por base outras tecnologias e, também, novas formas de gerir negócios. Em outras palavras, o administrador termina o dia satisfeito porque resolveu muitos problemas, o que é verdade pelo fato de serem todos **urgentes**, porém deixou de lado todos os **importantes** para garantir a sobrevivência da empresa.

Outro assunto no qual a literatura de Administração geralmente se omite é o das tendências inconscientes para a derrota. Por causa dessa pressão interna, o dirigente se mete em negócios desastrosos ou administra a empresa de forma a conduzi-la para a falência, não fazendo nada para salvá-la. Em geral, é até um *workholic* (o neologismo criado para designar o viciado em trabalho), o que sugere querer destruir a si mesmo. Aqui se inclui o caso já mencionado em capítulo anterior do empregado que sempre executa o serviço de forma incorreta, a fim de ser despedido. Esse assunto não é tema para administradores e sim para psiquiatras, o que não impede de ser evidenciado e não escondido como é de hábito.

Para finalizar, este capítulo abordou um tema administrativo que tem por base assuntos analisados na Psicologia e mesmo na Sociologia. Por isso, recomendamos aos administradores se aprofundarem nessas ciências, não para se tornarem terapeutas ou pesquisadores, mas para entender os comportamentos dos participantes das organizações, às vezes estranhos e até prejudiciais à empresa e ao próprio indivíduo. Dessa maneira, terão um ferramental para utilizar com o fim de melhor coordenarem as pessoas, serem mais justos com elas e, também, eficientes e eficazes no exercício de suas funções profissionais.

TÓPICOS PARA EXPOSIÇÕES

25.1.1 Resistências às mudanças e os níveis de complexidade da organização

Explicar que este capítulo aborda o assunto de a necessidade das organiações mudarem para acompanhar as alterações ambientais e tabém contrariar a tendência da cultura de seus participantes se tornar esclerosada por se terem acomodado, o que resulta em resistências que dificultam a adequação às novas situações. Tais resistências devem ser compreendidas pelo administrador para saber como sobrepujá-las. Explicar que uma forma de analisar causas e efeitos das mudanças é utilizar o modelo de hierarquização por níveis de complexidade das organizações. Resumir os aspetos psicológicos em nível do participante e os sociológicos em nível de grupo, da própria organização, do ecossistema e da sociedade.

25.1.2 Resistências às mudanças e as três variáveis culturais

Com base na Figura 25.1, explicar que as resistências às mudanças são menores se estas decorrerem de alterações da variável cultural tecnologias, mas aumentam quando as mudanças afetam a variável preceitos e alcançam o máximo se a variável envolvida for a de sentimentos.

25.2.1 Mudanças pela aprendizagem de novos comportamentos

Com base na Figura 25.2, mostrar que o administrador somente pode influir no participante com o fim de mudar seus comportamentos se intervir no fator "metas pessoais". Mostrar que, para os comportamentos se manterem, é necessário fornecer prêmios pelas novas formas de agir e punições pela repetição das antigas. Explicar com exemplos que o administrador pode e deve provocar a dissonância cognitiva no participante resistente às mudanças.

25.2.2 Implantação do planejado pela mudança da cultura organizacional

Explicar, com o exemplo do recém-admitido na empresa, as fases de alteração cultural iniciada pelo descongelamento, seguida pela mudança e finalizada pelo recongelamento. Com base na Figura 25.3, mostrar as vantagens e as desvantagens da mudança imposta e da mudança participativa.

25.2.3 As funções administrativas de operar e avaliar o plano

Com base em exemplo, explicar que, após a implantação do plano operacional, o usual seria avaliar se os resultados previstos foram obtidos, mas, como a situação ambiental pode ter se alterado, é necessário que tal avaliação seja contínua, ou seja, concomitante com o planejamento. Explicar ser essa a chamada **administração estratégica**, que geralmente não é levada a efeito pelos dirigentes ineficientes porque estes se acostumaram com a situação presente e não monitoram o ambiente interno e externo, até por tendências inconscientes de ser derrotado.

QUESTÕES DE APLICAÇÃO

1. Você é consultor de empresas e foi contratado por uma loja comercial que cresceu rápido e está em crise, não debelada pelas alterações tentadas anteriormente pela diretoria, porque fracassaram. De acordo com as investigações que fez, as dificuldades decorrem da falta de procedimentos formais e ingerências indevidas de um diretor nas áreas dos demais. Por isso, seu planejamento de mudança está voltado para a criação de um manual de procedimentos e outro de organização. Nessas condições, informe, justificando, se o nível das resistências às mudanças será: 1. alto; 2. médio; e 3. baixo em relação a: a) gerente de filial; b) diretoria da empresa; c) grupos dos demais participantes.
2. A pintura de peças em certa linha de montagem exige fosfatização prévia, que é feita com produtos tóxicos, motivo pelo qual será executada por robôs, com a conseqüente demissão de pintores. Justifique qual será a reação dos demais empregados da empresa a essa mudança, em termos de "adesão", "indi-ferença" e "resistência", tendo por base as variáveis culturais: a) tecnologias; b) preceitos; c) sentimentos.
3. A meta "ter conhecimentos" para o aluno do curso de Administração alcançar seu objetivo pessoal de realizar-se profissionalmente foi substituída pela de "passar de ano". Sendo você professor, informe que medida tomaria para mudar essa meta, a fim de fazer com que voltasse à inicial de aprender, utilizando, ao mesmo tempo, as técnicas de: a) punições; b) prêmios; c) dissonância cognitiva. Justifique as medidas.
4. Descreva uma situação de mudança pela qual você passou na escola ou empresa, especificando como foram realizados: a) o descongelamento; b) a mudança; c) o recongelamento.

DISCUSSÃO EM GRUPOS

O caso da fábrica de fantasias (2ª parte)

Os sócios da fábrica de fantasias discutida no capítulo anterior perceberam que, logo após o carnaval, ficavam sem pedidos e, por isso, as despesas fixas poderiam levar a empresa à insolvência. Por essa razão, elaboraram um plano operacional para, na "entressafra", produzir roupas de crianças. Isso significava ter duas linhas de produtos diversificados quanto a clientes, qualidade, matérias-primas e quantidades de cada lote. Entretanto, a fabricação continuaria terceirizada e entregue às mesmas costureiras independentes que trabalham em casa sob encomenda e por contrato. Com base nessas informações, responda, justificando, a questão designada para seu grupo.

Questões para cada grupo responder

1. Dentro do contínuo dos graus de adesão, indiferença e resistência, posicione as reações a essa mu-

dança que você espera ocorrer por parte das costureiras, de acordo com: a) reações individuais das cos-tureiras; b) pela "história" dessa organização que elas conhecem; c) grau de variabilidade do ecossistema com que transacionam, já que as costureiras, apesar de proibidas, podem conseguir fregueses particulares utilizando as máquinas da empresa e até retalhos de tecidos.

2. A resistência do grupo de vendedores que têm salário fixo e passarão a negociar com duas linhas de produto será alta, média ou baixa em relação a cada uma das variáveis culturais: a) tecnologias; b) preceitos; c) sentimentos.
3. Quais estímulos você forneceria às costureiras para elas aprimorarem o desempenho quanto à qualidade de roupas infantis, relativos a: a) punições; b) prêmios; c) dissonância cognitiva.
4. Descreva pelo menos 1. uma vantagem e 2. uma desvantagem da implantação desse plano pelos métodos: a) da imposição; b) da participação.
5. Considerando que foi implantado o plano de fabricar alternadamente fantasias e roupas de crianças, informe de forma resumida como pode ser **avaliada** a viabilidade dessas duas linhas de produtos quanto a: a) informações do ecossistema para a função operacional de vender; b) retorno do capital investido.

LEITURAS COMPLEMENTARES

A ARTE de fundir empresas. **Exame**. São Paulo, Abril, ano 21, nº 466, p. 64-68, nov., 1990. Analisa fusões que deram certo de empresas em dificuldades financeiras.

EMPRESA júnior, a força tarefa da FGV. **Pequenas Empresas Grandes Negócios**. São Paulo, Globo, ano 6, nº 1, p. 73-74, jul., 1990. Expõe os trabalhos das equipes de alunos da Escola de Administração de São Paulo filiada à FGV, auxiliando dirigentes de pequenas e médias empresas a melhor gerirem seus negócios.

FERNANDES, Alberto. Por que reestruturações fracassam. Síndrome de sobrevivência. **Exame**. São Paulo, Abril, edição 705, 12 jan. 2000. Pesquisa realizada na Inglaterra pela *Manchester School of Management*, mostrando o fracasso havido em muitos processos de mudança organizacional pelo medo que se instala nas empresas quando as pessoas deixam de ser preparadas para isso.

HENKIN, Carlos G. Os programas de mudança organizacional produzem mudanças? Um caso de implantação de atividades de pequenos grupos em uma indústria do setor metal-mecânico do Rio Gran-de do Sul. In: **Encontro da ANPAD 23**, 19 a 22 set. 1999. Foz do Iguaçu. Resumo dos trabalhos — ENANPAD 99, p. 146. Pesquisa mostrando que o processo de mudança de organizações tentado por meio da cúpula administrativa gera descrédito e grande resistência às alterações.

MILLER, Danny, GREENWOOD, Royston, HININGS, Bob. Caos criador ou evoluir dentro da continuidade. Transformar a organização. Por que, como e em que direções as organizações se transformam. **Organização e Sociedade**. Salvador, ano 6, nº 16, set./dez. 1999. Estudo que mostra como utilizar os trabalhos empíricos para tirar deles recomendações práticas sobre como negociar mudanças nas organizações.

PASSADO, PRESENTE E FUTURO DA ADMINISTRAÇÃO 26

Diferentemente do que ocorre com a Engenharia, Direito e Medicina, a literatura que aborda a Administração costuma dar ênfase à "história" das teorias administrativas, especialmente estudando as várias "escolas" criadas pelos estudiosos do assunto. Todavia, as referências a estes se limitam quase só aos que viveram no início e última metade do século 20, e não aos da Renascença e dos tempos anteriores. Parece que a razão para isso está na juventude da Administração, que torna seus primeiros teóricos quase nossos contemporâneos. Por isso, escreve-se sobre as propostas de Taylor, Fayol, Elton Mayo e Weber como se esses autores ainda fossem vivos. A Administração difere, pois, das profissões acima mencionadas, nas quais estão muito distantes os projetistas e construtores das pirâmides egípcias, os legisladores da Roma antiga e os discípulos do médico grego Hipócrates.

Uma pergunta poderia ser feita: então por que se preocupar com esses estudiosos? A resposta abrange dois aspetos. Em primeiro lugar, como mencionado em capítulos anteriores, muitas de suas propostas ainda são válidas nos dias de hoje por serem aplicáveis às partes da organização que operam como na época em que esta ou aquela teoria foi elaborada. Em segundo lugar, merecem ser analisadas neste final do livro com o fim de tornar mais claro como as teorias, ou melhor, as técnicas administrativas variam no tempo e quão rapidamente.

Com essa diretiva, este capítulo examina a Administração em **três épocas**: em primeiro lugar, o desenvolvimento ocorrido até surgirem as teorias decorrentes da metodologia sistêmica; em segundo, o estado atual da arte; e, finalmente, alguns exercícios de futurologia para o terceiro milênio. É, também, uma recordação de muito do que foi exposto, repetindo informações esparsas a fim de integrá-las em um conjunto único.

26.1 O PASSADO DA ADMINISTRAÇÃO

A literatura enfatiza demasiado as várias "escolas" e seus autores, de sorte que é raro um livro que não faça referência ou mesmo detalhe o assunto. Por isso, resumir o que já foi descrito nada mais acrescentaria, razão pela qual preferimos adotar outra abordagem: a de analisar o desenvolvimento da Administração dentro das mudanças da sociedade e, para isso, utilizando as três variáveis culturais.

26.1.1 A produção de bens: a ênfase na variável tecnologias

Por séculos a fio, a produção de bens desenvolveu-se lentamente até que o conhecimento acumulado teve suficiente massa crítica para permitir as grandes invenções. Dessa maneira, no século 19 os novos processos para a produção de aço facilitaram a criação da máquina a vapor e do tear mecânico, seguindo-se a construção de estradas de ferro como uma necessidade para transportar o grande volume de produtos e dos insumos necessários para sua fabricação.

Na Europa, principalmente na Inglaterra, dois fenômenos, então, ocorreram, resultando em um único evento; a produção dos novos bens deixou de ser artesanal para tornar-se em série, só possível de ser levada a efeito dentro de grandes edifícios, as fábricas, que para esse fim foram construídas. Além disso, a necessidade de pastos para a criação de ovelhas destinadas a fornecer lã para as tecelagens serviu de motivo para a expulsão dos lavradores meeiros das grandes propriedades rurais (Galbraith, p. 18). Com isso, a possibilidade de emprego nas fábricas em expansão e a redução das lavouras fizeram com que camponeses iletrados e sem habilitações lotassem as cidades para trabalhar nas indústrias nascentes. Fenômeno semelhante ocorreu na região norte dos Estados Unidos, somente com a diferença dos imigrantes procederem da Europa.

Nestas condições, a necessidade de produzir cada vez mais com mão-de-obra sem qualificações fez com que os engenheiros de produção ganhassem proeminência por depender deles o lucro dos proprietários que pouco entendiam do assunto. Pagos para obter produtividade, esses especialistas desenvolveram métodos para serem utilizados dentro da tecnologia simples da época e com operários interessados mais que tudo em salários para sobreviverem. Com isso, os primeiros administradores da produção deram grande importância à variável das tecnologias, criando **processos eficientes de fazer as coisas** e não ciência explicativa de fenômenos organizacionais, embora por eles chamada de "**Administração Científica**" (que nada tinha de científico por serem práticas). Entre outros se destacaram Frederick W. Taylor, Henry L. Gantt e Frank Gilbreth, todos do fim do século 19 e início do 20.

O sentido ideológico de suas práticas é evidente, pois visavam o aumento da produtividade e, com isso, o crescimento dos lucros dos patrões, mas também que os salários ficassem maiores como contrapartida pelo melhor rendimento do trabalho.

Tais métodos se mostraram particularmente eficientes, tanto assim que a produção cresceu enormemente, razão pela qual foram tentados transplantes dessas técnicas e prescrições para outros tipos de trabalho, a exemplo dos de escritório, onde na maior parte fracassaram porque não fabricavam peças em série. Apesar disso, o sucesso no aumento da produção fez com que os idealizadores da racionalização do trabalho se tornassem mundialmente conhecidos.

A Figura 26.1, cópia de uma gravura de tecelagem inglesa no final do século 19, mostra teares com uma operadora para cada um deles, sendo movidos por meio de correias em polias acionadas por eixos presos nas colunas.

Muito diferente dos dias de hoje, nessa época uma única máquina a vapor queimando lenha fornecia energia para toda a fábrica.

26.1.2 A burocracia: a ênfase na variável preceitos

Quando o povo nômade fixou-se na terra e erigiu cidades, houve a tendência do rei, faraó ou imperador criar grupos de súditos com o fim de guerrear, dirimir dúvidas, transacionar com o além e arrecadar os excedentes da produção (mesmo que não existissem) na forma de impostos. Com isso, a esses subordinados foram designadas funções bem definidas e fixas dentro de uma estrutura de cargos, apoiadas por crenças e valores (como a da origem divina do potentado) e, naturalmente, também por normas e leis explicitando tais funções e estruturas. Surgiram, assim, os administradores dentro da burocracia do Estado.

Ora, as grandes empresas comerciais particulares criadas a partir da época dos descobrimentos (como a Companhia das Índias) e as indústrias do século 19 copiaram esse modelo burocrático aperfeiçoado por séculos de existência, à falta de outros melhores, já que sem dúvida se mostrava eficiente para ministrar a justiça, conquistar países e arrecadar impostos. Com isso, a empresa adotou a rigidez de funções e estrutura, a obediência às normas, a impessoalidade na admissão e na promoção de pessoal, bem como até o jargão militar, a exemplo de "recrutamento", "seleção", "unidade de comando", "estratégia", "táticas", "*staff*" e "escalões hierárquicos". Nasceu, assim, a **Teoria Clássica** de Henry Fayol.

É interessante notar que muitos teóricos da Administração na primeira metade do século 20 se apropriaram das explanações feitas pelo sociólogo Max Weber a respeito do modelo burocrático do Estado, e

Figura 26.1 *Operárias braçais na tecelagem típica da era na qual Karl Marx escreveu "O capital" (Tomazi, p. 56).*

as transferiram para as empresas produtoras com o fim de justificar suas propostas. Como já mencionado, Weber estudou as burocracias como cientista, vendo nelas um grande perigo para o ser humano por sentir nos burocratas a tendência de dominar a sociedade, sendo ótimos funcionários, mas péssimos estadistas (Tragtenberg, p. 139-140). Tais colocações não costumam ser mencionadas pela literatura tradicional, o que dá ao leitor a falsa impressão de ser a **Teoria da Burocracia** a melhor de todas e Weber seu defensor, o que mostra ser esta mais uma ideologia da Administração.

O mundo evoluiu e logo após a Segunda Guerra Mundial surgiu uma proposta mais abrangente, a da **Teoria Estruturalista** criada, entre outros sociólogos, pelos já citados Peter Blau e Amitai Etzioni. Caracteriza-se por abordar as organizações como estruturas deliberadamente planejadas e construídas, cujas partes têm grande importância para a consecução de suas finalidades de obter resultados. Ademais, ampliou o campo de estudo ao enfocar todos os tipos de organizações encontrados nas sociedades e, o que é importante, comparando-os entre si (Motta, 1974, p. 54 e 57).

Tais teorias enfatizam a variável preceitos por concederem grande importância aos aspectos formais com vistas à tecnologia da produção e pequena às necessidades e sentimentos dos participantes, isto é, abordando as organizações como se nelas inexistissem pessoas.

26.1.3 As relações humanas: a ênfase na variável sentimentos

A grande crise financeira nos anos de 1930 trouxe nos Estados Unidos o interesse de aumentar a produtividade com redução dos custos. Pensou-se que isso poderia ser conseguido caso os empregados ficassem mais satisfeitos no grupo de trabalho. Para efetivar tal pressuposto devia ser reduzido o nível de conflito entre e intragrupos, as decisões serem participativas e a coordenação ser democrática (Motta, 1979, p. 17-18).

Nasceu, assim, a **Teoria das Relações Humanas** na forma de uma ideologia que procura adaptar o participante à microssociedade que é a empresa, a fim de produzir mais em benefício dos acionistas. A operacionalização dessa "teoria" consiste em resolver conflitos e desajustes pessoais por meio de especialistas em Relações Industriais e Assistência Social, bem como testes de personalidade, entrevistas de saídas e treinamento interno. Dessa forma, o operário satisfeito daria um ganho adicional ao perder o gosto por reivindicações, fazendo com que os grandes sindicatos não mais tivessem razão de existir (Tragtenberg, p. 197-198).

Centrada na pessoa e em suas relações com o grupo formal e informal de trabalho em termos de lealdade e satisfação, a Teoria das Relações Humanas enfatizou a variável sentimentos. Os estudos em que se baseiam as prescrições dessa "Escola" foram os realizados por George Elton Mayo na fábrica da Western Electric no bairro de Hawthorne em Chicago no fim da década de 1920, porém suas técnicas de aplicação se difundiram no Brasil somente após a Segunda Guerra Mundial.

O interesse pelo participante continuou, tanto assim que, acompanhando o surgimento da Teoria neoclássica apareceu a **Teoria Comportamental**, enfocando a organização, tanto como um sistema cooperativo quanto decisório. Muitas de suas prescrições foram enfocadas em capítulos anteriores de acordo com seus propositores, a exemplo de Herbert Alexandre Simon, Chester Barnard, Douglas McGregor, Rensis Likert, Chris Argyris, Abraham Maslow, Frederick Herzberg e Davi MaClelland.

26.1.4 Enfoques abrangendo as três variáveis culturais

Nos anos seguintes à Segunda Guerra Mundial, as idéias sobre como administrar organizações modernizaram a Teoria Clássica para a chamada **Teoria Neoclássica**. Esta pode ser assim resumida: manutenção dos princípios de Fayol; inclusão da Teoria Comportamental; e ênfase nos resultados (embora omissa quanto a identificação de a quem são destinados).

Na mesma década de 1950, alguns teóricos da Administração deram prosseguimento às idéias dos estruturalistas, trazendo para o âmbito das organizações as concepções de sistemas emprestadas da Biologia. Por essa origem fica explicada a importância dada às funções, à divisão do todo (o sistema) em partes (os subsistemas) e ao meio externo (o ecossistema) que fornece insumos e absorve bens ou serviços. Também é decorrente dos seres vivos a visão da necessidade de contínua adaptabilidade ao ambiente e a possibilidade de mutações, ou seja, a mudança de uma organização em outra de tipo diferente.

Na verdade, a abordagem, ou metodologia, ou ainda enfoque sistêmico (e não "**Teoria**" **de Sistemas**, como já explicado) visualiza as três variáveis culturais. Com isso, leva em conta as tecnologias por considerar as funções para produzir, os preceitos por ver na estru-tura a forma de concretizar as funções e os sentimentos por examinar como decorrem das outras duas variáveis. Assim sendo, é possível considerar as várias tendências da Administração como visões parciais de um todo, em virtude de enfocarem apenas uma ou

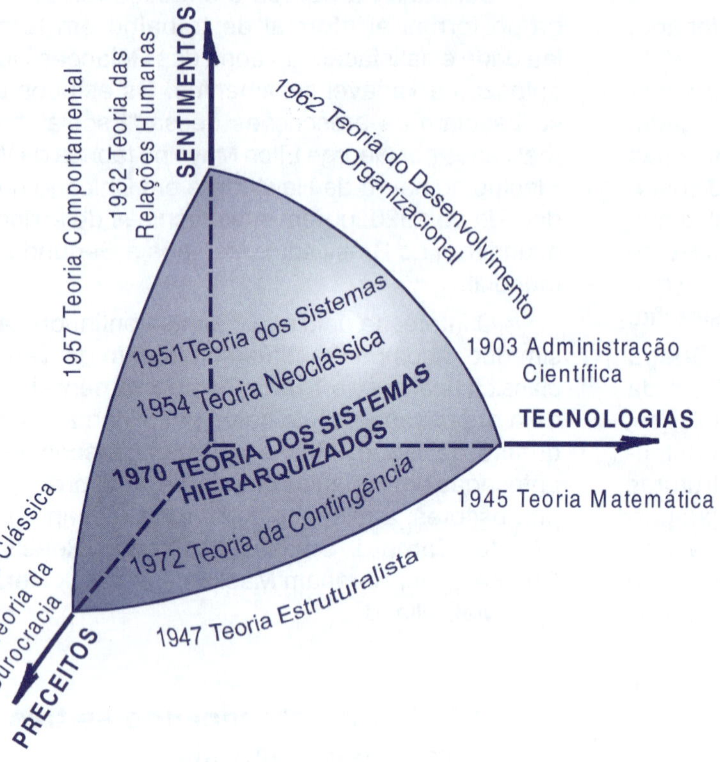

Figura 26.2 *As várias teorias de Administração e suas relações com as três variáveis culturais.*

duas variáveis, enquanto a metodologia sistêmica procurou abranger todas elas.

É importante observar que a metodologia sistêmica também é uma ideologia, porque visa fazer com que as organizações sejam mais eficientes e eficazes como produtoras de bens e serviços para servir clientes, tentando mascarar com uma pretensa adaptabilidade ao ambiente às pressões para fazê-lo adaptar-se aos interesses das empresas (Motta, 1974, p. 80).

A abordagem sistêmica não estacionou, tanto assim que, na década de 1970, surgiu um aperfeiçoamento, a **Teoria dos Sistemas Hierarquizados**, que abandona as bases originadas da Biologia para criar modelos destinados às organizações em si. Suas propostas serviram de base a muitas análises deste livro, razão pela qual é desnecessário voltar a examiná-las aqui.

Por essa mesma época, apareceu a **Teoria da Contingência**, cuja denominação decorre do fato de considerar que as estruturas organizacionais decorrem das características de seus **ambientes** e que, quando estes se alteram, o mesmo deve ocorrer com elas. Foram já mencionados alguns dos pesquisadores que a criaram, como Paul Lawrence e Jay W. Lorsch, devendo ser incluídos na lista os nomes de Alfred Chandler, Edgard H. Schein, Tom Burns, G. M. Stalker e Joan Woodward.

Por outro lado, na segunda metade do século 20 houve um retorno à busca da eficiência, quando foram desenvolvidas técnicas destinadas a planejar com maior eficiência os processos produtivos, dando origem à já mencionada **Teoria Matemática**, cujo interesse reside na operacionalização por computador dos processos do planejamento operativo.

A Figura 26.2 procura dar uma visão integrada das muitas teorias mencionadas (Chiavenato, p. 10-11).

Um aspecto que pode ter passado despercebido pelo leitor é o das nacionalidades dos vários pesquisadores mencionados. Exceto Weber (alemão), Fayol (francês), Burns, Stalker e Woodward (ingleses), todos os demais são americanos. Esse fato sugere estar nos Estados Unidos o grande interesse em melhorar as organizações com o fim de mais bem servirem seus clientes e não em divagar sobre assuntos sem praticidade. Talvez esteja aí a explicação de, no momento em que estas linhas são escritas, os americanos terem alto padrão de vida, baixíssima inflação e pertencerem à maior potência do mundo. Fica para os leitores pensarem sobre essa realidade e compará-la com a de outros paises.

26.2 O PRESENTE E O FUTURO DA ADMINISTRAÇÃO

O exame dos conhecimentos administrativos até os anos de 1970 foi feito nos 25 capítulos precedentes. Falta expor as últimas práticas desenvolvidas nas décadas finais do século passado e, também, mostrar que seu emprego é desigual em relação a países desenvolvidos, em desenvolvimento e subdesenvolvidos, como é intuitivo para o leitor.

26.2.1 As práticas administrativas modernas

Parece que a divulgação da metodologia científica fez com que os pesquisadores compreendessem que inexistem teorias de profissões voltadas para realizações concretas (como medicina, odontologia, direito, engenharia e administração) e, por isso, começaram a rotular suas propostas como **práticas** administrativas. Assim sendo, deixaram as teorias para as ciências como Física, Biologia, Química e Sociologia, passando a considerar como práticas suas prescrições com a finalidade de as organizações atenderem melhor os clientes, a semelhança de operar pacientes, abrir túneis e obturar dentes.

Algumas dessas práticas surgidas nas últimas décadas do século 20 e que tiveram maior destaque serão resumidas a seguir.

1. *JUST IN TIME* — JIT. Idealizado no Japão nas décadas de 1960 e 1970 pela Toyota, o JIT engloba uma série de técnicas destinadas a otimizar a produção. Os objetivos dessas técnicas podem ser resumidos em: produção sem estoques intermediários; eliminação dos desperdícios; manufatura em fluxo contínuo; resolução das dificuldades pelos próprios executores; e melhorias constantes nos processos de produção.

   Um exame mesmo superficial dos cinco objetivos listados mostra considerável diferença do enfoque tradicional da produção. Por exemplo, embora os estoques tenham custos que não adicionam valor, comumente são mantidos para evitar interrupções no processo de fabricação, como as ocasionadas por defeito ou quebra de certa máquina, o que significa esconder problemas. Diferentemente, no JIT, caso alguma usinagem de peças comece a apresentar defeitos, o problema é imediatamente percebido pelo operador da fase seguinte, o qual tem a liberdade de interromper a produção por iniciativa própria. Com isso, evitam-se retrabalhos e mesmo sucata quando o material defeituoso fica inaproveitável. Além disso, a interrupção torna aparente a existência de máquina com algum desarranjo e evita os prejuízos resultantes da fabricação de semi-acabados imprestáveis (Gianesi & Corrêa, 1996, p. 56-61).

2. *KANBAN*. Com o significado literal de "cartão" em japonês, o *kanban* faz parte do *just in time* na forma de uma técnica de mais fácil aplicação, motivo pelo qual foi difundido na indústria ocidental. O entendimento de seus princípios pode ser facilitado por meio de um exemplo simples. Imagine-se uma fábrica onde um operário abre furos em uma peça previamente estampada por outro operador. O primeiro executor vai tirando o material para furar de um recipiente (que poderia ser um carrinho ou um *conteiner*) que tem um **cartão** especificando, entre outros detalhes, a quantidade de peças, ou seja, o **tamanho do lote.** Nesse ínterim, o estampador vai prensando mais peças e colocando-as em outro carrinho, também com um cartão que indica a mesma quantidade do lote. Assim que tiver atingido o número de peças determinado naquele *kanban*, ele as remete para a furação, aguardando parado que volte o primeiro carrinho vazio, que está demorando pelo motivo de a operação de furar ser mais demorada que a de prensar. Note-se que a seu lado deve estar outro carrinho, este com peças para prensar, mas que fica na espera, mesmo porque o prensista não tem onde colocar o material por ele trabalhado.

   O princípio dessa técnica está no fato de não ser criado estoque de material em processamento, no exemplo o prensado. No caso de a abertura dos furos atrasar pela necessidade de reajustar a furadeira, esta quebrar ou por qualquer outro fator, a operação anterior de estampar tem de aguardar parada, o que faz sua antecedente também interromper o fluxo, e assim sucessivamente. O mesmo ocorre para diante pela falta de carrinhos com peças furadas, o que significa **parar toda a linha de produção**.

   Neste ponto, o leitor deve estar pensando que a técnica tradicional de fabricar grandes lotes de componentes continua sendo melhor que a do *kanban*. Poderá mudar de idéia por várias razões.

   - A interrupção da linha de produção mostra imediatamente a presença de um elo fraco na cadeia de processos, o que ficaria mascarado se os lotes fossem de grande volume. Tal fato exigirá modificações na máquina, revisões mais freqüentes, mudanças no processamento ou quaisquer outras medidas para que tais dificuldades não mais se repitam.
   - A redução dos estoques intermediários de semi-acabados em processamento significa uma economia que irá baratear o produto final.
   - A eliminação da burocracia das ordens tradicionais da Programação e Controle da Produção, inclusive as de requisição de materiais, suprime despesas que não adicionam valor ao produto.
   - Redução dos controles intermediários e finais, como os destinados a avaliar os custos da fabricação, que na verdade também introduzem outro custo, o da própria avaliação (Silveira, p. 111).
   - Identificação de peça defeituosa antes de ela passar para ser trabalhada na etapa seguinte e de responsabilidade do próprio operador, o que significa reduzir o retrabalho do produto final ou ir para a sucata se a falha não compensar o custo do conserto.
   - Diminuição do *lead time* (tempo entre a ordem para iniciar a fabricação do lote e a saída do produto final), pois o processo tradicional faz com que varie de 20 a 40 semanas, enquanto as peças e sua montagem não levam mais de 8 a 10 horas de trabalho (*Business week guide*, p. 6).

   É claro que a implantação do *kanban* não é fácil (como ficou demonstrado na própria Toyota pelos anos que demorou em funcionar integralmente), porque tem de alterar profundamente a cultura tradicional da fabricação.

3. CÍRCULOS DE CONTROLE DA QUALIDADE — CCQ. Os CCQ's tiveram início em 1962 no Japão baseados na idéia revolucionária de que os inspetores, para controlar a produção à maneira americana, eram supérfluos e contraproducentes, pois a qualidade deveria ser de responsabilidade de todos os empregados, independentemente das funções que exerciam. Em princípio, os CCQ's são pequenos grupos de empregados voluntários, e não pertencentes às gerências, que procuram solucionar dificuldades na obtenção da qualidade nas mais diversas unidades da empresa. Nos Estados Unidos, essa prática foi iniciada com entusiasmo, mas começou a perder força pelo motivo de as gerências não delegarem poder para os empregados realizarem as mudanças necessárias às soluções dos problemas encontrados (*Business week guide*, p. 3, 20). Em outras palavras, a **cultura real** da empresa permaneceu, mascarando uma **cultura ideal** de fachada, ou seja, não ocorreu nenhuma mudança organizacional significativa.

4. *BENCHMARKING*. Na década de 1950, os industriais americanos acharam muita graça nos visitantes japoneses que observavam tudo e tiravam fotografias sem parar. Os sorrisos desapareceram nos anos de 1970 quando começaram a chegar, vindos do Japão, importados melhores e a preços menores, ocasião em que perceberam terem os orientais feito o *benchmarking* de seus produtos. Essa é uma prática muito antiga, que somente agora adquiriu a posição de procedimento empresarial. O significado inicial da palavra era "medição de bancada" — que designava os testes feitos com produtos de concorrentes a fim de comparar seu desempenho com os de fabricação própria — enquanto hoje denota procedimentos mais sofisticados (Gianesi & Corrêa, p. 224).

   Os procedimentos de *benchmarking* recomendados variam, indo desde limitar-se a comparar bens e serviços próprios com os dos concorrentes que diretamente influenciam as vendas até aos das multinacionais em outras partes do mundo. Além disso, as recomendações foram ampliadas, por exemplo, não ficar somente na verificação de produtos e serviços, mas incluir procedimentos, como remessa de mercadorias aos clientes, formas de pagamento, concessão de créditos, enfim tudo o que uma empresa pode copiar de outra.

   São sugeridos diversos cuidados para o *benchmarking* feito pelas micro e pequenas empresas. O primeiro deles diz respeito à possibilidade da adoção de um procedimento por uma área administrativa vir a causar dificuldades em outra. Por exemplo, o setor de compras adotar a prática de alguma congênere de somente adquirir matéria-prima à vista, o que pode prejudicar o fluxo de caixa pelo motivo de a área financeira não estar preparada para essa mudança. Outro perigo que deve ser evitado é comparar algum aspecto do produto que o segmento de clientes não considera relevante e melhorá-lo com aumento de custos, o que significa pecar por excesso. Por isso, é necessário ouvir os clientes para saber o que eles valorizam como qualidade no produto ou serviço, o que pode causar grandes surpresas aos responsáveis pela empresa (Gianesi & Corrêa, p. 119-120).

5. REENGENHARIA. Este é um procedimento que, como vários outros, surgiu em um período de mudanças tecnológicas, sociais e econômicas. Isso aconteceu no Egito dos faraós, quando a exigência de disciplinar o uso do solo após as inundações do Rio Nilo fez nascer a primeira burocracia de que se tem notícia. O mesmo sucedeu no início deste século com a crescente industrialização, que propiciou o surgimento da administração "científica" de Frederick W. Taylor, os estudos de Tempos & Movimentos, além da chamada Organização & Métodos. Já sob a pressão da Segunda Guerra Mundial, apareceu a Pesquisa Operacional e durante a Guerra Fria, entre as superpotências, os Métodos do Caminho Crítico, inicialmente desenvolvidos para o lançamento do foguete Polaris por submarinos nucleares. Havendo essa tradição, era de se prever que, no final do século 20, impulsionados pela disseminação da informática e a globalização da economia, nascessem novos procedimentos administrativos, entre os quais está a reengenharia.

   Seus objetivos principais aproximam-se dos descritos anteriormente para outros procedimentos. Assim temos: ganhar clientes satisfazendo-os por meio de produtos e serviços mais baratos e de melhor qualidade, além de adequar a empresa às mudanças ambientais. Todavia, diferencia-se dos demais pelas técnicas que utiliza. Primeiramente, em vez de partir da função produtiva e a ela adequar as atividades-meios, a reengenharia enfoca a empresa como um todo, na forma de um negócio destinado a satisfazer necessidades de clientes, empregados e proprietários. Em segundo lugar, por ser a moda do momento e nova pelo fato de ter iniciado na década de 1990, não houve tempo hábil para avaliação correta de seus benefícios (e malefícios), diferentemente dos expostos anteriormente que existem já há décadas e, por isso, com pontos fortes e fracos bem conhecidos. Finalmente, poderia ser chamada de *hard* por tentar mudar de forma radical a cultura da empresa para o século 21 e não se limitar a adequá-la às novas condições ambientais, como fizeram as anteriores, que poderiam ser consideradas apenas como *softs*, tendo em vista preconizarem melhorias contínuas e não drásticas.

Para caracterizar o que a reengenharia pretende inverter na administração tradicional, citamos as seguintes mudanças (Gonçalves & Dreyfuss, p. 21, 22):

- ênfase na administração por processos (no sentido "horizontal" da empresa) em lugar da gestão por cargos formais (no sentido "vertical" da hierarquia);
- líderes com base no conhecimento e habilidades para coordenar equipes em vez de chefes que conseguem o trabalho individual em troca de remunerações;
- gerentes como instrutores de suas equipes em lugar de administradores;
- ênfase no *downsizing*, achatando a hierarquia tradicional;
- valorização do que é produzido e não da empresa como entidade;
- remuneração variável de acordo com os resultados alcançados;
- papéis técnicos e gerenciais determinados pelos empregados e não impostos pelas gerências;
- equipes voláteis em lugar de unidades funcionais fixas;
- trabalhos variáveis e não especialização por tarefa;
- capacitação em vez de treinamento;
- promoção pela capacidade e não pelo desempenho individual de tarefas.

Além de tudo o que foi explanado, resta o aspecto mais importante da reengenharia, que é o objetivo principal, ou seja, **agregar valor àquilo que é oferecido ao cliente**.

Fica uma pergunta: como realizar praticamente tais mudanças? Consultores desenvolveram várias técnicas, que autores chegam a classificar como chegando a nove, sendo uma diferente da outra. Por isso, examiná-las ultrapassaria o escopo introdutório deste livro, podendo os interessados obter informações na copiosa e recente literatura (Gonçalves & Dreyfuss, p. 201-216).

26.2.2 O que o futuro nos reserva?

Quem atualmente lê a Guerra dos Mundos, escrito em 1893 por H. G. Wells, sorri diante da invasão dos extraterrestres vindos em granadas disparadas por canhões marcianos, caindo violentamente na Terra e levando dias e dias para arrefecer. Fica, assim, bem claro que, à maneira desse autor, projetamos para o futuro a experiência de agora, pois não temos base para prever mudanças radicais que invalidam métodos e processos hoje utilizados. Por isso, os acertos dos exercícios de futurologia dependem de as tendências atuais serem mantidas, o que é difícil de prever. Por exemplo, quem na década de 80 esperaria a rápida unificação alemã acompanhada da desintegração da ex-União Soviética? Também as próprias organizações sofrem o processo dialótico da mudança, a exemplo da Panam visualizada no filme "2001, Uma odisséia no espaço" como a empresa de transporte da Terra para a Lua, mas extinta há anos por ter falido.

Embora exista essa restrição, tentaremos fornecer algumas hipóteses para o que deve ser a Administração para este início do Terceiro Milênio, utilizando, ainda, as três variáveis culturais, aliás, o que aproximadamente fazem dois autores, Peter Drucker e David Landes em livros citados na bibliografia e resumidos em publicações de revistas no fim deste capítulo.

1. VARIÁVEL TECNOLOGIAS. Dizer que a tecnologia está mudando cada vez mais depressa é repetir o que se tem escrito em livros e artigos. De igual maneira, é uma repetição afirmar que a inovação tecnológica é muito mais efetiva nos países industrializados do que nos do Terceiro Mundo, e que isso somente tem servido para distanciá-los cada vez mais. Todavia, alguns fatores mostram que esta última tendência de separação em países ricos e pobres pode ser refreada. Por exemplo, os países não desenvolvidos têm a capacidade de imitar produtos já consagrados e, utilizando mão-de-obra intensiva, fabricá-los a preços sem concorrência na venda para os países industrializados, como sucede com os calçados de couro do Brasil.

   Acontece, porém, que os países não desenvolvidos também sofrem da falta de capacidade administrativa, como Servan-Schreiber destacou há varias décadas em seu famoso livro **Desafio americano**, inclusive ao afirmar que o atraso europeu em relação aos Estados Unidos não é de técnica e sim de gerência (Basil & Cook, p. 59 e 63). Esse também deve ser o nosso desafio, mas que parece não estar devidamente conscientizado, tanto em níveis de empresas e de governo, quanto de Escolas de Administração.

   Tentando sobrepujar tais falhas, Drucker não leva em conta tecnologias específicas e sim tendências gerais de mudanças que devem ser enfatizadas pelos empresários no planejamento estratégico. Assim considera que, neste milênio, haverá o desenvolvimento de produtos e serviços destinados ao lazer, saúde e educação. Isto porque os governos, que apenas distribuem rendas, tenderão a alocar recursos para esses dois últimos setores, razão pela qual ter informações sobre suas políticas deve ser a primeira preocupação do empresário (Drucker, 1999, p. 50-51). Outro ramo industrial e, também, comercial é o da informação e não apenas o da informática ligada a computadores. Por isso, o trabalhador mais requisitado passou a ser aquele detentor do conhecimento, com a diferença fundamental do existente no século 20 que vendia seus esforços físicos para produzir, pelo fato de, agora, ser ele que sabe como fazer as coisas e, também, ter a propriedade dos meios de produção, por exemplo, o microcomputador pessoal (Drucker, 1999, p. 56). Um detalhe importante está no fato de alguns empregados trabalharem na própria residência, enviando para a empresa via Internet o que produziram, comparecendo em sua sede apenas um ou dois dias por semana. Tal prática está cada vez mais difundida, inclusive neste país (embora contra a opinião de muitos administradores ultrapassados que não confiam nos empregados e desejam ter os subordinados debaixo dos olhos), sendo conhecida por **teletrabalho**, o *telework* dos americanos (Mello, p. 66). Entretanto, Drucker acha que a produtividade do trabalhador do conhecimento é baixíssima porque até agora a ênfase na eficiência continua no treinamento do operário que exerce tarefas braçais e não do que a faz com base no conhecimento, a exemplo de consertar robôs em linhas de montagem (Drucker, 1999, p. 44).

2. VARIÁVEL PRECEITOS. Na década de 1970, dois autores americanos escreveram que, mesmo nos Estados Unidos, o país da livre iniciativa, os governos tendem a cada vez mais influir, direta e indiretamente, nas empresas privadas, e expandir suas próprias organizações, invadindo áreas geralmente de iniciativa particular (Basil & Cook, p. 22). O impacto dessa tendência na Administração de empresa foi, sem dúvida, muito sério, como bem mostrou o ocorrido no Brasil já no início da segunda metade do século 20, de sorte que foi adotado o modelo socialista das intervenções estatais, mesmo quando a então República Soviética e a China já reviam essa posição por concluírem que não mais se adaptava às condições do mundo atual. Todavia, antes do final do século houve uma tendência de ela ser invertida, voltando o Estado às suas funções de instituição política e não econômica. Isso ocorreu com a resistência de partidos da esquerda, que desconheciam estarem sendo usados pela classe política dominante, que não queria perder o controle das empresas governamentais para seus fins eleitoreiros.

   Outro assunto a destacar é o aumento assustador das populações, a ponto de o Brasil e o México ocuparem um lugar entre as dez nações de maior produção unicamente pelo grande número de habitantes e não pela maior eficiência *per capita*, com índice de crescimento demográfico cinco vezes maior que o da Europa (Basil & Cook, p. 35). Essa explosão (ou melhor, poluição) demográfica não é só causada pelo aumento da natalidade e sim pela redução da mortalidade, sendo tão séria que em muitos países inviabilizará qualquer desenvolvimento econômico (Horton & Hunt, p. 349). O resultado é que o administrador encontrará, por um lado, mão-de-obra mais barata e em maior quantidade, mas por outro enfrentará problemas com a falta de qualificações. O pior é que os países do Terceiro Mundo não estão conseguindo vencer as posições ideológicas, tanto da extrema direita quanto da esquerda, de sorte que tendem a fracassar todos os esforços para o controle da natalidade e permissão do aborto (Horton & Hunt, p. 34-51). Com isso, a população brasileira poderá ficar cada vez maior e mais pobre e, por isso, com menos infra-estrutura de saneamento, transportes, educação, assistência médica etc.

3. VARIÁVEL SENTIMENTOS. O historiador americano Davi Landes destaca ter sido a mudança feita pela reforma protestante dos valores judaicos e cristãos sobre o trabalho como pena imposta ao ser humano que permitiu o grande desenvolvimento dos países anglo-saxões nestes últimos 500 anos. Reflete, assim, o pensamento de Max Weber já referido em capítulos atrás. Todavia, autores no século passado faziam referência às alterações que estão ocorrendo nos sentimentos pela alteração da ética "protestante" (individualista e voltada para a acumulação de riquezas) para a ética social (coletiva e voltada para a realização pessoal). Tal mudança, que se verifica nos dias atuais, determinará um novo tipo de planejamento estratégico que, da ênfase nas estruturas tradicionais, passará a valorizar o desenvolvimento organizacional, pois os participantes não mais aceitarão as formas de coordenação das épocas passadas. Talvez seja este o maior desafio para os administradores, que terão de enfrentar os tradicionalistas que julgam "o que foi bom ontem continuará sendo bom amanhã", todas as vezes que tentarem mudar a cultura da organização para adaptá-la às novas condições sociais.

Para finalizar, este país tem futuro apesar de nele não imperar a ética protestante e ter baixíssimo nível instrucional dos tecnólogos no dizer de Drucker? Parece que sim, pelo menos é o que se depreende pelo fato de estar ocorrendo profunda mudança cultural. Esta pode ser percebida pelas denúncias e inquéritos em andamento neste início de terceiro milênio em razão do afloramento do mar de lama que sempre existiu, porém submerso. Outro exemplo dessa mudança cultural é a fotografia da figura 26.3, mostrando uma empresa sediada em capital deste país, onde os especialistas decoram seus postos de trabalho como se estivessem em casa. As diferenças em relação à gravura exibida na Figura 26.1 são evidentes por si e não precisam ser comentadas.

Em um ponto Peter Drucker é radical por defender a idéia de que os chamados "empregados" (mesmo depois da Segunda Guerra Mundial), hoje têm que ser administrados como "sócios". Isto porque são especialistas do conhecimento e, por isso, não devem ser comandados e sim persuadidos (Drucker, 1999, p. 44). Acontece que essa mudança cultural dos empresários ainda não ocorreu...

Para finalizar este livro sobre "teorias" de Administração, nada melhor que transcrever um trecho escrito por Basil e Cook no livro *The management of change,* que, em uma tradução livre da página 60, afirma:

Figura 26.3 *Operários do conhecimento na empresa fornecedora de serviços no final do século 20 (A empresa do novo milênio.* ***Exame****, 03 nov. 1999, p. 76).*

"**Fundamental para qualquer teoria de modificação comportamental são as assunções implícitas à natureza do gênero humano. Tais noções tácitas sobre as pessoas refletem a natureza temporal da administração e da teoria das organizações. A teoria emerge para satisfazer necessidades críticas do momento e, como as necessidades organizacionais básicas mudam com o desenvolvimento da sociedade, a teoria reflete como espelho a imagem dos pensamentos predominantes sobre as pessoas e as condições que afetam seu comportamento naquele instante**".

Termina aqui a introdução aos temas de administração a serem detalhados em outras disciplinas, com a visão otimista de que o administrador que dispuser de experiências, conhecimentos e vivências profissionais poderá melhorar em muito as condições socioeconômicas deste país, atuando em organizações governamentais, particulares e assistenciais.

TÓPICOS PARA EXPOSIÇÕES

26.1.1 A produção de bens: a ênfase na variável tecnologias

Explicar que este capítulo final integra as várias Teorias da Administração examinadas nos capítulos anteriores e mostra como seus enfoques se alteraram à proporção que as sociedades se modificavam. Explicar que as primeiras Teorias de Administração foram criadas por engenheiros no final do século 19 e início do 20, porque estavam interessados em aumentar a eficiência da produção. Por isso, a variável cultural mais importante para as tecelagens e siderúrgicas daquela época era a das tecnologias.

26.1.2 A burocracia: a ênfase na variável preceitos

Explicar que os governos desde a antiguidade tinham funcionários para exercer cargos administrativos, que já no início do século 20 executavam seus trabalhos em escrivaninha, *bureau* em francês, que deu origem às palavras burocracias e burocratas. Por serem funcionários públicos, esses burocratas apoiavam-se em normas e leis, ou seja, enfatizavam a variável cultural dos preceitos. Explicar que as empresas particulares copiaram a burocracia estatal para organizar suas funções administrativas, por falta de outro modelo melhor. Mostrar que, durante o século 20, muitos teóricos de administração prescreveram o modelo burocrático descrito pelo sociólogo alemão Max Weber como adequado às organizações. Na verdade, Max Weber não defendeu a burocracia e sim escreveu ser ela um perigo para o ser humano e que os burocratas dos governos tendiam a dominar a sociedade.

26.1.3 As relações humanas: a ênfase na variável sentimentos

Explicar que a crise de 1930 levou os americanos a tentarem aumentar a produtividade tornando o trabalhador mais satisfeito. Com isso, surgiu a Escola de Relações Humanas, enfatizando a resolução de conflitos e as relações do trabalhador com o grupo informal criado dentro das organizações. A idéia central era de que o trabalhador satisfeito produzia mais e, portanto, centrava na variável cultural dos sentimentos.

26.1.4 Enfoques abrangendo as três variáveis culturais

Tendo por base a Figura 26.2, explicar que antes da metade do século 20 surgiu a Teoria de Sistemas copiada da Biologia e aplicada às organizações, procurando sintetizar as teorias anteriores ao abranger os aspectos mais importantes do ambiente de trabalho, ou seja, apoiando-se nas três variáveis culturais descritas em capítulos anteriores. Um aperfeiçoamento dessa teoria vinda da Biologia (que não é teoria e sim metodologia) foi a Teoria dos Sistemas Hierarquizados, esta voltada para as organizações. Novo aperfeiçoamento foi o da Teoria da Contingência, que introduziu o meio ambiente (ecossistema e sociedade) como fator preponderante para estruturar as empresas a fim de satisfazerem necessidades de seus clientes.

26.2.1 As práticas administrativas modernas

Explicar que, no final do século 20, várias práticas foram criadas com o fim de, por um lado, aumentar a quantidade e a qualidade da produção de bens e prestação de serviços e, por outro, melhorar a administração das empresas. Explicar resumidamente em que consiste *just in time*, *kanban*, círculos de controle da qualidade, *benchmarking* e reengenharia.

26.2.2 O que o futuro nos reserva?

Explicar com base em exemplos de fatos passados que os exercícios de futurologia erram porque extrapolam para o futuro uma condição atual que supostamente se mantenha no tempo. Todavia, algumas previsões podem ser feitas em curto prazo, tendo por base as possíveis alterações das três variáveis culturais. Destacar que, quanto às tecnologias, a América do Norte se desenvolveu graças às práticas administrativas, que neste país não têm o destaque devido. Quanto à variável preceitos, explicar que os indivíduos ocupantes de cargos governamentais querem cada vez mais influir no país, criando leis e normas para aumentar a arrecadação e inibir a iniciativa privada. Quanto a variável sentimentos, destacar que a mudança está na permissão cada vez maior de o empregado exibir suas emoções no ambiente de trabalho. Finalizar com a transcrição que mostra as Teorias da Administração que, diferentemente do ocorrido com as ciências do mundo físico, se alteram de acordo com as mudanças da sociedade, o que comprova serem prescritivas e não explicativas de fenômenos.

QUESTÕES DE APLICAÇÃO

1. Responda, justificando: a) as explanações feitas em capítulos anteriores sobre funções operacionais, estruturas de linha e assessoria, e grupos informais tiradas da "Administração clássica" são, ainda, aplicáveis às organizações modernas?; b) a hierarquização de sistemas invalida a metodologia sistêmica vinda da Biologia para aplicações nas organizações atuais?
2. Fazendo uma retrospectiva dos assuntos tratados nos capítulos anteriores, qual deles prescreve medidas para que o administrador dos dias de hoje obtenha produtividade com satisfação dos participantes? Justifique.
3. Com base no Capítulo 25, informe, justificando: a) a gradação de resistências a mudanças das três variáveis culturais explica o fato de o Brasil fabricar produtos sofisticados apesar de ter uma administração atrasada?; b) entre os três fatores descritos no item 25.2.1 qual deles você acha mais adequado para introduzir uma nova administração nas empresas e nos cursos para administradores?
4. Informe por que as chamadas "Teorias da Administração" são, na verdade, prescrições práticas para as organizações satisfazerem necessidades de clientes, não tendo, pois, base científica.

DISCUSSÃO EM GRUPOS

O caso da fábrica de fantasias (3ª parte)

Tendo por base o caso apresentado no Capítulo 24, responda, justificando, a pergunta designada ao seu grupo.

Questões para cada grupo responder

1. Os sócios, antes de iniciarem as confecções de fantasias, pediram propostas para três consultores de empresas com o propósito de elaborarem o plano operacional. Pergunta-se a que "escola" estava filiado cada um desses consultores, considerando que: a) o primeiro propôs serviços dando ênfase à elaboração de um organograma e um Manual de Procedimentos; b) o segundo sugeriu dar importância para a seleção e treinamento das costureiras a fim de se adaptarem à organização e, também, se conhecerem, embora fossem trabalhar em casa; c) o terceiro mostrou ser necessário criar medidas de rendimento para o trabalho das costureiras, instruindo-as como melhor operar as máquinas de costura a fim de aumentar sua eficiência.

2. Os sócios foram até a Federação das Indústrias de Confecções a fim de pedir sugestões quanto às políticas de negócios que deveriam seguir. Pergunta-se: Qual a "Teoria" empregada pelos consultores da Federação? Isto por terem chamado a atenção para a concorrência de outras fábricas de fantasias, a necessidade de padronizar os tecidos e adereços e ter capital de giro, bem como a dependência que tinham com os fornecedores de plumas de aves e a dificuldade em obter mão-de-obra já treinada.
3. No início de seu funcionamento a fábrica tinha só costureiras empregadas, o que resultou em greves determinadas pelo Sindicato dos Empregados de Vestuários, além de multas por erros no recolhimento de encargos sociais. Depois, demitiram as costureiras empregadas e admitiram apenas contratadas. Com isso, não mais tiveram que recolher INSS, PIS e FGTS, ficando "apenas" com o IPI, ICMS e IR. Pergunta-se: a) quais vantagens para a empresa; e b) quais desvantagens da segunda situação sobre a primeira?
4. Os sócios acharam que lhes faltavam conhecimentos de Administração para gerir a fábrica. Existiam três alternativas para solucionar essa falha: 1. graduarem-se em uma Escola de Administração depois de cinco anos de curso noturno; 2. conseguir na Federação das Indústrias de Confecções que fossem ministrados cursos para empresários, por professores também empresários; 3. freqüentar cursos de especialização em áreas administrativas que fossem oferecidas, todos de curta duração. No caso de pedirem sua opinião, qual conselho daria a eles, depois de explicar: a) as vantagens; e b) as desvantagens que existiriam para cada alternativa.
5. Fazendo um exercício de futurologia, pergunta-se: a) o mercado de fantasias tende a aumentar ou a diminuir, tendo em vista a pressão das igrejas contra o carnaval, ao lado do financiamento das escolas de samba feito pelo crime organizado, como noticiam os jornais?; b) depois do crescimento quantitativo no carnaval das últimas décadas, qual alteração o método da dialética indica para os próximos anos?

LEITURAS COMPLEMENTARES

A EMPRESA do novo milênio. **Exame**. São Paulo, Abril, ed. 700, 03 nov. 1999. Texto inicial de uma série de sete fascículos, abordando vários assuntos como a instabilidade do mundo atual, ambiente interno das empresas, requisitos para o sucesso, relações com a comunidade externa à organização, vida pessoal e novos tipos de liderança.

A ÉTICA da riqueza. **Veja**. São Paulo, Abril, ano 33, n. 12, 22 mar. 2000. Artigo também recomendado no Capítulo 22, sobre a entrevista com David Landes, autor do livro **A riqueza e a pobreza das nações**, que expõe seu ponto de vista sobre o futuro do Brasil.

DALY, James. Com um pé atrás. **Exame.** São Paulo, Abril, ed. 727, ano 34, n. 23, p. 120-128, 15 nov. 2000. Entrevista com Peter Drucker na qual ele explica o que está certo e o que está errado com a nova Economia.

DRUCKER, Peter. O futuro já chegou. **Exame**. São Paulo: Abril, ed. 710, 22 mar. 2000. Esse conhecido advogado austríaco que, radicado nos EUA, escreveu livros e artigos sobre administração, afirma que o comércio eletrônico de transações via Internet é que trará grandes transformações nas empresas.

DOUTOR metalúrgico. **Veja**. São Paulo, Abril, ano 34, n. 1, 10 jan. 2001. Artigo que concretamente torna claro como nos dias de hoje estão ultrapassadas as teorias e, também, as ideologias criadas no século 19, quando ocorreu a revolução industrial, pois os operários que prosperam nas montadoras de automóveis no Brasil possuem diplomas universitários e estágios no exterior.

PECI, Alketa. Emergência e proliferação de redes organizacionais marcando mudanças no mundo dos negócios. In: **Veja**. São Paulo, Abril, ano 33, n. 12, 22 mar. 2000. **Encontro da ANPAD 23**, 19 a 22 set. 1999. Foz do Iguaçu. Resumo dos trabalhos — ENANPAD 99, p. 140. Analisa os fatores que determinam mudanças administrativas, como novas tecnologias de informação e comunicação, bem como redes inter e intraorganizações, além de destacar o papel a ser desempenhado pelos participantes.

REBOUÇAS, Lídia. Negócios em e-volução. Agora é pra valer! As corporações tradicionais investem bilhões na Internet. **Exame**. São Paulo, Abril, ed. 707, 09 fev. 2000. A evolução que a Internet está causando é apenas o começo do que irá ocorrer à Velha Economia, pois o comércio eletrônico irá alterar significativamente as relações comerciais praticadas nos dias de hoje.

EPÍLOGO

O leitor pode observar este livro olhando a capa com palavras e figuras, ou então virá-lo e ler os dizeres da contracapa. Pode, também, correr os olhos pelos lados, examinando a lombada e as folhas. Além disso, se abrir e começar a percorrer as páginas, saberá o que seu conteúdo pretende transmitir. Essa é uma analogia da organização, que igualmente é susceptível de ser examinada em suas múltiplas facetas, bem como em seu interior, este bastante visível para seus participantes, mas pouco para as pessoas de fora.

Para concretizar essas idéias, vamos imaginar que a organização possa ser equiparada a um tetraedro, no qual seu interior e cada uma de suas quatro faces seja vista como sendo uma parte de sua estrutura, processos e funções. Alguém pode achar o desenho muito complexo, o que é verdade, mas essa crítica serve para mostrar o quanto as organizações também o são (Mintzberg, p. 30-31).

Com essa figura, o leitor dispõe de um **quadro de referência** no qual o **cliente**, como parte do ecossistema, é a razão de ser das organizações e o **participante**, o centro de todas as análises.

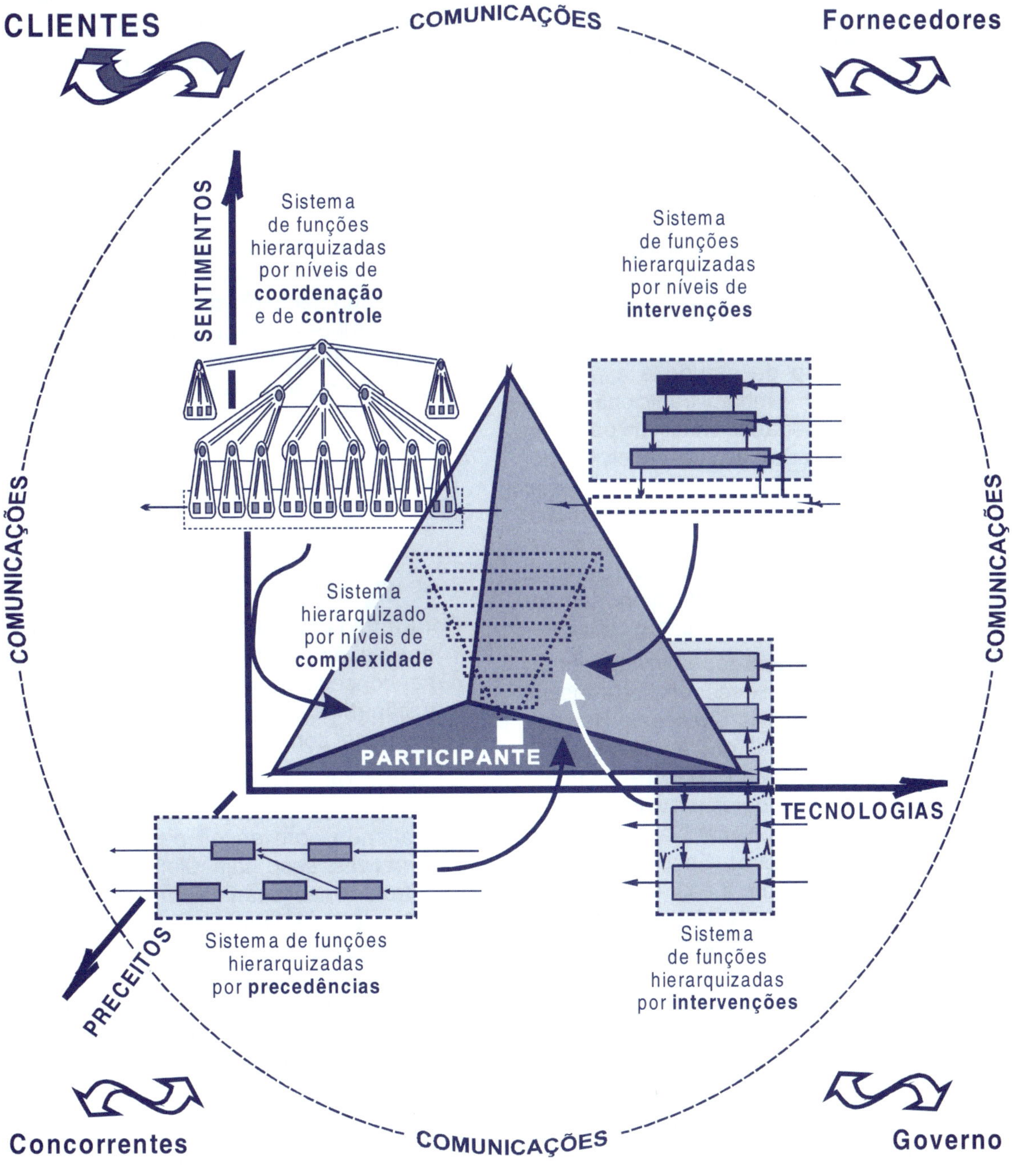

GLOSSÁRIO

Aculturação. Aquisição por um grupo ou indivíduo dos traços de outra cultura. Um exemplo é o que ocorre com o imigrante que chega a um país para morar e, por extensão, com o recém-admitido em uma organização que, ou interioriza a cultura do novo emprego ou acaba saindo por incompatibilidades.

Alienação. Em Sociologia, significa a separação emocional de uma sociedade ou grupo, combinando aspectos de impotência, falta de normas e isolamento social. O termo foi inicialmente empregado por Karl Marx para designar o afastamento psicológico dos trabalhadores para com a fábrica (Horton & Hunt, p. 120). Difere, pois, do sentido comum de doença mental.

Burguês. 1. Indivíduo que se estabeleceu nos burgos e, posteriormente, nas cidades medievais em que estes se transformaram, e que se caracterizava pelas suas atividades lucrativas e por não exercer trabalho braçal ou artesanal. 2. Depreciativo. Indivíduo sem elevação ou largueza de idéias, apegado a valores materiais, a hábitos e tradições convencionais (Dicionário Aurélio).

Antropologia. Seu objeto de estudo é a pessoa humana e sua evolução. Embora tradicionalmente enfoque o exame de sociedades primitivas para melhor conhecer a humanidade e seu desenvolvimento, modernamente os antropólogos também estão dedicando-se à análise de comunidades industriais, a exemplo das de mineiros e pescadores. A Antropologia constitui, ao lado da Sociologia e da Psicologia, o núcleo das ciências do comportamento (Drake & Smith, p. 4-5) (Kolasa, p. 12).

Carisma. É a atribuição de qualidades invulgares ao indivíduo, o que lhe permite exercer um tipo especial de influência sobre as outras pessoas. Buckley estende esse conceito para "poder carismático", como o do indivíduo cujo prestígio decorre da manipulação, enganando os seguidores em virtude de não dispor das qualidades excepcionais, a exemplo de ditadores, políticos e milagreiros. Em contrapartida, a "autoridade carismática" tem a estima dos seguidores por possuir capacidades excepcionais, como os grandes médicos, cientistas e verdadeiros líderes (Buckley, p. 276).

Check-list. Lista dos itens que devem ser verificados quanto a sua obediência a padrões previamente estabelecidos, seja de quantidade, seja de qualidade, ou de ambos. É utilizada no controle de qualidade, a exemplo da montagem de automóveis, na qual o "checador" examina motor, câmbio, parte elétrica, pintura etc., e coloca adesivos no pára-brisa se OK, ou anota para posterior correção dos defeitos encontrados.

Cibernética. Ciência que aborda os princípios da coordenação, regulagem e controle. Examina os comportamentos abstraídos de entes reais, como o faz a Geometria, que trata de esferas, paralelepípedos e triângulos, e não de bolas, tijolos e esquadros de desenho. Suas aplicações práticas são os mecanismos de direcionamento e de controle, bem como a aprendizagem de seres vivos (Ashby, p. 1-7).

Classe social. Estrato de pessoas que em uma sociedade ocupam posições próximas por causa de semelhança na profissão, instrução e renda. É comum a divisão em classe alta, média e baixa, às vezes com interpolações, a exemplo de média-alta, ou média-baixa.

Cognições. Conhecimento, opinião ou convicção sobre o meio ambiente, sobre nós próprios ou nosso comportamento (Festinger, p. 13). Cada imagem que o indivíduo tem de um aspecto do universo, das pessoas e de si próprio constitui uma cognição. Tais cognições são partes de um todo chamado "sistema cognitivo", único para cada um de nós. Isto porque sua formação resulta dos estímulos externos percebidos durante a existência e influenciados pelas necessidades internas, ambos peculiares a cada pessoa. Exemplos de cognições são: conhecer técnicas administrativas; achar que a vida é boa; julgar-se um democrata.

Conjunto. Coleção de objetos quaisquer relacionados entre si por um critério. Conjunto não se define por ser conceito primitivo apreendido pela prática ou intuição (Maciel, p. 61). Exemplos: conjunto de números reais; conjunto de membros de um grupo.

Controle de qualidade. Tem por funções elaborar padrões para medir a excelência, comparar o realizado com esses padrões e tomar medidas corretivas, caso haja diferenças, bem como criar a estrutura necessária para concretizar tais funções. Difere da simples inspeção, que apenas descarta as peças defeituosas. Originalmente aplicava-se unicamente ao controle de produtos fabricados, mas hoje se estende a todos os processos operacionais de produção, a exemplo da transformação de pessoas de menos para mais instruídas, ou de doentes em curadas.

Controle social. Meios e processos através dos quais um grupo ou uma sociedade faz com que seus membros se comportem dentro das normas, costumes e leis, punindo os desviantes para se conformarem.

Costumes (ou ***mores***). Normas que especificam comportamentos de importância considerada vital pela sociedade e que englobam seus valores morais básicos, cuja transgressão é sujeita a sanções severas. Um costume da sociedade ocidental é que o homem sustente a mulher, e não vice-versa.

Crenças. Todas as cognições (tais como idéias, tradições, superstições, mitos e lendas) aceitas pelos membros de uma sociedade, ou por ocupantes típicos de várias posições sociais (Krech *et alii*, p. 403). Exemplo: "o trabalho dignifica o Homem" é uma crença da sociedade ocidental, mas não era da elite grega na época clássica.

Curva ABC. Curva de um gráfico no qual figura o custo total de compra de cada item adquirido pela empresa (obtido multiplicando as quantidades pelo custo unitário). Esse gráfico é dividido em três faixas, a primeira, denominada **A**, inclui poucos itens, mas de maior peso nos gastos com a sua aquisição, e a terceira, chamada **C**, envolve os mais numerosos, porém de menor peso nas despesas de compras e, finalmente, em posição intermediária a **B**.

Desempenho. Agregado de comportamentos do participante destinado a atingir a meta estabelecida para a função exercida. Corresponde ao inglês *performance*, termo geralmente mal compreendido ou mal traduzido.

Desviante. Aquele que se comporta de maneira diferente das apresentadas pela maioria dos membros de uma sociedade ou grupo, a ponto de ser notado e, por isso, discriminado (Horton & Hunt, p. 77).

Difusão. Transferência de traços culturais de um grupo social para outros com que manteve contatos (Horton & Hunt, p. 385).

Diretor. Nas sociedades anônimas, compõe um colegiado eleito pelos acionistas para executar determinações do "Conselho de Administração". Nas repartições públicas, ocupa um cargo, e na televisão e cinema é o coordenador de peça teatral.

Empresa de economia mista. Tipo de empresa estatal caracterizada por ser o Governo Federal o maior acionista, ter sido estabelecida por Lei Federal e ter parte de seu capital aberto para subscrição por pessoas físicas e jurídicas. Exemplos: em seu início, a Companhia Siderúrgica Nacional, a Petrobrás e a Companhia Vale do Rio Doce.

Empresa estatal. Sociedade anônima em que o Governo (federal, estadual ou municipal) é o maior acionista.

Éticas comportamentais. Conjunto de aspirações, valores e comportamentos julgados adequados, de membros pertencentes a uma sociedade e que compartilham da mesma cultura (Basil & Cook, p. 77).

Etnocentrismo. Hábitos criados por um grupo e determinados pela crença de que os traços de sua cultura são superiores e melhores que os dos demais. Na sociedade, epítetos como "povo eleito" ou "raça superior" concretizam etnocentrismo, enquanto nas organizações são as frases depreciativas de produtos, processos, formas de administrar etc. das congêneres (Horton & Hunt, p. 46-47).

Executivo. Do inglês *executive*, designa o administrador de alto nível que concretiza as determinações da Diretoria de uma empresa, como em negociações com o Governo ou organizações particulares.

Extinção. Processo de enfraquecimento de certo comportamento que estava condicionado. Por exemplo, se o aluno viciado em "colar" começa a receber notas zero em lugar de aprovação, o reforço negativo, que substitui os positivos anteriores de passar de ano, faz com que tenda a reduzir esse comportamento, podendo chegar até à extinção completa.

Fluxo de caixa. Em uma explicação simplificada corresponde ao dinheiro recebido pelas vendas efetuadas e aplicações financeiras, guardado em bancos ou no cofre da empresa, e depois utilizado para pagamento das compras para estoque e mão-de-obra, as quais são os insumos para os produtos, que, vendidos, fecham o ciclo.

Fringe benefits. "Pagamentos" feitos aos participantes além do salário em dinheiro, usualmente dados somente pelas grandes organizações. Nelas, para os de baixa renda são fornecidos atendimento médico-odontológico por meio de convênios com firmas (a exemplo de Amil, Unimed e outras mais), cooperativa para compra de alimentos e complementação do pagamento da aposentadoria do INSS, como fazem empresas estatais, a exemplo do Banco do Brasil, Petrobrás e, também, muitos bancos particulares. Para a cúpula administrativa são dados carros para uso particular, casa para morar e passagens aéreas para toda a família por ocasião das férias, o que costuma ser considerado pelo Fisco como um segundo salário sobre o qual não são pagos os impostos devidos e, por isso, procura coibi-lo.

Gerente. Administrador em níveis médios da hierarquia de uma empresa.

Grafo. Conjunto de elementos (chamados vértices) ligados entre si por um conjunto de relações (chamadas de arcos). Faz parte de um ramo da Matemática conhecida por Teoria dos Grafos, cuja representação é feita por meio do desenho de uma rede ou de uma árvore. Neste livro vários grafos estão representados, como nas Figuras 10.2 e 23.2 (redes) e 5.1 e 17.7 (árvores).

Hábitos (ou ***folkways***). Normas que especificam as maneiras adequadas de se comportar e cuja transgressão não impõe penas severas. Um hábito social é o de o homem usar terno e gravata em solenidades, e não o fazendo, pode ser rejeitado ou impedida sua entrada no recinto, mas não ser preso.

Hierarquia (do grego *hierarchía*). 1. Ordem e subordinação dos poderes eclesiásticos, civis e militares. 2. Graduação de autoridade, correspondente às várias categorias de funcionários públicos; classe. 3. Figurado, série contínua de graus ou escalões, em ordem crescente ou decrescente; escala (hierarquia de valores) (Dicionário Aurélio).

Influência. 1. Ação que uma pessoa ou coisa exerce sobre outra. 2. Prestígio, crédito (Dicionário Aurélio).

Instituição. Caracteriza-se por ter: 1. uma **função**, que é a de atender a certa necessidade social básica; 2. uma **estrutura** formada por pessoas que possuem um conjunto de crenças, valores e comportamentos comuns e por relações de acordo com normas e procedimentos (Horton & Hunt, p.146).

Interação. Série de mensagens trocadas entre pessoas (Watzlawick *et alii*, p. 46).

Intervenção. Ato de intervir. Intervir, tomar parte voluntariamente, vir ou colocar-se de permeio por iniciativa própria, interpor a própria autoridade (Dicionário Aurélio).

Lay out. Desenho representativo da posição e relação das partes de um conjunto, como móveis em uma sala, ou peças de um equipamento ou máquina.

Leis. Normas estabelecidas formalmente, especificando as condições de transgressões, os meios para verificar se a norma foi transgredida, a pena cominada ao transgressor e o agente coator destinado a impor a lei específica (Krech *et alii*, p. 406-407). É importante notar que as correspondências das leis impostas pela sociedade, encontradas nas normas das organizações, geralmente são incompletas por não esclarecerem os meios de verificação, a pena e o agente coator.

Manager. Literalmente aquele que "maneja" (do latim, agir com as mãos). Na América do Norte designa desde o administrador de empresas até o agente teatral de artistas ou de boxeadores.

Mensagem. "Seleção ordenada de um conjunto de **sinais** que objetiva comunicar informações" (Cherry, p. 461). Exemplos são cartas, telegramas, notas fiscais, faturas, duplicatas, listagens de computador e até frases de viva voz.

Método. Conjunto de atividades sistemáticas e racionais que, com maior segurança e economia, permite alcançar o objetivo de se adquirir conhecimentos válidos e verdadeiros, traçando o caminho a ser seguido, detectando erros e auxiliando as decisões (Lakatos & Marconi, p. 41-42).

Mídia. Todos os meios de comunicação de massa utilizados na divulgação, a exemplo da televisão, rádio e jornais. O termo vem do inglês *media* (com pronúncia de "mídia"), o qual, por sua vez, proveio do nominativo plural *media* do substantivo latino neutro *medium, medii*, que originou a palavra "meio" em português.

Migração. Movimento social de mudança de pessoas de uma região para outra quando há um foco comum de descontentamento e decisão compartilhada para direcionarem-se para nova localização (Horton & Hunt, p. 412). Nas organizações, durante a fase de deterioração também ocorrem movimentos migratórios para outros empregos, principalmente dos mais capazes e dispostos a enfrentar riscos para melhorar o padrão de vida, permanecendo os acomodados, os medrosos e os sem motivação para a realização profissional.

Modelos. Representação simplificada da realidade, objetivando explicar fenômenos ou prescrever medidas específicas. Exemplos: a planta arquitetônica é o modelo de uma casa a ser construída, enquanto o planetário é o modelo do movimento dos astros visíveis do Universo.

Motivo. Impulso interno que, como uma força, dá início, dirige e integra o comportamento de um indivíduo (Murray, p. 20). A origem dessa força é a **necessidade** que, no momento, precisa ser satisfeita.

Normas. Regras ou padrões aceitos pelos membros de uma sociedade e pelos ocupantes típicos de uma posição social, que especificam os pormenores de comportamentos apropriados e inadequados em acontecimentos padronizados, indicando, também, as recompensas e as punições correspondentes (Krech *et alii*, p. 406). Exemplos: não dar risadas em enterros; não fumar em elevadores; chegar ao local do trabalho no horário preestabelecido.

Normas de organização. As Normas de organização concretizam a estrutura, definindo as posições (cargos) ocupadas pelos vários coordenadores, geralmente visualizadas por um organograma, no qual são esquematizadas as unidades administrativas. Nas repartições públicas comumente estão incluídas nos Estatutos ou nos Regimentos, a exemplo das universidades, onde ficam estabelecidas as faculdades e escolas com seus departamentos de atividades-fim, as unidades administrativas de atividades-meio, além da reitoria e comissões diversas, como as de graduação e as de pós-graduação.

Normas de procedimentos. Normas escritas das empresas, geralmente elaboradas pela Seção de

Sistemas e Métodos, e destinadas a regulamentar as funções operacionais rotineiras, a exemplo das requisições para a compra de materiais, ou admissão e transferência de empregados, especificando quem pode emitir ou assinar. Nas repartições públicas essas normas costumam ser designadas por estatutos ou regimentos.

Normativa. Tipo de organização cujos participantes interiorizaram de tal forma as normas de procedimentos, as crenças e os valores que atuam independentemente de qualquer influência para alcançar as metas coletivas (Etzioni, 1974, p. 72). São exemplos as igrejas com seus missionários e certas associações, como o Exército de Salvação.

Pagamentos. Agregado de retribuições dadas pelo desempenho do participante e valorizadas por este à proporção que facilita atingir os seus objetivos pessoais. Assim, garantia de emprego é um pagamento para quem deseja estabilidade na vida, mas não para quem busca adquirir experiências diversas trabalhando em várias empresas.

Papel. Comportamento esperado de uma pessoa que ocupa determinada posição social (Horton & Hunt, p. 87). Exemplos: o pai trabalhar para manter a família; o chefe coordenar o trabalho dos subordinados; o médico tratar doenças de seus pacientes.

Personalidade. Termo de grande extensão e, por isso, difícil de conceituar. Uma definição fornecida pela Psicologia é: "a maneira de ser de cada pessoa que distingue uma das demais". Como várias outras palavras de uso comum, não tem significado psicológico falar em "personalidade forte", ou então, em "indivíduo sem personalidade" (válido só se estiver morto) (Bergamini, 1973, p. 49-50).

Posição social. Lugar que uma pessoa ocupa em um grupo em relação aos demais membros, ou de um grupo em relação aos demais grupos sociais (Horton & Hunt, p. 87). Exemplos: o "doutor" ocupa na sociedade posição mais elevada que o técnico, e este, nível superior ao do operário não qualificado.

Preceder. Vir, chegar ou ocorrer antes de (Dicionário Aurélio).

Primazia. 1. Dignidade de primaz (que ocupa o primeiro lugar). 2. Prioridade. 3. Excelência, superioridade (Dicionário Aurélio).

Processo. "Sucessão de estados ou de mudanças" (Dicionário Aurélio). A idéia fundamental está na transformação em etapas sucessivas.

Punição. Estímulo aversivo apresentado logo após a exibição de um comportamento. Exemplo, o desconto na folha de pagamento pela chegada com atraso. Na vida diária, estamos sofrendo contínuas "punições", como a "cara amarrada" de um amigo a quem fizemos brincadeira de mau gosto. A punição tende a extinguir comportamentos, como o da criança novamente pegar a panela quente no fogão depois de ter queimado a mão em uma outra.

Quadro de referência (***frame of reference***). Originalmente, os eixos de coordenadas para servir de referência no movimento de corpos e, por extensão, modelo descritivo composto por elementos cujas variações indicam os estados que um ou mais sistemas podem assumir (Dicionário Aurélio).

Racionalização. Tentativa de redução do desconforto sentido pela dissonância cognitiva através da qual o participante inventa "razões" para tentar justificar a si próprio um fracasso ou acontecimento frustrante. São exemplos a tentativa de justificar trabalho malfeito alegando que "errar é humano" ou então, ao ser preterido em promoções, dizer que os cargos eram "espinhosos" e os aumentos de salário não compensavam a maior responsabilidade (Bergamini, 1973, p. 144).

Recompensa. Estímulo causador da satisfação de alguma necessidade e que é apresentado logo após a exibição de um comportamento. Exemplo, a boa nota dada pela prova ou trabalho bem-feito. Note-se que, se o aluno obtém a boa nota "colando", este último comportamento tende a manter-se, tornando-se condicionado, isto porque a recompensa — o inverso da punição que tende a extinguir — provoca a repetição do ato inconveniente.

Rede de precedências. Conjunto de atividades de qualquer natureza, no qual é(são) indicada(s) para cada transformação a(s) que no tempo a precede(m) na execução. Como tais transformações são realizadas em série e também em paralelo, o desenho que as representa tem o formato de uma rede, de onde vem o nome. Exemplo conhecido é o CPM (*Critical Path Method*), cuja rede destaca a série encadeada de transformações que constitui o gargalo na execução global pelo atraso que pode introduzir para a obtenção do produto final, e que tem o nome de "caminho crítico".

Reforço. Repetição do mesmo estímulo sempre que ocorrer o mesmo tipo de comportamento. Os estímulos negativos (punições) condicionam para a extinção de ações naturalmente exibidas, por exemplo, o adulto que em criança ouvia reprimendas toda vez que falava diante dos parentes fica condicionado a ter inibições de expor ou discutir assuntos em público. Já os positivos (recompensas) tendem a fazer com que um determinado comportamento seja mantido, por exemplo, os elogios pelo serviço bem-feito.

Símbolo. São símbolos: a bandeira para representar um país, a coroa para o reino ou soberano, a cruz para a religião cristã, o ramo de oliveira para a paz, a figura do Tio Sam para os Estados Unidos e até carros e casas de luxo para a riqueza. Pode ser definido como "a representação de algo por ter qualidades análogas, ou então, por associação de pensamento" (Cherry, p. 28 e 463).

Sinal. Forma física da mensagem emitida (Cherry, p. 263). São sinais as inflexões da voz, os gestos, as letras e os números em cartas e notas fiscais, os impulsos elétricos em telefonia e as luzes na comunicação entre navios.

Sistema. Termo de grande extensão aplicável para designar quase todos os entes concretos e mesmo abstratos (Maciel, p. 13). Significa **qualquer totalidade formada por partes**. O Dicionário Aurélio tem vinte e dois significados para sistema, fora os das palavras compostas.

Sociologia. Seu objetivo é o estudo dos fenômenos coletivos e padronizados da pessoa humana em grupos sociais. Esse campo abrange alguns da Antropologia (como o da cultura e instituições), bem como os da Administração, pois as organizações têm aspectos de microssociedades (Drake & Smith, p. 3-4).

Sociometria (método). Tipo de pesquisa na qual se pergunta a cada membro do grupo com quais outros participantes gostaria (ou não gostaria) de executar junto determinada tarefa de cunho social (como um piquenique) ou técnico (como discussão de grupo). O método foi posteriormente ampliado com perguntas para saber com quem os empregados de uma empresa contactam para a execução de suas tarefas (Krech *et alii*, p. 487) (Drake & Smith, p. 62-63).

Status. O mesmo que "posição social". Difere da acepção da linguagem comum, na qual o termo *status* designa apenas a alta posição. Assim, para a Sociologia o engraxate possui *status*, embora diferente do fruído pelo milionário.

Supervisor. Do inglês *supervisor*, designa o chefe de especialistas, como, em uma fábrica, o supervisor da linha de montagem.

Tempo real (do inglês ***real time***). Os dados são atualizados à medida que os fatos ocorrem e as informações decorrentes são prestadas por acesso direto em terminais de computador (Bio, p. 102). Um exemplo é o extrato da conta corrente que o cliente obtém no terminal do seu banco, que é atualizada no instante em que são feitos lançamentos a crédito ou a débito.

Teoria. As definições são muitas, porém a maior parte salienta as funções específicas da uma teoria, que são: 1. encontrar relações entre fatos observados; 2. proceder à sua ordenação sistemática e significativa; 3. explicar os fatos; e 4. predizê-los. Um exemplo conhecido é a teoria da constituição da matéria, que previu a liberação da energia contida no átomo. Como o leitor pode observar, a "Teoria" de Sistemas não preenche as funções descritas, o que sugere não passar de metodologia destinada a abordar entidades complexas.

Teoria dos jogos. Corresponde às técnicas matemáticas para analisar situações de conflito entre pessoas e grupos decorrentes da competição. Um exemplo é o chamado "jogo de soma zero", que examina o caso de um só ganhar quando o outro perde, concepções essas tiradas dos jogos reais, como xadrez, cartas de baralho e outros mais.

Traço cultural. A menor unidade de cultura percebida por um observador. Nas organizações pode ser considerada a ferramenta de trabalho, a proibição "não fume" e o mau humor diante das reclamações de clientes (Horton & Hunt, p. 44).

Valor. Classe importante de crenças aceitas pelos ocupantes típicos de um sociedade ou de uma classe social, referindo-se ao que é desejável, "bom", ou que deve ser aceito na forma de valores positivos, e o que é indesejável, "mau", ou que não convém ser aceito (Krech *et alii*, p. 403-404). Exemplo: para a classe média é "bom" ter bens materiais e um diploma, e "mau" ter títulos protestados ou ser falido.

Variável. Que pode ter ou assumir diferentes valores, diferentes aspectos, segundo os casos particulares ou segundo as circunstâncias (Dicionário Aurélio).

Vice-presidente. Substituto do presidente durante o seu impedimento e, também, inadequadamente, a designação de diretor por influência das multinacionais americanas, pois em inglês esse cargo é chamado de *vice-president*.

BIBLIOGRAFIA

ACKOFF, Russel. *Towards a behavioral theory of communications*. ***Management Science***. n. 4, p. 218-233, 1957/1958.

ADAMS, Stacey. *Toward an understanding of inequity*. ***Journal of Abnormal Social Psychology***. n. 67, p. 422-436, 1963.

ANSOFF, Igor, DECLERCK, Roger, HAYES, Robert. **Do planejamento estratégico à administração estratégica**. São Paulo: Atlas, 1981.

ADIZES, Ichak. **Como resolver as crises de antigerência**. São Paulo: Pioneira, 1987.

___. **Os ciclos de vida das organizações**. São Paulo: Pioneira, 1990.

AQUINO, Cleber. Aspectos empresariais do Japão de hoje. **Revista de Administração**. São Paulo, FEA-USP, ano 20, n. 1, p. 75-86, jan./mar. 1985.

ARSAC, Jacques. ***La science informatique***. Paris: Dunod, 1970.

ASHBY, W. Ross. **Introdução à cibernética**. São Paulo: Perspectiva, 1970.

BASIL, Douglas, COOK, Curtis. **O empresário diante das transformações**. São Paulo: McGraw Hill, 1978.

BERGAMINI, Cecília W. **Psicologia aplicada à administração de empresas**. São Paulo: Atlas, 1973.

___. **Desenvolvimento de recursos humanos**. São Paulo: Atlas, 1980.

BERNARDES, Cyro. Sistemas hierarquizados e suas aplicações à administração. **Revista de Administração**. São Paulo, FEA-USP, ano 14, n. 4, p. 91-107, out./dez. 1979.

___. As três dimensões das subculturas das empresas. **Revista de Administração**. São Paulo,FEA-USP, ano 20, n. 1, p. 46-52, jan./mar. 1985.

____, MARCONDES, Reynaldo C. 5. ed. **Sociologia aplicada à administração**. São Paulo: Saraiva, 1999.

BERTERO, Carlos Osmar. Cultura organizacional e instrumentalização do poder. In: FLEURY, Maria Thereza Leme, FISCHER, Rosa Maria, orgs. **Cultura e poder nas organizações**. São Paulo: Atlas, 1989.

___. Teoria organizacional e estratégia empresarial. In: **Anais da 6ª Reunião Nacional da ANPAD**. Salvador: CAPES, 1982.

BIO, Sergio Rodrigues. **Sistemas de informações.** São Paulo: Atlas, 1985.

BLAU, Peter. Diferenciação do poder. In: AGUIAR, Neuma, org. **Hierarquia em classes**. Rio de Janeiro: Zahar, 1974.

___ , SCOTT, Richard. **Organizações formais**. São Paulo: Atlas, 1985.

BRESSER PEREIRA, Luiz Carlos. **Empresários e administradores no Brasil**. São Paulo: Brasiliense, 1974.

BUARQUE DE HOLANDA, Aurélio. **Novo dicionário da língua porturguesa**. Rio de Janeiro: Nova Fronteira, 2000.

BUCKLEY, Walter. **A sociologia e a moderna teoria de sistemas**. São Paulo: Cultrix, 1971.

BUSINESS WEEK GUIDE. **Os caminhos da qualidade**: como vencer os desafios da economia global. São Paulo: Makron Books/Senac, 1995.

CHERRY, Colin. **A comunicação humana**. São Paulo: Cultrix, 1971.

CHIAVENATO, Idalberto. **Teoria geral da administração**. 5. ed. Rio de Janeiro: Campus, 1999.

CHURCHMAN, West C. **Introdução à teoria de sistemas**. Petrópolis: Vozes, 1971.

COVRE, Maria de Lourdes Manzini. **A formação e a ideologia do administrador de empresas**. Petrópolis: Vozes, 1981.

DALE, Ernst, URWICK, Lyndall. **Organização e assessoria**. São Paulo: Atlas, 1971.

DAVIS, James. **Produção de grupo**. São Paulo: Blücher, 1973.

DRAKE, Richard, SMITH, Peter. **Ciência do comportamento na indústria**. São Paulo: McGraw Hill, 1979.

DRUCKER, Peter. **O gerente eficaz**. Rio de Janeiro: Zahar, 1972.

___. **Administração em tempos turbulentos**. São Paulo: Pioneira, 1980.

___. **Fator humano e desempenho**. São Paulo: Pioneira, 1981.

___. **Desafios gerenciais para o século XXI**. São Paulo: Pioneira, 1999.

DURANDIN, Guy. **As mentiras na propaganda e na publicidade**. São Paulo: JSN Editora, 1997.

ETZIONI, Amitai. **Organizações modernas**. São Paulo: Pioneira, 1967.

___. **Análise comparativa das organizações complexas**. Rio de Janeiro: Zahar, 1974.

FAYOL, Henri. **Administração industrial e geral**. São Paulo: Atlas, 1970.

FEIBLEMAN, J. FRIEND, J. ***The structure and function of organizations***. In: EMERY, Fred, ed. ***Systems thinking***. Middlesex: Penguin Books, 1969.

FERRARI, Alfonso Trujillo. **Fundamentos da sociologia**. São Paulo: McGraw Hill, 1983.

FESTINGER, Leon. **Teoria da dissonância cognitiva**. Rio de Janeiro: Zahar, 1975.

FISCH, G. G. *Line-staff is obsolete*. ***Harvard Business Review***. Harvard, p. 67-79, Sept./Oct., 1961.

FLEURY, Maria Thereza Leme, FISCHER, Rosa Maria. **Cultura e poder nas organizações**. São Paulo: Atlas, 1989.

FOGUEL, Sergio, SOUZA, Carlos César. **Desenvolvimento e deterioração organizacional**. São Paulo: Atlas, 1980.

FREYRE, Gilberto. **Casa grande e senzala**. São Paulo: Companhia das Letras, 2000.

FROMM, Erich. **Análise do homem**. Rio de Janeiro: Zahar, 1978.

GALBRAITH, Jay. ***Designing complex organizations***. Reading: Addinson-Wesley, 1973.

GALBRAITH, John Kenneth. **A era da incerteza**. São Paulo: Pioneira, 1979.

GIANESI, Irineu G. N., CORRÊA, Henrique L. **Administração estratégica de serviços**: operações para satisfação do cliente. São Paulo: Atlas, 1994.

GONÇALVES, José Ernesto Lima, DREYFUSS, Cássio (coords.). **Reengenharia das empresas**: passando a limpo. São Paulo: Atlas, 1995.

GREINER, Larry E. Evolução e revolução no desenvolvimento das organizações. **Biblioteca Harvard**. São Paulo: Abril-Tec, 1972.

HERSEY, Paul, BLANCHARD, Kenneth. **Psicologia para administradores de empresas**. São Paulo: EPU, 1974.

HERZBERG, Frederick. Novamente, como se faz para motivar funcionários? In: HAMPTON, David, org. **Conceitos de comportamento na administração**. São Paulo: EPU, 1973.

HICKS, Herbert. ***The management of organizations***: *a system and human resource approach*. New York: McGraw Hill, 1972.

HORTON, Paul, HUNT, Chester. **Sociologia**. São Paulo: McGraw Hill, 1980.

JUDSON, Arnold. **Relações humanas e mudanças organizacionais**. São Paulo: Atlas, 1980.

KAPFERER, Jean Noël. **Boatos**: o mais antigo mídia do mundo. Rio de Janeiro: Forense Universitária, 1993.

KAST, Arnold, ROSENZWEIG, James. **Organização e administração**. São Paulo: Pioneira, 1980. 2 v.

KATCHER, Allan. **A importância de ser você mesmo**. São Paulo: Atlas, 1985.

KATZ, Daniel, KAHN, Robert. **Psicologia social das organizações**. São Paulo: Atlas, 1970.

KELLY, Joe. ***Organization behavior***. Homewood: Irwin-Dorsey, 1969.

KLEIN, Josephine. **O trabalho de grupo**. Rio de Janeiro: Zahar, 1968.

___. **O estudo de grupos**. Rio de Janeiro: Zahar, 1972.

KLIR, George J. *General systems research*. In: ***International Conference on Operational Research, IFORS, 1972***. Amsterdan: North Holland, 1972.

KOLASA, Blair. **Ciência do comportamento na administração**. Rio de Janeiro: Livro Técnico, 1978.

KOONTZ, Harold, O'DONNELL, Cyril. **Fundamentos da administração**. São Paulo: Pioneira, 1981.

KOTLER, Philip. **Marketing para o século 21**. São Paulo: Futura, 2000.

KRECH, David, CRUTCHFIELD, Richard, BALLACHEY, Egerton. **O indivíduo na sociedade**. São Paulo: Pioneira, 1969. 2 v.

LAKATOS, Eva Maria. **Sociologia geral**. São Paulo: Atlas, 1979.

___, MARCONI, Marina. **Metodologia científica**. São Paulo: Atlas, 1982.

LANDER, David. **A riqueza e a pobreza das nações**. Rio de Janeiro: Campus, 1998.

LAWLER, Edward, SUTTLE, Lloyd. *A causal correlational test of the need hierarchy concept*. In: STEERS, PORTER, orgs. ***Motivation and work behavior***. New York: McGraw Hill, 1975.

LAWRENCE, Paul, LORSCH, Jay. **Desenvolvimento organizacional**: diagnóstico e ação. São Paulo: Blücher, 1972.

___, ___. **As empresas e o ambiente**. Petrópolis: Vozes, 1973.

LERY, Jean de. **História de uma viagem à terra do Brasil**. São Paulo: Companhia Editora Nacional, 1926.

LITTERER, Joseph. **Análise das organizações**. São Paulo: Atlas, 1970.

MACIEL, Jarbas. **Elementos da teoria geral de sistemas**. Petrópolis: Vozes, 1974.

MALINOWSKI, Bronislaw. **Uma teoria científica da cultura**. Rio de Janeiro: Zahar, 1965.

MARCH, James, SIMON, Herbert. **Teoria das organizações**. Rio de Janeiro: FGV, 1967.

MARCONDES, Reynaldo C., BERNARDES, Cyro. 2. ed. **Criando empresas para o sucesso**. São Paulo: Futura, 2000.

MASLOW, Abraham. **Introdução à psicologia do ser**. Rio de Janeiro: Eldorado, s.d.

____. Uma teoria da motivação humana. In: BALCÃO, Yolanda, CORDEIRO, Laertes, orgs. **O comportamento humano na empresa**. Rio de Janeiro: FGV, 1967.

MAXIMIANO, Antonio César Amarú. **Teoria geral da administração**. 3. ed. São Paulo: Atlas, 2000.

McCLELLAND, David. **A sociedade competitiva**. Rio de Janeiro: Expansão e Cultura, 1972.

MEININGER, Just. **O sucesso através da análise transacional**. Rio de Janeiro: Arte Nova, 1974.

MELLO, Alvaro. **Teletrabalho**: o trabalho em qualquer lugar e a qualquer hora. Rio de Janeiro: Qualitymark, 1999.

MESAROVIC, M. D., MACKO D., TAKAHARA, Y. ***Theory of hierarchical, multilevel systems***. New York: Academic Press, 1970.

MINTZBERG, Henry. **Criando organizações eficazes**. São Paulo: Atlas, 1995.

MOTTA, Fernando Prestes. **Teoria geral da administração**. São Paulo: Pioneira, 1974.

____. **Organização e poder**. São Paulo: Atlas, 1986a.

____. **Teoria das organizações**: evolução e crítica. São Paulo: Atlas, 1986b.

MURRAY, Eward. **Motivação e emoção**. Rio de Janeiro: Zahar, 1973.

MYERS, Scott. Quem são seus trabalhadores motivados? In: HAMPTON, David, org. **Conceitos de comportamento na administração**. São Paulo: Pedagógica, 1973.

NAGEL, Ernest. ***La structura de la ciencia***. Buenos Aires: Paidós, 1968.

NEWMAN, William, WARREN, E. Kirby. **Administração avançada**. São Paulo: Atlas, 1980.

ODEBRECHT, Norberto. **Sobreviver, crescer e perpetuar**. 2. ed. Salvador: Fundação Odebrecht, 1987.

____. **Educação pelo trabalho**. Salvador: Fundação Odebrecht, 1991.

OPTNER, Stanford. **Análise de sistemas empresariais**. Rio de Janeiro: LTC, 1971.

OUCHI, W. G. **Teoria Z**. São Paulo: Fundo de Cultura, 1981.

PASCALE, Richard Tanner, ATHOS, Anthony G. **As artes gerenciais japonesas**. Rio de Janeiro: Record, 1982.

PETER, Laurence, HULL, Raymond. **Todo o mundo é incompetente**. Rio de Janeiro: José Olympio, 1970.

PFIFFNER, John M., SHERWOOD, Frank. **Organização administrativa**. São Paulo: Best Seller, 1965.

PRIETO, Sergio F. **Manual de prevenção de fraudes**. São Paulo: STS, 1995.

RADOSEVICH, Raymond. Implicações estratégicas para a estrutura organizacional. In: ANSOFF, Igor, DECLERCK, Roger, HAYES, Robert, orgs. **Do planejamento estratégico à administração estratégica**. São Paulo: Atlas, 1981.

REDDIN, William. **Eficácia gerencial**. São Paulo: Atlas, 1975.

ROBBINS, Stephen P. **Administração**: mudanças e perspectivas. São Paulo: Saraiva, 2000.

ROBERTS, Nancy, ANDERSEN, David, DEAL, Ralph, GARET, Michel, SHAFER, William. ***The systems dynamic approach***. Reading: Addison Wesley, 1982.

SAYLES, Leonard, STRAUSS, George. **Comportamento humano nas organizações**. São Paulo: Atlas, 1969.

SCHEIN, Edgard H. Desenvolvimento da administração como um processo de influência. In: HAMPTON, David, org. **Conceitos de comportamento na administração**. São Paulo: Pedagógica, 1973.

SENGE, Peter. **A dança das mudanças**. Rio de Janeiro: Campus, 1999.

SHELDON, W. H., TUCHER, W. B. ***The varieties of temperament***. New York: Harper. 1942.

SHEPHERD, Clovis. **Pequenos grupos**. São Paulo: Atlas, 1969.

SOUZA, Édela L. Pereira. **Clima e cultura organizacional**. São Paulo: Blücher, 1978.

____. Considerações em torno do **DO** e cultura organizacional. **Revista de Administração**. São Paulo, FEA-USP, ano 16, n. 3, p. 8-15, jul./set. 1981.

STAATS, Arthur, STAATS, Carolyn. **Comportamento humano complexo**. São Paulo: EPU, 1973.

STADEN, Hans. **O meu cativeiro entre os selvagens do Brasil**. São Paulo: Companhia Editora Nacional, 1926.

STEINER, Claude. **Os papéis que vivemos na vida**. Rio de Janeiro: Artenova, 1976.

TAYLOR, Frederick W. **Princípios de administração científica**. São Paulo: Atlas, 1966.

TANNEMBAUM, Robert, WESCHLER, Irving, MASSARIK, Fred. **Liderança e organização**. São Paulo: Atlas, 1970.

TRAGTENBERG, Maurício. **Burocracia e ideologia**. São Paulo: Ática, 1974.

TOMAZI, Nelson Dacio (coord.). **Iniciação à sociologia**. São Paulo: Atual, 1993.

VASCONCELLOS, Eduardo, HEMSLEY, James R. **Estrutura das organizações**. São Paulo: Pioneira, 1986.

VON BERTALANFFY, L. *The theory of open systems in physics and biology*. In: EMERY, F. E., org. ***Systems thinking***. Middlesex: Penguin Books, 1969.

VROOM, Victor H. ***Work and motivation***. New York: Wiley, 1964.

WATZLAVICK, Paul, BEAVIN, Janet, JACKSON, Don. **Pragmática da comunicação humana**. São Paulo: Cultrix, 1973.

WEBBER, Ross. ***Management***. Illinois: Irwin, 1973.

WOODWARD, Joan. **Organização industrial**. São Paulo: Atlas, 1977.

ZACCARELLI, Sergio Baptista. **Estratégia e sucesso nas empresas**. São Paulo: Saraiva, 2000.

___, KWASNICKA, Eunice Lacava. A hierarquização de decisões da função pessoal. **Revista de Administração**. São Paulo, FEA-USP, ano 13, n. 3, p. 47-62, jul./set. 1978.

___, FISCHMANN, Adalberto, SILVA LEME, Ruy Aguiar. **Ecologia de empresas**. São Paulo: Atlas, 1980.

ZIMBARDO, Philip, EBBESEN, Ebbe. **Influência em atitudes e modificação do comportamento**. São Paulo: Blücher, 1973.

ÍNDICE DE ASSUNTOS

H

I

J

K

L

M

N

O

P

Provão

(aplicado no ano 2000)

OBJETIVOS

a) contribuir para o aprimoramento da formação do administrador como cidadão e profissional para que colabore na elevação das condições de vida em sociedade;

b) integrar um processo de avaliação mais amplo e continuado do curso de Administração, incentivando ações voltadas à melhoria da qualidade do ensino.

c) subsidiar o estabelecimento de novos parâmetros e o redirecionamento contínuo do processo de ensino-aprendizagem.

CONTEÚDO

a) **Matérias de formação básica e instrumental**:
Contabilidade; Direito;
Economia; Estatística;
Filosofia; Informática;
Matemática; Psicologia;
Sociologia.

b) **Matérias de formação profissional:**
Teorias de Administração;
Administração Mercadológica;
Administração de Recursos Humanos;
Administração Financeira e Orçamentária;
Administração de Sistemas de Informações;
Administração de Produção;
Administração de Recursos Materiais;
Organização, Sistemas e Métodos.

c) **Tópicos emergentes**:
Ética;
Globalização;
Ecologia e Meio Ambiente;
Tecnologia da Informação.

PERFIL

a) internalização de valores de responsabilidade social, justiça e ética profissional;

b) formação humanística e visão global que o habilite a compreender o meio social, político, econômico e cultural, onde está inserido e a tomar decisões em um mundo diversificado e interdependente;

c) competência técnica e científica para atuar na administração das organizações, além de desenvolver atividades específicas da prática profissional;

d) competência para empreender, analisando criticamente as organizações e antecipando e provendo suas transformações;

e) competência para atuar em equipes interdisciplinares;

f) competência para compreender a necessidade do contínuo aperfeiçoamento profissional e do desenvolvimento da autoconfiança.

HABILIDADES

a) comunicação interpessoal, expressão correta nos documentos técnicos específicos e interpretação da realidade das organizações;

b) utilizar raciocínio lógico, crítico e analítico, operando com valores e formulações matemáticas e estabelecendo relações formais e causais entre fenômenos;

c) interagir criativamente face aos diferentes contextos organizacionais e sociais;

d) compreender o todo administrativo, de modo integrado, sistêmico e estratégico, bem como de suas relações com o ambiente externo;

e) lidar com modelos de gestão inovadores;

f) resolver situações com flexibilidade e adaptabilidade;

g) ordenar atividades e programas científicos, identificar e dimensionar riscos para a tomada de decisões;

h) selecionar estratégias adequadas de ação, visando atender interesses interpessoais e institucionais;

i) selecionar procedimentos que privilegiem formas de atuação em prol de objetivos comuns.

DURAÇÃO E FORMATO

A prova do Exame Nacional, do Curso de Administração, com 4 (quatro) horas de duração, constará de 40 (quarenta) questões de múltipla escolha e 4 (quatro) questões discursivas, sendo que uma delas compreenderá um estudo de caso.

SITES PARA PESQUISAS

Os textos das **Leituras recomendadas** em todos os capítulos devem ser obtidos nas próprias fontes neles indicadas. Isso porque, exceto as organizações cujos *sites* são listados no item 4, a maioria das entidades fornece apenas os resumos dos artigos ou só permite *downloads* para assinantes.

Os leitores devem ficar atentos para o fato de, com o tempo, **ocorrerem alterações nos *sites*** abaixo enumerados. Além disso, a **listagem apresentada não é completa**, pois outras organizações e periódicos também abordam assuntos de Administração.

1. ENTIDADES GOVERNAMENTAIS E PARTICULARES

- ANGRAD — Associação Nacional dos Cursos de Graduação em Administração: www.angrad.com.br
- ANPAD — Asociação Nacional dos Programas de Pós-Graduação em Administração: www.anpad.org.br Publicações/ Kits ENAMPAD — Encontros da ANPAD — publicação com resumos e CDs com os artigos de reuniões havidas em 1997, 1998, 1999, 2000 e 2001.
- UFBA — Universidade Federal da Bahia: www.adm.ufba.br
- UFRGS — Universidade Federal do Rio Grande do Su: http://read.ad.ufrgs.br

2. REVISTAS CUJOS SUMÁRIOS PODEM SER ACESSADOS VIA INTERNET

- **Exame**: www.exame.com.br - *Downloads* só para assinantes.
- **Revista de Administração de Empresas** (da EAESP-FGV): www.fgvsp.br/rae
- **Revista de Administração** (da FEA-USP): www.fea.usp.br/rausp
- **Revista de Administração Contemporânea** (da ANPAD): www.anpad.org.br
- **Revista de Administração Mackenzie**: www.mackenzie.com.br
- **Revista Organização e Serviços** (da UFBA): www.adm.ufba.br - Guia Web; Publicações.
- **Revista de Pequenas Empresas e Grandes Negócios**: www.pequenasempresason.com.br. *Downloads* só para assinantes.
- **Veja**: www.veja.com.br. *Downloads* só para assinantes.
- **Você SA**: www.vocesa.com.br. *Downloads* só para assinantes

3. *DOWNLOADS* DE ARTIGOS PELA INTERNET

- FECAP-Fundação Escola de Comércio Álvares Penteado: www.fecap.br/adm_online - **Revista de Administração *On Line***
- KANITZ ASSOCIADOS: www.kanitz.com.br

4. OUTRAS FONTES

No Brasil, assuntos de administração podem ser obtidos por meio de buscas na Internet no portal www.miner.com.br da UOL, denominado **Meta miner**, ou diretamente pelo provedor que tenha contrato, em: **Yahoo!**; **Cadê?**; **Achei** e **Radar UOL**. Podem, também, ser obtidos nos internacionais, como: **AltaVista**; **Excite**; **WebCrawler**, bem como em *sites* de países específicos, a exemplo de **Cusco** em Portugal e **Olé** na Espanha.

Impressão e Acabamento
Bartira
Gráfica
(011) 4123-0255